本书承蒙泉州师范学院以下两个基地资助：

中国社会科学院文化研究中心闽南文化研究基地

台湾民主自治同盟中央委员会闽南文化交流研究基地

闽台与海丝文化研究丛书

海上丝绸之路新探索

"第一届海丝文化国际青年学者论坛"论文集

主　编　林华东

副主编　陈彬强　通拉嘎

编　委　黄科安　苏黎明　张惠萍　吴春浩

中国社会科学出版社

图书在版编目(CIP)数据

海上丝绸之路新探索"第一届海丝文化国际青年学者论坛"论文集/
林华东主编. —北京:中国社会科学出版社,2016.8
　ISBN 978 - 7 - 5161 - 8599 - 5

　Ⅰ.①海…　Ⅱ.①林…　Ⅲ.①海上运输—丝绸之路—中国—文集
Ⅳ.①K203 - 53

中国版本图书馆 CIP 数据核字(2016)第 170177 号

出　版　人	赵剑英	
责任编辑	郭晓鸿	
特约编辑	席建海	
责任校对	郝阳洋	
责任印制	戴　宽	

出　　版　中国社会科学出版社
社　　址　北京鼓楼西大街甲 158 号
邮　　编　100720
网　　址　http://www.csspw.cn
发 行 部　010 - 84083685
门 市 部　010 - 84029450
经　　销　新华书店及其他书店

印刷装订　北京君升印刷有限公司
版　　次　2016 年 8 月第 1 版
印　　次　2016 年 8 月第 1 次印刷

开　　本　787×1092　1/16
印　　张　29.75
插　　页　2
字　　数　652 千字
定　　价　108.00 元

主　　编　林华东

副 主 编　陈彬强　通拉嘎

编　　委　黄科安　苏黎明　张惠萍　吴春浩

总　序

林华东

　　中华民族是一个以汉民族为主体的典型文化族群，具有一体多元的特征。汉字的通用和国学经典的认同、和谐共荣的思想和务实进取的特性，已经成为中国人的集体共识。源远流长的历史向世人展示了中华文化深厚的包容力、统合力和凝聚力。习近平总书记在2014年5月4日北京大学师生座谈会上指出："中华文明绵延数千年，有其独特的价值体系。中华优秀传统文化已经成为中华民族的基因，植根在中国人内心，潜移默化地影响着中国人的思想方式和行为方式。"这就是中华文化超越时空的生命力和永恒的精神价值之所在。

　　闽南文化源于中华文化，是在汉人南下进入福建，并吸收当地原住民以及历代不同国家和民族外来文化的基础上形成的，并扩散到我国的台湾及海外其他国家的，具有传承性、离散性和世界性特征的亚文化。2009年，笔者在《光明日报》发文指出，闽南文化的核心精神集中体现为：重乡崇祖的思维观、爱拼敢赢的气质观、重义求利的价值观和山海交融的行为观。其后，笔者在《闽南文化：闽南族群的精神家园》（厦门大学出版社）一书中进一步阐释说，闽南文化蕴含四种心理意识，即"原乡情结、祖先崇拜"的族源意识，闽南人具有典型的传承祖先记忆和回报乡梓的文化自觉；"和谐互惠、海纳百川"的兼容意识，闽南人崇尚"你好我也好"的互惠共赢的商贸意愿；"灵活机变、敢为人先"的拓展意识，闽南人拥有山处海行、抢抓机遇的开放性眼光；"坚韧务实、百折不挠"的自强意识，闽南人推崇敢拼敢赢的进取精神。

　　闽南文化源于中华文化，当下有许多著名学者都在研究中华文化的核心精神，从不同的角度提出中华文化的特征。笔者觉得，中华文化经久不衰的核心精神可以简洁地概括为"和""礼""义""易"。闽南文化全面弘扬了中华文化这一精髓。

　　中华文化以"和"定天下。"和"是中国哲学中一个极其重要的命题。"礼之用，和为贵。""和"是人文精神的核心，是治国处事、外事交往的思想标准。天人合一、阴阳和合、五行和合等，是古代先贤对天地自然、人类社会的普遍现象做出的提炼。中华文化因"和"而具有强烈的包容力、亲和力和向心力。"和而不同"与"不同而和"的思想，是中华民族解决问题、推动社会发展的一种大智慧，适用于人与人、人与社会、人与自然，乃至国与国之间的关系。闽南文化充分展示了和则包容、和则并蓄、和则开明、和则大气的本质。闽南俗谚曰："相尊食有偆，相争食无份。"（"偆"：剩余。喻指"尊重礼让能和谐共荣"）自唐宋以来，闽南人就不断与域外民族交往，容许各种宗教在本地生存；坚持"己欲立而立人，己欲达而达人"的思想，实现多民族共荣共生。闽南文化的发源地泉州因之成为"世界多元文化展示中心""世界宗教博物馆"和"东亚文化之都"。闽南人海航帆影遍及世界100多个国家，无论其强弱，从来只谈经济、贸易和文化交流，不搞强权占领他国土地的勾当；只靠自己的血汗循规劳作，从不以枪炮开路暴取。中华文化的"和"，培育了闽南族群互惠共赢、海纳百川的宽阔胸怀。

中华文化以"礼"为守则。"礼，体也；言得事之体也"，是一个人为人处世的根本。"礼"不仅包含等级制度，还包括孝、慈、敬、顺、仁等道德规范。"礼"是中华民族价值观的核心体现，是调节人与人之间社会关系的杠杆。因此，"礼"为适应时代的发展也不断被修正、不断被赋予新的内容。在长期的历史发展中，"礼"已经成为中国社会的治理规则和行为准则。闽南文化继承了礼在崇祖、礼在敬畏、礼在修身、礼在博爱的思想。闽南俗话："隔壁亲情，礼数照行。"（即：哪怕是邻家的亲戚，礼节也必须照来）闽南人敬畏天道，崇拜诸神，凡神必敬。这是闽南地区泛宗教信仰的本源。闽南人遵守孝道，追忆祖先，坚守"慎终追远"的传统观念。闽南人坚守文化传承，闽南方言成为古汉语的"活化石"，南音进入世界非物质遗产名录，宗亲郡望、辈序血缘刻在每一代人的心灵之中。闽南人走遍天下，不忘生身之地，不忘祖籍血脉，充满浓烈的乡情乡族意识。中华文化的"礼"，塑造了闽南族群重乡崇祖、爱国爱乡的精神。

中华文化以"义"修身。"义"者宜也，即合宜、应该的意思，强调的是每个社会成员的精神境界和价值观念；是人们在人际交往中对信义友爱、美好善良的追求。孔子云："见义不为，无勇也。""上好义，则民莫敢不服。"《说文解字》"義""美""善"都是羊字头，有内在共同的含义，即美好善良与正直正义。闽南族群具化了中华文化之义存亲情、义存反哺、义存奉献、义存担当的精神。闽南民谚："德行着好，风水免讨"（"着"：要。即积德行善必有好报），"有量才有福"（"量"：肚量）。闽南人讲义气，希望"站着像东西塔，躺下像洛阳桥"。闽南人坚守诚信，乐意捐助社会、弘扬正义；闽南俗语"输人不输阵"是对此最好的诠释。闽南人一有成效，就热衷捐资兴学、修桥铺路、扶困解难。中华文化的"义"，成就了闽南族群崇尚信义、乐善好施的品质。

中华文化以"易"为行止。"易"即变易、更新、进步。《周易·系辞上》："生生之谓易。"中华文明的旺盛生命力，就在于不断革新、不断前进。运用中华文化的智慧创造的汉字、儒学、政治律令、科技成就以及本土化的佛教，不仅推动了中国历史的发展，而且曾经辐射整个东亚地区，影响尤为深远。大到中国古代的四大发明，小至中国的丝绸、茶、瓷，都曾经推动整个世界的历史进程。中华文化提倡的革故鼎新、创新创造的精神，以及由此而来的政治经济文明，在18世纪之前一直是全球进步的旗帜。"易"作为中华文化意识与行为的核心内涵，旨在追求"苟日新，日日新，又日新"；旨在励志"天行健，君子以自强不息"。中华民族几千年来历尽劫难未曾覆灭，多逢衰微一再振兴，根脉不绝，永续发展，正是把握了"易"的辩证精神。闽南文化充分演绎了易即求生、易即求新、易即求利、易即求先的内涵。闽南族群处于东南一隅，背山面海，为了生存，锻造出了"三分天注定，七分靠打拼"的行为意识；期盼美好，培育了敢为人先的人格气质。闽南人善于商农并重，勇于乘船走海，敢于守护海疆。隋唐以降，经略海洋长达 1500 多年，开创了宋元时期鼎盛于世的海上丝绸之路，向世界展示了以闽南文化为代表的中华文明。许多先民披荆斩棘，与"海丝"沿线的诸多国家民众共同创业，成就许多伟业，为这些国家的发展、为"海丝"之路的顺畅交流做出了不可磨灭的贡献。中华文化的"易"，锻造了闽南族群山处海行、爱拼敢赢的行为意识。

"和""礼""义""易"是中华文化的精髓。"和"是思想基础，是中华民族认识和处理主客观世界的根本思路；"礼"是道德规范，是"国"与"家"秩序稳定的重要前提；"义"是价值取向，是中华民族追求美好愿景的核心理念；"易"是革新动力，是中华民族创新与进步的关键保证。弘扬中华文化的"和""礼""义""易"，成就了闽南文化今日的辉煌！

文化是民族发展的积淀，是人类改造世界的成果，是社会长期形成的民风，是时代价值的集中体现，是引领、培育和涵养人类不断进步的精神食粮！文化需要我们透过表象去阐释、去提炼，并使之获得更好的传承与弘扬。作为中华文化亚文化的闽南文化，几千年来，它传承了什么，发展了什么，创新了什么，助益了什么，非常需要我们的深入研究和揭示。泉州师范学院的同仁们长期关注探索闽南文化的物质具象和精神内涵，是中国社会科学院文化研究中心闽南文化研究基地和台盟中央闽南文化交流研究基地的中坚力量。他们以高度的使命感致力于探索闽南族群千百年来的文化足迹，展示了闽南人敢为天下先的拼搏精神，从理论高度和实践层面不断提交有分量的学术成果。笔者坚信，各位同仁共同努力建设的"闽台与海丝文化研究丛书"，必将为建设海峡两岸文化共同体，为祖国和平统一大业，为 21 世纪海上丝绸之路的建设，为中华民族的伟大复兴做出力所能及的贡献。

谨以为序！

目　录

领导致辞

台盟中央两岸文化交流委员会主任、泉州市政协副主席骆沙鸣致辞 ……………（3）
泉州师范学院党委书记游小波教授致辞 ………………………………………（5）
泉州市社科联主席吴少锋致辞 …………………………………………………（7）

《泉州倡议》

"海丝文化国际青年学者联盟论坛"《泉州倡议》 …………………………（11）

新闻媒体报道

"海丝文化国际青年学者联盟论坛"成立 …………………………《光明日报》（15）
"海丝文化国际青年学者论坛"简述 ………………………………《光明日报》（16）
海内外青年学者共探海丝文化……………………………………《泉州晚报》（18）
国际学者欲成立"海丝文化国际青年学者联盟论坛" ………………中国新闻网（20）

论　文

"海丝文化国际青年学者论坛"会议论文综述………………吴春浩　陈彬强（23）
海上丝路的历史启示与21世纪"新丝路"的建设 ………………………林华东（29）
关于希腊罗马海上势力的历史反思 …………………………………徐松岩（36）
关于汉代海上丝绸之路的再思考 ……………………………………陈洪波（43）
明代海禁框架下的贡市贸易 ……………………………………………宋　烜（52）
略谈印度尼西亚与"海上丝绸之路"
　　…………………………［印度尼西亚］赛福尔·哈卡姆撰　郑锦怀译（68）
论中菲海上丝路与菲墨间大帆船贸易之关系始末
　　——兼解析泉州人移民菲岛及其对原住民之血统影响………［菲律宾］柯清淡（74）

"开澎进士"蔡廷兰与闽台名流诗家的交往
　　——以《香祖诗集》所见为主要考察范围 …………………… 柯荣三(80)
闽南明海法宝禅师与越南南方佛教史 …………………… [越南]范文俊(93)
妈祖文化的形成与发展及其海上丝绸之路的传播 …………… 蔡天新(100)
略论闽台古代书院教育的交融 ……………………………… 张振玉(114)
明代漳州月港对外贸易考略 ………………………………… 郑　云(123)
中国"丝绸之路"中的俄罗斯角色 …………………………… 邢媛媛(137)
宋代潮州南澳港新探 ………………………………………… 吴榕青(147)
"海上丝绸之路"的历史契机与当代启示
　　——以明清之际福建与中西文化交流为考察中心 ……… 吴巍巍(159)
打响月港品牌,融入海丝建设 ……………………………… 江智猛(177)
宋元时期泉州海上丝绸之路香料贸易研究 ………………… 洪彩真(192)
泉州沿海古镇海丝文化资源调查研究 ……………………… 丁玲玲(200)
海上丝绸之路的历史、现实与未来 ………………………… 陆　芸(206)
自贸区建设背景下两岸共建"21世纪海上丝绸之路"探讨 … 王　勇(211)
公元前4世纪雅典私人钱庄研究
　　——海上贸易融资视角的考察 ………………………… 陈思伟(220)
论前伊斯兰时期西方海上丝绸之路运输体系 ……………… 郝鹭捷(240)
丝路远航
　　——福建与海上丝绸之路的不解之缘 ………………… 黄后杰(251)
略论市舶司制度及其对泉州海外贸易之影响 ……………… 黄晖菲(259)
海丝背景下福建创意产业影响因素及提升路径研究 ……… 黄益军　吕庆华(267)
1057—1852年缅甸孟人海岸的地域史 …………………… 李　枫(278)
从荷兰史料看郑芝龙在中国台湾的活动 …………………… 李国宏(287)
中国与东盟佛教文化交流探索 ……………………………… 李湖江(294)
东南亚华人民间宗教信仰与建设21世纪海上丝绸之路 …… 李慧芬(301)
斯里兰卡共建21世纪海上丝绸之路的机遇与挑战 ………… 廖　萌(307)
两岸共建21世纪海上丝绸之路的SWOT分析与策略 …… 刘凌斌(316)
泉州圭峰史迹与海洋文明探析 ……………………………… 刘文波(327)
孙吴与海丝沿线国家的经济文化交流 ……………………… 刘亚轩(332)
文化线路:"海上丝绸之路:泉州史迹"可持续利用之维 …… 骆文伟(340)
南音与昆曲归韵区别管窥
　　——兼谈南音咬字之"改良" …………………………… 马晓霓(348)
国际社会对21世纪海上丝绸之路的认知
　　——以印度与东盟为例 ………………………………… 毛彬彬(354)

海上丝绸之路对宋代铜钱外流的影响

　　——以东南亚诸国为考察对象 …………………………… 任志宏（364）

云计算环境下闽台族谱信息资源共享模式研究 ……… 陈彬强　蔡晓君（373）

试析妈祖文化中的工商文明因子 …………………………… 施志杨（381）

过去的未来：古今海上丝绸之路与闽南戏曲侨易之路 ………… 王　伟　陈思扬（387）

21世纪海上丝绸之路与建设福建省海洋经济强省研究 ………… 杨诗源（396）

中国古代海上丝绸之路兴衰的政治影响因素 ……………… 尹　烨（402）

浅析"海丝"文化对泉州民间舞蹈的影响 ……… 原　雪　叶晓丽（408）

顺、康年间泉州诗坛风貌初探 ……………………………… 翟　勇（416）

"民间开发澎湖第一人"施肩吾的形象建构

　　——兼论泉州海上航运发展与澎湖的开发 ………… 张遂新（427）

泉州建设闽南海丝文化信息资源中心的思考 ……… 蔡晓君　陈彬强（438）

《古今形胜之图》刊刻地点及流传新考 ……… 董玉林　周运中（444）

略论日据时期泉台两地的人文交流 ……………………… 庄小芳（457）

后记 ………………………………………………………………（465）

领导致辞

台盟中央两岸文化交流委员会主任、泉州市政协副主席骆沙鸣致辞

各位嘉宾、女士们、先生们：

大家上午好！

今天，我们在美丽的东亚文化之都、海上丝绸之路起点城市之一——泉州，隆重举行"海丝文化国际青年学者论坛"。我谨代表泉州市政府、市政协、台盟中央闽南文化交流研究基地向论坛的召开表示热烈祝贺！向莅临研讨会的各位嘉宾表示热忱的欢迎和衷心的感谢！

泉州是一个人文气息浓郁的热土，中原文化、海洋文化、伊斯兰文化等多元文化融合于此。作为中世纪首个开放型都市"海上丝绸之路"的起点城市——泉州面海而立、因海而兴，曾在东西方文明交流中，占有重要的历史地位。唐宋元时期"东方第一大港"——泉州就呈现出"市井十洲人"的空前盛况。海洋赋予了泉州兼容并蓄、活力四射的蔚蓝基调，而泉州的"海丝文化"因彰显着和平、友谊、合作、发展、共赢的要义而绚丽多彩。泉州的古桥、古塔、古船、古音仍向我们叙述着泉州文化的多元性和包容性。"海丝文化"已成为泉州灿烂的城市名片，也是世界了解泉州的重要窗口和纽带。

当前，"一带一路"国家战略正在深入广泛实施，泉州伸开海上丝绸之路先行区和首届东亚文化之都的左右臂正拥抱着千载难逢的历史新机遇，泉州不但要温故知新，重新认识和焕发海丝文化的当代价值和文化软实力，而且更要在"一带一路"建设中加强海丝文化保护传承和弘扬海丝文化正能量，充分发挥海丝文化的引领和先行先试作用。泉州代表性海丝文化遗产点就有 18 处，这些既是中国海上丝绸之路灿烂辉煌的铮铮印证，也是中国优秀传统文化的重要组成，还是建设 21 世纪海上丝绸之路的活力源泉和优势资源。如何共享这些文化资源、文化资本，践行和平发展的共同价值观值得我们思考。我们秉承着"共商、共建、共享、共赢"的原则，倡导着"结识、结缘、结智、结果"的理念走到一起来了。

世界是青年的，青年学者的思考研究更具时代性、创新性和前瞻性。今天，我们非常荣幸诚邀国内外青年学者齐聚一堂，共同谋划"海丝"文化建设战略。我们相信，此次研讨会必定是思想交流、交心、交锋、交融的盛宴，必将为沿线国家共谋发展、

共同繁荣提供新的契机，必将进一步深化沿线各国在文化乃至经济、社会等各领域的交流与合作。泉州也将充分利用与"海丝"沿线国家和地区在商缘、文缘、亲缘上的独特优势，积极构建"海丝"沟通协作平台机制，与"海丝"沿线国家共同走好友好交流之路、海上商贸物流之路、互联互通之路、产业投资之路、海上合作之路、旅游观光之路、资金流通之路和人文交融之路。希望大家多走走看看，多了解泉州，在互联网、云计算大数据时代，共同构建"互联、互通、互信、互动"的平台，多让思想火花碰撞出睿智的光芒，共同谱写"海丝文化"新篇章！

　　谢谢大家！

泉州师范学院党委书记游小波教授致辞

尊敬的各位领导、各位来宾、女士们、先生们：

大家上午好！

今天，美丽的东亚文化之都——泉州迎来了一次学术盛会，来自新西兰、菲律宾、印度尼西亚、越南，以及中国的香港和台湾等地的专家学者，以及中国大陆的青年学者八十余人齐聚论坛，共同研讨海丝文化。我谨代表会议主办方泉州师范学院向大会的召开表示热烈的祝贺，向出席会议的各位领导、各位来宾和海内外青年学者表示诚挚的问候和衷心的感谢！

海上丝绸之路最早可追溯到汉代，那时的中国先民即已凭着智慧和胆识，冲破大洋阻隔，与海外异邦建立联系，开辟出一条联结中外文明的海上丝绸之路。唐中后期，由于陆上丝绸之路受战乱所阻，加之中国经济重心逐渐南移，海路便取代陆路成为中外贸易主通道。到了宋元时期，指南针和水密封舱等航海技术的发明和牵星术、地文潮流等航海知识的积累，加之阿拉伯世界对海洋贸易的热忱，使海上丝绸之路达到空前繁盛。正是在这一时期，泉州凭借自身区位和港口优势，从世界众多海港中脱颖而出，成为"东方第一大港"，为促进中国的海外交往做出了重要贡献。至今散落在泉州的众多海丝史迹无不默默诉说着当年"涨海声中万国商"的繁华盛况。近年来，在习近平总书记提出建设"21世纪海上丝绸之路"的国家战略背景下，泉州也紧紧抓住机遇，提出了建设21世纪海上丝绸之路先行区的战略规划和总体方案，努力争取复兴泉州港、再创海上丝绸之路的新辉煌。因此，今天我们在泉州召开这样一个具有鲜明特色的国际学术会议，无疑具有一种特别的意义。

作为此次会议主办方之一的泉州师范学院，前身是创办于1958年的泉州大学师范学院。2000年经教育部批准正式升格为泉州师范学院，是福建省第一所地方性本科高校。学校下设15个二级学院，拥有58个全日制本科专业，涵盖经济学、教育学、文学、历史学、理学、工学、法学、管理学、艺术学九大学科门类，面向全国招生，全日制在校生18000多人。2011年学校正式获批培养硕士专业学位研究生试点工作单位，系全国新建本科院校中首批拥有硕士专业学位点的高校之一。2013年获批福建省硕士学位授予培育建设单位和福建省研究生教育创新基地。2013年至2014年，"中国社会科学院文化研究中心闽南文化研究基地"和"台盟中央闽南文化交流研究基地"先后落户我校，为我校集中各方优势，大力发展闽南文化和海丝文化提供了高层次的国家级科研平台。基地现已组织起一批年轻的科研队伍从事闽南文化和海丝文化研究，目前已取得一定成果，并将继续依托这两个国家级平台，进一步整合各方资源，努力提高学术研究水平，积极为各级政府决策提供咨询服务，进一步扩大我校在闽南文化与海丝文化研究领域的影响力。

我们热忱欢迎各位年轻学者经常来我校走访，与我校青年教师多开展合作交流，互相促进、共同成长，携手推进闽南文化与海丝文化研究走向世界。最后，预祝本次论坛取得圆满成功！祝各位代表会议期间工作、生活愉快！

谢谢大家！

泉州市社科联主席吴少锋致辞

各位嘉宾、女士们、先生们：

今天，我们在美丽的东亚文化之都、海上丝绸之路起点城市——泉州隆重举行"海丝文化国际青年学者论坛"。我谨代表泉州市委、市政府向莅临研讨会的各位嘉宾表示热烈的欢迎和衷心的感谢！

早在2000多年前，中国就已开启了海上丝绸之路。在这条海路上，沿线国家之间不仅实现了贸易上的互通有无，对经济发展繁荣起到了重要作用，而且促进了不同民族文化的交汇融合，对人类文明进步产生了深远影响。

众所周知，泉州是世界公认的海上丝绸之路起点城市，也是我国海洋文化的重要代表之一。泉州的航海历史，可追溯到几千年以前的闽越人时代。公元6世纪的南朝，泉州就与南海诸国有交通往来。唐代，泉州成为中国四大对外贸易港口之一，"市井十洲人"就是当时的真实写照。宋元时期，中国对外贸易重心就在泉州，泉州港进入鼎盛时期，与埃及的亚历山大港齐名，时人称之为"东方第一大港"。千百年来，沿着海上丝绸之路，阿拉伯商人来到泉州，并将当时的古城刺桐音译为"Zaitun"，使之扬名海外。同时，泉州人也下南洋、过台湾，成为台湾同胞和华人华侨的主要祖籍地和著名侨乡。泉州各大宗教齐全，和谐相处，被世人称为"世界宗教博物馆"。1991年，联合国教科文组织派出由50名专家和记者组成的海丝考察队前来泉州考察，并召开"中国与海上丝绸之路"国际学术研讨会，最后认定中国是世界海洋文化的发祥地之一，泉州成为无可争议的海上丝绸之路的起点，同时被联合国确认为"世界多元文化展示中心"。

随着"一带一路"国家战略的提出，泉州在国内地级市中率先提出建设海丝先行区的战略目标，并制定了《福建省泉州市21世纪海上丝绸之路先行区建设总体方案》《泉州建设海上丝绸之路先行示范区战略规划》，获得了国家相关部委在政策和规划层面的支持。

目前，泉州建设海丝先行区已正式被列入国家"一带一路"战略，成为"一带一路"战略支点城市。经过紧锣密鼓的谋划建设，泉州从规划衔接、项目带动、经贸合作、平台搭建、文化交流、氛围营造六大方面下足功夫，在建设海上丝绸之路先行区上已取得了不少成效。至2020年，泉州海丝先行区将在经贸文化合作等方面取得成果，贸易投资自由化、便利化水平显著提升，对外合作交流更加紧密，人员往来更加便利，使泉州成为我国深度融入世界经济的重要城市和充分展示海上丝路建设成果的重要窗口。

各位青年才俊、女士们、先生们，你们是世界的未来，是社会发展的栋梁，是推进文化建设的中坚力量，你们的到来使古城泉州熠熠生辉。希望通过本次论坛，以你们特有的青春热情和智慧，为建设 21 世纪海上丝绸之路建言献策，为泉州建设海上丝绸之路先行区添砖加瓦。让我们集思广益、群策群力，共同谱写海上丝绸之路的新篇章！

谢谢大家！

《泉州倡议》

"海丝文化国际青年学者联盟论坛"
《泉州倡议》

今天我们聚集在海上丝绸之路重要的历史起点泉州，从文化的视角，回顾历史，展望未来，交流学术心得，沟通彼此心灵，为建设 21 世纪海上丝绸之路建言献策。我们要感谢泉州，感谢泉州师院，搭建了一个如此充满希望、充满梦想、充满青春活力的学术平台——"海丝文化国际青年学者联盟论坛"。

青年就是未来。海上丝绸之路从历史走向未来，需要一代又一代青年们，以青春的热烈投身，以海洋的胸怀包容，以创造的智慧奉献。21 世纪海上丝绸之路的伟大愿景，关系到海丝沿线众多国家的利益和未来，希望在青年，活力在青年，创造在青年！不仅仅是中国的青年，还要有丝绸之路沿线所有国家和地区的青年，乃至世界更多国家的青年们，一起来参与，来推动，来实现这样一个伟大的梦想。

因此，在首次海丝文化国际青年学者论坛上，我们倡议：共同携手，成立"海丝文化国际青年学者联盟论坛"（Maritime Silk Road Cultural Forum of International Young Scholar Union，简称"海丝青盟论坛"），把这个属于青年的学术论坛永远地办下去。

海丝青盟论坛向世界所有研究海丝文化的青年学者及学术团体开放。欢迎致力于海丝文化的研究者随时加盟，共同建设好论坛。

海丝青盟论坛以"广结朋友，交流学术，沟通心灵，建设智库"为宗旨，每年举办一次论坛。今年是第一届。

海丝青盟论坛秘书处和网站设在泉州师范学院（中国社会科学院文化研究中心闽南文化研究基地）。秘书处负责联络所有加盟的联盟团体和青年学者，搭建平台，组织年会，促进共识，转化成果！

来吧，青年学者们！让我们不分疆域，不分彼此，共同携手，创造一个能为海丝文化建设谋划战略，助力海丝沿线各国政治、经济、文化和社会交流合作，永远朝气蓬勃、青春闪光的学术论坛！

联盟发起单位：
泉州师范学院
福建省闽南文化发展基金会
台湾成功大学人文社会科学中心

台盟中央两岸文化交流委员会

泉州市闽南文化促进中心

台盟中央闽南文化交流研究基地

中国社会科学院文化研究中心闽南文化研究基地

厦门市闽南文化研究会

新华网闽南文化网

2015 年 5 月 24 日

背景介绍

2015 年 5 月 22 日，第一届"海丝文化国际青年学者联盟论坛"在泉州师院召开。会前，泉州师范学院林华东、福建省闽南文化发展基金会吴正元和陈耕、台湾成功大学人文社会科学中心陈益源等协商成立"海丝青盟论坛"，以此为平台持续推进海内外的学术交流。此举获得泉州市委宣传部的支持。经过会中酝酿，泉州师范学院（中国社会科学院文化研究中心闽南文化研究基地）与福建省闽南文化发展基金会、台湾成功大学人文社会科学中心等九家研究机构取得共识。在 5 月 24 日论坛闭幕式上，各发起单位现场签认"海丝青盟论坛"，泉州师范学院副院长、闽南文化研究基地主任林华东教授代表发起单位宣读《泉州倡议》，与会学者共同见证"海丝青盟论坛"成立。

海丝青盟论坛以"广结朋友，交流学术，沟通心灵，建设智库"为宗旨，以服务"一带一路"战略为核心，在古代海上丝路的起点城市泉州搭建海上丝绸之路沿线各国和地区的交流平台。海丝青盟论坛将坚持联盟的开放性，不断拓宽联盟队伍，加强与机构之外的单位、部门、政府的联系，着力提升海丝文化研究的对外影响力；将不断凝聚共识，深化智库功能，培育发展理念，共同探索古代海上丝路和平发展的历史事实，共同研讨开放、包容和可持续发展的 21 世纪"一带一路"的建设路径，共同助力相关国家、区域建设政治互信、经济融合、文化包容的利益共同体、命运共同体和责任共同体。

因此，海丝青盟论坛将以推动海丝文化研究的深度为己任。每年举办一次论坛，充分发挥青年学者特有的热情与智慧，以世界的眼光和角度，探索海丝文化的传统意蕴和精髓，挖掘海丝文化的内涵，推动海丝文化的传承，努力体现海丝文化研究对建设 21 世纪海上丝绸之路应有的价值。

海丝青盟论坛还将以拓展海丝文化研究交流的宽度为己任。把海丝文化的学术研究与社会发展结合起来，促进研究成果转化为社会发展的软实力；把海丝文化研究与文化创意产业结合起来，推动海丝文化产业的迅速发展；把理论研究与为政府提供文化传承的策略咨询结合起来，将海丝青盟论坛打造成服务"建设 21 世纪海上丝绸之路"国家战略的智囊库、联系中国和海丝沿线各国文化交流的基地，使海丝青盟论坛成为海丝文化的咨询中心、文库中心、学术中心和人才中心。

新闻媒体报道

"海丝文化国际青年学者联盟论坛"成立

浔 邑

在泉州师范学院举办的"海丝文化国际青年学者联盟论坛"闭幕会上，由泉州师范学院、福建省闽南文化发展基金会、台湾成功大学等单位发起，台盟中央两岸文化交流委员会、泉州市闽南文化促进中心、台盟中央闽南文化交流研究基地、中国社会科学院文化研究中心闽南文化研究基地、厦门市闽南文化研究会、新华网闽南文化网等九个单位联合通过《关于成立海丝文化国际青年学者联盟论坛的泉州倡议》。《倡议》认为：21世纪海上丝绸之路的伟大愿景，关系到海丝沿线众多国家地区的利益和未来，希望在青年，活力在青年，创造在青年。"海上丝绸之路从历史走向未来，需要一代又一代青年人，以青春的热烈投身，以海洋的胸怀包容，以创造的智慧奉献。"该论坛以"广结朋友，交流学术，沟通心灵，建设智库"为宗旨，向海内外所有研究海丝文化的青年学者及学术团体开放，欢迎致力于海丝文化的研究者随时加盟。论坛秘书处和网站设在泉州师范学院，负责联络各个加盟团体和青年学者，搭建平台，组织年会，促进共识，转化成果。

（《光明日报》2015年6月3日第14版）

"海丝文化国际青年学者论坛"简述

陈彬强　　浔　邑

　　"海丝文化国际青年学者论坛"在海上丝绸之路重要起点城市——泉州举行。论坛由泉州师范学院、泉州市社科联、台盟泉州市委和福建省闽南文化发展基金会联合主办，中国社会科学院文化研究中心闽南文化基地、台盟中央闽南文化交流研究基地、泉州师院中国语言文学重点学科承办。来自中国大陆、中国台湾、中国香港以及越南、印度尼西亚、新西兰、菲律宾等国家和地区近30家单位的80余名专家学者参会。与会代表围绕海上丝绸之路的历史、现实与未来，福建与海上丝绸之路的历史渊源关系，福建地方文化在建设21世纪海上丝绸之路中的意义和作用，海上丝绸之路背景下闽台经贸合作的路径选择，闽台文化交流对21世纪海上丝绸之路建设的影响和贡献，海上丝绸之路文献信息资源的建设和共享，中国与海上丝绸之路沿线国家人文交流与经济合作等七个领域展开深入研讨。古代海上丝绸之路的兴衰历程及其原因是此次论坛关注的重点。广西师范大学历史与旅游学院陈洪波教授指出，汉代南方海上丝绸之路的开拓，首先是汉武帝派遣使节搜求奇珍异宝的结果，目的在于获得满足宫廷生活的高端奢侈品，因此其一开始并不是一种经济行为。使节所走的商路往往并不具有张骞通西域那样的"凿空"意义，之前南洋和西洋的商人已经经此往返。这一时期海上丝绸之路的开通实际上是中外政府和商人双向努力的结果。香港新亚研究院李木妙研究员从郑和下西洋切入，采取中外比较的视角来探寻明清之际中西贸易发展历程及其兴衰原因。浙江省社会科学院宋烜教授作了题为《明代海禁与贡市贸易》的报告，指出明代海禁对沿海地区的经济贸易活动造成诸多负面作用，并引发沿海通番商人"转商为寇"，而嘉靖倭患的发生，对明清两代的社会经济发展产生了深远影响。台湾成功大学陈益源教授在《找寻由闽南下南洋的民间史料——从几份卖身契讲起》的报告中，展示了自己长期收集研究相关民间文献的成果，并指出遗留在南洋诸国的华人契约文书、碑刻、族谱、书信等民间文献是研究海上丝绸之路兴衰不可忽视的重要史料，应尽快予以搜集、整理和利用。泉州师范学院副院长林华东教授作了《闽南文化与海上丝绸之路》的报告。他认为，闽南文化从"和、礼、义、易"等方面传承了中华传统文化的精髓；同时，由于海上丝路在泉州的聚合，阿拉伯文化、南洋文化和西洋文化在泉州的交集，涵养、丰富了闽南文化的内涵。闽南文化的海洋经济观念、和谐共荣意识、多元共生意愿、互惠互信理念，随着闽南族群走出国门，为海上丝路的顺畅交流、互信发展做出了重要贡献。因此，探寻闽南文化的形成、发展、变迁是海上丝绸之路研究的重要内容和切入点。对海上丝绸之路西段的关注是本次论坛的一大亮点。西南大学历史文化学院徐松岩教授作了题为《关于希腊罗马海上势力的历史反思》的报告，认为古代东西方国家的当政者对海上势力的不同认识和定位，对于15、16世纪以及其后东西方国家内外政策的制定产生过重大而深远的影响，而这正是造成近500年来东西方文明水平差距逐步拉大的一个重要的历史根源。信阳师范学院陈思伟副教授的文章《公元1—2世纪的海上丝绸之路——从埃及到印度的海上贸易》一文，对公元1—2世纪埃及与印度的贸易路线、贸易商品、资金运作等进行了详细考察，指出罗马帝国每年需从东方运来大量商品用于消费，促进了海上丝绸之路大发展。暨南大学历史系博士后邵兆颖以《查士丁尼时期拜占庭丝绸贸易与海上丝绸之路》为题，考察了两者的关系，并指出经济的复苏促使拜占庭海外贸易大幅增长，蚕种也随之传入拜占庭，改变了拜占庭帝国的丝织业和丝绸贸易。

（《光明日报》2015年7月22日第14版）

海内外青年学者共探海丝文化

殷斯麒　陈智勇

2015 年 5 月 23 日至 24 日，为期两天的"海丝文化国际青年学者论坛"在泉州师范学院举行，来自菲律宾、印度尼西亚、越南、新西兰以及中国大陆、中国香港和中国台湾等地的 80 多位青年学者代表共探海丝文化建设。

本次大会共提交了 72 篇学术论文，充分展示了海丝文化研究的最新成果。海内外青年学者围绕"海上丝绸之路的历史、现实与未来""福建与海上丝绸之路的历史渊源关系""福建地方文化在建设 21 世纪海上丝绸之路中的意义和作用""海上丝绸之路背景下闽台经贸合作的路径选择""闽台文化交流对 21 世纪海上丝绸之路建设的影响和贡献""海上丝绸之路文献信息资源的建设和共享""中国与海上丝绸之路沿线国家人文交流与经济合作"七个领域进行了深入探讨和交流。主办方将遴选部分论文编辑出版海丝文化国际青年学者论坛论文集。

在泉期间，与会人员除参观中国社会科学院文化研究中心闽南文化研究基地和台盟中央闽南文化交流研究基地外，还进行了为期半天的海丝史迹考察，重点走访了洛阳桥、伊斯兰教圣墓、海交馆、清净寺、天后宫、市舶司遗址、开元寺七处泉州海丝申遗考察点。

侧　记

打造服务海丝建设智囊库。80 多位海内外青年学者齐聚海上丝绸之路起点城市泉州，举办为期两天的"海丝文化国际青年学者联盟论坛"。在闭幕式上，海丝文化国际青年学者联盟论坛正式成立。

"海上丝绸之路从历史走向未来，需要一代代的青年，青年学者具有活力特质与创造性思维。"台湾成功大学中国文学系特聘教授陈益源认为，"一带一路"愿景的提出，为海丝沿线国家和地区共谋发展、共同繁荣，提供了新的契机。共同携手成立海丝文化国际青年学者联盟论坛，不仅有利于带动海丝文化研究领域青年学者的学术交流，展示海丝文化研究方面的最新进展，更有利于培养青年学术团队，服务"一带一路"

战略。

"'海上丝绸之路'并非单线，而是相互交融的。"谈及泉州与菲律宾在海丝历史中的交流发展，以及泉州人移居菲律宾产生的两地血缘关系，菲华作家协会副会长柯清淡如是说。柯清淡表示，自童年时旅菲迄今已67年，十分有幸既生又长于与海丝紧密相接的两个地方，更希望能为共建"一带一路"尽绵薄之力。

"海丝文化国家青年学者联盟论坛致力于学术研究与政府政策咨询的结合，将力争五年之内培养一支海丝文化青年学术研究团队，将其打造成服务21世纪海上丝绸之路建设的智囊库、联系两岸和国内外海丝文化研究的基地，成为国内外海丝文化的咨询中心、文库中心、学术中心和人才中心。"泉州师院党委书记游小波表示。

海丝文化国家青年学者联盟论坛是由福建省闽南文化发展基金会、泉州师范学院、台湾成功大学、泉州市闽南文化促进中心、台盟中央两岸交流委员会、台盟中央闽南文化交流研究基地、中国社会科学院文化研究中心闽南文化研究基地、厦门市闽南文化研究会、新华网闽南文化网联合倡议发起，面向世界所有研究海丝文化的青年学者及学术团体开放。论坛以"广结朋友，交流学术，沟通心灵，建设智库"为宗旨，每年举办一届，为海内外青年学者提供常态化的学习交流平台。论坛秘书处设于泉州师范学院，负责联络所有加盟的联盟团体和青年学者，推动论坛的举办及论坛成果的发表。

（《泉州晚报》2015年5月25日）

国际学者欲成立"海丝文化国际青年学者联盟论坛"

谢文哲 郭 斌

2015 年 5 月 24 日，为期两天的"海丝文化国际青年学者联盟论坛"在海上丝绸之路起点城市福建泉州落幕。来自中国大陆、中国台湾、中国香港和新西兰、菲律宾、印度尼西亚、越南等国家和地区的 80 多位青年与会学者和主办单位倡议成立国内首个"海丝文化国际青年学者联盟论坛"，论坛面向世界所有研究海上丝绸之路文化的青年学者及学术团体开放，为海内外青年学者提供常态化的学习交流平台。

提交大会交流的 72 篇学术论文，充分展示了海丝文化研究的最新成果。这些论文，围绕"海上丝绸之路的历史、现实与未来"，"福建与海上丝绸之路的历史渊源关系"，"海上丝绸之路背景下闽台经贸合作的路径选择"，"中国与海上丝绸之路沿线国家人文交流与经济合作"等七个领域，深入探讨，其中不乏真知灼见。

台湾成功大学陈益源教授认为，海上丝绸之路从历史走向未来，需要一代代的青年，而青年学者具有活力特质与创造特点性思维，共同携手成立"海丝文化国家青年学者联盟论坛"，有利于培养青年学术团队，服务"一带一路"愿景。

泉州师院党委书记游小波表示，海丝文化国家青年学者联盟论坛以"广结朋友，交流学术，沟通心灵，建设智库"为宗旨，致力于学术研究与政府政策咨询的结合，力争五年之内培养一支海丝文化青年学术研究团队，将其打造成服务 21 世纪海上丝绸之路建设的智囊库、联系两岸和国内外海丝文化研究的基地，成为国内外海丝文化的咨询中心、文库中心、学术中心和人才中心。

本次论坛是由泉州师范学院、福建省闽南文化发展基金会、台湾成功大学、台盟中央两岸交流委员会、台盟中央闽南文化交流研究基地、中国社会科学院文化研究中心闽南文化研究基地、泉州市闽南文化促进中心、厦门市闽南文化研究会、新华网闽南文化网联合主办。

会议期间，与会人员还重点走访了洛阳桥、伊斯兰教圣墓、海交馆、清净寺、天后宫、市舶司遗址、开元寺七处泉州海丝文化申遗考察点。

（中国新闻网，2015 年 5 月 24 日）

论　文

"海丝文化国际青年学者论坛"
会议论文综述

吴春浩　陈彬强

摘　要：由泉州师范学院、泉州市社科联、台盟泉州市委和福建省闽南文化发展基金会联合主办的"海丝文化国际青年学者论坛"，围绕"海上丝绸之路的历史、现实与未来，福建与海上丝绸之路的历史渊源关系，福建地方文化在建设21世纪海上丝绸之路中的意义和作用，海上丝绸之路背景下闽台经贸合作的路径选择，闽台文化交流对21世纪海上丝绸之路建设的影响和贡献，中国与海上丝绸之路沿线国家人文交流与经济合作"等七个领域展开深入研讨。本次论坛吸引了海内外数十位海丝文化研究的青年学者参与，提交的论文研究领域宽泛，对建设21世纪海上丝绸之路提出了许多有益的建议和策略。

关键词：海上丝绸之路；经贸合作；人文交流

为服务"一带一路"国家战略，培养青年学术团队，加强国内外海丝文化研究学术交流，2015年5月22—24日，海丝文化国际青年学者论坛在泉州师范学院隆重召开。本次论坛是泉州市2015年社科活动资助重点项目。会议由泉州师范学院、泉州市社科联、台盟泉州市委和福建省闽南文化发展基金会联合主办，中国社会科学院文化研究中心闽南文化研究基地、台盟中央闽南文化交流研究基地、泉州师院中国语言文学重点学科承办。来自越南、印度尼西亚、新西兰、菲律宾等国家，以及中国台湾、中国香港、中国大陆等近30家单位的80余名专家学者出席了此次学术研讨会，并提交了72篇论文。

六位学者在开幕式大会上分别作主题报告。分别为：台湾成功大学人文社会科学中心副主任陈益源教授的《找寻由闽南下南洋的民间史料——从几份卖身契讲起》，香港新亚研究院李木妙研究员的《海上丝路与环球贸易——以明清之际中西贸易发展为研究轴心述略》，中国世界古代史研究会副会长、西南大学历史学院徐松岩教授的《关于希腊罗马海上势力的历史反思》，广西师范大学历史文化与旅游学院陈洪波教授的《关于汉代海上丝绸之路的几个问题》，浙江省社会科学院历史所宋烜研究员的《明代海禁与贡市贸易》，泉州师院副院长、闽南文化研究基地主任林华东教授的《闽南文化与海上丝绸之路》。

在持续两天的分组讨论中，与会专家学者围绕海上丝绸之路的历史、现实与未来，福建与海上丝绸之路的历史渊源关系，福建地方文化在建设 21 世纪海上丝绸之路中的意义和作用，海上丝绸之路背景下闽台经贸合作的路径选择，闽台文化交流对 21 世纪海上丝绸之路建设的影响和贡献，中国与海上丝绸之路沿线国家人文交流与经济合作等七个领域展开深入研讨。

一 关于海上丝绸之路的历史、现实与未来的探讨

古代海上丝绸之路兴衰因素探讨是此次会议关注的重点，国内外的专家学者从政治、经济和文化等多方面对海上丝绸之路的形成、发展和衰落进行了全面和深入的探讨，对不同历史时期中外海上贸易的特点、影响和发展变化等做了新的论述。

菲律宾华文作家协会副主席柯清淡的《"菲墨间大帆船贸易"搭配"中菲海上丝路"之始末——主论它如何带动泉州人移民菲岛及其对原居民之血统影响》结合自身旅菲 60 多年的经历探讨了菲律宾与墨西哥间的"大帆船贸易"和中菲间的传统"海上丝绸之路"如何带动泉州人移民菲岛及其对原居民之血统影响，向大家展示了菲律宾华人艰辛的移民史，文章言辞间也饱含作者对祖国故乡浓浓的深厚情感。香港新亚研究院李木妙探索了明清之际海上丝绸之路发展由点到面，由面而体，最后促使环球性贸易体系形成的过程，从宏观视角揭示了海上丝路与环球贸易的关系。西南大学历史文化学院徐松岩提出东西方海上势力的强弱转化是古代海上丝绸之路兴衰的重要因素。古代东西方国家的当政者对海上势力的不同认识和定位，对于 15、16 世纪以及其后东西方国家内外政策的制定产生过重大而深远的影响，而这正是造成近 500 年来东西方文明水平差距逐步拉大的一个重要的历史根源。立意高远，令人钦佩。浙江省社会科学院宋烜的《明代海禁与贡市贸易》用大量翔实的历史文献细述了明代海禁对沿海社会经济发展的影响，其宽泛的知识积累值得青年学者深入学习。福建社会科学院陆芸的《海上丝绸之路的历史、现实与未来》用简练的学术语言阐述了海上丝绸之路的历史、现实与未来，对海上丝绸之路形成、发展等时间节点、地域相关问题进行了很好的概括。广西师范大学历史文化与旅游学院陈洪波和秦始皇陵研究院史党社的《关于汉代海上丝绸之路的几个问题》提出汉代南方海上丝绸之路的开拓是中外政府和商人双向努力的结果，外国方面可能贡献更大。现今岭南留下的考古遗迹，大多数是海上丝路境内段商贸活动的结果，与远洋贸易关系不大。观点新颖，为汉代海丝问题研究带来了不同的认识。国防大学战略教研部博士后李枫详述了 1057—1852 年缅甸孟人海岸的地域变化史。缅甸地理位置特殊，是建设 21 世纪海上丝绸之路战略要地之一，其该方面研究有着十分积极的意义。陈思伟、郝鹭捷、尹烨、吴榕青、张彩霞、袁鹏博、李国宏、张遂新、王三三和陈少丰等人也从其他不同角度对海上丝绸之路的兴衰变化

提出了自己的观点与看法。

二 围绕福建与海上丝绸之路的历史渊源关系的论述

福建是海上丝绸之路东方起点，在古代海上丝绸之路中扮演着重要的角色，应该重视和加强福建海丝文化，尤其是福州、泉州和漳州等港口历史文化的研究和保护，服务 21 世纪海上丝绸之路国家战略建设。

菲律宾《菲律宾商报》陈淳淳的《泉州海上丝绸之路与菲律宾华人华侨的关系》清晰呈现了海上丝绸之路和中菲关系发展的紧密联系及华人华侨在菲艰辛的奋斗史。中国闽台缘博物馆黄晖菲《略论市舶司制度及其对泉州海外贸易之影响》以泉州市舶司制度为研究切入点，系统梳理了不同时期市舶司制度的发展变化及其对泉州海上贸易的影响。泉州学研究所林丽珍的《泉州与海上丝绸之路——历史、现在和未来》一文中就泉州与海上丝绸之路回溯历史，观照现实，展望未来，具有较强的实践指导意义。福建龙海市博物馆郑云和福建龙海市社科联江智猛的《明代漳州月港对外贸易考略》与《打响月港品牌，融入海丝建设》用丰富的文献和翔实的史实论述了漳州月港在"海上丝绸之路"的链条中独特的位置，对相关研究有重要的借鉴和启迪作用。泉州师范学院丁玲玲的《泉州沿海古镇海丝文化资源调查研究》充分调查了泉州沿海古镇的海丝文化资源，提出在保护的基础上充分利用这些文化资源，服务海上丝绸之路经济建设。文章资料丰富，可以看出作者进行了大量的实地调研工作，侧面反映了科研工作的艰辛与不易。洪彩真、黄后杰、董玉林、吴巍巍、苏素云、刘文波、杨诗源、骆文伟、陈彬强、张惠萍和吴春浩等人从泉州香料历史文化，地图、碑记考证，福建地方海丝史迹探析，福建海洋经济发展和海丝文献资源建设等方面探讨了福建与海上丝绸之路的历史渊源关系。

三 阐释福建地方文化在建设 21 世纪海上丝绸之路中的意义和作用

福建独特的历史文化如妈祖信仰、闽南文化等是中华传统文化和海洋文化的融合，并随着海上贸易在世界各地传播和发扬。传承和弘扬福建地方文化，有助于促进新丝绸之路沿线国家和地区的文化融合和政治互信，在建设 21 世纪海上丝绸之路中有着重要的意义和作用。

妈祖作为古代航海者的保护神，在古代海上丝绸之路开拓中发挥了巨大作用。中共莆田市委党校蔡天新和福建师范大学社会历史学院施志杨的《妈祖文化的形成与发展及其在海上丝绸之路的传播》与《试析妈祖文化中的工商文明因子》分别对妈祖文化的形成、发展与影响及其在海上丝绸之路的传播等进行了详细论述，揭示了妈祖文化在海丝文化中的独特地位。泉州师范学院资源与环境科学学院李蕊蕊和赵伟的《传统音乐的空间扩散及其文化区演变——以国家非物质文化遗产南音为例》从文化地理学的角度探讨了南音文化的扩散方式，对南音文化的传承和保护具有重要的参考价值。泉州师范学院文学与传播学院王伟的《海上丝绸之路与闽南戏曲的海外传播及其发展》深入讨论了闽南戏曲与闽南人精神情感的内在联系，文章言语精练，文献丰富。王晓平、童欣、吴浩宇、马晓霓、叶晓丽和原雪等人从妈祖文化在欧美传播历程，开漳圣王信俗发展状况，泉腔南音咬字辨析，泉州民间舞蹈发展与海丝文化等方面阐述了福建地方文化在建设 21 世纪海上丝绸之路中的特殊意义和作用。

四　论述海上丝绸之路背景下闽台经贸合作的路径选择问题

闽台两地经贸往来历来密切，海丝战略背景下二者合作拥有更大的政策空间和资金支持。两岸的经贸合作发展迎来了新的历史机遇，应从多途径、多渠道推进两岸经济合作，共建 21 世纪海上丝绸之路。

厦门大学两岸关系和平发展协同创新中心、台湾研究院王勇的《自贸区建设背景下两岸共建 "21 世纪海上丝绸之路" 探讨》分析了自贸区建设背景下两岸共建 "21 世纪海上丝绸之路" 优劣因素，并提出具体的合作机制，其独到的见解体现了其敏锐的观察能力和深刻的思考。福建师范大学福清分校经济与管理学院王琼的《闽台共建 21 世纪海上丝绸之路的思考》亦对闽台共建 21 世纪海上丝绸之路进行了自己的阐释，对加快闽台经贸合作发展提出了积极的建议。福建商业高等专科学校陈柏良的《两岸电子商务交流与合作的演进分析》以近年发展迅速的电子商务为研究点，回顾了两岸电子商务交流与合作的发展历程，并对未来发展趋势进行了展望，在海丝背景下有效探索了两岸经贸合作发展的新途径。福建社会科学院现代台湾研究所刘凌斌的《两岸共建 21 世纪海上丝绸之路的 SWOT 分析与策略》采用管理学领域的 SWOT 分析法，对两岸共建 21 世纪海上丝绸之路的优势、劣势、机会和威胁进行分析，提出解决策略，条理清晰直观，是对两岸共建 21 世纪海上丝绸之路研究很好的补充。闽南师范大学商学院林炳坤和华侨大学工商管理学院吕庆华的《管委会对闽台创意农业合作绩效影响的实证研究》通过实证研究探析了管委会对闽台创意农业合作绩效的影响机理，研究结论为促进闽台创意农业合作绩效的提升提供了决策依据，有助于进一步深化闽台创意农业合作，实现两地创意农业实力的共同提升。

五　分析闽台文化交流对 21 世纪海上丝绸之路建设的影响和贡献

福建与台湾隔海相望，自古以来通过海路密切交往，都是海上丝绸之路的重要节点，闽台文化交流与合作有助于增进互信和认同感，对建设 21 世纪海上丝绸之路有着积极的影响和贡献。

新西兰华文作家协会黄玉书的《浅谈闽台两地文学的渊源及其交流》介绍了闽台两地文学渊源及其交流情况，认为海峡两岸共同传承中华文化，为振兴中华民族而各尽一己之责，言辞恳切，体现了其对祖国深厚的热爱之情。泉州学研究所彭志坚的《地域化的神祇：双忠崇拜及其在闽台的发展与变迁》探讨了双忠信仰在福建和台湾两地演绎的不同特色，为闽台宗教信仰研究提供了很好的参考。中国闽台缘博物馆庄小芳的《略论日据时期泉台两地的人文交流》表明了泉台两地在任何时期都割舍不断的亲情和深厚的交往基础，在新时代的泉台关系中，这种双向互动的交流依然值得我们思考和回味。泉州师范学院文学与传播学院翟勇的《顺、康年间泉州诗坛风貌初探》讨论了学界较少人研究的清朝顺、康时期泉州文学的发展情况，提出泉州籍"海外几社"重要成员的爱国诗风对台湾文学影响深远。台湾云林科技大学汉学应用研究所柯荣三通过研究《香祖诗集》考证了蔡廷兰与闽台名流诗家的交往情况，从文人交流角度揭示闽台历史文化的特殊关系。张振玉、洪礼坤、赵秋爽、曾绍先、蔡晓君、陈彬强和通拉嘎等人从闽台书院教育，闽台高校校园景观设计与闽南文化元素，闽台高校体育社团管理，闽台族谱信息资源共享和闽台高校特色数据库建设情况等方面讨论了闽台文化交流对 21 世纪海上丝绸之路建设的积极意义。

六　阐释中国与海上丝绸之路沿线国家人文交流与经济合作

海上丝绸之路不仅仅是经济贸易路线，也是不同文化交流和融合的大动脉。越南汉喃研究院范文俊的《闽南明海法宝禅师与越南南方佛教史》研究了闽南人明海法宝禅师在大越南方传教，其宗派、弟子对越南南方文化的特殊贡献与影响，很好地展现了佛教文化通过海上丝绸之路在越南的传播和交流情况。福建师范大学社会历史学院李湖江的《中国与东盟佛教文化交流探索》从佛教文化交流方面探讨了中国与海上丝绸之路沿线东盟成员国的合作交流方式，具有很强的现实意义。东南亚华人的民间信仰在建设 21 世纪海上丝绸之路中有着积极的作用，福建社会科学院李慧芬的《东南亚华人宗教信仰与建设 21 世纪海上丝绸之路》对该方面内容进行了较为全面的论述。河南牧业经济学院刘亚轩的《孙吴与海丝沿线国家的经济文化交流》就三国时期孙吴与海丝沿线各国的经济文化交流情况进行了讨论，梳理了三国时期我国的海外贸易情况。厦门大学哲学系的陈玲和陈翔宇的《马可·波罗"中国白"细考》通过考究马可·波罗所称的福建泉州德化瓷"中国白"，提出考察我国科技文化、地域科技文化向外辐射、对外传播方式时应当重视把我国传统的和平交流、和平发展与互惠双赢结合起来，观点鲜明，视角独特，扩充了海丝文化研究的内容。

论坛上，专家学者也为中国与 21 世纪海上丝绸之路沿线国家的经济合作积极建言献策。厦门大学经济学院王艺明的《厦门融入海上丝绸之路的几点设想》综合厦门城市特点，提出了厦门融入海上丝绸之路的具体对策和建议。中国社会科学院世界历史所邢媛媛的《"东北亚海上丝绸之路"战略中的中国与俄罗斯》对影响东北亚海上丝绸之路经济带建设的关键因素进行了详细分析，提出中俄互惠共赢的关系将促进东北亚海上丝绸之路经济带的建设。福建社会科学院华侨所廖萌的《斯里兰卡共建 21 世纪海上丝绸之路的机遇与挑战》探讨了斯里兰卡共建 21 世纪海上丝绸之路的机遇、挑战和发展前景，提出斯里兰卡作为连接亚非欧航路的枢纽，是 21 世纪海上丝绸之路的重要参与方，该方面研究值得我们进一步关注。代国庆、毛彬彬和孙家珅等人也从多个角度探讨了中国与海上丝绸之路沿线国家人文交流与经济合作的途径和方式。

本次论坛开幕式由泉州师范学院副院长林华东教授主持。泉州市政协副主席骆沙鸣、泉州师范学院党委书记游小波、泉州市社科联主席吴少锋、福建省闽南文化发展基金会执行会长吴正元、光明日报社历史版主编户华参加了开幕式。特别值得关注的是，在论坛上，由泉州师范学院、福建省闽南文化发展基金会、台湾成功大学共同倡议，泉州市闽南文化促进中心、台盟中央两岸交流委员会、台盟中央闽南文化交流研究基地、中国社会科学院文化研究中心闽南文化研究基地、厦门市闽南文化研究会、新华网闽南文化网联合通过《泉州倡议》，成立"海丝文化国际青年学者联盟论坛"，向世界所有研究海丝文化的青年学者及学术团体开放，欢迎有意者积极加盟。论坛宗旨为"广结朋友，交流学术，沟通心灵，建设智库"。论坛秘书处设于泉州师范学院，负责联络所有加盟的联盟团体和青年学者，推动论坛的举办及论坛成果的发表。

（作者：吴春浩，泉州师范学院图书馆助理馆员；陈彬强，泉州师范学院图书馆馆员，中国社会科学院文化研究中心闽南文化研究基地秘书）

海上丝路的历史启示与 21 世纪
"新丝路"的建设

林华东

一 21 世纪海上丝路的建设及当下急需解决的问题

党的十八届三中全会提出"推进丝绸之路经济带、海上丝绸之路建设，形成全方位开放新格局"的战略构想。从海洋战略看，21 世纪海上丝绸之路的建设是为了创造更和谐的发展环境，对内打造经济发展新增长点，对外推动世界新一轮发展，创造海丝沿线各国和谐共赢、共生共荣的新格局。

改革开放 30 多年来，我国的主要战略还是"引进来"。当下我国要推动新一轮经济发展，就必须创新开放的新格局，在"引进来"的基础上推行大规模的"走出去"。21 世纪以来，在"中国—东盟"战略伙伴中，在"中非共同体"中，都存在各种国情差异。既有资金过剩或资源过剩的，亦有劳动力资源充足或市场潜力较大的。我们实施"走出去"战略，就是希望促进海丝沿线国家之间能够多方位开展经贸合作，资源互补、市场共享，各国互信、互益、互利。借助海丝战略，各自引入急需的"造血机制"，促进所有发展中国家产生新的增长点，借此达到凝聚各国力量，实现多赢结果。

可见，海上丝路是中国面向世界展示的和平发展之路。中国建设"21 世纪海上丝绸之路"，就是期望海丝沿线各国都在这个平台上共商大事、共建大业、共创大赢；与沿线各国共同打造政治互信、经济融合、文化包容的利益共同体、责任共同体和命运共同体，造福沿线国家人民，和周边国家一起发展，促进人类文明进步事业。

2015 年 2 月 2 日，张高丽在推进"一带一路"建设工作会议上强调，努力实现"一带一路"建设良好开局，推动中国和沿线国家互利共赢、共同发展。新华社 2015 年 2 月 4 日发文《谁持彩练当空舞——"一带一路"建设推进纪实》，描绘了一年多来，一系列务实合作结出的早期果实。

然而，好事往往多磨。我们清醒地看到，"一带一路"建设仍然面临许多复杂问题和困难。一是海丝沿线各国国情不同，各自的发展现状不同，社会制度和经济模式也各有不同。二是国家间之前的合作存在着不联不通或连通不畅等问题，正在影响着当下战略的推行。三是西方海洋霸权主义者，担忧中国成为海洋大国，利用各种机会无事生非，企图让国际社会产生"中国争霸"的担心。

针对不同国情和需求，可以确定合作推进方案；针对原本合作梗阻，可以寻求解决办法。这些困难对于我们来说，化解只是时间问题。我们完全可以通过具体行动和实现良好结果打消相关国家的种种疑虑，坚定合作共赢的信心。

而对于"中国争霸"问题，则是困扰心理的问题。只有心灵通畅，才有行动的顺畅！因此需要我们反观历史，讲清楚古代海上丝路中国对世界的贡献；有必要解析中华"和"文化，讲好中国故事；有必要展示以刺桐港为主要通商港口的历史英姿，弘扬以闽南文化为代表的中华文化风貌，为中外文明的新一轮对话做好思想和理论铺垫。

二　古代海上丝路曾经展示给世界的中国形象

笔者在拙作《泉州融入"21世纪海上丝绸之路"的战略思考》[①]一文中说道："2000多年前，从中国徐闻港、合浦港等港口开始，经历千余年海航努力，终于在东南沿海的泉州，成就了世界一流的刺桐港，构建了全球性的贸易网络。泉州也因之成为联合国认定的海上丝绸之路的重要起点城市。中国在与世界展开商贸活动的同时，推动了19世纪之前世界的和平发展，同时也带动中国经济文化处于世界领先地位。"历史上的海上丝路给了我们伟大的启示：那是一场历经1800年的"你好我也好"的中外双赢的历史海航贸易，带给世界的是和谐与文明交往的历史，向世界展示的是友谊、和谐、互惠的中国形象。

（一）海上丝路体现了以闽南文化为代表的中华文化精神

宋元时期的泉州刺桐港，把历史上的中外商贸交往和文明交流推到了极致。闽南海丝文化向世界展示了中华民族艰苦奋斗、自强不息的国家精神，影响了全球许多国家。闽南历史上创下的海洋经济理念、和谐互惠意识、多元共生意愿，[②]为当下国家战略发展再次提供了丰厚的历史基础。

1. 海丝文化是一股吹向全球的东方文明季风

闽南人通过海丝之路的商贸，把中华文化传递给世界，改变了世界的思维和生活方式。唐宋以来，作为"天下货仓"的刺桐港，与东亚的高丽和日本，与南亚的南洋诸国，以及波斯、阿拉伯半岛及东非地区，都有商船贸易往来。通过海上丝绸之路，我们向海外传播工艺美术品、服装、瓷器、扇子、绣品、银器、家具及工艺技术和儒家、道家思想，在海丝沿线国家和地区以及欧洲各地产生了不同程度的影响，甚至掀起了"中国时尚"热。闽南族群成为早期推动WTO的华人。闽南海丝之路，是一条借

---

①　林华东：《泉州融入"21世纪海上丝绸之路"的战略思考》，《福建：21世纪海上丝绸之路核心区》，中共福建省委政策研究室2014年版，第277页。

②　林华东：《"海上丝路"的影响与启示》，《人民日报》2014年10月19日。

助季风和洋流将刺桐商船送往全世界的商业网路，也是一条传递科学技术、商贸共赢思想、宗教和谐相处的和平发展、文明对话之路。意大利著名旅行家马可·波罗 13 世纪末曾游历了"涨海声中万国商"的泉州，阿拉伯世界最伟大的旅行家伊本·白图泰 14 世纪中叶亦曾北航至刺桐港。他们惊讶于泉州的繁荣。透过他们的笔墨，以泉州为蓝本的东方繁华使西方世界震惊，并引发了西方世界一窥东方文明的大航海时代的到来。20 世纪 90 年代初，联合国教科文组织来泉考察海丝之路时，惊叹泉州涂门街关帝庙、清净寺、印度正教三教寺庙并列共存的场景。在泉州，道教、儒教、佛教、伊斯兰教、摩尼教、景教、印度教等多种宗教并存；外来宗教融入中国传统文化而获得生存，本地宗教吸纳外来宗教文化而获得发展。泉州因此被联合国教科文组织授予全球第一个"世界多元文化展示中心"称号。

2. 海丝文化是一个世界商业和谐交往的成功案例

闽南与世界的经贸交往，开创公平友善的世界商贸样式。作为东亚文明的中心，中国开创了海上丝绸之路，这条海路得到了沿线各国的共同建设和共赢发展。这是因为各国欢迎中国产品，愿意与中国公平交易。古代的中国，文明程度很高，产品长期得到国际市场的欢迎。宋元时期，以刺桐港为首的中国海丝商贸，同世界 60 多个国家有直接贸易交往。这条海洋贸易网络，从刺桐港等中国东南沿海港口出发，经过中南半岛和南海诸国，穿过印度洋各国、非洲东部、地中海，到西班牙南部。当时的对外贸易输出，除了丝绸和黄金，还有陶瓷和茶叶。交易进口的主要有香料、珠玑、翠羽、犀角、象牙、玳瑁、琉璃、玛瑙、各种宝石，以及钟表、香水、皮毛、金属等奢侈品。东西方各国在海上丝绸之路的经贸交往，彼此开阔了眼界，感受了不同文化，丰富了社会生活，共同分享了人类创造的物质文明。以中国为主导的"海上丝绸之路"，构建了一千多年的中外贸易和平发展史。尤其是宋元以来，展示在欧洲人面前的闽南商人，为世界创造了迷人的中华文明想象。中国互惠和谐的商贸交往创造了亚洲与西方、与世界的平衡关系。一直到 19 世纪，清朝的腐败和西方列强雄起，才打破了中国与世界和谐共生的格局。

3. 海丝文化是华人忍辱负重、坚忍拼搏的历史写照

航海的艰辛和渴望乘船出海的愿望，构成远航人复杂的商贸心态。闽南民谚："坐船走马三分命。"说的就是航海的危险。远洋航行险于近海，挑战险恶。泉州刺桐港历史上有东洋、南洋和西洋三条航线。无论是哪条航线，在风大浪急、大陆架高低不平中的航行都是严峻的挑战，遇上海难随时沉船。闽南族群用生命去体验的这条艰辛之路，向世人展示了坚忍不拔和充满智慧的中华文化。

非常值得一说的是，历史上有一大批闽南人在海路沿线国家定居，在当地开发生产。这也是一部充满血泪的历史。看看闽南"侨批"①，就足以理解闽南华侨华裔艰辛

---

① "侨批"是早期海外谋生的闽南人通过民间渠道或金融邮政机构寄回国内的汇款单。2013 年列入"世界记忆名录"。

的足迹。"侨批"不仅是海外谋生的闽南人寄回国内的汇款单，还是告诉家人的平安书。今天，当我们目睹那一封封陈旧发黄的"侨批"，仍能深刻理解一百多年前闽南人出洋菲律宾、新加坡、马来西亚、印度尼西亚等地谋生的场景。先民们筚路蓝缕、拓荒开垦的事迹令人感慨万千、催人泪下。目前，在海外生存发展又认可大闽南文化的华人将近 2000 万人。他们已经成为关心祖国富强、为祖国现代化建设献计出力的华侨华裔，更是 21 世纪我国联系海外、重塑 21 世纪海上丝绸之路的重要力量。

4. 海丝文化是一幅中国经略海洋、提升国力的重要投影

中国是世界四大文明古国之一。早在秦汉时期，经济发展就走在世界前列。乘船走海、经略海洋显示了国家的经济实力和文化辉煌。

历史证明，不同文化的交流碰撞，常常是推进社会发展进步的动力。海上丝绸之路就是东西方文明接触与经济文化交流的重要通道。中国发展到唐朝时期，社会经济已经高度发展，物质基础雄厚，国力空前强大，成为世界上最富强的国家之一。海上丝绸之路开始进入大发展时期。宋元时期社会经济发展，中国具有高超的造船技术和航海技术，指南针更加提升了商船远航能力，海上贸易得到了全面发展。特别是元朝的重商政策，鼓励海外贸易，海上丝绸之路发展进入鼎盛时期。然而，由于明清的海禁和清朝的腐败，国力开始全面衰退；放弃经略海洋，使我国失去优势，最终迈向了落后挨打的局面。以荷兰、英国等为首的西方殖民主义全面霸占海洋，主导并改变了海上丝路和谐的原貌。他们用坚船利炮劫掠、征服、瓜分世界，用腥风血雨、海上霸权成就殖民帝国。鸦片战争宣告海上丝绸之路友好交往和平航线的结束。

在这段苦难的历史中，闽南人继续创造维护海权的神话。明清时期闽南传奇商人李旦、颜思齐和郑芝龙、郑成功父子，不但执掌了当时亚洲最大的民间航海贸易，而且建立了一支庞大的贸易集团。他们在维护祖国东南海权上做出了积极的贡献。尤其是郑成功在抵抗外来侵略者、收复台湾上功绩显赫。[①] 还有许多有识之士，很早就提出了中国的海洋、海权、海防思想。例如《诸蕃志》《岛夷志略》；泉州人施琅在《恭陈台湾弃留疏》中，通过台湾全面陈述了中国海防的意义和经略海洋的必要，在清初的海洋经略中产生了极具关键性的作用。

（二）海上丝绸之路宣扬了中华文化对世界的影响

海上丝绸之路在将中国的丝绸、茶、瓷和其他商品推向世界的同时，为我们留下了中国经略海洋、走向世界的伟大历史，向世界展示了中国早期的开放水平和推动全球发展的巨大贡献。

海上丝绸之路从中国东南沿海，穿过印度洋，进入波斯湾，抵达东非和欧洲。货物从早期的丝绸发展到宋元明时期的瓷器与茶叶，使这条跨越亚欧非的洲际贸易通道被称为"丝绸茶瓷之路"。丝绸对世界的影响我们就不再赘述。关于陶瓷和茶叶的故事，对世

---

① 林华东：《闽南文化：闽南族群的精神家园》，厦门大学出版社 2013 年版，第 49 页。

界许多国家的政治、经济、宗教、民俗、文化产生深刻而久远的影响，值得我们述说。

一把泥土，一片树叶，借助中国人的聪明和智慧，制成迷人的陶瓷和爽心的茶叶，令世界叹服！通过海上茶瓷之路，千余年来中国销往世界的陶瓷和茶叶可谓不计其数，极大地影响甚至改变了世界许多国家的社会生活。

1. 瓷器的世界影响

欧亚诸国惊讶中国人竟能使泥土赛过黄金，制作出如此精美绝伦的瓷器。他们把拥有中国瓷器作为身份的象征，把瓷器作为类似黄金的代货币，用于嫁妆、抵押、罚金；俄国、法国、埃及等许多国家上层人物以及政府都崇尚收藏中国瓷器或将之作为外交礼品，这使瓷器染上浓厚的政治色彩。

更重要的是，中国瓷器激励了世界各国制瓷工业的发展，最早是阿拉伯国家仿制成功中国式的用来盛装香料的瓷坛，后来波斯结合中国瓷器工艺，创造了独具特色的波斯陶器。高丽、泰国、越南也随之学会烧制瓷品。到了 11 世纪，埃及烧制的中国瓷器几可乱真。16 世纪之后，从意大利到荷兰、法国、德国、俄国、丹麦、英国、西班牙，都掌握了制瓷技术。他们把中国瓷器工艺美术与本国文化结合起来，创新出许多新产品，如红色瓷器、无釉硬质瓷器和彩瓷，及至用中国瓷器艺术装修"瓷屋""瓷厅"和"瓷宫"。制瓷工业的发展，使这些国家崇尚中国之风盛行，生活方式和审美观念发生了巨大变化。

中国瓷器对亚洲的影响最为深刻。它彻底改变了印度人用植物叶子做饮食工具、以手抓食的饮食文化。用中国瓷器盛饭、装菜、用餐，不仅推动了东南亚、西亚饮食文化走向文明，也大大提升了欧洲餐饮文化迈向高雅。法国国王路易十五极力倡导中国瓷器，使中国瓷器全面进入法国千家万户乃至欧洲各国。佛教信徒将崇尚中国瓷器的观念融合到宗教文化之中，视中国瓷器为最圣洁、最珍贵的礼品，镶嵌或摆放在祭坛上。

2. 茶叶的世界影响

中国南方是茶叶的故乡，茶文化源远流长。海上丝绸之路推动了茶叶的对外传播。从世界各国对茶叶的称谓发音来看，可以发现古代茶叶的两个传播起点。一是葡萄牙人从广东、澳门传出，经过俄罗斯，到达希腊、土耳其等国家；所以，这些国家"茶"的发音来自广东话［Cha］。二是西班牙、荷兰等国家，从福建闽南传出。今天发音与闽南话［te］基本一致的有荷兰语 thee，德语 tee，拉丁语 thea，法语、马来语 thé，挪威、瑞典、丹麦、西班牙语 té，意大利语 tè，英语 tea。[1] 中国茶文化向世界的传播，从生活方式到思维理念对许多国家产生了深刻影响。先是日本。公元 9 世纪，日本刮起一股"弘仁茶风"。日本贵族在学习中国文化的高潮中出现了模仿中国人品茶的风潮。到了公元 12 世纪，日本僧人荣西两次渡海来到中国并将茶种带回日本种植。此

---

① 马晓俐：《语言学中的中国茶称谓、发音及拼写之管窥》，《中国茶叶》2010 年第 3 期。

后，历经 4 个世纪，日本终于将中国茶具和饮茶方式本土化，并形成了独特的茶道。时至今日，日本茶道体现的"和、敬、清、寂"已经成为日本文化的重要象征。

再是英国。大约在 17 世纪初，荷兰人率先通过海上丝绸之路将茶叶输入欧洲。荷兰是欧洲最早开始推行饮茶之风的国家。17 世纪中叶，茶叶才开始输入英国。到了 18 世纪，茶叶在英国开始由奢侈品转变为大众饮品，饮茶成为英国寻常百姓的日常习惯。19 世纪中期，饮用下午茶已经演化为全英的生活习俗，饮茶文化最终发展成英国传统文化的组成部分。

三　21 世纪海上丝绸之路的构建

曾经沧桑的海上丝绸之路，是中华民族辉煌和苦难的见证。开放交流彰显强大中国的实力，闭关自守终使泱泱大国沦为半殖民地。要实现中华民族伟大复兴的中国梦，必须跟上世界发展潮流，以国际化的视野在新的起点上拓宽中外经济文化交流，推动国家和民族的进步。历史上海上丝绸之路曾经带动中国经济文化处于世界领先地位，文明、多元、和谐、共赢的海丝文化，曾经成为世界发展的思想共识。回望历史，对于今天中华民族重返海洋、建设 21 世纪海上丝绸之路具有十分深刻的启迪和极其重要的当代意义。

1. 挖掘海上丝绸之路的历史价值，讲好海丝故事

古代"海上丝绸之路"主要是商贸，无论沿途国家大小，均采取普遍平等的公平政策开展商贸交易与文化往来，从未有以强凌弱、侵略他人、称霸世界的妄想，展现的是中华"和"①文化的传统。当下特别需要把"共赢共利、协同发展、和谐文明"的海丝文化形象充分地展示给世界，澄清"中国争霸"的谣言，减轻周边国家的顾忌和随意猜想。这就需要我们建立海丝文化研究机构，成立各种海丝文化研究院，组合海丝研究队伍，确立多角度海丝历史研究课题，从科学层面出成果，从普及层面出故事，传播好海上丝绸之路之中国形象，弘扬好文明优秀的中华文化。

2. 宣扬 21 世纪海上丝绸之路"五通一体"的战略意义

党的"十八大"报告在我国外交政策上特别强调"合作共赢"的外交方针，这是对古代中国"和"文化的传承。所以，及时向世界传递中国人的全球化视野和大国情怀，弘扬我国长期坚持的"睦邻友好、合作共赢"的外交传统，并将之与当今区域经济一体化、经济全球化发展趋势战略思想联系起来。以"共谋和平、共护和平、共享和平"的文化理念影响、引领海丝沿线国家和平崛起、和平发展；以共同建设 21 世纪"海上丝绸之路"的实际行动实现中华民族伟大复兴。把发展海洋经济，强化商贸活动，共建繁荣经济带，推进政策沟通、设施连通、贸易畅通、资金融通、民心相通五

---

① 林华东：《根深叶茂：从中华文化到闽南文化》，《泉州师范学院学报》2015 年第 1 期。

通一体的实施，与沿线各国共同打造政治互信、经济融合、文化包容的利益共同体、责任共同体和命运共同体，造福沿线国家人民，促进人类文明进步事业。

3. 以务实精神一步一个脚印推进 21 世纪"海上丝绸之路"的建设

一要给出实惠。从战略构想上看，要让海丝沿线国家看出 21 世纪的"海上丝绸之路"是一条和平共处的和平之路。从战略布局来看，要充分显示，我们在建设中国—东盟命运共同体的基础上，正在启动以点带面，由线到片，推进与东亚、西亚、南亚、北非、欧洲海洋交通运输网络的连接，构建区域大合作；正在实实在在为沿途各国经济发展和人员往来提供便利。二要担当大国责任。习近平主席提出"一带一路"的战略构想，同时倡议建立亚洲基础设施投资银行和丝路基金，在亚洲地区乃至世界各地引起了巨大的反响。建好亚洲基础设施投资银行，整合丝路基金，可以满足亚洲地区基础设施巨大的融资需求，体现了中国对亚洲地区合作共赢的责任担当，展现了中国的大国风范。三要展示大国情怀。建设海上丝路既是为圆中华民族伟大复兴的中国梦，也是为推进各国人民发展繁荣的世界梦。我们要把几千年来中国坚持以"和"为魂，与周边国家长期的和平、友谊、合作、发展的事实，以及今天我们倡议的"共谋和平、共护和平、共享和平"的理念告知世人。与沿线国家共同把"海上丝绸之路"建成和谐安全之路、情谊交融之路、互信共赢之路、持续发展之路。

4. 弘扬闽南文化精神，重振刺桐古港雄风

泉州是宋元时期海丝的重要起点，在世界产生长远的历史影响。鉴于刺桐港的历史影响和今天的营运实力，应努力把今天泉州港的建设上升为国家意志，从国家利益出发，合并湄洲湾港，重构刺桐港蓝图①。同时还建议在泉州建设国家级"中国海上丝绸之路研究院"，以便更加专注于探索历史上海上丝绸之路的人文精神和历史经验，为世界提供中华文化的文明史与和平意愿。更加深入挖掘闽南与东南亚华侨华裔的血缘关系和文化往来史实，为南洋华裔族群寻根谒祖搭设服务平台，打造南洋华人的精神家园。更加精心整合宗教文化资源，发挥伊斯兰教圣墓、清净寺等宗教文化和真武庙、清水祖师、妈祖等民俗信仰文化资源优势，研究伊斯兰文明在泉州登陆、传播、演进的史迹遗存，展示以闽南文化为特色的中华文化风貌。此外，我们还建议在泉州建立"海上丝绸之路刺桐论坛"（Citong Forum for Maritime Silk Road），作为广泛联系海上丝绸之路沿线各国、打造海上丝绸之路文化交流品牌的重要阵地和商务活动的重要平台。使之产生"博鳌亚洲论坛"（Boao Forum for Asia）式的影响。

（作者：林华东，泉州师范学院教授，中国社会科学院文化研究中心闽南文化研究基地主任）

---

① 笔者曾于 2007 年 1 月以"构建泉州形象港，提升泉州港的竞争力、形象力和综合力"为题向泉州市政协提交一份提案，获得港务局、港口部门和媒体以及社会各界的密切关注。该提案于 2008 年 12 月获政协泉州市委员会优秀提案奖。

关于希腊罗马海上势力的历史反思

徐松岩

摘　要：文明的发生和发展与地缘有着极大的关系。人类探索、认识和征服海洋的过程，实质上是人类生产力发展的重要历史内容。奴隶制时代的希腊罗马人经过长期的海上开拓和生产实践，逐步认识到海洋在国家经济、政治、军事等方面的重大作用，具有较强的海洋意识。它和中古时代北欧人的海洋意识一起，成为近代西方海洋意识的主要源泉。古代东西方国家的当政者对海上势力的不同认识和定位，对于 15、16 世纪以及其后东西方国家内外政策的制定产生过重大而深远的影响，而这正是造成近 500 年来东西方文明水平差距逐步拉大的一个重要的历史根源。

关键词：海上势力；海洋意识；希腊罗马；古典文明

众所周知，文明的发生和发展与地缘有着极大的关系。在古代世界诸文明中，西方古典文明（古代希腊罗马文明）是与海洋关系较为密切的。从总体上看，在古代希腊罗马文明的产生、发展和衰落的过程中，海上势力曾经扮演过不可忽视的重要角色；古代希腊罗马人对海洋的探察和对海上势力的认识以及由此而形成的海洋意识，对于西方近代海洋意识的形成，对于"地理大发现"时期西欧诸国的殖民扩张，是其社会生产力发展和提高的重要标志之一；海上势力的发展史，是人类文明史的重要内容。古代东西方国家的当政者对海上势力的不同认识和定位，对于 15、16 世纪以及其后东西方国家对外政策的制定产生过至关重要的影响，而这正是造成其后东西方文明差距逐步拉大的一个重要的历史根源。

一

近几十年来国际考古发掘成果已经证明，早在距今约 1.3 万年以前，希腊和爱琴海地区的渔猎采集者就开始渡海来到米洛斯岛开采黑曜石材料，用以制作生产工具和生活工具。及至新石器时代（公元前 6000—前 3000 年），爱琴海两岸的农牧渔猎者经过数千年的航海实践和探索，积累了一定的航海经验。随着西亚地区先进的农牧业文化西渐，爱琴海早已不再被认为是不可逾越的天堑了。

地中海东部地区海岸线蜿蜒曲折，良港众多，沿岸许多地区土地贫瘠，水源匮乏，农业生产条件先天不足。不过，在碧波荡漾的爱琴海上，大大小小的岛屿星罗棋布。有些岛屿土地肥沃，适于农耕，有些岛屿山石嶙峋，地形复杂；它们之间大都相距不远，天气晴朗时可以隔海相望。这种得天独厚的地理条件既为该地区早期航海者提供了永不消逝的航标，为海盗提供了藏身之所，同时也成为殖民者拓展生存空间的希望所在。

在古代世界各民族由无阶级社会向阶级社会过渡的历史进程中，劫掠行为曾经被普遍认为是一种正常的谋生手段。其遗风在早期阶级社会中往往延续很久。事实上，直到公元前4世纪末，古希腊的思想家依然把海盗劫掠与农、牧、渔、猎并列为人类5种基本的谋生手段。因此，在古代世界文明史上，战争、殖民、劫掠、贸易往往错综复杂地交织在一起，是很难把它们截然分开的。例如希腊人世代相传的远征特洛伊的故事，实际上所反映的是希腊历史上一次大规模的有组织的海上劫掠，但它同时也是与希腊人海外殖民和贸易联系在一起的。

爱琴文明的产生与大海有着千丝万缕的联系。从考古资料来看，在公元前3000年的爱琴海地区居民的生产和生活中，航海业和捕鱼业已居于重要地位。公元前2000年早期，在克里特岛上产生了古代欧洲最古老的国家，克里特人与爱琴诸岛、希腊大陆、小亚细亚以及埃及等地居民的交往日益增多。在克里特文明的全盛时期（公元前1600—前1400年），克里特人已经能够制造出桨船和帆船了。古希腊历史学家希罗多德和修昔底德斯都称克里特的米诺斯国王为"萨拉索克拉基"（意为"海之王"）。修昔底德斯指出，米诺斯是第一位组建海军并建立海上霸权的人，他控制了希腊海（爱琴海）的大部分海域，统治着基克拉底斯群岛，在一些岛上拓殖；他驱逐了岛上的卡里亚人，委派其儿子为岛屿的统治者。他断言：米诺斯"必定尽力镇压这一区域的海盗活动。这是保障他自己收入的必要措施"。

公元前8—前6世纪是希腊历史上的大殖民时代，一批又一批希腊人被迫下海，成为海盗、殖民者或经商者。希腊大殖民运动对于古希腊奴隶制文明的发展产生过重大影响，它一方面使希腊奴隶制文明的范围扩大了；另一方面，大大开阔了希腊人的视野，为他们吸取当时处于领先地位的古代东方诸国（包括小亚细亚及其附近的希腊诸邦）的文明成果打开方便之门，进而为后来希腊文化的繁荣创造了条件。

公元前5世纪前期，发生了震撼地中海世界的波斯战争。结果，不习海战的波斯大军在海上连遭败绩，不得不退出爱琴海海上霸权的争夺。公元前478—前477年，在波斯战争的洗礼中已经成长为希腊第一海上强国的雅典人，组织成立了雅典海上同盟。随后，雅典人利用该同盟不断向海外扩张，制服了一个又一个不甘俯首听命的盟邦。随着雅典人的海外领土不断扩大，历史上第一个大规模海上霸主——"雅典帝国"（或称雅典霸国）逐步形成。到公元前5世纪中后期，雅典统治下的人口已达数百万甚至上千万人，从帝国边陲到首都雅典通常需数日的航程，爱琴海已成为雅典帝国的"内海"。雅典在公元前 5 世纪后期连续数十年大兴土木和对外战争的浩大军费开支，主要是来自原提洛同盟的公共基金和海外臣属诸邦的贡赋，在伯里克利时代雅典的财政收入中，属邦的贡赋约占 70% 以上。正如伯里克利所说，属邦的"贡赋就是雅典的力量源泉"。伯里克利时代的雅典已成为一个政治民主、经济繁荣、兵源充足、文化昌盛的奴隶制强国。这一切的物质基础，主要是基于雅典人对广大海外臣民的压迫和剥削，而这本身也是雅典奴隶制发展的主要表现。恩格斯指出："只有奴隶制才能使农业和工业之间更大规模的分工成为可能，从而为古代文化的繁荣，即为希腊文化创造了条件。没有奴隶制，就没有希腊国家，就没有希腊的艺术和科学；没有奴隶制，就没有罗马帝国。"雅典海上霸权的存在，为维护本地区的海上秩序，增进本地区诸民族经济文化交流，促进本地区奴隶物质文明和精神文明在更高阶段上发展，都做出了重大的历史贡献。应当指出的是，近代以来国内外许多学者常常习惯地把伯里克利时代雅典综合国力的增长归于工商业的发展，或者把臣属诸邦的贡赋曲解为一种"捐献"，是不完全符合历史事实的。

雅典人在伯罗奔尼撒战争（公元前 431—前 404 年）的失败使他们丧失了长达半个多世纪的海上霸权。此后到公元前 2 世纪罗马的兴起，地中海东部地区进入了一个较为动荡的时期。雅典帝国时代一度趋于沉寂的海盗活动卷土重来，活跃于地中海各地。他们神出鬼没，袭掠过往船只和沿海居民区，给海上交通和贸易往来造成困难。

罗马原本是第伯河畔的农业小邦。经过一系列征服战争，罗马人成为意大利的主人；接着，继续向海外扩张，征服西西里、撒丁、科西嘉诸岛及地中海沿岸诸国。与此同时，罗马人大量吸收希腊文化。到公元前 1 世纪，罗马一跃成为囊括地中海、地跨欧、亚、非三洲的大帝国。地中海遂成为罗马帝国的"内海"，海上交通空前发达，海上贸易日趋兴盛。地中海周边各被征服地区人民所缴纳的贡赋（粮食、牲畜、木材、黄金、宝石、奴隶等）源源不断地通过海路运抵意大利和帝国的首都罗马，或按照罗马统治者的旨意调运到帝国各地。由罗马附近的奥斯提亚港向外辐射的 7 条海上通道将罗马与地中海各地联系起来。其中最重要的有两条：一是由黑海地区经赫勒斯滂（今达达尼尔）海峡、爱琴海到意大利，货物以粮食为主；二是联结罗马和北非的航路，货物除谷物外，还有来自东方各国的产品，尤其是贵重奢侈品。

公元前 1 世纪，地中海地区海盗的势力一度相当强大，大批武装海盗控制着地中海主要海域，劫掠运往罗马的粮食和财物，直接威胁着帝国海上交通大动脉的安全和罗马城的粮食供应，成为罗马统治者的心腹大患。罗马统治者与海盗进行过两次大规模的较量。第一次是在公元前 67 年，格涅乌斯·庞培统兵 10 余万，在数月内即基本肃清海盗；第二次是在公元前 38—前 36 年，屋大维亲率大军前去清剿，并且取得决定性胜利。从此，罗马当政者以意大利西海岸的米森努姆和东海岸的拉温那为基地，建立了强大的海军；在一些战略要地如塞琉西亚、亚历山大里亚、黑海、多瑙河、英吉利海峡等地也都分别驻有小规模的舰队，海军总人数长期保持在 3 万人左右。罗马人依靠这样一支强大的海军，牢牢控制着地中海地区的制海权，直到罗马帝国衰亡。

二

　　浩瀚的海洋曾是生命的源泉，又是人类赖以生存、发展的重要基地。人类探索、认识和征服海洋的过程，实质上是人类生产力发展的重要历史内容。地理环境是决定人类社会发展的重要物质因素之一。古代东西方人民生存的地理环境有所不同，他们的社会生产实践和思想文化自古就产生一定的差异，这是一种再正常不过的历史现象。那种把古代东西方文明简单地划分为"大河文明"和"海洋文明"，或者划分为所谓"黄色文明"和"蓝色文明"，并由此出发以阐明二者的根本不同，是缺乏必要的史实依据的。需要说明的是，即使在同一个地区，如同在北非的埃及和迦太基，同在希腊的雅典和斯巴达，同在中国的巴蜀之地和齐鲁之邦，其历史地理条件也都是千差万别的。在古代地中海世界，地中海不仅是该地区各族人民获取物质资源的宝库，还为他们提供了进行交往的广阔通道；同时，由于奴隶制时代的国家通常都是富于掠夺性的，地中海自然也就成为群雄逐鹿的大舞台。西方古典文明就是在这种血与火的交织中不断成长的。古代希腊罗马国家的海上势力发展史，给我们留下了许多有益的启示。

　　首先，古代希腊罗马诸国发展海上势力，向海外扩张，主要是为了占领更多的财富（首先是土地）和人口；平息海盗活动，维持海上秩序，争夺制海权的根本出发点是维护和扩大本国的利益，尤其是统治阶级自身的利益，而不是发展经济，更不是发展工商业。地中海各地的气候、农产品大致相同，各地互通有无的平等贸易的规模是有限的。近几十年国际古史学界的研究成果证明，古代经济基本上是一种农业经济，工商业在古代经济中的作用并不是决定性的，古代城市是典型的消费中心，而不是工商业中心。从希腊到罗马，从米诺斯到屋大维，历代统治者之所以不遗余力地镇压海盗活动，主要是因为它程度不同地危及统治者的经济和政治利益。随着奴隶制国家规模的扩大，海上利益在某些国家整体利益中的分量有所提高，海上冲突和斗争的规模也不断扩大，海上势力的作用就愈加突出。如前所述，雅典人清剿海盗旨在使海外的贡赋安全运抵雅典；罗马统治者对海盗作战的结果，在客观上固然保证了海上交通的畅通无阻，但更重要的是重新使罗马人坐享来自各行省的贡赋，从而最大限度地维护了统治阶级的利益；相比之下，工商业的发展仅仅是次要的、派生的结果。必须指出的是，近代以来不少学者在论及雅典帝国和罗马帝国的海上政策时，总是较多强调它们在海外的商业利益，有时甚至把海外扩张理解为一种商业性扩张，把海上臣民所缴纳的贡赋与海外商业贸易的收入混为一谈，这不能不说是一种偏差。

　　其次，在古代希腊、罗马国家产生、发展的过程中，随着国家机构不断强化，海军成为一些国家的暴力机关不可或缺的重要组成部分，成为维护统治者利益的主要工具和支柱。在雅典，当城邦内部的矛盾逐步得到调整，开始踏上奴役异邦人（非雅典人）之路的时候，适逢波斯战争。雅典人抓住了这一千载难逢的历史机遇，大力扩充海军。雅典人不但用它击退了波斯人的进攻，而且征服了原提洛同盟的绝大多数盟邦，从而为雅典的富强奠定基础；在伯里克利时代，雅典人建立了一支海上常备军，以维持对帝国境内广大臣民的统治秩序和武力威慑。雅典人很清楚，他们是靠暴力来维持对帝国臣民的统治的。值得注意的是，雅典军队的职业化，雇佣兵制取代公民兵制，都是首先从海军中发展起来的，这在古代早期国家中都是少有的特例。

再次，古代地中海世界文明发展史表明，任何国家要想成为一个"世界级"霸主，或者维持其世界级霸主地位，除具有强大的陆军以外，拥有强大的海上势力也是一个不可或缺的条件。那些海上势力突出而陆军实力平平的国家（如雅典帝国，第一次布匿战争时期的迦太基等），那些陆军实力强大而缺乏强大海军的国家（如斯巴达、马其顿等），皆无力在地中海世界长期称霸。古希腊人早就已经认识到这一点，他们形象地称其为"跛霸"。从这个意义上说，罗马最后统一地中海周边地区绝非偶然。然而，雅典人、罗马人同所有最终走上海外扩张道路的国家一样，他们在由传统上只重视发展陆军到同时注重发展陆军和海军的过程中都不是一帆风顺的，都经历过无数的挫折和磨难。雅典人遭遇的拦路虎是海上强国埃吉那，罗马人面对的是拥有当时世界一流海军的迦太基人；他们在海战中也都曾遭遇过惨重的失败，甚至发生过数万罗马海军将士因船舰搁浅和遭遇风暴而葬身海底的悲剧。

最后，海洋意识逐步增强。海洋意识是一个历史的概念。古代海洋意识主要有三层含义：其一是海洋领土意识，即把海洋（自然也包括海岛）视为领土的一部分，对海域的所有权是国家主权的组成部分。公元前5世纪，在希腊存在着两大军事集团，即以斯巴达人为首的伯罗奔尼撒同盟，和以雅典人为首的雅典同盟、雅典帝国。雅典人认为，希腊世界分为陆地和海洋两大部分，其中的一部分已在他们的掌握之中；他们很清楚，他们领土的大部分是在海外的岛屿和亚洲大陆上的；雅典人把本土以外的国土划分为带有地方行政区划性质的6个纳贡区，就颇能说明这一点。因此，在古希腊人的心目中，"海外"和"国外"是不能混为一谈的。罗马帝国是海陆霸主，地中海的航运本身就是其国内水上交通的组成部分。显然，没有制海权，雅典帝国和罗马帝国的统治是难以维持的。其二是海洋经济意识，即把海洋视为国民经济的一个领域。事实上，希腊神话传说中就不乏海上探险、寻求黄金的故事；迈锡尼时代的希腊人就知道海外劫掠是一项有利可图的事业，远征特洛伊就是最好的证明；公元前8世纪希腊人的田园诗中就曾提到，农民在农闲时节或收成欠佳的年份，就下海（做海盗、做生意）。希腊人在与地中海惊涛骇浪的搏击中，已逐步意识到某些海域的战略价值，如由爱琴海进出黑海的咽喉——赫勒斯滂海峡和博斯普鲁斯海峡，意识到控制这些地域的军事意义和经济价值。古典时代一些粮食不能自给的城邦（如公元前4世纪的雅典等），每年都需要进口大量粮食等必需品，海上交通的安全问题是事关国计民生的头等大事；雅典人色诺芬还力图把发展海上贸易、引进海外侨民客商作为增加财政收入的重要途径。这是深处内陆的国家或民族很难体验到的。公元前2—前1世纪，爱琴海上的罗得岛和提洛岛都曾成为东地中海地区的航海和经济贸易中心。罗得共和国还制定了海法和商法，利用其有利条件保持繁荣达150年，每年取得关税100万德拉克玛；后来提洛岛取代了它的地位，成为东地中海最大的奴隶贸易中心，盛时每天的奴隶贸易成交数高达1万名。其三是海洋国防意识。这一点与前两点密切相关。雅典人为了维护其权益，不但有一支舰队常年游弋于海上，而且在雅典帝国边防前沿的一些属邦还破例保有一定的海上力量。罗马人在同迦太基人、同海盗的生死大搏斗中深刻体会到掌握制海权的必要性和重要性，帝国时代罗马人在地中海及其他重要海域都派驻了海军，从而有效地保护了罗马统治阶级的海外利益。

综上所述，奴隶制时代的希腊、罗马人长期艰难曲折的海上开拓和生产实践活动，在一定程度上造就了西方人的开放意识和勇于探索的冒险精神，使他们具有较强的海洋意识，其核心内容是他们明确认识到海洋在国家的经济、政治、军事等方面的重大作用，而社会对海上开拓、探险也具有较高的认可度。这是西方古典文明最重要的成果之一。古代希腊、罗马人的海洋意识和中古时代北欧人的海洋意识一起，成为西方近代海洋意识的主要源泉。当资本主义的萌芽在欧洲封建社会的母体里逐步成长起来的时候，当这些国家的当政者力图把海外扩张和掠夺作为基本国策的时候，他们把古典文明的遗产加以吸收、利用并发扬光大，使之成为推动西欧资本主义发展的重要因素。反观此时中国明王朝，却正在大力推行"海禁"政策，把海军作为实施"海禁"的工具，因此，尽管此时中国的航海技术水平不低于甚至在某些方面超过西欧诸国，但这种技术难以转化为实际的生产力，难以转化为推动中国历史前进的力量。之所以如此，最主要的原因就是中国历代中央或地方的当政者从来就没有真正从海上取得过重大经济、政治、军事利益，因而也就不可能具有强烈的海洋经略意识，也就不可能对海上势力的作用做出正确的判断和定位。苏联海军元帅戈尔什科夫曾说过："国家的海上力量不仅由可以影响海上事件的武器和武装力量决定，而且还由它的商船队、渔船队、远洋船队，以及它的海洋观和海洋传统决定。"时至今日，当许多现代人仍为明王朝错过融入世界大潮的历史机遇而扼腕叹息时，殊不知从某种意义上来说，15、16世纪东西方国家海上政策的差异是历史发展的结果，或者说是双方历史发展的一个新起点，其实质内容是西欧诸国的生产力水平已经超过东方国家，而海洋意识正是造成这种差异的主要因素。

参考文献：

[1] 张富强：《人类早期航海之谜初探》，《华中师范大学学报》（哲学社会科学版）1989年第1期。

[2] M. I. 芬利：《芬利：早期希腊》（M. Finley, Early Greece），1981年，第4—7页。

[3] 亚里士多德：《政治学》（Aristotle, The Politics），1256a40。本文所引古典作品凡未另注明者，皆据劳易卜古典丛书（The Loeb Classical Library）英译。

［4］ 兹拉特科夫斯卡雅：《欧洲文化的起源》，生活·读书·新知三联书店 1984 年版，第 76—77、99 页；C. G. 斯塔尔：《制海权对古代历史的影响》（Ch. G. Starr, The Influence of Sea Power on Ancient History），1989 年，第 8—10 页。

［5］ 修昔底德斯：《伯罗奔尼撒战争》（Thucydides, History of the Poleponnesian War），Ⅰ. 4。

［6］ 恩林－琼斯：《伊奥尼亚人与希腊文化》（Emlyn-Jones, The Ionians and Hellenism），伦敦 1980 年版，第 164—177 页。

［7］ 修昔底德斯：《伯罗奔尼撒战争》（Thucydides, History of the Poleponnesian War），Ⅱ. 13. 2。

［8］ 恩格斯：《反杜林论》，《马克思恩格斯选集》（第 3 卷），人民出版社 1972 年版，第 220 页。

［9］ P. 加恩西：《希腊罗马世界的饥馑与供给》（P. Garnsey, Famine and Supply in the Graeco-Roman World），剑桥大学 1989 年版，第 182—196 页。

［10］ 阿庇安：《罗马史》（Appian, Roman History），Ⅱ，91—96。

［11］ M. 格兰特：《基特金泽：古代地中海文明——希腊和罗马》（M. Grant and R. Kitzinger, Civilization of the Ancient Mediterranean: Greece and Rome），纽约 1988 年版，第 844 页。

［12］ P. 加恩西等：《古代经济中的商业》（P. Garnsey, K. Hopkins, C. R. Whittaker, Trade in Ancient Economy），绪言，伦敦 1983 年版。

［13］ 徐松岩：《古代海盗行为述论》，《世界历史》1999 年第 4 期。

［14］ 徐松岩：《论雅典帝国》，《西南师范大学学报》（哲学社会科学版）1999 年第 1 期。

［15］ 色诺芬：《论收入》（Xenophon, Means and Ways），Ⅱ. 1—Ⅲ. 4。

［16］ 斯特拉波：《地理学》（Strabo, The Geography），XⅣ. 5. 2。

［17］ 倪健民等：《海洋中国》（上册），中国国际广播出版社 1997 年版，第 253 页。

（作者：徐松岩，西南大学历史文化学院教授）

关于汉代海上丝绸之路的再思考

陈洪波

摘　要：汉代南方海上丝绸之路的开拓，首先是汉武帝派遣使节搜求奇珍异宝的结果，目的在于获得满足宫廷生活的高端奢侈品，一开始并不是一种经济行为。使节所走的商路，并不具有张骞通西域那样的"凿空"性质，之前南洋和西洋的商人已经经此往返。海上丝路的开通，实际上是中外政府和商人双向努力的结果，外邦方面可能贡献更大。由于汉政府的有意限制，以及贸易商品主要局限于高档奢侈品，汉代海上丝绸之路的贸易规模很小，没有对岭南社会的经济文化面貌造成很大影响。但在汉帝国境内，岭南沿海各郡之间的贸易活动比较繁荣，今天留下的考古遗迹，大多数是海上丝路境内段商贸活动的结果，与远洋贸易关系不大。

关键词：海上丝绸之路；汉武帝；译长；大秦

从中国历史的角度而言，海上丝绸之路兴起于秦汉之际，发展于三国至隋朝时期，繁荣于唐宋，转变于明清时期。汉代作为海上丝绸之路的开拓和形成期，一直受到人们的高度评价，认为当时这条海上通道在政治、经济、文化等各个方面都发挥了重要作用。但实际上，汉代海上丝绸之路值得深入探讨的问题很多。例如，汉代海上丝绸之路的起因与目的是什么？海上丝绸之路是否代表了汉代航海的最高技术水平？谁才是汉代海上丝绸之路真正的开拓者？海上丝绸之路这条商路到底是为谁服务的？汉代海上丝绸之路对岭南社会的影响到底有多大？说清楚这些问题，才会对汉代岭南丝绸之路有更具体深刻的认识。本文拟就以上问题进行一些初步的探讨。①

---

① 在进入正式讨论之前，需要说明的是，要讨论汉代南方的海上丝绸之路，有一个重要问题过去人们没有给予必要的重视，但实际上非常关键，必须说清。事实上，从徐闻、合浦出发通向大秦的汉代海上丝绸之路，应该分为不同的两段来看待。一是汉帝国境内段，二是汉帝国境外段。分界线应该是"日南障塞"（今越南顺化灵江口）。境内段，实质上属于汉帝国的国内贸易，当时应该占到南海一带商贸活动的大部分，今日所讲汉代海上丝路的繁荣，就材料所见，内容实际上主要指这一部分。包括最重要、最著名的珍珠贸易。出日南郡之后的境外段，这是连接汉帝国和西方世界的通道，也是我们所指丝绸之路的本质意义所在，但恰恰是这一段，路线虽长，目前材料却是最薄弱的。与境内段相比，实际上贸易活动也是不活跃的。然而境外段是海上丝路问题的存在依据，也是必须要讨论的重点。清楚地认识到境内段和境外段的区别非常重要，不分清这个问题，把当时国内贸易和国际贸易一起谈，对很多现象不会有准确的认识。本文也主要以境外贸易为中心来展开讨论，并兼及境内贸易。

一　汉代海上丝绸之路的起因与目的

关于汉代海上丝绸之路的存在，当前公认最重要的材料是《汉书·地理志》的记载：

> 自日南障塞、徐闻、合浦船行可五月，有都元国；又船行可四月，有邑卢
> 没国；又船行可二十余日，有谌离国；步行可十余日，有夫甘都卢国。自夫甘
> 都卢国船行可二月余，有黄支国，民俗略与珠崖相类。其州广大，户口多，多
> 异物，自武帝以来皆献见。有译长，属黄门，与应募者俱入海，市明珠、璧流
> 离、奇石、异物，赍黄金、杂缯而往。所至国皆禀食为耦，蛮夷贾船，转送致
> 之，亦利交易，剽杀人。又苦逢风波溺死，不者数年来还，大珠至围二寸以下。
> 平帝元始中，王莽辅政，欲耀威德，厚遗黄支王，令遣使献生犀牛。自黄支船行
> 可八月，到皮宗。船行可二月，到日南、象林界云。黄支之南有已程不国，汉之
> 译使自此还矣。

这段材料表明，从中国出发，连接西方诸国的海上通道，之所以能够正式开通，和西域陆上丝绸之路一样，主要应当归功于汉武帝主持的政府行为。

具体执行者是政府官员，即"译长"。译长是古代主持传译与奉使的职官。《汉书·西域传上·鄯善国》云："辅国侯、却胡侯……各一人，译长二人。"《新唐书·裴矩传》："译长纵蛮夷与民贸易，在所令邀饮食，相娱乐。"可能不仅仅汉帝国的属国有"译长"官职，汉帝国本身也设置有这个职位。

译长是"黄门"的属官。"黄门"，官署名。《汉书·霍光传》："上乃使黄门画周公负成王朝诸侯以赐光（霍光）。"颜师古注："黄门之署，职任亲近，以供天子，百物在焉，故亦有画工。"译长当也是直接供皇帝驱使的人，命令译长出海，明显带有汉武帝的个人意愿色彩。

"应募者"是译长的助手。汉武帝喜欢使用从民间招聘人才的方式从事边疆冒险事业。例如，开通西域丝绸之路的张骞，就是汉武帝从近万名应募者挑选出来的。这些人大多为身份低微的商人，由朝廷配给货物进行贸易活动。

总之，中国通向西方的海上丝绸之路的正式开通，应该是在汉武帝的命令下，具有汉朝使节身份的"译长"带领应募者的官方行为。

开通海上丝绸之路的起因或者目的，在《汉书·地理志》这段文字里面记载得也很清楚，就是汉武帝本人想得到珍贵的"明珠、璧流离、奇石、异物"。同样带有汉武帝的个人色彩。在此之前，海外诸国已经进献类似"异物"，但可能数量和质量无法满足汉武帝及其宫廷的需要，故而派遣使节远渡重洋去搜求。西汉使臣在东南亚各地商船的转送下，到达了越南、柬埔寨、泰国，进入了暹罗湾而到达缅甸，以后又顺江到

达孟加拉湾，再西行至印度东岸，最后到达狮子国，即斯里兰卡，然后返航。①

所以，中国方面海上丝路的正式开通，实因汉武帝个人的欲望而起，在于其奢华生活的需要。

这一点与陆上丝路的开凿，有极大的区别。陆上丝路的开通，主要是政治军事原因。最初的目的是汉武帝为打击匈奴，计划策动西域诸国与汉朝联合，于是派遣张骞前往此前被冒顿单于逐出故土的大月氏。陆上丝路是此次政治军事活动的产物。

二　南海丝路并不代表汉代航海的最高技术水平

在与丝绸之路有关的活动中，汉武帝对于南海这条线的重视程度是最低的。

西域陆上丝绸之路的开通，实际上是汉武帝针对心腹大患匈奴的军事政治行动的一个组成部分，是高度重视的，两次派遣张骞带领庞大的使团出行。

据说在中国北方海域还存在一条"丝绸之路"。汉武帝听信方士之言，希望遇到上仙人以求长生，这促使他在位54年间，至少8次巡行海岸，甚至亲自"浮海"航行，前后40余年连续发船"入海求蓬莱"，参与者往往有数万人。② 长生不死当然是头等大事，汉武帝的海上巡游规模无疑是非常庞大的，代表了帝国的最高规格。汉武帝的海上巡游之路，实际上是步秦始皇的后尘。

相较于前二者，为了满足宫廷奢华生活寻求"异物"，其重要性显然是最低的，汉武帝的重视程度也明显十分有限。他仅仅派遣了低级别的官员"译长"带领"应募者"出使，使团的人数应当也很有限。特别是，出境之后，要依靠"蛮夷贾船，转送致之"，连自己的船只都没有，只能搭乘外国商人的便船。没有自己的船只，只能说明，或者使团人数太少，或者政府重视程度不够。

是汉政府没有适合远洋的船只吗？并非如此。考察汉代的造船水平和航海技术，已经达到了很高的水平，但并没有使用在开拓南海丝绸之路上。甚至连汉朝境内南海一带的航海活动，可能也达不到汉帝国本有的技术水平。

据王子今研究，秦汉时期是中国水路交通得到突出发展的重要历史阶段，秦汉船舶制造业的成就成为这一历史进步的基础。秦汉社会生产与社会生活中使用数量空前的船舶。秦汉船舶的承载力、快速性和稳定性等，都已达到相当高的水平。特别是楼船的出现与应用，是造船业发展的例证之一。③ 如《汉书·武帝纪》记载，汉武帝元封五年（公元前106）行南巡狩，浮江，"舳舻千里"。《史记》载，汉武帝元鼎五年（公元前112），"因南方楼船卒二十余万人击南越"，与其"用船战逐"；元封二年（公元前109），"遣楼船将军杨仆从齐浮渤海，兵五万人"，已经组成规模庞大的海上舰队。

① 周一良：《中外文化交流史》，河南人民出版社1987年版。
② 王子今：《秦汉时期的近海航运》，《福建论坛》1991年第5期。
③ 王子今：《秦汉时期的船舶制造业》，《上海社会科学院学术季刊》1993年第1期。

秦汉造船业往往优先提供军用，民用船舶的使用也存在身份等级的限定，许多船舶只服务于上层贵族的消费生活，先进造船技术的成就未必可以直接推进交通事业的发展。应用于日常航运事业的是大量的中型或小型的船舶。

这也许可以部分解释广州汉墓中出土的十数艘船舶模型为何大多为中小型船舶。这些船舶模型，可能确实代表了民间日常所用之船，但当时还确实存在社会上层统治者和军队所用大型船舶。

南海航运所使用的船舶是否达到了汉朝军队和上层贵族所使用船只的水平，可能也有疑问。因为当时的海洋贸易属于民间活动，应该受到不同社会阶层使用不同船舶等级的限制，况且汉代是重农抑商的社会，商人本身的社会地位是很低的，很难想象他们会拥有使用大船的权利。①

整体来看，汉武帝开拓通往境外的海上丝绸之路的意愿并不强。第一，没有像面对匈奴那样强大的政治军事压力；第二，没有追求长生不老的强烈动机；第三，南海地区境内部分的贸易已经能够满足绝大部分奢侈品的需求。如果有强烈的动机，汉武帝有足够的力量派出一支强大的船队远征西洋，就像明成祖派出郑和舰队一样。

所以，作为后世影响极其巨大的海上丝绸之路，在它的肇始期，航运规模一定是相当有限的。

三　中外航海者共同开拓了海上丝绸之路

汉代海上丝绸之路的开拓者，从中国方面来讲，是汉武帝派出的使节。但实际上，汉朝的使节只不过是沿着西方商人来时的路反方向走回去而已。这在《汉书·地理志》那一段著名的记载中已经有清楚的说明。如黄支国，即今印度南部海岸马德拉斯附近康契普腊姆（Conjevaram），"自武帝以来皆献见"。

过去的研究大多着眼于中国对海上丝路的开拓，但客观而论，海上丝路应该是中外航海者双向共同开拓的结果，并且西方航海者的作用和贡献似乎更大一些。

文献所见黄支国的例子是比较早的。比黄支国更重要的是与当时西方大国罗马帝国的交往，这方面的记载相对较多。罗马人在开拓通向东方的航路上比中国人要积极主动得多，他们为开通陆上和海上丝绸之路都做过巨大努力。为打通通向中国的陆上商道，在公元前54年和公元前36年曾经对安息（帕提亚）两次用兵，但均告失败。之后罗马人将注意力转移到海上。罗马人开拓海上丝绸之路的主要成就，在于他们在埃及人印度洋贸易的基础上又掌握了季风航行技术，从而开辟了从阿拉伯南部到印度之间的定期航路，并有可能由此到达中国。②

---

① 所谓广州考古发现的秦汉时期造船码头一直受到船史界的强烈质疑，认为完全不可靠。另外，后来南方地区缺少大船，可能和汉政府的中央集权政策也有关系，至少汉武帝时期不会允许南方拥有可以和中央抗衡的大船。

② 陈潮：《重新审视海上丝路的开拓》，《复旦学报》（社会科学版）2003年第1期。

首次有文字记载的来华西方人，正是由海路而来的古罗马使者。据《后汉书·西域传》记载：汉桓帝延熹九年（公元166），大秦王安敦的使者在越南中部登陆，该年十月，在洛阳谒见汉桓帝，并献上象牙、犀角、玳瑁等物。大秦王安敦可能指的是罗马帝国皇帝马可·奥里略·安东尼（公元161—180年在位）。从此以后，罗马商人乘船来华络绎不绝，扶南（今柬埔寨）、交趾（今越南北部）成为其登陆之地。

海上丝绸之路兴盛时期的情况也是如此，以外来商人占主导。罗马人之后，到了公元7世纪，这条由地中海经印度洋，再穿过南海，最后到达中国的海上商路，又在阿拉伯人力量的推动下进一步发展起来。这一时期，东南亚和印度洋地区诸国纷纷坐船而来。比较活跃的波斯商人和阿拉伯商人先由海路抵达南海，再沿海北上，到中国沿海港口进行活动。在南海和印度洋上的船只中，最多、最重要的不是中国的商船，而是波斯和阿拉伯人的商船。这种波斯和阿拉伯人积极主动的交通态势，终于在公元8世纪引起了唐王朝的重视。以唐朝政府设立专门管理海上贸易的市舶司为标志，中国也开始积极主动地进行大规模海上贸易，从而推动了唐宋之间海上对外贸易和东西交通的迅速扩展。[1]

在唐朝之前，特别是汉代，政府对于跨境海上贸易实际上是禁止的，至少是不支持的，这种态度与罗马帝国形成了鲜明的对比。汉代仅允许外国的政治使节入境。商人们若不是冒充大秦使节的话，即便是加入使团，也只能以使节身份进入汉朝首都。按照汉代法律，徼外人侵入行盗，要处以"腰斩"的严厉刑罚。即使在相对发达的陆上丝路，从敦煌木简中也不见有纯粹商人往来的记录。[2]

由于没有发展远洋贸易的意愿，所以中国当时造船和航海技术水平甚至还不如东南亚小国。《太平御览》卷七六九引《吴时外国传》说，"扶南国伐木为舡，长者十二寻，广肘六尺"，"大者载百人"。《南州异物志》说，外域人"舡大者长二十余丈，高去水三二丈，望之如阁道，载六七百人"。这些往复航行于南海的外域船舶，可能对于海上丝绸之路的开拓贡献更大。

汉朝的航海技术也远不如当时的另外一个世界强国罗马帝国。汉帝国的船只大多数只能贴岸或者近海航行，出远海鲜见且多船难。[3] 而同期的罗马人，在埃及人印度洋贸易的基础上又掌握了季风航行技术，从而开辟了从阿拉伯南部到印度之间的定期航路。约在1世纪中叶，一位希腊船长从阿拉伯和印度航海前辈那里学会了利用季风。每半年交替一次的西南季风和东北季风，正便于阿拉伯半岛与印度西海岸之间的海上航运。从此，罗马人摆脱了近海航行的局限，从也门直驶印度西岸的各个港口。在奥古斯都时代，罗马船队于7月乘西南季风从埃及港口出发，第二年2月就可以乘东北季风回到红海北部，

①　陈潮：《重新审视海上丝路的开拓》，《复旦学报》（社会科学版）2003年第1期。

②　[日]鹤间和幸：《始皇帝的遗产：秦汉帝国》（讲谈社《中国的历史》第3卷），马彪译，广西师范大学出版社2014年版，第427—428页。

③　王子今：《秦汉时期的近海航运》，《福建论坛》1991年第5期。

这为罗马人和其他地中海商人抵达印度海岸并从海路来到中国提供了便利。①

汉政府重农抑商的国家政策，决定了他们不可能成为海上丝绸之路的主要开拓者。究其原因，是中国是一个自给自足的农业大国，经济上对于外贸的依存度很低，故而与外国通商缺乏热情。这种态度在中国两千年来的封建社会史上屡见不鲜。

但中国人对于海上丝路的开通绝非无所作为。除了中国史籍中汉武帝派遣使节的记载之外，在外国史实中也不乏中国人西行的早期记载。例如罗马史书《罗马史要》（作者弗洛鲁斯）就记载了奥古斯都时代到达罗马的赛里斯人（中国人），其可能是经由海路而去的。

四　汉代海上丝绸之路主要是高端奢侈品贸易

很多学者认为，丝绸之路的本质在某种程度上其实是奢侈品贸易。来自中国的丝织品、纸张、茶叶，波斯和地中海东岸的金银器、玻璃制品、乳香、药品、绒毯，印度和东南亚的胡椒、香木、宝石、珊瑚、象牙、犀角、鳖甲，俄罗斯、西伯利亚和中国东北的兽皮、人参、鹿茸、鱼胶，中亚的玉石，瓦罕走廊的天青石，西藏的麝香和牦牛尾，以及许多地方均有出产的毛织物、珍珠、饰品、葡萄酒、蜂蜜、大黄等，作为交易对象频繁流动在海陆丝绸之路这条庞大的网络之中。②

还有学者对于海上丝绸之路商品的种类做了进一步的划分，认为初期以香料、象牙、玳瑁等所谓的"海外珍物"为主要交易对象；中国本土出产的瓷器、丝绸、茶叶、漆器等占主导地位，则始自14世纪以后的元代。③

盘点文献中记载海上丝绸之路输入输出商品的种类可知这一点。进出口商品的结构，随着商品经济的发展和对外贸易的变迁而发生相应的变化。

输出商品方面。汉代输出境外商品主要是贵重物品：黄金④、杂缯（丝绸）等。唐代出口商品品种有所增加，仅传统的丝织品就有绫、罗、绸、缎、锦、绮、纱、绢、绞、缣、帛等，种类繁多。瓷器是唐代大宗的出口商品。陶瓷盛产于唐，发展于宋，出口动辄数万件。如广州有名的西村瓷窑，产品以外销东南亚各地为主。元代出口商品繁多，主要是手工业品和农副产品，以手工业品为大宗。明代出口商品仍以丝、瓷为主，但丝绸占首位。陶瓷方面，景德镇出口居首位，但广东石湾陶瓷

①　陈潮：《重新审视海上丝路的开拓》，《复旦学报》（社会科学版）2003年第1期。

②　［日］森安孝夫（Moriyasu Takao）：《シルクロードと唐帝国》（丝绸之路与唐帝国），讲谈社2007年版。［日］羽田正（Haneda Masashi）：《東インド会社とアジアの海》（东印度公司与亚洲的海），讲谈社2007年版，转引自周长山《日本学界的南方海上丝绸之路研究》，《海交史研究》2012年第2期。

③　［日］三杉隆敏：《海のシルクロード——大航海時代のセラミック・アドベンチャー》，ぎょうせい株式会社1989年版，转引自周长山《日本学界的南方海上丝绸之路研究》，《海交史研究》2012年第2期。

④　中国并不盛产黄金，所以《汉书》中记载黄金为首要输出商品非常奇怪。笔者猜测，这里所谓的"黄金"可能指黄金制品。广州及合浦汉墓中出土的金花球等黄金制品有可能是汉帝国境内制作的，作为贸易商品输出境外。

也因内外销的需要而异军突起。清代出口商品以茶叶和生丝为主。茶叶是清朝出口量最大的一种商品。

在进口商品方面，秦汉时期主要由大秦输入广州，有金银、夜光璧、明月珠、珊瑚、琥珀、玻璃及各种织物和各色香料。三国时期有明珠、香药、象牙、孔雀、奇物等。到了南北朝时增加了吉贝、乳香等商品。唐代时，香药进口占很大比重，进口品种比以前增加，出现了矿产和日用品的进口。日人元开（即淡海三船）著《唐大和尚东征传》说："江中（广州）有婆罗门、波斯、昆仑等舶，不知其数；并载香药、珍宝，积载如山。"宋代的进口商品以香药和其他奢侈品为主，包括金银、缗钱、杂色帛、珠玑、水晶等10多种物品。北宋时期，通过官方贸易进口商品有七八十种之多，到南宋增至330多种，分为药物、香货、宝物、纺织品、金属制品、杂品六大类。元代从广州进口的"舶货"不下250种，分为宝物、布匹、香货、药物、诸木、皮货、牛蹄角、杂物八大类。而其中输入最多的有沉香、高级奢侈品、纺织品三大类。明代进口商品有宝石、珍珠、乳香、折扇、纸、笔、墨以及新奇动物等近40种商品。清代的进口商品有毛织品、白银、人参、鸦片等30多种。

从总的发展趋势来看，海上丝绸之路的商品，以奢侈品为主，但奢侈品所占比例有一个递减的过程。在海上丝路刚刚兴起的汉代，高档奢侈品占据绝对多数。唐宋时期，一般奢侈品和生活用品逐渐加入进来。到明清时期，一般生活用品（如民窑产品）甚至占据了贸易的大宗。

海上丝绸之路主要是奢侈品贸易，实为汉代肇其端，且特别突出。

汉代海上丝绸之路主要以奢侈品为目标，也得到了考古材料的支持。例如，岭南汉墓（主要是广州、合浦两地）出土所谓"海上丝绸之路遗物"，主要就是象牙、玛瑙、琥珀、琉璃、犀牛角、水晶、黄金饰品、香料等，基本上都是供社会上层消费的奢侈品。但这些所谓"海上丝绸之路"遗物，可能很多也是汉帝国境内南海贸易的结果，并非全部来自境外其他国家。

汉代海上丝绸之路的开通，目的就是试图从境外获得比汉帝国境内南海一带出产还要高档的奢侈品，完全是为了宫廷和高级贵族服务。具体到汉武帝的搜求"异物"活动，并非一种经济活动，并不以营利为目的，而是带有很强的统治者个人猎奇色彩，就其以官方名义出使的性质，实际上是一种统治者的政治活动，至少不是经济行为。

至于这条海上丝路惠及社会中下层，是商路逐渐繁荣、商品种类和数量逐渐增多、贸易结构发生重大变化以后的事。

五 汉代海上丝绸之路对岭南社会的影响有限

汉代海上丝绸之路处于开拓时期，多是小船近海航行，贸易规模很小，实际上对于岭南社会的影响十分有限。考古发现所见外来物品种类清单，以及有限的数量，从侧面证明了这一点。从主要目的来讲，远洋贸易主要是满足社会上层的奢华生活，并不是一种对整个社会有益的正常经济活动。

其中最令人注意的一点就是没有发现佛教传入的迹象。如果海上丝路活动频繁，路线够长，以佛教在南亚之兴盛，没有在两汉四百多年的时间里还没有传入的道理。实际上，佛教直到三国才在岭南出现。所以说，对文化交流的作用也不应该有过高的估计。

尽管在合浦汉墓中发现了莲花座形物体，有人推测其与佛教有关，但证据应该不足。莲花是中国艺术品中固有的常见题材，并不一定与佛教有关。例如春秋郑公大墓中出土的著名的莲鹤方壶，就有很清晰的莲花形象，但一定与佛教无关。

合浦汉墓中出土大量的珍贵物品，有人推测可能属于佛教"七宝①"。② 如 1985 年出版的宾夕法尼亚大学刘心如（音译）的博士学位论文《公元 1—6 世纪中印之间早期贸易与文化交流》（Liu，Xinru：*Early Commercial and Cultural Exchanges between India and China，First-Sixth Centuries A. D.*），特别提到佛教"七宝"是当时贸易的重要商品，而佛教通过商路传入中国以后，促进了葬礼对"七宝"的需求，又进一步带来了海上贸易的繁荣。在佛教传入之后，这个观点可能是成立的。但在佛教于三国时期传入岭南之前，汉墓中出土的与"七宝"同类的珍贵物品，当与佛教没有什么关系。实际上，即使在三国之后，文献记载佛教已经传入岭南，在三国两晋南北朝时期的墓葬中仍然没有见到佛教很大的影响。这从侧面说明，这一时期海上丝绸之路的文化传播作用还是有限的。

除了佛教之外，观察丝绸之路对整个汉代社会面貌的影响，海路对岭南的影响，远远不如陆路对北方社会的影响。西域的人与物在长安、洛阳等地都留下了痕迹。而岭南地区在这方面的记载几乎没有，考古发现也极少。

经济方面，的确可以找到大量与海上贸易有关的文献记载。例如，《后汉书·孟尝传》载："（合浦）郡不产谷实，而海出珠宝……常通商贩，贸籴粮食。"合浦汉墓中出土了大量"海上丝绸之路"遗物，包括琉璃、琥珀、玛瑙、水晶、金花球、香料等。这些物品，有可能主要是汉帝国境内南海贸易的结果，大多数应该与境外贸易无关。特别是数量最大的琉璃珠，主要是南海当地生产的，而非舶来品。③

珍珠实际上主要是内销产品。真正输出境外的一项重要商品是丝绸（杂缯，应是指各种品类的丝绸），岭南本地并不生产丝绸，这些丝绸应该是从中原地区贩运而来。海上丝路对于中原地区的丝织业有推动作用，但对于岭南地区来说，主要是促进了商业贸易，并没有拉动本地的种植业和手工业生产。

---

① 佛教"七宝"指七种珍宝引，又称七珍，不同的经书所译的七宝不尽相同，通常指的是砗磲、玛瑙、水晶、珊瑚、琥珀、珍珠、麝香这七种。

② 廖国一：《佛教在广西的发展及其与少数民族文化的关系》，《佛学研究》2000 年第 1 期。

③ 熊昭明、李青会：《广西出土汉代玻璃器的考古学与科技研究》，文物出版社 2011 年版，第 178—182 页。

大概经过南北朝之后，到了唐宋时期，陶瓷成为海上丝路贸易的大宗，岭南的陶瓷制造业才大大发展起来，广东和广西都兴起了很多专门供应出口的窑口。这也是在贸易商品从高端奢侈品转向普通消费品之后，商品的辐射面大大增加，真正对社会经济产生了拉动作用，惠及了整个民间社会。不仅仅是陶瓷，其他商品也是如此。海上丝路的贸易商品从奢侈品转向包罗万象，它的服务的对象也就从仅仅针对上层贵族转向社会各个阶层，从而对整个社会经济文化产生巨大影响。

考古所见丰富的墓葬资料，主要是岭南本地经济自身发展的结果。汉代岭南九郡中，苍梧、交趾、合浦的经济水平都相当发达，商业繁荣，人口数量较高。但这种繁荣主要应该是南海一带汉帝国境内段的贸易活动所带动起来的，与境外段的远洋贸易关系相对不大。

与唐代海上丝绸之路相比，差别非常大的是，唐代海上丝路有大量外来船只来中国贸易的资料，特别是阿拉伯人。唐代的广州有 12 万以上阿拉伯人定居。唐帝国设置了市舶司加以管理和征税，表明政府对海上贸易的支持态度。而在汉代广州和合浦考古资料中，几乎没有见过外国商人的踪迹。

六 结语

总之，通过以上讨论可以得出以下结论。汉代处于中国历史上延续两千年之久的海上丝绸之路的起步阶段，有自己的特点。汉代南方海上丝绸之路的开拓，首先是汉武帝派遣使节搜求奇珍异宝的结果，目的在于获得满足宫廷生活的高端奢侈品，一开始并不是一种经济行为。使节所走的商路，并不具有张骞通西域那样的"凿空"性质，之前南洋和西洋的商人已经经此往返。海上丝路的开通，实际上是中外政府和商人双向努力的结果，外国方面可能贡献更大。由于汉政府的有意限制，以及贸易商品主要局限于高端奢侈品，汉代海上丝绸之路的贸易规模很小，没有对岭南社会的经济文化面貌造成很大影响。但在汉帝国境内，岭南沿海各郡之间的贸易活动比较繁荣，今天留下的考古遗迹，大多数是海上丝路境内段商贸活动的结果，与远洋贸易关系不大。

（作者：陈洪波，广西师范大学历史文化与旅游学院教授）

明代海禁框架下的贡市贸易

宋　烜

　　摘　要：明代海禁从洪武初开始实施，到后期隆庆年间局部放松。海禁政策出台初期，对沿海一带社会稳定有一定的积极作用，但随着明代社会经济的发展，海禁的消极影响也逐渐放大。海禁框架下的贡市贸易，也成为由统治者严格管理之下的一种变形的贸易形式。
　　关键词：明代；海禁；贡市贸易

一　明代的海禁

　　禁海措施并非明代首创，元代时已经多次出台海禁政策，以应对海外形势的变化。如大德三年六月"申禁海商以人马兵仗往诸番贸易者"①，大德七年二月，"禁诸人毋以金银丝线等物下番"②，等等。后来还撤销了市舶司，如"至大四年罢之（指市舶提举司），禁下番船只"③；延祐元年（1314）"复立市舶提举司，仍禁人下番"④；"至治二年（1322），复立泉州、庆元、广东三处提举司，申严市舶之禁"⑤，等等。但都是比较短暂的举措。明代从建国初年就开始实施海禁，"寸板不许下海"，实施得非常严格，前后历经二百余载，几乎贯穿有明一代。隆庆以后海禁虽逐渐松弛，但祖宗之令仍在，开海也局限在偏远区域。明代海禁不仅对沿海的经济贸易活动产生诸多负面作用，其对社会经济的发展也具有深远影响。

　　（一）海禁政策的出台

　　明初海禁政策的出台，除了持续不断且猖獗的倭寇活动，据说当时朝廷中的"胡惟庸事件"也是促使朱元璋实行海禁政策的原因之一。《明史》载：

---

　　①　《资治通鉴后编》卷160"元纪八·成宗钦明广孝皇帝"。
　　②　《元史》卷21"本纪第二十一·成宗四"。
　　③　《元史》卷91"志第四十一上·百官七"。
　　④　《元史》卷94"志第四十三·食货二"。
　　⑤　同上。

先是，胡惟庸谋逆，欲借日本为助。乃厚结宁波卫指挥林贤，佯奏贤罪，谪居日本，令交通其君臣。寻奏复贤职，遣使召之，密致书其王，借兵助己。贤还，其王遣僧如瑶率兵卒四百余人，诈称入贡，且献巨烛，藏火药、刀剑其中。既至，而惟庸已败，计不行。帝亦未知其狡谋也。越数年，其事始露，乃族贤，而怒日本特甚，决意绝之，专以防海为务……自是，朝贡不至，而海上之警亦渐息。①

王圻的《续文献通考·市籴考》也有相似论述："国初禁海之例，始因倭夷违谕而来，继恨林贤巨烛之变，故欲闭绝之。"② 实际上，采取海禁政策的根本原因，还是在于海氛的不靖，进而冲击到明初社会的安全与稳定。"胡惟庸事件"只是实施海禁政策的其中一个借口而已。况且胡惟庸被诛是在洪武十三年，而早在洪武初期就已经开始实施海禁了。

至于海禁政策出台的具体时间，史书未见确切记载，但从相关的史料看应该在洪武四年以前。如《太祖实录》说：

洪武四年（1371）十二月，"诏吴王左相靖海侯吴祯籍方国珍所部温、台、庆元三府军士及兰秀山无田粮之民尝充船户者，凡十一万一千七百三十人，隶各卫为军，仍禁濒海民不得私出海……""朕以海道可通外邦，故尝禁其往来。"③

这是相关记载中最早明确记录明初海禁政策的史料。《明史》对此也有相同记录："命靖海侯吴祯籍方国珍所部温、台、庆元三府军士及兰秀山无田粮之民，凡十一万余人，隶各卫为军。且禁沿海民私出海。"④ 其中，《实录》强调的是"仍禁濒海民不得私出海"，显然，从"仍禁"的用词来看，"禁海"之令并不是初次出台，似乎在这之前已经存在；"故尝禁其往来"，说明实施之初可能并不是很严格。另据《太祖实录》：吴元年（1367）十二月"置市舶提举司，以浙东按察使陈宁等为提举"⑤，市舶司是"掌海外诸番朝贡市易之事"⑥，说明吴元年还是允许海外贸易的，最初设立海禁当在吴元年与洪武四年（1371）之间。随后不久的洪武三年（1370），"罢太仓黄渡市舶司，凡番舶至太仓者，令军卫、有司同封籍其数，送赴京师"⑦。罢太仓市舶司，是否说明此时已经有海禁措施出台？从相关文献来看似乎没有这方面的明确记载，但洪武四年

①《明史》卷322"列传第二百二十·外国三·日本"。
②《钦定续文献通考》卷26"市籴考"。
③《太祖实录》洪武四年十二月乙未。
④《明史》卷91"志第六十七·兵三"。
⑤《太祖实录》吴元年十二月庚午。
⑥《钦定续文献通考》卷60"职官考"。
⑦《太祖实录》洪武三年二月甲戌。

的"故尝禁其往来"是否即指此还有待考证，但明初时期的海禁政策开始于洪武三年或其不久之前，还是有可能的。①

到了洪武七年，海禁政策趋于严厉，朝廷撤销了仅有的三处市舶司，"辛未，罢福建泉州、浙江明州、广东广州三市舶司"②。从初期的"仍禁""且禁"，到此时的全面撤销市舶司，海禁政策开始全面实施，并一直延续到明代末期。虽然中间一度有所松动，隆庆后并在局部地区开海，但海禁政策名义上一直未曾撤销。

（二）海禁的实施

从洪武初的"仍禁濒海民不得私出海"，到洪武七年撤销市舶司，标志着海禁政策开始全面实施。此后，海禁措施进一步落实，朝廷并数度重申严禁人民下海之令。从《太祖实录》中可以多次看到有关禁民下海、禁民与外番交易的规定。海禁的内容也更加细分，往往针对沿海边民的犯禁行为，制定更有针对性的规定，如禁民出海：洪武四年十二月"仍禁濒海民不得私出海"。禁民私通外邦、行贾互市：洪武四年十二月，因为福建兴化卫指挥李兴、李春"私遣人出海行贾"，被人告发，于是朝廷对大都督府加以训诫："滨海军卫岂无知彼所为者乎？苟不禁戒，则人皆惑利而陷于刑宪矣，尔其遣人谕之：有犯者，论如律。"并强调"以海道可通外邦，故尝禁其往来"。洪武十四年九月"禁濒海民私通海外诸国"。洪武三十年四月"申禁人民无得擅出海，与外国互市"。

禁沿海捕鱼等作业：洪武十七年正月"禁民入海捕鱼，以防倭故也"。

针对沿海边民私自下海不绝的情况，朝廷对禁海做出更多细化的规定，如禁止夹带禁物出海：洪武二十三年十月"诏户部严交通外番之禁。上以中国金银、铜钱、缎匹、兵器等物自前代以来不许出番；今两广、浙江、福建愚民无知，往往交通外番，私贸货物，故禁之。沿海军民官司纵令私相交易者，悉治以罪"。禁用走私番物：洪武二十七年春正月，"禁民间用番香、番货。先是，上以海外诸夷多诈，绝其往来，唯琉球、真腊、暹罗许入贡。而缘海之人往往私下诸番，贸易香货，因诱蛮夷为盗。命礼部严禁绝之。敢有私下诸番互市者，必置之重法。凡番香、番货皆不许贩鬻，其见有者，限以三月销尽。民间祷祀，止用松、柏、枫、桃诸香，违者罪之。其两广所产香木，听土人自用，亦不许越岭货卖。盖虑其杂市番香，故并及之"③。禁私造大船："官民人等擅造二桅以上违式大船，将带违禁货物下海，入番国买卖，潜通海贼，同谋结聚，及为向导，劫掠良民者，正犯处以极刑，全家发边卫充军。若止将大船顾与下海之人，分取番货，及虽不曾造有大船，而纠通下海之人，接买番货，或探听番货到来，私买贩卖，若苏木胡椒，至一千斤以上者，俱问发边卫充军。番货入官。"④

---

① 晁中辰在《明代海外贸易研究》中已有类似判断。
② 《太祖实录》洪武七年九月辛未。
③ 以上均见《太祖实录》。
④ （正德）《明会典》卷110"兵部五"。

到了明成祖永乐初年，其在即位诏书中特别强调要按照太祖朱元璋的禁海政策，严禁沿海军民私自下番："缘海军民人等，近年以来往往私自下番，交通外国，今后不许。所司一遵洪武事例禁治。"①

到了永乐二年，为了有效控制沿海边民私自出海，强令民间海船统统改为平头船："禁民下海。时福建濒塘海居民，私载海船交通外国，因而为寇，郡县以闻。遂下令禁民间海船，原有海船者悉改为平头船，所在有司防其出入。"② 由于平头船不利于海上航行，等于杜绝了海边民间的出海工具。

禁海措施还编入《大明律》，洪武六年初次修订的《大明律》中明确规定"私出外境及违禁下海"的具体罚则：

> 凡将马牛、军需、铁货、铜钱、段匹、细绢、丝绵私出外境货卖及下海者，杖一百。挑担驮载之人减一等。物货船车并入官。于内以十分为率，三分付告人。若将人口、军器出境及下海者，绞。因而走泄事情者，斩。其拘该官司，及守把之人，通同夹带，或知而故纵者，与犯人同罪。失觉察者，减三等罪，止杖一百。军兵又减一等。③

《大明律》规定，凡下海船只，除了持有衙门开具的允许出海的文引，其他无充足理由的均属违禁下海，都在禁止之列。尤其是二桅以上大船，由于其航行能力强，更在严禁之列："凡沿海去处、下海船只，除有票号文引，许令出洋外，若奸豪势要及军民人等，擅造二桅以上违式大船，将带违禁货物下海，前往番国买卖，潜通海贼，同谋结聚及为向导劫掠良民者，正犯比照谋叛已行律处斩，仍枭首示众，全家发边卫充军。其打造前项海船，卖与夷人图利者，比照私将应禁军器下海，因而走泄事情律，为首者处斩，为从者发边卫充军。若止将大船雇与下海之人，分取番货，及虽不曾造有大船，但纠通下海之人买番货，与探听下海之人，番货到来，私买贩卖苏木胡椒至一千斤以上者，俱发边卫充军，番货并入官。其小民撑使单桅小船，给有执照，于海边近处捕鱼打柴，巡捕官兵不许扰害。"④

除了禁止下海，《大明律》还规定军民人等不能随意与到港的夷人交易违禁货物，否则也要获罪充军："凡夷人贡船到岸，先行接买番货，及为夷人收买违禁货物者，俱发边卫充军。"严重的还会处以极刑："官员军民人等与他交易，止许光素苎丝、绢布、衣服等件，不许将一应兵器并违禁铜铁等物，敢有违犯，都拿来处以极刑。"

对于相关官员不履行职责、收受贿赂的，也会被问责："凡守把海防武职官员，有

① 《太宗实录》洪武三十五年七月壬午。
② 《太宗实录》永乐二年正月辛酉。
③ 《大明律·兵律·私出外境及违禁下海》。
④ 同上。

犯受通番土俗哪哒、报水分利、金银番货等项，值钱百两以上，名为买港，许令船货私入，串通交易，贻患地方，及引惹番贼、海寇出没，戕工杀良民，除真犯死罪外，其余俱问受财枉法罪名，发边卫永远充军。"①

（三）明代中期海禁渐弛

到了宣德年间，海上渐趋平静，所谓"承平日久，皇恩四驰，海外之国皆修职贡，罔敢侵越"②，而民间迫于生计私自下海的现象开始增多，有的还私自建造大船，偷偷出海与外番贸易，对此，宣德六年四月朝廷再度发布诏令，禁民出海："上闻并海居民有私下番贸易及出境与夷人交通者，命行在都察院揭榜禁戢。"③ 宣德八年七月再"命行在都察院严私通番国之禁"，诏令还鼓励乡人积极举报，并许以奖赏，"给犯人家赀之半"。而知情不报或对此纵容的，则将予以连坐处罚：

> 上谕右都御史顾佐等曰，私通外夷已有禁例，近岁官员军民不知遵守，往往私造海舟，假朝廷干办为名，擅自下番，扰害外夷，或诱引为寇。比者已有擒获，各置重罪。尔宜申明前禁，榜谕缘海军民，有犯者，许诸人首告，得实者，给犯人家赀之半；知而不告及军卫有司纵之弗禁者，一体治罪。④

当时的浙江临海县有豪绅出海通番，被人举报，即招致获罪，《宣宗实录》记录了此事：

> 初，浙江临海县民告土豪一家父子叔侄同恶下海通番及杀人等罪……移文逮治县。⑤

除了禁止出海通番，还禁止私下出海捕鱼。宣德十年七月诏令："严私下海捕鱼禁。"当时的浙江地方官员多有上奏朝廷，反映沿海的势豪之家私自造船下海捕鱼，或恐引致倭寇。户部官员在给皇帝的奏言中建议："今海道正欲堤备，宜敕浙江三司谕沿海卫所严为禁约，敢有私捕及故容者，悉治其罪。"⑥

此后的一段时期，朝廷还多次重申禁海之令，约束沿海居民不得私自出海，以免导致倭寇。如天顺三年七月"禁浙江并直隶缘海卫军民不许私造大船纠集人众携军器下海为盗，敢有违者，正犯处以极刑，家属发戍边卫"⑦，正统七年六月"敕总督

① 以上见《大明律》《兵律》《户律》。
② （弘治）《赤城新志》卷8《卫所》。
③ 《宣宗实录》宣德六年四月丙辰。
④ 《宣宗实录》宣德八年七月己未。
⑤ 《宣宗实录》宣德五年十二月丙戌。
⑥ 《宣宗实录》宣德十年七月己丑。
⑦ 《英宗实录》天顺三年七月辛巳。

备倭都指挥使李信及浙江三司巡海御史……不许居民临水开市，以诱贼寇，及私下海泄漏声息"①。

海禁令还波及当时的朝鲜诸属国，《孝宗实录》就记载了这样一件事例：弘治十二年"朝鲜国王李隆奏本国人屡有违禁下海者，因逃住海岛不归，复诱引军民，渐至滋蔓。乞许本国自遣人搜刷还国。若系上国地方者，请敕令官司搜发处分。于是辽东守臣亦奏，近海军民或有逃聚海岛者，请及时逐散。下兵部议，谓宜如所奏。从之"②。

虽然如此，明代中期海禁政策相对于洪武时期而言已经有所宽松，由于沿海民间出海谋生的要求越来越强烈，私下出海的事例也非常普遍。贫寒之家为生计所迫铤而走险，或捕鱼，或采薪；而富室大户为了追逐营利，获取高额利润而建造大船，偷偷出海交易的现象也很普遍："成、弘之际，豪门巨室间有乘巨舰贸易海外者。"③ 就连负责海防的沿海卫所等，也热衷于下海捕鱼、贩卖盐货以获取经济利益："备倭战船官军，近年以哨瞭为名停泊海港，窃还其家者有之，贩鬻私盐、捕鱼、采薪者亦有之"④；"总督备倭都指挥佥事王谦等受滨海军民赂，纵之下海捕鱼"⑤。成化年间的吏部尚书姚夔指出："浙江、福建东南大藩，连山滨海，私盗盐矿、下番者时时有之。"况且"海隅穷民，无田可耕，若居者禁不下海，下者拒不入关，彼岂肯俛首就死？鸟穷则攫，兔骇则奔，此海禁之隐祸也"⑥。朝廷对此恐怕也有所了解，故海禁政策的控制一度有所放松，比较典型的例子是，景泰二年，总督备倭都指挥佥事王谦因为收受贿赂，纵容军民下海捕鱼，朝廷只要求王谦"具实以闻"，随后王谦在状书中承认了自己的过错，"陈状输服"，朝廷也对此免于处罚⑦。通过这件事情，说明当时对违禁下海的处置已经不像洪武时期那么严厉了。适度地放宽海禁也是当时的共识，"第细民以海为业，犹婴儿以乳为生，禁之则号，惟当节之耳"⑧。显然，在严格的海禁政策背景下，相关部门采取相对宽松的管理口径，可能是明代中期相当时期沿海一带较普遍的现象。清代人认为明代海禁实际上禁而不严："明倭寇猖獗之时，虽禁民入海，而商舶之往来自若。"⑨ 此判断虽然不尽是事实，但也反映出海禁框架下私船违禁下海的现象的大量存在。

---

① 《英宗实录》正统七年六月辛卯。
② 《孝宗实录》弘治十二年十二月乙卯。
③ （明）张燮：《东西洋考》卷7"饷税考"。
④ 《英宗实录》正统七年十一月辛巳。
⑤ 《英宗实录》景泰二年九月甲寅。
⑥ （明）胡直：《督府董近淮先生疏稿序》，《衡庐精舍藏稿》卷8。
⑦ 《英宗实录》景泰三年四月癸未。
⑧ （明）郭造卿：《海船》，《明文海》卷81"议八"。
⑨ （清）靳辅：《文襄奏疏》卷7"生财裕饷第二疏"。

二　海禁框架下的贡市贸易

"不通商而止通贡"①，是明太祖朱元璋实施海禁政策后立下的规矩。明初，在沿海设市舶司，专门管理贡市事务，"凡外夷贡者，皆设市舶司领之。许带他物，官设牙行，与民贸易，谓之互市。是有贡舶即有互市，非入贡即不许其互市"②。这种只许通贡，并且在通贡状态下才允许有限互市的贡市贸易也是明代官方的主要外贸通道。

（一）初期频繁入贡

明皇朝建立之初，对周边国家广加诏谕，由于其"厚往薄来"的政策，各国在明朝的朝贡过程中大获其利，于是各国竞相入贡，明朝廷也充分享受这"万邦来朝"的"尊荣"。对周边各国的入贡时限，初期并无限制，"任其时至入贡"，只对日本入贡有所限制，包括入贡时间、入贡人数等，《明史》说："琉球、占城诸国皆恭顺，任其时至入贡。惟日本叛服不常，故独限其期为十年，人数为二百，舟为二艘，以金叶勘合表文为验，以防诈伪侵轶。"③ 此后，由于各国入贡的次数太过频繁，到了洪武八年以后，要求"三年一来朝贡"④。而对于"叛服不常"的日本，一度还"绝其贡使"⑤。

据《太祖实录》记载，初期，朝鲜、安南等国几乎每年都来入贡，有的因为毗邻中国，交通便捷，令市舶司疲于应付。如占城：洪武二年二月"己巳，占城国王阿答阿者遣其臣虎都蛮贡虎、象、方物"；洪武二年九月"占城国王阿答阿者遣其臣蒲旦麻都等贡方物，赐其国王及使者绮帛有差"；洪武三年八月"占城国王阿答阿者遣其臣打班舍利等来贡方物"；洪武四年秋七月"占城国王阿答阿者遣其臣答班瓜卜农来朝，奉表言安南侵其土境，表用金叶，长一尺余，阔五寸，刻以本国书"；等等。朝廷照例都回赠礼物，"赐其国王及使者绮帛有差"，洪武四年还做出特别通知，"并谕福建行省，占城海舶货物，皆免其征，以示怀柔之意"。到了洪武八年六月才有规定："占城等国自今惟三年一来朝贡。"

另外如安南，从洪武二年初次"朝贡方物"，以后几乎每年都来。如洪武二年六月"壬午，安南国王陈日煃遣其少中大夫同时敏，正大夫段悌、黎安世等来朝贡方物，因请封爵"；洪武三年六月"上表谢恩，贡方物"；洪武四年春正月"奉表，贡驯象"；洪武五年二月"奉表贡驯象"；洪武六年春正月"贡方物，且请封爵"。洪武七年三月"上表谢恩，贡方物"；到了洪武八年五月，明太祖"命中书省臣谕安南、高丽、占城等国，自今惟三年一来朝贡"。

---

① 《续文献通考》卷31"市籴考"。
② 同上。
③ 《明史》卷81"志第五十七·食货·市舶"。
④ 《太祖实录》洪武八年六月甲午。
⑤ 《明史》卷91"志第六十七·兵三"。

其他如区位较偏远的琉球，自洪武五年以后，也是每年或隔年就来入贡，如洪武五年十二月"杨载使琉球国，中山王察度遣弟泰期等奉表，贡方物。诏赐察度《大统历》及织金文绮、纱罗各五匹，泰期等文绮、纱罗、袭衣有差"；洪武七年十月"琉球国中山王察度遣其弟泰期等奉表，贡马及方物，上皇太子笺，贡方物如之"；洪武九年"夏四月……国王察度遣其弟泰期从浩来朝，上表谢恩，并贡方物"；洪武十年春正月"琉球国中山王察度遣其弟泰期等进表贺正旦，贡马十六匹、硫黄一千斤，赐泰期等钞有差"；洪武十一年四月"琉球国中山王察度遣使来贡方物，赐察度及使者文绮、缯帛有差"；洪武十三年"琉球国中山王察度遣使贡马及方物，使还，诏赐察度织金文绮、纱罗"。可见明朝对比较偏远的琉球等国一直没有太多限制，"任其时至入贡"。

而近邻如高丽者①，从洪武二年初次入贡以后，不但每年必来，而且一年中要入贡数次，完全是以入贡之名，行通商牟利之实，如以洪武二年至洪武五年为例：

洪武二年八月"高丽国王王颛遣其礼部尚书洪尚载等奉表贺即位，请封爵，且贡方物，中宫及皇太子皆有献，赐尚载以下罗绮有差"。

洪武二年九月"丙午，高丽国王王颛遣其总部尚书成惟得、千牛卫大将军金甲雨上表贡方物，谢恩并贺天寿圣节，中宫及皇太子皆有献，就请祭服制度，上命工部制赐之"。

洪武二年十一月"高丽国王王颛遣其臣张子温等上表谢封爵并贺明年正旦，贡方物，中宫、东宫皆有献"。

洪武三年八月"高丽遣其三司使姜德赞上表，谢赐冕服，贡方物，并纳元所授金印"。

洪武三年九月"癸丑，高丽遣其臣偰长寿奉笺献方物，贺皇太子千秋节"。

洪武四年九月"甲寅，高丽国王王颛遣其臣姜仲祥等奉表贡金银龙盏、布文席、龟贝等物，贺天寿圣节，并贺皇太子千秋节"。

洪武四年十二月，"是月，高丽王颛遣使贡方物，贺明年正旦节"。

洪武五年二月丁酉，高丽国王王颛遣其密直副使韩邦彦奉表，贡金龙缸台、双盏莲花台、双盏金龙头镫、银龙头镫、六面壶、玳瑁、刀鞘、笔鞘、细布、文席、豹皮之属。

洪武五年三月，是月，高丽国王王颛遣密直同知洪师范、郑梦周等奉表贺平夏，贡方物，且请遣子弟入太学。

洪武五年秋七月庚午，高丽王王颛遣其礼部尚书吴季南、民部尚书张子温等奉表，贡马及方物。

---

① "朝鲜"之称谓始于洪武二十五年，此前应称作"高丽"。见《太祖实录》洪武二十五年闰十二月"乙酉，高丽权知国事李成桂欲更其国号，遣使来请命。上曰：东夷之号，惟朝鲜之称最美，且其来远矣，宜更其国号曰朝鲜"。

洪武五年九月"高丽国王王颛遣同知密直司事成揆进表称贺，并遣版图判书林完贺皇太子千秋节，贡金银、龙盏、龟贝、玳瑁之属"。

洪武五年十月"庚寅，高丽国王王颛遣其同知密直司事金溍等奉表笺，贺明年正旦，并贡金银、玳瑁等器"。①

频繁的入贡，也使明太祖朱元璋渐生倦意，因此要求中书省采取对策，限制藩国入贡过于频繁的问题："曩因高丽贡献烦数，故遣延安答里往谕此意，今一岁之间，贡献数至，既困弊其民而使涉海道路艰险，如洪师范归国，蹈覆溺之患，幸有得免者，能归言其故，不然岂不致疑？夫古者，诸侯之于天子，比年一小聘，三年一大聘，若九州之外番邦、远国，则惟世见而已，其所贡献亦无过侈之物。今高丽去中国稍近，人知经史、文物，礼乐略似中国，非他邦之比，宜令遵三年一聘之礼。或比年一来，所贡方物，止以所产之布十匹足矣，毋令过多。中书其以朕意谕之。占城、安南、西洋、琐里、爪哇、渤尼、三佛齐、暹罗斛、真腊等国，新附远邦，凡来朝者，亦明告以朕意。"②

（二）日本入贡贸易

而日本方面，虽然明太祖"怒日本特甚，决意绝之"，但洪武初期尚有使臣往来，如洪武初期明太祖派遣山东莱州府同知赵秩持诏赴日本，此后相互往来还比较正常。如洪武九年四月"日本国王良怀遣沙门圭庭用等奉表，贡马及方物，且谢罪。诏赐其王及庭用等文绮、帛有差"；洪武十二年闰五月"日本国王良怀遣其臣刘宗秩、通事尤虔俞丰等上表，贡马及刀、甲、硫黄等物。使还，赐良怀织金文绮、宗秩等服物有差"。但更多的情况是，以其使者无表文，或因表文言辞"倨慢"，加以拒绝。如洪武七年六月"日本国遣僧宣闻溪、净业喜春等来朝，贡马及方物，诏却之"；洪武十三年五月"日本国王良怀遣其臣庆有僧等来贡马及硫黄、刀扇等物，无表，上以其不诚，却之"；洪武十三年八月"日本国遣僧明悟、法助等来贡方物，无表，止持其征夷将军源义满奉丞相书辞，意倨慢，上命却其贡"；洪武十四年"日本国王良怀遣僧如瑶等贡方物及马十匹，上命却其贡"；洪武十九年十一月"日本国王良怀遣僧宗嗣亮上表，贡方物，却之"③。屡屡拒绝其入贡，其中的原因还是在于这期间倭寇在沿海一带不断滋事。

从永乐初年开始，日本入贡变得比较频繁。相对于洪武年间的屡屡却贡，嘉靖年间因为倭乱而停止通贡，永乐时期是日本入贡频率较高的时期。建文三年，日本国内执政的足利义满将军一改以往倨傲的态度，为了建立与明朝的贸易关系，派遣有走私贸易经验的商人肥富、僧人祖阿为使臣，于建文三年入贡，并送还"海岛漂寄者几许

---

①　以上见《太祖实录》。
②　《太祖实录》洪武五年十月甲午。
③　以上均见《太祖实录》。

人"。义满在国书中说：

> 日本准三后源道义上书大明皇帝陛下：日本国开辟以来，无不通聘问于上邦。
> 道义幸秉国钧，海内无虞。特遵往古之规法，而使肥富相副祖阿通好，献方物：
> 金千两、马十匹、薄样千帖、扇百本、屏风三双、铠一领、铜丸一领、剑十腰、
> 刀一柄、砚筥一合、同文台一个。搜寻海岛漂寄者几许人还之焉。道义诚惶诚恐，
> 顿首顿首，谨言。应永八年五月十三日。①

这是洪武后期数次却贡以后足利义满首次来贡，表文言辞谦卑，并送还被倭寇掳
至日本的边民，表现出希望通贡的诚意。当时的建文帝正忙于应付燕王朱棣的战事而
无暇他顾，加之明太祖对日本"决意绝之"的"祖训"，对足利义满的入贡并不重视。
到了明成祖朱棣即位以后，为了加强皇位的稳定，树立自己正统的形象，明成祖对海
外藩国的入贡特别的重视，也热衷于与海外藩国的交往。如永乐元年，以即位诏谕示
安南、暹罗、爪哇、琉球、日本、苏门答腊、占城诸国，并要求礼部鼓励各国贡使前
来，而应少做限制："太祖高皇帝时诸番国遣使来朝，一皆遇之，以诚其以土物来市易
者，悉听其便，或有不知避忌，而误干宪条，皆宽宥之，以怀远人。今四海一家，正
当广示无外，诸国有输诚来贡者，听尔其谕之，使明知朕意。"② 永乐元年九月，足利
义满再次派遣贡使来到宁波，当时的礼部尚书李至刚上奏文说："凡番使入中国，不得
私载兵器刀槊之类鬻于民。具其禁令，宜命有司会检番舶中有兵器刀槊之类籍封送京
师。"③ 这样的举措符合以往的相关规定。但朱棣急于与包括日本在内的外藩交通，显
然不在乎这些细节，他在回复给礼部的诏谕中说："外夷向慕中国，来修朝贡，危踏海
波，跋涉万里，道路既远，赀费亦多，其各有赍，以助路费，亦人情也，岂当一切拘
之禁令。……以失朝廷宽大之意，且阻远人归慕之心。"④

朱棣不仅对日本贡使"皆宽宥之，以怀远人"，在看到足利义满在国书中"纳贡称
臣"的态度更是高兴，对其回赐也非常丰厚，超过了日本进贡物品的数倍，"往赐日本
国王冠服、锦绮、纱罗及龟纽金印"。并"诏日本十年一贡，人止二百，船止二艘，不
得携军器，违者以寇论"⑤。看到对明朝入贡能够带来丰厚收益，显然刺激了日本朝廷，
于是日本方面不顾"十年一贡"规定，借着各种名头，连年入贡。

> 永乐二年十月"日本国王源道义遣使梵亮奉赍贡马及方物，谢赐冠带印章"；

---

① 《善邻国宝记》卷中。
② 《太宗实录》洪武三十五年九月丁亥。
③ 《太宗实录》永乐元年九月己亥。
④ 同上。
⑤ 《明史》卷322"列传第二百二十·外国三·日本"。

　　永乐二年十一月"日本国王源道义遣使永俊等奉表，贺册立皇太子，并献方物"；

　　永乐三年十一月"日本国王源道义遣使源通贤等奉表贡马及方物，并献所获倭寇尝为边害者"；

　　永乐四年六月"日本国王源道义遣使圭密等贡名马方物，谢赐冠服"；

　　永乐五年五月"日本国王源道义遣僧圭密等七十三人来朝，贡方物，并献所获倭寇等"；

　　永乐六年五月"日本国王源道义遣僧圭密等百余人贡方物，并献所获海寇"；

　　永乐八年四月"日本国王源义持遣使主密等奉表贡方物，谢赐父谥及命袭爵恩"；

　　永乐十六年四月"行人吕渊自日本还，其国王源义持遣日隅萨三州刺史岛津滕存忠等奉表随来，谢罪"。①

　　从上述记载来看，永乐时期是日本入贡的最频繁时期。日本贡使在永乐六年以前是每年都来，有的年份还一年来两次，如永乐二年二月、十一月分别来贡方物，贺册立皇太子并献方物等。其间，日本两次送来为患沿海的盗寇，显示其与中国交好的诚意，如永乐三年十一月"献所获倭寇尝为边害者"等，同时，朝廷也派遣通政、行人等官员出使日本，如永乐元年八月"命左通政赵居任、行人张洪、僧录司右阐教道成使日本国"；永乐九年二月"遣使赍敕赐日本国王源义持金织文绮纱罗绫绢百疋，钱五千缗，嘉其屡获倭寇也"；永乐十五年十月"遣刑部员外郎吕渊等使日本"②。

　　到了宣德年间，鉴于日本入贡不遵定制，许多时候贡船数量及人数多有出超，明显有违定制，也增加了朝廷的负担，于是宣德皇帝对此重新做了规定，但鉴于日本入贡人船货物往往出超，显示其入贡的积极性，于是规定也有所放宽，原来"人止二百，船止二艘"，现在改为"人毋过三百，舟毋过三艘"③。但日本贡船名义上是"朝贡"，实际上是通过朝贡换取更多赠赐，获得更多赏钱。因此即使明朝廷有了新的规定，日本方面也并不遵守，人船数量及所带贡物屡屡出超，有时"所携私物增十倍"④，并常会提出额外要求，如景泰四年（1453）十一月，日本国使允澎上奏说，因为日本天龙寺遭受火灾，原来在佛像前供奉的明太祖颁赐的花瓶二、香炉四、龟鹤烛台各一，都被烧毁，并请求按照旧式再给予赏赐。于是皇帝"命工部造与之"⑤。成化十三年（1477）日本国使妙茂转达日本国王意见，要求赐予《佛祖统纪》等书，"命以《法苑珠林》与之"⑥，等等。至于"十年一贡"，实际上也从未真正实行过。从宣德八年日本国王源义教遣使臣道远等奉表贡物开始，每隔几年就会来入贡，有时还会一年两次。

　　①　均见《太宗实录》。

　　②　同上。

　　③　《钦定续文献通考》卷29"土贡考"。

　　④　《明史》卷322"列传第二百二十·外国三·日本"。

　　⑤　《英宗实录》景泰四年十一月辛未。

　　⑥　《宪宗实录》成化十三年九月辛卯。

虽然如此，从宣德年间以后，日本入贡已经不像永乐时期那么频繁了。

正统元年，浙江右布政使石执中认为这时期海外的入贡者相对减少，使市舶司"官吏人等冗旷"，还建议朝廷裁减市舶提举司官吏，要求裁减三分之二。① 与永乐时期比较，不仅日本入贡次数减少，这时期其他藩国贡船也明显少了许多，据《续文献通考》所载，三佛齐"洪熙……后朝贡渐稀"；浡泥"洪熙元年……后贡使渐稀"；真腊"宣德景泰中亦遣使入贡，自后不常至"；尼八剌"宣德后不复至"②。究其原因，主要是永乐初年由于国力强盛，明成祖朱棣对海外各国的通贡非常积极，对海外入贡的回赐也非常丰厚，这就使各国争相进贡。宣德年间开始对入贡的回赐有所限定，不像以前那么大手大脚了，各国的入贡积极性也由此有所减弱了。

（三）止通贡而不通商

各国频繁入贡，实际上反映了周围诸国强烈的贸易需求。每次入贡都包赚不赔，也是其积极入贡的重要原因。明太祖曾经嘱咐"中书省曰：西洋诸国素称远蕃，涉海而来，难计岁月。其朝贡，无论疏数，厚往薄来可也"③，只看重其入贡的诚意，对其所贡之物并无太多要求。到这方面有所规定，明朝廷对各国入贡物逐渐有所限定和要求，以日本为例，"日本国：永乐间赐国王冠服、纻丝、纱罗、金银、古器、书画等物。宣德十年回赐国王纻丝二十表里，纱罗各八疋，锦二疋，银二百两，妃银一百两。以后俱照此例"④；对日本方面要求进贡的物品有"马盔、铠、剑、腰刀、枪、涂金妆彩屏风、洒金厨子、洒金文台、洒金手箱、描金粉匣、描金笔匣、抹金提、铜铫、洒金木铫角盥贴、金扇、玛瑙、水精、数珠、硫黄、苏木、牛皮"⑤，等等。按照"有物则偿，有贡则赏"的定例，这些属于正贡物品，朝廷给予相应的赏赐即可。但除了这些正贡物品，贡使还会自行带来其他的进贡物品，这些所谓的"自进物"，朝廷也需要通过官方作价给予收买。还有随船而来的其他物品，也需要官价收购，不能收买的，则允许其自行交易。《明会典》说："正贡例不给价。正、副使自进，并官收买。附来物货俱给价，不堪者令自贸易。"⑥ 一般官方出价会比其原来价值高出许多，但"倭人贪利，贡物外所携私物增十倍"。永乐时国力强盛，回赐往往数倍于贡物；宣德以后，财力不复以往，此时就有不胜招架之慨。景泰四年日本来贡，当时日本贡船十只，人数为一千二百人，所带物品超数十倍，远远超出"人毋过三百，舟毋过三艘"的规定。如果按照宣德年间定例，回赐额巨大。朝廷因此不复"厚往薄来"，而是按照市值给价。为此，日本贡使大失所望，几次请求增加回赠额度，并在宁波滞留不归。此事见于《英宗实录》：

① 《英宗实录》正统元年八月甲申。
② 《钦定续文献通考》卷29"土贡考"。
③ 《太祖实录》洪武五年正月壬子。
④ （正德）《明会典》卷101"礼部六十·给赐一"。
⑤ （正德）《明会典》卷99"礼部五十六·朝贡二"。
⑥ （正德）《明会典》卷101"礼部六十·给赐一"。

礼部奏："日本国王有附进物及使臣自进附进物俱例应给直，考之宣德八年赐例，苏木硫黄每斤钞一贯，红铜每斤三百文，刀剑每把十贯，枪每条三贯，扇每把、火箸每双俱三百文，抹金铜铫每个六贯，花砚每个、小带刀每把、印花鹿皮每张俱五百文，黑漆泥金洒金嵌螺甸花大小方圆箱盒并香垒等器皿每个八百文，贴金洒金砚匣并砚铜水滴每副二贯，折支绢布每钞一百贯，绢一疋；五十贯，布一疋。当时所贡以斤计者，硫黄仅二万二千，苏木仅一万六百，生红铜仅四千三百。以把计者，衮刀仅二，腰刀仅三千五十耳。今所贡硫黄三十六万四千四百，苏木一十万六千，生红铜一十五万二千有奇，衮刀四百一十七，腰刀九千四百八十三。其余纸扇、箱盒等物比旧俱增数十倍，盖缘旧日获利而去，故今倍数而来，若如前例给直，除折绢布外，其铜钱总二十一万七千七百三十二贯一百文，时直银二十一万七千七百三十二两有奇。计其贡物，时直甚廉，给之太厚。虽曰厚往薄来，然民间供纳有限，况今北虏及各处进贡者众，正宜撙节财用，议令有司估时直给之。"已，得旨，从议。有司言"时直，生红铜每斤银六分，苏木大者银八分，小者五分，硫黄熟者银五分，生者三分。臣等议苏木不分大小俱给银七分，硫黄不分生熟俱五分，生红铜六分，共银三万四千七百九十两，直铜钱三万四千七百九十贯。刀剑今每把给钞六贯，枪每条二贯，抹金铜铫每个四贯，漆器皿每个六百文，砚匣每副一贯五百文，通计折钞绢二百二十九疋，折钞布四百五十九疋，钱五万一百一十八贯，其马二匹，如瓦剌下等马例，给纻丝一疋，绢九疋"。悉，从之。①

为此，日本正使允澎认为回赐额仅仅相当于宣德年间的十分之一，因此上书朝廷要求增加赏额。明代宗朱祁钰认为"远夷当优待之"，于是"加铜钱一万贯"。允澎犹嫌不足，再次要求增加，最后，虽然训责其"无厌"，但还是"更加绢五百匹、布一千匹"。由于朝廷给予的回赠价值低于预期，日本使臣"沿途则扰害军民"，滞留宁波"辗转不行"，最后朝廷派遣锦衣卫随行监督，才驱逐而回。

类似的事例还发生在成化年间，当时的日本使臣认为朝廷的回赐过低，而数度提出要求增加回赐数额。并施用计谋，谎称财物丢失，要求朝廷给予补偿。事见《宪宗实录》：

礼部奏：日本国所贡刀剑之属，例以钱绢酬其直。自来皆酌时宜以增损其数，况近时钱钞价直贵贱相远，今会议所偿之，银以两计之，已至三万八千有余，不为不多矣。而使臣清启犹援例争论不已，是则虽倾府库之贮亦难满其溪壑之欲矣。宜裁节，以抑其贪。上是之，仍令通事谕之，使勿复然。②

---

① 《英宗实录》景泰四年十二月甲申。
② 《宪宗实录》成化五年春正月丙子。

面对增赐要求没有达到，日本使臣又生计谋，其贡船三只，两只已回日本，另一只贡船的土官玄树则谎称海上遭受大风，财物被损，返回宁波，乞求朝廷对所失财物"如数给价"，"回国庶王不见其罪"，否则无法对国王有所交代。朝廷对此无赖做法也只能宽宥待之，《宪宗实录》记载说："事下礼部，言：四夷朝贡到京，有物则偿，有贡则赏。若徇其请给价，恐来者仿效捏故希求。查无旧例，难以准给。上曰：方物丧失，本难凭信。但其国王效顺，可特赐王绢一百匹，彩段十表里。"① 最后添加一些赏赐以打发完事。

入贡过多不仅给朝廷带来财政压力，也给地方增加许多困难。由于海外贡使少则数十人，多者上千，都需要沿途各地免费提供交通工具、供应酒食饭餐，地方承受了很大的开支，"四夷入贡者多至千人，所过辄需酒食诸物"②，有些使臣滞留驿馆不归，又额外增加接待费用。而朝廷一味以"优待之"，如此固然体现了大国"怀柔远人"的气度，但过度的放任，却出了反效果，导致入贡使团往往不按规章行事，甚至滋生是非、扰害军民。前述日本使者清启及随行使者，不但滞留不归，还斗杀市民，扰乱秩序："倭使清启，凌轹馆仆，残杀市人，迹实桀骜。"③《明史》也记载有日本使者罔顾规章、随意行凶的事："景泰四年入贡，至临清，掠居民货。有指挥往诘，殴几死。所司请执治，帝恐失远人心，不许。"④ 明朝政府屡屡以"恐失远人心"的怀柔政策宽容之，实际上助长了倭人的嚣张气焰，使倭使没有了约束，频频发生类似事件：成化四年十一月，日本国使臣麻答二郎于市场购买货物，与人发生争执，麻答二郎酒后发狂，拿刀行凶伤人。"礼部奏其强横行凶，宜加惩治。上以远夷免下狱，付其国正使清启治之。"⑤ 成化十三年十一月，日本国使臣于会同馆与他国使臣争夺柴薪，日本使臣的随从人员殴伤他人，"礼部晓谕：各夷宜遵守礼法，毋相争竞"⑥。弘治九年八月，日本国使臣进京入贡，经过济宁州，随从人员持刀杀人，"上命今后日本国进贡使臣止许起送五十人来京，余存留浙江馆驿站者严为防禁"⑦。日本入贡使者屡屡闹事，使当时的地方官要求对这些"狡猾不遵约束"的外藩使臣"宜重惩之"，但屡屡对这些违规行为不按规定办理，对日本使臣的违犯纲纪、滋事生非不严加惩处，客观上助长了其嚣张气焰，"使者益无忌"，于是，为了贪图获利而对朝廷讨价还价，计谋不遂而沿途滋事伤人的事例就屡屡发生。日本使臣在大明皇朝的土地上为所欲为而不被惩罚，也给了他们一个错误的信号。而对于成化四年日本使臣谎报"海上遭风、丧失方物"，反复要求"如数给价"的行为，不仅不给予日使明确回绝，却对作为中国人的通事冠以"教诱之

① 《宪宗实录》成化五年二月甲午。
② 《英宗实录》景泰四年十月丙戌。
③ 《宪宗实录》成化五年五月辛丑。
④ 《明史》卷322"列传第二百二十·外国三·日本"。
⑤ 《宪宗实录》成化四年十一月壬午。
⑥ 《宪宗实录》成化十三年十一月庚辰。
⑦ 《孝宗实录》弘治九年八月庚辰。

罪"，并威胁"族其原籍亲属"，这种对内严酷对外软弱的做法更是让日本使者看到了明朝廷软弱可欺的一面，也对其后倭寇的猖獗产生了一定程度的影响。

各国入贡使者除了获得朝廷的价值不菲的馈赠以外，他们还会顺带做一些买卖，与民间进行的交易可能规模与利润要更加可观。对此，朝廷也是有所了解，并不按照规定严格执行，有时也予以放行。如洪武三年十月中书省曾建议："高丽使者入贡，多赍私物货鬻，请征其税。"朱元璋的回答是："远夷跋涉万里而来，暂尔鬻货求利，难与商贾同论，听其交易，勿征其税。"① 高丽、三佛齐的入贡船队还在沿途港口如太仓、泉州、海口等地顺带做一些贸易，户部要求对之征税，明太祖也不同意，如洪武四年九月，户部言："高丽、三佛齐入贡，其高丽海舶至太仓，三佛齐海舶至泉州、海口，并请征其货。"朝廷对此仍旧不作稽征②。除了私下贸易鬻货，高丽贡使还夹带私物出境，有人据之反映上来，明太祖也宽容地放行，如洪武四年三月"中书省臣奏言：'高丽国郎将李英等因入朝贡，多带物出境，请加禁止。'诏勿禁"③。

但对于借着进贡之名、行经商交易之实的商船，朝廷都会拒绝接纳。如洪武六年暹罗斛国使臣数次要求"贡方物"，朝廷屡屡却之，《太祖实录》即记录了这一事例：

> 洪武七年（1374）三月，"癸巳，暹罗斛国使臣沙里拔来朝，贡方物，自言本国令其同奈思里侪剌悉识替入贡，去年八月，舟次乌诸洋，遭风坏，舟漂至海南，达本处官司，收获漂余苏木、降香、兜罗、绵等物来献，省臣以奏。上怪其无表状，诡言舟覆而方物乃有存者，疑必番商也，命却之"④。

三　结语

明初开始实施的海禁政策，对有明一代，产生了巨大的影响，并且影响了清代的海洋政策。从海禁出台的初期来看，对沿海一带社会的稳定具有一定积极作用，但随着明代社会经济的发展，海禁政策的消极影响也逐渐呈现，首先是阻碍了沿海经济的发展。沿海之民，山多地少，田多斥卤，百姓依赖大海而生，下海上岛，砍柴捕鱼以为生计。"寸板不许下海"的严酷政策，使沿海一大批依赖海洋生存的百姓没有了收益，严重影响了沿海边民的主要生活来源，也阻碍了沿海经济的发展。张燮《东西洋考》说："顾海滨一带，田尽斥卤，耕者无所望岁，只有视渊若陵，久成习惯。富家征货，固得稛载归来；贫者为佣，亦博升米自给。一旦戒严，不得下水，断其生活，若

---

① 《太祖实录》洪武三年十月丁巳。
② 《太祖实录》洪武四年九月丁丑。
③ 以上见《太祖实录》。
④ 同上。

辈悉健有力，势不肯缚手困穷，于是所在连结为乱，溃裂以出。"①

    其次，东南沿海一带，从唐宋时期开始，即是与日本交往的重要港口所在，民间贸易交往频繁，中国的丝绸、瓷器等都是重要的交易物。由于海禁的实施，东南一带的海外贸易基本停止，这极大地阻碍了当地经济贸易的发展，影响了江南区域手工业的进步，也进一步加剧了社会的不稳定。"市通则寇转而为商，市禁则商转而为寇。"②由此加剧了社会的动荡。嘉靖年间因为宗设、宋素卿争贡之役而罢置市舶司，进一步引发沿海通番商人"转而为寇"，以致造成嘉靖倭患的发生。

（作者：宋烜，浙江省社科院历史所研究员）

---

① 张燮：《东西洋考》卷7 "饷税考"。
② 郑若曾：《筹海图编》卷11 "经略一"。

略谈印度尼西亚与"海上丝绸之路"

[印度尼西亚]赛福尔·哈卡姆　撰　郑锦怀　译

　　摘　要:印度尼西亚与中国之间的交流源远流长,"海上丝绸之路"更是在印度尼西亚发展史上留下了不可磨灭的印迹。早在东晋年间,法显赴印度取经,回程途中就曾在耶婆提国(今爪哇岛)逗留了五个月。此后,印度尼西亚与中国之间的关系益加密切,商旅往来频繁,更不时派遣使节互访。明朝初年,郑和七率舰队下西洋,双方的经贸与文化交流达到了最高峰。印度尼西亚应正视这段历史,加强与中国的交流与合作。

　　关键词:"海上丝绸之路";中国—印度尼西亚交流史;明代以前

一　"海上丝绸之路"

　　"海上丝绸之路"[①]已经成为中国努力强化其世界地位的官方信号。这一战略的提出受到美国、非洲、印度、欧洲等国家与地区学者的吹毛求疵式的回应。但是,至今尚未见到有此类回应来自印度尼西亚。它尚未准备好去回应这种战略合作。印度尼西亚的商业机构与外交使节似乎很难理解"海上丝绸之路"。这并不令人感到奇怪。部分印度尼西亚学者可能仍然处在"冷战"政治的残余影响下。

　　但是,印度尼西亚的历史与"海上丝绸之路"有着密切的关系。古代印度尼西亚地区的一些王国就已经跟中国有所联系。室利佛逝王国(Sriwijaya)与满者伯夷王国(Majapahit)都定期派遣使节前往中国。在印度尼西亚的史书中,这两个王国都被视为印度尼西亚最早的民族国家与祖先。它们按照当时以中国为中心的国际贸易体系进行活动。值得注意的是,印度尼西亚史书中同室利佛逝王国与满者伯夷王国有关的信息大多来自汉语文献。此外,历史见证了中国对印度尼西亚的影响是如此之大。这种影响存在于贸易、冶金与烹饪领域。从唐朝到明朝,瓷器一直都是中国向印度尼西亚出口的主要商品之一。它们拥有很高的历史价值,许多印度尼西亚博物馆中都有收藏。

---

　　①　应指"21世纪海上丝绸之路"战略。——译者注

爪哇岛（Java）、苏门答腊岛（Sumatera）与加里曼丹岛（Kalimantan，旧称"婆罗洲"）上的许多城市都跟中国文化有着历史联系。在爪哇岛上的一些重要城市里，中国寺庙都保存得很好。有许多朝圣者前往这些寺庙参观。尽管多数印度尼西亚人是穆斯林，但中国的烹饪传统也是根深蒂固。面条更是印度尼西亚人的主食之一。许多重要宴席都提供面条。

二　古代中国与古代印度尼西亚王国

由于受到许多外敌入侵，中亚地区的商业网络几乎无法用于商贸活动。这种情况使海运网络逐渐发达起来。许多中国和尚从中国前往印度，而爪哇岛就成为他们途中的一个转运港口。他们乘坐商船从中国前往印度，又从印度返回中国。其中一个旅行者——法显——写了一本游记。法显在印度待了12年之久。后来，他搭乘一艘能够载客200人的大船离开了印度。大船遇到风暴，不得不停泊在耶婆提国（Ye-po-ti）［意为"Yawadwi-（pa）"，即"爪哇岛"的梵名］。他在那里待了五个月的时间，即公元411年12月至412年5月，等船修好再乘船回中国。提到爪哇岛的第二种文献是由一位在阇婆（She-po，即爪哇岛）上逗留数年的克什米尔（Kasymir，或作"Kashmir"）王子那跋摩（Gunawarman）写的。他在那里传播佛教，后于422年前后乘船回到中国。这些记录都很简单，但足以证明爪哇岛当时已经跟印度和中国建立了联系。

记述南朝历史的《宋书》与《梁书》，以及《唐书》《新唐书》《宋史》，提供了更多的信息。这些文献都提及了5世纪时期的阇婆，并且表明"呵罗单"（He-le-ten）就坐落在阇婆。从640年到818年，"诃陵"（He-ling）之名使用了大约一个半世纪。820年，"阇婆"之名开始出现，并且持续使用到元朝。这些文献指出了准确的日期，但这些信息造成的困难比解决的问题更多，因为我们很难将其与碑铭记录匹配起来。但是，可以肯定的是，这些文献记载了许多表明爪哇使节曾经抵达中国的证据，所以我们才能够追溯两国之间的关系，尽管并不完美。

5世纪时（分别在430年、436年、437年、452年），有四批抵达中国的使节来自呵罗单。6世纪时，没有来自爪哇岛的使节。7世纪时（分别在640年、648年、666年），有三批使节来自诃陵。9世纪时，有七批使节来自爪哇岛，其中，有三批使节来自诃陵，其抵达中国的时间分别是813年、815年与818年；另外四批使节则来自阇婆。此后直到五代末年（960年），再无使节从爪哇岛来到中国。《宋史》的记录表明，爪哇岛在993年与1109年两次派出特使。1129年，中国皇帝册封阇婆统治者为国王。这表明中国对当地持有特殊意图。

值得注意的是，阇婆（爪哇）是中国文献中有明确记载的第一个印度尼西亚地名。此后，其他地理名词陆续出现，包括455年首次记录的位于东苏门答腊海岸的干陀利国（Gan-Tuo-Li），以及占据马来半岛部分地区的狼牙修国（Lang-ya-xiu，523年首次记录）。部分苏门答腊港口，包括今巨港（Palembang）与占碑（Jambi）都在商业领域扮演着重要角色，并且在某些年代中成为阇婆的劲敌。干陀利国于 502 年、518 年、520 年、563 年向中国派遣使节，而同期的阇婆则没有。末罗游（Mo-luo-yu，或作"末罗瑜"）在 644 年首次得到命名。室利佛逝（Shi-li-fo-shi）则是"Sriwijaya"的中文名称。这个王国于 724 年、728 年与 742 年向中国派遣使节。直到 10 世纪以后，这个名称才被"三佛齐"（San-fo-qi）取代。在广州发现的一块立于 1079 年的有趣碑刻表明，三佛齐国王派出的使节重建了一座道观。可以说，中国与南苏门答腊、与印度尼西亚之间的关系，并非仅仅集中在贸易活动上，更扩展到文化事务上。

尽管手头尚未掌握大量信息，但我们可以确定，两大文明之间存在着密切的联系。我们只是难以想象，在那些情况复杂的年代里，它们的社会阶层究竟是如何运转的。关于那些做生意的商业团体，我们已经掌握了许多书面记录。但我们仍然无法确定，诸如印度人（Indians）、马来人（Malays）、爪哇人（Javanese）或中国人（Chinese）之类的民族名称，以及现代意义上的民族，是否也正确地适用于古代的真实情况。比如，在中国文献中，"昆仑"一词意义含糊，可以指代东南亚沿海地区的所有族群。

三　郑和

在中国，宋朝首次制定了海运与商业政策。元朝及明朝早期的几位皇帝也延续了这些政策。在探讨穆斯林巨商莆寿庚时，桑原（Kuwabara）很好地分析了穆斯林精英在蒙古帝国崛起的过程中扮演的角色。似乎，福建港口的商人社团曾经蛊惑忽必烈汗的幕僚向日本（Japan）、占婆（Campa，现称"柬埔寨"）、越南（Vietnam）与爪哇发动军事扩张行动。蒙古军事力量对南中国的侵犯，特别是水陆大军对南方诸省的远征，加快了中国人迁往东南亚的步伐。

1405—1453 年，郑和率领舰队七次远航，并在印度尼西亚、印度洋、锡兰（Ceylon，现称"斯里兰卡"）、俱兰（Quilon，现称"奎隆"）、科钦（Kocin）、加尔各答（Calcuta）、霍尔木兹海峡（Ormuz）、吉达（Jeddah）、摩加迪沙（mogadishu）与马林迪（Malindi）等港口停泊。这意味着明朝的永乐皇帝对大规模商业活动极有兴趣。许多穆斯林商贾卷入这种商业活动中来。郑和是云南一个伊斯兰教徒的儿子。他的许多朋友，比如记录其行程（即《瀛涯胜览》）的通译马欢，也都是穆斯林。但是，这种大规模远征不过是中国对外无言渗透的一次令人惊叹的官方行动而已。1345 年，一位名叫伊本拔都（Ibnu Battutah）的探险家向世人报告了中国商人在加尔各答扮演的重要角色。他算出有大约 13 艘中国帆船停泊在加尔各答港。15 世纪的其他文献表明，中国商人出现在加尔各答的各种有代表性的商店与商会中。

与此同时，伊斯兰教在印度平稳发展。突厥与阿富汗军事贵族为北方德里苏丹国的强大做出了贡献。他们曾将孟买东部的道拉塔巴德城（Daultabad）作为这个苏丹国的首都。经过多年的征战，他们统一了整个印度。这一事件对东南亚国家的影响极大，因为它们本来处在印度化进程中，但此时伊斯兰教反过来取代了印度教。帖木儿（Timur Leng）的入侵与1398—1399年德里的废弃导致了图克鲁克王朝（the Tugluk kingdom）的崩溃，许多小王国从其废墟中发展起来。其中一些王国拥有港口，比如艾哈迈德国王（Ahmad Shah，1411—1441）统治下的孟加拉王国（Bengali kingdom）与马哈默德国王（Mahmud Baikara，1458—1511）统治下的古吉拉特王国（Gujarat）。这两个王国都发展得十分迅速。在维查耶纳伽尔（Vijayanagar）地区，印度教从什叶派巴赫曼尼王国（Shiite Bahmanid）的入侵下幸存了下来，直到1565年。但在马拉巴尔（Malabar）绝大多数贸易活动都处在身为穆斯林的马匹拉人（Mappilla）的控制之下。他们跟阿拉伯半岛（Arabian Peninsula）、霍尔木兹海峡与马尔代夫（Maldives）都有商业联系。

那就是为什么在两个世纪内印度洋都处在伊斯兰教的影响下。地中海与中国海的商业活动自然而然就联系到一起了。伊本拔都描述了从北非马格利布（Maghreb）地区一直延续到远东地区的贸易网络，令人惊叹。在他游历过的任何城市里，他总是受到信仰同一宗教的人们的热情招待，其中包括王子、商人与法官。他既描述了穆斯林及其商业活动，也刻画了在传播伊斯兰教中做出巨大贡献的圣徒。他乘坐一艘中国帆船离开了加尔各答。船上所载货物由一位名叫苏莱曼（Sulaiman）的穆斯林负责管理，其他船舱则全部由中国商人租下。后来，他又乘坐一艘帆船从刺桐城（或称泉州）前往印度。这艘帆船是苏木都剌国（Samudera Pasai）国王查希尔（King Zahir）的财产，所有船员都是穆斯林。在其游记的另一部分中，他利用在孟加拉游历的机会，前往阿萨姆邦山区拜访了一位名叫贾拉勒丁（Jalaluddin）的僧侣。后者是一位曾在巴格达生活过的大不里士（Tabriz）酋长。抵达汗八里（Khanbaliq，即元大都，今北京）后，他偶然遇到了曾在印度长住的布尔汉努丁酋长（Sheikh Burhanuddin），而后者已经被大汗任命为其治下全部穆斯林的首领。由于布尔汉努丁酋长收到了其兄弟贾拉勒丁（Jalaluddin）的信函，告诉他伊本拔都即将到来，消息很快就从穆斯林人际网络的某个点传播开来。

由于参与到日益发达的商业体系中来，马来群岛（Nusantara）或东南亚也受到影响，同样发展迅速。新的社会集团开始形成，并以流动资金为财产。他们的精神面貌和旧式贵族迥异。新的精英阶层不再住在肥沃的水稻产区，而是住在靠近海岸的地方。那里成为他们新的生活源泉。港口与商业城市成为新的文明中心。由于商务活动的地位日益重要，所以那些城市不再允许自己处于内陆旧式农业资本城市的控制之下。在那些地区发展起来的新式王国就是苏丹国。这种新的政治体制最初于13世纪出现在马来群岛的南方，也就是苏木都剌国，然后陆续出现在爪哇岛以及整个群岛。

那个时代的主要特征就是商业交通覆盖了广阔的区域。但只有一些地区受到外来影响。它们位于马来半岛（Malay peninsula），苏门答腊岛东南部，穆西河（Musi）与巴当哈里河（Batanghari）的入海口，爪哇岛中部与东部，以及巴厘岛（Bali）。在这些地区以外，印度化进程没有留下多少痕迹，因为岛屿与岛屿之间的商业活动十分原始。不过，多亏有伊斯兰教碑刻的存在，我们才能知道，自 13 世纪以来，其他许多地方也出现在地图上，而新的商业网络也才能够获得认可。

在苏门答腊北部，我们发现了苏木都剌国第一位苏丹马利克·阿尔·萨利赫（Malik al Salih，1297 年逝世）及其继承人马利克·阿尔·查希尔（Malik al-Zahir，1326 年逝世）的陵墓及其他四块碑刻，足以证明马可·波罗与伊本拔都所讲的故事并非虚言。这两个作者都提及这个马来群岛西部苏丹国（苏木都剌国）的重要性。根据 14 世纪上半叶麦哲伦（Magellans）写下的报告，位于婆罗洲（Borneo）北部的文莱（Brunei）已经成为一个繁华热闹的商业中心。在文莱，人们发现了一块中文墓碑，碑文表明墓主是一个来自泉州、死于 1264 年的蒲姓（Pu）穆斯林。同样在文莱，我们所能找到的最古老的阿拉伯文碑刻可以追溯到 1432 年。在更东方的苏禄群岛霍洛岛（Jolo, Sulu Archipelago），最古老的阿拉伯文碑刻是图安·马克巴努（Tuan Muqbalu，或作 Tuhan Maqbalu、Miqbalu）的墓碑，立于 1310 年。最新的一块则是夏里夫·阿尔·哈希姆（Syarif ul-Hashim）的漂亮墓碑，立于 1480 年。根据当地的族谱记录，他是苏禄的第一位苏丹。其陵墓的装饰明显受到中国文化的启发。苏木都剌国、文莱与霍洛岛是跟中国进行大宗贸易的新三大港口。

四　满者伯夷王国与明朝

14 世纪，尤其是明朝建立以后，满者伯夷王国的贸易网络基本上是为中国的商业体系服务。在 15 世纪上半叶，郑和率领的舰队走遍了整个南海，一方面命令各藩属国提高它们跟中国的合法贸易量，另一方面则惩罚那些违抗命令的国王们。长期以来人们一直认为，15 世纪，也就是自哈亚·乌鲁克国王（King Hayam Wuruk）于 1389 年逝世以后，满者伯夷王国就日渐没落了。但 M. J. 鲁尔杜因（M. J. Noorduyn）重构了 15 世纪的王室继承权，提出了另外一种观点。尽管相关的碑文资源稀少，但现有资料表明这个王国当时并未衰弱。它经历了一场印度教复兴运动，人们对文学产生了兴趣。到了 15 世纪最后几十年间，产生了一系列困难。但无论这个王国当时发生了什么事情，爪哇岛北部海港还是发展迅速，并且变得越来越强大。《明史》与郑和下西洋的旅程故事，尤其是马欢撰写的《瀛涯胜览》一书，都表明中国与爪哇（印度尼西亚）之间的商贸活动持续增加。中国人在爪哇商界的地位变得十分重要。

《明史》表明，从 1370 年到 15 世纪末，明朝接待了 43 批爪哇使节，其中 41 批都是在 1370—1465 年的大约一个世纪内抵达中国的。L. Ch. 达麦斯（L. Ch. Damais）认为，1377—1382 年及 1403—1406 年，爪哇都是每年派一批使节访华。1425—1430 年，爪哇使节同样每年都去中国。最后，1452—1454 年，爪哇每年都派出三批使节。中国出口各式各样的陶瓷产品，尤以青花瓷（blue porcelain objects）最受爪哇人推崇。茇术油、丝绸衣物、珍珠、琉璃器件也在出口之列。当然还有历朝历代都当作货币使用的铜钱。

在外交层面上，14—15世纪中国与爪哇之间的关系良好。大约在1410年，满剌加（Malaka）要求从爪哇手中夺取巨港；中国则公开支持爪哇抗击满剌加，并给满者伯夷国王写了一封信，以表明其决定。这意味着中国公开承认爪哇对室利佛逝拥有主权。1436年，中国皇帝同时接见了爪哇（印度尼西亚）、加尔各答、苏木都剌、科钦、亚丁（Aden）、霍尔木兹、柬埔寨（Cambodia）及其他边远国家的使节，并且正式放其归国。正德皇帝曾给爪哇国王下过一道圣旨，要求他照看好所有在爪哇的外国人，并为他们回国提供适当的服务（帮助）。这清楚地表明了中国对其盟友的信任，以及爪哇作为沟通四方的贸易中心的重要地位。

参考文献：

[1] J. 鲁尔杜因：《15世纪的满者伯夷王国》，《东南亚人文与社会科学学刊》1978年第2—3期。
[2] L. Ch. 达麦斯：《中国—印尼交流史研究》（二），《法国远东学院学刊》1960年第1期。
[3] W. P. 格罗尼韦德：《中国文献里的印尼与马来西亚》，雅加达婆罗多出版社1960年版，第36页。
[4] 王庚武：《南海贸易：南中国海华人早期贸易史研究》，新加坡时代学术出版社1998年版。

（作者：Saiful Hakam，M. A.，印度尼西亚科学院区域研究中心研究员；译者：郑锦怀，泉州师范学院图书馆馆员）

论中菲海上丝路与菲墨间
大帆船贸易之关系始末
——兼解析泉州人移民菲岛及其对原住民之血统影响

笔者早年在菲学府选修"菲史系",后又长期应用唯物辩证法于此史事发生的颇多现场环境内,研鉴菲中历史关系,故常于阅读菲史册时,突掩卷作此假设并推理:"假如没有菲律宾与墨西哥之间的'大帆船贸易',而只有那中菲之间的古代传统'海上丝绸之路',则我、家人,以及现今周围的百万华人,以至历代华侨及全体的中菲混血儿,根本就无可能或生,或长,或身居于菲律宾;而时下的菲律宾学者、政客和平民,就无从也不必争论在他们一亿人口之中,究竟有三成、五成,或是六成、四成是因其先辈祖宗链带中有华人成员,而身具浓度不一的华人血统了!"

一 中菲间的海上丝绸之路

中华史册及民间传说中所载称的古代各条通往外洋他邦的海上、陆上丝绸之路,其中有一条先是和平而后则满带血腥的海路,是先自闽南的漳州及后来居上的泉州港口,以船只往回于后被西班牙殖民者(下简称"西人")环划指称为属其统辖范围的"菲律宾"(下简称"菲")境内的若干岛屿,进行直接和季节性的贸易。

据最权威的史料,它始于宋朝(960—1279)初年,距今稍逾一千年。宋末任泉州港市舶司的赵汝适(1205—1258)所著的《诸蕃志》中,记录下的每年众多出海华船中数艘的若干经常去处,被后代中外史学家确定为菲律宾境内的岛屿。

这种相对算是小规模的中菲间以易货方式进行的买卖,一直自宋初持续至明朝(1368—1643)的后期,共达600年之久。闽南商人以有限的陶器、瓷器、丝绸等日用品,去向这菲岛的土著交换来各种林产、海产品。

自西班牙人自菲中部北移占领岷里拉三年后之1574年至1603年的仅29年(明朝末期),以及1685年至1716年的另31年(清朝强盛的初叶),竟各有500余艘华船自闽南的漳州及后期的泉州港满载华货来菲。吾人如估算华船每艘吨位及华货之精贵度是随时代前进而增高,则这后来的短短60年中的华货输菲数量及价值,已超过西班牙人来菲之前的 600 年之总和！

在短时间出现这样跳跃式的突飞猛进，是由于中菲间的这一海上丝绸之路，突在西班牙人于此年代使它搭上墨菲间的大帆船贸易。从而，即由一个人口于 1606 年西班牙人统计为 58 万人的菲律宾这一小市场，因这挂钩之举而突然搭上另一个人口在近 1 世纪之前，已统计为逾 1100 万人的比菲律宾大 20 多倍的墨西哥那个巨型市场，遂由两地共同来推销贩卖华货（昔日版的 "MADE IN CHINA" 商品）。

二 墨菲间的大帆船贸易概况

始于 1521 年，航海家麦哲伦发现这被他们西班牙人后称为 "菲律宾" 的群岛。他旋遭土酋击毙而其残师返航后，西班牙政府又数度兴师前来，但均未到达或立足，直到 34 年后的 1565 年方告成功登陆驻扎于菲中部的沙玛（Samar）岛上。此行起航于已被西人置于殖民统治下的北美洲之墨西哥，四条舰上共 380 名水手，多属墨西哥人。

西班牙人在菲中部不断征岛夺地达 5 年之久后，就于 1570 年分师北航，企图占吕宋岛。途中于今岷罗洛（Mindoro）海面巧逢两艘华船，这是华人与西班牙人在菲的初次近距接触，西人即施出海盗行为，凭借其优良火器打死华方 20 人后俘全船人，没收两船满载其所久闻、心仪的精美华货：丝绸、瓷器、棉布、麝香及各种奇异、精致的货品。

次年（1571），西班牙人攻占吕宋岛的岷里拉时，即发现有华船泊在近海湾的河边，也发觉陆地上有在逃中的 40 名华人之前所群居的小区，即俘虏其土著妻子。这是华人及其在菲聚居地（华人区）初次见之于世界史册，系志于随军记事员所著的西文《吕宋之旅》上。

率军者即为首任治菲总督的黎加示备将军。他见状后，又刚得知华船常来此做生意，便灵机一动，表示善意，把这批华人之妻交托给船上的华人，并下令手下应保护华船、善待华人。实际上，他已具有前瞻性地看出这条西班牙人正在惨淡试行中的"菲律宾与墨西哥之间"的另一条海路贸易，是可以稳定发展下去的，只要以它联结起菲中之间的传统海上丝绸之路。其时，在西班牙宫廷中，已有人议论应撤军，放弃这劳师远征而徒耗国库的菲律宾。身为成功征菲的这批西人，今竟能意外于此胜利的状况下，发现这种可促进贸易并利国利己的可能性的存在，具有商业及政治经济头脑的这位率军者，已胸有成竹地绘起一张联结两路的蓝图，以保住这殖民占领的成果并进行积极的发展。于是，因为这一想法的落实，在西人统治菲律宾 300 多年中，西人、华人、菲土著，以及其互相交错的三角关系，遂宏阔发展，在往后菲史页上写下了崭新广阔的内容！

在 6 年前（1565）黎加示备初占菲中部时，即有一西人自宿务（Cebu）岛试装一船的桂树皮，航行近一年，方抵达太平洋彼岸北美洲之墨西哥的阿加布哥（Acapulco）

港发售，往后的几年中每年仅有一艘船在菲墨间相对开航作惨淡经营。今两路顺利挂钩搭配后，前一路是由中国方面的闽南商人经营，后一路则由征服菲律宾的西班牙军政府所包办。大帆船的自岷里拉出航，每艘每年仅一次的往返于菲墨之间，在 10 年内剧增到 1580 年的 40—50 艘。又因装载的极大部分为华货，从而促使之前每年仅数艘到菲的华船，迅速以相应的比例剧增。后一路的盈利率可高达本钱的三倍，故西班牙人治菲期间的一大部分行政及征伐经费，都由这存在长达 250 年（1565—1815）之久的相关税收来支撑，而这物流的运行作业长链，对社会上各阶层，特别是"八连商场"里的华侨商人，都有不同程度的益处，更不必说层层主管官吏的私囊由它而肥。后期，从西班牙派来菲的传教士集团，也投资加入这油润的生意，与军人争来部分肥水，以补贴其传播天主教的任务之巨大开销。

西班牙人殖菲后，正苦于找不到可借以图利之剥削手段，今能获得中国方面的精美货源，便强征大量土著，来从事大规模的伐木业及造船业。在西班牙人先进造船术的指导下（亦有方面指出是华人工匠之助），本地船坞可出品载重达 300 吨的大木船，能去以岷里拉为中转站，航期只需 8—15 天的位于仅 600 多海里的漳州、泉州，从那里运来的华货，挂帆驶出太平洋，转运到航期需费 3 个月或 7 个月之久且路程也要远上十倍的"墨西哥的阿加普哥港"。这就是所谓的"大帆船贸易"（Galleon Trade）的运作情况。

据西人官方文献所记载，当其处于 16 世纪与 17 世纪全盛期间，大帆船驶进墨西哥港口时，民众欢呼称它为"NAO DE CHINA"（中国船）。货物卸地后，据说就有骡子七万五千头驮负华货到内陆各地去，如有余货则可转运到南美洲的秘鲁等地区，以致穿越海盗密布的加勒比海，再通过大西洋直到欧洲的西班牙去营销……这实际上是中菲海丝经延长后再作辐射性分支的其他小路。以此推论，中菲丝绸之路的终点，并不局限在菲律宾一地，其货品的消费者占大多数实则是西半球的南、北美洲人及欧洲人。它确是一条具世界性的海上丝绸之路。

两路搭配后带来迅速繁荣，其因素之一是市场的扩大，其二则为"白银"之开始被接受使用并成为买卖的媒介。

西班牙人来菲之前，中菲间贸易的方式为具有诸多不便的"易货"。有了大帆船贸易，墨西哥盛产的白银成为华商最欢迎的通货，即买卖中所用的"钱"。华船驶到岷里拉，西人便以这种来自墨西哥的稀有金属向华商购买刚卸地的绝大部分货物，转运到美洲去换来能再向华商购华货的白银。因此，在两路搭配的近 250 年中，无数墨西哥白银流入明朝和清朝的国库，以及历代以来的闽南民间。

1815 年，这一路线由于时局的不利变化而多年亏损，而且墨西哥已处于反西独立战争高潮之际，导致由西王下令停办，两路的搭配遂宣告结束。此时，中菲间的贸易虽仍继续下去，但已不能再称它为"丝绸之路"，因其规模已比大帆船贸易的末期那式微状态还衰弱。此时西方世界经工业革命后出产的商品，已由蒸汽机发动的铁制轮船，运到东方发售。西人殖民政府的大部分开支，转而向华侨商人及土著的身上掠榨，华侨也开始成为西方货品的推销、代理及买办的中间人角色。曾为世界手工业王国所出产的"中国制造"的物品，已风光不再，而中国本身，也因内忧外患其生产力已陷入停滞的状态。两路终止搭配的 73 年后即 1898 年，历时 333 年之久的受西人殖民统治的菲律宾，即由一新兴的资本主义国家所继续统治；美国以武力驱走落伍的西人，取而代之成为菲律宾的新殖民者。从此时起，中菲的贸易及以晋江人、南安人为主的华人移民入菲（包括小批以台山籍为主的广东人），进入另一种新阶段及新状态，那是菲律宾历史进入 20 世纪之后的事。

三 华货大进 华人涌入

1571 年西人进占岷里拉时，发现了 40 名华人及其聚居处，是为史册上最先记载的最小型之华人区。上述两贸易路线的搭配，促使货物的大量流动及华人集体进菲数量的剧增。32 年后的 1603 年，已有多数为漳州籍之 2.5 万名华人在此聚居区周围被西班牙人于历时 40 天的第一次屠杀中全部丧命，只剩下 1 千人死里逃生；另在 36 年后的（1639）第二次屠杀中，再有 2.4 万名来菲华人成为异域冤魂。这反映了："在西班牙人来占菲之前的 600 年之久的中菲间长期货流，只形成了在 1571 年的 40 名华人居住于岷里拉；之后仅 32 年中，就有累积了 600 倍的人；再仅过了 36 年后，自华来菲累积到 2.4 万人，于 6 个月中被先后追杀，仅有少数幸存者，但其多寡则未能详见于西人之死者数字之报告书上。"吾人如以 40 名在 1571 年居于岷里拉者为起点，算至 1639 年的仅 68 年，两次大屠杀合计近 5 万名死者、幸存者、归里还乡不再来而幸免于难者、自然死亡而葬于"吕宋山"者，其来菲的总人数及其增长率简直惊人，可谓闽南人的"移民潮"。

"物流带动人流"，这是一条人类历史中社会群体形成及集散的法则。物流源自闽南而到菲，就有闽南人随流到菲，菲律宾历代华人社会的形成和存在，就应时应运而生。在大帆船贸易营业运作的长达 250 年中，华人来菲，有起伏地一波又一波。

四 海丝影响 闽南首当

中菲海上丝绸之路，对闽南人，特别是对今日泉州市所辖的晋江、石狮、南安三县的居民，产生了深远的经济影响。闽南人在菲岛经营而创造了居留地的经济历史的大部分，而对他们的故里及家人乡亲呢？据说已有三百余年的发源及流行于今泉州地区的谚语——"吕宋钱，唐山福"，就生动地勾勒出了这种运作方式。在经济方面所呈现的种种现象、现状及史事，是老生常谈的话题，也是文人史家笔下的题材，写之不尽。然而，这篇文章的副题着重于："解析两路于挂钩搭配所产生之大量及持久的贸易后，又如何去长期带动泉州人移民菲岛及其对原住民历来之血统影响？"

19 世纪结束后至今日的来菲定居之华人，以及其在菲迄今所土生土长的第二、第三、第四代或顶多至第五代后裔（另加上出现于这五代中的非纯华父华母的中菲混血儿），其中颇大部分未像 20 世纪前的华人及中菲混血儿那样化入菲律宾的主流社会，构成为了未受同化的 20 世纪以来所谓的"华侨社会"，以及存在于今日的"华人社会"或称"菲华社会"。其成员承认或仍承认中国为其祖国或祖籍国，仍自认为炎黄子孙，也认为自身是菲人心目中所认为的"非菲人"之"华人"。

有关这一点特别要提醒："这占菲律宾现今约 1 亿总人口中 1.5% 的'华人社会'成员，并非 19 世纪结束之前夕居住在菲岛之华人的后裔（例外者少之又少，不足算数）。"

五　两点思考

1. 华人来菲的于西班牙统治期间多为青壮年男子，尤其是长期居菲者，与土著妇女依教规法律正式结婚或以其他方式定居下来，从而产生了自 16 世纪末以来与年俱增的大量华菲混血后代，这类男女就是华人社会历来所称的"出世仔"。"出世仔"本身，以及"出世仔"之间的传统通婚，或其与新移民、非华人的结合所生的后代，成为社会上一种较疏于纯华人的社群，而较亲于当地族群的具浓厚华人血统之主流社会中的成员。例如其纪念碑今立于晋江上郭村的菲国父何塞·黎刹（Jose Rizal），便是 17 世纪渡菲的新移民柯仪南与一身具 75% 华人血统（华父、"出世仔"母）的"出世仔"结合所生之后代。何塞·黎刹于 19 世纪中叶生为此原属"柯"姓家族第五代的浓具华人血统之玄孙。这类社会成员渐增并终成为近现代菲律宾民族的颇大部分，从而使今日自命为"天生菲人"的菲律宾人普遍在其 400 多年来平均可整合为二十代的先辈链带中，曾有一代或数代或为一世祖的华人成员。但一般菲人家庭只能追溯到其第二、第三代，顶多至第四代祖宗或百年内的家族血统来源，因菲律宾的传统及民俗、法律，渐次使具有华人祖宗者的华人姓氏，以西班牙及土著的姓氏取代之，以消灭其与华人的关系，来提高其本人的法律及社会、文化地位。所以菲律宾人一般家族家庭在三代过后，便难以追溯其祖先中是否有华人而使他具有华人血统，如追溯到确有华人祖先者后，则一般多秘而不宣，守住它为家庭隐私。

2. 移民菲岛的华人，在 1603 年西班牙人对华人进行第一次大屠杀之前，先以漳州籍者为主。后来则以今之泉州的晋江人、南安人占绝大多数。今日泉州话是菲律宾华人社会的唯一通行通用的方言及华语，渊源就在于此。又因菲律宾全国的华人社会中占九成为闽南人，而泉州人又占这批闽南人中的八九成。泉州人之中则以泉州城南的原晋江县（包括今日的石狮县）人占其中约六成，原南安县人则约占三成。

综上所述，华人移菲之原因与其流量及其对菲原住民历来之血统影响，并非源于中菲的海丝之路前期之悠久的 600 年间，而是由于它在 16 世纪后期与菲墨间的大帆船贸易接起之后，所产生的华人移民关系所影响。

六　后记与感言

不才此番来华与会，是由缘分及身世、身份促成的。先是偶见文友发送来一张泉州举办"海丝文化论坛"的通告，欲邀请 45 周岁以下的学人赴会，使笔者内心愧答："我所念学府之系科，只研识中菲丝路，且我年已登耄耋……"后接到主办方的实名邀请函，终得见函上亦另定出的参考论题中，有数则涉及对异邦他国的海上丝绸之路、海丝沿线各国情况等字眼，遂觉不才之所学已与其有所关联，如能登上这会议平台，侃讲此泉州如何与菲岛在史上进行中菲"丝绸之路"，以及其所牵涉的世代泉州人之所以大量移菲，与其所产生之两地人血缘关系，实属责无旁贷。因不才系出生于原泉州南门外晋江县塘市乡，自童年旅菲迄今刚逾 67 载，今世有幸既生又长于中菲间此条海丝路两端之现场，并能于今朝回应故国所启动"一带一路"的"走出去"政策，亲携文献返回这已划为"海丝先行区"的原籍家山，向父老乡亲诉说先人披荆斩棘之悲壮事迹，以示以励今人后代，沿着先人血汗及足迹去发展经济、文化，以及敦亲睦邻，聊算是完成不才可作自嘲或自豪之另辟蹊径的属非物质、非传统之一项义工及一番心意，以代替及异于一般侨区习俗中"番客"的衣锦还乡、显祖荣宗之举……余语就尽在不言中了。

本文粗略浓缩 10 世纪以来的宏浩史实、真况、数据，编组整入此区区七千字之中，尚有待以它为脚本去充实内容细则，附加注释、佐证、出处，以规范为一篇标准之历史论文。冀国内另有类似之专题海丝研讨会议，当全力以赴。

（作者：柯清淡，菲中了解协会外交/翻译，菲华作家协会副会长）

"开澎进士"蔡廷兰与闽台名流诗家的交往①

——以《香祖诗集》所见为主要考察范围

柯荣三

摘 要：蔡廷兰（1801—1859），道光二十五年（1845）进士，系台湾澎湖自有科举制度以来第一位也是唯一的进士，人称"开澎进士"。最新发现的《香祖诗集》抄本共录诗56题115首，让蔡廷兰传世的诗作数量，一举增加了5倍以上。《香祖诗集》除了有蔡氏个人闲咏诗，亦可见其与师友的交游诗。本文谨就《香祖诗集》所见，考察蔡廷兰与闽台名流诗家交游网络之一隅。

关键词：蔡廷兰；《香祖诗集》；闽台交流

一　前言

蔡廷兰（1801—1859），字香祖，一字香渚②，又字仲章；号郁园，一号香汀③，学者称为"秋园先生"④，道光二十五年（1845）进士⑤，系台湾澎湖自有科举制度以来第一位也是唯一的进士，人称"开澎进士"，历任江西省峡江、丰城县令，卒于官。⑥

2012年12月，陈益源、柯荣三共同选注《蔡廷兰集》之时，辑一录《全台诗》（2004）所收14题15首，再加上从《台湾日日新报》（1912）、《澎湖县志》卷13《文化志》（1978）辑佚所得之2题7首，共计注解赏析蔡廷兰诗16题22首；辑二则赏析

---

　　① 基金项目：2004年台湾"科技部"专题研究计划："有关蔡廷兰之新见诗文史料钩沉、整理与研究"（计划编号：103-2410-H-224-015-）部分研究成果。

　　② （清）佚名：《道光二十四年甲辰科会试同年齿录》，梓文斋刻字铺，年代不详，"蔡廷兰"履历。哈佛大学图书馆藏。

　　③ （清）佚名：《道光丁酉科明经通谱》，荣林斋、雕藻斋、文采斋、文锦斋、文德斋、文馨斋，年代不详，"蔡廷兰"履历。哥伦比亚大学图书馆藏。

　　④ （清）林豪：《澎湖厅志·人物》（上），文石书院1894年版，4a。台湾图书馆藏。

　　⑤ 柯荣三：《蔡廷兰进士科年考辨》，《台湾文学史料集刊》第1辑，台湾文学馆2011年版，第3—25页。

　　⑥ （清）林豪：《澎湖厅志·人物》（上），文石书院1894年版，5a—5b。台湾图书馆藏。

注释了《海南杂著》正文之《沧溟纪险》《炎荒纪程》《越南纪略》，以及《澎湖厅士民乞留姚石甫廉访呈》《琼林蔡氏族谱序》《琼林新仓上二房十一世宗祠记》等共计 6 篇文章。① 长期以来我们所知道蔡廷兰传世作品数量，仅止于此。令人振奋的是，在《蔡廷兰集》行将付梓之前，意外发现"中研院"台湾史研究所藏有陈瑾堂（1894—？）于 1920 年寄赠连横（1878—1936）之"蔡廷兰遗稿"《香祖诗集》抄本②，共录诗 56 题 115 首，这项发现让蔡廷兰传世的诗作数量，一举增加了 5 倍以上。《香祖诗集》校录稿已编为《蔡廷兰集》的附录，③ 不仅是清代台湾古典文学研究崭新的珍贵文献，亦提供了不少深入了解蔡廷兰其人其作的重要线索。

《香祖诗集》除了有蔡廷兰个人的闲咏诗，亦可见其与师友的交游诗。蔡廷兰结交往来者，不乏闽、台的名宦要员或重要诗家，本文即将着眼于此，就《香祖诗集》抄录诗作，略为考察蔡廷兰交游网络，尚祈方家，不吝指正。

二 台郡当道名流，莫不知澎湖有蔡生

林豪在《澎湖厅志》卷 7《人物传》叙蔡廷兰生平时指出：

> 道光十二年（1832），澎湖饥，兴泉永道周凯奉檄勘赈，廷兰赋诗以进，备陈灾黎穷困状。凯大加称赏，濒行赠以诗，有"海外英才今见之，如君始可与言诗"之句。因手录读书作文要诀一卷授之，题曰"香祖笔谈"。时凯方以诗古文词倡导闽南学者，廷兰以海岛诸生，为所器重；于是台郡当道名流，如熊介臣、周洞东、姚石甫、刘次白诸公，莫不知澎湖有蔡生矣。④

在蔡廷兰交游的诸多师友中，影响最为深远者莫过于当时"以诗古文词倡导闽南学者"的周凯（1779—1837，字芸皋，浙江富阳人）。道光十二年（1832），时任福建兴泉永道的周凯（后任福建分巡台湾兵备道），因为澎湖遇风灾，奉命至澎湖发赈，蔡廷兰向周凯进呈《请急赈歌》，挺身而出为澎湖灾民请求加赈，获得周凯赞赏，两人留

① 陈益源、柯荣三选注：《蔡廷兰集》，台湾文学馆 2012 年版，第 14—19 页。
② 《香祖诗集》抄本原于连横 1925 年前往大陆时，托付予弟子林紫珊（林朝均，生卒年不详），后转入陈逢源（1893—1982）之手，1941 年 9 月，复由陈氏 1941 年 9 月慨赠杨云萍（1906—2000），现则入藏于"中研院"台湾史研究所，个中来龙去脉，参见杨云萍《"剑花室文集"に就いて》（关于"剑花室文集"），《台湾时报》第 268 号（台北：台湾时报发行所 1942 年版），第 84—85 页；徐雪姬《杨云萍教授与台湾史研究》，《台大历史学报》第 39 期（台北：台湾大学历史系 2007 年版），第 37 页；陈益源、柯荣三《蔡廷兰集》，第 37 页，台湾文学馆 2012 年版；陈益源、柯荣三《"开澎进士"蔡廷兰〈香祖诗集〉及其研究史料的新发现》，《国文天地》第 28 卷第 8 期，国文天地杂志社 2013 年版，第 71—72 页。
③ 陈益源、柯荣三：《蔡廷兰集》，台湾文学馆 2012 年版，第 217—220 页。
④ （清）林豪：《澎湖厅志·人物》（上），文石书院 1894 年版，4a—4b。

下诸多往来诗作，缔结了师生因缘。①

　　事实上，林豪《澎湖厅志》卷7《人物传》中之所以举"熊介臣、周洞东、姚石甫、刘次白诸公"作为"台郡当道名流"的代表，是因为蔡廷兰确实曾经积极地与这些道光年间闽台地区的名宦要员有过往来。例如周彦（1771—?，字洞东、静澜，江西鄱阳人），道光十三年（1833）任台湾府知府②，道光十四年（1834）仍有在任的记录③，后以军功升任浙江宁绍台道④。《澎湖县志》（1978）卷13《文化志》录有《寿周洞东观察六十韵》，《香祖诗集》则新见《送周静澜观察内渡之任浙东四首》（参见表1之序号28）云：

送周静澜观察内渡之任浙东四首

　　西曹历职着英声，出守南天拥绥行。任寄封疆膺简命，筹参帷幄佐戎兵（壬辰冬，台匪滋事，公随瑚将军平台，即典郡事）。朱幡遥指狼烟息，绿浅全收蚁穴清。最是疮痍初定痛，覆盆日日雪冤情。

　　福星留镇大瀛东，经理良才合奏功。豸绣服明三岛日，雀翎冠动一天风［公以军功奏赏花翎，升授宁绍道台（台道）］。鸣驺按部闾阎静，佩犊环村禾黍丰。更有新歌留惠绩，他时舆颂忆韩公（公设立条规，作歌劝诫）。

　　衽席粗安教化新，要荒万汇仰陶甄。重城地拓山川固，校院恩垂桃李春（指修郡城、倡建校士院）。祇为圣朝彰一统，常存直道待斯民。襄帷试问扳辕者，邹鲁仁风播海滨。

　　新祝濂溪一瓣香，龙门千仞效翱翔⑤（兰去年来台，获拜门下）。敢同徐穉登高榻，偏许彭宣入后堂。说项频劳余论奖，瞻韩偏数旧恩长。慈云移覆明州路，翘首何由溯锦樯。⑥

　　根据蔡廷兰在此诗中的自注："公以军功奏赏花翎，升授宁绍道台（台道）"，"兰去年来台，获拜门下"，以及诗题中已经称周彦为"观察"，可以推测此诗或当作于道光十四年（1834），也透露了蔡廷兰对周彦曾经执以弟子之礼。

　　再有如熊一本（1778—1853，字以贯，号介臣，安徽六安人），继周彦之后于道光

　　① 吴青霞：《道光十二年（1832）澎湖一场生命的交会——以周凯、蔡廷兰等赈灾诗为讨论中心》，《砧石》2005年第40期。

　　② （清）陈寿祺纂，魏敬中重纂：《道光重纂福建通志（1871）》卷117，华文书局1968年版，第2171页。

　　③ 道光十四年（1834），有彰化县民名为"林昆"者播谣滋事，刘鸿翱（1779—1849，时任福建分巡台湾兵备道）命张琴（?—1835，时任福建台湾镇总兵官）、周彦（时任台湾府知府）带兵迅速平息。事见（清）陈盛韶《问俗录》卷6《鹿港》（1833年序刊本）"叛产"条，收入《四库未收书辑刊》第10辑第3册，北京出版社2000年版，第279—280页。

　　④ 中国第一历史档案馆编：《嘉庆道光两朝上谕档》（第39册），广西师范大学出版社2000年版，第205页。

　　⑤ 原作"龙门千仞敢翱翔"，依前人圈涂校改。

　　⑥ 陈益源、柯荣三：《蔡廷兰集》，台湾文学馆2012年版，第234—235页。

十五年（1835）接任台湾府知府，道光十六年（1836）以"知台湾府事友人"头衔为蔡廷兰《海南杂著》题跋①，道光十七年（1837）以知府委署福建分巡台湾兵备道，道光二十三年（1843）始正式升任福建分巡台湾兵备道。《香祖诗集》录有《寿熊介臣观察》（参见表1之序号29），系蔡廷兰恭贺熊一本寿辰之诗，全诗由8首七律组成：

寿熊介臣观察

蛮坡声价重春明，秋典分司讼狱平。绶绾银章来赤崁，符飞铜虎下沧瀛。大荒海外慈云被，绝险天南砥柱擎。总为生民开寿域，黄堂几度看称觥②。

心如慈母治如神，七载调元类饮醇。汲黯居官空锁静，刘宽到郡总温仁。澄清渤澥梯航稳，管领嵎夷草木春。白鹿黄龙齐兆瑞，千秋福命属斯人。

昔日武峦蛮绿林，萑苻小丑刃相寻（道光十六年嘉义饥民滋事）。牙旗势卷狼烟争，王粒恩周雁泽深。此老胸中藏万甲，几人腹际有三壬。外台晋秩承天宠，凤诏颁来夙夜钦。

鱼悬冰署励清操，报最惟知抚字劳③。裕赋均商筹国计，卖丝粜谷念民膏。乔卿服被三公贵，黄霸车乘一丈高。更喜县官兴水利，半屏山畔责麾旄（曹怀朴大令开凤山水圳，公为履，斟作碑记）。

磺溪地广物滋丰，闽粤番黎向化同。莫道鞭声遗马腹，已闻舆颂到鸡笼。甘棠遍煦三冬日，昼战遥临一路风。襦袴欢腾新气象，兰山淡水版图中。

西望澎阳大海悬，惊闻蜑户绝吹（炊）烟。数荒粮遣飞乌运，恤困命能涸鲋全。万逮恩波翻黑水，一声呼吸达青天。祇今环岛参生佛，华祝冈陵不计年。

轮扶大雅厉宗工，培植青芹秀泮宫。礼乐兴潮延赵德（谓柯仪周山长），诗书化蜀继文翁。丰城剑握双条白，珊网枝搜七尺红。最是侯芭常问字，龙门千仞独依公。

琼筵好趁小春开，消息南枝报早梅。周甲清霜添两度，长庚紫气接三台。法华座上灵光现（公方修法华寺），鸿指园前上客陪。幸拜铜山吹铁笛，高歌一曲鹤飞来。④

根据其四诗中自注"曹怀朴大令开凤山水圳，公为履，斟作碑记"，可知蔡廷兰此诗写作时间，当即在熊一本于道光十九年（1839）撰《曹公圳记》之时，诗题称熊氏为"观察"（道员），盖因当时其官衔乃"钦加道衔知台湾府事"⑤。其八"周甲清霜添

① （清）蔡廷兰著，陈益源校：《海南杂著》新校本，澎湖县文化局2005年版，第175页。
② 原作"黄堂几度看称觞"，依前人圈涂校改。
③ 原作"报最惟知抚字劳"，依前人圈涂校改。
④ 陈益源、柯荣三：《蔡廷兰集》，台湾文学馆2012年版，第236—238页。
⑤ 黄典权：《台湾南部碑文集成》，台湾银行经济研究室1966年版，第262—264页。

两度"一句（"周甲"指满六十岁，"清霜添两度"指再添两岁），说明这是祝贺62岁大寿之作，从道光十九年（1839）逆推熊一本生年当在乾隆四十三年（1778），恰与同治十一年（1872）《六安州志》熊一本列传所载"咸丰癸丑（1853）卒，年七十有六"逆推所得的生年相符[①]。

　　从其二诗中的汲黯（？—前112）[②]、刘宽（120—185）[③]；其四诗中的郭贺（字乔卿，生卒年不详）[④]、黄霸（公元前130—前51）[⑤] 等名宦风采，可以看出蔡廷兰对于勤政爱民的熊一本备极赞扬。在其七这一首诗里，蔡廷兰使用唐代赵德［生卒年不详，大历十三年（778）进士］受韩愈（768—824）之聘，重振潮州礼教学风[⑥]；汉代文翁（公元前156—前101）于蜀地教化兴学[⑦]两事为典故，蔡廷兰意欲推崇熊一本延聘柯龙章（字宗起，一字仪周，福建长乐人，生卒年不详）至某某书院担任山长，在台湾力倡文教的贡献。

　　提起柯龙章，必然会想到他曾经以"前汀州府学训导"之衔为蔡廷兰《海南杂著》题有一跋[⑧]，诚如前述，《海南杂著》另篇跋文的作者正是熊一本，可以想见《海南杂著》所录的两篇跋文，必定源自于熊、柯、蔡三人交游网络的联结。接着我们要问，柯龙章当年是受聘于哪座书院担任山长呢？根据刘家谋（1814—1853）《海音诗》（1855年序刊本）所载，柯氏为福建长乐人，掌教崇文书院数年，培植人才不遗寒畯，台湾士子咸称道之[⑨]。循此线索，笔者复考同治八年（1869）《长乐县志》，果然于卷16《列传五·文苑》发现有柯龙章传，但传中云其"嘉庆丁卯优贡，戊辰举人，历任汀州府训导、永定学教谕，掌教龙山、海东、崇文各书院"[⑩]，如此看来，除了崇文书院以外，当时柯龙章亦有可能受邀担任海东书院山长。

① （清）王峻等纂修：《同治〈六安州志〉（1872）·人物志二·宦迹》，《中国地方志集成：安徽府县志辑》（18），江苏古籍出版社1998年版，第423页。按，余育婷据施琼芳《熊介臣夫子六秩晋一寿诗》七律4首，判定熊一本生年在乾隆四十九年（1784），实为误解，参见余育婷《施琼芳诗歌研究》，花木兰文化出版社2011年版，第23—25页。

② 《史记》卷120《汲黯列传》称其"治官理民，好清静……治务在无为而已，弘大体，不拘文法"，并以耿直敢言著称于世。（汉）司马迁：《新校本史记》，鼎文书局1981年版，第3105页。

③ 《后汉书》卷25《刘宽》称其"温仁多恕，虽在仓猝，未尝疾言遽色……吏人有过，但用蒲鞭罚之，示辱而已，终不加苦……人感德兴行，日有所化"。（刘宋）范晔：《新校本后汉书》，鼎文书局1981年版，第887页。

④ 《后汉书》卷26《郭贺传》叙汉明帝时，郭贺任荆州刺史，受百姓讴歌颂扬"厥德仁明郭乔卿，忠正朝廷上下平"。汉明帝巡狩至南阳时"特见嗟叹，赐以三公之服，黼黻冕旒。敕行部去襜帷，使百姓见其容服，以章有德"。（刘宋）范晔：《新校本后汉书》，鼎文书局1978年版，第908—909页。

⑤ 《汉书》卷89《循吏传》叙黄霸任颍川太守时，获汉宣帝特诏"居官赐车盖，特高一丈，别驾主簿车，缇油屏泥于轼前，以章有德"，并评其为"以外宽内明得吏民心，户口岁增，治为天下第一"。（汉）班固：《新校本汉书》，鼎文书局1986年版，第3629—3631页。

⑥ 孔凡礼点校：《苏轼文集》（卷17），中华书局1986年版，第509页。

⑦ （汉）班固：《新校本汉书》，鼎文书局1986年版，第3625—3626页。

⑧ （清）蔡廷兰，陈益源校：《海南杂著》新校本，澎湖县文化局2005年版，第176页。

⑨ （清）刘家谋原著，吴守礼校注：《校注海音诗》，台湾省文献委员会1953年版，24a。

⑩ （清）杨希闵等纂修：《同治〈长乐县志〉》，长乐县衙藏版，施志宝刻刷1869年版，56b—57a。哈佛大学图书馆藏。

蔡廷兰《寿熊介臣观察》诗其实曾见刊于赖子清编纂的《台湾诗醇》（1935），可惜当年《台湾诗醇》仅录首句为"銮坡声价重春明"1首①，其余7首均未见。借由《香祖诗集》的披露与发现，让我们对熊一本生平及其在台湾任内治绩多了一点认识，同时也对蔡廷兰《海南杂著》敦请熊一本、柯龙章题跋之举找到了更多交集。

就蔡廷兰《海南杂著》而言，我们当然也不会忽略道光十六年（1836）周凯、刘鸿翱（1779—1849，号次白，山东潍县人）分别题撰的两篇序文。周凯身为蔡廷兰恩师，师生的互动往来自然不在话下；此处特别要提出来者，是《香祖诗集》收有欢送刘鸿翱调任新职之《送刘次白廉访内渡之任门（秦）中六首》（参见表1之序号35），在《香祖诗集》全帙被发现之前，曾经以"送刘次白观察自台湾升任陕西廉访六章"之题，刊于1912年3月14日《台湾日日新报》②，然而过去从未有研究者注意到这6首诗作，直到《蔡廷兰集》整理出版时才再度受到瞩目：

送刘次白廉访内渡之任门（秦）中六首

星飞锦缆下沧瀛，东海南天一柱擎。抚驭要荒惟镇静，调停闽粤总持平（公初莅台，适台匪张丙等滋扰甫平）。春潮泛激恩波阔，夕瘴全消驿路清。最是培元推好手③，济时霖雨遍苍生。

彦博勋猷次第施，雕残民俗仗匡维。兴修礼乐宫墙肃，巩固金汤保障垂（公捐修郡城及文武庙、校士院、海东书院并告竣）。千岛蒲帆归衽席，万家竹马迓旌旗。祇今父老扳辕切④，好谱⑤新歌作口碑。

海外文风起例（倒）澜⑥，手操旗鼓自登场⑦。三春桃李公门盛，七尺珊瑚底纹宽。余论逢人偏说项，半生我幸得瞻韩。藜灯照处心香热⑧，重把金针仔细看［公所著《绿野斋文集》梓行已久，兰初谒见，蒙手赐一卷，近又刊《绿野参（斋）制艺》开示诸生］。

孙阳一顾冀群⑨空，讲席滥竽遇又隆⑩。（甲午、乙未两年，公命兰主讲台邑引心书院⑪）两渡⑫雷门持布鼓，三年郢匠费宗工。情移流水高山际，身在光风霁月中。纫佩箴言当药石，敢将辛苦负初衷（公屡以品学志节谆谆告谕）。

---

① 赖子清：《台湾诗醇》（前编），青木印刷所1935年版，118a。
② 佚名：《瀛南随笔》，《台湾日日新报》1912年3月14日第5版。
③ "好手"《瀛南随笔》本作"妙手"。
④ "扳辕"《瀛南随笔》本作"攀缘"。
⑤ "好谱"《瀛南随笔》本作"共谱"。
⑥ "例澜"《瀛南随笔》本作"倒澜"。
⑦ "登场"《瀛南随笔》本作"登坛"。
⑧ "心香热"《瀛南随笔》本作"心香蓺"。
⑨ "冀群"《瀛南随笔》本作"骥群"。
⑩ "又隆"《瀛南随笔》本作"更隆"。
⑪ 此小注《瀛南随笔》本作"廉访前任台澎督学道时曾荐香祖主引心书院讲席"。
⑫ "两渡"《瀛南随笔》本作"两度"。

异域飘零感凤因，归来仍是受恩身（兰去年秋试报罢，十月二日自金门东渡，舟漂安南，由陆回籍，至今年五月抵澎湖，七月仍渡台郡，晋谒之余，备极欣慰①）。沧波自意乘风杳②，绛帐谁知立雪新。乌恋芳林多咽恨，花逢旧雨暗伤神。那堪遭际翻成③别，何处龙门许问津。

帝心简畀（昇）命新传，擢赴秦中寄任专（公今年九月奉旨升授陕西）。百二关山扬使节，三千渤海放归船。神仙共载知无分，衣钵相承或有缘。此去台垣依紫殿④，祥光高照五云边⑤。

此组为道光十六年（1836），刘鸿翔从台湾兵备道改任陕西按察使司之前，蔡廷兰所赋的送行诗。全诗由6首七律诗组成。其一写刘鸿翔在台湾道任内，有效调停闽粤冲突。其二言刘氏任内对台湾文教设施有多项建树，广受乡亲父老爱戴，政声流传于口碑之中。其三以刘向（公元前77—前6）与太乙老人的典故（藜灯照处心香热，重把金针仔细看）⑥，称颂刘鸿翔对莘莘学子的指导，蔡廷兰本身就受教于刘鸿翔《绿野斋文集》《绿野斋制艺》甚多。其四清楚写明蔡廷兰于道光甲午（1834）、乙未（1835）承刘氏之命主讲于引心书院，对于当时尚未取得举人功名的蔡廷兰来说（1837 年始于丁酉科乡试中举），不啻莫大的鼓励，令他感念在心，故以"纫佩箴言当药石，敢将辛苦负初衷"两句，表明谨记知遇之恩，不敢辜负刘氏期许。其五蔡廷兰言其方从海外历险归来，刘氏却要赴任陕西，临别之际，颇见依依不舍之情。其六则欣见刘鸿翔的才能被皇帝所知晓，喜获朝廷拔擢为陕西按察使，蔡廷兰相当珍惜与刘鸿翔这段衣钵相承的缘分，期盼并祝福刘鸿翔未来仕途能再上一层楼。

《送刘次白廉访内渡之任门（秦）中六首》此作虽然 1912 年即已刊布在《台湾日日新报》，但《香祖诗集》所抄录版本比起当年见诸报端者更为详细，我们透过诗中小注，对刘、蔡师生交游的具体行谊，自能有更深刻的认识。

至于蔡廷兰与姚莹（1785—1853，字石甫，安徽桐城人，曾任台湾县知县、噶玛兰通判、福建分巡台湾兵备道）的具体交往，《香祖诗集》可见抄录有《寿桃（姚）石甫莹观察》1 题 8 首，且举其七、其八为例：

寿桃（姚）石甫莹观察（其七）

商量富教见名儒，文运全凭大雅扶。香许师帷熏一瓣，词看宾馆赋三都［谓左石桥（侨）山长］。吉光遍拾交洲羽，明月还收合浦珠。最喜青青桃李树，海东

---

① 此小注《瀛南随笔》本作："香祖前赴秋闱不遇，旋台洋中遭风漂至安南，越年始归。"

② "沧波自意乘风杳"《瀛南随笔》本作"沧波已分乘风杳"。

③ "翻成"《瀛南随笔》本作"翻生"。

④ "紫殿"《瀛南随笔》本作"紫极"。

⑤ 陈益源、柯荣三：《蔡廷兰集》，台湾文学馆 2012 年版，第 242—244 页。

⑥ （宋）李昉等编：《太平广记》，中华书局 1986 年版，第 2319 页。

化雨日涵濡。

《寿桃（姚）石甫莹观察》（其八）

梅岭春回紫气浮，椿萱甲子算为周（今年为恭人六十大庆）。图开百寿辉三岛，彩跨双虹焕十洲。群仰台躔联婺宿，共膺浩命即天休。新诗底事长生颂，东阁齐添海屋筹。①

按，姚莹的夫人方氏生于乾隆四十六年（1781）②，略长姚莹四岁，依其八蔡廷兰自注云"今年为恭人六十大庆"，可知本诗作于道光二十年（1840），时姚莹正在台湾道任上。其七自注又有云"左石侨山长"者，所指乃左德慧（1774—1843，字钦扬，晚字石侨，安徽桐城人），道光七年（1827）左德慧任江苏吴江县学教谕，道光十七年（1837）姚莹以淮南监掣同知升署台湾道，左氏随姚莹抵台，兴修海东书院并担任主讲，道光二十一年（1841）复为吴江县学教谕。时人尝以左德慧、郑兼才（1758—1822，字文化，号六亭，福建德化人，曾两度任台湾县学教谕）"并称二教谕，良有以也"③。其七一首的要旨，当是在向姚莹祝寿的同时，彰显其在台湾奖掖文教之功。

就在蔡廷兰《寿桃（姚）石甫莹观察》写就后不久，道光二十三年（1842），姚莹因为抵御英国犯台有功，反倒被诬陷"冒功"之罪，遭革职拿问，成为第一位为台湾入狱的诗人。④为此，蔡廷兰作《澎湖厅士民乞留姚石甫廉访呈》上书闽浙总督怡良（？—1867），历述澎湖地方百姓感念姚莹捐廉施赈、檄哨巡洋、布防调度等治绩，极力为姚莹恳切乞告，代表了姚莹的官声绝非浪得虚名，澎湖士民也从未因地处偏远，而放弃向朝廷直谏发声的机会。⑤

三 "当代巨公"以外，尚有能赏之者

周凯为蔡廷兰《海南杂著》题序有言：

是秋（1836），调任台湾，生以所撰《沧溟纪险》《炎荒纪程》《越南纪略》来质。余读其文而异之。……今以生选拔贡于朝，其以是为行卷，质之当代巨公，必有能赏之者。⑥

---

①　陈益源、柯荣三：《蔡廷兰集》，台湾文学馆 2012 年版，第 239—240 页。

②　（清）姚浚昌：《先妣方淑人行略》（北京图书馆藏珍本年谱丛刊）（第 138 册），北京图书馆出版社 1999 年版，第 499 页。

③　（清）姚莹：《续修四库全书》（第 1512 册），上海古籍出版社 2002 年版，第 604 页。

④　廖美玉：《阅读姚莹为台人入狱诗的几个视角》，《成大中文学报》2006 年第 15 期。

⑤　陈益源、柯荣三：《蔡廷兰集》，台湾文学馆 2012 年版，第 119—121 页。

⑥　（清）蔡廷兰著，陈益源校：《海南杂著》新校本，澎湖县文化局 2005 年版，第 142 页。

道光十六年（1836），蔡廷兰将其漂流奇遇及越南见闻撰成《海南杂著》上呈周凯，周凯序中除了肯定、赞叹蔡廷兰笔下奇壮的游历，也认为在蔡氏甫获选为拔贡，即将再投身科场之际，《海南杂著》正好是一部可以用来"质之当代巨公，必有能赏之者"的"行卷"佳作。

包括周凯在内，前述周彦、熊一本、刘鸿翱、姚莹等人，皆曾是闽、台地区位居要津的地方首长（台湾府知府、福建分巡台湾兵备道）甚至封疆大吏（刘鸿翱后官至福建巡抚、署理闽浙总督），足堪作为蔡廷兰借《海南杂著》"行卷"，盼望"能赏之者"的"当代巨公"，是以《海南杂著》有周凯序、刘鸿翱序、熊一本跋。然而，蔡廷兰积极结交的对象，并不单单仅有所谓的"当代巨公"，因为《海南杂著》也可见在闽、台两地作育英才之教谕学官柯龙章题跋。

除了序、跋以外，《海南杂著》尚可见吴孝铭（生卒年不详，字伯新，江苏武进人，时以太仆寺卿出任全闽督学使者）、蒋镛（生卒年不详，字怿荼，湖北黄梅人，时任澎湖厅通判）、许德树（生卒年不详，字大滋，号荫坪，福建侯官人，时任台湾府儒学教授）、蒋泽春（生卒年不详）4人为《海南杂著》留下题词诗作共9首①。此4人当中既有枢机重臣（吴孝铭），亦有名不见经传者（蒋泽春），笔者暂且不拟细论。在此，笔者想谈的是名字虽不见于《海南杂著》书中，但对于探讨蔡廷兰及其《海南杂著》来说不应忽略的张亨甫。

张亨甫，名际亮，亨甫其字（1799—1843，福建建宁人，下文概以字称之），受业于福州鳌峰书院，甚得时任书院山长的陈寿祺（1771—1834）器重。②张亨甫与蔡廷兰颇有渊源，吕世宜（1784—1855，号西村，福建金门人）在道光癸卯（1843）书赠蔡廷兰画像③所题"风尘万里客，天地一诗人"两句，据说正是取自"张亨甫孝廉题香祖先生《海南杂著》旧句也"④。

张亨甫之所以引起我们注意，除了"题香祖先生《海南杂著》旧句"被吕世宜写在蔡廷兰画像上以外，还在于道光三年（1823）张亨甫与姚莹（1785—1853）订交，张、姚两人结为莫逆。道光六年（1826），张亨甫以拔贡第一名入京师太学，诗名大振，结交在京名士，姚莹《张亨甫传》谓当时"言诗者无不知亨甫"，无奈却因为得罪显宦受忌招谤而落得狂名，试辄不利，姚莹赞许张亨甫"以其穷愁慷慨牢落古今之意，发为诗歌，益沈雄悲壮，至天才艳逸、情致绵邈，则其本色"⑤，其诗被誉为"负海内重名将三十年"⑥。道光二十三年（1843）姚莹遭革职押送北京时，张亨甫伴随姚莹进京，不顾有病在身四处为营救姚莹奔走，等姚莹沉冤得雪出狱，张亨甫却因病而逝，

①　（清）蔡廷兰著，陈益源校：《海南杂著》新校本，澎湖县文化局2005年版，第144—145页。
②　赵尔巽：《清史稿》（卷486），中华书局1976年版，第13428页。
③　此画现藏台北黄添龙处。
④　蔡主宾：《蔡廷兰传》，台湾省文献委员会1998年版，第90页。
⑤　（清）姚莹：《续修四库全书》（第1512册），上海古籍出版社2002年版，第587页。
⑥　（清）张际亮（亨甫）著，王飙点校：《思伯子堂诗文集》（下），上海古籍出版社2007年版，第1470页。

张、姚两人堪称生死至交①。换言之，蔡廷兰是姚莹、张亨甫这对生死至交共同的朋友，蔡廷兰与张亨甫的诗文往来，也在《香祖诗集》当中留下难得的记录。

考《香祖诗集》可得《又江南道中次建中建宁张亨甫孝廉见题海南杂著拙稿原韵二律》（参见表1之序号7）：

> 不道沧溟泛，扁舟落大荒。蛟龙争窟宅，风水作衣裳。海绝神州现，天空世界藏。归来搜旧典，鳌足信娲皇。
>
> 吾乡有草圣，海内许诗人。吟笔千秋健，交情一片恂。著书销岁月，仗剑走风尘。持赠囊中锦，光生客路春。②

复考张亨甫《思伯子堂诗集》发现有《道上赠蔡香祖孝廉》二首：

> 海客轻溟渤，安知堕越裳。风潮走灵怪，天地变仓皇。怅望余今日，生还出大荒。真堪著书卧，不必问行藏。
>
> 洪流环绝岛，太古浩无人。士始登林蕴（澎湖自君始举乙科），民今附寇恂（谓台澎观察姚石甫丈）。土风陋铜柱，海日散珠尘。莫忆长安柏，飘飘飞絮春。③

蔡廷兰《又江南道中次建中建宁张亨甫孝廉见题海南杂著拙稿原韵二律》是回应张亨甫《道上赠蔡香祖孝廉》的和作。当时蔡、张二人都未登进士，"真堪著书卧，不必问行藏"两句，隐约可见张亨甫的豪气。"士始登林蕴，民今附寇恂"，化用唐代林蕴（755—826，福建莆田人）在贞元四年（788）明经及第，为莆田中举第一人④，称赞澎湖自蔡廷兰始有正科举人⑤；又用东汉寇恂（？—36）讨贼有方典故⑥，颂扬姚莹镇抚台湾深受百姓爱戴之状。遗憾的是，遍查张亨甫传世诗文，目前尚未见有"风尘万里客，天地一诗人"两句。

---

① （清）张际亮（亨甫）著，王飙点校：《思伯子堂诗文集》（上），上海古籍出版社2007年版，第7页。

② 陈益源、柯荣三：《蔡廷兰集》，台湾文学馆2012年版，第225页。

③ （清）张亨甫：《思伯子堂诗集（1869）》卷27，《续修四库全书》（第1527册），上海古籍出版社2002年版，第58页。

④ （清）陈寿祺：《林邵州遗集序》，《续修四库全书》（第1496册），上海古籍出版社2002年版，第257—258页。

⑤ 按，或有以辛齐光（1746—1821）为"开澎举人"之说（《清代澎湖第一位钦赐举人》，高启进、陈英俊、洪国雄：《寻找澎湖第一》，澎湖县文化局2012年版，第174页），然而辛齐光系因年老（皓首）获赐之"钦赐举人"，亦即并非正式经由乡试中举的举人。又，清人丁绍仪《东瀛识略》记"澎湖厅有举人自嘉庆五年蔡其英始"（《东瀛识略》卷3《学校》，吴玉田，1873年，第2b—3a页，台湾图书馆藏），唯林豪《澎湖厅志》（1844）内蔡其英无考，《澎湖厅志》卷4《选举表上》所载第一位拔贡、举人、进士，俱为蔡廷兰（文石书院1894年版，55a，台湾图书馆藏）。

⑥ 范晔：《新校本后汉书》，鼎文书局1978年版，第624—625页。

四　结语

以上谨就《香祖诗集》抄录诗作略举一二，透过这些诗文之作，考察蔡廷兰交游网络。在周凯提携之下，道光年间闽、台地区周彦、熊一本、刘鸿翱、姚莹等名宦要员，都知道周凯有一位出身澎湖的高足蔡廷兰，借由《香祖诗集》的披露，让吾人对于蔡廷兰与这些"当道名流""当代巨公"往来交游的情形，有了更多的认识与了解。

然而，蔡廷兰积极结交的对象，绝非仅有"当道名流"或"当代巨公"，例如出身福建建宁的张亨甫，终其一生仅是名未仕举人，唯在道光年间极具诗名，我们恰好可以分别在蔡、张传世的诗集中，找到两人围绕《海南杂著》而起的一组酬唱诗作。事实上，张亨甫与姚莹乃生死至交，由是可以串联起张亨甫、姚莹、蔡廷兰三人彼此的关系，若再加上姚莹与周凯、熊一本、刘鸿翱在公务私交本有往来，当可交织一张蔡廷兰与师友往来的人际网络。然而，眼前的这张网络上，显然还有许多节点不甚明朗，有待我们持续探索，共同为闽台文人交流的研究努力。

表 1　　　　　　　　　　　《香祖诗集》诗题数量

序号	诗题/数量	备注
1	赏花/1	
2	苦雨/1	
3	买棹/1	
4	逃诗/1	
5	谢郭君赠香珠/2	郭君
6	江南道中次山阳鲁兰岑孝廉见题海南杂著拙稿原韵二律/2	1837 年后，鲁一同（1805—1863），有《赠澎湖蔡廷兰孝廉二首》
7	又江南道中次建中建宁张亨甫孝廉见题海南杂著拙稿原韵二律/2	1837 年后，张际亮（1799—1843），有《道上赠蔡香祖孝廉二首》
8	次健符四兄中秋二首/2	健符四兄
9	赠觉空山人/1	觉空山人
10	游春/1	
11	次山阳潘四农解元德舆见赠原韵/1	潘德舆（1785—1839），原诗待考
12	题牛女双星图/2	
13	题赤壁前游/1	
14	题红梅/1	
15	卷压/1	
16	次韵答林玉圃孝廉僎元/1	林僎元（玉圃）
17	再答觉空山人/1	觉空山人
18	九日鹭门即事四首/4	1832 年（？）
19	再呈周芸皋观察二首/4	1832 年，周凯（1779—1837）

续表

序号	诗题/数量	备注
20	自题蒙馆二首/2	1816 年后
21	题施见田琼芳同年诗册/1	1837 年或 1845 年
22	省试内渡抵厦门谒周芸皋夫子恭次见送小试原韵二首/2	1832 年，周凯（1779—1837），有《送蔡生台湾小试》
23	贺周芸皋夫子调任台湾八首/8	1836 年，周凯（1779—1837）
24	陪周芸皋夫子游虎溪/1	1832 年，杨庆琛（1783—1867）、许原清（生卒年不详）、来锡蕃（生卒年不详）
25	周芸皋夫子招燕榕林/1	1832 年，杨庆琛（1783—1867）
26	次韵答游茂才/1	游茂才
27	叠前韵再答游君/1	游茂才
28	送周静澜观察内渡之任浙东四首/4	1834 年，周彦（1771—?），诗有蔡廷兰自注："兰去年来台，获拜门下"语
29	寿熊介臣观察/8	1839 年，熊一本（1778—1853）
30	寿姚石甫莹观察/7	1840 年，姚莹（1785—1853）
31	秋柳次黄浣云原韵/4	系年待考，黄鹤龄（约 1792—1868），为丁绍仪（1815—1884）师，曾为林占梅（1821—1868）《潜园琴余草》题赠小序（1854），有《不暇懒斋诗钞》传世，原诗待考
32	解嘲词次玉圃孝廉见赠原韵/1	林僎元（玉圃）
33	甲午秋闱后夜宴谢家园观剧/1	1834 年
34	再题琼林斋壁/1	1834 年，诗有序云："乙未秋试后，买舟金门，寓族子尚异书斋，偕友陈如松茂才及尚温、尚馥，同游太武山，归题斋壁，一时称快。甲午重到，屈指忽已十年，阅壁旧题宛然，而诸人皆异物，抚今追昔，情见乎词"语
35	送刘次白廉访内渡之任门中六首/6	1836 年，刘鸿翔（1779—1849）。诗有蔡廷兰自注有"公今年九月奉旨升授陕西"语；又有"兰去年秋试报罢，十月二日自金门东渡，舟漂安南，由陆回籍，至今年五月抵澎湖，七月仍渡台郡，晋谒之余，备极欣慰"，"甲午、乙未两年，公命兰主讲台邑引心书院"等语
36	答林巽甫明经/1	1837 年后，林焜熿（生卒年不详），诗涉漂流历险，原诗待考
37	寿黄春池化鲤广文/6	1846 年后，黄化鲤（生卒年不详），诗有蔡廷兰自注有"郡北洲仔尾以上一带长堤、木桥，系前蒋郡伯捐造，号'蒋公堤'。道光丙午年，先生倡捐重修，详载碑记"语
38	次书洋题壁原韵/1	"书洋"地名也，位于漳州南靖，题壁诗待考
39	次蒋矩亭大令原韵/1	蒋予检（生卒年不详），蒋氏以画兰著称于世，原诗待考
40	次韵答江承恩茂才/4	江承恩（生卒年不详），诗记太平天国事，江承恩于《峡江县志》（1871）纂修领"原理"衔，时为廪生，原诗待考
41	癸卯北上十二月十六日宿念八都客邸次壁间忆秋士女史韵题其后/1	1843 年，秋士女史（王倩娘），题壁诗实为清初吴兆骞（1631—1684）托名之作
42	题友人洗砚鱼吞墨图/1	
43	又题烹茶鹤避烟图/1	
44	中秋夜/1	

续表

序号	诗题/数量	备注
45	觉空山人见访不遇以诗谢之/1	觉空山人
46	送张贞甫正元广文内渡省垣二首/2	1841 年后，张正元（1801—1856），道光十六至二十一年（1836—1841）任台湾府儒学教授
47	戊申六月奉檄抵分宁清理官田因便催征见民力颇形拮据感赋二首/2	1848 年
48	题慈润堂/1	
49	阅志乘得句/1	诗有蔡廷兰自注："州地唐时称常州亥市"，可知系言江西分宁（今江西修水县）事
50	戊戌初厦门访吕西村孝廉二首/2	1838 年
51	阅邸抄再叠二律寄玉圃/2	林儁元（玉圃）
52	题小孤山图二首/2	
53	答陈鼎臣/2	陈鼎臣，事不详。诗有蔡廷兰自注："余悬橐数日，鼎臣以百金见贷，约启征时抵还了赋。"
54	丁酉六月瀲溪阻雨四首题旅壁二首/2	1837 年
55	咏兰花次韵/2	
56	夜宿邳州次鲁兰岑孝廉题原韵/2	鲁一同（1805—1863），原诗待考
	总计 115 首	

（作者：柯荣三，台湾云林科技大学汉学应用研究所，助理教授）

闽南明海法宝禅师与越南南方佛教史

［越南］范文俊

摘　要：17世纪下半叶，越南南方阮主政权推动国民与外国商人贸易、发展经济、定居等。当时，外国人经常来往于顺化、会安两港，华商也到两港市定居并认识越南文化。因此中国南方佛教随着商船而传入越南南方并发展。因此广东、福建、浙江等省佛教僧人来越南南方传教，而其中的明海法宝禅师对越南南方佛教有很大的影响。明海禅师（1670—1748）是泉州人，到广南会安以后，建立祝圣寺，发展临济宗，成立宗派。从此以后，他的弟子数量一直增加，并传到南方。今日，明海法宝禅派在越南南方发展规模庞大，特别是禅派还流传到世界各地。本论文研究闽南人明海法宝在大越国南方传教，其宗派、弟子对越南南方文化有何贡献，以及至今有何影响。

关键词：明海法宝禅师；越南南方佛教；越南临济宗；越南闽南人

一　17世纪以后南方阮朝背景

16世纪下半叶，阮潢到顺化后，他努力发展当地文化，佛教因此再次兴盛。因海港之便，阮朝开放外国人来顺化通商贸易、交流，逐渐繁盛，广南会安、顺化清河成为越南方阮主两大商业港口。经济发展后，宗教也随之兴起，本土佛教也因为与华僧接触而渐渐融合。

1644年，清军入关，明朝廷退居南方，反清复明之士多远走国外，特别是越南今日之广南、顺化以南。因此，越南南方的明乡人越来越多；日本天皇实施海禁之后，到会安的日本人越来越少。直到17世纪下半叶，中国南方的郑氏败于清军，清康熙二十三年（1684）解除海禁，因此许多华商再一次陆续到国外，特别是到大越的华商越来越多。

大越南方经历几位阮主：阮福濒（1648—1687）、阮福溙（1687—1691）、阮福淍（1691—1725）等都与外国通商，特别是华商，使经济发展、社会稳定、民间信奉佛教。从阮福濒到阮福淍不到百年，但这段时间有许多华人，特别是僧人到广南顺化侨居。首先是元韶禅师（1648—1728）到越南南方之后，他也带了很多侨僧来弘法，其中有他的弟子或跟他同代的僧人等都住在越南南方顺化、广南与归宁等地。

由此可见，17 世纪下半叶，顺化广南及南方地区的佛教受到中国南方佛教影响，有许多僧人从中国南方到大越传教。17 世纪初有拙拙禅师、明行禅师；17 世纪下半叶，有元韶和很多僧人，他们从顺化到南方发展禅宗。特别是释大汕到越南南方后，有许多僧人受戒，除了本地人以外还有闽南人、潮州人等。对大汕到大越的事，姜伯勤先生认为："应顺化阮主阮福淍之请，是为了满足这一政权的宗教需要；而另一方面，则是顺应了在会安港的闽、潮商人的宗教需要。"①

在这时代，元韶弟子明海法宝禅师随着师傅到会安建立祝圣寺，传临济宗派。之后，他成为越南南方明海法宝禅派的禅祖。在这篇论文中，笔者述及明海法宝的身份、传承与宗派文化，其宗派在越南佛教史上有怎样的地位。

明海法宝的身份

明海法宝到会安后，他得到会安附近的华人资助，这使他可以发展宗派。广南会安是越南中部，天气不顺，常有台风、降雨等，因此至今祝圣寺与明海法宝禅派各地寺宇对明海法宝保留很少的数据。因此，能研究清楚他的身份也是不易的事。笔者根据祝圣寺的数据，可以论述明海法宝的身份。首先笔者的根据是明海法宝的塔碑，塔碑内容记录他是福建省泉州同安人。碑文内容如下：

> 同安
> 本寺开山临济正宗三十四世梁氏号法宝老和尚塔
> 禄生庚戌六月廿八戌时寿享七十七岁
> 寂于丙寅十一月初七日酉时
> 旹如圉②夹钟③上望创造。④

除了明海法宝碑文外，还有他父母的碑文内容，即明海法宝的父母的墓碑。明海法宝祖塔在祝圣寺三关内的右边，他的塔前面就是他父母的坟墓。明海法宝父亲墓碑内容："显考敦厚梁府君之墓。时在庚贵十二月穀旦。男世宝、世恩、世定立石。"根据以上的碑文内容可以知道明海法宝姓梁，另外，明海法宝家有三个兄弟。但碑文特别是塔碑，未确认他的生卒年代。另外根据明海法宝当时印的经版《沙弥律仪要略增注》⑤，经版年代是黎朝永庆四年（1732）可以知道他属于这年代之前后。尤其，笔者

---

① 姜伯勤：《石濂大汕与澳门禅史——清初岭南禅学史研究初编》，学林出版社 1999 年版，第 410 页。
② 现笔者还没查出"如圉"是什么意思，考证《尔雅·释天》有曰：在丁曰圉。没有找到相关的具体内容。
③ 夹钟：可能是根据《礼记·月令》："（仲春之月）其音角，律中夹钟。"因此，可能夹钟就是第二月。
④ 祝圣寺明海法宝祖塔前的碑文。祝圣寺：广南省会安市新安坊祝圣寺。
⑤ 《沙弥律仪要略增注》，明海法宝重刊，本留在富安河绥安县安定社风升村宝山祖庭。

曾有一段时间到祝圣寺调查，收集到很多有关明海身份与禅派的资料。

　　除了祝圣寺的碑文、经版外还有祝圣寺祖堂的牌位。另外，祝圣寺或是会安附近的庙宇还保留禅派的佛教史料。其中可分为三类：碑文、经版、法卷。越南的庙宇大部分都有碑文，祝圣寺或会安附近的万德寺、福林寺等都有碑文记载庙宇历史。碑文内容大部分介绍明海法宝禅派的历史。在经版方面，祝圣寺、万德寺、福林寺都保留着佛教经版，这是越南佛教传统的佛经刻版。例如，祝圣寺还保有十多个经版，福林寺保有数十个经版而万德寺则有一百多经版等。越南南方明海法宝禅派还有特色的佛教史料：《法卷》。《法卷》或者是木版，或者是纸本。木版可以印出来，之后加添当时的僧人。《法卷》是历代祖师传给弟子的传承与偈派。由《法卷》可以知道当时的禅师是什么时代与传承。《法卷》内容记录从佛祖释迦牟尼到禅宗六祖，之后传给越南南方各代祖师。因此，明海法宝禅派传承也很明显。根据祝圣寺与广南以南的佛教史料可以论述明海法宝的身份：

　　明海禅师（1670—1746），俗姓梁世恩，生于清代康熙八年庚戌六月二十八日，籍贯福建省泉州府同安县绍安乡人。明海禅师父亲梁敦厚、母亲陈氏淑慎，兄梁世宝，弟梁世定。明海法宝是家中次子，从小聪明过人，一心向佛。1678 年，明海法宝由父母陪同至广州报资禅寺投佛修行。20 岁，他受具足戒，法名明海，字得智，号法宝，相当于临济宗第三十四代。有可能在 1687—1691 年，元韶回中国后也招募了许多后辈及弟子到大越，之后在会安福林寺奉祖堂才奉祀元韶为第三十三世祖。明海法宝在会安建立祝圣寺、收弟子、传教宗派。明海法宝除了刻印佛经、教养弟子外，他还对会安以南佛教文化有很大贡献。之后，明海法宝成为禅派的禅祖。

二　明海法宝的传承与思想

明海法宝的传承

　　18 世纪，广南佛教已发展到鼎盛的时期。当时，明海法宝在祝圣寺发展宗派，另外在会安地区，他的弟子建立佛寺，共同发展。福林寺、万德禅寺、天德寺、明乡禅寺与金山禅寺（现今之福建会馆）等都在会安地区各地发展。广南地区的庙宇有中华侨僧或越南僧人来传教、修行，之后大部分广南以南是祝圣寺禅派弟子修行。因此，祝圣寺对南方佛教禅派有很大的影响。根据各代传承与书籍所录，可以得知明海法宝的传承宗派。如上所述，明海法宝的师傅是元韶和尚（1648—1728）①。有可能在 1691年，元韶到大越也带来了大越很多僧人，其中有明海法宝。1695 年，石濂、大汕到大

---

　　①　元韶和尚是广东潮州程乡人，姓谢，字焕碧，法名元韶，另有法名超白。因为，元韶随着两个传法偈，因此他有两个法名。元韶是临济宗第三十三代传承。他 19 岁在报资寺，出家师于旷圆和尚。1677 年，元韶到越南南越平定省弥陀寺传教。之后他到顺化建立国恩寺。到 1691 年前，元韶有几次回国，每次回国他都邀请僧人，带来经书、法器等。1728 年，元韶圆寂，弟子建塔奉祀。

越南方，这时明海法宝年仅 25 岁，他已经完成报资禅寺临济宗具足戒，因此有可能他
与元韶的其他弟子没有参加石濂的戒坛。祝圣寺、福林寺的《传戒牒》是每代弟子都
要接受的传戒仪式，至今我们可以看到明海法宝传法偈：

> 明实法全彰，
> 印真如是同。
> 祝圣寿天久，
> 祈国祚地长。
> 得正律为宗，
> 祖道解行通。
> 觉花菩提树，
> 充满人天中。①

　　明海法宝禅师收过许多弟子，根据法偈，可以看到他的得意弟子是祝圣寺实妙正
贤禅师，后来有实营恩沾、实寿、实道、实敏等，都是依靠以上的传法偈而留下了名
字。他们在南方的各地传教。至今，祝圣寺传承还保留与发挥着禅祖的宗风。

　　另外我们根据福林寺的《法卷》述及本寺的传承、福林寺的元韶牌位或明海法宝
的牌位，可以肯定元韶与明海法宝是师徒关系。而这关系，可能是元韶回国时就对明
海法宝与众弟子传戒"明"字弟子，之后带明字弟子来大越。对元韶回到广东报资寺，
《大南列传前编》第六卷，有云："谢元韶，字焕碧，广东潮州程乡县人，年十九出家
投报资寺，乃旷圆和尚之门徒也。太宗皇帝乙巳十七年元韶从商船南来，寻奉英宗皇
帝命，如广东延请石濂和尚及法像法器，还奉敕赐住持河中寺。"② 1691 年元韶回国，
但到 1995 年，释大汕从广东到顺化天姥寺立传戒坛。这期间，不知道元韶与众弟子在
哪里传教。大汕的《海外纪事》并没有提到元韶、明海法宝与其他当时华人僧人中的
"明"字辈。有可能明海法宝在会安，但他是临济宗，还有已受比丘戒，大汕是曹洞
宗，因此，他们没有关系。③

　　以上论述，明海法宝就是元韶的弟子。他们都受到报资寺传承的偈派。报资寺偈
派如何？《大南列传前编》《大南一统志》都写到元韶是旷圆和尚的弟子。根据佛教史，
明代临济宗传到幻有正传，正传传到天童寺密云圆遇禅师（1566—1642）、圆遇传到木
陈道忞禅师（1596—1674）、道忞传到旷圆行果禅师（生卒年不详）。以后，旷圆到报

---

① 广南省会安市福林寺的度牒木版。
② 《大南列传前编》第六卷，第 47 页。
③ 最近越南佛教史大部分都写明海法宝参加释大汕传戒坛。这个问题，没有确证。大汕带来大越一百僧人，
另外还有很多华人相助、资助，因此，大汕不需要其他宗派的僧人。另外，在大汕眼中大越当时僧人都是没有程
度的。

资寺修行，收元韶为弟子。当时报资寺传承是依靠临济宗闽中雪峰祖定禅师法偈：

> 祖道戒定宗，
>
> 方广正圆通。
>
> 行超明实际，
>
> 了达悟真空。

根据法偈，可以看到传承如表 1 所示。

表 1　　　　　　　　　临济宗第二十九世至第三十四世的传承

临济宗历代	演派字	诸祖传承
第二十九世	正	幻有正传（1549—1614）
第三十世	圆	密云圆遇（1566—1642）
第三十一世	通	木陈道忞（通党）（1596—1674）
第三十二世	行	旷圆行果（生卒年不详）
第三十三世	超	元韶超白（1648—1728）
第三十四世	明	明海法宝（1670—1748）

因此，可以看到明海法宝得禅派是从中国南方广东、福建二省传到报资寺而传到越南南方，明海法宝是临济宗第三十四代。

明海法宝与南方佛教思想与文化

明海法宝的成功当然有很多条件，他与华人共同发展也是一个重要的因素。如上所述，语言沟通是很大的问题，另外环境或风俗等让他有机会在会安数十年而发展宗风。但华人在海外都会互相帮助，因此，明海法宝受到很多华人帮助。这就是"惠我同仁"的海洋精神。当时，会安有很多华人，尤其是闽南人。

广南有很多寺庙是祝圣寺禅派的分寺，都邻近祝圣寺，以祝圣寺为中心。在会安的很多禅派的寺庙，福林寺、万德寺都离祝圣寺很近，并与祝圣寺成为会安祝圣禅派三个很大的寺宇，特别的是，三个寺宇的僧人都影响到广南以南的佛教的发展思想。

祝圣寺现存经版很少，各位和尚教养弟子都是以讲道与诵念书籍的方式。明海法宝建立本寺时，为方便弘法，他与众弟子组织刻印经版，印送发行到弟子的寺庙。在祝圣寺，明海弟子实良禅师特别盖了一座房子用以收藏经版和刊印经文。但经过水灾与 20 世纪的越南战争，现今保存不多。祝圣寺现在保存 12 块经版，例如，《妙法莲花经普门品》等。祝圣寺经版保存很少，而万德寺与福林寺还保存得很好。

因福林寺经过许多天灾人祸，现今保留不多。本寺只存有 86 块经版，有很多种类，最长的达到 138 米，最短的仅有 26 米。经版使用汉字、喃字、梵字，内容很多样，有关儒、佛、道三教，特别是佛教的。福林寺经版除佛经以外，还有度牒版、六殊海会版，用在人死后印版陪葬与很多符咒；另外有关于华人带到大越的信仰，各寺庙都有关于道教的经文。福林寺保存很多佛经刻版，例如，《大乘金刚般若波罗蜜经》《金刚寿命经》《妙法莲华经》《阿弥陀经》《盂兰盆经》《寿生经》《华严经》等。虽然很多经版今日未完整保存，但也说明17世纪和18世纪，会安佛教特别发达。另外有关于《关圣帝君觉世真经》或很多符咒与陀罗尼经版。根据福林寺住持黎文体和尚于1923年写的《福林寺奉计本》提到本寺有土田一亩，奉祀释迦、文殊、普贤、罗汉、十殿阎王还有玉皇与历代祖师。福林寺还特别奉祀关公、国家皇帝、城隍爷、灶君、土地公与 Poh Yang Inu' Nagar 圣像等。可以说，福林寺是多元化奉祀，有道教、佛教、儒教还有本地民间信仰等。这也表示祝圣寺禅派适应广南地区文化与华人的信仰，融合佛教大乘与本地民间信仰，形成三教融合发展。

而万德寺比祝圣寺、福林寺保留更多经版，现今在本寺还有115块木版，其年代很早，从16世纪到20世纪皆有，特别是黎朝光兴、景兴等年代。万德寺也有很多佛教经文、道教经文。本寺也供奉三教。从经文、奉祀佛像与民间信仰交融，可以认为祝圣寺禅派融合三教，特别是禅、净、密的信仰要素。在广南以南的明海法宝禅派的三教合一思想，可以看经版的内容，特别是会安祝圣寺、万德寺、福林寺现保留的经版。会安三个庙宇保留很多道教经版，特别是有关关圣帝君、天后、吕祖等内容。至今还保留《关圣帝君觉世真经》："敬天地，礼神明，奉祖先，孝双亲，守王法，重师尊，爱兄弟，信朋友，睦宗族，和乡邻，别夫妻，教子孙……"当然，这本真经是从中国南方传到越南南方的，但是也表明越南南方佛教发展过程中已融合道教的信仰。木版内容还记载："广南省青霞福林寺贯通和尚，明乡社养男张德权仝奉僎。圣迹乘留板文置通明鉴珍重拜刻印施。"另外还有很多有关密宗的经版，但传到越南时，很多经版适应越南的风俗，越南人在很多木版上刻密宗符咒，但中国史料都没有记载，例如，六殊海会木版。六殊海会使用在真谛、俗谛死后，印六个拓本放在棺材里面送葬。六殊海会内容大部分是密教，还有一部分是儒教。福林寺使用密宗佛经《佛说随求即得大自在陀罗尼神咒经》，在大藏经是诸菩萨仪轨的密教部类。另外还有禅、净、密都是用的佛经，例如，《大方广佛华严经》《金光明最胜王经》《大乘妙法莲华经》《礼佛名经事仪》《佛说万佛名经》《慈悲水忏法》《地藏菩萨本愿经》《金刚般若波罗蜜经》《三劫三千佛名经》《现在贤劫千佛名经》《过去庄严劫千佛名经》《未来星宿劫千佛名经》等，都是越南佛教禅净密、道教、儒教的信仰使用。因此，它可以说是越南特色的三教合一。

在越南人、占婆人、华人三者间共同发展，祝圣寺禅派思想让禅派在越南越来越发展。入世以观世也是一个很明显的标志，让师门在每个时代，都与广南以南的人民一起生活，保存信仰。至今顺化、广南以南的人大部分信奉佛教：家家供奉佛祖，每月到庙宇拜佛，是越南南方民间很淳厚的风俗。

三 结语

明海法宝禅师是福建省泉州府同安人，在 17 世纪下半叶来到大越南方传教。当时，他受到阮主与南方越南人、华人资助。之后，明海建立祝圣寺，收弟子而建立宗派。根据华商的海路，明海法宝与很多中国南方僧人到外国传教，因此两国宗教关系非常密切，特别是闽南佛教与越南佛教。除了明海法宝之外，当时中国南方还有很多僧人到越南，抵达北越或南越。经过几百年，有关他们的文物依然还保留着，对越南佛教史仍有很大的影响。特别，他们是中越两国关系史上的代表。

（作者：范文俊，台湾成功大学中文系博士，越南翰林科学社会院下属汉喃研究院研究员）

妈祖文化的形成与发展及其
海上丝绸之路的传播

蔡天新

摘　要：妈祖文化是人类文明的优秀成果，也是世界非物质文化遗产。妈祖"行善救困、舍生取义"的大爱精神，既是中华民族的传统美德，也是人类真善美的化身。妈祖文化的丰富内涵，不但为中国历代执政者所需要，也被海内外广大普通百姓所认可。妈祖作为古代航海者的保护神，在古代海上丝绸之路开拓中发挥了巨大作用，促进了中外经济交流、人员往来和文化融合。妈祖作为世界海洋文化的组成部分，在建设 21 世纪海上丝绸之路战略中仍然有着积极的作用，大力弘扬妈祖文化精神，促进新丝绸之路沿线国家和地区的文化融合和政治互信，对于推进我国"一带一路"战略具有重大的现实意义。

关键词：妈祖信仰；丝绸之路；文化传播；现实意义

妈祖文化原本是一种民间信仰，最早流传于我国东南沿海地区。自北宋以来，妈祖从一个地方巫祝逐渐演变为受到祭祀的伟大神祇；从一名普通民间女子迅速上升为万民敬仰的天上圣母；从航海者的保护神逐渐发展成为世界各地华人华侨的普遍信俗。特别是经过 1200 多年的传承与发展，妈祖信仰已经发展成为跨越国界的海洋文化，并成为世界非物质文化遗产。据不完全统计，目前全世界共有各种妈祖庙近 6000 座，分布在 30 多个国家和地区，信徒达 3 亿余人。认真研究妈祖信仰的形成与发展，以及妈祖文化在古代海上丝绸之路上传播的时间和空间，不但具有深远的历史意义，而且有着重大的现实意义。

一　妈祖信仰的形成与发展

妈祖，原名林默，本是一位勤劳、善良、美丽且乐于助人的莆田民间普通女子。传说在北宋建隆元年（960）三月二十三日，兴化军（现莆田市）莆田县湄洲屿的林家诞生了一个女婴。但从出生到满月，女婴一声不哭，父母便取名为"林默"。林默从小聪明好学，过目成诵，知识面很广。她与渔家孩子一样，从小熟悉水性，风里来雨里去，练就了一身海上谋生的本领。同时，林默还熟悉海洋气候，懂得"灵慧巫术"，掌握了不少医学知识和防疫消灾之法，经常为百姓驱邪避难、治病救人，深受乡亲邻里的赞赏。林默的故乡位于湄洲湾入海口处，周边大海茫茫，礁石林立，经常出现海难，心地善良的林默看在眼里，记在心里。于是，她到处收集气象谚语，认真观察海洋气象变化，经常提醒渔民、海商注意台风暴雨。每当海上能见度不佳时，她就登上湄峰顶，举灯引航，深受渔民和航海者的爱戴。据宋代碑刻记载："世传通天神女也，姓林氏，湄洲屿人。初，以巫祝为事，能预知人祸福。既殁，众为立庙于本屿。"① 更难能可贵的是林默终身不嫁，矢志从善，积极为乡亲们排忧解难、避凶趋吉、驱魔治病，渐渐声名远播。

林默的人生虽然短暂，但在百姓眼里却是真善美的化身。据史书记载：宋雍熙四年（987）九月九日，林默为了搭救海上遇险船只，不幸遇难，终年28岁。林默失踪之后，其生平事迹代代相传，逐渐由人变成了神。有关妈祖"灵迹"的记载很多，有人说她小时候得高人指点，有神力护体，未卜先知，谓之"神女"；有人说她从小熟悉水性，少年时泅水救父，因孝闻名，谓之"孝女"；也有人说她能驾驭风浪，化险为夷，被称为"龙女"；还有说她"初为巫祝"，能祈福禳灾、驱邪治病，谓之"灵女"……据《莆阳比事》记载："湄洲神女，生而神异能言人休咎，死庙食焉。"后人尊称她为"娘妈""神女""神姑""妈祖"等。② 沿海百姓为了纪念林默，将林默遇难说成神女升天，并于宋雍熙四年（987）在湄峰上建庙祭祀，这成为世界上第一座妈祖庙（湄洲祖庙）。沿海百姓经常到湄洲祖庙烧香祭拜，"祈祷报赛，殆无虚日"③。

在妈祖从人到神的演变过程中，兴化商人起了关键作用。北宋时期，福建沿海港口陆续开发，对外经济交流日益频繁，海运非常繁忙。但因交通工具简陋，海难事故频发，能够拯救海难的妈祖自然备受人们怀念。于是，莆田及其周边沿海的船工、海商、渔民等与水打交道的人们开始祈求妈祖显灵，保佑海上航行平安，这种精神上的寄托往往会发挥意想不到的效果。传说宋"元祐丙寅岁（1086），（涵江圣墩）墩上常有光气夜现，乡人莫知为何祥。有渔者就视，乃枯槎，置其家，翌日自还故处。当夕遍梦，墩旁之民曰：'我湄洲神女，其枯槎实所凭，宜馆我于墩上。'父老异之，因为立庙，号曰圣墩。岁水旱则祷之，疠疫祟则祷之，海寇盘桓则祷之，其应如响。故商舶尤借以指南，得吉卜而济，虽怒涛汹涌，舟亦无恙。"④ 于是，商人、渔民和百姓纷纷慷慨解囊，捐款修建了"圣墩神女祠"，这成为世界上第一座妈祖分灵。沿海渔民、商人和百姓纷纷前往祭拜，香火十分旺盛。此后，妈祖信仰在莆田沿海开始传播，兴

① （宋）廖鹏飞：《圣墩祖庙重建顺济庙记》。
② （宋）李俊甫：《莆阳比事》卷七。
③ （元）洪希文：《题圣墩妃宫》碑文。
④ （宋）廖鹏飞：《圣墩神女祠碑刻》。

化军境内掀起了一股修建妈祖庙的热潮，凡商埠、集镇、港口，以及繁华之地都建有妈祖庙。正如南宋诗人刘克庄所云："莆人户祀之，若乡若里悉有祠。所谓湄洲、圣墩、白湖、江口，特其大者尔。"① 与此同时，妈祖信仰又从莆田向福州、泉州、漳州等福建沿海传播，广大百姓称妈祖为"护航女神""通宝神女"，"有祈必应"，灵验无比，不但商人、渔民和航海者十分尊崇妈祖，而且普通百姓也非常信仰她。而随着妈祖信仰的广泛传播，林默也逐渐由人变成了神。

二　历代执政者的积极推崇使妈祖从地方小神演变为全国性神祇

在妈祖从人演变成神的过程中，历代统治者的推崇起了关键作用。据史料记载：从北宋宣和五年（1123）直至清同治十一年（1872），共有14位皇帝先后敕封妈祖达37次，从"夫人""天妃""天后"到"天上圣母"，直到无以复加的地步，封号最长多达64个字。在历代执政者的积极推崇之下，妈祖终于从地方信仰发展成为全国性信俗。但由于各朝代的经济、政治和文化背景不同，对妈祖的推崇程度与利用方式也不尽相同。

（一）宋王朝将妈祖从民间传说提高到国家认可的合法信仰

宋朝先后14次褒封妈祖。第一次册封妈祖是宋宣和四年（1123），据史书记载：宣和三年（1122）朝廷派使臣路允迪出使高丽，使船在海上遭遇飓风，"八舟七溺"，正当路允迪的使船即将沉没之际，随从李振（莆田人）告知他祈求湄洲神女保佑，因而侥幸脱险。次年返朝后，允迪奏请朝廷册封妈祖，宋徽宗赵佶赐妈祖"南海女神"封号，御赐"顺济庙额"一块，并传旨建庙。妈祖的第一次册封意义十分重大，使妈祖从地方性小神演变为朝廷承认的跨地区神祇，也是妈祖文化发展的一次重大飞跃。宋代还有几次比较重要的妈祖褒封，虽然理由有些滑稽，但对妈祖信仰扩大却效果甚好。如宋绍兴元年（1126），莆田沿海地区出现了大面积瘟疫，死人无数，又没有特效药可治。百姓十分恐慌，官府束手无策，而民间却盛传妈祖托梦，饮用"圣泉"可以治愈瘟疫。消息一传开，百姓纷纷取泉水饮用，在精神疗法的作用下，确实有不少人病情好转。此事传到兴化郡城，知军大喜，立即上奏朝廷，为了增强百姓抵抗瘟疫的信心，宋高宗下诏册封妈祖为"崇福夫人"。又如绍兴二十六年（1156），涵江商人郑立质从广东番禺经商回莆，途中在台湾海峡遭遇贼船，情急之下请求妈祖保佑。忽然海浪滔天，烟雾四起，伸手不见五指。待云开雾散后，海盗之船已向东南逃窜，郑立质的商船得以平安返回。妈祖驱逐海寇的传闻不胫而走，传遍了东南沿海，为了迎合百姓的愿望，宋朝廷又册封妈祖为"灵惠妃"②。还有宋庆元四年（1198），沿海地区久旱不雨，莆仙百姓纷纷祭天祷雨，结果兴化军境内普降甘霖，粮食丰收，兴化民间

---

① （宋）刘克庄：《枫亭天后宫碑刻》。
② 《夷坚志·戊》卷1《浮曦妃祠》。

又盛传是妈祖显灵。此事震惊朝野，宋朝廷希望妈祖神威惠及沿海地区，又册封妈祖为"灵惠助顺妃"。更为神奇是"嘉定元年（戊辰，1208），金人入淮甸，宋兵载神主战于花黡镇，仰见神兵布云间，树灵惠妃旗，大捷。及战紫金山，复见神像，又捷。二战，遂解合肥之围"①。妈祖神威能够鼓舞士气，克敌制胜，朝野上下，无比震惊，宋廷又册封妈祖为"灵惠助顺显卫妃"。此后，妈祖信仰从民间传播到军营，从百姓日常生活拓展到两国交战的战场，达到了无所不能的程度。

在宋廷的积极推崇下，全国各地掀起了一股修建妈祖庙的热潮。据史书记载：宋崇宁年间（1102—1106），山东蓬莱阁修建了北方第一座天后宫，因规模庞大和历史悠久而闻名遐迩。随后，我国东北沿海陆续修建了多座天后宫，如创建于北宋徽宗宣和四年（1122）的山东庙岛显应宫，素以"天下第一娘娘庙"而扬名，成为我国北方最有影响力的妈祖庙之一。还有江苏、浙江等沿海港口、码头，也修建了不少妈祖庙。据史书记载："绍兴二年（1191），宁波、杭州等地开始创建妈祖行宫，至于温州、上海、苏州、镇江等地的妈祖庙，都是南宋时期创建的。"② "据浙江各县志所载，在淳熙、绍熙年间，临安、宁波、上海等地相继大兴土木，建造女神祠。"③ 宋执政者出于封建统治需要，大力推崇妈祖信仰，以提高朝廷在民众中的威望，客观上推动了妈祖信仰在全国的广泛传播。

（二）元代出于政治统治和经济发展需要也极力推崇妈祖信仰

忽必烈确立了统治地位之后，大举南粮北运，每年漕运粮食、食盐等多达数百万担。在科技比较落后的元代，漕运是一个高风险的行业，沉舟覆船事故经常发生。为了鼓舞士气，增强航行者的信心，朝廷高度重视妈祖信仰。如元世祖至元十八年（1281），朝廷封妈祖为"护国明著天妃"，并下令全国为妈祖举行春秋两祭，逢初一、十五"晋香"（进香）。在元朝执政的90多年间，先后5次褒封妈祖，据《元史·世祖本纪》记载：从世祖至元十五年（1278）起，朝廷先后褒封妈祖为"护国、明著、协正、善庆、显济、天妃"等封号，使妈祖从人间神祇迅速上升为天上尊神，既负有护国安民之责，又管冥界诸魔。特别是在元朝中期，朝廷还"诏滨海州郡，皆置祠庙"，漕运所经之所，妃庙遍布，妈祖备受官员、商人和百姓尊崇。到了元朝末期，妈祖神威显赫，湄洲祖庙声名远播，海商、渔民顶礼膜拜，文人墨客慕名而来，翰林学士张翥（云南晋宁人）于元至正初（1341年前后）专程到湄洲岛拜谒妈祖，并赋诗一首："飞舸鲸涛渡渺冥，祠光坛上夜如星。蛟龙簸虣悬金石，云雾衣裳集殿庭。万里使轺游冠盖，千秋海甸仰英灵。乘槎欲借天风便，仿佛神山一发青。"④ 从诗中可以看出元代兴化沿海对外贸易的繁荣，以及人们对妈祖的崇拜程度。

① （宋）《灵济庙事迹记》碑文。
② 《福莆仙乡贤人物志》，福莆仙文化出版社1990年版，第478页。
③ 陈光荣：《寻根揽胜兴化府》，海风出版社2000年版，第85页。
④ 《莆田诗咏》，福建人民出版社2000年版，第59页。

（三）明朝因海上外交发展需要将妈祖当作航海保护神

明初，妈祖信仰传播形式主要以创建天后宫为内容。从明洪武年间开始，国内漕运发达，航运兴起，山东、天津等沿海港口大举修建天妃宫。如山东的芝罘湾港口，每年南来船舶达上千艘，船工和商人们便在港口南侧修建妈祖庙。明天顺七年（1463），山海关也开始修建天妃宫，明代兵部主事祁顺题写了"天后宫碑记"。还有辽东半岛，明代也修建了多座天后宫，东北地区妈祖信仰迅速传播。

明朝廷因海上外交需要大力推崇妈祖信仰。明永乐三年（1405）至宣德八年（1433），郑和率领远洋船队，奉旨七下西洋，遍访了东南亚地区和印度洋的孟加拉湾、阿拉伯海、红海，以及非洲东部沿岸的大小30余国，其规模之大，人数之多，范围之广，前所未有。据史书记载："若海外诸番，实为逼壤，皆捧琛执赞，重洋来朝，皇上嘉其忠诚，命和等统率官校旗军数万人，乘巨船百余艘，所以宣德化而柔远人也。"① 由于当时航海设备简陋，使船航行多有不测，郑和船队把妈祖作为保护神，出海之前必亲临或派人到湄洲恭请妈祖神像一道出海，不但进一步强化了妈祖的神威，而且促进了妈祖文化在海外的广泛传播。特别是永乐皇帝非常尊崇妈祖，多次褒封妈祖，永乐七年（1409）正月，朝廷册封妈祖为"护国庇民妙灵昭应弘仁普济天妃"，并赐庙额"弘仁普济天妃之宫"，要求每年正月十五及三月二十三日遣官致祭。永乐皇帝还亲自撰写了《御制弘仁普济天妃宫之碑》碑文，表达朝廷对妈祖的尊崇，歌颂妈祖"湄洲神人濯阙灵，朝游玄圃暮蓬瀛。扶危济弱俾屯享，呼之即应祷即聆"② 。同时，永乐皇帝还在南京天妃宫举行隆重的妈祖御祭，由太常寺卿主持，专门编排了御祭乐舞，并在祭文中曰："国家崇极神功，效社旅望，而非有护国庇民成功峻德者弗登春秋之典，明著天妃林氏毓秀阴精，钟英水德在历纪，既闻御灾扞患之灵于今时，尚懋出险持危之绩，有裨朝野，应享明礼。"③ 这是妈祖第一次接受皇帝的御祭，也是真正意义上的国祭。永乐皇帝对妈祖的重视与推崇，影响了明清两代达500年之久。

（四）清统治者出于政治考量和对台用兵需要也积极推崇妈祖

清廷比宋、元、明三朝更加积极推崇妈祖。清朝先后15次褒封妈祖，封号从天妃、圣妃，到天后、天上圣母，封号最长达64字之多，直至无以复加。特别是咸丰皇帝在位期间，10年之间连续5次褒封妈祖，褒封间隔历史最密，将妈祖神格推到了历史的巅峰。

清廷积极推崇妈祖信仰与其历史背景有关。清初，福建沿海反清复明斗争此起彼伏，如火如荼。为了镇压反清势力，清廷频频在福建沿海与郑成功余部交战，多次举兵入台。而当时台湾和澎湖列岛民众及驻台将士大多数信仰妈祖，甚至把妈祖当作"护军神"。所以，清廷每次对台用兵都借助妈祖神威，以标榜朝廷军事行动的合法化。如康熙二十二年（1683），福建水师提督施琅出兵台湾之前，专程从湄洲妈祖庙奉请妈

---

① （明）《天妃灵应之记》碑文。

② 林春德：《明成祖亲撰弘仁普济天妃宫碑文》，《湄洲日报》2006 年 10 月 12 日第三版。

③ 肖一平等：《妈祖研究资料汇编》，福建人民出版社 1987 年版，第 71 页。

祖神像随军出征，并举行了隆重的祭典仪式，还将妈祖作为护军之神，以增强将士攻打台湾的信心。同时，施琅为了顺利收复台湾，还出资扩建了莆田圣墩神女神祠。收复台湾之后，施琅又在台湾岛内大兴土木修建天后宫，供奉从湄洲带去的随军妈祖神像，还奏请朝廷册封妈祖为"天后"。又如康熙六十年（1721），福建长泰籍人朱一贵在台湾岛内起义，清廷先后命施世骠、蓝廷珍等率兵入台湾平暴。雍正四年（1726），蓝廷珍也请求朝廷册封妈祖，雍正皇帝赐"神昭海表"匾一块，分别挂于湄洲、厦门、台湾三座天后宫。还有乾隆五十一年（1786），台湾地区发生了漳州籍人林爽文领导的天地会暴动，清廷派陕甘总督大学士福康安、参赞大臣海兰察等率绿营八千人台平叛。天地会暴动事件平息之后，福康安也于乾隆五十三年（1788）向朝廷奏曰：官兵得到妈祖的默佑，请求朝廷褒封妈祖，乾隆皇帝又加封妈祖为"显神赞顺"。清廷为了维护其执政的合法性，突出妈祖在军事上的灵性，证明朝廷对台用兵的正义行动和对汉人统治的合法性，不遗余力地推崇妈祖信仰，凡是奏请褒封妈祖的请求都一一给予满足，使妈祖成为共同信仰。

　　除了军事行动胜利后褒封妈祖外，使臣出访海外平安返回后也大多奏请褒封妈祖。如康熙二年（1663），册封使张学礼、王垓等出使琉球，船经姑米山海域时遭遇风暴，祈求妈祖保佑平安归来后请求朝廷褒封妈祖。康熙二十二年（1683），册封使汪楫等在海上遇飓风祈求妈祖保佑，平安返回后也奏请皇帝褒封妈祖；康熙五十八年（1719），册封使海宝、徐葆光等出使归来时舟遇旋风，脱险后也奏请褒封妈祖；乾隆二十一年（1756），册封使全魁、周煌等人在姑米山海域遇台风脱险，返朝后也请求褒封妈祖；道光十九年（1839），册封使林鸿年、高人鉴等赴琉球出使，途中两次突遇风暴都祈求妈祖保佑，平安返回后也请求朝廷褒封妈祖……清朝对妈祖的褒封次数最多、间隔最短、等级最高，使妈祖神格达到了至高无上的地位。

三　古代海上丝绸之路上的妈祖文化传播与发展

　　海外妈祖信仰传播始于南宋，发展于元明，鼎盛于清。纵观中国历史，许多港口开发和海上交通贸易发展史，都与妈祖有着密切的联系。无论是东北地区的码头开发，还是华南、华东沿海的港口发展，无不留下妈祖文化的历史印记。如在天津港口的起源就记载着"先有娘娘庙，后有天津卫"的史实；山东营口、烟台、青岛、连云港等港口发展史，都以妈祖庙的创建为重要标志；甚至朝廷市舶司（海关）也与妈祖庙建在一起，如宋代的华亭（上海）、杭州、泉州、广州四大市舶司的行政区里都建有妈祖庙。特别是香港北佛堂摩崖石刻和《九龙彭蒲罔村林氏族谱》，其中有关妈祖信仰传入九龙的记载，成为香港历史文献的第一笔。还有澳门地名葡萄牙语（MACAU），实际上也是粤语"妈阁"的音译。而台湾百姓通常把岛内早期的妈祖分灵，称为"开台妈祖"，说明妈祖渡台与宝岛开发相依相伴。妈祖文化不但在我国大陆和港澳台地区非常流行，还传播到东亚、东南亚和欧美各国，甚至出现了"有海水处必有华人，华人到处必有妈祖"的奇特现象。认真研究古代海外妈祖文化传播的时间与空间，可以还原海上古丝绸之路的广度和深度。

（一）宋代海上丝绸之路的妈祖文化传播

海上古丝路实际就是古代中国对外贸易航线。我国海上贸易始于汉代，发展于隋唐，繁荣于宋元，转变于明清。唐代之前，陆上丝绸之路畅通，中国与中亚各国的贸易非常繁荣。但唐安史之乱之后，中国西域的吐蕃、契丹、女真、蒙古等少数民族相继崛起，隔断了唐朝与西域的陆路联系，陆上丝路一度受阻，东南沿海便成为唐末对外贸易的最重要通道。进入北宋之后，西域各国战乱不断，陆上丝路全面中断，加上北宋王朝积贫积弱，朝廷只好"招蛮夷商贸"，扩大海上贸易，以缓解财政困难，这些主客观因素促进了沿海对外贸易的扩大与发展。苏东坡曾在《论高丽进奉状》中奏曰："福建一路，多以海商为业，凡沿海地区，争相以舟船贩货。"① 《宋史》中也记载："漳、泉、福、兴化，凡滨海之民所造舟船，乃自备财力，兴贩牟利而已。"② 妈祖的故乡"兴化境内设有官办驿馆 5 处。沿海民家户习风涛，开洋得利，兴化对外贸易臻于极盛"③。

宋代积极的商贸政策，既促进了福建沿海对外贸易的兴盛，又为妈祖文化在海外的传播创造了条件。据史书记载：宋大圣年间（1023—1032），福建"航海事业随之发达，从事海上贸易的人日益众多，于惊风骇浪备极艰险中，乃迫切希望有超自然的神力庇护"，妈祖便成为航海者最合适的海上保护神。④ 当时，兴化荔枝干和桂圆干大量销往海内外，"每逢荔枝收成季节，'家家门巷荔枝香'，墟市荔枝满市，商贾从集市大量收购运销全国各地和埃及、波斯、安志，以及东南亚各国"⑤。商人们将福建土特产运往海外各国销售的同时，也将妈祖文化传播到古丝绸之路的沿线国家和地区。许多历史文献典籍都记载了宋代对外贸易盛况和妈祖显灵的故事。如北宋名臣蔡襄（1012—1067）在《荔枝谱》描述了宋代福建荔枝贸易盛况："水浮陆转，以入京师，外至北戎、西夏。其东南舟行新罗、日本、琉球、大食之属，莫不爱好，重利以酬之。故商人贩益广，而乡人种益多，一岁之出，不知几千万亿。"⑥ 可见，当时福建商人足迹已经遍布东亚各国和中东地区，但越洋过海，多有不测，能拯救海难的妈祖自然成为商人们的精神依托。据说在宋大圣年间，"有一艘满载货物的商船，准备从湄洲驶往外地，启航时，碇即起不来。船主三宝很惊异，登岸询问当地百姓，百姓告知以'通贤灵女'最灵应。于是，三宝就到庙里祷祀立愿，碇才起上来"。三年后，海商三宝从南海经商平安返回，且赚了不少钱，便出资扩大了湄洲妈祖庙。还有《有宋兴化军祥应

---

① 苏轼：《论高丽进奉状》，《东坡奏议》卷六。
② 《宋会要辑稿》刑法 2 之 137。
③ 《莆田市志》，方志出版社 2000 年版，第 1680 页。
④ 《福莆仙乡贤人物志》，福莆仙文化出版社 1990 年版，第 478 页。
⑤ 《仙游县志》，方志出版社 1995 年版，第 423 页。
⑥ （宋）蔡襄：《荔枝谱》，福建人民出版社 1999 年版，第 678 页。

庙碑记》也记载："郡北十里有神祠，故号大官庙。大观元年，徽宗皇帝有事于南郊，次年（1108）赐庙号曰'祥应'。……往时，游商贾风波险阻，牟利于外藩者，未尝至祠下，往往不幸有覆舟于风波，遇盗于蒲苇者。其后，郡民周尾商于两浙，告神以行，舟次鬼子门，风涛作恶，尾呼号求助，空中基有应声，俄顷风恬浪息。其后，泉州纲首朱纺舟往三佛齐国，亦请神之香而虔奉之，舟行迅速，无有险阴。往返不逾年，获利百倍。自是商人远行，莫不来祷。"① 碑刻中的三佛齐国位于现印度尼西亚境内，说明当时沿海商人已经同东南亚各国经商贸易，他们出海之前必须到庙里祷求妈祖保佑，不但航海平安无事，而且生意兴旺发达，妈祖便逐渐成为航海者共同尊崇的保护神。所以说，商人足迹所到之处，必然是妈祖文化传播之地，妈祖保佑商人平安，商人极力传播妈祖信仰，出现了人神共赢的现象。

宋代，妈祖文化传播主要是通商的国家和地区。据《莆田市外经贸志》记载：宋代兴化军通过海上进行贸易的地区有 10 多个，主要有阿拉伯半岛、大食（统指阿拉伯地区）、阇婆（印度尼西亚爪哇岛中部）、三佛齐（苏门答腊岛东部）和高丽（朝鲜）、日本、琉球和交趾（今越南北部）、占城（今越南南部）、真腊（今柬埔寨）和中南半岛等。兴化商人在对外贸易的同时，也将妈祖文化传播到这些地区。但由于历史久远，史料缺乏，东亚和东南亚各国妈祖传播的历史文献记载并不多，只有我国的港澳台地区的妈祖传播情况的记载比较明确。据台湾《林氏族谱》记载："北宋初，北方流民入莆田湄洲沿岸，林默（即妈祖）造木排渡难民往澎湖定居求食。"② 在《唐山过台湾的故事》中，也记载了不少有关妈祖帮助移民渡过台湾海峡的故事。特别是妈祖传播香港的记载十分明确，据香港九龙彭圃冈村《林氏族谱》记载：莆田北螺村九牧裔孙林长胜，南宋期间移居香港九龙烂围，生有二子，取名林松坚、林柏坚，并于南宋度宗咸淳十年（1274）在香港九龙建庙奉祀妈祖神像，请莆人林道义在庙后山镌刻碑文，这座妈祖庙成为香港历史的重要记载。③

宋代有关妈祖信仰在海外传播史料记载虽然不多，但妈祖文化传入东亚、东南亚各国却是不争的事实。同时，从宋代的福建对外贸易盛况、通航的地区，以及商人对妈祖的崇拜程度，也不难还原出宋代海上丝路沿线的国家和地区，以及妈祖在海外传播的时间和空间。

（二）元代海上丝绸之路的妈祖信仰传播

元朝鼓励官员和民间开展对外贸易，海上丝绸之路出现了空前繁荣的局面。忽必烈统一江南的战争尚未结束便诏谕海外诸国："诚能来朝，朕将礼之；其往来互市，各从所欲。"④ 至元二十一年（1284），朝廷废除了十一税制，代以官商分利制，规定

---

① 朱维干：《莆田县简志》，方志出版社 2005 年版，第 275 页。

② 台湾《林氏族谱》。

③ 《广州市南沙区天后文化研究》引自《九龙烂围妈祖庙碑刻》，《广府文化》2012 年第 1 期。

④ 同上。

"官自具船、给本，选人入蕃贸易，所获赢利，官取其七，商得其三"①。至元二十四年（1287），朝廷组建了海上贸易机构，建立了"行泉府司"，下辖镇抚司、海船千户所和市舶提举司等。元朝还设置了海上驿站，专门为朝廷运送"蕃夷贡物及商贩奇货"，还组建了"海船水军"，以保护海上商船安全。元代积极的对外贸易政策，既促进了海上丝路的发展，又为妈祖文化传播创造了条件。

元代福建沿海对外贸易非常繁荣，南来北往商船众多，许多商船特地驶入兴化湄洲湾，专程到湄洲妈祖祖庙、宁海圣墩妈祖庙、白湖顺济庙、黄石清江天后宫和枫亭三妈宫等妈祖庙祭拜，请求妈祖保佑航海平安。据顾炎武《日知录》记载："兴化外有南日湄洲，再外有乌丘海坛，实为闽省右翼之扼要也。""妈宫西屿北港，八罩四澳，北风可以泊舟，若南风不但有屿，可以寄泊。"② 湄洲湾"作为南来北往船只的天然中间站，既有深水良港可供停泊，又有淡水可供汲取，还有妈祖庙可以祭祀祷告保佑航海安全。所以，往来船只一定要到湄洲湾停泊，这就促进了湄洲湾港的发展与妈祖庙的兴盛"③。可见，元代的湄洲湾，船来船往，进进出出，人气极其旺盛，而人们对妈祖的崇拜热情，也有增无减。

元代，妈祖信仰伴随着商人足迹继续向海外传播。据史书记载："元代，随着海运与贸易的发展，妈祖行宫建造范围也扩大了，北抵塘沽（天津），南跨琼州（海南岛）都有妈祖庙。"④ 沿海繁华商埠都修建了妈祖庙。同时，随着元朝对外贸易的蓬勃发展，妈祖文化迅速传播到东亚一些国家，据《八闽通志》记载：元末，日本流行五山文化，兴化军有不少刻书艺人前往东瀛从事刻书业，并将妈祖信仰传播到日本境内。元朝与琉球、朝鲜、越南等东亚国家的贸易比较频繁，而米姑山海域和台湾海峡又经常出现飓风巨浪，海难事故频发，海商每次出海之前都要到附近妈祖庙祈求妈祖保佑，而商船平安返回后也要到妈祖庙去感恩拜谢，不少商家还专程到湄洲祖庙恭请妈祖分灵，供奉在船上，早晚进香，将妈祖作为航海的保护神。

（三）明代海上丝绸之路沿线国家的妈祖文化传播

明朝是中外交流最为频繁的历史时期。明永乐至宣德年间，在我国航海史上出现了举世闻名的郑和下西洋事件，这是人类外交史上规模最大、时间最长、航程最远的航海壮举。郑和用了20余年，七下西洋，开辟了多条海上丝路，既促进了中外经济交流，又使妈祖文化在海外得到广泛的传播。据史书记载：郑和航队历经台风、巨浪、海寇等艰难险阻，每当遇险之时总是祈求妈祖庇护。郑和船队从江苏出发，经福建、广东沿海再往我国南海诸岛行驶，每当使船到达码头，必先祭拜妈祖，如果发现没有妈祖庙的码头，便带头捐建天后宫。郑和还规定：凡出使或出海官船，必祭妈祖，并

---

① 《广州市南沙区天后文化研究》引自《九龙烂围妈祖庙碑刻》，《广府文化》2012 年第 1 期。

② 谢如明：《莆田发展简史》，厦门大学出版社 2007 年版，第 85 页。

③ 郑和：《通番事迹之记》（太仓天后宫碑刻）。

④ 《福莆仙乡贤人物志》，福莆仙文化出版社 1990 年版，第 478 页。

两次亲临湄洲祖庙进行朝拜，邀请兴化船工和商人一道出海，多次奏请朝廷加封妈祖，积极推动妈祖文化在海内外的传播。

郑和借助妈祖精神力量的支撑，取得了航海外交的辉煌成就。他在《通番事迹之记》碑刻中记载："我之云帆高张，昼夜星驰，非仗神功，昌克康济。"[1] 他把下西洋的成就归功于妈祖神德，不遗余力地传播妈祖文化，并在妈祖的故乡湄洲屿、明朝的首都南京、船队出发地江苏太仓和集结地福建长乐等，发动地方官员和当地百姓修建妈祖庙，"以为官祈报之所"。据《湄洲屿志略》记载：郑和先后于永乐三年、七年、十三年、十五年、十六年、十九年，宣德五年、六年间，多次亲临界或派人到湄洲屿举行祭拜妈祖活动。特别是永乐七年，郑和先后两次前往湄洲祭拜妈祖，代表永乐皇帝册封妈祖，使妈祖的神格迅速提高。

除了郑和下西洋外交活动外，明朝还多次派遣使臣出使西洋各国，仅出使东南亚各国的外交活动就多达 26 次。明代还组织华人向海外大规模移民，如明太祖洪武二十五年（1392），为方便与琉球王国的贡使往来和海上贸易，朝廷赐闽中舟工三十六姓移居琉球，负责中琉航海、造船，外交文书的编写、翻译，对华贸易等事务，这些人在琉球那霸港附近的浮岛上建立了那霸"唐营"（后称久米村），以后大多数人定居琉球。明代中外活动非常频繁，而远涉重洋的使者和移民都把人身安全寄托于妈祖保佑，每个使者出航前都会到天妃宫祈祷，并供奉妈祖神像上舟护航。据史书记载：使船上都建造供奉妈祖神像的小屋，即"舟后作黄屋二层，上安诏敕，尊君命也，中供天妃，顺民心也"，还配备了专职"香公"，朝夕祈祝祷告。[2] 使船到达目的地后，正副使臣要先恭请妈祖神龛登岸，将其安奉在当地行宫之中，供当地官民共同瞻拜。使臣完成任务离开时，也须先迎请天妃上船，举止十分虔诚。特别是永乐十四年（1416），明成祖朱棣御制了《南京弘仁普济天妃宫碑》，将妈祖信仰作为"遣使敷宣教化于海外诸番国"的中华文化，加以褒扬，进一步提高了妈祖文化在古丝绸之路沿线国家和地区的影响力。

明代，海外妈祖文化传播形式还表现于修建妈祖宫庙方面。据《福莆仙乡贤人物志》记载："明代，自永乐三年成祖派郑和下西洋以后，妈祖行宫从中国走向世界。琉球王国先后创建两座妈祖行宫，其中一座就在华裔聚居的久米村，称'上天妃宫'。另一座在琉球首邑那霸，名'下天妃宫'，琉球国王尚巴质所建，这是有年代可考的最早的一座外国妈祖行宫。这座行宫建在'天使馆'。据延宝二年（1674）《重兴分紫山福济寺记》记载：（日）本朝正保年间（1644—1646），有道人缚茅以居，奉天妃圣母香火。"[3] 到了明嘉靖年间，福建海商又把妈祖神像带进了日本长崎港，创建了长崎三唐寺。因日本当局严禁天主教传入境内，为了避免天妃圣母被混同于天主教圣母而招致

---

① 郑和：《通番事迹之记》（太仓天后宫碑刻）。

② 刘福铸、王连弟：《国内各地信仰及宫庙研究》（十二），《中国海洋大学学报》2006 年第 4 期。

③ 《福莆仙乡贤人物志》，福莆仙文化出版社 1990 年版，第 478 页。

麻烦，商人们便借佛教之名行天妃崇拜之实。台湾岛内明代也修建了多座天后宫，据史书记载："三保太监郑和率船队七下西洋，多次到湄洲祖庙朝拜妈祖，并在台湾南部'汲水'，从此开通了莆田至台湾的航线。"① 荷兰台港史料也记载"明万历年间（1600—1620），鹿港地域的汉人已有自己的村落，皆奉祀林默神像……"② 还有澳门妈祖阁也是明代由闽商出资修建的妈祖庙，至今有五百多年历史。明末，妈祖信仰在越南境内流行，一些不愿归顺清廷的中国士人和百姓，移居越南后集资在延福县修建妈祖庙。明代还有不少中国商人移居东南亚各国，且大多数华人移民信仰妈祖，不少华人华侨将妈祖神像放在观音庙、土地庙中合祀，有的华人还在自己家中奉祀妈祖神像。妈祖文化不但在华人之中流行，甚至还融入当地居民之中。东南亚各国的妈祖庙，不但在建筑风格上吸收了当地寺庙的设计元素，侨居国百姓也积极捐资修建天后宫，妈祖逐渐成为海外华人与侨居国百姓共同的信仰。

（四）清代海上丝绸之路沿线国家的妈祖文化传播

清代，海上丝绸之路出现了空前的繁荣，妈祖文化在海外传播的广度和深度超越了以往朝代。特别是近代轮船航运崛起之后，极大地改善了远洋条件，促进了中国对外贸易的蓬勃发展，带动了妈祖文化在海外各国的广泛传播。周玄韦在《圣林续记》曰：福建商人"惯习通番，每一舶必置妈祖妃像，中燃祖庙信香"，"神在无所惧，故之周流岛国。道无不通耳"。③ 据琉球《历代宝》记载：中国商船遭遇海难漂到琉球，其中福建船户几乎都带有妈祖神像。如乾隆十四年（1749）三月初一，闽侯县商人吴永盛等29人，乘"宁"字497号海船去台贸易，十一月十五日漂流至琉球北府冲礁船破，人员获救，捞起物中有"天后娘娘六位"；同年四月二十二日，闽县商人船户蒋长兴等27人，驾船往厦门装糖开船，航运到上海、锦州等地贸易，十月十五日出锦州港后途中遇风，"二十二日船漂至（琉球）麻姑山，冲礁打坏，货物沉空，只逃得性命上岸"，随带物中有"天后娘娘并将军三位"；同年十一月间，兴化商人船户黄明盛等30人在海上遇飓风，船只"漂至叶壁山地方冲礁破坏，人命无虞"，捞起物中有"天后娘娘三位"；又如乾隆三十年（1765），漳州龙溪船户蔡永盛等23人带"天后娘娘一位"；乾隆四十四年（1779），福州商人林攀荣等33人，带"天后娘娘一位"；乾隆五十年（1785），漳州龙溪商人林长泰等26人，带"天后娘娘一位"……类似记载不胜枚举，可见清代中国商人对妈祖的虔诚与崇拜程度。

清代海外妈祖文化传播的一种重要方式就是大兴土木修建妈祖庙。据海外各国兴安会馆资料记载：世界许多国家有妈祖庙，如法国巴黎、美国旧金山、马来西亚、菲律宾、新加坡、日本、泰国曼谷、印度尼西亚等国家和地区的华人华侨，都捐资修建了妈祖庙。清代，台湾岛内妈祖庙数量很多。据史书记载：明至元十八年（1281），福

---

① 陈光荣：《寻根揽胜兴化府》，海风出版社2000年版，第37页。

② 同上。

③ 蒲泉老：《拾墨记》卷十二《妈祖》。

建商船经常将农产品和手工业品销往澎湖列岛，为祈求妈祖保佑，商人们便在澎湖岛创建了第一座妈祖庙。明中叶，多批福建移民从台湾鹿港登岛，便在鹿港创建了天后宫。郑成功收复台湾之后，有不少商人移居台湾岛内，带去了妈祖神像，创建了多座妈祖宫庙。据统计，清代台湾岛内"平均一万两千人就有一座妈祖庙。在清朝统治的232 年内，台湾共兴建了 220 座妈祖庙，几乎每一年建一座"①。

马来西亚是南洋地区最早传播妈祖文化的国家。在 16 世纪之前，马来西亚境内的妈祖神像大多同观音菩萨合祀。进入清代之后，马来西亚境内修建了众多妈祖庙。如创建于康熙十二年（1673）的马六甲青云亭妈祖庙和槟城广福宫，宫内置有妈祖神像。清雍正十三年（1735），漳州六甲乡人林伯显奉圣母乘舟南渡，遇飓风漂到了吉兰丹万捷海岸，遂在当地定居垦殖，奉妈祖为保护神。进入 18 世纪之后，随着海外华人的不断增多，以祖籍地和方言为纽带的同乡会馆应运而生，大多数会馆都捐资修建了天后宫。如马六甲永春会馆于嘉庆五年（1800）创建了天后宫，槟城嘉应会馆于嘉庆六年（1801）创建了天后宫，马六甲福建会馆于嘉庆十一年（1806）集资创建了天后宫。还有创建于清中期的马来西亚海南会馆和清末的福莆仙会馆等，都集资修建了天后宫。在广大华人华侨的积极传播下，妈祖信仰拓展到马来西亚的各个角落。

印度尼西亚境内妈祖信仰起源于明，发展于清。据史书记载：清顺治七年（1650），福建尤溪侨领郭桥兄弟在印度尼西亚境内创建了一座观音亭（后改名金德院），奉祀观音和妈祖，这是印度尼西亚境内有关妈祖庙建设的最早记载。之后，一些福建移民陆续定居巴城，并在印度尼西亚境内兴建了一些寺庙，大多兼祀妈祖神像。乾隆十六年（1751），福建侨商在巴城创建天后宫，专门供奉妈祖神像。据咸丰八年（1858）重修碑刻记载："自明季以来，中华之客贩于巴陵潮海之间，尤蒙圣母垂佑，行贾坐商，各得其宜。盖圣母系出湄洲，为我族之祖姑。我族之客巴陵者，皆深感圣母之庇，且以亲亲之义，崇奉最虔，乃鸠族中同志，而西园天后宫之所由建焉。"② 乾隆后期，闽商又在寥内群岛的丹戎槟榔创建天后圣庙。进入 18 世纪中叶，由华人集资兴建的天后宫几乎遍及印度尼西亚各大商埠，如万隆协天后宫、三宝垄市妈祖宫、南旺慈惠宫、茉莉芬市慈荣宫、泗水天后宫和苏岛棉兰天后宫等，还有寥内群岛丹戎槟榔天后圣母庙和锡江天后宫，以及苏拉威西岛俄伦打洛埠天后宫等。这些妈祖庙大多数是由商人集资兴建的，如棉兰天后宫现存清宣统元年（1909）刻记的《乐捐碑》，记载了该妈祖庙创建是由 12 家大公司发起，200 多家铺号参加捐建，共耗银 24155 圆。

新加坡境内妈祖信仰起源于明朝，而妈祖庙修建主要在清代。据史书记载：清嘉庆年间（1810 年前后），商人们将家乡带来的妈祖神像供奉在当地土地庙中，随着商人队伍的不断壮大，土地庙不能适应华人的祭祀需求。清道光十九年（1839），富商陈

---

① 陈光荣：《寻根揽胜兴化府》，海风出版社 2000 年版，第 97 页。
② 蔡天新：《莆商发展史》，中央文献出版社 2014 年版，第 232 页。

笃先领衔捐资在亚逸街创建新加坡境内第一座天后宫，取名"天福宫"，专门奉祀妈祖神像。据道光三十年（1850）碑刻记载：我唐人由内地航海而来，经商兹土，惟赖圣母慈航，利涉大川，得以安居乐业，物阜民康，皆神庥之保护也，我唐人食德思报，公议于星嘉坡以南，直隶亚翼之地创建天福宫。[①] 天福宫是福建会馆的前身，具备了商人会馆功能。清咸丰十一年（1861），闽商又在天福宫内成立了福建会馆，并以妈祖信仰为纽带，联络海外闽商。特别是海外华人的教育事业发展，通常都是以天后宫名誉进行号召，如"崇文阁、道路南（1906）、南侨（1947）、光华（1952）学校，甚至南洋大学（1956）的创办"，都是由天福宫名义动员商人捐资赞助。[②] 鸦片战争爆发后，大批闽商涌入新加坡境内，促进了当地妈祖信仰的广泛传播，如福州、兴化、晋江、惠安、同安、永春等地相继成立了同乡会馆，各会馆都创建了天后宫。如1857年创建的福建九龙堂崇祀妈祖神像，1867年创建的永春会馆也奉祀妈祖神像，还有南洋莆田会馆创建的天后宫是新加坡境内规模较大的妈祖庙。外省商人及会馆，也集资创建了妈祖庙，如1857年琼州会馆集资创建了天后宫，1880年义顺西河公司出资创建了天后宫，潮州八邑会馆也集资修建了圣母庙。还有浮罗乌敏半岛天后宫、金榜山亭天后宫、木山圣母宫、云峰天后庙、波东巴西联合庙等，都是由公司或企业出资修建的妈祖庙。

日本境内的妈祖文化传播始于元代，发展于明，鼎盛于清。清康熙二十八年（1689），日本当局设立了唐人坊，强制华人入住。到了18世纪中叶，唐人坊内华人已达5000多人，便集资创建了一座天后宫。乾隆四十五年（1780），闽商在日本创建了八闽会馆天后宫。道光二十三年（1897），八闽会馆移址扩建，改名为福建会馆，馆内亦设天后堂，奉祀妈祖神像。此后，日本境内妈祖信仰不断扩大，妈祖文化迅速传播。特别是日本冲绳地区，闽人后裔众多，妈祖信仰十分流行。

清代，越南、泰国、缅甸等国的妈祖信仰也很流行。清初，中国华侨在越南的南圻柴棍铺华商社区设立会馆，崇奉妈祖神像。清中期，越南境内已有三山、兴化、温陵、霞漳等多个闽商会馆，各会馆都捐资修建了会馆天后宫。泰国境内的妈祖信仰起源于清初，开始只是民间信仰，商人们在自家或小庙中奉祀妈祖神像。咸丰元年至同治二年（1851—1863），华商先后在曼谷、洛坤、素叻三地集资创建了3座天后宫。同治三年（1864），福建侨商创建了福建会馆，并集资创建了天后圣母庙（后改名新兴宫）。清代缅甸境内共有4座规模较大的妈祖庙，其中丹老天后宫内尚存的大钟上面镌有"道光十七年献"等铭文，即创建于1837年。仰光的广福宫以观音、妈祖合祀，也是由福建船商于咸丰十一年（1861）集资兴建，至今尚存碑记一块，刻记着52家捐资船户的名录。可见，海外各国的天后宫大多数是由商人集资创建，妈祖信仰在古丝绸之路的传播与传承，中国商人功不可没。

---

① 蔡天新：《莆商发展史》，中央文献出版社2014年版，第232页。
② 同上书，第233页。

四 妈祖文化在"建设21世纪海上丝绸之路"战略中的重大意义

虽然妈祖文化只是人们的一种信仰，却成为航海者不可或缺的精神支柱。在古代航海科技相对落后的情况下，广大华人华侨漂洋过海，历经风涛之险和羁旅之苦，身在异国他乡，人生地疏，面临着境遇之难和前途之忧，而对远在祖国家乡的妻子儿女及其家人，又有思乡之切和怀念之痛，这种复杂的心情无人了解、无处倾诉，只好祈求妈祖保佑自己和家人平安。同时，妈祖又是朝廷和民间公认的万能神祇，自然成为广大海外移民和航海者求助的神灵。另外，妈祖作为一种传承已久的中国历史文化，自然而然地成为世界各地华人华侨寄托情思和维系血脉的纽带，甚至成为他们在海外生存与生活的精神支柱，这也是妈祖文化能够源远流长与广泛传播的深层次动因。

妈祖文化是人类社会文明的结晶，也是世界非物质文化遗产。妈祖积德行善、助人为乐的大爱精神，既体现了中华民族的传统美德，又是现代人所能够认同的道德准则。妈祖身上所体现的真、善、美高贵品质，不但为中国历代封建统治者所需要，也被海内外华人华侨以及侨居地民众所认同，这也是妈祖信仰长盛不衰和妈祖文化代代传承的重要原因。妈祖文化既有信仰精神力量的一面，又包括社会、经济、文化等人类活动内容。"妈祖文化的精神内涵，是在不断改造、不断丰富的，并被赋予儒、释、道的含义，特别是将儒家的'忠、孝、和、顺、仁、信'融于一体，倡导'忠于君，孝子亲，诚于人'，提倡扶危济难、临危不惧的精神。"[1] 不但成为古代百姓战胜艰难险阻的无形力量，而且也是现代人所提倡的道德水准。

妈祖文化是世界海洋文化的重要组成部分，建设21世纪海上丝绸之路绝对绕不过妈祖文化这一主题。尽管丝绸之路沿线国家的政治体制、经济发展模式、风俗习惯等都有差异，但各国百姓对妈祖"行善救困、舍生取义"的大爱精神始终都能认同。所以，妈祖信仰已成为一种跨地区、跨国籍的民间信仰，妈祖作为世界和平女神、航海者的保护神，拥有了不同国家、不同民族和不同肤色的众多信仰者。无论是东方国家的百姓，还是西方国家的居民，对妈祖文化都有着不同程度的认同。特别是在建设21世纪海上丝绸之路的战略中，妈祖文化将成为中外文化交流最方便、最直接的载体，我们应当积极弘扬妈祖的大爱精神，以妈祖文化为纽带，加强对新丝绸之路沿线国家的沟通与交流，从人员往来开始，促进各国文化的交融，进而实现经济交流和政治互信，共同建设一个开放、包容、平等、互利的和谐世界。

（作者：蔡天新，中共莆田市委党校教授、研究员）

---

[1] 郑镛：《郑和下西洋与福建妈祖文化》，莆田文化网：http://www.ptwhw.com/?post=9045。

略论闽台古代书院教育的交融

张振玉

摘　要：本文从书院的教授内容、规约、教育思想、人才交流等方面探讨了闽台书院的教育情况，认为闽台均以中国的儒学经典四书五经为主选课程，辅以朱熹《小学》；书院规约基本上取舍于朱熹的白鹿洞书院规约和福建鳌峰书院的规约；闽台书院的教育思想也是一脉相承，书院人才交流也十分广泛。本文还从移民、"闽学"、人缘地缘关系等方面探索闽台书院教育，认为这些要素是促进闽台书院教育交融和发展的重要传播途径，因而台湾的书院教育源于福建，与福建是一脉相承的。

关键词：闽台书院；教育思想；书院规约；闽学；移民

书院作为中国古代特有的一种教育形式，其最初的性质为"修书之地，非士子疑业之所"。《唐六典》："集贤院学士掌刊辑古今之经籍，以辨明邦国之大典，而备顾问应对。凡天下图书之遗逸、贤才之隐滞，则承旨而征求焉。"① 但随着其规模和影响力的扩大，逐渐改为"课士之所"。书院大多数由一些读书士子为了隐居避乱，读书山林，后发展为名师大儒聚书授徒讲学而成的。故书院师生多以醉心学术、潜心修炼心性为目标，边读书，边学习，边研究。从而形成将"学术研究与读书讲学融为一体、相互结合、相互促进的独特教学方式和教育组织形式"②。而闽台一水之隔、血缘相亲、地缘相连，虽经沧海桑田之变迁，但历史永远割不断台湾的根在大陆这一渊源关系。且福建与台湾隔海相望，其渊源关系更是根深蒂固。正如连横《台湾通史》载："台湾固无史，荷人启之，郑氏作之，清代营之，开物成务，以立我丕基，至于今有三百余年矣。"③ 本文拟就闽台古代书院教育的交融关系作一粗略探讨，以揭示台湾的书院教育源于福建，与福建是一脉相承的。

---

①　柳诒徵：《中国文化史》（下册），上海古籍出版社2001年版。
②　任继愈主编：《中国古代书院》，中国国际广播出版社2009年版，第3页。
③　连横：《台湾通史》（目序），广西人民出版社2005年版，第7页。

一　闽台书院教育的概况

（一）探讨书院教育的内容

在中国古代封建社会里，儒家学术思想占有相当重要的地位，且一直统治着封建社会的思想界，经久不衰，因此儒学在封建社会的文化教育中独树一帜，其地位也是其他学术思想所不能替代的。从封建社会的启蒙教育教材看，清以前的启蒙教育中主要以《百家姓》《千字文》以及《孝经》《小学》和《二十四孝》等为教材。而清以后的启蒙教育在前代的基础上增加了《神童诗》《千家诗》两部诗歌教材，还增设《大学》《中庸》《论语》《孟子》等课程。总之，这些启蒙教材都是儒家的思想学说，要求"初上学《三字经》口教口念，《百家姓》《千字文》随念随添，上下《论》共两《孟》、五经、三传，详训诂明句读作文三篇"。① 而书院教育作为中国古代特有的一种教育形式，它不同于官学，同时也有别私塾，其教授的主要内容仍以儒家的经典著作为主，兼容教授者的学术思想和学术成果的内容。如宋代理学家程颢、程颐二兄弟在嵩阳书院讲学时，他们用理学的观点讲授《论语》《孟子》《大学》《中庸》等书，并以四书为门生的最基本的教材，他们认为这四书是探究孔子本意的最直接的资料。后朱熹继承了二程的思想以毕生精力完成了对《大学》《中庸》《论语》《孟子》的注释工作，编辑了《四书集注》，成为程朱理学的代表作。为此，朱熹自己在闽北寒泉精舍（寒泉精舍同时也是聚徒讲学的书院）边著述，边讲学，完成了一批重要的理学著作，主要有：《家礼》《论孟精义》《通鉴纲目》《八朝名臣言行录》《太极图解》《通书解》《程氏外书》《伊洛渊源录》等，还与吕祖谦合作，撰成《近思录》。② 在武夷精舍讲学著述时也完成了《易学启蒙》《小学》《中庸或问》《中庸章句》等一批理学著作。③ 这些著述都是当时书院讲学的主要内容和最精髓的思想理论的总结。到了明、清，书院教授的内容仍以程朱理学为中心，但适当增加了一些经史方面的内容。如明末清初杰出的早期启蒙思想家、著名的教育家黄宗羲创办的甬上证人书院，重视"经史致世"的学风。要求除重视经史、文学之外，还重视天文、地理、数学等自然科技知识的传授。要求以经术为本，辅之以史学、文学，以及天、地、律、算诸学，从而出现"维时经学、史学以及天文、地理、六书、九章至远西测量推步之学，争各磨砺，奋气怒生，皆卓然有以自见"④ 的学术争鸣气氛，使"讲堂痼疾，为之一变"。

而福建作为中国古代书院教育的重要省份，其书院数量和开展的学术活动在全国各省中也名列前茅，各书院讲授的内容，以福州为例："前期以学习五经为主，文史为

---

① 蒲松龄：《蒲松龄集》，上海古籍出版社 1986 年版，第 814 页。
② 任继愈主编：《中国古代书院》，中国国际广播出版社 2009 年版，第 94 页。
③ 同上书，第 96 页。
④ 郑梁：《寒林杂录·寒林七十寿序》。

辅。南宋以后以学习四书为主，五经为辅，次及史传、古今论文词章。清乾隆九年（1744），礼部议复书院考课以八股文为主后，除了专门研究经史的致用书院外，各书院课士都以八股文为主。五言试帖诗和词赋为辅。"①

　　再看看台湾书院的教授内容，台湾书院始于清朝，康熙二十三年，"知府卫台揆始建为文书院。五十九年，分巡道梁文煊亦建海东书院，各县先后继起，以为诸生肄业之地。内设斋舍，延师主席，设监院以督之"②。入院学员"先读《三字经》或《千字文》，既毕，乃授以四子书，严其背诵，且读朱注，为将来考试之资。其不能者，威以夏楚。又毕，授《诗》《书》《易》三经及《左传》。未竣而教以制艺，课以试帖，命题而监之作"③，并"试以诗、赋、策论或询地方利弊，犹有博采刍荛之意"④。光绪十六年，增设西学堂，择全台聪慧之子弟而教之，"课以英法之文、地理、历史、测绘、算术、理化之学，又以中国教习四名，分课汉文及各课程"⑤。可见，闽台书院教育的教授内容，均以中国的儒学经典四书五经为主选课程，辅以朱熹《小学》，而为什么闽台书院教授内容均如此相似地选中这些课程呢？这有它的必要性和理由。正如施横所说："五经以四书为阶梯，四书以《近思录》为阶梯，《近思录》以《小学》为阶梯。要想升入五经的堂室，就一定要由四书的阶梯上，要升入四书的堂室，就一定要由《近思录》的阶梯而上，要升入《近思录》的堂室，则一定要由《小学》的阶梯而上。"⑥ "此《小学》一书，所以为万世养正之全书，培大学之基本者也。学圣人之学而不务此，如筑室无基，堂构安施乎？如种树无根，灌溉安施乎？"⑦ 其目的是使学员在书院受教育期间，打好基础，由浅入深，循序渐进，系统地接受儒家学说的精髓。

　　（二）对比书院制定的规训

　　作为书院，必须有一整套的书院的管理规章制度，正所谓"凡学必有约，凡会必有规"，因此书院制定的规约、学规都详细明确地表明书院办学的宗旨、目的、教学方法和途径。台湾书院规训的制定也基本上仿效大陆，尤其是福建书院规训。

　　提起书院规约，我们不能不追溯到南宋著名的理学家朱熹所亲手拟订的《白鹿洞书院揭示》，也称"白鹿洞书院的学规"，该《揭示》对书院教育的制度化、规范化起了决定性作用，其主要内容：

　　　　父子有亲，君臣有义，夫妇有别，长幼有序，朋友有信。右五教之目。尧舜
　　　使契为司徒，敬敷五教，即此是也。学者学此而已。

---

① 福州教育委员会办公室编：《福州教育史志资料》第 16 辑，出版社不详，1994 年版。
② 连横：《台湾通史》，广西人民出版社 2005 年版，第 142 页。
③ 同上。
④ 同上。
⑤ 同上。
⑥ 徐梓：《清代以前的启蒙教材》，《文史知识》1999 年第 1 期。
⑦ 张柏行：《小学辑说》。

而其所以为学之序，亦有五焉。博学之，审问之，慎思之，明辨之，笃行之。
右为学之序。学问思辨四者，所以穷理也。若夫笃行之事，则自修身以至于处事、
接物，亦各有要，其别如左：

言忠信，行笃敬，惩忿窒欲，迁善改过。右修身之要。

正其谊，不谋其利，明其道，不计其功。右处事之要。

己所不欲，勿施于人；行有不得，反求诸己。右接物之要。①

从而使《白鹿洞书院揭示》，不仅成为南宋书院的统一学规，而且成为元、明、清
各代书院学规的范本。福州的龙津书院干脆就把《白鹿洞书院揭示》作为自己本院的
规约。而鳌峰书院的学约："正趋向以立其志，主诚敬以存其心，博穷事理以尽致知之
方，审察几微以为应事之要。克治力行以尽成己之道，推己及物以广成物之功。"② 丽
泽堂学约："一以圣之学为宗，削去世俗浮华之习，尚节行，敦信义，勿习虚诞之文，
以干利禄。勿作草率之诗，以取时宠。……一读书务以小学为先，次四书以及六经，
与周、程、张、朱、司马、邹之书。非理之书，不得妄读。一读书务在循序渐进。一
凡学以德行为先，才次之，诗文末焉。"③ 而致用书院的规约："正心术：圣人教人祇重
躬行，罕言性命、天道。然读书期于明理，求仁贵乎存心。学者修身善道，首在明义
利之分，审是非之界，立志不欺行已……稽学业：至圣诱人首先博文，儒者穷经将以
致用。……故为学在勤，不分敏钝。……为学在专，不分少壮。择经籍：四部浩如烟
海，学者不独不能徧观，亦且不能多购。然材质稍胜者，皆可日积月累，以底充富，
当先择取精要，用力研寻，既省泛滥之病，亦收精熟之功……"④ 而台湾在清代已有海
东书院、崇文书院、南湖书院、文开书院等23所书院。此时，书院的规约，以著名的
海东书院为例：乾隆五年，台湾道刘良璧为海东书院手定学规："为设立书院规条，以
端士习事。"摘要如下："明大义，圣贤立教，不外纲常。……而读书之士，知尊君亲
上，则能谨守法度，体国奉公，醇儒名臣。端学则。……居处必恭，步立必正，视听
必端，言语必谨，容貌必庄，衣冠必整，饮食必节，出入必省，读书必专一，写字必
整齐。务实学。古之大儒，明体达用，成己成物，皆由为诸生时，明于内重外轻，养
成深厚凝重气质。……崇经史。六经为学问根源，士不通经，则不明理，而史以纪事，
舍经史而不务，虽诵时文千百篇，不足济事，正文体。……我朝文运昌明，名公巨篇，
汗牛充栋，或兼收博采，或独宗一家。虽名随风气为转移，而理必程程、朱，法则先
正，不能易也。慎交友。读书之士敬业乐群，原以讲究诗书，切磋有益。故君子以文
会友，以友辅仁，若少年聚会，不以道义相规，而以媟亵相从，德何以进，业何以修，

---

① 朱熹：《朱子大全》卷74。
② 福州教育委员会办公室编：《福州教育史志资料》第16辑，出版社不详，1994年版，第25页。
③ 同上。
④ 同上。

稂莠害嘉禾，不可不察，诸生洗心涤虑，毋蹈前习。"① 乾隆二十七年，分巡道觉罗明又勘定之：一曰端士习，二曰重师友，三曰立课程，四曰敦实行，五曰看书理，六曰正文体，七曰崇诗学，八曰习举业。道光间，徐宗干任巡道，力整学规，拔其尤者入院肄业。每夜必至，以与诸生问难，训之以保身立志之方，勉之以读书作文之法。一时诸生竞起，互相观摩，及门之士，多成材焉。② 这些学院的规约内容和条目虽然有多有少，所阐述的侧重点也有所不同，但规约的主旨和所涵盖的内涵都大同小异，都基本上取舍于朱熹的白鹿洞书院规约和福建鳌峰书院的规约。③

（三）翻阅书院的藏书

书院除由名师大儒聚徒讲学，进行学术研究、学术交流外，搜集、收藏图书也是书院的一项重要活动内容，大多有名的书院，也都以藏书丰富而著称于世，许多书院专建藏书楼、藏书阁或书库，成为书院建筑的一个重要组成部分。福州各书院藏书中，以清代"福州省城四大书院"藏书最为有名。

鳌峰书院：藏有校刊55种儒家著作，康熙御赐经书8部和《孝经法帖》1本，御书《渊鉴斋清帖》10本。乾隆御赐《律书渊源》1部。还贮藏御赐各种法帖及经、史、子、集中的经部277部，4227卷；史部171部，7247卷；子部193部，4423卷；集部225部，5785卷。总计866部，21682卷。

凤池书院：据载道光二年，建仰止楼5间，除祀宗、明儒外，并藏书籍。道光六年，布政使吴荣光捐置书籍200条卷。

致用书院：除藏有本书院原置书籍外，将军、山长等又捐赠图书90部，3998本。而文昌阁内的藏书共400多种5000多册，分经、史、子、集四大类。有御赐法帖，钦定版本经、史和韵书，其中大部分是宗明以来理学大师的著作、讲义、注疏等。还有闽省书院名师大儒的讲义、教材、批注，像鳌峰书院名师林枝春、孟超然、陈寿祺，本院名师赵轩波、何嵩祺、林懋勋等人作品，还藏有林则徐捐赠的一批家藏图书。俨然是一座福州重要的图书馆。④

而福州的书院与台湾各书院学术交流本来就很密切，其中鳌峰书院与台湾的仰山书院的关系尤为密切。道光六年，福建巡抚孙文准来台巡视时，特从鳌峰书院中，拨出46种图书赠送给仰山书院，其中大部分图书是二程、杨时、朱熹的著作。⑤ 这46种图书归纳起来，主要有以下几类。

1. 官修正史。《史记》汉司马迁撰32本，凡30卷。古注存者，有宗斐骃《集解》、唐司马贞《索隐》、张守节《正义》本。

① 余文仪：《重修台湾府志》卷20。
② 连横：《台湾通史》《教育志》。
③ 林仁川：《大陆与台湾的历史渊源》，文汇出版社1991年版。
④ 福州教育委员会办公室编：《福州教育史志资料》第16辑，出版社不详，1994年版。
⑤ 陈淑均：《噶玛兰厅志》卷8，台湾银行1963年版。

2. 程、朱理学经典著作。《二程文集》4 本，宋程颢、程颐撰。《二程语录》5 本，程子门人所记。《二程粹言》2 本，宋杨时编。《朱子文集》14 本，《伊雒渊源录》4 本，宋朱熹撰及《朱子语类》6 本，《朱子学的》2 本，《读朱随笔》2 本。

3. 名儒大师文集。《陆宣公文集》2 本。唐陆贽撰，皆经世之文。《韩魏公集》6 本，宋韩琦撰。《司马温公集》6 本，宋司马光撰。《周濂溪集》4 本，宋周敦颐撰。《黄勉斋集》，宋黄干撰。《重编杨龟山集》，宋杨时编。

4. 书院学规。《学规类编》6 本，清张伯行撰，张氏既刊削诸书置于鳌峰书院，乃复编辑先儒所言学术汇为此篇。《养正类编》6 本，清张伯行撰，《学规》以教大学，《养正》以教小学，皆以类编辑，故曰类编。

5. 其他。有《罗整庵存稿》2 本、《困知记》1 本，均为明罗钦顺撰。《思辨录辑要》4 本，清陆其仪撰。《读礼志疑》2 本、《向学录》1 本，清陆陇其撰。

鳌峰书院向台湾仰山书院赠送的这些图书，都是从鳌峰书院藏书中精挑细选出来的，是极具代表性的学术著作，这等于给仰山书院送去了一个知识库，充分证明了台湾的书院教育思想秉承福建的书院教育思想，可谓一脉相承。

（四）寻觅书院的人才交流

讲学和学术研究是书院的主要活动内容，也是书院教育的突出特点，因此，书院往往成为一些醉心学术者研究或传布自己学术研究心得和成果的基地，培养了不少人才，许多知名人士、重要人物也都从书院培养出来的。如福州鳌峰书院，历任山长都是当时学识渊博的名儒：蔡璧、林枝春（乾隆六年榜眼）、朱仕琇、孟超然、郑光策（朱、孟、郑三人均为乾隆进士）、陈寿祺（嘉庆元年进士）。他们的学生如林则徐、赵轩波、蔡世远、蓝鼎元等都是当时的"第一流人物"，所以鳌峰书院久享"文薮"的美誉。而正谊书院的首任山长为状元林鸿年。这些从书院毕业出来的学员，有的后来潜心于台湾的教育事业，对促进闽台的教育事业的发展交流起着极其重要的传播和桥梁的作用。最突出的是蓝鼎元。蓝鼎元，福建漳浦人，少孤家贫，1706 年入福州鳌峰书院读书，后以养辞归故里。1721 年，跟随族兄蓝廷珍到达台湾。他对当时台湾的治理，除了强调兵防、垦荒、吏治之外，还提出兴办义学、振兴台湾文教事业为当务之急。于是，他在《覆制军台疆经理书》中指出："郡县既有城池，兵防既已周密，哀鸿安宅，匪类革心，而后可施富教，而台湾之患，又不在富而在教。兴学校，重师儒，自郡邑以至乡村，多设义学，延品行者为师，朔望宣讲圣谕十六条，多方开导，家喻户晓，以'孝、悌、忠、信、礼、义、廉、耻'八字转移士习民风，斯又今日之急务也。"[①] 在蓝鼎元的大力提倡下，台湾各地的义学纷纷建立，因此蓝鼎元为把福建教育文化传播到台湾起了重要的作用。为纪念蓝鼎元对台湾文教事业的贡献，位于台湾鹿港的文开书院，除主祀朱子的神位外，旁以沈光文、徐孚远、卢若腾、王忠孝、沈佺

---

① 蓝鼎元：《东征集》卷 3。

期、辜期荐、郭贞一、蓝鼎元为配祀，这八位均为明末清初寓台的先贤，其中卢若腾、王忠孝、沈佺期、郭贞一、蓝鼎元五位为福建人。由于书院教育和台湾的府学、义学都得到迅速的发展，台湾的教育为之一新。根据清朝《吏部则例》规定：台湾府学的教授，"亦由内地人员内调补，台湾府学训导，并台湾等四县教谕、训导缺出，先尽泉州府属之晋江、安溪、同安，漳州府属之龙溪、漳浦、平和、诏安等七学调缺教职内拣选调补，倘有不敷，或人地未宜，仍于通省教职内，一体拣选调补"[①]。从而使台湾的书院、府学、义学得到全面的发展，这与福建派出的品学兼优的教授、训导的努力工作是分不开的。

二　闽台书院教育的传播途径

福建和台湾，同为炎黄子孙，语言相通、习俗相同、骨肉相亲。自古以来，两岸同胞的交往非常密切，1661 年，郑成功收复台湾时，驱逐了荷兰殖民者，把大陆的文化教育传播到台湾去，促进台湾教育事业的发展；1683 年，清统一台湾后，设立台湾府，隶属福建省，更加强了对台湾各项事务的管理。因此台湾教育事业源于大陆，主要是从福建播植过去的，其传播主要渠道有以下几个。

（一）移民的传播

人类的移民迁徙是文化传播的途径，因此移民是文化的载体，福建地处东南之隅，在古代开发较晚，其文化的传播主要靠中原移民的南迁而带来的。历史上中原南迁主要有三次：一是三国两晋南北朝时，由于中原战乱，大批士族南迁。《九国志》说："永嘉二年（308），中州板荡，衣冠始入闽者八族，林、黄、陈、郑、詹、邱、胡也。"史称"衣冠南渡、八姓入闽"。二是唐末五代，中原再次动荡，出现藩镇割据局面，王潮、王审知带领大批中原人民流寓福建各地，后王审知建立闽国，采取保境安民等一系列有利于发展生产的政策，使福建政治、经济、文化得到了进一步的发展，史称"十八姓从王入闽"。三是宋朝，尤其是南宋时，由于元军南逼，南宋政治中心南移，福州成为福建政治中心，地位日益重要，随着大批宗室士族和民众的南迁，给福建带来了一批中原的贤人、志士，有力地促进了福建的文化事业发展。朱熹曾说："靖康之乱，中原涂炭，衣冠人物，萃于东南。"[②] 三次中原南迁，给福建带来了发展的机遇，到了宋代福州的文教事业已达到较高的水平，人文荟萃，享有"海滨邹鲁"之美誉，从而也使书院教育得到了进一步的发展。据统计：南宋书院大部分集中分布在文化繁盛的江南之地，以江西、湖南、浙江、福建为最多，分别为 161 所、24 所、44 所和 27 所。[③] 而福州当时建有三山书院、拙斋书院、濂江书院、竹林书院。

---

① （道光）《吏部则例》卷 7。

② 朱熹：《跋吕仁甫诸公帖》。

③ 任继愈主编：《中国古代书院》，中国国际广播出版社 2009 年版，第 73 页。

福建向台湾移民，历史上也主要有三次。分别为：第一次是明天启年间，时福建大旱，"海盗"颜思齐、郑芝龙组织的海上武装集团，招引大陆沿海居民到台垦荒救饥；第二次是1661年随郑成功收复台湾的大军，除军队外，尚有其他移民两三万人；第三次是清统一台湾后，为开垦经营台湾，出现了大规模的移民热潮。这些进入台湾的移民，大多来自闽粤两省，有相当部分属于文化层次较高的上层人士和儒生。据1926年的统计资料，台湾汉族移民人口3751万人，其中闽籍达310余万人。1953年台湾的户口统计资料，当时台湾户籍总数为828804户。其中，户数在500户以上的100种姓氏中，有63种姓氏的族谱材料说明其先祖系在晋末、唐初、唐末从河南迁入福建落籍的。这63种姓氏计670515户，占台湾总户数的80.9%。而63种姓氏又有43种姓的族谱记载，其先祖是随陈元光父子入闽的。[①] 这就说明了，福建文化源于中原而台湾的文化是根于中原的汉文化经福建的播植后而向台湾延伸。因此说："在文化传播史上，总是文化较先进的地区向文化较落后的地区辐射和延伸。首先是中原的华夏文化向福建辐射和延伸，促进了福建文化的繁荣和发展。接着，又是福建文化向相对落后的台湾地区辐射和延伸。"[②] 且入台的大多移民系"避难搢绅，多属鸿博之士，怀挟图书，奔集幕府，横经讲学，诵法先王，洋洋乎，济济乎，盛于一时矣"[③]。从而也有力促进了台湾书院教育的发展。

（二）"闽学"的维系

书院除开展正常的活动外，另一项重要内容就是祭祀活动，而祭祀活动主要着眼于教育功能，多数除祭祀孔孟等先圣先师外，着重祭祀本学派的创始人和代表性人物。而朱熹的"闽学"在福建影响最大，他创立的学派叫考亭学派，他一生大部分时间都在福建著书立说，曾在福州郊区林浦村的濂江书院和福州台江竹屿村竹林书院讲过学。他的学说成为闽台书院讲授的主要教科书，并经久不衰，后来书院为纪念这位学识渊博的学者、理学家和教育家，必把朱熹作为主祀对象。如：元至正十年，同安县知县孔公俊在朱熹原来居住过的"畏垒庵"修建了文公书院，继承了朱熹"以圣贤身心之学迪诸士之学风"。明嘉靖年间，"理学名臣"林希元又把书院迁到大轮山梵天寺后，书院中堂迁立朱熹石刻神像。[④] 随着闽台书院教育的不断交融，这种书院祭祀朱子的习俗也从福建传入台湾。据北路理富同知兼鹿港海防邓传安在《文开书院从祀议》中说："书院必祀朱子，八闽之所同也。"[⑤] 还有台湾的蓝田书院"内祀朱子，为讲堂，旁为斋舍"[⑥]。文石书院"中为讲堂，祀宋代周、程、朱、张五子，旁为斋舍"[⑦]。而与福州鳌峰书院

①　刘登翰：《论台湾移民社会的形成对台湾文学性格的影响》，《福建论坛》1991年第5期。

②　林仁川、黄福才：《闽台文化交融史》，福建教育出版社1997年版，第8页。

③　连横：《台湾通史》《教育志》。

④　颜立水：《朱熹在同安》，《朱熹与中国文化》1989年。

⑤　周玺：《彰化县志》卷12。

⑥　连横：《台湾通史》《教育志》。

⑦　同上。

关系最为密切的仰山书院以"宋杨龟山为闽学之宗"。杨龟山即杨时，他是二程四大弟子之一，是福建理学的创始者，他的理学思想，后传给福建著名的门人罗从彦等人，罗从彦再传给延平李侗，李侗再传给朱熹。因此仰山书院祭祀杨龟山，也是朱熹的理学鼻祖。从而有力地说明，"闽学"是闽台书院教育主要的思想体系，潜移默化地维系了闽台书院教育的交融和发展。

（三）闽台特有的人缘、地缘关系

闽台一家亲、月是故乡明、美不美家乡水、亲不亲故乡人，进入台湾的移民"十分之六七"来自漳泉。这充分说明台湾移民来自"同一母国、同一民族甚至同一地区，具有同样的国籍，归属和同一的文化母体"①。因此它必然忠诚于自己母国的语言、文化的教育，且这些移民入台前，都受过本地区的文化教育，这个文化教育主要内容就是中国封建社会的儒家思想教育，而在福建得到迅速发展的理学派别——闽学。其理论体系仍是以儒学为本，《易》《庸》是其理论基础，是理学的集大成。且南宋是闽学在福建形成、确立和兴盛时期，到了明、清闽学已在福建传播几百年，因此它的覆盖面和影响力相当广泛。此时又正值福建向台湾移民的高潮期，这样，这些移民入台的人员，不管他们是出于寻求财富、经商，还是出于逃生避难等目的，在动荡不安的异乡生活中，长期的背井离乡甚至骨肉离散，使他们始终都有"漂泊感"。因此以家园故国为最后归属是这些移民的共同心态，这就决定了以"祖籍意识"和"家园情怀"为特征的"移民心态"或"遗民心态"。从而促使他们始终记住自己的"根""源"在哪里，因此从宋代开始兴盛于福建的书院，到明清已达到较为繁盛时期，进而把它传播移植到台湾后，从书院内的功能摆设，到书院的讲授内容及书院的学规、学约等，都基本上与福建的书院一脉相承，也就不足为奇了。这与闽台特有的人缘、地缘的关系是分不开的。

至此，笔者认为，闽台书院教育作为闽台文化教育的一大奇观，其独特的教育组织形式和完善管理的运作相制，既不同于官学，又有别于私塾、社学、义学。毛泽东早年创办湖南自修大学时，曾借鉴古代书院的办学传统，肯定书院课程简约、教学灵活、师生共同探讨、悠然自得，师生感情融洽，远优于官学。②其优良的讲学传统，对闽台的文化教育、学术思想、世俗民风产生过极大的影响。如今书院作为一种历史文化现象已不复存在，但我们可以从这一古老的文化教育特有组织形式中吸取营养、寻找可借鉴之处。为拓展闽台文化教育交流开辟新途径。

（作者：张振玉，福州市博物馆馆长）

---

① 刘登翰：《论台湾移民社会的形成对台湾文学性格的影响》，《福建论坛》1991 年第 5 期。

② 任继愈主编：《中国古代书院》，中国国际广播出版社 2009 年版，第 5 页。

明代漳州月港对外贸易考略

郑 云

摘 要：在明代中期，西方殖民势力东渐，倭寇侵患，明王朝政府推行"海禁"，东南沿海地区的福州、泉州、广州等对外通商港口被关闭，为冲破官府限制，继续开展海外贸易，民间海商探得海澄月港地理条件优越，从四方汇聚而来，从而使月港逐渐发展成为当时东南沿海对外贸易中心和"闽南大都会""天子南库"。其进出口贸易总量一度超过了福州、广州，开创了我国民间海外贸易的先河，首次把中国贸易扩张到印度洋、太平洋的国家与地区，主导了东南亚的贸易市场。在中国"海上丝绸之路"的链条中，无论从时间上还是从空间上来看，月港都是不可或缺的重要一环。

关键词：漳州月港；对外贸易；海上丝绸之路；始发港

　　漳州月港地处九龙江下游入海口，是南、北、中三溪的汇合处，因其"外通海潮，内接山涧，其形如偃月"，故名"月港"（图1）。在明朝中叶，随着我国农村生产经营逐步活跃，出现了商品经济和资本主义萌芽，商业资本和手工业迅速发展，对外贸易需求日趋迫切。当时，明王朝政府推行"海禁"政策，东南沿海地区原有的福州、泉州等对外通商港口被关闭，商船进出受到严厉的查禁，许多民间海外商船，为了冲破官府的"海禁"限制，不断地寻找新的对外通商口岸。而漳州月港腹地广阔，水陆交通便捷，民间贸易繁荣，官兵把守松弛，四面八方的客商云聚此地。从明景泰四年（1453）兴起，至明万历三十七年（1609）衰落，历经近两个世纪，月港逐渐发展成为东南沿海对外交通中心和通往欧美"海上丝绸之路"的主要起航港。一时中外海船停泊，五方商贾云集，海外贸易空前繁荣。月港因此享有"闽南大都会""小苏杭"等美誉，它与汉唐时期的福州甘棠港、宋元时期的泉州后渚港、清朝的厦门港并称为福建古代"四大商港"。（图2）

　　张燮在《东西洋考》"文莱"条中提到，文莱为"东洋尽处，西洋所自起也"。即东西洋以文莱分界，以东的诸岛屿为东洋，以西的南洋各地和南印度洋沿岸一带，即今中南半岛、马来半岛、印度尼西亚群岛等地区为西洋。西洋是海洋发展的主方向，明成祖命郑和七下西洋更是开创了世界航海史上的创举，将中外贸易推向了新的历史

图 1　月港出海口

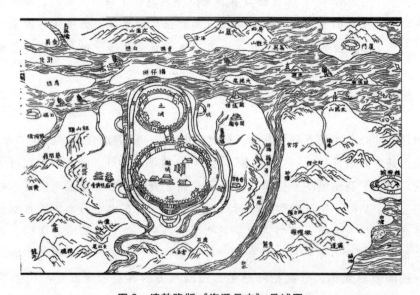

图 2　清乾隆版《海澄县志》县域图

阶段，被称为中国的"大航海时代"。

明万历十七年（1589）之前，由月港出航的海外贸易船仅限数而未定其航行地点，到万历十七年（1589），始由福建巡抚周案定为每年限船 88 艘，东西洋各限 44 艘，东洋吕宋一国因水路较近，定为 16 艘，其余各限船 2—3 艘；后因愿贩者多，故又增至 110 艘，加之鸡笼、淡水、占城、交趾州等处共 117 艘。明万历二十五年（1597），再增加 20 艘，共达 137 艘。（图 3）

这些商船出洋的航线大抵分为以下四种。

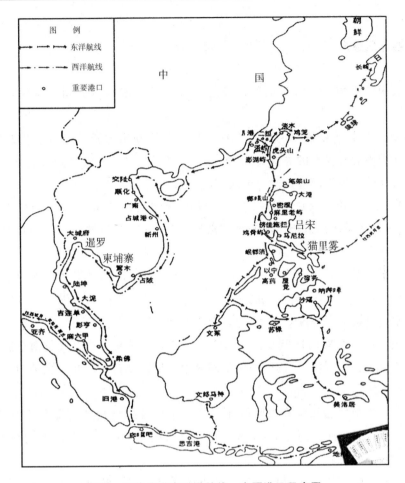

图3　明代月港东西洋航线、主要港口示意图

一　内港航道

1. 南溪航线：月港起航，进入南溪往广东省潮州。

2. 西溪航线：月港起航，进入西溪至漳州府城，向上游航行至南靖县城（今靖城）附近，分两支往广东省梅州。

3. 北溪航线：月港起航，进入北溪，经长泰县入安溪县；另从延平发船入浙江省；由江西省赣州的赣江、抚州的抚河经长江达湖广至中原各地。

4. 出海口航线：月港出航，经海门至圭屿（鸡屿）到达中左所（厦门）。发船后航至大担与浯屿之间的航道，到东西洋的船舶就从这里分开航行。

二　西洋航道

船过大担与浯屿之间的航道后，经过太武山镇海城到达七州山（海南岛北的七洲洋）。

1. 往交趾东京（今越南河内）航线：从七洲洋驶出到黎母山（海南岛五指山），至海宝山（越南北部沿海的老虎岛），由涂山海口（越南广平海口）取道鸡唱门，即安南云屯海门（殆指越南河静，当时隶属交趾东京）到达交趾东京。

2. 往广南、清化、顺化、新州航线：从七洲洋到铜鼓山（海南岛东北隅的铜鼓咀），至独珠山（海南岛东部沿海的大洲岛），又从交趾洋沿安南洋面一路取道望赢海口（越南中部沿海的芽庄），入清化港（芽庄附近的庆和）。

3. 往柬埔寨航线：由占城罗湾头起航，经赤坎山（越南顺海省沿海的藩切或鸡架角），取鹤项山（越南同奈省南端的头顿）、柯任山（湄公河西南第二入口处的巴知）、毛蟹州（湄公河茶荣旁一狭长之沙洲），至柬埔寨。

4. 往暹罗国（今泰国）航线：从赤坎山（藩切）转航昆仑山（越南东南端海中的昆仑岛），经小昆仑（越南东南端海中的两兄弟群岛）绕过金瓯角至大横山（柬埔寨西南沿海的潘阳岛）。

5. 往马六甲航线：从昆仑山转航斗屿（马来西亚彭亨州东北海上的愚岛），经彭亨国（马来西亚彭亨河口的北干）、地盘山（马来西亚柔佛州东北海上的潮满岛）、五屿（马六甲港外的岛屿）至马六甲。

6. 往丁机宜国（今印度尼西亚苏门答腊岛北岸一带）航线：从东西竺起航，取道长腰屿（苏门答腊岛东北海上的林加群岛），经独石门（苏门答腊岛东北岸的巴塞峡）入丁机宜国（苏门答腊岛英得腊其利）。

7. 往池闷（今小巽群岛中的帝汶岛）航线：从保老岸山起航，取道吉力石港（东爪哇北部的格雷西港），经双银塔（东爪哇北部马都拉岛南的小岛）、磨里山（印度尼西亚巴厘岛）、美罗港（帝汶岛之贝洛港）至池闷。等等。

三　东洋航道

1. 往吕宋国（今菲律宾吕宋岛）航线：从太武山下镇海取道澎湖，经虎头山（澎湖列岛中的八罩岛与将军澳屿）、高雄港沙马头澳（指澎湖列岛最南的大屿）、笔架山（菲律宾吕宋岛北部海中巴布延群岛中的加拉鄢岛），进入大港至吕宋国。

2. 往美洛居（今印度尼西亚马鲁古群岛）航线：从汉泽山（班乃岛西南安蒂克）起航，经交溢（菲律宾棉兰老岛三宝颜附近的卡维特）、绍武淡水港（马鲁古群岛西北桑吉群岛的锡奥岛），至美洛居。

3. 往苏禄国（今菲律宾苏禄群岛）航线：从交溢对面开船，至犀角屿（菲律宾巴西兰岛的桑格贝岛），入苏禄国。

4. 往文莱国航线：从马尼拉湾外吕蓬起航，经芒烟山（菲律宾民都洛岛西北卢邦群岛附近的小屿）、鲤鱼塘（指纳闽岛与文莱岛的海峡），达文莱国。

四 台湾航道

从澎湖航行至台湾省台南县西部魁港，再经一日航道至高雄港，经交里林、鸡笼、淡水。

（一）月港对外贸易商品

月港自从开放海禁以后，更是"五方之贾，熙熙水国，刳脤艎，分市东西路。其捆载珍奇，故异物不足述，而所贸金钱，岁无虑数十万"。在同海外诸国的贸易中，许多物种从东西航道引入了月港，《陆饷货物抽税则例》所载，万历三年（1575）仅55种，万历十七年（1589）增加至83种，万历四十三年（1615）再增加至116种，而据《东西洋考》载，却有140种之多（图4）。这些商品基本分类如下：

图4　隆教乡半洋礁打捞出水下文物

1. 香药类：胡椒、檀香、沉香、奇楠香、香藤、沉香、苏木、没药、肉豆蔻、白豆蔻、血竭、冰片、荜拨、大风子、白藤、樟脑、胖大海、孩儿茶、八丁荞、丁香、丁香枝、藤黄、乌木、紫檀、木香、乳香、阿魏、海菜、没食子、苏合油、安息香、暹罗红砂等。

2. 珍品类：象牙、犀角、牛角、玳瑁、鹤顶、黄蜡、孔雀尾、石花、明角、鹿角等。

3. 食品类：燕窝、虾米、鲨鱼翅、鹿脯、尖尾螺、螺虮、鹦鹉螺等。

4. 植物类：椶子、棕竹、花草、芦荟、马钱等。

5. 农副产品：番米、红花米、绿豆、黍仔、花生、烟草、多（菠）笋蜜、莺哥、椰子、番石榴、番薯等。

6. 手工业品：香被、番被、哆罗哖、番藤席、香藤席、嘉文席、草席、番纸、番镜、番铜鼓、暹罗红纱、交趾绢、黄丝、锁服、竹布、毕布、粗丝布、土丝布、西洋布、东京乌布、马尾、水藤、番泥瓶、琉璃瓶、白琉璃盏、青花笔筒、青琉璃笔筒、火炬等。

7. 皮货制品：鲨鱼皮、锦鲂鱼皮、翠鸟皮、犀牛皮、虎皮、豹皮、獐皮、猿皮、獭皮、鹿皮、蛇皮、马皮、牛皮等。

8. 工业产品：番金、番锡、黑铅、红铜、烂铜、矾土、磺土、漆、油麻等。

既有引入，必有输出。月港输出的货物，与印度支那半岛、南洋群岛及朝鲜、日本、琉球等47个国家和地区往来，出口货物多达100余种。据王世懋所著的《闽部疏》载："凡福之抽丝，漳之纱绢，泉之蓝，福延之铁，福漳之桔，福兴之荔枝，漳泉之糖，顺昌之纸，无日不走分水岭及浦城小关，下吴越如流水。其航大海去者，尤不可计。"

下面是掇录各篇文章中提到的输出货物：

1. 纺织类：绢、绸、䌷、漳纱、漳缎、漳绒、漳绣、生丝、精丝、粗丝、绮罗、丝布、苎布、罗布、蕉布、麻布、棉布、葛布、吉贝布、天鹅绒、土绸等。

2. 食品类：蔗糖、酒、茶、麦粉、橘子酱、腌猪肉等。

3. 农产品：柑橘、荔枝、龙眼、桃子、梨子、烟草等。

4. 家禽类：水牛、呆头鹅、马、骡、驴等。

5. 日常用品：纱灯、竹枕、铁鼎、铁针、铜鼎、纸、笔、书籍、瓷器、竹器、漆器、药材、金钱、铜炉、铜佛、铜仙、牙雕、牙带、牙箸、牙扇、金银首饰、银床、脂粉、自鸣钟、测旮伙器、小巧技艺、女工针黹、雨伞、水银、羽毛、绒扇、椅垫、花边、杂缯等。

这些外贸商品，大都以手工业品和农副产品为主，尤其是农副产品如蔗糖、柑橘、荔枝。与其他农产品相比，种植加工这些经济作物，可赚取数倍的利润，如乾隆版《海澄县志》载："富人以财，贫人以躯，输中华之产，驰异域之邦，易其方物，利可百倍。"

（二）月港对外贸易码头及街市

为了适应商品交易日益兴旺的需要，在交通方便的地方逐渐出现了集市。依港兴市，百业崛起，形成港口大街、鱼仔市、观仔内、花亭前、中古、容川码、店仔尾、帆巷（图5、图6）、土城内、北门土尾庵等，托起了月港城市的形成和发展。此时最为著名的商市有七个，分别如下：

图 5　月港帆巷古街

图 6　月港帆巷古街旧店肆

1. 县口市：明代时海澄县南市在歧街，东市在新路口街，西市在亭下街，现存旧店肆 15 间。

2. 霞尾街市：在海澄县城北门外，清乾隆时已废。

3. 南门外市：在海澄县城南门外，现存旧店肆 5 间。

4. 港口市：在港口桥至容川码头街段，明代贸易极为繁盛，此商市为月港水手靠岸后休息放松的场所。每当夏季风兴起，月港商人陆续归港，此时便是港口市至容川商市段最为繁荣的时期，这里大多以经济实惠的小店为主。现存旧店肆 5 间。

5. 旧桥市：在西门桥西侧，清乾隆时已废。现存旧店肆 17 间。

6. 新桥头市：在月边社，清乾隆时已废。

7. 庐沈港市：隔港与石码相连，有桥相通，清乾隆时已废。

月港乃国内外货物的集散地，为当时的贸易中心。这里店面林立、商贸咸集，分别有珠宝行、棉布行、杂货行、丝绸行、豆饼（豆箍）行、药材行、丝线行、铸鼎行、纸行、米行、鱼行、糖行、茶行等十三种行业，至今仍留有十三行地名。明廷每年从月港收入的税银，多达二万九千两，故月港被誉为"东南小苏杭"。

月港海外贸易的兴盛打开了漳州通往世界的大门。月港的停泊点，散布于北岸的嵩屿、海沧、石美、玉洲、澳头，南岸的屿仔尾、海门岛、浮宫、海澄、石码以及港口外的大径、卓岐、浯屿和中左所等。月港附近的玉枕洲、海沧、福河、石码、浮宫、屿仔尾、大径、卓岐等，多为"北船"（航行于温、宁、沪、津）和"横洋船"（穿行我国的台湾和澎湖）的停泊发船点。"据遗址考察，明清时期月港溪尾不足1公里的海岸就设有对外贸易货运码头七座。"分别如下：

1. 饷馆码头：位于海澄月溪与九龙江交汇处东侧。条石台阶结构，伸入月泉溪口，为当年出海商船申报进出港口并缴纳各种饷税的临时停泊专用码头。明张燮撰《东西洋考》卷七饷税考记载："万历三年，中丞刘尧海请税舶以充兵饷，岁额六千。"现存台阶5级，宽2米，长6米。（图7）

图 7　饷馆码头

2. 路头尾码头：位于月溪与九龙江交汇处西侧，地名花坛内，与饷馆码头隔月溪相对。条石台阶结构，成弧形，为外船内港停泊处。清初施琅水师曾驻于此，建有港边花园，故有花坛内之称。（图8）

3. 中股码头：位于海澄豆巷村社中股角落，在路头尾码头之西。主要是搬运豆箍（今称豆饼）上船的码头，又称"箍行码头"。码头由高码头和低码头构成，条石台阶结构，高码头砌石8层，高低码头相距5米。（图9）

4. 容川码头：位于豆巷村溪尾社，在中股码头之西。条石砌筑，埠头甚大。原为

图 8　路头尾码头

图 9　中股码头

台阶结构，历经多次修筑，现长 31 米，宽 3.4 米。容川码头建成后，至明万历年间，从月港港口至溪尾，与陆续建成的其他六座码头构成古月港繁盛的码头群。（图 10）

5. 店仔尾码头：位于豆巷村溪尾社店仔尾角落，在容川码头之西。因为港口市的店铺到此已到尽头，故得名。条石台阶结构，现长 3 米，宽 2 米。（图 11）

6. 阿哥伯码头：位于豆巷村溪尾社，在店仔尾码头之西。码头岸顶原为溪尾铳城，为船舶接受驻军检验的停泊点。条石结构，现长 10 米，宽 2 米。（图 12）

7. 溪尾码头：位于豆巷村溪尾社，在阿哥伯码头之西。条石台阶结构，为当年内地船只主要停泊点。现长 20 米，宽 2 米。（图 13）

这些古码头都是用条石垒砌，十分坚固。月港周边地区那些"地无一垄，房没一间"的农民纷纷到万商云集的码头找活干。"人市"上聚集了许多想出卖体力的劳工，

图 10　容川码头

等待着被出洋贸易的海商船主看中，在码头上当搬运工或上船打杂。

（三）月港对外贸易的货币流通

明朝隆庆以前，由于明王朝厉行海禁，私人海外贸易为非法，在走私贸易中虽然出现了白银内流的趋势，但还不是大量的。直到隆庆元年（1567），月港部分开放海禁以后，到南洋经商、谋生的漳州人越来越多。贸易的往来以及华侨出入频繁，使早期的外国银圆像潮水一样大量流入中国。这是一个十分引人注目的重大社会经济现象，对中国历史的发展产生了极为深远的影响。

据陈侨森主编的《漳州对外经济贸易简史》统计，万历年间（1571—1619）经吕宋流入漳州的白银，每年有 30 万比索，最高年份达 50 万比索。明代顾炎武《天下郡国利病书》载："西班牙钱用银铸造，字用番文，九六成色，漳人今多用之。"从 16 世纪起，大量的外国银圆源源不断地流入漳州一带，品种多达近百种，主要为西班牙、葡萄牙、荷兰、墨西哥、日本、法属印度支那等国的货币。我国著名历史学家梁方仲先生估算，"由万历元年至崇祯十七年（1573—1644）的 72 年间，合计各国输入中国的银圆由于贸易关系的至少超过一万万元。一般说来，1 元折银 7 钱 2 分。从有关资料综合估算，在隆庆开放海禁后的七八十年间，通过各种渠道流入中国的白银大约 1 亿

图11 店仔尾码头

两左右。这可能还是一个保守的估计"。

1. 中国银两

早期的银两也称银元宝，制作非常简朴，形制呈船形、马蹄形或稍显椭圆形，底部及四周有程度不同的蜂窝状孔，两首端外缘微上翘，铸有螺旋纹。这种面呈螺旋形银两，民间称之为"丝纹"或"纹银"。在我国传统钱币制度下，白银的重量单位称两、钱、分、厘等，铜钱称文（枚）、串、吊。白银使用兑换时，需经称重和检验成色等复杂的程序。其"用之于市肆，则耗损颇多，有加耗，有贴费，有减水，有折色，有库平、湘平之异，漕平、规平之殊，畸轻畸重，但凭市侩把持垄断，隐受其亏"。（图14）

2. 西班牙银圆

最早输入闽南的西班牙贸易银币是"块币"，系采用手工打制的块状银币，根据重量不同有 8R、4R、2R、1R、1/2R 等不同币值，主币 8R 重量为 25—27 克，成色91.7%。其形状大小并不规范，类似漳州一带固定锄头的锲子，因此百姓形象地称之为"锄头锲仔银""锄头钱"等。1535 年，西班牙殖民者在美洲利用当地盛产的白银

图 12　阿哥伯码头

开始铸造"块币",历经菲利浦二世、三世、四世,卡洛斯二世,菲利浦五世,路易一世,菲迪南六世直到 1733 年止。该币采用手工打制,正面图案为十字架,又称为"十字币",其十字对角分别铸有狮子和城堡,背面是早期西班牙国徽。"块币"初入闽南时,还只是充当银块按重量称重使用,而后,由于"块币"具有重量基本统一、可以按枚计算的特点,因此"计枚核值"渐趋流通,成为异于银两的另一种白银货币而日渐流行。(图 15)

3. 荷兰银圆

17 世纪,荷兰通过贸易、商品运输、武装侵略、抢劫掠夺等手段获取了巨大利润,成为"海上第一强国"。随着贸易的发展,最早流入闽南的荷兰铸币是"马剑"银圆。清漳州人王大海在《海岛逸志》中记载:"荷兰以银铸圆饼钱,中有番人骑马持剑,名曰马剑,半者名曰中剑。有小而浓者,铸荷兰字,名曰帽盾,半者曰小盾。"荷兰马剑币铸于 1659—1798 年,初铸是光边,后改为斜纹边。

这些"番银"初入闽南时,我国还处在斤两计重时期,因此当时"番银"只是玩赏或者剪裁后称重使用。由于"番银"可以用个数(枚或者圆)来计算,较之银两更

图 13　溪尾码头

图 14　中国古铜钱

图 15 西班牙银圆

为方便流通使用，后来渐渐为百姓所接受，并从民间仿制到官方正式参照"番银"的样式重量铸造。早期"番银"的流通范围主要在闽（包括当时的台湾）粤、江浙沿海一带。"番银"的重量、成色标准化，且样式精美，适应了商品经济发展的需要，因而逐渐占领了闽南一带货币流通市场。

综上所述，月港对外贸易的繁荣带动了周边九龙江海湾地区和诏安湾地区经济带的发展，推动了闽南地区与海内外生产技术、科技成果、农产品的贸易交流传播。成为东南亚海洋社会经济圈的核心，并以此为中心将中国商品贸易范围扩大至拉丁美洲和欧洲，促进我国人民和东南亚以及欧美国家人民的贸易往来，是世界上大帆船航海史上最长的海外贸易航线，首开我国民间海外贸易的先河，首度参与国际贸易竞争，首创民间海外管理机制。月港所拥有的传奇色彩及衍生的海洋文化，孕育了享誉全球的漳州海商精神，也为中国对外交通贸易史增添了浓墨重彩的一页。

参考文献：

［1］（清）乾隆本《海澄县志》。

［2］（明）张燮：《东西洋考》。

［3］（明）顾炎武：《天下郡国利病书》。

［4］（清）乾隆四十一年（1776）《漳州府志》。

［5］（清）王大海：《海岛逸志》。

［6］《明神宗实录》卷四百七十六。

［7］《明熹宗实录》卷四百九十八。

［8］李金明：《漳州港》，福建人民出版社 2001 年版。

［9］李金明：《明代海外贸易史》，中国社会科学出版社 1990 年版。

［10］林南中：《闽海币缘》，西安地图出版社 2010 年版。

［11］陈侨森主编：《漳州对外经济贸易简史》。

（作者：郑云，福建省龙海市博物馆馆长，文博副研究员）

中国"丝绸之路"中的俄罗斯角色

邢媛媛

摘　要："一带一路"战略不仅是中国适应经济全球化的需要，更是包容性塑造外交的伟大实践。丝绸之路的倡议可以帮助俄罗斯更好地进行经济扩展、建设基础设施，同时又能推动贸易投资，是中俄共同发展的新平台。尽管俄罗斯、中亚等沿线国家之间存在历史与现实的各种矛盾、分歧，但是共建"一带一路"不仅以聚焦共同发展的方式为各国认识这些矛盾、分歧提供了新视角，而且通过倡导利益共同体、责任共同体、命运共同体"三位一体"的包容性塑造理念，为管控、弥合、化解这些矛盾、分歧提供了新途径。

关键词：俄罗斯；中国；中亚

"一带一路"不是一个实体和机制，而是合作发展的理念和倡议。它借用古代"丝绸之路"的历史符号，依靠中国与有关国家既有的双多边机制，借助行之有效的区域合作平台，使中国主动发展与沿线国家的经济合作伙伴关系，共同打造政治互信、经济融合、文化包容的利益共同体、命运共同体和责任共同体。[①] "一带一路"囊括数十个国家，不仅涵盖中亚，还覆盖了东亚、南亚与欧洲等欧亚大部分地区。"一带一路"主要目的是通过互联互通的基础设施建设，利用亚洲基础设施开发银行的平台，加大对外投资力度，推动人民币国际化步伐，最终强化亚欧经济联盟。从丝绸之路的新图中可以发现，俄罗斯、哈萨克斯坦等中亚国家是路上的重要节点[②]，无论往哪个方向延

[①]　张高丽：《努力实现"一带一路"建设良好开局》，引自 http：//www.gov.cn/guowuyuan/2015-02/01/content_2812983.htm。

[②]　各地备战"一带一路"战略：逐鹿节点城市或地区。1. 北线：北美洲（美国、加拿大）—北太平洋—日本、韩国—东海（日本海）—海参崴（扎鲁比诺港、斯拉夫扬卡等）—珲春—延吉—吉林—长春—蒙古国—俄罗斯—欧洲（北欧、中欧、东欧、西欧、南欧）；2. 北线：北京—俄罗斯—德国—北欧；3. 中线：北京—郑州—西安—乌鲁木齐—阿富汗—哈萨克斯坦—匈牙利—巴黎；4. 南线：泉州—福州—广州—海口—北海—河内—吉隆坡—雅加达—科伦坡—加尔各答—内罗毕—雅典—威尼斯；5. 中心线：连云港—郑州—西安—兰州—新疆—中亚—欧洲。引自 http：//jingji.21cbh.com/2015/3-22/0MMDA2NTFfMTM3NTc0MQ_2.html。

伸都绕不开俄罗斯与中亚地区。丝绸之路的倡议可以帮助俄罗斯更好地进行经济扩展、建设基础设施，同时又能推动贸易投资。①

一　丝绸之路是中俄共同发展的新平台

众所周知，"一带一路"倡议是新形势下中国深化改革开放和推进周边外交的重大战略构想，受到世界各国广泛关注和周边许多国家充分肯定和热情参与。而中俄两国是一衣带水的友好邻邦，在"一带一路"建设上，俄国必将起到引领作用。中国外交部部长王毅在"两会"期间就曾表示，中国将与俄罗斯签署"丝绸之路经济带"合作协议并启动对接，"一带一路"战略的实施必将成为中俄发展全面战略协作伙伴关系的新平台。②

俄罗斯把丝绸之路经济带视为最大发展机遇。俄罗斯经济不能仅仅依靠输出石油和天然气，更需要多元化地域合作以促进旅游、商品贸易以及人才交流合作。③ 中俄之间制定了到2020年把双边贸易提高到2000亿美元的目标，而丝绸之路无疑是实现这一目标的主要推动力。

当前，经济全球化深入发展，区域经济一体化加快推进，全球贸易、投资格局正在酝酿深刻调整，亚欧国家都处于经济转型升级的关键阶段，这就更需要进一步激发区域内发展活力与合作潜力。"一带一路"战略构想的提出，既契合俄罗斯经济发展的根本需求，也为沿线国家优势互补、开放发展开启新的机遇之窗。尤其是中俄两国在确立战略协作伙伴关系后，历年来两国高层互访频繁；逐步升级的经贸合作、互办系列主题年等大型人文项目极大地促进了民间交流，提升了民众互信，为"一带一路"建设提供了坚实的民意基础。

对于中国来说，在同周边国家传统友好合作关系的基础上，通过深挖现有合作资源，采用创新合作模式，以点带面、从线到片，与相关各国进一步加强务实合作，逐步形成区域大合作，将这些国家之间固有的政治关系优势、地缘毗邻优势、经济互补优势、文化相通优势转化为务实合作优势、经济持续增长优势，势必使欧亚各国经济联系更加紧密、相互合作更加深入、发展空间更加广阔，最终实现相关各国的共同发展与繁荣。因此，共建"一带一路"是中俄双方共同利益所在，是深化两国全面战略协作伙伴关系的倍增器。④ 无论是从地缘毗邻优势，还是从两国政治互信优势，俄方都是中方共建"一带一路"构想最重要的国家之一。另外，中俄关系当前处于历史最好时期，两国政治

---

① 参见俄罗斯高等经济研究大学卢金教授在"打造命运共同体，携手共建21世纪海上丝绸之路"（2015年2月11—12日，福建泉州）国际研讨会的发言。载于《俄罗斯东欧中亚问题》2015年第2期。

② http：//review. qianlong. com/20060/2015/05/11/8145@ 10310291. htm.

③ Валери Хансен，Великий шелковый путь. Портовые маршруты через Среднюю Азию. Китай-Согдиана-Персия-Леван，Центрполиграф，Переводчик：Сергей Белоусов，2014 г，С 365.

④ 苏宁等：《全球经济治理——议题、挑战与中国的选择》，上海社会科学院出版社2014年版，第132页。

互信不断深化，务实合作稳步前行，许多重大战略项目也取得了突破性进展，为双方在"一带一路"构想内展开合作打下了坚实基础。尤其是在基础设施建设上，以开展产业合作为主要内容，逐步形成了区域大合作以实现中俄两国自身以及亚欧大陆的共同发展与繁荣。① 因此，以基础设施建设为平台，不断推进中俄两国基础设施投入，相互连通，经济和贸易就能顺利流动起来，必能出现经济合作 1 + 1 > 2 的互补局面。

发展良好的战略协作关系，需要国际秩序的调整。这种调整实际早已开始，但需要长期的探索和磨合。而"一带一路"建设正好能使中俄两国发展战略更好对接，走共同发展道路，这必定能建立起更加公正、公平、合理的国际秩序以及与之配套的全球治理机制和体系。② 俄罗斯地处欧亚大陆腹地，是丝路经济带沿线重要国家，也是中国推动经济带建设的重要伙伴。对于习近平主席 2013 年提出的"一带一路"倡议，俄罗斯积极回应，希望与中国加强在基础设施等领域合作，寻找丝路经济带项目与欧亚经济联盟之间的利益契合点。近些年，中俄加快跨境基础设施建设合作，一条条欧亚运输新通道正在形成。2014 年，以"渝新欧"为代表的途经俄罗斯连通中国与欧洲的货运集装箱班列已通车数百列。中国参与建设的莫斯科至喀山高铁项目将逐步落实，并最终延长至北京，构建 7000 公里的欧亚高速运输走廊。贯通中国西部和西欧的"双西公路"跨越哈萨克斯坦和俄罗斯，将于 2017 年投入使用。在中国东北和俄罗斯远东地区，中俄积极推动桥梁、港口、索道等项目建设，并开展智能电网合作。在经贸和投资领域，俄罗斯已向中国投资者发出善意信号，尝试主动对接"一带一路"项目。例如，为吸引外资，俄方将考虑允许中方企业控股俄罗斯境内除大陆架项目外的战略性油田项目。2014 年，中俄贸易额突破 950 亿美元，中俄签署总值 4000 亿美元的东线天然气大单。目前，双边贸易合作正从传统的能源、军工等领域拓展至航空航天、电信、建筑等领域。乌克兰危机导致的西方与俄罗斯之间的相互经济制裁为中俄农业合作提供了新契机。根据俄罗斯经济发展部发布的数据，中国对俄罗斯直接投资额大约为 2.5 亿美元，而俄罗斯对华直接投资仅为 3600 万美元。俄罗斯对华投资的低水平意味着双边合作的巨大潜力。

在金融领域，中国发起并建立金砖国家开发银行、亚洲基础设施投资银行和丝路基金，系列金融机构将支持"一带一路"框架下的基础设施建设，为双边重大投资项目保驾护航。目前，中俄已经签署本币互换协议（1500 亿元人民币/8150 亿卢布），人民币和卢布直接结算的领域和规模不断扩大。此举既有利于俄罗斯摆脱欧美经济制裁，又将加快人民币的国际化进程。

俄罗斯列瓦达和全俄舆论研究中心民调显示，大约八成俄罗斯受访者对中国有好感并认为俄中两国是友好国家，近半数认为中国是战略伙伴。美国独立民调机构皮尤研究中心 2014 年统计数据显示，66% 中国受访者对俄罗斯持有好感。这为中俄务实合

---

① 刘清才、赵轩：《中俄推动建立亚太地区安全与合作架构的战略思考》，《东北亚论坛》2014 年第 3 期。
② 《莫斯科与成长中的伙伴关系?》，《国家利益》2014 年 5 月 28 日。

作提供了坚实的民意基础。2015 年，中国经济发展步入新常态，以调整结构助推转型升级。作为曾推动中国经济高速发展的外贸也面临结构调整，以推动国内过剩产能转移。俄罗斯为应对危机同样需要调结构促增长，发展西伯利亚和远东地区经济。加强与亚洲国家的经贸合作已成为俄罗斯的优先发展方向之一。正如习近平主席在与普京总统在上海合作组织成员国首脑峰会期间所指出的，中俄应"加大相互支持，扩大相互开放，相互给力借力，共同抵御外部风险和挑战"。

另外一个合作优势在于，利益上相互合作的中俄两国，正如两个国家之间的战略机制。中国的海上丝绸之路和俄罗斯的北海航道项目应该是互利合作关系。中国已表示对北海航道的兴趣，表示愿意融资发展。俄罗斯也表示用远东贸易战略支持中国海上丝绸之路发展。

丝绸之路经济带是一个开放平台。它不仅包含并升级中俄即有合作项目，而且将为上海合作组织、金砖国家合作机制及欧亚经济联盟等区域合作机制注入新的内涵与活力。"一带一路"项目将为中俄实现 2020 年贸易额达到 2000 亿美元的目标提供强有力的支撑。中俄双方应抓住"一带一路"建设的战略机遇期，对接各自发展规划，以基础设施建设为平台，以产业合作为内容，逐步形成区域大合作，最终实现中俄两国自身以及亚欧大陆的共同发展与繁荣。

二　俄罗斯的丝路历史

"丝绸之路"构想是亚洲—欧洲、东方—西方经济和文化交流的象征，其成为文化符号的同时更是一种丰厚的历史资源。但是，俄罗斯帝国和苏联时期，"丝绸之路"是一块他国不得染指的禁地，十年"冷战"更是隔绝了欧亚大陆内部各民族的交流往来，直到苏联解体前后新"丝绸之路"的进程才开始复苏。[①] 1988 年，联合国教科文组织制定跨学科国际合作项目："综合研究丝绸之路——对话之路"。意在全面研究地区文明和历史，密切东西方联系，改善欧亚大陆各族关系。1990 年 9 月即苏联末期，苏联外交部部长谢瓦尔德纳泽在符拉迪沃斯托克召开的名为"亚太地区：对话、安全与合作"国际学术会议上发表讲话，提出复兴"丝绸之路"的思想。[②] 苏联解体之后，欧洲和中亚、高加索新独立国家立即准备将丝绸之路构想付诸实施（谢瓦尔德纳泽在一次访谈时说。他还在 1989 年访日时就已谈及复兴"丝绸之路"）。[③]

新"丝绸之路"是连通欧亚大陆的交通方案。实际上，中亚和高加索国家成为独

① 侯艾君：《"新丝绸之路经济合作带"构想：实质、问题的再认识》，载于第五届全国社会科学院世界历史研究联席研讨会论文集，第 73—91 页。

② Аббас Шермухамедов, Современные автомобильные коридоры Великого шелкового пути, LAP Lambert Academic Publishing, 2012 г., С 65.

③ Гела Чарквиани, Интервью с президентом Эдуардом Щеварднадце // Вестник, №11（192），26Мая 1998г.

立的国际政治主体，并加强内部联系本身就意味着古老"丝绸之路"的恢复。以"丝绸之路"为号召可以避开许多政治阻力，该构想的复活可在千万人心灵中得到回应。客观上说，直到苏联解体、高加索和中亚出现新独立国家后，复兴丝绸之路才具有现实可能性。① 1991 年之前，只有一条西伯利亚大铁路（1916 年 10 月 5 日开通）贯通欧亚大陆，运转近 80 年，承担了 70% 的货物运输。"新丝绸之路"在构想和现实中的复兴，既是自然进程也具有人为推动性质。

苏联时期，所有铁路、公路等交通网络都是以俄罗斯联邦为中心对外辐射、延伸的，以此确保苏联中央对各地的控制能力，以及各加盟共和国与俄罗斯联邦的经济、政治、文化联系。1991 年后，在全球化趋势下，中亚、高加索的新独立国家珍视其独立地位，渴望融入国际社会，扩大与外部世界交往。② 作为独立政治实体，他们当然有充分权利拓展对外经济、政治联系；何况在 1991 年前后，俄罗斯精英视中亚和高加索为政治包袱，急于甩掉（随着西方对俄战略压力加大，俄罗斯现实主义军政人士开始扭转认识、调整政策）。这样，原有交通设施已经完全不能满足经济发展需求，而且相对于俄罗斯主导的"再一体化"进程必然是一种逆进程（去一体化）。20 世纪 90 年代的俄罗斯国内问题成堆，经济不景气，社会政治形势动荡，甚至爆发了车臣战争，传统联系被阻，新独立国家都希望新建交通设施尽量避开俄罗斯，避免再步入俄罗斯窠臼对其形成依赖。各国都纷纷与伊斯兰世界各国（沙特阿拉伯、土耳其、伊朗、巴基斯坦等）、欧洲和美国，以及中国、日本等国建交并发展合作。另外，各大国进入中亚、高加索开始对这些地区争夺（往往被称为新"大牌局"），填补地缘政治真空。但是新生国家无力独立推进交通建设项目，往往只重视经贸利益，而对地缘政治方面考虑很少，客观上配合了西方的战略步骤。有人指出，一些中亚国家开始了地缘政治交易：出卖交通走廊和枢纽。③ 此外，由于内外因素干扰，中亚和高加索内部的各国间互不信任或互相敌视，建铁路时有意绕开邻国。

"新丝绸之路"构想得到了西方支持和推动。1993 年，欧盟在布鲁塞尔与中亚、高加索八国签署协议，由欧盟提供资金，对欧洲—高加索—中亚交通走廊（TRACE-CA，往往被称为"新丝绸之路"）建设提供支持。④ 1993 年 5 月，在欧盟总部布鲁塞尔召开有高加索、中亚八国商贸和交通部长参加的会议，会后发表宣言，要将跨欧亚交通走廊的建设项目付诸实施，这是合作建设欧亚交通走廊方面的重要计划。此后，许多相关国家在地区基础上展开合作。⑤ 例如，1996 年，在土库曼斯坦的谢拉赫斯市召

① 尤里·塔夫洛夫斯金：《丝绸之路重返世界地图》，《独立报》2014 年 9 月 1 日。

② Владимир Струнников，Шелковый путь，Наука，М.，2008 г.，С 35.

③ Сергей Кляшторный，Ш. Мустафаев，Дорога Страбона как часть Великого Шелкового пути，SMI-Asia，2009 г.，С 54.

④ 宋兰旗：《亚太区域经济一体化的进程与影响因素》，《经济纵横》2012 年第 12 期。

⑤ Елена Кузьмина，Предыстория Великого шелкового пути. Диалог культур Европа-Азия，КомКнига，2011 г.，С 102.

开会议，签署了整合相关各国过境运输和铁路交通活动的协议，在协议上签字的国家包括：乌兹别克斯坦、土库曼斯坦、格鲁吉亚和阿塞拜疆四国，后来又有其他国家加入协定。高加索和中亚新独立国家（阿塞拜疆、格鲁吉亚、吉尔吉斯斯坦等国）对复兴丝绸之路的构想最为积极。该方案主导者是西方，而配合最积极的是西方盟友土耳其。经土耳其积极协调，各国决定寻求替代俄罗斯交通路线的方案。

20 世纪 90 年代，俄罗斯向欧美方向靠拢，执行"西向政策"，希望借助西方参与将俄罗斯转变为西方一员。但由于美欧"政治双重标准"，俄罗斯"西向政策"并未成功，不仅占全球的经济总量不断缩减，政治威望也日益下滑，丧失了全球影响力。这种失败一方面是由于苏联解体这个客观进程，另一方面也源于西方排挤与俄罗斯政策不当。

新独立国家积极支持、倡导复兴"丝绸之路"。阿塞拜疆总统阿利耶夫和格鲁吉亚总统谢瓦尔德纳泽、吉尔吉斯斯坦总统阿卡耶夫等人都是复兴"丝绸之路"的主要倡导者。1997 年 9 月，在阿塞拜疆首都巴库举行"恢复丝绸之路"国际学术会议，参加巴库会议的有来自 32 个国家和 13 个国际组织的代表。会上，谢瓦尔德纳泽数次运用"新丝绸之路"概念，主张实现东西方关系现代化，称："新丝绸之路不是一个华丽辞藻，而是多边利益和对其互相顾及和平等尊重的和谐结合"，恢复古"丝绸之路"是对格鲁吉亚安全和福祉的补充。阿利耶夫总统指出：巴库峰会在每个国家和整个欧亚大陆空间内发展合作，在保障和平、顺利和繁荣方面发挥了自己的历史作用。他将复兴大丝绸之路的目标具体表述如下：发展地区各国经贸关系；发展交通联系，国际货物和人员运输；为交通运输创造良好条件；加快货物运输周期和货物保护；交通政策和谐一致；运输过境费和税收优惠；协调交通部门间关系；在国际和国内客货运输方面协同政策；等等。会议签署了发展欧洲—高加索—中亚交通走廊的协议。1998 年，赫尔辛基召开第三次泛欧交通会议，确认 TRACECA 项目是欧洲交通体系的优先方向；同时，格鲁吉亚还提出泛欧交通区（环黑海交通区）概念，得到欧盟支持。1998 年夏，高加索、黑海和中亚 12 国签署协议，建立铁路、海路和公路交通走廊，绕过俄罗斯，经中国和蒙古到欧洲。①

1998 年，吉尔吉斯总统阿卡耶夫撰写《"大丝绸之路"外交学说》，并进行集中阐释。1999 年 2 月，阿卡耶夫表示：丝绸之路不仅是一条交通线路，而且首先是一种沟通东西方的思想理念；东西方成为密不可分的一体并相互补充理念，能够成为和平解决国际关系中任何问题的工具。1999 年 5 月 20 日，吉尔吉斯斯坦"国家毒品监控委员会"与卡内基基金会以阿卡耶夫提出的"大丝绸之路"外交学说为框架，召开国际研讨会"大丝绸之路：与中亚毒品作斗争"。该学说得到国际认可甚至成为联合国正式文件，并在"达沃斯论坛"等平台深入讨论。该学说的侧重点，是呼吁"丝绸之路"各

---

① A. Иерусалимская, Кавказ на шелковом пути, Букинистическое издание, 1992 г.

国加强合作，与毒品、洗钱、有组织犯罪等作斗争。阿卡耶夫在对大学生讲话时甚至说，最早的"丝绸之路"是在吉尔吉斯人和中国人之间建立的，因而"丝绸之路"曾被称为"吉尔吉斯人之路"。1999 年，格鲁吉亚总统谢瓦尔德纳泽撰写的《大丝绸之路》一书提出：应该在欧亚大陆建立统一的、可共同接受的政治、经济、科技、人文和文化空间。"大丝绸之路"是格鲁吉亚的政治、经济纲领，同时也是一种地缘政治思想。

对交通枢纽的控制、对油气产地和走向的争夺是"大丝绸之路"的重要内容。① 西方从一开始就着眼于遏制和对抗，这些交通和管线方案动摇了俄罗斯对欧亚贸易的垄断地位，导致俄与中亚、高加索联系弱化，使它们更有理由对抗其推动的"再一体化"进程。1998 年，美国国务卿布朗·贝克坚持要尽快给中亚、高加索新独立国家以重大支持，因为这些国家的民主制度刚刚扎根还不稳固，不能完全独立于伊朗和俄罗斯。俄罗斯和伊朗都警惕和疑虑地看待"新丝绸之路"构想。1995 年，伊朗的许多交通项目开始运行，引起西方不安。② 西方对乌兹别克斯坦提供技术和资金援助，拉拢其参与其他交通项目，避开俄罗斯和伊朗。1996 年 5 月 13 日经合组织峰会上，卡里莫夫总统表示支持对伊朗贸易禁运，强调跨里海干线对乌的优先性，称：捷詹—谢拉赫斯—梅什赫特干线不能完全满足乌兹别克斯坦需求，打算开发新线路。这样，运棉线路改变使俄罗斯每年减少 200 亿美元收入。1997 年 2 月，相关国家在塔什干讨论了欧—高—中项目，随后又在吉尔吉斯的奥什市讨论安集延—奥什—喀什铁路的建设项目，这些项目都被认为会损害俄罗斯利益。

20 世纪 90 年代后，一些国家开展以"丝绸之路"为主题的考察活动以扩大宣传。例如，俄罗斯连续组织"沿着丝绸之路的足迹：2002—2004"的人文考察活动。1996 年，美国、日本、韩国、土耳其和欧盟发起"丝绸之路 2000"行动，由一百多辆卡车和汽车从意大利的威尼斯穿过高加索、中亚各国，到达撒马尔罕，作为欧亚大陆各国复兴商贸活动的象征。③ "新丝绸之路"理念因此而深入人心。近几年来，沿线各国都一直宣称要复兴"丝绸之路"。例如，2012 年 6 月 26 日，阿塞拜疆总统伊尔汗·阿利耶夫称："年底完成巴库—第比利斯—卡尔斯铁路并交付使用，这样，我们将复兴古老丝绸之路。"哈萨克斯坦、乌兹别克斯坦、土库曼斯坦、塔吉克斯坦等国也在基础设施建设方面付出努力。

普京执政之后致力于打造欧亚经济联合体，针对中国提出的"一带一路"构想，俄罗斯积极响应，寻求对接政策，相应制定了专门针对西伯利亚和远东地区的发展战略纲要和规划，通过具体落实欧亚铁路建设组建欧亚经济联盟，作为对接"中蒙俄经济走廊"建设的战略平台，完成俄罗斯西伯利亚和远东地区开发的崭新战略布局。

---

① Елена Кузьмина, Предыстория Великого шелкового пути. Диалог культур Европа-Азия, КомКнига, 2010 г., С 208.

② Ольга Маслобоева, По Великому шелковому пути, PaRt. com, 2007 г.

③ 戴维·阿拉斯：《东北亚经济合作展望：前景更加光明》，《东北亚论坛》2014 年第 3 期。

2014 年 2 月 6 日，中俄首脑会晤，中国邀请俄罗斯参与"一带一路"建设。2014 年 3 月俄罗斯提出"跨欧亚发展带"构想，作为开发西伯利亚和远东的重要手段与目标，以建设西伯利亚大铁路为依托，带动石油和天然气运输管道建设，推动高新技术产业群与现代科学工业园区建设。2014 年 5 月 29 日俄罗斯总统普京、白罗斯总统卢卡申科和哈萨克斯坦总统纳扎尔巴耶夫签订"欧亚经济联盟条约"。2015 年 1 月 1 日起该协议正式生效。据不完全统计，到 2030 年"欧亚联盟"三个成员国的国内生产总值将为 9000 亿美元。"欧亚联盟"三个成员国之间将会取消签证限制，在这一区域内可以自由旅行。中蒙双方对"欧亚经济联盟"的重要性都做出充分肯定，积极寻求三者之间战略决策的契合点。

三　中俄"丝绸之路"建设中的主要问题

（一）"中国威胁论"

世界上普遍存在"中国威胁论"，俄罗斯对中国的"一带一路"存在某种相似担忧。在俄罗斯，不少人担心中国"一带一路"的建立和发展将会使俄罗斯或中亚各国沦落为中国的经济附庸，并极力主张予以防范。他们主张谋求实现"欧亚融合"，即让"后苏联地区成为全球发展的一个独立中心，而非欧洲和亚洲的郊区"，认为过度依赖中国将会有被中国吞并的危险。对于中俄合作应实施"介入和防备"为主的政策，他们认为，中国人在可预见的未来通过"经济走廊"建设，将逐步实施"扩张"计划，蚕食亚洲和欧洲的广阔领土。有部分甚至认为，中国膨胀的人口最终要在海外建立新的"移民家园"。事实上，尽管中国存在自然资源不足，而且在现代化进程中，这一趋势也将会进一步扩大，但中国完全可以通过经济手段解决这一问题，通过"经济走廊、丝绸之路"建设完成区域经济一体化，实现共同富裕目标。中国目前已经面临较大劳动力资源缺口。尽管放宽了计划生育政策，但可能无法弥补实施 30 余年计划生育政策带来的高龄化与少子化的负效应，中国正在成为东南亚国家劳动力的移民目的地。①

卢金教授非常隐晦地指出：前提是中国必须要在一个和平稳定的环境当中发展，这是国内外交政策中非常重要的一个目标。俄罗斯欢迎中国做出对亚太经济和南亚经济有利的举动，俄罗斯和中国在这个地方的战略是利益交汇的。②

（二）俄罗斯、中亚及中国周边各国政局不稳、经济落后

由于冷战后中东欧各国政治体制发生巨变，很多国家由原来的一党制过渡到多党制民主政治体制，造成政党轮流执政，不可避免地出现政党分歧，甚至是政局不稳。在这样的政治环境下，人事频繁变化、政策不断修改、政府办公效率低下都影响到俄

---

① 于洪洋、欧德卡、巴殿军：《试论"中蒙俄经济走廊"的基础与障碍》，《东北亚论坛》2015 年第 1 期。
② 参见俄罗斯高等经济研究大学卢金教授在"打造命运共同体，携手共建 21 世纪海上丝绸之路"（2015 年 2 月 11—12 日，福建泉州）国际研讨会的发言，载于《俄罗斯东欧中亚问题》2015 年第 2 期。

罗斯、中亚等中国周边国家的政策稳定性与投资环境。中亚国家普遍比较贫穷,一旦出现某国单方面政策变更,不仅会导致丝绸之路建设增加适应政策变化的成本,也会带来经济建设的损失。[①] 例如,在俄蒙贸易中,蒙方设置的各种贸易、投资壁垒也引发俄罗斯不满。有俄方参与的乌兰巴托铁路升级项目长期以来原地踏步,两国合作开发煤矿等资源的合作前景也不明朗。

1997 年 4 月,中、吉、乌三国同意建设中吉乌铁路(安集延—奥什—喀什),但是推进缓慢。原因是吉尔吉斯财政资源匮乏,需要大量借贷;吉方甚至宣称只有中国最需要该铁路,因此中国应出资修建该国铁路区段。技术方面,采用俄罗斯宽轨还是中国—欧洲标准,也成为障碍,如果采用中国标准,被认为铁路将极大地损害俄罗斯和吉尔吉斯斯坦的利益。2005 年以后,吉尔吉斯斯坦多次发生政权更迭,政策缺乏连续性,且与邻国乌兹别克斯坦不睦;吉尔吉斯斯坦甚至抱有希望,由中国先帮助其建设南—北铁路(比什凯克—奥什),解决其国内经济、政治问题(连通南北,加强对南部的控制能力),然后考虑建中—吉—乌铁路;该国甚至有意以项目本身为道具,争取中国对其持续的经济支持(在十多年时间里,该国得到中国大量经济财政援助)。乌—塔矛盾得不到妥善解决成为中亚乃至丝路相关国家合作的困扰因素。经由中亚与西亚、欧洲连通的铁路比经由西伯利亚铁路往欧洲的距离节省四分之一。中—吉—乌铁路不能开通,严重阻碍了中国与乌兹别克斯坦、土库曼斯坦以及西亚国家的合作往来;而在客观上有利于哈萨克斯坦和俄罗斯,中国将被迫倚赖中—哈铁路,或西伯利亚铁路。[②]

由于"一带一路"的推行同时也面临恐怖主义与海盗袭击等地区安全威胁,具有潜在战略弱点。2014 年 9 月,习近平总书记提议建立"中蒙俄经济走廊",将俄罗斯跨欧亚大铁路、蒙古国倡议的"草原丝绸之路"进行对接。

(三) 中俄合作存在经贸合作的瓶颈

经贸合作的瓶颈有些是客观制约,也有人为因素。俄罗斯偏远地区和中亚各国基础设施不发达,交接口岸设施落后,如公路与铁路运输能力低下、仓储规模与能力严重不足、互联网使用与信息管理滞后,这严重制约了经济走廊建设的快速发展。中亚与俄罗斯西伯利亚及其远东地区都存在人口稀少问题,导致劳动力不足,迫使中国企业从国内输入劳动力,增加了企业成本。同时,中方企业对更多的专业技术人员与管理人员的需求与国外人口现状及教育培养存在严重差距。目前中国与俄罗斯、中亚各国之间的贸易需求除了能源之外,商品贸易单一、三方总体贸易规模不大,同时又缺少贸易口岸的通关渠道支持。除此之外,中俄经贸合作还面临着关税、许可证管理、法律不健全等诸多瓶颈制约。[③] 中俄现有的不对称贸易关系会引起两国不满,可能会影响共建丝绸之路的进程。

---

① Audio CD, Jewel Case, Этно-путешествие. Том 7. Китай. Шелковый путь, 2006 г.
② 汤浅博:《中俄同盟复活的虚幻》,《产经新闻》2014 年 6 月 1 日。
③ 基恩·约翰逊:《新丝绸之路多坎坷》,《外交政策》2014 年 5 月 1 日。

　　我们有理由相信，在新的历史起点上，秉持着深化友谊的强烈信念，中俄两国关系前景会更加灿烂广阔，务实合作将更富成效，携手为巩固世界持久和平和人类共同进步做出更大贡献。

　　"一带一路"战略不仅是中国在新时期提出的重要国家战略，同时也是欧亚非三大洲各国的共同发展战略。它不仅植根于古代先民基于勇气与智慧共同创造的古代丝绸之路的历史记忆，而且也适应了当代各国适应经济全球化发展的共同需要，更是包容性塑造外交的伟大实践。尽管"一带一路"沿线国家之间存在历史与现实的各种矛盾、分歧，但是共建"一带一路"不仅以聚焦共同发展的方式为各国认识这些矛盾、分歧提供了新视角，而且通过倡导利益共同体、责任共同体、命运共同体"三位一体"的包容性塑造理念，为管控、弥合、化解这些矛盾、分歧提供了新途径。立足新的时代背景，中国与欧亚非三大洲的相关国家有能力在古代先民创造的古代丝绸之路基础上，以平等、均衡化的原则共同推动"一带一路"战略的实践，同时促进沿线地区的一体化发展，经济全球化时代也需要我们具有包容性塑造的目标自信、理念自信。

（作者：邢媛媛，中国社会科学院世界历史研究所助理研究员）

宋代潮州南澳港新探

吴榕青

　　摘　要：处于中国东南边陲闽粤之交南澳岛的长沙尾澳即隆澳、深澳两澳，其地名至迟出现在南宋。它们是沟通中国东南沿海及海外贸易的两个重要港口，是闽粤之交海上丝绸之路的重要一环。同时也是宋代以来东南沿海，尤其是闽粤边界海盗之渊薮。

　　关键词：宋代；南澳；长沙尾（隆澳）；深澳

　　南澳岛是中国东南海上丝绸之路的重要据点，对南澳史的研究，向来特别引人注目。饶宗颐教授撰《南澳：台海与大陆间的跳板》一文，对其研究意义及价值揭示甚明。①至今，对明清以来南澳尤其是其海外贸易的研究成果颇丰。② 因早期史料的缺失与缺乏深入的发掘，对宋代南澳的史事关注较少，仅有零星揭示，③ 甚至存在不准确或模糊的认识。如王冠倬言"史书中明确提到海船抵达南澳的材料发生在南宋末年"④。

　　近期，胡宝柱等认为："南澳和倭寇海盗之间的联系可追溯到 12 世纪末叶。史载，'南澳'一名始见于南宋孝宗淳熙七年（1180）间，广东常开（平）提举杨万里率军平定侵犯南澳的海盗沈师而渐闻于世。自此，这孤悬海外的弹丸一岛就与海盗倭寇有着千丝万缕的不解之缘。同时也揭开了南澳史上剿匪、捕盗、抗倭、排夷的序幕。"⑤ 然而，遍查《杨万里集》及宋元明清时期的潮州方志，俱未见载杨万里莅潮平定"南澳"

　　① 《潮学研究》第 3 辑，汕头大学出版社 1995 年版。

　　② 相关研究的论文主要有：聂德宁：《明清时期南澳港的民间海外贸易》；汤开建、陈文源：《明代南澳史事初探》，以上两篇俱载《潮学研究》第 3 辑，汕头大学出版社 1995 年版；林仁川：《明清时期南澳港的海上贸易》，《海交史研究》1997 年第 1 期；胡宝柱等：《明永乐至隆庆南澳的海上活动》（附：《早期葡文资料中的南澳岛》），《海交史研究》2014 年第 1 期；等等。

　　③ 黄挺、杜经国：《潮汕古代商贸港口研究》，《潮学研究》第 1 辑，汕头大学出版社 1993 年版，第 53—78 页；黄挺、杜经国：《潮汕地区古代海山对外贸易》，《潮学研究》第 2 辑，汕头大学出版社 1994 年版，第 27 页；邱立诚：《南澳大潭宋代石刻小考》，《潮学研究》第 3 辑，汕头大学出版社 1995 年版，第 79—81 页。

　　④ 王冠倬：《中国古代南澳岛的航海地位》，《潮学研究》第 3 辑，汕头大学出版社 1995 年版，第 67 页。

　　⑤ 胡宝柱、肖文帅、普塔克：《明永乐至隆庆南澳的海上活动》，附《早期葡文资料中的南澳岛》，《海交史研究》2014 年第 1 期。

海寇沈师之文字。胡文援引史料是民国《南澳县志》①，查该史料又据明饶平士大夫陈天资所撰《东里志》记载过录。至今该书尚存，查原文为：

> 宋孝宗淳熙七年，迁提举广东常平茶盐为提点刑狱。先是海寇沈师犯南澳，万里合诸郡兵讨平之。孝宗称之曰："仁者之勇。"万里延民瘼，问风俗，请于潮州筑外寨以镇贼巢，仍筑寨惠州以扼贼之路，潮赖以安。②

又查《宋史》杨万里本传记载：

> （淳熙七年）寻提举广东常平茶盐。盗沈师犯南粤，帅师往平之。孝宗称之曰："仁者之勇"，遂有大用意，就除提点刑狱。（杨万里）请于潮、惠二州筑外寨，潮以镇贼之巢，惠以扼贼之路。③

两段史料相比较，令人怀疑《东里志》的记载可能从《宋史》引录，而将"南粤"误录而坐实为"南澳"。因为沈师是否为海寇（盗），攻打到潮州，是否有到达南澳，目前有争议，而杨万里入潮路线是：翁源—河源—龙川—长乐—兴宁—程乡—梅州。④惠州旧志于"盗沈师犯南粤"一句，记载稍详细："会茶寇沈师犯南粤，万里合诸郡兵，历翁源、河源山谷中，直抵循、梅，讨平之。"⑤明载其原为私茶贩子或抢劫官方茶叶专卖者，动乱主要在内陆，而非海上。又当时文献记载，沈师为汀州贼寇⑥，"聚众山谷间，稍侵郡（指潮州）境"，波及闽粤赣边的循、梅、潮、汀、漳、泉、赣等7个州⑦。

故此，笔者认为南宋淳熙沈师之乱波及潮州，出现"南澳"地名的记载之始的论断不能确定，但并非说宋代"南澳"地名已出现，并作为海上贸易及海防要地不成立。相反，笔者拟对原始的政书、文集等留下的只言片语进行钩沉，重新发覆宋代南澳（长沙尾、深澳）地名的出现以及东南海上丝绸之路史事之一斑，以期对东南边疆史地研究有所裨益。

---

① 陈沅（梅湖）总纂：（民国）《南澳县志》卷一"舆地·沿革"，2007年（内部），第14页。

② （明）陈天资撰，饶平县方志办校订：《东里志》卷二"境事志·灾异"，2001年（内部），第48页。

③ 《宋史》卷四百三十三"杨万里传"。

④ 曾楚楠：《杨万里与潮州》，《韩山师范学院学报》2002年第4期。

⑤ （清）陆良瑜修：（嘉庆）《龙川县志》第八册"编年纪事"，清嘉庆二十三年刻本，第5页；（清）邹景文原本，邓抡斌纂：（光绪）《惠州府志》卷十七，光绪十年刊本，第7—8页。

⑥ 《宋史》卷四百三十三"程大昌传"。

⑦ 何竹淇：《两宋农民战争史料汇编》（下册）卷八"光宗时代"，中华书局1976年版，第425—428页。

一 南宋初"潮州沙尾"即南澳长沙尾（后称龙眼沙澳或隆澳）

今南澳岛（县）有四个澳：东北为深澳，西北为隆澳（即长沙尾澳，今"长山尾"地名标在其西偏北边角处），东为青澳，东南为云澳。清初方志说南澳东部的青澳与东南的云澳不适合停泊航运，南澳四个澳中，唯有深澳与隆澳为天然良港①。

因明《永乐大典》卷五千三百四十四"潮州府二"之山川、津渡等部分已佚，难于知悉宋元时期南澳岛（山）之详情。明天顺《明一统志》载："南湾山：在府城东南一百二十里海中，形如笔架，上有三峰：曰青湾、深湾、长沙尾。"②嘉靖《广东通志初稿》云："南湾山：在巨海之中，形如笔架，周围二百余里。内三澳，曰青、曰深、曰长沙尾。平陆不通，舟楫为路。……其地番寇舟舰常泊焉。"③嘉靖《潮州府志》载："南澳山：在海中。有三澳：曰深澳，曰青澳，曰长沙尾澳。宋帝驻跸于此，相传青径口有宋丞相陆秀夫墓。幅员三百余里，旧番舶为患。洪武间奏徙，遂虚其地。"④据此记载，可证实明代之前南澳确是闽粤之间海外贸易的重要港口。

又，细览《永乐大典》卷五千三百四十三"潮州府（一）"第四幅图"地里图"（如图1、图2所示）：在位于大陆东南方海面上已标示有"南澳"地名，绘有山峦岛状图⑤。这当是原宋元潮州方志《三阳志》或《三阳图志》卷首之附图，今虽不能断定其地名生成的具体年代，但至晚不会迟于元末⑥。

值得大书特书的是，在南宋初年，南澳西北面的长沙尾作为典型的海盗聚集之区，引起了朝廷的重视。据《宋会要》记载：

[隆兴元年（1163）]十一月十二日，臣僚言："窃见二广及泉、福州多有海贼啸聚，其始皆由居民停藏资给，日月既久，党众渐炽，遂为海道之害。如福州山门、潮州沙尾、惠州漯落、广州大奚山、高州硇州，皆是停贼之所。官兵未至，村民为贼耳目者，往往前期告报，遂至出没不常，无从擒捕。乞行下沿海州县，严行禁止，以五家互相为保，不得停隐贼人及与贼船交易。一家有犯，五家均受其罪。所贵海道肃清，免官司追捕之劳。"从之。⑦

---

① （清）吴颖修：《潮州府志》卷八"山川部"，中国书店影印顺治十八年刻本1992年版，第17—18页。

② （明）李贤编：（天顺）《明一统志》卷八十"潮州府"，台湾商务印书馆影印明天顺刻本1986年版，第4951页。

③ （明）戴璟等修：（嘉靖）《广东通志初稿》卷二"山川·潮州府"，书目文献出版社1998年版，第34页。

④ （明）郭春震：《潮州府志》卷一"地理志·饶平县"，书目文献出版社影印嘉靖刊本1991年版。

⑤ （明）解缙等：《永乐大典》卷五三四三"潮州府（一）"卷首，中华书局影印本线装本1960年版，第5页。

⑥ 马明达：《元朝潮州路总管王玄恭史略——兼论元修潮州方志》，《潮学研究》第2辑，汕头大学出版社1994年版，第97—105页。

⑦ （清）徐松辑：《宋会要辑稿》"兵十三·捕贼下"，中华书局影印本1957年版，第6978—6979页。

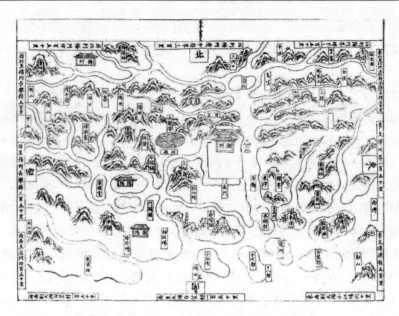

图 1　《潮州府（一）》之“地里图”整体图

此段重要史料，研究中国古代史、宋代海上贸易、海盗史的学者多有援引①。《宋会要》对东南沿海从东北到西南方向的福、潮、惠、广、高五州，各列举出一处最具代表性的贼船停泊之所，即是海盗渊薮，潮州的“沙尾”一名赫然在其中。历来学者多对“潮州沙尾”的地望认识隐晦不明。据嘉靖《广东通志》载南澳山“内三澳，曰青，曰深，曰隆，即长沙尾”②。而明陈天资《东里志》又载：“龙眼沙澳，即隆澳。”③可知长沙尾（澳）即隆澳，又名“龙眼沙澳”。另，宋元时南澳是重要的盐产区，当时潮州三大盐场之最大者小江场，包含诸多盐栅：

  小江场，在海阳县苏湾保，所辖龙眼砂栅、南澳东、西二栅、大埕栅、大港栅、二面埕栅、柘林栅、官富栅、白砂路石头栅、黄冈前栅，又领揭阳县莲唐（塘）等处七栅。④

此处说明南澳在宋元时是一个重要的盐产区。除南澳东西二栅外，还有“龙眼砂

  ①　蔡美彪等：《中国通史》（第 5 册），人民出版社 1978 年版，第 410 页；范文澜、蔡美彪等：《中国通史》（第 5 册），人民出版社 1994 年版，第 406 页；郑广南：《中国海盗史》，华东理工大学出版社 1998 年版，第 111 页；［韩］李瑾明：《南宋时期福建一带的海贼和地域社会》，载姜锡东、李华瑞主编《宋史研究论丛》第 6 辑，河北大学出版社 2005 年版，第 236—237 页。

  ②　（明）黄佐纂：（嘉靖）《广东通志》卷十四“舆地志二·山川下·潮州府”，广东省方志办誊印本 1997 年版，第 329 页。

  ③　（明）陈天资撰，饶平县方志办校订：《东里志》卷一“疆域志·澳屿”，2001 年版（内部），第 21 页。

  ④　（明）解缙等：《永乐大典》卷五三四三“潮州府（一）·土产”，中华书局影印本线装本 1960 年版，第 27 页引《元一统志》。

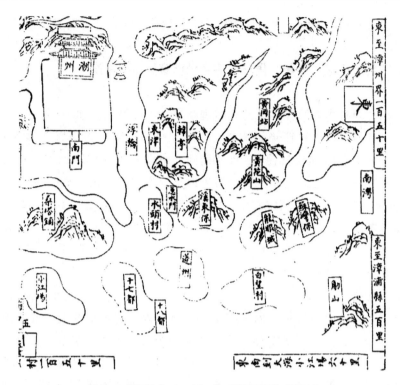

图2 《潮州府（一）》之"地里图"局部图

栅"，也属于南澳之地。其地名与明清文献同名的港、澳相对应，当即明人所称的"龙眼沙澳"。

笔者认为，《宋会要》所录的潮州"沙尾"当是"长沙尾（澳）"之省称，也有可能原作"潮州长沙尾"，因文献脱文漏掉"长"字而成为"潮州沙尾"。据此，或可推测宋代的"潮州沙尾"港在今汕头南澳县（岛）西部偏北处。又因闽（潮）语"沙、山、汕"三字音近，后来文献亦作"长山尾、长汕尾"等名，是一名之音转异写。而"长沙尾"即是"隆澳"，为一地之又名。

笔者推测其地名的演化为：长沙尾→龙（音同"隆"）眼沙（砂）澳→隆澳。

也许不必然，在大部分时期，特别是越靠后代，地名别称可以同时存在，就如今天隆澳之外，"长山尾"地名也同时存在。

总之，据上引《宋会要》，南宋初年长沙尾（澳）既是"海贼啸聚"之区，该地肯定存在一定规模的私商贸易行为。"海贼"活动与私商贸易不分，与沿海（岛）岸上居民存在共同的利益依附，沿海居民与其接触、贸易并包庇、隐藏"海贼"由来已久，且官方也心知肚明。有学者认为南宋初年："当时的海贼只是在海上利用船舶行动，事实上他们的主要活动不是在海上，而是在陆上"，"其活动方式类似于内地的农民叛乱"。[①] 此说

① ［韩］李瑾明：《南宋时期福建一带的海贼和地域社会》，姜锡东、李华瑞主编《宋史研究论丛》第6辑，河北大学出版社2005年版，第234—239页。

可备参考。而政府为此采取互为结保的措施，其效果如何，不得而知。

二　南宋后期泉州"海贼"周旺一等余党流窜到潮州深澳

南宋后期，颇有作为的官员也是著名理学家"西山先生"真德秀，于南宋嘉定十年至十二年（1217—1219）任泉州知州，绍定五年（1232）再任（具体在八月），绍定六年（1233）升任福建安抚使①。再任期间，绍定六年（1233）春，泉州又发生了一起以海贼周旺一等为首的"劫掠"与官方海军（左翼军）的激烈战斗。

《真德秀年谱》载："（绍定六年，1233）春二月，遣左翼军正将贝旺等与海贼战于料罗，贼败走广东，亟移文知广东经略使，并奏申犒赏贝旺等奋勇将士。《文集》卷十五《申左翼军正将贝旺乞推赏》篇中详叙'料罗之战'，同卷《申尚书省乞措置收捕海盗》篇中又言海贼有'二月料罗之败'，故系于此。"②

今此料罗之战，（贝）旺以一船八十余人而当贼之八船五百余众。贼舟高大如山，旺船不及其半，而能手挽强弓，倡率诸卒，飞箭如雨，射杀贼两船，几于净尽。某初据所申杀二百余人，尚疑有所增饰。及将旺擒到贼首、贼徒，聚通判职官，当厅引问贼徒，皆言是日贼船两只，各有七八十人，皆为弓箭所毙。旺又跳过第三船，杀死二三十人，其中周旺一等五名，皆是贼首部领。……窃见此贼在海洋行劫日久，所至，官兵莫能擒戮。③

激战前后，真德秀巡行海滨，见到战船坏烂、营寨颓坠。因为海防配备低劣，而海贼日众，真德秀卓有远见，预见其必定再危害到闽、粤沿海各州（军）的安全，故赶紧奏请加强海防，增加配备④：

贼船南遁，未尽就擒，风涛瞬息，来往无时。……故料罗之战，虽有勇将精卒，竟以船小，不能成全功，及晋江、同安民船稍集，而贼徒鱼遁，事已无及。今贼徒深入广南，正当舶回之时，必有遭其剽劫者，岂不亏失国课？……其为利害，固已不细。况其在海，每劫客船，小则焚之，大即取而为己之船。其人或与斗敌，则杀之；懦弱不堪用，则纵放之，或沉之水中。而掳其强壮，既能使船者为己之用，稍忤其意，辄加杀害。故被掳之人，只得为出死力。其始出海不过三两船，俄即添至二三十只，始不过三五十人，俄即添为数百，以至千人。今诸贼在海，人船已多，若不及早殄除，则日增月益，其害未有穷。⑤

① （清）张廷珩修，黄任纂：（乾隆）《泉州府志》卷二十六"职官"，清光绪八年补刻本。
② 林日波：《真德秀年谱》，华中师范大学硕士学位论文，2006年。
③ （宋）真德秀：《西山先生真文忠公文集》卷十五"申左翼军正将贝旺乞推赏"，四部丛刊初编影印明正德刊本，第1—2页。
④ 同上书，"申枢密院乞修沿海军政"，第3—5页。
⑤ 同上。

接着，真德秀请求朝廷立即着令邻近的福州的延祥、荻芦寨、广州摧锋军及漳州、潮州、兴化军（治在今莆田市）水军配合，"急速措置修创船只，阅习事艺"，会合剿捕海贼。

真德秀料到其他的贼船南遁到漳州、潮州，果然不久，贼船就流窜到了闽粤交界的南澳岛及潮州南海湾一带。《真德秀年谱》将其事系于绍定六年夏，云："是夏，闻知海盗声势日炽，掳掠货船，奏请措置收捕，肃清海道。《文集》卷十五《申尚书省乞措置收捕海盗》篇中言'当州五月十五日，承潮州公状'且两言'南风正时'，福建地处沿海，西南季风正在夏季盛行，故系于此。"①

不久，真德秀接到来自潮州水军寨及小江巡检司的报告：

> 当州五月十五日承潮州公状：证会四月三十日据水军寨及小江巡检司申，贼船复在大坭海，劫掠漳州陈使头过番船货，掳去水手纲首九十一人，使（驶）回深澳抛泊，出没行劫因依。当具申本路经略安抚使司及移文漳州，乞发兵船前来，会合沿海驻扎官军船只，并力收捕。
>
> 至五月初四日，又据小江巡检状：缴到东界、新埔、柘林部长林四等状，称四月二十四日早蓦被贼船一十余只，乘载五六百人，持枪仗上岸劫掠，复使船到柘林澳，掳去盐纲船二只。目今见在深澳抛泊，出没行劫。及据水军统领关承信、副统辖高进义申，称本军发遣训练官钟明，管押先锋船一只，前去东洋遇见漳州左翼军先锋船一只，在彼同共巡探。见得上件贼船有一十二只，抛泊深澳。本军初四日使兵船出赖巫洋探伺，至洋心，偶见一综船只从东洋使入，内二只迫近本军兵船，当开弓弩箭射，射其大综，贼船前来围裹。本军为见军寡贼众，恐失事机，只得驾船使回，把截本港。目今贼船随后赶来，抛泊吴田澳，与本军人船对望。缘诸州兵船未到，事势紧急，申乞措置讨捕。②

在此处，南澳最重要的港口深澳，其地名出现三次。这是非常翔实、细致的关于南宋南澳史的珍贵记载。

绍定六年（1233）四月二十四日，在潮州海阳县南部沿海的东界、新埔、柘林（今属潮州市饶平县、汕头市澄海区沿海一带）等地发生劫掠事件，在潮州的柘林澳劫去官方的盐纲船2艘，回到深澳停泊。此后其气焰嚣张，四月三十日，海盗又在漳州劫走了陈使头的过番船货，俘虏了水手、纲首多达91人，然后返回老巢深澳抛锚停泊。并以此为据点，伺机打劫沿海船只。由此，可知深澳是海盗的聚集地，由来已久。而潮州的水军，因为寡不敌众，只得采取守势，尽量避开与海贼的冲突。

在泉州料罗之战后，海盗流窜到潮州海湾及南澳岛，以10艘大船500—600人劫掠

---

① 林日波：《真德秀年谱》，华中师范大学硕士学位论文，2006年。
② （宋）真德秀：《西山先生真文忠公文集》卷十五"申尚书省乞措置收捕海盗"，第5—6页。

潮、漳州沿海。故而，真德秀又特地从头将这一隐患的来龙去脉及严重性向朝廷做了一番汇报：

> 本州窃见南风正时，所有海贼船只递年往来漳、潮、惠州界上冲要海门，劫掠地岸人家粮食，需索羊酒，专俟番船到来，拦截行劫。今来贼船已有一十二只，其徒日繁，于番船实关利害。除已再帖水军关承信、高进义、小江巡检及沿海隅总等人，整蝥器甲人船，严行把截，仍申福建提舶司证会，疾速区处，调遣兵船会合外，申乞差发兵船前来本州海次会合收捕，庶使海道肃清，番船无阻。及承漳州公文，大意一同州司。证得贼船见泊深澳，正属广东界分，正南北咽喉之地，其意欲劫米船以丰其食，劫番船以厚其财，掳丁壮、掳舟船以益张其势，用意巨测，为谋不臧，此猬贼之所为，非复寻常小窃之比。且自今年二月料罗之败，只有五船，今又添至十二只，闻其贼众已近千人，若容养不除，声势日炽，未易剪灭。①

以上可谓真德秀对历年来闽粤间海盗为患日炽的一番概述。由此，可知处于闽粤交界的深澳是海盗的聚集地，从泉州料罗之战后流窜到潮州海湾及南澳岛，从 5 艘船不断积累到 12 艘船只，居然拥有近千人之众，可知其海盗数目之多，海船规模之大，实在令人瞠目。其"不法"活动，主要是"劫米船以丰其食，劫番船以厚其财，掳丁壮、掳舟船以益张其势"，其所劫掠过往的外销船，当包括官方及民间的对外贸易商船，不仅洗劫财物，还吸纳水手、商船以扩大其武装势力。故真德秀极力向尚书省申明，应该以国家的命令，整合闽粤各地的各种兵力，讨捕这批大型海盗。奏请曰：

> 本州不敢以闽广异路为限，即欲与漳、潮二郡协力讨捕。而南风正时，海道不顺，兼贼势颇盛，所当审图，未敢轻举。已移文潮州，请亟告广东帅司，多发摧锋水军前来剿捕，而本州亦发左翼水军与之会合，彼此协力，腹背交攻，庶几必捷。欲望朝廷，亟赐札下广东帅司，调发上项水军，使之顺风直上，径袭其后，而本州合军民船并进，相为犄角，决可禽（擒）灭贼徒，肃清海道。除已牒左翼军差拨兵船及行下晋安、同安县，劝谕民船并沿海巡尉差兵船前去漳、潮界首会合外，右伏乞指挥，札下广东帅司，调发摧锋水军，与本州左翼军及诸澳民船会合掩捕。仍乞行下福州、兴化军，各发水军，相为应援，庶免误事。申闻。

真德秀主张泉、漳、潮州三地协力抓捕海贼，祈请朝廷札下广东、福建经略安抚司，调遣摧锋水军官兵"乘驾船只，多带器仗，审探贼徒所在，与本州已调军民船克期会合，首尾援应，并力擒讨，须使贼舟窜逸无所，日下尽数败获，海道早获肃清"②。

---

① （宋）真德秀：《西山先生真文忠公文集》卷十五"申尚书省乞措置收捕海盗"，第6—7页。
② 同上书，第7—8页。

三　南宋潮州南澳（长沙尾澳、深澳）是闽粤间重要的内外贸易港口

如上文所揭示，南宋潮州南澳之长沙尾澳（隆澳）及深澳俱是海盗行劫之渊薮，实际上却反映了深澳、长沙尾澳是宋代闽粤间重要的内外贸易港口的史实。以南澳的深澳、长沙尾澳为出发点，潮州对外的贸易产品，在国内主要是稻米、食盐等，于海外主要是陶瓷、香药等。[①]

关于宋代福建沿海地区稻米供给不足的研究，学界已有很多成果。尤其在南宋时期，因为人多地少，即使遇到丰年，福建路八个州（府、军）仍是缺粮严重之区，稻米首选的输入地是广东路，而最近的地区便是潮州[②]。事实上，从宋代一直到明代中叶，稻米是潮州运往粮食严重不足的福建路，尤其是沿海"下四州"（即福、兴化、泉、漳州）的大宗物品。宋代潮州"地居东南而暖，谷尝再熟。其熟于夏五六月者曰早禾，冬十月曰晚禾，曰稳禾，类是赤糙米，贩而之他州曰金城米"[③]。至明代中后期，福建的泉、漳州等地在天旱失收时，"然民皆航潮米而食，不专恃本土"[④]。

真德秀在公文中一再强调这个问题："福与兴、泉（州）土产（稻米）素薄，虽当上熟，仅及半年。专仰南北之商转贩以给。自冬及春，来者绝少，故其价直〈值〉日益以昂。"[⑤]"又福、泉、兴化三郡，全仰广米以赡军民，贼船在海，米船不至，军民便已乏食，粜价翔贵，公私病之。"[⑥]又称："兼福、兴、漳、泉四郡全靠广米以给民食，而福建提舶司正仰番船及海南船之来以供国课，今为贼船所梗，实切利害。"[⑦]因此，海贼的负面影响，除了表现在对沿海百姓生命财产安全造成直接损失外，更主要体现为两大方面：首先是，阻碍了海上交通，广东稻米不能进入福建；其次，影响番舶，相应地影响国家的税收。

综上所述，至迟在南代，深澳不仅是闽粤间的一个重要港口，亦是影响闽粤海道安全的军事战略要地。一如真氏公文所言"证得贼船见泊深澳，正属广东界分，正南北咽喉之地……本州（真氏自称）不敢以闽广异路为限，即欲与漳、潮二郡协力讨捕"。虽则，南澳地域在宋代属于广东路潮州海阳县[⑧]，然而，此地实当闽粤之界，在行政和军事管理上，难分彼此。又因南澳在地理位置上的重要性，闽粤两地不得不联

---

① 广东省博物馆编著：《潮州笔架山宋代窑址发掘报告》，文物出版社 1981 年版；庄义青：《宋代的潮州》，中山大学出版社 1997 年版，第 79—80 页；吴榕青：《宋代潮州的盐业》，《韩山师范学院学报》1997 年第 3 期；李炳炎：《宋代笔架山潮州窑》，汕头大学出版社 2004 年版。

② 郎国华：《从蛮裔到神州：宋代广东经济发展研究》，广东人民出版社 2006 年版，第 102—104 页。

③ （明）解缙等：《永乐大典》卷五三四三引"三阳志"，中华书局影印本线装本 1960 年版。

④ （明）王世懋：《闽部疏》（万历乙酉），中华书局丛书集成初编本第 3161 册影印本 1985 年版，第 12 页。

⑤ 《西山先生真文忠公文集》卷十五"奏乞拨平江百万仓米赈粜福建四州状"。

⑥ 同上书"申枢密院乞修沿海军政"，第 4 页。

⑦ 同上书"申尚书省乞措置收捕海盗"，第 7 页。

⑧ 吴榕青：《潮州历史政区地理述略》，《岭南文史》1998 年第 4 期。

合守卫地方、追捕海贼。

四　遗存的古迹佐证：南澳是宋代一个重要的航舶据点

今南澳岛仍存留的历史文物，得以与历史文献的记载互为印证，如大潭北宋政和年间船户欧七娘夫妇留下的题刻，如图3所示。

图3　南澳北宋大潭捐钱挖井石刻

该石刻刻于北宋政和三年（1113）和政和五年（1115），位于西半岛大潭东北侧海边，高2米，宽2米，离地1米。其文字释读如下：

第一：

女弟子欧/七中（笔者按：疑当为"娘"的俗写字㚟）舍井/一口乞平安/癸巳十一月记

第二：

弟子欧七娘同/夫黄选（选）舍井/二口/乙未政和五年/匠李一①

邱立诚、杨式挺据此，首先指出南澳岛上的舍井石刻，"应与出海贸易的潮州商人有密切关系"②。随后，邱立诚又撰写专文讨论这一大潭宋代石刻，推测出题刻主人欧七娘夫妇可能是出海商人，曾于北宋政和三年及五年（1113，1115）两次行经南澳靠泊，并做出捐钱凿井之善举，"反映了宋代海船停泊南澳的一段史实，是南海丝绸之路

① 参据以下几种载录：南澳县文普办、吴占才主辑的《南澳县文物志》1985年（内部），第197页；黄挺、马明达的《潮汕金石文徵》，广东人民出版社1999年版，第71—72页；吴占才、南澳县文化体育局、南澳县文物管编的《南澳县文物志》（增订本），天马出版有限公司2004年版，第139页。

② 邱立诚、杨式挺：《从文物考古资料探索潮汕地区的古代海上"丝绸之路"》，《潮学研究》第2辑，汕头大学出版社1994年版，第41—42页。

的重要史迹之一"①。笔者非常赞同邱氏的考释和分析。

明《东里志》载："天后宫，一在大城东门内，一在柘林守备营后，一在深澳，宋时诸番舶建，时加修理。晏总兵修建于海岸，皆祀天后圣母之神。凡航海者，必谨事之。"② 可知深澳作为外贸港口由来已久，至迟在南宋中后期，已建有妈祖庙供航海者祭祀。除国内航船外，番船来潮贸易当不在少数，这正与前引方志言"旧番舶为患"及真德秀的公文相印证。

南澳在宋代至少有两座寺院③。其一为云盖寺，原名为三宝寺，在今南澳县城后宅东偏南约16公里，云澳镇烟墩湾畔的山上④。清初顾炎武引文献言云盖寺："在南澳山之东南……旧有三宝寺，时有云气遮盖，故以得名，不知建自何代。废址犹存。"⑤ 乾隆《南澳志》载："云盖寺：在云澳山上。石上有'紫云华盖'四字，不知创自何代，久圮，石础尚存。今云澳士民捐资建复。"⑥ 而明《东里志》却记载："云盖寺：在南澳之东南，宋时所建，石上有'紫云华盖'四字。刘晴川诗所谓'迹寻华盖远'，盖指此也。"⑦ 刘晴川即明代大儒刘魁，嘉靖七年任潮州通判⑧。所谓"远"明显非指路途遥远，而是指年代的久远。康熙《澄海县志》更是明确载："去（澄海县）城三十里南澳深澳之东南，宋时建。石上有'紫云华盖'四字，今废。"⑨ 乾隆之前文献俱言宋代所建，并非夸张。

其二佚名，俗呼大井庵。陈沅据《征访册》载："大井庵断柱残刻，在隆澳宫前乡，柱数段，委于路之两旁，大几合抱。一刻'□□□许廷实□舍钱叁贯入宝殿修造'；一刻'信人陈宁舍钱七贯造'。另有石狮一只，半沉土中，制甚古拙。"并谨案曰："乡民传未创乡前已有庵，久废，佚其名，因近古井，故俗呼大井庵。以刻字推之，盖元以前所建。此外断柱刻字尚有多段。"⑩ 笔者认为，捐钱以"贯"称，当为宋人行文，寺院当建自宋代。

五 结语

综上所述，南澳岛及其最重要的两个优良港口即深澳、长沙尾澳（隆澳），其地名

① 邱立诚：《南澳大潭宋代石刻小考》，《潮学研究》第3辑，汕头大学出版社1995年版，第79—81页。

② （明）陈天资撰，饶平县方志办校订：《东里志》卷一"疆域志·祠庙"，2001年（内部），第34页。

③ 郑群辉：《潮汕佛教研究》，暨南大学出版社2015年版，第52页。

④ 汕头市地名委员会、国土房产局编：《汕头市地名志》，新华出版社1995年版，第322页。

⑤ （清）顾炎武：《天下郡国利病书》（第二十六册），稿本，第131页。

⑥ （清）齐翀纂修：（乾隆）《南澳志》卷十二"杂记·寺"，岭南美术出版社影印本2010年版，第19页。

⑦ 上揭：《东里志》卷一"疆域志·古迹"，2001年（内部），第33页。

⑧ 黄宗羲：《明儒学案》卷十九"员外刘晴川先生魁"："刘魁，字焕吾，号晴川，泰和人，由乡举，嘉靖间判宝庆，五年守钧州，七年贰潮州。"

⑨ （清）王岱修，王楚书纂：（康熙）《澄海县志》卷十八"寺观"，康熙二十五年刻本，第11页。

⑩ 陈沅（梅湖）总纂：（民国）《南澳县志》卷十九"金石·石类"，2007年（内部），第297页。

的确立不会迟于宋代，它是宋代东南沿海地区，特别是闽粤之交海上丝绸之路的重要一环。至迟在南宋时期，深澳、长沙尾澳已经作为闽粤间重要的私贸港口获得了充分的利用，是宋代番商在潮州沿海的贸易活动最重要的据点之一，同时也是闽粤边界海盗猖獗之区。这一文化渊源，无疑对此后元明时期潮州海外贸易与海上军事集团的形成具有深远的影响。

（作者：吴榕青，韩山师范学院文学院副教授）

"海上丝绸之路"的历史契机与当代启示

——以明清之际福建与中西文化交流为考察中心

吴巍巍

摘 要："海上丝绸之路"作为古代东西方贸易交通的大动脉，在地理交通层面沟通着东西方世界的互动往来。在东西方商品贸易活动的基础上，"海上丝绸之路"还承载着中西文化交流的"使命"，西方人借此积极开展对华文化交流。明清之际，西方人在福建东南沿海地区的文化活动呈现出积极发展的态势，西方天主教再度入闽传教，西方科学文化和社会文化等各类知识也随之传至福建社会。同时，福建文化乃至中国文化的诸多方面内涵，也借助"海丝"通道，流播至西方世界，构筑了一段平等对话和积极往来的双向交流局面。这段以"海丝"之路商贸往来为契机的中西文化交流之历史及其遗存，不仅成为学界津津乐道的话题，也对今日重建21世纪的海上丝绸之路有着一定的启示意义。

关键词：海上丝绸之路；历史契机；当代启示；明清之际；福建；中西文化交流

前 言

众所周知，"海上丝绸之路"是指中国与世界其他地区之间海上交通的路线。早在宋元时期，东西方之间的海外贸易开展得极为兴盛，借由海路之交通平台，中西文化交流也蓬勃兴起，为后来东西方的交往和沟通奠定下坚实的基础。元朝灭亡后，中西交通和文化交往一度中断，一直到明朝的后半叶直至清代初年（即学界常称的"明清之际"），伴随着西方殖民主义势力的东来对华贸易，大量殖民者、探险家、外交使节、商人、传教士再度不绝如缕地远渡重洋前来东方，中西交往、沟通和东西方文化交流重现生机，并渐入佳境，双方的互动认识与了解也逐步加深。可以这么说，"海上丝绸之路"承载着东西文化交流起承转合的重要"使命"。

15世纪末16世纪初，位于伊比利亚沿海一隅的葡萄牙率先揭开了世界航海史和地理大发现的序幕。由于陆路的阻滞，葡萄牙殖民势力迫切需要开辟新的航路前往东方寻找黄金、换取香料，从事海上贸易。1557 年，葡萄牙人强行占据中国澳门，开辟了从里斯本经好望角到中国南部的航线。葡萄牙的"成果"刺激了西班牙、荷兰、英国、法国等国，这些西方殖民势力相继东来，并开辟了从欧洲经美洲穿越太平洋到达菲律宾再达中国东南沿海等线路，于是，自欧洲来中国的东西两条海道从此开通，西方殖民者开始对中国进行持续不断的贸易与探察。在这一轮中西交往的大潮中，西方国家多集中于中国东南海域从事活动，进而窥视、探察中国信息，地处东南沿海的福建社会便成为他们透视中国最重要的窗口之一，成为西方人开展对华文化活动的前沿。与此同时，中国文化也从这里进一步走向西方世界，并对西方社会产生一系列反应和影响。东西方两大文明的舞台，再度演绎一出出交汇与碰撞的时代剧目。

一　大航海时代西方殖民者在东南沿海的文化考察活动

（一）葡萄牙人率先来闽及其文化活动

1517 年，奉葡萄牙国王之命（试图与中国建立通商贸易关系），赴华使节托梅·皮雷斯（Tomé Pires）在费尔南·佩雷斯·德·安特拉德（Fernao Perez d'Andrade）等的护送下抵达广东屯门，在说明来意后获准前往觐见皇帝。这样，皮雷斯成为葡萄牙派往中国的第一任使臣。不过皮雷斯并未完成使命，而是离奇地成为阶下囚并最终死于广州狱中[①]。而安特拉德等则没有随皮氏登岸，他于该年派遣一部分舰队，由马斯卡列纳斯（George Mascarenhas）率领，北上寻找琉球群岛，受天气所阻，航行至福建沿海而停留于 Chincheo[②]，借此机会考察了福建沿岸并搜集有关信息，为葡萄牙人入闽求市埋下种子，这也是葡萄牙人首次到达福建并踏上闽地。马斯卡列纳斯一行踏上福建土地，考察搜集当地信息，对福建社会有了一个直接的认识，根据 16 世纪著名葡萄牙学者巴洛斯和卡斯特涅达等人在著作中的叙述，马斯卡列纳斯一行在福建逗留期间，曾与当地居民进行贸易；马氏等人简要描述了福建海岸的外在景观和对那里的直观印象，"沿 Chincheo 海岸行驶，那里是齐整的，散布着许多城镇、村落：航行中遇到许多驶往各地的船只"，还谈到福建居民，"在该地（Chincheo）感觉到百姓比广州的要富有，比广州人更有礼……在那里停留时一直得到当地百姓极友好善

---

① 万明：《中葡早期关系史》，社会科学文献出版社 2001 年版，第 25—34 页。

② 对于葡萄牙人马斯卡列纳斯一行所停留的 Chincheo 究竟为福建何地，目前学术界尚有分歧：一说为漳州，参见张星烺《中西交通史料汇编》（第一册），中华书局 1977 年版，第 355 页；林金水、谢必震主编《福建对外文化交流史》，福建教育出版社 1997 年版，第 111 页。另一说为泉州，参见张泽天《中葡早期通商史》，中华书局 1988 年版，第 47 页。第三说为尚不确定，认为还难以判定，参见［英］博克舍编注《十六世纪中国南部行纪》，何高济译，中华书局 1990 年版，第 224—225 页；万明《中葡早期关系史》，社会科学文献出版社 2001 年版，第 49 页。笔者认为，虽然 Chincheo 究竟是哪一个地名尚有待于进一步考证，但马斯卡列纳斯一行曾到往福建沿海可谓确凿无疑。

意的接待，他们是'异教徒'，白而俊秀，生活不错"①；而他们似乎对泉州较为了解，因为"多年习惯来它属下的一个货港做买卖"②。

16世纪葡萄牙人对福建进行了较为全面而深入介绍的著述应推伯来拉（Galeote Pereira，亦被译作佩雷拉）的《中国报道》和克路士（Gaspar da Cruz，也常被译为克鲁兹）的《中国志》。这两部作品代表了当时西方人认识中国的较高水平，对欧人认识中国及其中国观的形成有着重要影响。两本著述中都有许多较为详尽介绍福建社会的内容，他们对福建的介绍，大大超过了前人及以往的作品，也极大地丰富了西人对福建乃至中国社会的认识。③

（二）西班牙人涉足福建沿海地区及其文化活动

葡萄牙人在中国东南沿海的活动刺激了其他西欧国家，与葡萄牙并称15—16世纪两大殖民先锋的西班牙更是按捺不住，他们紧随葡萄牙之后开辟了"欧洲—美洲—菲律宾—中国"的航线，并占据了菲律宾作为其在东南亚的殖民基地，并试图以此为跳板寻求与中国建立关系。1575年，适逢福建海防军队追剿海盗林凤集团至菲律宾海域，而林凤又被西班牙人包围，负责此次军事行动的福建把总王望高拜见西班牙菲律宾总督，双方商议合作：西班牙人协助擒拿林凤，作为回报，王同意西班牙派遣以修士拉达（MarDin de Rada）等为代表的使团赴闽，请求明政府准许与西班牙互市。

拉达是天主教奥斯定会传教士，博学多才，有"西班牙艺术的花朵和凤凰"之称。此行赴闽他不仅担任与中国建立贸易关系的使命，还兼怀传播基督教和搜集中国情报信息的目的，该使团也是明末西方派到福建的第一个传教团④。拉达一行于1575年7月5日抵达厦门，并经泉州、兴化抵达福州，一路上颇受款待和礼遇。然而该年8月2日林凤逃出西班牙的包围，加之新任西班牙菲律宾总督对待中国官员的不友善态度及明王朝对西

---

① ［英］博克舍：《十六世纪中国南部行纪》，何高济译，中华书局1990年版，第224页。

② ［葡］费尔南·门德斯·平托等：《葡萄牙人在华见闻录》，王锁英译，澳门文化司署等1998年版，第30页。

③ 伯来拉，葡萄牙殖民分子兼商人，16世纪中叶活动于中国东南沿海一带，从事走私贸易。1549年在诏安走马溪战役中被明朝军队俘虏，被囚禁于监狱中，后逃脱，逃出中国后撰写了自己在华的见闻录，即《中国报道》（也被译为《中国见闻录》），约于1563年完稿并被收入集子出版。该书对福建的城市及村镇景致、农业技术、生活习俗、饮食、宗教信仰、城市建筑等作了记述，代表了当时葡萄牙人对福建的认识，并通过福建了解中国的行政体制、科举考试和律法制度等。伯来拉的书对欧洲产生了很大影响，稍后的克路士《中国志》一书及后来门多萨的《中华大帝国史》等就广泛参考和引用了伯来拉的记载。参见［英］博克舍《十六世纪中国南部行纪》，何高济译，中华书局1990年版，第3—21页。

克路士是一位天主教多明我会传教士，1556年曾到中国并企图在华建立传教站，在广州居住数月后很快遭到驱逐，回国后于1569年出版了《中国志》（也被称为《中国情况记》），该书是一部体例较为完备的记述中国的作品，被誉为"欧洲出版第一部专记中国的书"，"克路士在广州停留的几周比马可·波罗在中国度过的那许多年得到更充分的利用。比那位更负盛名的意大利旅行家马可·波罗对所见的中国描写得更好更清楚"，"这位修士对中国生活和风俗所作的许多考察，启迪了那些尔后常被认为是最早把中国揭示给欧洲的耶稣会作家"。参见［英］博克舍《十六世纪中国南部行纪》，何高济译，中华书局1990年版，导言，第36—37页。不过，克路士未到过福建，其对福建社会的记录较多地参考伯来拉的报告，相对简略。参见［英］博克舍《十六世纪中国南部行纪》，何高济译，中华书局1990年版，第63—71页。

④ 林金水、谢必震主编：《福建对外文化交流史》，福建教育出版社1997年版，第118页。

班牙人心存顾虑，拉达一行于同年 9 月 14 日由王望高陪同被遣送回马尼拉，从此再也没踏上中国的土地，西班牙与中国的第一次接触也宣告破产。不过，拉达在福建逗留期间，对福建社会有了一定的认识，他还从福建购买了一百多部中国书籍，在此基础上写就了《出使福建记》和《记大明的中国事情》两篇报告，留下其在福建活动的历史证据①。

拉达的两篇报告成为随后不久门多萨②（J. G. de Mendoza）撰写《中华大帝国史》③ 最为直接和重要的资料来源，如《中华大帝国史》的第二部第一卷，就是根据拉达的第一篇报告并在此基础上详细叙述了拉达一行在福建的经历和见闻。《中华大帝国史》一书在拉达等人的记述之上，对福建的自然景观、建筑艺术、物产、人文风俗、科举制度、宗教信仰等，进行了较为翔实的描述，为西方世界传递了不少关于中国东南沿海地区各个方面的信息④。该书于 1585 年在罗马付梓印行。出版后，在当时整个欧洲学界引起了极大的震动，被一版再版。据统计，到 16 世纪末，门多萨的这部著作以 7 种不同文字（西、意、德、荷、法、英、拉丁）重印 46 次⑤，由此可见此书在当时欧洲之影响。著名汉学家莫东寅先生认为"此书为欧西东方学史上重要文集之一，实西洋关于中国专籍之嚆矢，包括详述中国礼俗之西书也"⑥；方豪先生也认为此书"风行欧洲，即后出利玛窦之著作亦不能及"⑦，强调了该书在汉学史上的重要地位。

（三）荷兰人在我国台海地区的文化考察活动

荷兰是继葡、西之后兴起的资本主义国家，因其在 17 世纪是世界海上霸主，故有欧洲的"海上马车夫"之称。16 世纪末，荷兰人逐渐称雄于世界海洋，1602 年成立荷兰东印度公司，发展对东方的贸易与交往。荷兰主要在我国东南沿海一带活动，与福建结下了颇深的关系。荷兰人在我国台海地区的活动，从根本上说是出于发展对外贸易的需要，但是荷兰人却屡屡凭借海上军事力量对我国沿海进行武力进犯，特别是在

---

① 在拉达的著作中，对福建社会的记载和认识包含各方面点点滴滴的零散信息，涉及农业、道路交通、村镇、人口、物产、城市景观、城内街市、生活习俗、服饰、礼节、宗教信仰、官僚体制等，举凡种种涉及自然与人文的状况，都被收罗于拉达走马观花式的见闻和体会中，参见 ［英］博克舍《十六世纪中国南部行纪》，何高济译，中华书局 1990 年版，第 171—222 页。拉达一行还有为殖民者打探、记录军事情报的不光彩行径，诚如杨钦章教授所言："西班牙人对中国海防力量的详细观察反映此行负有'侦察中国'的使命，殖民军队和天主教会密切配合是西班牙实现殖民统治的重要手段。"杨钦章：《西班牙奥斯定会士的首次泉州之行》，《中外关系史论丛》第 2辑，世界知识出版社 1987 年版，第 120 页。

② 门多萨亦是奥斯定会修士，他潜心于学术研究，热衷于担负传教的使命，1575 年拉达中国之行的报告传到西班牙，1581 年西班牙王室曾计划向中国派遣使团，门多萨被委任为使团团长，帮助西班牙与中国建立联系。然而门多萨才到墨西哥就因为得不到支持悻悻而归。虽然门多萨最终没有到过中国，但他在回国后广泛搜集资料，旁征博引，写成《中华大帝国史》。该书所征引的资料包括了克路士、拉达及随拉达一同到过福建的赫罗尼莫·马林（Lerónimo Marin）、米格尔·洛尔加（Miguel de Loarca）等人的作品，还有大量前人的使华报告、文件、信札及著述等，是一部体例十分完备、内容丰富而翔实的中国史志和资料汇编。

③ 此书中译本为 ［西］门多萨撰《中华大帝国史》，何高济译，中华书局 1998 年版。

④ 同上书，绪论，第 33—39 页；正文，第 157—236 页。

⑤ 吴孟雪、曾丽雅：《明代欧洲汉学史》，东方出版社 2000 年版，第 27 页。

⑥ 莫东寅：《汉学发达史》，大象出版社 2006 年版，第 46 页。

⑦ 方豪：《中西交通史》（下册），岳麓书社 1987 年版（重印本），第 971 页。

1624年至1662年占据台湾近40年，给闽台人民带来了巨大的灾难和不安定的因素。清初，荷兰人与清政府若即若离，1683年郑氏降清后，荷兰人逐渐淡出中国海域。以往学界在研究荷兰与我国的福建、台湾的关系时，大多注意到荷兰尤其是东印度公司在中国东南沿海的殖民入侵和海上贸易，还对荷兰占据台湾期间的历史关注较多①；而对于荷兰人在我国福建、台湾的文化考察事象，则鲜少涉及。目前学界对这一问题给予较多关注的是美国学者卫思韩（John E. Wills, Jr.）教授和中国学者林金水教授，后者在《福建对外文化交流史》中初步论述了荷兰文献中有关福建的记载，其中就有很多关于荷兰人对福建的介绍和认识，为我们了解17世纪荷兰人眼中的福建社会，提供了一份很好的研究指南和参考。

荷兰人尤其是东印度公司，在福建活动将近一个世纪，留下了大量的档案资料。这些资料如今保存在海牙国家总档案馆中，其中包括商业账册、日记与信件等，参考价值极大，再现了荷兰人在闽台活动的历史，并且具体记述了在中外交涉中，中方的立场和态度。资料详尽到天气的变化、官员的服饰、饮食起居、娱乐活动，甚至双方人员的私下交易也被一一记录下来。另外，荷兰东印度公司的使节、商人、海员、军人等也在福建频繁活动，"其时颇多之游历家、教士、海军、官吏等抵达福州、漳州、泉州、厦门一览无遗地一带游历"②，这些人根据亲身经历，写下了许多珍贵的日记和记事、报告③，这些档案资料和个人著述，对福建的政治、经济、军事、宗教、文化和风俗等作了大量的记载和介绍，是当时荷兰和西方国家认识我国的福建与台湾的主要信息来源④。

---

① 有关荷兰在东南沿海的活动情况，前人已有较多的研究成果，可以参见郭廷以《近代中国史》（合订本），台湾商务印书馆1941年版；包乐史、庄国土《〈荷使初访中国记〉研究》，厦门大学出版社1989年版；杨彦杰《荷据时代台湾史》，联经出版事业公司2000年版；张维华《明史欧洲四国传注释正》，上海古籍出版社1982年版；等等。这里不再赘述。

② ［美］麦克福（Franklin P. Metcalf）：《十八世纪前游闽西人考》，金云铭译，《福建文化》第2期。

③ 在游历闽台的荷兰人所写的著作中，邦特库（Willem Ysbrantsz Bontekoe）的《东印度航海记》一书影响最大，该书（荷兰文）出版于1646年，是17世纪荷兰乃至西方大众所喜爱的畅销书之一，"在荷兰文学作品中所能夸耀的优秀旅行记中，没有一本能比邦特库船长那本著作更深受欢迎而广泛流行"（［荷］威·伊·邦特库：《东印度航海记》，姚楠译，中华书局1982年版，译者序，第2页）。该书曾一版再版，并被译成多种文字，风靡一时。此书的宝贵价值在于作者以亲身经历记载了荷兰人侵扰我国闽台的活动，可以弥补中文史料之不足。其中作者以公正的态度将荷兰殖民主义行径披露于世。该书还记述了一些关于我国福建与台湾的社会文化信息，对于今人了解当时台海地区的历史与文化有所裨益。

④ 举例观之，在荷兰东印度公司档案中，有着福建史研究学者前所未闻的类似中国笔记小说的记载。1663年10月16日，苗焦沙吾在泉州耿继茂帐篷中，目睹了郑氏率领杨富及其50名下属降清的仪式经过，仪式后举行了盛大的宴会和娱乐活动，其中最引人注目的是一群儿童表演的一出戏，他们是耿继茂抚养的专门用来向客人表演节目的。这些儿童大概是从澳门购买来的亚洲或非洲的奴隶（Wills, Some Dutch Source on the Jesuit China Mission, 1662—1687, p. 67）。又如，荷兰文档案中对福州天主教堂的记载也鲜为人知。1662年年底，苗焦沙吾在福州会见了耶稣会士柏应理和何大化，并参观了他们的教堂。据苗氏记述，"教堂的外表是中国寺庙的风格，内部装饰是中国化的，祭坛与香炉雕刻着龙和其他头首，完全是异域情调，只有有限的几张绘画与图片，才可以看出基督教的特征"（Wills, Some Dutch Source on the Jesuit China Mission, 1662—1687, p. 268.）。此段记载，对于我们理解明清之际天主教在中国推行的"适应性策略"的实践程度，是一个很好的例子。参见林金水、谢必震主编《福建对外文化交流史》，福建教育出版社1997年版，第131—132页。

（四）英国人在福建沿海的植物考察

荷兰人淡出福建海域后，英国人继之而来。英国是继荷兰之后的资本主义大国，其殖民足迹遍布世界，1662年荷兰被逐出我国台湾后，英国人乘虚而入，与郑氏集团建立贸易关系，在厦门设立工厂。1676年，英国在我国厦门、台湾两地投资大量黄金折合3万英镑，货物价值达2万英镑，而他们"在厦门建立的工厂，被认为是最佳的投资"①。1681年郑氏退居台湾，英国人随之关闭在厦门的工厂；1688年英国人在厦门重开贸易，至1701年投资贸易额达3.4万英镑。此后，随着清政府闭关政策日严，英国人在福建海域的贸易也逐渐萧条。可见，英国人早在明清之际就已经在我国东南沿海展开海上贸易。

就在英国于福建沿海进行贸易的同时，一部分英国人十分注意采集中国东南地区尤其是福建的植物标本，"英国人在福建之作植物采集也，系与其在华商业发达史有直接关系"②。他们对福建植物的考察，是西方人首次成规模地对中国自然物产进行探险采集，这在中外关系史中有着重要的地位。20世纪20年代于福建协和大学任教的麦克福（Franklin P. Metcalf）教授对此事象有着详细的介绍。据其研究，1685年，利班纳（Win Cheslaus Libanus）在厦门、舟山一带进行采集，所制标本均寄给当时英国著名的植物分类学专家皮笛维尔（Petiver）和波拉克尼（Plukenet），其中有一羊齿植物标本还保存在伦敦英国自然历史博物馆。1695年，勃朗（Sam Brown）在厦门等地也采集到不少植物，曾将乌桕种子带到英国，经8—10年的培育，种子生长成树。此外，还有1699年至1700年，开尔（Kaier）、巴克莱（Barclay）两医士在厦门采集植物。而最重要最著名的应推康宁罕爵士（Sir James Cunningham），他原是厦门及舟山公司的医师，1698年第一次来到厦门和鼓浪屿，同年回国。1701年8月13日他第二次来华，1703年再到厦门，直至1709年回国，共采集600多种植物，皆送给他的好友皮笛维尔和波拉克尼等。之后，这些标本均被完好地保存在英国自然历史博物馆，其中38种标明采自厦门，有38种标明采自鳄鱼岛（即白犬岛，又名上沙下沙）③。这些行为表明17—18世纪福建植物种类的繁多与良好的考察价值已为西方学者获知，大大丰富了西方的植物分类学，一定程度上吸引了后来的西方探险者。

二　明清耶稣会士在福建的传教活动与文化传播活动

1624年12月29日，意大利籍耶稣会士艾儒略随致仕归里的叶向高来到福州大地，开启了明末清初天主教在福建社会传播的历程。

---

① Philip Wilson Pitcher, In and About Amoy, Shanghai and Foochow: The Methodist Publishing House in China, 1912, pp. 46 – 47.

② ［美］麦克福（Franklin P. Metcalf）：《十八世纪前游闽西人考》，金云铭译，《福建文化》第2期。

③ 同上。

艾儒略（Giulio Aleni，1582—1649），字思及，是利玛窦去世后又一蜚声中西交通史的著名人物，对中西文化交流做出了重大贡献，被中国士大夫誉为"西来孔子"①，这么崇高的名誉，即使是其前辈利玛窦也未获得。他出生在意大利北部阿尔卑斯山下的布雷西亚城的尼诺（Leno）镇。Aleni 即尼诺人的意思。他 1600 年加入耶稣会，1609 年被派往东方传教，1610 年抵达中国澳门，1613 年获准进入中国内地，先后在河南、北京、上海、山西、江苏等地活动。1624 年，他在杭州遇见致仕归里的原相国叶向高。叶向高对耶稣会士早有好感，曾是利玛窦的好友。此时与艾儒略会晤，相见恨晚，力邀他入闽。而艾儒略也有在福建传教之意，他们遂同舫南下，1624 年 12 月 29日抵达福州②。艾儒略在闽活动达 25 年之久，八闽大地，周游殆遍，每至一地，便与士大夫雅善晋接，广交朋友，传播教义，引导士人和平民百姓入教。据林金水教授考证，艾儒略在福建约与 208 人交游过，超过林教授所考的利玛窦在华交游的士大夫人数。这些人中，上有卿相，下至士庶，而居多数者则是青衿儒士和地方缙绅，如儒学教官、庠生和贡生之类。他们是艾儒略在闽传教活动的社会基础与依靠对象③。这一点同利玛窦主要结交朝廷大员迥然相异。在艾儒略的劝化下，"每年授洗八九百人"。在闽期间，艾儒略"共建大堂二十二座，小堂不计，授洗一万余人"④。使元代以后一度沉寂的天主教又在福建复苏和传播。在他的要求和影响下，其他耶稣会士也纷至沓来，协助艾儒略传教。他们主要来自葡萄牙、意大利、西班牙和法国。在福州、福清的有卢安德和林本笃；在建宁的有瞿西满、穆尼阁，在泉州有聂石宗，在南平有阳玛诺。明朝灭亡前，耶稣会士已在福州、延平、建宁、邵武、泉州等府以及福宁州、建宁、福安等县建立住院⑤。

耶稣会在福建传播天主教，曾得到南明政权隆武帝的支持和保护。福州天主堂是由艾儒略和叶向高长孙叶益蕃兴建的。一日上（隆武帝）睹之，嫌其湫隘，谕令改建，"谓规制未壮，不足为上帝歆格地。乃式廓而轮奂之，树坊于门曰'敕建天主堂'，而锡（赐）匾于堂曰'上帝临汝'"⑥。由于耶稣会士与隆武帝的特殊关系，他们都把福建天主教的发展寄托于隆武帝身上。然而，隆武政权存在不到两年即告灭亡，耶稣会士的希望也随之破灭。

清军入主福建后，在朝廷，顺治皇帝对耶稣会士汤若望宠幸有加，授予他太常寺卿，诰封通议大夫，又御制"钦崇天道"匾额，送给天主堂悬挂，赐汤若望"通玄教师"。在地方，提督福建军务、巡抚福建都御史佟国器，是顺治正宫皇后的从弟，康熙

① 方豪：《中国天主教史人物传》（上），中华书局 1988 年版，第 185 页。
② 林金水：《艾儒略与明末福州社会》，《海交史研究》1992 年第 2 期。
③ 林金水：《艾儒略与福建士大夫交游表》，《中外关系史论丛》第 5 辑，书目文献出版社 1996 年版。
④ 萧若瑟：《天主教传行中国考》，河北献县天主堂 1937 年版，第 200—202 页。
⑤ Joseph Dehergne（荣振华），S. J. Répertoire des Jesuites de Chine de 1552 à 1800, pp. 352 - 353. 参见林金水、谢必震主编《福建对外文化交流史》，福建教育出版社 1997 年版，第 210 页。
⑥ 李嗣玄：《泰西思及艾先生行述》，巴黎国家图书馆，中文编号 1017。

外祖佟图赖之侄。在京时，佟国器对天主教早有饫闻，久为心折，他夫人已受洗入教，被耶稣会称为"亚加大夫人"（Madame Agathe），与徐光启的孙女"甘第大夫人"齐名。佟统兵南下，沿路遍访耶稣会士，加意保护他们。因此，清初福建天主教在巡抚佟国器庇护下，不但没有因明亡而亡。相反，传教的社会环境条件更加有利。顺治十二年（1655），地方军政主要官员部院佟代、提督杨名高、藩司周亮工、臬司董名魁、大参郝惟纳、学使朱自洗、兵使祖建衡，以及监司诸郡邑侯、诸缙绅士庶，捐资重建福州天主堂，并勒石为记，由佟国器撰文并篆额。碑文最后说："今天子鼎定之初，汤子道未，以太常卿兼司天监，治历明时，咨诸会士，分寓四方，测度阐学。何子德川乃就八闽省会建堂瞻礼。余因思，夫中国居亚细亚十之一，亚细亚又居天下五之一，东海西海，心同理同，敬天爱人之说，皆践修之所不能外也。而西士不惮险阻风波，来相劝勉者，是其教真以敬天地之主为宗。故以爱天主所爱之人为务也，爰为之捐资鸠工，开其旧基，焕其堂室，崇奉天主耶稣圣母天神，永为耶稣会士阐道之所，与闽士人暨四方昭事君子，瞻像究心焉。"[1] 佟国器晚年在南京受洗入教。

清初在福建活动的耶稣会士，主要有碑中提到的何子，即何大化，字德川。何大化1648年到福州，与佟国器关系甚密，佟曾为何大化的《天主圣教蒙引要览》作序，而何大化在该书自序中，也对佟国器大加赞赏，"兹缘大中丞佟公弘功济世，大德匡时，捐俸建堂，崇尚天学；广搜西书，表彰正道"[2]。康熙初，因杨光先挑起的历法之争，何大化同其他耶稣会士被押解到广州。这时，福建天主教与全国其他教会一样，受到了挫折，教堂被改作庙宇。康熙亲政后，历狱得到平反，何大化获敕准许回到福建。1669年到1672年，何氏为第十三任耶稣会华南副省会长（艾儒略为第三任，1641—1649），1677年卒于福州[3]。

明清之际，艾儒略等西方传教士在福建开展传教活动，在宣传和介绍天主教义理的同时，也把西学传入了福建社会。其中最能反映西学在福建传播的是崇祯十年（1637）在晋江景教堂刻印出版的，由艾儒略撰写、相国蒋德璟校阅的《西方答问》。该书是当时中国人了解欧洲的一个窗口，它以一问一答的形式，实际上即艾儒略与福建士大夫的对话，满足和解决中国士人提出的对西方充满好奇的一系列问题，大的方面如天文、历法、地理、政治、经济等问题，小的方面如饮食、人情、婚配、医药、丧服等西方的风土人情。此外，耶稣会传教士在八闽各地传教的同时，也传授一些西方的科学知识。还有就是通过福建士大夫与传教士的交游和接触，吸收了一些西学知识。这就是西学在福建传播的三个主要途径。

举例观之，艾儒略除了在《西方答问》中讲解西方的天文知识外，在福建各地布

---

① 佟国器：《建福州天主堂碑记》，载吴相湘主编《天主教东传文献续编》，台湾学生书局1966年版、1986年版（再版），第975—978页。

② 方豪：《中国天主教史人物传》（中），中华书局1988年版，第51页。

③ 董少新：《何大化与明清鼎革之际的福州天主教》，《文化杂志》（澳门）2010年秋。

道时，还向教徒介绍了许多他们闻所未闻的知识，如关于昼夜长短和极昼极夜的问题，中国人深感惊讶，连徐光启也"深求而不得"。对于利玛窦等耶稣会士带来的世界地图，福建士大夫多有看过，但他们未必都看得懂，因此他们借机向艾儒略请教。如福建士大夫问得最多的是关于世界地图的经纬度、地圆学说、万有引力原理、地分五带、以彩色描绘世界地图和时差问题，艾儒略介绍的是近代西方地图测绘学的基本常识，与利玛窦介绍世界地图知识所不同的是，他做的是通俗性的科普宣传，而且宣传对象主要是福建士人。应福建士大夫的要求，艾儒略对西方的医学也作了介绍，"其医有内外二科，内科又分为二，有专以草木为药者，亦有兼用金石煅炼之药者，其看病诊脉之外，以玻璃瓶盛溺水，验其色，识其病根，又知病概由败血而生，则初病多以开脉出败血为法也"；艾儒略还介绍了西方的建筑，"敝邦造室与贵邦稍异，大都以砖石为墙，墙基量墙之高而深称之，纯用砖石沙灰，少用木柱板壁，图其安住久居，而预防火患也"[①]。其他有关西方政治制度、哲学、法律、教育、物产、手工业制造、金融货币、商贸、风土人情、生活礼俗、文化艺术等方面的问题和情况，艾儒略都一一作了回答和介绍，满足了福建士大夫求知猎奇的心理，也传播了西方文化的表现形态。除了《西方问答》，艾儒略还编撰有《万国全图》《坤与图说》《职方外纪》《西学凡》《几何要法》等介绍西方科学和文化的作品，为当时的福建士大夫和中国知识界了解西学和西方社会文化，打开了一扇扇明亮的窗户。

明清之际天主教在闽传播的历程中，始终不乏传教士与福建文人在思想文化上的交流，中西文化在福建产生碰撞与交汇的代表性事件，当属发生于福州叶向高府邸的"三山论学"。在明末东西方文化的撞击与交流中，"三山论学"算得上是在碰撞中迸发出的思想火花。"三山论学"发生于 1627 年 5 月 21 日至 6 月 29 日，就在叶向高福州的宅邸——"芙蓉园"内（今福州市鼓楼区朱紫坊，法海路花园弄 19 号）[②]，其内容是明末福建士大夫叶向高、曹学佺等人与艾儒略就天主教义理和东西文化差异所进行的一次座谈和思想对话。它反映了西学在晚明福建士人群体当中引发的兴趣、疑问和探索，即西方文化在地方社会落地扎根所必然遭遇的"处境化"问题；同时，此次对话也反映了中国知识分子在接纳西学的过程中，对于西学与中国思想文化如何调适所发出的疑问，这些问题得到了耶稣会士的巧妙解答，逐渐成为中国士大夫所能理解和接受的思想要素[③]。

"三山论学"持续两天，叶向高提出了十几个问题。从艾儒略的回答来看，显然他是想要人们"尊崇天主，欲人遵行教诫，返勘吾身从何而生，吾性从何而赋，今日作

---

① 艾儒略：《西方答问》卷下，第 19—22 页。
② 林金水：《三山论学时地考》，《"全球化视野下的近代中国与世界基督教"国际学术研讨会论文集》2014年第 11 期。
③ 有关"三山论学"的具体内涵，可参见林金水《艾儒略与福建士大夫的交游》，载朱维铮主编《基督教与近代文化》，上海人民出版社 1994 年版。此不赘述。

何服事，他日作何归复，真真实实，及时勉图，如人子之（事父母）起敬起孝"①。而从叶向高的问题看，他祈望外来信仰像一颗灵丹妙药，能够回答并解决他在现实中所遇到的许多令人愤愤不平的问题，故"三山论学"一开始即以"生死大事"为主题而展开。当然，在这场思想对话中，中西方的主角都各有其思想观照与文化潜意识，却开启了当时东西方思想界在人生哲学、精神信仰等深层次的对话和交流，具有很大的时代意义。

三　福建与中西礼仪之争

礼仪之争，是17—18世纪中西历史上就中国祭祖、祭孔礼仪问题发生的一场大论战。这场争论，延续了一个多世纪，对东西方历史产生了巨大的影响，是中西交通史上的一件大事。福建与中西礼仪之争，有着极其特殊的联系，它自始至终都处于礼仪之争的旋涡中。礼仪之争的星星之火首先在福建点燃，其后又燃成熊熊大火，把礼仪之争推向高潮。许多福建奉教士大夫被卷入这场论争，他们对礼仪之争发表了观点，最后又是福建士大夫率先提出禁止天主教，宣告礼仪之争的结束。

明末天主教传入中国后，以利玛窦为首的耶稣会士采取迎合儒家思想的"适应"策略，该策略之一就是允许中国信徒祭祖祭孔。耶稣会士艾儒略等来闽后，继承利玛窦的"适应"策略，允许教徒祭祖祭孔。但是天主教内部不同修会之间，对此有不同的看法。明末耶稣会来华之后，经教皇克勒门八世诏准，托钵修会（多明我会和方济各会）也相继登上中国国土。1632年，西班牙多明我会会士高琦由菲律宾，经我国的台湾淡水，抵福安传教。次年，多明我会会士黎玉范和方济各会会士利安当应高琦神父邀请，也来到福安。方济各会会士利安当来福安之后，曾跟随一个姓王的教徒学习中文。一天学到"祭"字时，王教徒向他解释说，"祭"相当于天主教"弥撒"，王还承认当时中国教徒可以祭祖祭孔。为查明事情真相，黎、利二人在福安穆阳缪家祠堂参加中国教徒举行的一次祭祖礼仪，他们断定这些礼仪具有迷信色彩，应予以禁止。但福安原来是耶稣会的地盘，教徒有一部分是经艾儒略洗礼的，他们向艾儒略写信通报了情况，要求艾儒略对是否允许祭祖给予明确答复，而艾的回答是肯定的。这事使利安当感到恼火。为此，耶稣会士林本笃向利安当作了说明。1635年11月22日，黎、利二人来到福州，和当时耶稣会副省会长傅汎际开会讨论祭祖问题，会上，他们提出13个问题要耶稣会士作解释。耶稣会士坚持原来的观点。双方协商无效之后，托钵修士开始搜集材料。12月22日，他们私设法庭，找来11个教友，审问关于祭祖的细节。最后命这11个教友在口供上画了押。1637年6月，利安当亲自将这份口供送到马尼拉，要求马尼拉大主教召开由神学家和宗教法学家参加的会议，遭到菲律宾耶稣会士的

---

① 苏茂相：《三山论学序》，载刘凝编撰《天学集解》卷5。

反对。后来，马尼拉大主教上书罗马教皇，要求谴责耶稣会的做法。而耶稣会远东巡视员李玛诺获悉马尼拉大主教上书教皇信件的副本后，立即致信马尼拉大主教，逐条驳斥了托钵修士的指控。1643 年，黎玉范又亲赴罗马游说，在交给传信部的报告中提出了 17 个问题。1645 年，继任教皇英诺森十世发出通谕，正式作出答复。该通谕禁止中国教徒参加在孔庙举行的祭孔仪式以及在祠堂、家中举行的祭祖仪式。这样，礼仪之争因福安教徒对"祭"字的解释而点燃，并由福建燃至马尼拉，燃至罗马，最后成为遍及东西方的燎原大火①。

福建士大夫介入礼仪之争，大约是在 17 世纪 70 年代。引发他们参加这场大辩论的是方济各会会士万济国写的一本小册子《辩祭》。万济国是礼仪之争的强硬派，他曾被福建督臣刘斗由福宁州盘获而遣送广东。清初历狱平反后，南怀仁上疏康熙皇帝，请求准许万济国随同何大化回到福建。《辩祭》是他在礼仪之争发源地福安写的，以传教士与福安秀士问答的形式，来表明托钵修士的立场和观点，在福建一度广为流传。1681 年，福州的耶稣会士李西满（Simao Rordrigues，1645—1704）发现《辩祭》一稿，认为值得商榷。于是他发动福建教徒批判该书，如福清李良爵写的《〈辩祭〉参评》，漳州严谟写的《辨祭》《考疑》等。除此之外，耶稣会士为了在礼仪之争中替自己的立场和观点寻找辩护材料，曾向中国奉教士大夫了解他们对礼仪之争的看法，向他们发调查提纲，要他们回答各种问题。因此，福建士大夫又写了不少为礼仪之争中某种观点作辩护的著作，如李九功的《礼俗明辩》《摘出问答汇抄》《证礼刍议》，严谟的《李师条问》《祭祖考》《木主考》《草稿》（两篇），以及复耶稣会士穆若望瑟的信，将乐邱晟《致诸位神父书》，建瓯夏相公《回方老爷书》《生祠缘由册》《生祠故事》《祭礼炮制》《〈礼记〉祭制撮言》和《礼仪答问》。以上都是未发表的手稿，现保存在罗马耶稣会档案馆，十分珍贵。在这些奉教士大夫中，有一些人从他们的父辈开始就信教，如李良爵为李九功（讳其香）之子，李九功曾是艾儒略的信徒，著有《励修一鉴》，并参与校辑其兄李九标汇编的艾儒略在福建的传教言行录《口铎日抄》。严谟是严赞化（字思参）之子，也是艾儒略的信徒和得力助手，严赞化为顺治年间漳州府学恩贡生，严谟为康熙四十八年（1709）龙溪县岁贡生。邱晟为康熙四十五年（1706）进士，官居"内阁中书，改授浙江诸暨县知县"。这些奉教士大夫，将他们所接受和理解的西方基督教神学观点，与中国传统的礼仪和风俗作了比较研究，广征博引古代经典，如《尚书》《诗经》《礼记》《春秋》《周礼》《仪礼》《论语》《中庸》《白虎通》《开元礼》《文献通考》《家礼》《大明集礼》等，对儒家丧礼祭礼的理论作了全面的回顾和探讨，诸如祭风云雷雨、日食月食行礼、祭斋沐浴、子婚女嫁告祠堂、官长备酒行礼、家内祭五祀神、敬城隍、武官祭旗纛神、祭孤魂、民家备酒行礼、历代帝王庙人过下马、择地、祭关王、立生祠等，还提出了许多颇有见地的看法。他们

① 林金水：《明清之际士大夫与中西礼仪之争》，《历史研究》1993 年第 2 期；《中西礼仪之争在福建》，《教育评论》1995 年第 3 期。

从祭祀祖先非为求福，其意义只是报本反始、追养继孝、事死如事生，以及教人和睦等方面，来论证它的非宗教性。

福建奉教士大夫除了对礼仪之争中的问题发表他们的看法外，对于一些事关全局的原则问题，也表明了他们的态度和立场。首先，他们认为争论双方应该心平气和，虚己以听。其次，他们认为要明断中国事，必须详查中国书籍。再有，他们认为，天学（超性）和儒学（本性）两家不要相互指责，而要相互补益。最后，他们还向传教士提出一个十分重要的原则，就是不要变中土为西洋。① 福建奉教士大夫在礼仪之争中的言论和建议，表明了中国教徒在这场论争中的立场和态度，他们有的言论与他们的老师如出一辙，如在祭祖与敬孔上，有的则是学生对老师提出的批评与挑战，说明学生还有相对独立的个性，而不是一味盲从。然而，无论是迎合，还是批评，他们的心态都十分矛盾，既希望基督教在中国广泛传播，又不希望中国变成西洋，既要捍卫儒家思想的正统性，又要忠于外来信仰的神圣性，他们只能在两者之间徘徊，搞平衡，舍此没有第三条道路可走。

礼仪之争不仅在中国（主要是福建）引起了轩然大波，在西欧更是引发了广泛的关注和讨论，不仅涉及罗马天主教廷，还波及欧洲思想文化界。天主教传教士寄回欧洲的书信报告也被欧洲思想文化人士所熟知，因礼仪之争涉及中国儒家文化的多个方面，中国思想文化在欧洲思想界也得以传播和扩散。这种知识的传递和文化的传播，如同一石激起千层浪，扩散出阵阵涟漪。特别重要的是，这场争论使欧洲知识界利用中国文化中的相关要素，批判封建专制和思想禁锢，开启了思想启蒙运动。

四 朱熹理学在西方的传播和影响

朱熹理学是福建中古文化的集中体现，它在西方的传播与影响，是福建文化对外传播和影响的最具体反映。明清之际，朱熹理学传到西方主要有三个途径②。

（1）通过耶稣会士利玛窦等人对朱熹理学的否定和批判，使朱熹理学被动且无意识地传到西方。利玛窦的《天主实义》，是无意识地传播朱熹理学的著作中最有影响的一部。该书以"中士""西士"问答的形式，从基督教立场出发，对"太极"和"理"作了批判性介绍。利玛窦对理学的批判是比较温和的，是有限的。然而，这种温和态度成了一些人攻击耶稣会士与自然神论妥协的把柄，其中最激进的是龙华民，他猛烈抨击朱熹理学，经过龙华民的批判，朱熹理学被改头换面成了无神论的思想。但他反对理学愈力，理学在西方的影响反而愈深，表面看"似乎是宋儒理学的厄运，现在看来却正是宋儒理学的幸运"③。因此，龙华民反倒成了早期向西方介绍理学的主要人物。

---

① 林金水、谢必震主编：《福建对外文化交流史》，福建教育出版社1997年版，第255—268页。
② 林金水：《明清之际朱熹理学在西方的传播与影响》，《朱子学刊》（第6、7辑）1994年、1995年。
③ 朱谦之：《中国哲学对于欧洲的影响》，福建人民出版社1983年版，第195页。

之后的莱布尼茨主要就是从龙华民的著作中获得朱熹理学思想的。

（2）通过耶稣会士翻译的《四书》，不自觉地、间接地把朱熹理学传到西方。朱熹编辑的《四书章句集注》是朱熹重要的理学著作之一，它"以经书注解的形式，宣传了自己的理学思想"[①]。在这部著作中，朱熹阐扬微言大义，谈析指理之际，无不反映出他本身独特的立场，即所谓"新儒学"的真精神。明末传教士来华后，不仅自己学习《四书》，为了让西方人更多地了解儒家思想，从 16 世纪 80 年代末开始，耶稣会士持续不断地把《四书》译成西方的文字，从第一部《四书》译稿——罗明坚的《大学》，到 18 世纪初西方第一部完整的《四书》译本——卫方济《中华帝国六经》的问世，历经一个多世纪。《四书》中体现的朱熹理学思想，正是伴随这个翻译过程，间接或直接、自觉或不自觉地传到西方。明清之际，在西方流传最广、影响最大的《四书》译本，莫过于柏应理等人翻译出版的《中国哲学家孔子》，该译本对朱熹理学的传播，还不在于译文采纳了朱注，更主要的是在长达 100 页的题为"说明性的讲解"的前言中，对理学作了大量介绍。

（3）通过耶稣会士中象征主义者对朱熹理学的附会迎合，正面、直接地把理学思想传到西方。象征主义者是对儒家思想与基督教思想相容最积极的拥护者，不但对古代儒家思想全盘接受，而且对宋明理学也加以全面肯定，要把朱熹理学解释成对基督教更有补益的思想，并试图证明朱熹理学思想不是无神论与唯物主义。在象征主义者中，马若瑟是其中最活跃的一员。1728 年 9 月 28 日，他写的题为《有关中国一神论的信札》（letter sur le Monotheisme des Chinois）一文，对朱熹理学作了详细的介绍。在这封信札中，他引用大量的中文资料论证朱熹理学是一神论。马若瑟认为朱熹不是西方学者所说的无神论者，恰恰相反，他是有神论者。值得指出的是，马若瑟在《信札》中还向西方读者介绍了福建朱子学者的观点。如他在对《大学》"明德"作诠释时，先引用朱熹的注释，后又引用蔡清[②]对朱注的评论。

明清之际传到西方的朱熹理学，对西方不同时代、不同阵营的思想家、哲学家产生影响。这主要表现在：（1）对西方怀疑论的影响。17—18 世纪的西方怀疑论，曾是进步思想家和哲学家用以抨击和反对教会与经院哲学的思想武器，他们认为世俗、宗教、伦理的权威，是对人的思想的禁锢，只有自由之路才能使人们从这些禁锢中解脱出来，主要代表人物有笛卡尔和培尔。（2）对偶因论的影响。偶因论从笛卡尔的二元化，走向彻底的宗教唯心主义的一元化，其主要代表人物有马勒伯朗士，其哲学名著为《一个基督教哲学家和一个中国哲学家的对话——论上帝的存在与本性》。（3）对法国启蒙运动思想的影响。法国资产阶级启蒙运动领袖人物伏尔泰，同样也受到了朱熹理学的影响。但与培尔不同，他受到的是朱熹理学有神论的影响，这主要是因为他更

---

① 邱汉生：《朱熹〈四书集注〉的天理论和性论》，《中国史研究》1979 年第 2 期。

② 蔡清是明代福建朱子学者，字介夫，号虚斋，晋江人，成化丁酉（1477）乡试第一，甲辰（1484）第进士，授礼部郎中。

多地受到象征主义者的影响，尤其是傅圣泽。（4）对莱布尼茨单子论①的影响。莱布尼茨的单子论，与朱熹理学有许多极相似之处，对于朱熹的"理"与莱布尼茨的"单子"，美国学者秦家懿作了较为深入的比较研究，认为二者有异曲同工之妙②。

五　明清之际最早赴欧的福建人

西方传教士在福建传教的同时，为培养中国本土神职人员，注意选派青年教徒到国外深造，学习神学。学成回国让他们担任神职人员，从事布道工作。最早有多明我会派福安人罗文藻到菲律宾攻读教义、伦理二科。后来，罗文藻成了第一位中国籍主教。而据有关资料记载，18 世纪以前，曾经踏上欧洲大陆的中国人只有三位，1645 年跟随法国传教士罗历山（Alexandre Rhodes）赴欧的郑玛诺；1651 年随意大利传教士卫匡国到罗马的青年教徒，此人是福建福安县人士，在欧洲期间备受欢迎，据说奥地利皇帝利奥波德曾亲自接见他，此人未随卫匡国返华，后不知所终；还有一位是 1684 年随比利时传教士柏应理游历欧洲的沈福宗。此一时段最具代表性的赴欧中国人应属福建莆田教徒黄嘉略。

黄嘉略是巴黎外方传教会在兴化（今莆田）传教时看中的一位教徒。黄嘉略本名黄日升，教名为 Arcadio（嘉略）。出生在天主教家庭，父亲是一个虔诚的天主教徒，因连生四个女儿，夫妻发誓如果第五胎生下男孩，一定让他皈依天主教。后果然生下男孩，即黄嘉略。黄嘉略 7 岁时父亲逝世，母亲将他托付给在当地传教的巴黎外方传教会传教士李斐理（Philibert le Blanc）照顾。李斐理请了当地最好的儒学教师教他中文，李斐理则教授天主教神学启蒙和拉丁文。后来，李斐理又把黄嘉略转托给具有罗萨利主教职衔的梁弘仁（Artus de Lionne）神父培养。当时正值礼仪之争的高潮，梁弘仁被召回国，他邀黄嘉略一同前往。1702 年 2 月 17 日，他们从厦门乘英国船出发，八个月后到达伦敦。当时欧洲正进行西班牙王位继承战争，当年冬，他们才抵达巴黎。不久，黄嘉略被派往罗马，在那里深造学习，俟晋铎后回国传教。但在罗马学习期间，黄嘉略开始对神职生涯不感兴趣；回巴黎后，他有幸遇到了法国皇家文库的图书管理员、法兰西学院院长比尼翁（Jean-Paul Bignon）。当时皇家文库收藏了很多由传教士陆续寄回的大量汉文珍本书籍，急需一位中国助手，黄嘉略因而进入了法国皇家文库。1711 年，黄嘉略获得了法国国王的中文翻译职务。1713 年，黄嘉略与法国妻子结婚；1714 年他逐渐跻身巴黎上流社会，与许多社会名流交往。1716 年 10 月 1 日，由于病情恶化，不幸在巴黎病逝。

---

①　单子论是莱布尼茨客观唯心主义体系的核心。这种理论认为，构成世界万物的基础是单子，单子是一种没有部分、不占空间的东西。它不是物质性的存在物，而只能是一种精神的实体。一个单子中的变化和另一个单子中的变化之间有一种"前定和谐"。实际上，单子是一种灵魂。

②　秦家懿：《莱布尼茨和中国理学思想》，《中国哲学史研究》1983 年第 4 期。

作为最早赴欧洲学习和接受培训的中国教徒之一，黄嘉略在欧洲期间做了一些开创性的工作。他是用法文编写汉语语法的第一人，是用法文编纂汉语字典的第一人，是将中国小说译成法文的第一人，是将中国诗歌和音乐介绍给法国的第一人，等等。著名耶稣会学者荣振华神父对黄嘉略评价道："在我们的汉学领域里，黄嘉略的到来发挥了决定性的作用。"①

黄嘉略是第一个定居在巴黎的中国留学生，其在巴黎引起法国人的很大兴趣，在他周围聚集了一批法国学者。在这些人中，最有声望的是当时年仅24岁的法国资产阶级思想家、法学家孟德斯鸠。他俩志趣相投，无所不谈，孟德斯鸠曾将他与黄嘉略多次对话的内容笔录下来，装订成册，标题为"关于中国问题与黄先生的对话"。对话的范围涉及中国的宗教、刑法、服饰、墓葬，以及中国人对家庭财产的观念、中国小说在中国文学中的地位、八股文和考试制度、妇女的地位、中国国家的性质，等等。对孟德斯鸠来说，他最感兴趣的是中国的社会和法律结构。在黄嘉略的协助下，孟德斯鸠发表了《波斯人的书信》及《论法的精神》等著作。关于中国问题，孟德斯鸠在《论法的精神》中写道："我相信，中国文化将永远无法完全为我们所了解。"如果说，黄嘉略给孟德斯鸠带去了一个全新的关于中国社会的观念，孟德斯鸠则帮助黄嘉略打开了眼界，这使他们以不同的思维方式来对自己的国家加以思考。

1714年，法国皇家文库计划编纂一部汉语语法书并编写一本《法汉词典》，任务落到了黄嘉略的身上。比尼翁派了一位名叫尼古拉·弗雷烈（Nicolas Fréret）②的青年学者协助黄嘉略工作。在他们的共同努力下，完成了一份两千字的汉译法的词汇表。可惜由于黄嘉略的早逝，词典的编纂工作中断，未能出版。

在法国生活和工作期间，黄嘉略还积极向法国人介绍中国和中国文化，包括中国的地理、历史、文字语言、宗教、信仰、文人、孔教、科举制度、政治制度、粮食谷物、古典书籍等等③。尽管这些介绍学术价值不高，错误也不少，但对于当时法国一般公众而言，仍不失为一种比较实用的资料。例如，他对中国地理的介绍中，对福建着墨不少："福建，人口509100户。古代隶属闽王。福建有三个军事重镇……所以如今在很多地方都有原籍泉州的中国人，诸如暹罗、巴达维亚、马尼拉、菲律宾、交趾、东京、孟加拉等。大约35年前台湾被收回，归属福建省。"④

黄嘉略定居巴黎期间致力于中法两国的文化交流，对中国思想和文化传入法国起了一定的作用。黄嘉略的到来，使巴黎一些学者对中国的兴趣更加浓厚。黄嘉略为法

---

① 许明龙：《黄嘉略与早期法国汉学》，中华书局2004年版，前言，第5页。

② 弗雷烈是法国"金石和美文学科学院的一名大文豪，同时也是18世纪最富有猎奇精神、治学最严谨和最具有自由主义思想的思想家之一"。他曾将阿拉伯著名民间故事集《一千零一夜》译成法文，他和黄嘉略两人成为亲密的朋友，密切合作。参见林金水、谢必震主编《福建对外文化交流史》，福建教育出版社1997年版，第308页。

③ 许明龙：《黄嘉略与早期法国汉学》，中华书局2004年版，第183—225页。

④ 同上书，第188—189页。

国皇家文库整理翻译传教士寄回的汉文书籍，在一定程度上，"使法国于 19 世纪的中国学研究中，较其他欧洲国家占有明显的优势"①。虽然黄嘉略没有完成《法汉词典》的编纂工作，向法国人全面介绍中国的愿望也没有实现。但在他去世后，弗雷烈曾写了一部《论汉语语法》，书后附有汉文词汇。1742 年傅尔蒙也出版了一部《双解语法书》，这些成绩，无不与黄嘉略有关。许明龙先生对黄嘉略有一段中肯的评价："他为法国人传递了可靠的中国信息，帮助孟德斯鸠等启蒙思想家全面认识中国；他为法国的汉语研究作了一个良好的开端，留下了一些有价值的书稿；在他帮助下，他的法国合作者后来成了法国第一批非教会汉学家。……是历史选择黄嘉略充当中法文化交流的先驱。黄嘉略顺应历史的需要，做了他应该做又能够做的事。"②

在黄嘉略之后，于乾隆年间赴欧的福建学生还有 5 人，他们是蔡文安、严雅谷、蔡若祥、严宽仁、严甘霖，这 5 人都是福建漳州龙溪（今龙海县）人，都于乾隆年间赴意大利那不勒斯留学，就读于圣家书院③。如蔡文安，出生于康熙五十九年（1720），于乾隆四年（1739）赴那不勒斯，乾隆十五年（1750）毕业于该书院。蔡文安毕业时，曾被教皇召至罗马，由枢机主教对他及其他 7 名毕业生加以甄试，由于他们表现优异，教皇大为褒奖，并在教廷全体人员面前，对他们就读的书院盛加称誉。蔡文安毕业后于 1751 年回国传教，1782 年在广东去世④。

六　从明清之际福建与中西文化交流看"海丝"的历史契机与当代启示

明清之际，东西方交往以"海上丝绸之路"的开拓发展为契机，在西方殖民主义国家的殖民扩张的背景下，东西方文化交流开始了新一轮的进程。地处东南沿海的福建，在此一时期成为双方碰撞的重要交汇点。西方人借着殖民者扩张的"东风"，在福建沿海地区积极开展文化探察工作，这些活动对于西方人了解和认识中国，无疑有着十分重要的作用。西方世界借此获得东方的种种知识，如拉达在福建购置的大批中国经典书籍，成为西人认知中国儒学文化的重要来源。这些都为日后欧洲的"中国热"

---

① ［法］谢和耐、戴密微等：《明清间耶稣会士入华与中西汇通》，耿昇译，东方出版社 2011 年版，第 146 页。

② 许明龙：《黄嘉略与早期法国汉学》，中华书局 2004 年版，第 312—313 页。

③ 圣家书院，亦名中华书院，或作文华书院，是意大利传教士马国贤（Matteo Ripa）于雍正十年（1732）设立的。马国贤是意大利那不勒斯人，康熙四十六年（1707）由罗马教廷派遣到中国来，宣布宗主教多罗（Tournon）被擢升为枢机主教之事。康熙四十九年（1710）冬奉召进京。因其擅长雕琢绘画，为康熙皇帝所赏识，供职画院。雍正元年（1723）请归，雍正皇帝允之，并宠赉有加，赐骏马、贡缎、瓷器等。随马国贤回意大利的还有 5 位中国青年。雍正二年（1724），马国贤抵那不勒斯后，就以"设学培植华生"为理由，上奏教宗暨国君，迭经阻折，始获许可，后设立了这所圣家书院。其主要目的是招收中国青年及有志到远东传教的西人及土耳其人，授以拉丁文及各类科学，作晋升司铎的准备。光绪十四年（1888）十二月二十七日，意大利政府正式宣告封闭圣家书院。在 136 年的时间里，从这所书院毕业的中国留学生达 106 名。参见方豪《方豪六十自定稿》（上册），台湾学生书局 1969 年版，第 380—387、398—400 页。

④ 方豪：《方豪六十自定稿》（上册），台湾学生书局 1969 年版，第 380 页。

奠定了的基础。西方人前期的文化活动为西方天主教再次传入中国打探了前路,自明中后叶至清初,天主教传教士络绎不绝地来到中国,开展了较大规模的传教活动。在传播宗教的同时,他们也将西方的科技文化和思想学说传至中国社会。以艾儒略为代表的天主教传教士开创了在福建传教的局面,同时,也积极践行着"学术传教"的适应性策略和路线。西方传教士将西学传播至福建的同时,也以这里为窗口,将福建文化的精华以及中国文化诸方面的知识信息(如朱熹理学思想等)传播至西方,成为沟通东西方思想文化的桥梁。礼仪之争的战火在福建的点燃,引发了东西方世界旷日持久的大争论和大讨论,此过程本身也是东西方知识文化相传递的时期,礼仪之争最终导致天主教在福建、在中国之传教被禁,也导致了东西方文化那种平等双向往来的管道被切断,中国日益趋向内敛和封闭,而西方则继续走资本主义的道路,并走上了一条向全球扩张和蔓延的罪恶之路。一百多年后,当东西方世界再度开启文化交流的大门时,世界的格局已经发生了惊天的变化,东西方文化交流的模式,也难以回到当初那种借由"海上丝绸之路"而进行的平等交流和平等对话。

历史已逝,鉴古知今。明清之际的中西文化交流带给我们许多积极而有益的启示。这些历史经验,对于今日重建21世纪的海上丝绸之路无不具有借鉴意义,以下是笔者几点粗浅的体会和建议。

首先,重建21世纪的海上丝绸之路乃是建立在经济往来的基础上,进而进行精神文化层面的交流。换言之,"海丝"不仅承载着货品流通的功能,也担负着文化交流的使命,这是我们今天谈"海丝"建设不可忽略的维度和面向。

其次,坚持走和平发展与平等双向互动的路线。通过历史的经验可知,古代中外海上丝绸之路乃是中国与各国平等对话、互惠共赢的通道,遵循的是开放包容、和谐共处的理念,传递的是兼收并蓄的开放胸襟和多元共生的文化性格,而非西方那种自大航海时代以来以殖民扩张为特征的武力征服与经济掠夺;历史经验告诉我们,中国建设21世纪海上丝绸之路也应当秉持这种和谐交往、互惠共赢、平等对话、共存共荣的"海丝精神",以积极应对愈益明显的全球化发展趋势。

再次,应当加强自身的文化建设,提升我国的文化软实力。历史上,中国输出到世界的除了丝绸、陶瓷、茶叶、纸张、药材等外人热捧的商品货物,同时还有Made in China的精神文化,例如朱熹理学、儒家文化、文学戏曲、园林建筑等,这些也都是当时西方人热烈追崇的对象,这种外国人对中华文化的向往,与当时中国文化处于世界领先水平息息相关。西方人来到中国,本欲推销他们的基督教文化,却发现中国早已是个成熟的礼仪之邦和文化大国,并对其倾慕、赞叹不已,故而不遗余力地向西方世界引介、传递和学习中华文化。同样,今天重建21世纪海丝之路,我们也应当有能够让外国人感兴趣和愿学习的文化软实力,比如孔子学院推广汉语教学和儒家文化,即为较成功的案例,只有自身文化建设好,再塑造起文化大邦的形象,才能够更好地让世界来理解和学习中国文化。

　　最后，重建 21 世纪海丝之路需注重国内各区域之间的文化联系。今天我们谈"海丝"的文化建设，每个区域，特别是沿海港口城市都有许多有特色的文化内涵、历史文献和实物遗迹等来表现，最近正在展出的"跨越海洋：中国'海上丝绸之路'九城市文化遗产精品联展"即很好地表现出这点。通过这些文化遗产的展示我们也不难看到，中国各地区之间的海丝史迹，都是有着千丝万缕联系的文化事项，不能割裂或单独来看。今天我们谈每个地方如何融入"海丝"建设，不是非得要争辩出谁是始发港或中心地等结果，应该用联系、动态的视野看问题，注重发掘各城市、各区域之间的文化关联和时代脉络，进而以联系的方式呈现中国"海丝"文化的内涵和特质，用一种整体的、发展的眼界，来看待"海丝之路"建设中的每个细节和要素，更好地为国家战略决策和树立国际形象服务。

　　（作者：吴巍巍，两岸协创中心福建师范大学闽台区域研究中心、文化发展研究中心副研究员）

打响月港品牌,融入海丝建设

江智猛

摘　要：15 世纪末，漳州月港对外贸易悄然兴起，其后的约 200 年间，月港一度成了"海舶鳞集、商贾咸聚"的外贸通商港口，被誉为"闽南一大都会""小苏杭"。① 它与汉唐时期的福州港，宋元时期的泉州港和清代的厦门港，并称福建古代"四大商港"。② 月港辉煌的历史不仅奠定了漳州在"海上丝绸之路"的重要地位，对中国乃至世界经济的发展都起到不可忽视的促进作用。漳州海商视大海为舞台，以世界为市场，开辟世界大帆船航海史上维持最久的一条贸易航线。以月港为中心，以陶瓷为主要贸易输出品的海外贸易，是明清时期漳州"海丝"文化的独特见证，成为闽南文化向海外传播的重要通道，也是全国"海丝"申遗不可或缺的重要组成部分，对今天的"海丝"建设具有独特的借鉴和启迪作用。

关键词：月港；起航港；兴衰历史；海丝建设

对于海洋，人类从远古开始，就充满着求知的欲望，充满着探索的热情。历史一页页翻过，我国人民漂洋过海，从事商贸、文化交流并由此形成海上交通路线，即"海上丝绸之路"。

古代的"海上丝绸之路"是东西方商贸流通、人员往来、文化交融的重要海上通道，对当时中国和海外贸易国家的经济社会发展产生了深远影响。"21 世纪海上丝绸之路"，在传承古代"海上丝绸之路"和平友好、互利共赢价值理念的基础上，注入了新的时代内涵，合作层次更高，覆盖范围更广，参与国家更多，将串起连通东盟、南亚、西亚、北非、欧洲等各大经济板块的市场链。建设"21 世纪海上丝绸之路"，对于形成全方位的对外开放新格局，促进我国与沿线国家的友谊、合作与共赢，具有重大而深远的意义。

---

① 张燮：《东西洋考》卷七，中华书局 2000 年版，第 78 页。
② 《明正统实录》卷五八，清代乾隆四十年，手抄本。

图 1　月港遗址

一　月港兴衰简述

漳州月港，一个"海舶鳞集、商贾咸聚"① 的闻名巨镇，一个几乎给古老帝国带来无上荣耀的商港，可谓全球化初期的映海明月。它因"一水中堑，环绕如偃月"而得名，是明朝中后期"海上丝路"民间唯一合法的始发港，闻名全球。

---

① 《海澄县志》，清乾隆三十九年（1774）手抄本，第132页，龙海市档案局藏。

（1）当历史回到 600 多年前的明朝初期，为了防止方国珍、张士诚旧部逃亡海上的残余势力卷土重来，也为了防范日益突出的倭寇问题，洪武三年（1370）明太祖下令撤掉泉州、漳州等处的市舶司，厉行海禁政策，严禁沿海居民私自出海贸易。次年，再次颁布禁海令，重申沿海居民必须遵守法纪，不得私自出海。洪武二十年（1387）明政府下令撤除澎湖巡检司，"尽徙屿民，废巡司而墟其地"①。随后，东南沿海地区原有的福州、泉州等对外通商港口逐一被关闭，商船进出受到严厉的查禁。当时有些民间海外商船，为了冲破官府的"海禁"限制，继续开展海外贸易，而多方求索。他们无意之中探得月港自然条件隐蔽，可以作为商船停靠和装卸货物的港口，而且距九龙江出海处只有十几公里航程，没有驻扎巡查"海禁"的官兵，就选择该处作为对外走私交易据点，因此这一地区迅速成为私人海上贸易的重要口岸。当时不仅民间存在广泛的走私活动，就是政府官员、军人也参与其中。据《明太祖实录》的记载，在明永乐年间（1403—1424），"缘海军民人等，近年以来，往往下番，交通外国"。嘉靖以后，由于江南地区社会经济的繁荣，出现了一批私人海上贸易集团，他们兼有武装，"亦商亦盗"，主要由漳州人组成。这些海商集团，在没有国家政府作为后盾的情况下，依然为东洋各国海上贸易的执牛耳者。因而，他们便从四面八方而来，以月港为暗中对外通商的港口。据史料记载，正德年间（1506—1521）的月港，居民数万家，沿街"贾肆星列"，港口"贾舶鳞次"，"水犀火浣之珍，琥珀龙涎之异，香尘载道，玉屑盈衢"。群众生活富裕，"方珍之物，家贮户积"，"其民无不曳绣蹑珠者"，成为"借舟楫之利，以腴丽甲天下"的南方"小苏杭"。月港与汉唐时期的福州港、宋元时期的泉州港和清朝的厦门港，并称福建历史上的"四大贸易商港"②。

图 2　古月港码头

①　（明）王抒：《明经世文编》，中华书局 1962 年版，第 38—52 页。
②　（明）张燮：《东西洋考》，中华书局 2000 年版，第 175 页。

月港"货贝聚集"。从华安、平和、漳平甚至江西境内，无数的货物顺着九龙江支流聚集月港，等待出洋。带着浓郁异国情调的商品同样云集于此：有雕刻得十分精致的犀牛角，有磨洗得又白又亮的象牙，有洁白如雪的燕窝，就连寺庙里燃烧的烛香，也带着异国的檀香味。据《天下郡国利病书》记载，当时抵达月港的海外国家物品，包括暹罗、柬埔寨的苏木、胡椒、象牙等，都是中国人十分喜爱的，吕宋则盛产银子。所以从月港出口的货物，若销往暹罗、柬埔寨等西洋国家，就以当地的产物相抵；若销往吕宋，往往换回大量银元。据《东西洋考》"陆饷"中的统计，当时从月港进口的货物有116种，大多是海外的土特产，如番被、番藤席、黄腊、冰片、草席、番纸、番镜、火炬、粗丝布、西洋布，还有各种皮货，如鲨鱼皮、獐皮、獭皮、马皮、蛇皮、猿皮，以及各种矿物，如金、锡、铅、铜、矾土等。此外，江西的瓷器，福建的糖品、果品，也深受海外民众喜爱①。

万历年间是月港发展的黄金时代，盛况空前，"四方异客，皆集月港"。往返商旅，相望于途。明朝顾炎武《天下郡国利病书》②载："泉漳商民，贩东西洋代农贾之利，比比皆然。"福建航运业，出现了"富者出赀，固得捆载而归，贫者为佣，亦博升米自给"，或"富者出赀，贫者出力，懋迁居利"的资本主义性质的生产关系。每年仲夏至中秋的风汛期间，由月港发船的商船，多达200余艘，少亦六七十艘。明朝周起元《东西洋考·序》载："五方之贾，熙熙水国，刳艅艎，分市东西路，其捆载奇珍，故异物不足述，而所贸易金钱，岁无虑数十万。"月港的繁荣，给明政府带来了巨大的关税收入，随着私人海上贸易的发展，税额不断上升。《福建省志·财税志》第一篇，《财政收入·关税》载：隆庆六年（1572）"开设舶税，仅数千金"，万历四年（1576）"饷溢额至万金"，万历十一年（1583）"累增至二万有余"，万历二十三年（1594），"饷骤溢至二万九千两"。从此以后月港商税收入保持在3万两左右，月港因此有"天子南库"之称。

（2）月港海外贸易的兴盛打开了漳州通往世界的大门。对外开放的月港，促进了港口经济的繁荣。月港的停泊点散布于北岸的嵩屿、海沧、石美、玉洲、澳头，南岸的屿仔尾、海门岛、浮宫、海澄月港、石码、福河以及港口外的大径、卓岐、浯屿和中左所等。月港附近的玉枕洲、海沧、福河、石码、浮宫、屿仔尾、大径、卓岐等，多为"北船"（航行于温、宁、沪、津）和"横洋船"（走台湾、澎湖）的停泊发船点。海澄月港，为当时海上外贸进出口货物的主要集散地。首先是码头星罗棋布，"据遗址考察，明清时期月港溪尾不足1公里的海岸就设7个码头，即饷馆码头、路头尾码头、箍行码头（又名中股码头）、容川码头、店仔码头、阿哥伯码头、溪尾码头"（《漳州市志》卷五，"港口码头·月港码头"）③。其次是港市的繁荣。根据黄仲义先生《月港商市遗址》记述，如今有据可查的就有7个港市：县口市、港口市、旧桥市、新

① （明）张燮：《东西洋考》，中华书局2000年版，第56页。

② （明）顾炎武：《天下郡国利病书》，上海古籍出版社2012年版，第112—113页。

③ （清）《漳州府志》卷二"海澄县"，清代乾隆四十一年（1776）抄本，第50页，漳州图书馆藏。

桥头市、芦沈港市、下尾街市、南门外市。街市大都临着港道，小船可以一直开到店门口。月港附近的居民几乎家家有店面，家家做生意，有豆饼行、米行、糖冬瓜行、冰糖行、药材行、铸鼎行等等。月港的街道、码头、店铺、寺庙，聚集着操各地口音的八方来客，其中不乏高鼻子、蓝眼睛的西洋人。

图3　月港打捞的瓷器

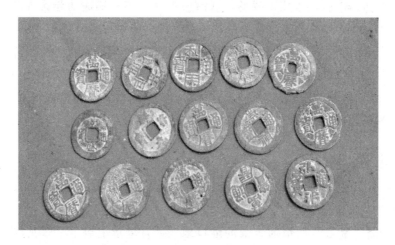

图4　月港打捞的铜钱

　　（3）富足的月港在繁荣的背后也隐藏着许多社会问题。比如倭寇、税吏，朝廷派来的官宦或鱼肉百姓，或打家劫舍，无法抑制占有月港遍地财富的欲望。为了加强月港的社会治安管理，嘉靖九年（1530），政府在海沧设立安边馆。① 嘉靖三十年（1551）在月港设立靖海馆。嘉靖四十二年（1563），福建巡抚谭纶把靖海馆改为海防馆，设海防同

① （清）《漳州府志》卷三"海澄纪实"，清代乾隆四十一年（1776）抄本，第129页。

知驻扎。嘉靖四十四年（1565），漳州知府唐九德建议将龙溪、漳浦各割一部分成立海澄县，经福建巡抚汪道昆、巡按王宗载报请批准后，嘉靖四十五年（1566）置海澄县。

17世纪初，西方殖民者的东侵严重破坏了我国的海外贸易。葡、西、荷为了争夺海上霸权，把侵略矛头指向我国东南沿海。[①] 嘉靖年间，葡萄牙侵占我国澳门，天启年间，西班牙侵占我国台湾北部。天启二年（1622）荷兰侵占澎湖，之后又侵占我国台湾，并屡次进犯福建沿海地区。他们在海上大肆抢掠商船，甚至杀害我国的商人及侨民。明末西班牙殖民者屡在吕宋屠杀我国侨民，有一次残忍杀害我国侨民达两万多人。侵略者还限制华人入境，限制华船入港，限制华人经商，吕宋是月港海外贸易中转站，西方殖民者的野蛮行径，直接危害了月港的海外贸易。《天下郡国利病书》载："自红夷肆掠，洋船不通，海禁日严，民生憔悴。"《海澄县志》写道："洋船多被劫掠，月港洋市仍趋衰落。"

明朝统治阶层的腐败和横征暴敛也加速了月港的衰落。明末，财政危机严重，屡加月港税额。政府规定，商人进行海外贸易，要向政府领取"商引"，缴纳"引税"。船只要缴纳"水饷"，船上的货物又要缴纳"陆饷"，此外还有"加增饷"。正税以外，商人还要遭贪官污吏的勒索和掠夺。福建税监高采任职十六年，被撤职回京时，行旅"辎重塞途"，"富可敌国"。在这样的横征暴敛下，"五方之贾，稍稍掉臂，不肯入澄"[②]。

明末的战乱和"迁界"也破坏了月港的对外贸易。天启六年（1626）郑芝龙起兵反明，三次攻占海澄，月港成了战场。顺治三年（1646）郑成功起兵抗清，直到郑军收复台湾，前后十多年，月港也成为两军争夺之地。连年战乱使月港"家室俱破""年谷屡荒"，经济遭到严重破坏，社会不稳定，月港的海外贸易也就停顿下来。

月港在长期的战乱和"迁界"的冲击下终于衰落下去，但继之而起的是厦门港，康熙二十三年（1684）清政府在厦门正式设立海关，从此，厦门港取代了月港的地位，成为我国对外贸易的大商港。[③]

二　月港的历史地位与贡献

翻阅古代"海上丝绸之路"这段厚重的历史，月港是一个不容忽视的地方。作为"海上丝绸之路"衰退时期最为繁荣的港口地区，月港承上启下，以其优越的地理区位、特殊的民间港口贸易形式、丰富精美的贸易输出商品、杰出的海商人物代表，在中国和世界海洋贸易交往中扮演着举足轻重和不可或缺的角色，填补了"海上丝绸之路"发展历程的空白。在中国海洋贸易史上很难再找到这样风云际会、影响深远的时代。从这个意义上说，月港时代不仅是闽南的，还是全国的。

---

①　菲律乔治：《西班牙与漳州之初期通商》，薛澄清译，载《南洋问题资料译丛》1957年第4期。
②　（清）《漳州府志》卷三"海澄纪实"，清乾隆四十一年（1776）抄本，第103—107页。
③　杨国桢：《明清时期漳潮海域贸易中心的转移》，澳门大学出版社2008年版，第152—157页。

1. 月港的历史地位

(1) 月港开创了我国民间海外贸易的先河。从隆庆元年 (1567) 至崇祯五年 (1632),漳州月港至少维持了半个多世纪的繁盛。况且是以合法的民间贸易港的身份跻居名港之列。它结束了明代前期维持近二百年的朝贡贸易,使明代后期的私人海外贸易得以迅速发展起来;它标志着我国历史上持续近一千多年的以官方垄断为主的海外贸易发生了根本性的变化,使我国海外贸易史进入了一个崭新的时期。

(2) 月港开创了中国的白银时代。以月港为主的东南沿海地区,大量番银流入,极大地刺激了国内货币的流通,扩大了交易市场。援引《明史》的说法:正统初年明英宗"弛用银之禁","朝野率皆用银"。恰恰因为明朝国家治理能力的下降,大明宝钞失败、钞法败坏,最终造成财政危机,才导致了"朝野皆用银"。大规模进口白银改变了明朝原有的货币体系,明王朝也就只能向世界货币市场和国内掌握着大量白银货币的商人妥协了。直到万历年间,张居正当国,下令全国百姓可以交纳白银而免除赋役的"一条鞭法"[1],白银作为主币终于得到朝廷认可。其重要性在于,它是明朝首次以法权形式肯定了白银为合法货币,并且是用法权形式把白银作为主币的货币形态固定了下来,同时又以法的形式将城市工商的地位、权利固定下来。到嘉靖年间,白银的主币化过程逐步完成;在明朝中后期,白银通行于全社会,并最终占据货币流通领域的主导地位,标志着白银货币化已经完成。所以说,漳州月港推动了一个新的"白银世界"的开始。

图5 白银货币

(3) 月港开创了中国海外贸易全球化时代。当时月港拥有 18 条通往东西洋的航线,与东南亚、南亚和东北亚等 47 个国家和地区有直接贸易往来。[2] 如越南、泰国、柬埔寨、马来半岛、新加坡、爪哇、苏门答腊、菲律宾群岛、马鲁古群岛、加里曼丹等,并常抵日本、印度。月港海商还通过马尼拉这个中继站和南洋群岛的其他地方,直接与西班牙、葡萄牙、荷兰、英国等欧洲商人进行广泛交易,从而与美洲发生了贸

① (明)王抒:《明经世文编》,中华书局 1962 年版,第 73—78 页。
② (清)《续修四库全书》(第 484 册),上海古籍出版社 2002 年版,第 175 页。

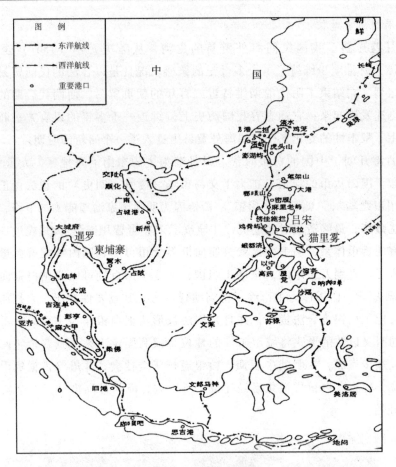

图6 月港对外贸易航线

易关系。月港海上贸易北上到达琉球、日本、朝鲜，南下到达东南亚各国，向西与西班牙、葡萄牙、荷兰等西欧国家进行环球贸易，到达拉丁美洲，第一次将中国商品的贸易范围扩至拉美和欧洲。该航线持续了两个半世纪，是世界大帆船航海史上运行时间最长的一条国际贸易航线。时间跨度之长、数量之大、国别之多，都是世界罕见的。

（4）首创民间海外贸易的管理机制。随着月港的海外贸易迅速崛起，出现了"货物通行旅，资财聚富商，雕镂犀角巧，磨洗象牙光"的繁荣景象。明政府为了加强对海商的控制，嘉靖九年（1531），根据巡抚都御史胡琏的建议，把巡海道移驻漳州，并在月港东北十多里的海沧澳建立安边馆。嘉靖三十年（1551），复于月港建立靖海馆，以"通判往来巡缉"。隆庆、万历年间，为了征收商税，加强管理，才把海防馆改为督饷馆，馆址在"县治之右，即靖海馆旧基"①。明朝政府不仅设置了专门的管理机构，而且制定了一些管理法令与条例。

当时商税的征收办法为：月港海商的税收制度由从前的抽份制改为饷银制。这种

----

① 林仁川：《明代中琉贸易的特点和福建市舶司的衰亡》，《海交史研究》1988年第1期。

图7　督饷馆

商税有水饷、陆饷、加增饷三种，以上三种税都是货币税，从贡舶贸易抽分实物税到征收货币税，这是中国关税制度的重大变化，反映出明代对外贸易发生了根本性的变化，新的封建海关管理制度由此产生并发挥长远的影响。

（5）月港在海丝申遗文化链条中不可或缺。从时间上看，漳州月港是承上启下的过渡性港口。闽南地区的对外贸易港口主要有三大变化：宋元时期的泉州港、明代的月港、清代的厦门港。[①] 月港上承宋元时期的泉州“海丝文化”，下启清代广州、厦门“海丝文化”；从地理上看，沿海贸易空间不可或缺。漳州处于上接东海和黄海，下连南海的重要位置，处于中国“海丝”的中南部。

（6）改变了中国传统种植业，产生了资本主义萌芽。番薯、花生、马铃薯、番茄、菠萝、玉米首次从月港输入江西乃至山西、河南，丰富我国农作物的种类，使农耕结构发生了重大变化。[②] 同时，月港的发展促进了漳州经济尤其是外向型经济的发展。手工业快速发展，纺织业、制糖业、造船业日益壮大，漳州城内“百工鳞集，机杼炉锤”，成为一个手工业发达的城市。同时，漳州与东南亚、印度支那半岛以及朝鲜、日本等47个国家和地区建立了直接贸易关系，漳州的茶、糖、水果等农产品及加工制品，以及纺织品、陶瓷器等手工艺品，通过月港远涉重洋，大量行销海外。所以，月港的兴盛刺激了商品经济的发展，产生了雇佣关系，促进了资本主义萌芽。

2. 月港的社会贡献

（1）明清时期烧造从月港输出的外销瓷器的民窑窑口，这些窑口在瓷器的制作工艺、烧造系统、产品特征和外销路线等诸多方面表现出了共性和延续性，因此学界以“漳州窑”统称之，如今在东亚、东南亚、西亚、东部和南部非洲、欧洲等地发现了大量的漳州瓷，其亦被广泛收藏和研究。它们以其所承载的独特制瓷工艺，体现了中国

①　陈自强：《论明代漳州月港的历史地位》，《海交研究》1988 年第 5 期。

②　傅衣凌：《明清时代商人及商业资本》，中华书局 2007 年版，第 98—102 页。

图 8　荔枝　　　　　　　　图 9　番薯

古代劳动人民的聪明才智和非凡的创造能力，是天才的杰作，在海内外古陶瓷界产生了重大影响，对于中外陶瓷史和福建明清地方史的研究都有重要意义。

（2）漳州现存港口码头遗址、海外贸易输出品遗迹、海商人物史迹以及大量的历史典籍、遗迹、遗物，如在漳州民间发现了许多明清时期留存下来的 30 多个国家的银圆和清朝的侨批、番银和克拉克瓷、漳绒、漳绣、漳丝等物件。为促进"海上丝绸之路"商贸文化的交流与发展做出了重大贡献。月港遗存众多、样式独特、内涵丰富、保存完整，生动地展现了古代"海上丝绸之路"在明中期到清初之际海洋文化交流互动的历史进程和风貌，深刻反映出东南沿海海洋文化的特质及发展，是中国古代海洋文化在东南沿海地区的生动体现。

（3）月港的海外贸易对象包括东南亚四十多个国家和地区，是当时国际知名的港口。现今保留的月港遗址尚存码头七处，各个码头分工明确、功能合理、流程清晰，反映出当时月港码头作为中心港口繁荣发达的通商情况。是明清"海上丝绸之路"的重要实物见证，也为研究"海上丝绸之路"海运和港口贸易发展演变提供了珍贵的实物资料；月港的许多建筑遗存在秉承闽南地区民间建筑特色基础上糅合了南洋和广州的建筑元素与风格；还有月港的街道、码头、店铺、寺庙等，月港建筑群所体现的陶瓷烧制技艺和闽南民居建筑艺术风格，是闽南海洋社会先民根据生产、生活的实际需要顺势而为，是先民聪明才智长期积累的结晶，对后世的文化艺术、民居样式产生了深远的影响。

（4）随着月港的兴起，涌现出许多在全世界都有重大影响的海商和航海家，他们几乎主导了东南亚的贸易市场，对东西方文化的交流起到了重要的媒介作用，使闽南文化在有华侨的地区进一步发扬光大，这些人物也为研究中国海运史及海洋文化提供了重要依据，是研究海外交通史、华侨史的重要实例。

（5）民间信仰方面，闽南侨民也把家乡的地方神信仰移植到侨居地，如漳州的保生大帝、土地公、关帝爷信仰，祭拜活动在形式上也与闽南故乡保持一致。闽南的地方音乐、戏剧也随着闽南人移民东南亚各地而传播开来，尤以布袋木偶、芗剧、南音为主要形式，以其独特的表演艺术名扬海内外。闽南文化传播到东南亚各国，也对东南亚各国在物质文化、语言文字、音乐戏剧、民间信仰和民俗等方面产生了广泛而深刻的影响。① 在这一重要物质文化载体上，衍生出东西方艺术、宗教、人文等多元文化的交汇与融合。

三　月港海丝遗址现状及存在的困境

（1）月港遗址毁坏严重。月港当年"贾肆星列、居民数万"的繁华景象已经无法感受，只见"几无烟火、疮痍载路"的一片荒芜。孔庙、城隍庙、观海寺、帆巷、晏海楼、萃贤坊等古建筑得以保存；儒山书院、九都堡、溪尾铳城、大泥铳城、镇远楼②等在历史的风吹雨打中灰飞烟灭了；当年七个街市仅留下帆巷和临江古街，断断续续，也只有十几间依稀可辨的明代建筑；月港沿江的近百个旧码头，早已不复存在，一公里七个旧码头只剩下饷馆码头、溪尾码头的几块青石板，其余的都被水冲垮、为淤泥覆盖，难辨痕迹；明代古民居群、旧寺庙早已被钢筋水泥结构的现代建筑替代，所剩几间古厝在风雨侵袭下，瓦破雨漏，摇摇欲坠；月港贸易中常见的白银、瓷器、绸缎等物品早已无影无踪；连"其形似月"的月溪也淤积堵塞；侨批信件、古籍旧书也难觅旧事；用于抗倭御敌的五个卫城之一的镇海古卫城被自然侵蚀和人为破坏后只剩残垣断壁，古城门坍起倾斜；中国海关的前身用于税银征收的机构督饷馆③和用作航标灯塔的南太武山延寿塔也已遗址难觅……综上所述，可见月港留存下来的重要遗址遗物大多已面目皆非。

（2）保护意识淡薄。对月港的保护和开发利用得不到重视，特别是对"海丝"申遗的重要性和可行性认识不足，没有成立"海丝"申遗专门的组织机构，没有配备正式编制的专职申遗人员。对月港和明清漳州海商辉煌业绩的研究不够，宣传造势也不到位，导致月港和漳州海商在国内外的知名度不高；政府及有关单位对"海丝"遗迹的保护措施不够有力，破坏性建设现象依然存在，"海丝"文化有待于挖掘、整理、保护和开发利用。

（3）规划相对滞后。政府和有关部门对月港"海丝"建设工作尚未进行系统规划。"海丝"申遗是一项复杂的社会系统工程，涉及部门多、任务重、标准高、投入大、范围广，按照国际申遗标准必须先做好申遗文本及保护规划，并对申遗点进行修缮和保护，这些工作相对滞后。

（4）投入经费不足。"海丝"建设和申遗工作是一项艰巨而且漫长的工作，必须要有胆识、恒心、定力，不仅需要投入大量的人力物力，也需要国家、省、市各级各部门共同筹措，并加大遗址保护的资金投入。现在有观点认为地方政府的财力不够雄厚，

---

①　樊树志：《国史概要》，复旦大学出版社1998年版，第103页。

②　（明）顾炎武：《天下郡国利病书》，上海古籍出版社2012年版，第37页。

③　（清）吴宜燮：《龙溪县志》卷十"风俗"，《中国方志丛志》（第90册），第19页。

人们对待海丝建设与月港申遗态度不够积极，存在畏难情绪。

四　参与海丝建设的前景与举措

两千多年前开始逐渐形成的"海上丝绸之路"，跨越浩瀚大海，把中国与世界连接起来，促进了中外文化的交流，增进了中外人民的友谊，丰富了中国文化的内涵，推动了世界文明的进程。

以习近平总书记为核心的党中央在新形势下应对挑战，提出"一带一路"的建设构想，是站在历史高度，着眼世界大局，面向全球发展作出的重要战略构想，充分体现中国作为新兴大国所采取的新举措，所推出的新理念，所展示的新风貌，树立了负责任大国的光辉形象。"21 世纪海上丝绸之路"不仅仅传承了古代"海上丝绸之路"和平友好、互利共赢的价值理念，而且注入了新的时代内容，合作层次更高，覆盖范围更广，参与国家更多，将串起连通东盟、南亚、西亚、北非、欧洲等各大经济板块。新海上丝绸之路的实施涉及同中国相邻的东南亚甚至印度洋更广阔的海域，即几十个陆上和海上邻国及周边国家，充分反映了中国新一轮改革开放的宏大经济愿景。通过向东南亚地区扩大开放，中国同周边特别是海洋地区的经贸往来和人文交流得以加强，"一带一路"建设既是弘扬中华文明实现"中国梦"的必要举措，也为实现中华民族伟大复兴奠定基础。

月港辉煌的历史不仅奠定了漳州在"海上丝绸之路"的重要地位，对中国乃至世界经济的发展都起到了不可忽视的促进作用。过去的月港是大航海时代世界海洋贸易的一个重要枢纽，月港让中国的瓷器影响了世界。月港输出了漳州窑瓷器等中国商品，换回了占当时世界 50% 以上的白银，开启了中国白银货币时代，其意义和影响非常深远。目前，月港文化遗存丰富、遗址众多、积淀深厚。有理由相信：龙海具备人缘、地缘和商缘优势的月港，再造"新月港"，我们有潜力、有能力、有信心。在建设 21 世纪海上丝绸之路的规划版图中，龙海将会是一个亮眼的"据点"。顺应时势，月港参与"海上丝绸之路"建设正逢其时。

（1）打好"月港"王牌。要擦亮"月港"名片，弘扬"月港"文化，要聘请专家、学者及海内外有志之士，不定期举办"月港文化研讨会""月港城隍文化研究会"；把海澄城隍庙、文庙等作为对台对外交流平台；创作与月港相关的文学、纪录片、电影等文化产品，创办关于海丝、月港的文史专刊；开辟以海丝、月港为中心的专题网站；将龙海的非遗文化、特色美食、农副产品融入"月港"元素；加大颜思齐、张燮等月港历史名人的挖掘、宣传力度，加快开发与月港相关的重点项目建设，并把月港区域内的码头、桥梁、建筑、道路、公园等设施冠以"月港"之名，扩大"月港"影响力，再造"月港"名牌。

（2）规划"月港"布局。"月港参与海丝建设"要抓住机遇、突出重点、把握方

图 10　月港码头

向、加快建设，要把握"小月港"和"大月港"区域范围，将"月港"建设主动融入龙海城市规划、福建漳州海洋建设、"21世纪海丝"战略。要突破体制障碍，"保护好月港旧区"，"开辟好月港新区"。特别是月港旧区建设要按照国际"申遗标准"，进行规划保护；月港新区建设要坚持"古为今用、推陈出新"原则，借用"月港"名片，合理利用月港资源，要高起点、高标准、高规格、高品位地加快开发与月港相关的重点项目，扩大"月港"影响力，再造"新月港"，使月港有新实体、新内容、新风貌。依据龙海"山环水抱、拥湾面海、藏风纳气"的山水自然环境，以"借申遗东风、展月港风貌、促海澄发展、助龙海腾飞"为出发点，按四步走策略，分"一江两溪三带六片"的功能布局，建设以集中反映月港历史特色的海商文化为主题，兼具度假休闲、旅游观光、商业酒店与居住有机结合的城市多功能综合区。

图 11　龙海市貌

（3）做好"月港"申遗。弘扬古月港历史文化，申遗是必不可少的一步棋，要按照《中国世界文化遗产预备名单》公布的月港遗址保护范围，划定月港遗址的核心区和缓冲区范围，依法进行合理、有效保护，对古遗址进行抢救修复。按照"修旧如旧"原则，对月港境内现有文物古迹如晏海楼、文庙、城隍庙、七个码头、两条明代古街、明清古厝群（曹氏民居、蔡氏民居等）等相关遗址进行保护修缮；对新盖楼房有计划有步骤地予以拆除，尽量恢复月港原貌；文物主管部门、公安局、司法局等部门要从重从严从快惩处打击对古月港文化遗存的盗、抢、毁等违法犯罪行为，依靠法治的手段，切实保护月港现存文物。

（4）搜集"月港"遗存。要多渠道、多方面组织单位、人员对古月港现存的历史图片、文字记载、实物遗存、年代考纪等进行搜集整理，并汇编成册，归档存库，以备史证。由海丝文化研究会牵头组织相关单位及海丝专家、学者组成"古月港"历史资料收集整理领导小组，征集"古月港"物质和非物质遗存，建设好"月港"博物馆。

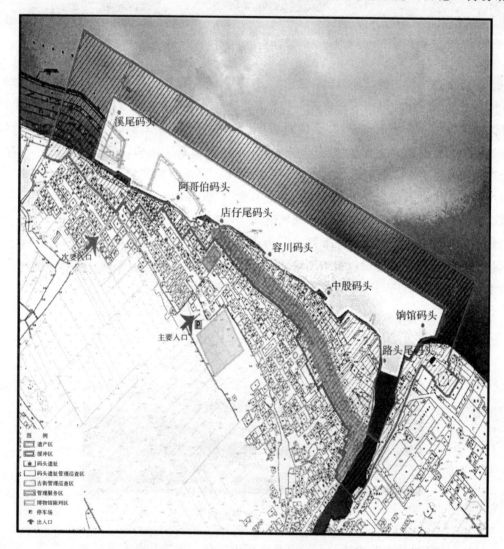

图 12　"海上丝绸之路"古月港码头保护规划图

　　一、核心区面积为 7.25 公顷，四至边界如下：东至客运码头西侧建筑，南至龙海市配合饲料厂前门，西至溪尾码头水塘边，北至九龙江南港大潮高潮平均潮位 40 米。

　　二、缓冲区面积为 11.88 公顷，四至边界如下：东至轮渡码头，南至港口水闸，西至普贤码头东面水塘，北至九龙江南港大潮高潮平均潮位 100 米。

（5）开辟"月港"旅游。将月港遗址（如码头、古街、晏海楼、城隍庙、文庙等）与月港周边海商故居（如杨氏大夫第、林氏义庄、美山郑氏建筑群、林秉祥祖厝古民居、连氏家庙等）、埭美水上古民居、天一总局、榜山窑址、镇海卫城址、南太武、隆教天下第一滩等遗址遗存、旅游景区捆绑起来，打造旅游一条龙服务平台；适当开发一些以月港为主题的，有创意性、宣传性的旅游商品，提升旅游景区的知名度。

（6）打造"月港"产业。龙海的发展要利用"月港"参与"21世纪海上丝绸之路"建设的有利契机，与"海丝"城市建立交流合作机制、文化交流基地、交流对接平台，携手共建"一路一带"经济体。特别是要突出"月港"与中国台湾、东南亚的关系和渊源，加强对台经济、文化交流。龙海空间腹地大，不只是历史名城，还是沿海水城，港口众多，交通设施便利，龙海要发挥自身人文精神，通过对月港的挖掘和拓展建设，以厦漳泉同城化为契机，以厦门湾为中转，海陆并行，配合厦门港打好内港基础，以九龙江口的月港航道为基础开发港口经济和临港工业，打造滨海城市特色产业，利用月港知名品牌和龙海具备的人缘、地缘、商缘优势，打造"新的月港"，发挥"活的海丝"，推进龙海经济和文化的发展。

（7）弘扬"月港"精神

漳州月港的兴盛是漳州发展史上辉煌的一页，也是"海丝"发展史上绚丽的篇章。月港文化是一种海丝文化，是海洋文化、开放文化、走出去的文化。随着漳州月港的兴盛，这里涌现出了一批又一批甘冒风险、敢拼爱赢的海商，潘启、郑和、王景弘等就是其中的杰出代表，这些月港海商视大海为舞台、以世界为市场，下南洋，闯东洋，泛西洋，开辟了世界大帆船航海史上维持最久的一条贸易航线。月港海商那种海纳百川的胸怀和扬帆远航的抱负，力求更加开放、开拓和开明的秉性，在他们的身上突出体现了"顺风使舵、敢顶风浪、敢拼会赢、借船出海、同舟共济、情深似海"的精神，他们抱团取暖，共同发展，懂得感恩，爱国爱乡，既是龙海改革的动力、发展的源泉，也为今天"21世纪海上丝绸之路"的建设带来启示。

（作者：江智猛，龙海市委宣传部部务会成员、市社科联主席、市海丝文化研究会会长）

宋元时期泉州海上丝绸之路香料贸易研究*

洪彩真

摘　要：中国香文化源远流长，安史之乱后，来自陆上丝绸之路的西域香料贸易受阻，海上丝绸之路开始在香料贸易中扮演重要角色。对于宋元时期的泉州港来说，"海上香料之路"可以理解为"海上丝绸之路"的反方向。宋末元初，香料成为泉州乃至中国进口的大宗商品之一，阿拉伯商人对此贡献巨大，其中的杰出者蒲寿庚于宋末元初垄断泉州香料海外贸易近三十年。今日泉州永春的蒲氏制香业便是中华香文化与阿拉伯制香技术融合之遗产。

关键词：泉州；海上丝绸之路；宋元；香料贸易

我国向海外国家或地区通过海路输送丝绸，有正史可查的已有两千多年的历史。按其所经海路，后人美称其为"海上丝绸之路"。不过，有的中外学者认为，为了反映来往货载及主要货物结构变化，"丝绸"两字可以换成其他商品。如中国出口商品在宋代已以陶瓷制品为主，应称"海上陶瓷之路"；有的看到清代以出口茶叶为主，主张称为"海上茶叶之路"；有的鉴于输往日本以书籍、文化为主，主张称为"海上书籍之路"、"海上唐诗之路"；还有的主张使用"海上丝香之路""海上瓷香之路"。陈佳荣先生称："窃谓对中古时代的海上交通，如一定要命个名……唐宋以降的海上中外交通途径，莫若称为'香瓷之路'。但如上溯至秦汉，则以'丝瓷之路'优越。"施存龙先生认为，鉴于"海上丝绸之路"发端最早，影响最大，象征意义更广泛，再加约定俗成，还是统称为"海上丝绸之路"为好。"海上丝绸之路"最本质的东西就是海上航路通道，并非仅仅以输出丝绸为象征的海上通道，而是古代中国与海外各国互通使节、贸易往来、文化交流的海上通道。同时他还认为，丝绸是中华民族发明的，"海上丝绸之路"是中国人以勇敢和智慧与惊涛骇浪作斗争开创的，所以应限指以我国为起讫点的海上航线，不应因外国商船来华载运胡椒之类"香料"而改称"海上香料之路"，甚至取代"海上丝绸之路"。因为那种所谓"香料之路"，不过是利用早已存在的现成的"海上丝绸之路"的反方向而已，故不应脱离代表中国特产的货名，而改称"海上香料

---

* **基金项目**：泉州师范学院第三批学科带头人培养对象项目、中国社会科学院文化研究中心闽南文化研究基地（泉州师院）项目。

之路"①。

笔者认为，陈佳荣先生与施存龙先生的话指出了两点：其一，"海上丝绸之路"是一条中国与海外贸易往来的文化通道，取"丝绸"为名是因为发端最早且早已约定俗成；其二，海上香料之路是以中国为出发点的海上丝绸之路的反方向（文中出现的"海上香料之路"并非想取代"海上丝绸之路"，而是为行文之便）。那么，香料贸易之路因何而兴？鼎盛时期宋元海外贸易商品结构为何，香料贸易在其中占据何种地位（因篇幅所限，本文仅研究宋元时期）？宋元泉州香料贸易的路线为何？泉州在香料贸易之路中扮演什么角色？本文试图对此作出解答。

一 中国香文化源流

中国香文化源远流长，与茶文化、插花文化共誉为中国三大文化现象。华夏先民燃香历史可以追溯至新石器时代晚期，距今 6000 多年前。肖军认为，从用香原因看，先民燃香的目的主要有祭天、驱蚊与辟邪。② 傅京亮指出，中国香文化肇始于远古，萌发于先秦，初成于秦汉，成长于六朝，完备于隋唐，鼎盛于宋元，广行于明清。在远古时期至今的漫长历史长河中，一直沿着祭祀用香与生活用香两条线索并行发展。

早期的祭祀用香主要体现为燃香蒿、燔烧柴木、烧燎祭品（及供香酒、供谷物）等祭法，如甲骨文记载了殷商时期"手执燃木"的"柴"（柴）祭，《诗经·生民》记述周人的祖先在祭祀中使用香蒿（"萧"），《尚书·舜典》记述舜封禅于泰山，行燔柴之祭。生活用香的历史也同样悠久，四五十年前已经出现作为生活用品的陶熏炉。先秦时期，熏香及佩戴香囊、插戴香草、沐浴香汤已广为流行；战国时已有制作精良的熏炉"博山炉"，汉武帝前期（约公元前 120 年），熏香及熏炉已在南北各地的王公贵族中广为流行；到东汉前期，所用香药已是种类丰富，有沉香、青木香、苏合香、鸡舌香等，熏香被视为一种生活享受，一种祛秽养生的方法；魏晋时用香风气已扩展到文人阶层；北宋时更是"巷陌飘香"。品类丰富的芳香植物用于香身、熏香、辟秽、祛虫、医疗养生等许多领域，并有熏烧、佩带、熏浴、饮服等多种用法。可见，当时香文化已蔚然成风。③

从香料的产地看，先秦时期，中土气候温凉，不太适宜香料植物的生长，且边陲与海外的香药（沉香、檀香、乳香）尚未大量传入内地，所用香药以各地所产香草和香木为主，如兰、蕙、艾、椒、桂、萧、郁、芷、茅、木兰、辛夷等。那时对香木香草的使用方法已非常丰富，《诗经》《尚书》《礼记》《周礼》《左传》《楚辞》及《山

---

① 施存龙：《"海上丝绸之路"理论界定若干重要问题探讨》，林立群《跨越海洋"海上丝绸之路与世界文明进程"国际学术论坛文选》，浙江大学出版社 2011 年版，第 19—22 页。

② 肖军：《中国香文化起源刍议》，《长江大学学报》（社会科学版）2011 年第 9 期。

③ 傅京亮：《中国香文化》（序言），齐鲁书社 2008 年版，第 3—5 页。

海经》等典籍都有很多相关记述。①

二　海上丝绸之路与香料贸易

（一）隋唐以前中国香料贸易

秦汉时期，国家统一，疆域扩大，不仅南方湿热地区出产的香料逐渐进入中土，因"陆上丝绸之路"和"海上丝绸之路"的开通，南亚及欧洲的许多香料也通过新疆或广东传入了中国。檀香、沉香、龙脑、乳香、甲香、鸡舌香等在汉代已为王公贵族之炉中佳品。汉代佛、道的盛行又进一步推动香文化的发展。② 香文化在汉代的快速发展，与汉武帝也有很大关系。他在位期间大规模开边，张骞出使西域之后，丝绸之路开通，在促进东西方交流的同时也便利了西域香料的传入。汉武帝还曾遣使至安息国（今伊朗）了解其祭祀方法。《汉书》中说："安息国去洛阳二万五千里，北至康居，其香乃树胶，烧之通神明，辟众恶。"③ 汉武帝本人爱香成癖，各地官吏、邻邦诸国竞相进贡异香，从而极大地带动了用香风习。

隋唐之前，中国上层社会对香已推崇备至，但大多数香料尤其是高级香料并不产于内地，且多为边疆、邻国的供品，可用香料总量很少，即使对上层社会来说也是稀有之物，这在很大程度上制约了香文化的发展。唐代之后，局面完全不同。盛唐强大富庶，八方来朝，对外贸易空前繁荣。西域大批香料通过横跨亚洲腹地的丝绸之路源源不断运抵中国。安史之乱后，北方"陆上丝绸之路"被阻塞，南方"海上丝绸之路"随着造船和航海技术的提高开始兴盛起来，大量香料经两广、福建进入北方。

（二）海上丝绸之路与宋元香料贸易

"市舶使"为唐代所创设。清顾炎武《天下郡国利病书》卷百二十记唐代市舶曰："诏始置市舶使。贞观十七年（643），诏三路市舶司，番商贩到龙脑、沉香、丁香、白豆蔻四色，并抽解一分。"④

宋代航海技术高度发达，南方"海上丝绸之路"比唐代更为繁荣。当时中国输出海外之品，以金、银、铜钱、绢、瓷器等为主，海外输入者，以香药、珠玉、象牙、犀角等为主（参见《宋史》卷百八十六）。⑤ 据考证，宋代香料的进口每年达数十万斤，已占进口货物总量的四分之一。⑥ 巨大的商船把南亚和欧洲的乳香、龙脑、沉香、苏合香等多种香料运抵广州、泉州等东南沿海港口，再转往内地，同时将麝香等中国盛产的香料运往南亚和欧洲。宋朝政府还在泉州设立了市舶司，专门负责管理进出口

---

① 肖军：《中国香文化起源刍议》，《长江大学学报》（社会科学版）2011 年第 9 期。
② 三少的刀：《中国香文化演变过程》，《茶博览》2012 年第 7 期。
③ 肖军：《中国香文化起源刍议》，《长江大学学报》（社会科学版）2011 年第 9 期。
④ ［日］桑原隲藏：《蒲寿庚考》，陈裕菁译，中华书局 2009 年版，第 4 页。
⑤ 同上书，第 23 页。
⑥ 肖军：《中国香文化起源刍议》，《长江大学学报》（社会科学版）2011 年第 9 期。

贸易。当时市舶司对香料贸易征收的税收甚至成为国家的一大笔财政收入，足见当时香料用量之大与香料贸易的繁盛。宋朝政府甚至还规定乳香等香料由政府专卖，民间不得私自交易。① 清梁廷《粤海关志》卷三引北宋毕仲衍《中书备对》所载宋神宗熙宁十年（1077）外国贸易之统计："《备对》所言三州市舶司所收乳香三十五万四千四百四十九斤……实只广州最盛也。"《宋会要》（《粤海关志》卷二）："太平兴国初（979），京师置榷易院，乃诏诸蕃国香药宝货至广州、交趾、泉州、两浙，非出于官库者，不得私相市易。"②

黄纯艳参考《岭外代答》《云麓漫钞》《香谱》等书总结出宋代进口商品如下表：

种类	品名
珍宝	金银、象牙、犀角、珍珠、珊瑚、玳瑁、翠羽、玛瑙、猫眼、琉璃等
香料	沉香、乳香、降真香、龙涎香、蔷薇水、檀香、笺香、光香、金颜香、笃耨香、安息香、速香、暂香、黄速香、生香、麝香木等
药材	苏木、阿魏、肉豆蔻、白豆蔻、没药、胡椒、丁香、木香、苏合油、血竭、鹿茸、茯苓、人参、麝香等
日常用品	吉贝布、番布、高丽绢、绸布、松板、罗板、乌婪木、席、折扇等
军事用品	硫黄、镔铁、日本刀、皮货、筋角等等

资料来源：黄纯艳《宋代海外贸易》，社会科学文献出版社2003年版，第55页。

由上所述，可见香料在宋代进口贸易中的重要地位。元代海外贸易更加发达，元至元二十六年（1289），到泉州贸易的国家和地区有近百个。《元史》卷十载，至元三十年（1293）四月，泉州市舶司对舶货"取三十分之一以为税"，为各市舶口岸中最轻者。在元廷颁行的《市舶则法二十二条》中载"以泉州为定制"，明文规定各地市舶司悉依泉州例取税。元王朝对于外贸，仅有金、银、铜、铁和人口的禁令。《元史·食货志》载：至元三十年（1293）下令，"凡金、银、铜、铁、男女，并不许私贩入蕃"，除此之外，其他货物均无限制。汪大渊《岛夷志略》记录经泉州港出口的商品达90多种，绝大多数是手工业制品。外来商品共有达90多种，和《诸蕃志》比较，除衣料、食品、宝货、藩布、杂货诸类外，香料依然是大宗商品。③

三 宋元时期泉州香料贸易

（一）宋元时期中国东南三大港口发展情况

自西汉开辟了"海上丝绸之路"以来，在我国漫长的海岸线上，先后出现了十余个与"海上丝绸之路"形成与发展关系密切的大小港口。这些港口历经兴衰与更迭，至宋元时期，最终形成了广州、明州（宁波）、泉州三大贸易枢纽港。北宋时期，广州

① 三少的刀：《中国香文化演变过程》，《茶博览》2012年第7期。
② ［日］桑原隲藏：《蒲寿庚考》，陈裕菁译，中华书局2009年版，第2—3页。
③ 海丝之路（元），http：//qzhnet.dnscn.cn/qzh199.htm，2015年7月20日。

的海外贸易量在三大贸易港口中一直占绝对优势。以宋朝输入的大宗商品香药为例，神宗熙宁十年（1077），广州、杭州、明州三港共进口乳香354449斤，其中广州港为348673斤［（北宋）毕仲衍：《中书备对》］，约占全国总数的98.3%。明州港为4739斤，居当时全国三大港口中的第二位。

宋哲宗元祐二年（1087），朝廷又在泉州设立了市舶司，正式开放泉州港。南宋中期后，朝廷进一步加强了对泉州市舶的扶持。乾道三年（1167）宋孝宗专门拨出二十五万缗给泉州市舶司，作为"抽买乳香等本钱"，以扩大其海外贸易规模。此时泉州海外贸易迅猛发展，贸易范围不断扩大。开禧二年（1206），与泉州进行海外贸易的国家和地区为31个（赵彦卫：《云麓漫钞》），而到理宗宝庆元年（1225），已迅速增加到58个（赵汝适：《诸蕃志》，冯承钧校注本）。南宋末期，泉州海外贸易额完全超过广州。①

元代是泉州海外贸易发展最为繁盛的时期。《元史》卷十一载："至元十八年（1281）九月癸酉，商贾市舶物货已经泉州抽分者，诸外贸易，止令输税，不再抽分。"即凡在泉州进口已在泉州交纳进出口税的货物，运至国内他处只交行商税而已。此时泉州已等于中国海关的总关，泉州港海外贸易进入全盛时期。②

（二）东方第一大港——泉州刺桐港

泉州人自古重视商贸。北宋福建惠安人谢履《泉南歌》："泉州人稠山谷瘠，虽欲就耕无地辟，州南有海浩无穷，每岁造舟通异域。"海交史上，泉州人经商致富者数不胜数。宋刘克庄有诗云："闽人务本亦知书，若不耕樵必业儒。惟有桐城南郭外，朝为原宪暮陶朱。"当时泉州民间海外贸易风气盛行，刺桐港外千帆竞渡。泉州港兴于唐、盛于宋，宋末元初到达顶峰，是当时公认的"东方第一大港"，与埃及的亚历山大港齐名。"马哥孛罗曰：Zayton（泉州）一港，印度商船来者频繁，输入香料及其他珍异，支那南部商人来此者极众。外国输之无数珠玉及其他品物，均由彼等分配于南部各处。余敢断言，亚力山大利亚以外商港，如有胡椒船一艘入港，以供耶稣教国，此Zayton港必有百艘（或以上）之胡椒船入口。此港盖世界两最大贸易港之一也。"③

"自8世纪至15世纪的八百年间，执世界通商之牛耳者，厥为阿剌伯人。阿剌伯人之来华也，多自波斯湾经印度洋，绕马来半岛以抵今之广东。岭南之交州，江南之扬州，福建之泉州，亦为自唐以来阿剌伯人通商之地。"④ 通商的同时，伊斯兰教也伴随着传入中国。据明代著名方志学家何乔远《闽书》记载，泉州东郊灵山圣墓即埋葬着穆罕默德门徒中的三贤、四贤。13世纪中期至14世纪中期的100年间，有大量阿拉

① 李军：《宋元"海上丝绸之路"繁荣时期广州、明州（宁波）、泉州三大港口发展之比较研究》，《南方文物》2005年第1期。

② 海丝之路（元），http：//qzhnet.dnscn.cn/qzh199.htm，2015年7月20日。

③ ［日］桑原骘藏：《蒲寿庚考》，陈裕菁译，中华书局2009年版，第25—28页。

④ 同上书，第1—2页。

伯、波斯伊斯兰客商涌到泉州,在泉州盖宅第、开店铺、建清真寺、设蕃坊,城外一带随处可见他们的墓葬群。① 元时期,居住在泉州的外国人最多时竟占泉州城总人口的二分之一,诗人宗泐在《清源洞图》中对泉州有这样的描写:"泉南佛国天下少,满城香气楠檀绕。厘(缠)头赤脚半蕃商,大舶高樯多海宝。"以至泉州民间有"半蒲街"和"回半城"的说法。至今泉州尚有阿拉伯金、马、铁、丁、郭、蒲、夏、葛及斯里兰卡世氏等后裔十多万人。如泉州晋江陈埭镇丁姓,泉州台商投资区百崎回族乡的郭姓、散居于永春县等地的蒲姓等,就是历史上由海上丝绸之路辗转至泉州定居的阿拉伯人的后裔。②

(三)蒲寿庚与泉州香料贸易

泉州海上丝绸之路的发展与香料贸易,得益于来泉州的阿拉伯商人,其中尤与宋元更替之际一个阿拉伯人后裔——蒲寿庚有关。蒲寿庚(1245—1284),号海云。父亲蒲开宗去世后,蒲寿庚继承父业,从事以贩运大宗香料为主的海外贸易。《宋史·瀛国公本纪》景炎元年(1276)十二月条:"蒲寿庚提举泉州舶司,擅番舶利者三十年","以善贾往来海上,致产巨万,家僮数千"。蒲寿庚拥有大量船舶,1973年,在后渚港发掘出一艘南宋远洋货船,载重量200多吨;船上香料遗存丰富,有降真香、檀香、沉香、乳香、龙涎香、胡椒等。一些学者认为,这艘海船可能是蒲氏家族的香料船,"与蒲家香业有密切的联系"。

宋末元初,在改朝换代的转折时期,泉州没有遭受战争破坏,蒲寿庚有很大的功劳。《元史》卷九十四载,就在蒲寿庚纳表归降的同一年(1277),元世祖下令泉州设市舶司,"每岁集舶商于蕃邦,博易珠翠香货等物,及次年回帆,然后听其货卖"。任命唆都、蒲寿庚为福建行省中书左丞,"镇抚濒海诸郡"。并委蒲寿庚长子蒲师文为正奉大夫宣慰使左副都元帅兼福建路市舶提举,旋又命其为海外诸蕃宣慰使"通道外国,抚宣诸夷"(汪大洲《岛夷志略·吴鉴序》),广泛从事海外的招徕活动,泉州海外交通贸易进入黄金时期。

蒲寿庚对泉州港的发展有很大的贡献。与蒲寿庚有关的泉州地名之多就足以说明他的影响力。如棋盘营传说是其走象棋的地方;三十二间巷相传为他下棋时的三十二个棋子,每个棋子即是一个美女;讲武巷传为其训练家兵之地;香佛寺传为其婿佛莲所建的印度教寺庙;灶仔巷传为蒲家厨房所在;东鲁巷为蒲氏弟子私塾;花园头为蒲家花园。

泉州历史上因蒲姓居多而有"半蒲街"的地名,由于蒲寿庚投元反宋,后又与元朝产生矛盾,蒲姓受到压制,四处逃避,迁往各地的蒲姓,改姓为卜、杨、吴等姓氏,所以今日泉州蒲姓甚少。朱元璋建立明朝后,对支持蒙古的蒲氏深恶痛绝,下

---

① 东方第一大港,http://baike.baidu.com/link? url = czN8S6x1ZuxO3skabh15ojtq43U5w51p4 WZ2gvMwuYLtTMzJ_FSK5BTUxH0olpoyi8uFS74_ 4Gf0JGG0exZ7dq,2015 年 7 月 20 日。

② 《从阿拉伯到刺桐城》,《海峡都市报》2014 年 6 月 11 日第 A2 版。

令将蒲氏族人充军流放，不得登仕籍，其子孙后裔不得不隐姓埋名逃亡。追根溯源，除永春蒲氏外，今浮桥东浦蒲口黄氏居民、晋江东石有 40 多户 200 多蒲氏人即为蒲氏后裔。[①]

（四）蒲氏制香遗产——永春"中国香都"

在泉州市永春县的蒲姓人家，有不少人仍旧沿袭着祖传的制香业。永春制香工艺源于蒲氏；蒲氏香业，又源于海上丝绸之路——阿拉伯人称其为繁盛的"香料之路"。永春五里街镇老字号"蒲庆兰香室"传人蒲良宫手中尚有祖辈留下的"庆兰香局"老旧商标印章，老人对沉香、檀香、草本兰花香等各种香料品种了如指掌。蒲良宫的儿子蒲海星认为，家族传统像流淌在血液中的基因，其中有千年来中华香文化的传承延续，也有阿拉伯后裔制香技术的传入和发展。如今他在淘宝上开了名为"云露堂"的香料店，也培养自己还在上学的女儿闻香、识香。[②]

中国轻工业联合会和中国日用杂品工业协会 2014 年 5 月正式授予永春达埔镇"中国香都·永春达埔"称号，这是国内唯一的国家级制香基地称号。达埔镇拥有 300 多年的制香史，诞生了 296 家香企，拥有从业人员近 3 万人，年产值 2000 万元以上的香企包括彬达、兴隆、金丰、联发等十几家，产品达 1100 多种，2013 年涉香产业总产值 27 亿多元，销售网络遍布全国，还出口到欧洲、东南亚等地区，与河北古城、广东清远、厦门翔安并称"中国四大制香基地"。

永春香企业以海上丝绸之路文化、传统中医药理为背景，以文化回归为方向，香产业已超越朝拜用品的传统理念，跃升到居家、养生、文化欣赏等更高层次，陆续推出了线型香、车载熏香器等新型香制品。目前在建的中国香都产业园区建设是福建省重点项目，园内的达埔彬达制香厂已开辟了彬达香文化产业园。传统的制香工艺包括十个步骤：香芯沾水、搓香粉、浸水、展香、轮香、切香、日晒、染香脚、晾香、藏香。在古朴雅致的香馆，可以体验 DIY 制香乐趣，也有制香师傅指导来访的客人体验传统的制香流程，深度了解源远流长的香文化。[③] 文化工业旅游将成为永春香企的重要营销方式，目前已经吸引了不少来自石狮、晋江等地的自驾游一族。

四　宋元泉州香料贸易航线

泉州海外航线的发展，是在 1087 年建立市舶司之后，在此之前，泉州船舶要出海经商，南航者须经广州市舶司，北航者则须经明州出海。南宋时，泉州至海外航线逐

①　蒲寿庚，http://baike.baidu.com/link? url = pLQF2t8OH2rnxNy2W5xRt0PJuMJGF0t3GYbu3ty5X03iV-zasU1srcAM40VV_ JaHoPbyESTblQKAdZy0dPU_ Ua，2015 年 7 月 20 日。

②　泉州与阿拉伯有着千年情缘，遍地留有阿拉伯印迹，http://www.qzwb.com/spec/content/2014-06/17/content_ 4996609_ 3.htm，2014 年 6 月 17 日。

③　永春达埔将挂牌"中国香都"朝拜香转身居家养生香品，http://www.mnw.cn，2014 年 6 月 11 日。

渐发展，南宋末至元朝初年，则已相当发达，泉州成为测算我国与东南亚诸国、印度、阿拉伯以及北非各国通航的航线距离、日数旅程、方位的基准港口。[①] 沿海地区与海外诸国的航路总体上可以分为南北两大方向。北面与日本、高丽相通，南面到达东南亚、阿拉伯及东非等地。前往东南亚主要由广州和泉州出发，经海南岛以东洋面南行。第一站是占城国。其国"东海路通广州"，自泉州至占城国"顺风舟行三十余程"。其次可到真腊国。《文献通考》卷三三二载，其国"自泉州舟行顺风月余可到"。更远者有三佛齐、阇婆等国。从三佛齐国"泛海便风二十日到广州。如泉州，舟行顺风月余亦可到"。"欲至广州者入屯门，欲至泉州者入甲子门。"三佛齐与广州、泉州间已有固定航线。阇婆"于泉州为丙巳方，率以冬月发船，盖借北风之便；顺风昼夜行月余可到"。宋船到达三佛齐、阇婆等国后又辗转往麻逸、三屿、蓝无里等国贸易。（《诸蕃志》卷上）

前往印度洋沿岸各国及阿拉伯、非洲等地的航路自东南亚的蓝无里出发，"北风二十余日至南毗国管下细兰国"（《诸蕃志》卷上）。再向西可达注辇国、故临国、南毗国等印度南部沿海国家。从波斯湾口循阿拉伯半岛而行可入红海，折而南下可直至东非"僧祇帝国"诸城邦。[②]

元代泉州梯航万国。至元二十六年（1289），到泉州贸易的国家和地区有近百个。据成书于至元九年（1349）的汪大渊《岛夷志略》所载，当时来泉州贸易的外商达100多个国家和地区。而成书于南宋开禧二年（1206）的赵彦卫《云麓温钞》记载只有31个，成书于南宋宝庆元年（1226）的赵汝适《诸蕃志》记载有58个，而汪大渊《岛夷志略》记载则大大增加。其中，中南半岛21个，南洋群岛40个，印度半岛28个，阿拉伯半岛14个，东北非洲11个，东亚地区3个。当时海上贸易的深度与广度，比南宋时期有了新的发展，刺桐港进入鼎盛之时，成为中外海上交通的重要枢纽，是名副其实的世界性大港。舶上物品通过城、镇、草市，与福建广大城乡居民实现了"海上丝绸之路"异邦蕃货的交换过程。如兴化军仙游县枫亭市，位于福建沿海交通干道，紧靠湄洲湾，又是宋元时期太平港所在地。元代林亨《螺江风物赋》描写其交换情状说："通道而南，城趋乎刺桐。胡椒、槟榔，玳瑁、犀象、殊香百品，异药上自宝物、香药，下至木帛、葛布，都在进入枫亭草市市场之列。"[③] 物品深入刺桐港腹地的细微程度，也可见香料贸易在元代泉州海外贸易中始终占有重要地位。

（作者：洪彩真，泉州师范学院资源与环境学院副教授）

---

① 李军：《宋元"海上丝绸之路"繁荣时期广州、明州（宁波）、泉州三大港口发展之比较研究》，《南方文物》2005 年第 1 期。

② 黄纯艳：《宋代海外贸易》，社会科学文献出版社 2003 年版，第 237—238 页。

③ 海丝之路（元），http://qzhnet.dnscn.cn/qzh199.htm，2015 年 7 月 20 日。

泉州沿海古镇海丝文化资源调查研究

丁玲玲

摘　要：泉州是中国古代海上丝绸之路的起点之一，从唐宋到明清乃至近代，泉州人从泉州港扬帆出海，顺着"海上丝绸之路"远航，走向世界。泉州港的商贸环境也吸引了世界各地的商人、水手、使节和传教士不远万里前来从事经商贸易、宗教活动等，在泉州沿海古镇留存了大量的"海丝"遗迹和文物，造就了泉州独具特色的"海丝"文化。这些"海丝"文化资源既见证了泉州的辉煌历史，也是先祖们留给我们的宝贵财富。我们要采取有效措施切实地保护沿海古镇"海丝"文化资源并挖掘其深层的文化内涵；合理开发和利用这些"海丝"文化资源，根据沿海不同镇的"海丝"文化特色，进行文化产业的开发与创意，让泉州沿海古镇"海丝"文化资源在新时期发挥新的作用，服务地方社会的发展。

关键词：泉州；沿海古镇；海上丝绸之路；文化资源

泉州地处福建东南海滨，与我国宝岛台湾隔海相望，扼晋江入海口，既临江河岸线，又有海湾，水际交通便利，而且海岸线曲折，港湾众多。泉州港周围有泉州湾、深沪湾、围头湾等天然港湾；在泉州湾有后渚港、洛阳港、石湖港；深沪湾有深沪港、祥芝港、永宁港、福全港；围头湾有围头港、安海港、金井港、石井港等诸多的天然支港，这些支港星罗棋布，泉州因此有着三湾十八港之称。众多的港湾便于海上交通与作业，利用其得天独厚的港湾优势，泉州"民以海为耕，商凭海为市"，开展对外贸易。早在唐代泉州就与广州、交州、扬州同列为我国对外贸易的四大海港；到了宋代，泉州港进一步繁荣，北宋元祐二年（1087）泉州市舶司的设置，使泉州的海外贸易如虎添翼，泉州港跃居四大贸易港口之首，"况今闽粤莫盛于泉州"[①]，泉州拥有的海外航线已经连接了70多个国家和地区；元代泉州对外贸易的范围遍及东北亚、东南亚、南亚、中东和东非等地，与泉州有着海路交通贸易联系的国家、地区多达近百个，泉州一跃成为与埃及亚历山大港相媲美的东方第一大港，成为"梯航万国"的国际贸易大

---

① （宋）王象之：《舆地纪胜·福建路·泉州府》，四部丛刊本。

港。明清时期政府虽厉行海禁，但私人海上贸易盛行。泉州港的安海、石井等支港成为海上私商"泛海通蕃"的港口，与海外许多国家、地区进行商贸往来。清代，泉州是与我国台湾进行商业贸易往来的主要港口，并且以我国台湾为中转站进行海外贸易。

泉州人凭借着港湾众多的优势，在不同时期不断开拓发展"海上丝绸之路"。海上丝绸之路是连接东西方的海上通道，也是沟通人类物质文明和精神文明的通道。泉州作为海上丝绸之路的重要起点之一，从唐宋到明清乃至近代，泉州人前赴后继，从泉州港扬帆出海，走向世界。泉州港的商贸环境也吸引了世界各地的商人、水手、使节和传教士不远万里前来经商、传教、定居。尽管昔日辉煌的海上丝绸之路贸易已经载入史册，但泉州在悠久的"海上丝绸之路"中也留下了许多珍贵的"海丝"文化遗迹，这些遗迹就像一颗颗璀璨的珍珠散落在泉州各地，展示着那曾经的辉煌和丰富的文化底蕴，也造就了泉州独具特色而丰富多彩的"海丝"文化资源。

一 泉州沿海古镇海丝文化资源现状

(一) 泉州沿海古镇的"海丝"文化资源绚丽多彩

在历史发展变迁中，泉州港的十八个支港所在地，有许多发展成为经济繁荣的古镇。在这些古镇中的"海丝"文化资源至今仍是绚丽多彩的。有耸立于海口或江口作为航标的石塔，如蚶江镇始建于北宋政和年间（1111—1117），重建于元顺帝至元二年（1336）的六胜塔，永宁镇建于南宋绍兴年间（1131—1162）的万寿塔（又名关锁塔，俗称姑嫂塔），为"关锁水口镇塔也，登之可望商舶来往"，这些古塔为无数中外船舶引航指路。有吐纳百货的码头、渡口，如蚶江镇的林銮渡、前垵、后垵古码头、石湖古渡、东海镇的文兴渡码头、美山渡、金井镇的围头古渡、祥芝古渡口、安海镇鸿塔水心亭渡头等等；它们曾为货物集散地，见证泉州曾经有过的中外经贸文化交流的昌盛繁荣。有为了便利于港口码头与泉州商货运输和行旅往来的近海靠海的桥梁，如位于洛阳镇始建于北宋皇祐五年（1053）的洛阳桥，是中国第一座跨海湾平梁式大石桥；位于安海镇始建于南宋绍兴八年（1138）的安平桥，是中古时代世界最长的梁式石桥，也是我国现存最长的跨海石桥；还有清代经营海峡两岸贸易的商行、店号遗址以及商邦巨贾的故居，如永宁镇的"永进商行""荣兴商号"，东石镇的"玉记商行"等遗址，在石井镇有郑运锦往台经商贸易致富后兴建的府第，后称中宪第，在永宁镇有清代台湾鹿港最大郊商林元品的故居"大夫第"等。更有沿海民众为向神灵祈求保佑航行平安而建造的与航海及对外贸易有关的宗教建筑，如东海镇的真武庙、文兴宫、美山天妃宫，洛阳镇的昭惠庙，深沪镇的崇真殿，安海镇的昭惠庙等。这些庙宇不仅是当时民间商人、渔民、旅客祈求茫茫大海航行平安，战胜大风大浪的精神寄托，而且有的还是郡守望祭海神之所。这些绚丽多彩、独具特色的"海丝"文化遗址无一不是那段岁月人类文明的独特见证，见证了泉州辉煌的海外贸易历史，是泉州重要的"海丝"文化资源。

（二）泉州沿海古镇的海丝文化资源各具特色

泉州沿海古镇不仅拥有丰富多彩的"海丝"文化资源，而所拥有的不同海丝文化资源沉淀着不同时期的文化，各具特色。如东海镇、洛阳镇至今拥有的"海丝"文化资源主要是宋元时期对外贸易港口、码头古渡遗址、桥梁以及相关的宗教建筑。石井镇、安海镇至今拥有的主要是明清之际走私港口的遗址；蚶江港在清乾隆四十九年（1784）被指定为与中国台湾鹿港对渡贸易的口岸，乾隆五十七年（1792）蚶江港又可与台湾淡水八里坌对口通航。因此蚶江及其附近安海、永宁、深沪、东石等地，因对台湾贸易而迅速发展起来。《永宁卫志》云："幸太平日久，民生与台湾商贸增加，不见外事……贾陶商贩，推我邑之多。"因此。在今蚶江、永宁、东石、深沪等镇拥有许多见证在清代与台湾进行贸易往来的相关遗址、文物、宗教建筑；有的古镇不仅拥有见证海洋贸易的"海丝"文化资源，而且还曾是政府派兵驻守，以御外敌的海防重地。因此保存有海防设施的遗址及相关文物。如明洪武二十年（1387）在今永宁镇修建永宁卫城，下辖有福全、崇武、中左（今厦门）、金门、高浦（今同安）五个千户所，并设有祥芝、深沪、围头三个巡检司。因此在今永宁、崇武、金井（福全、围头现属金井镇）等镇至今仍有一些海防设施及附属建筑的相关遗址。如永宁古卫城遗址、城隍庙，金井的福全所城，崇武所城遗址等。不同时期各具特色的"海丝"文化遗存在泉州沿海各镇积淀并得以延续，成为泉州历史发展的活化石。

（三）泉州沿海古镇"海丝"文化资源保护现状差异较大

泉州沿海古镇"海丝"文化资源丰富多彩，文化内涵深厚，有不少遗址被列为国家级、省级、市级文物保护单位，还有的是涉台文物保护单位，或者是闽南文化生态保护区示范区（点）。国家级文物保护单位有安海镇的安平桥，洛阳镇的洛阳桥，永宁镇的万寿塔，蚶江镇的六胜塔、石湖码头林銮渡，东海镇的美山码头、文兴码头、真武庙，石井镇的中宪第，崇武镇的崇武古城等；省级文物保护单位有东石镇的玉记商行建筑群、金井镇的福全所城、永宁镇的城隍庙、蚶江镇的新建蚶江海防官署碑记、东海镇的浔埔顺济宫等。虽然泉州沿海各镇的许多"海丝"文化资源被列为不同级别的文物保护单位，但是其保护现状的差异较大。一些宗教建筑、宗祠保存较好，有专人负责管理，如永宁城隍庙；一些宗教建筑则按照"修旧如旧"，重新进行修缮，如洛阳的昭惠庙、东海的浔埔顺济宫等，这些宗教建筑，宽广宏阔，装饰讲究。但部分"海丝"文化遗址损坏较为严重。如一些故居、商行遗址则或者因为认识不够，随意进行装修，或者放任荒废，没有按照文物的要求进行保养维修，已经有不同程度的破损，墙体外表脱落，红砖毕露，青苔四处，如东石玉记商行古建筑群遗址。一些码头、古渡随年代的变迁已经失去了原有使用价值，不少已经是今非昔比，有的仅立碑记，如东海镇的美山码头、文兴码头遗址。有的"海丝"文化遗址处于暴露的状态，没有任何保护措施。如在文兴码头岸边立着一座三层小石塔——宝箧印经塔，这座三层小石塔塔身四面刻有造型不一的佛像图案。虽为国家级保护单位，但没有任何保护措施，任凭风吹雨打，风化较为严重。泉州沿海古镇"海丝"文化资源的保护现状呈现出差异性。

二　泉州沿海古镇"海丝"文化资源保护和开发的建议

（一）给力宣传，让保护"海丝"文化资源形成风气

泉州沿海"海丝"文化资源是作为泉州辉煌历史的见证、文化的载体，记录着丰富的不可替代的历史文化信息，是泉州社会发展演变的印证，对其进行保护有助于我们延续历史、传承文明。泉州是我国首批公布的 24 个历史文化名城之一、闽南文化生态保护实验区的核心区、"东亚文化之都"，长期以来，各级政府投入大量人力物力，对"海上丝绸之路"文化遗产进行维修保护和环境整治，取得了较大的成绩，保护了大批珍贵的文化遗产。但是民众对"海丝"文化资源的保护意识还有待于进一步提高，在实地调研中，当文物单位为某个"海丝"文化遗址获得相关级别的保护感到高兴欣慰时，却听到一些埋怨。个别村民认为一些故居、商行遗址申报为某级别的保护单位，这些建筑物就不能改建，更不能拆除，只能居住使用，而原有建筑的基础设施无法满足现代人多样化的需求，所以对此有怨言。部分民众的保护意识淡薄，对"海丝"文化资源保护的重要性认识不足，许多涉及"海丝"的文物，随意堆放，导致损坏严重或遭盗窃。这就需要我们相关部门加大"海丝"文物遗址的宣传力度，提高全民共同保护意识。可将"海丝"文化遗址的保护资料及各级各类文物保护法律法规的内容汇总，制作成小册子，然后发放至基层进行普及和宣传教育；可在报刊、广播电视、网络等媒体上登载、播放广告、宣传画，开设专栏等进行广泛宣传。也可利用每年的文化遗产日活动的契机，在中小学开展"海丝"文化资源展、主题文物讲座、专题征文等活动，将"海丝"文化资源的保护与文化遗产日活动有机地结合起来。总之，通过各种方式、途径大力宣传沿海古镇"海丝"文化文物遗址的保护价值，提高民众的保护意识，形成保护风气。对于一些放置在野外易风化、损坏的文物，有关主管部门在保护的同时，可采取摄影、拓片等多种形式对实物实施资料保存，使其不致因发生意外而失毁。

（二）多方合作，打造"海丝"特色旅游品牌

文化资源的保护不是终极目的。真正有力、有效的保护是进行谨慎、周到、合理的开发利用。保护是开发利用的前提，开发利用是为了焕发其生命活力，促进资源的再生和永久性保存。[①] 在遵循"保护第一，合理开发"的原则下，可对泉州沿海古镇"海丝"文化资源进行合理的开发利用，利用"海丝"文化资源发展旅游业。文化遗产

---

① 孙和平：《四川红色文化资源开发与利用研究》，四川大学出版社 2010 年版，第 77 页。

以其独特的魅力和所蕴含的丰厚历史文化信息而颇受旅游者青睐，通过对文化遗产的参观欣赏、感受体验，旅游者能更直接地感受文化遗产的博大精深、珍贵稀奇。① 我们可以将沿海古镇及其附近的"海丝"文化资源整合，打造"海丝"特色旅游品牌。并且与历史文化名镇（村）、美丽乡村旅游、滨海旅游相结合，做到"以文化兴旅游、以旅游兴古镇"。如洛阳镇可将洛阳桥、洛阳古街、昭惠庙、义波祠、古井禅寺、云盖寺、万安古渡牌坊及桥南的蔡襄祠还有周边湿地红树林、洛阳江绕江观光等整合为"海丝"一日游。东海镇可将美山码头、美山妈祖宫、浔埔顺济宫、法石沉船点、文兴宫、文兴古渡、真武庙、蚵壳厝、灵山圣墓以及浔埔女服饰、浔埔海洋习俗等整合起来。也可以以县（市）为单位，开辟海上丝绸之路旅游专线，将"海丝"文化景点同滨海旅游结合起来。如石狮市可将永宁的城隍庙、永宁古卫城遗址、姑嫂塔、黄金海岸，蚶江的六胜塔、石湖渡，祥芝的斗美宫等联合，共同开发"海丝"旅游专线。晋江市可将安海的安平桥、龙山寺，东石的东石寨、白沙古战场、南山寺，金井的西资岩、福全所城遗址、围头金沙湾、月亮湾等联合开发。泉州沿海丰富的海丝文化遗存，不仅是泉州的旅游资源，也是海上丝绸之路沿线国家和地区共同的历史记忆。因此，在发展旅游时，可与海上丝绸之路沿线的国家、地区联合起来，对"海丝"旅游资源进行"大旅游"整合，共同推出海上丝绸之路专线旅游。如"重走海上丝绸之路""马可·波罗航线之旅"等。通过联合开发，将"海丝"专线旅游客源市场瞄向国际，进一步提高泉州在国内乃至国际上的知名度，促进"海丝"品牌旅游的深度发展。

（三）联合开发，发展"海丝"文化产业

对泉州沿海古镇的"海丝"文化资源的开发，不能仅局限于发展观光游览，还要将"海丝"文化资源和文化创意、文化产业结合起来，发挥其多功能作用。我们可根据"海丝"文化资源的类型、现状进行文化产业的开发。如东海镇的美山、文兴古码头现在作为码头的作用已经丧失了，可开辟为江滨公园，既可作为民众休闲、娱乐之场所，也可将其作为东海浔埔民俗风情推介会的场所。在每年正月廿九日举行妈祖的出巡活动时，将妈祖绕境踩街与浔埔女生活民俗、滨海美食等融合在一起，举行一次宗教、旅游、美食、习俗等相结合的文化盛宴。在泉州古代海防要地永宁卫城、崇武所城、金井福全所城的遗址附近，开辟仿真3D模拟实战战场等场所，同时在古镇内将闽南建筑、风俗、美食、节庆、宗教、戏曲等资源转化为旅客可参与、可触摸、可体验、可互动的精品旅游产品，让游客在参观"海丝"文化遗址的同时，增加体验和互动。对一些跟"海丝"相关的历史人物、民间传说、海丝民俗风情、传统工艺等非物质文化资源，可将其拍摄制作成系列以"海丝"文化为背景的微电影，或者制作成网络游戏、动画片等，开发以影视、动漫等内容为主的文化产业；或以海上丝绸之路为素材创作一批高规格、高水平、民众喜闻乐见的文艺作品；对沿海古镇的"海丝"遗

---

① 喻学才、王健民：《文化遗产保护与风景名胜区建设》，科学出版社2010年版，第223页。

址可拍摄制作成海丝足迹画册、书签作为旅游产品销售；可利用泉州地方知名文化节庆，如蚶江闽台对渡文化节、永宁城隍文化节，开展与"海丝"有关的会展业、展销会、博览会等活动。也可依托沿海古镇不同的产业文化，建设文化产业基地，发展优势产业，如洛阳镇的石雕文化产业，崇武、深沪的渔港文化产业。海上丝绸之路不仅是东西方互通有无的"商贸之路"，也是沿线各国、各地区、各民族文明交流的"文化之路"①。在开发"海丝"文化产业中，还可以与海上丝绸之路沿线的国家、地区合作，根据"海丝"文化资源的类型，区别对待，有针对性地加工整合，联合开发"海丝"文化产业。以海上丝绸之路历史文化为内容，瞄准海上丝绸之路沿线国家、地区的文化市场，共同设计和打造一批具有泉州地方特色的文化创意产品，推动中华文化在"海丝"沿线国家的深入传播。

泉州"海丝"文化贯通古今，源远流长，这条长河里积淀的是悠远灿烂的历史文明和人文财富。散布在泉州沿海古镇的"海丝"文化资源绚丽多彩，就像一颗颗璀璨的珍珠散落在古镇的各个角落，展示着那曾经的辉煌和丰富的文化底蕴。这是泉州先祖智慧的结晶，是一部生动的历史教科书，是不可再生的文化资源。但是，随着时光的流逝，这一颗颗耀眼的珍珠正慢慢湮没在尘世的烟灰中。因此，我们要采取有效措施，切实保护"海丝"文化资源。同时，在保护的基础上要将这些珍珠串起来，合理地开发利用，使之在推动泉州"21世纪海上丝绸之路先行区"建设，打造新时期"海上丝绸之路"经贸文化交流往来，服务"一带一路"的战略大局中发挥新的功能与作用。

（作者：丁玲玲，泉州师范学院历史学专业副教授）

---

① 周鑫：《繁荣海上丝绸之路文化推进21世纪海上丝绸之路建设》，《新经济》2014年第31期。

海上丝绸之路的历史、现实与未来

陆 芸

摘 要：公元前 2 世纪—公元 2 世纪是海上丝绸之路的初步形成期，公元 7—10 世纪是海上丝绸之路的重要发展期，15—16 世纪是海上丝绸之路的繁盛期。在海上丝绸之路的发展史上，中国人、希腊人、罗马人、埃及人、印度人、波斯人、阿拉伯人、葡萄牙人、西班牙人等在经营海上交通和东西方贸易上都起到过重要的作用。海上丝绸之路不仅是中国的，更是世界的。中国提出建设丝绸之路经济带和 21 世纪海上丝绸之路的倡议不仅是在探索有中国特色的外交之路，而且也是努力创建区域经济一体化的实践活动。

关键词：海上丝绸之路；郑和下西洋；太平洋航线；21 世纪海上丝绸之路

中国是个疆域辽阔的国家，有着广袤的陆地和辽阔的海域。中国很早就开始了海上交通和海上贸易，随着造船技术和航海水平的不断提高，在东西方之间逐渐形成了一条海上丝绸之路。《汉书·地理志》曾记录了汉武帝（公元前 140—前 87）派遣使者和商人从日南（今越南广治）、徐闻（今广东徐闻）、合浦（今广西合浦）乘船出发，到达黄支国（今印度康契普拉姆）、已程不国（今斯里兰卡）。当时中国的船只航行到南亚就不再前行了。公元 131 年，叶调国（今爪哇或苏门答腊）遣使来中国；公元 97 年、120 年和 131 年掸国（今缅甸）派使者来中国；公元 159 年和 161 年天竺（今印度）使者来中国。《后汉书·西域传》记载："恒帝延熹九年，大秦王安敦遣使自日南徼外献象牙、犀角、玳瑁，始乃一通焉。"延熹九年是公元 166 年，大秦国指的是罗马帝国（公元前 27—公元 395），当时在位的罗马皇帝是马可·奥理略·安敦尼奴斯（Marcus Aurelius Antoninus），他派出的罗马使节是从海路来到中国的。鉴于此，笔者认为公元前 2 世纪—公元 2 世纪是海上丝绸之路的初步形成期，当时中国人从中国沿海港口出发，航行到东亚、东南亚、南亚；几乎与此同时，其他国家为了获得中国的丝绸，不断探寻前往中国的路线，公元 1 世纪，一位不知名的作者给我们留下了《厄立特里亚航行记》，这位作者可能是一个沿印度洋海岸航行的外国海员或商人，他描述了古代红海、印度洋、波斯湾沿岸的贸易状况，其中提到了中国通过两条不同的道路向印度出口丝绸。

公元 7—10 世纪，是海上丝绸之路的重要发展时期。继隋朝之后建立的唐代 (618—907) 是中国历史上强盛的大一统国家，与当时的阿拉伯帝国（倭玛亚王朝 661—750，阿拔斯王朝 750—1258）并列为世界最强大的文明国家。唐代贾耽（730—805）曾记载"入四夷之路与关戍走集最要者"有通道七条，其中"登州海行入高丽渤海道"，"广州通海夷道"则详细说明了中国同日本、朝鲜半岛、东南亚、南亚和阿拉伯半岛的海上航路、航程。无独有偶，阿拉伯地理学家伊本·库达特拔（Ibn Khordadzbeh）在《道里郡国志》（写于 844—848）中详细描述了从伊拉克巴士拉沿波斯湾去中国的海上航行路线、路程，以及途经地区的物产、居民等信息。唐代以后，海上贸易持续发展，我们可以从《岭外代答》《诸蕃志》中窥见一斑，当时宋廷先后在广州、杭州、宁波、泉州等地设立市舶司，专门管理海外贸易；还设立怀远驿（广州）、安远驿（宁波）、来远驿（泉州）等，负责接待外宾。大量外国商人来到中国，以波斯、阿拉伯商人的人数最多。在著名的港口城市广州、泉州等地都留下许多遗迹，一些外国商人还留居中国，形成了著名的"蕃坊"。同样，一些中国人因逃避战乱、经商等因素留居东南亚，他们被称为"唐人"。阿拉伯人马苏第（？—956）在《黄金草原》中记载他在经过苏门答腊时，看到中国人在当地耕植。1972 年，傅吾康教授在文莱发现了宋代"泉州蒲公"墓，墓碑上刻有 18 个汉字："有宋泉州判院蒲公之墓，景定甲子，男应甲立。"

元代（1271—1368）是中国历史上疆域最辽阔的时期，它横跨欧亚大陆，盛于汉唐、衰于两宋的陆上丝绸之路得以恢复与发展，同时海上交通贸易也出现了繁荣景象，《马可·波罗游记》《岛夷志略》《伊本·白图泰游记》等详细记载了中国与东南亚、南亚、西亚，乃至非洲的交通、贸易情况。15—16 世纪是海上丝绸之路的繁盛期，1405—1433 年，以郑和为首的船队七下西洋，到达了东南亚、南亚、西亚、非洲的一些国家，带去了陶瓷、丝绸、钱币等，输入了香料、宝石、珍奇异兽等。半个世纪后，葡萄牙、西班牙开展了大规模的航海探险活动，1487 年，葡萄牙人迪亚士的探险队到达非洲南端，发现好望角，并进入印度洋；1497 年，以达·迦马为首的船队沿迪亚士航线继续向前，于 1498 年到达印度西南部的卡利卡特，开辟了从大西洋绕非洲南端到达印度的航线。哥伦布在 15 世纪发现了美洲，1519—1522 年麦哲伦率船队完成环球旅行。新航路的开辟使葡萄牙人、西班牙人、荷兰人等陆续来到亚洲，在亚洲建立了贸易基地。海上丝绸之路的航线从东南亚延伸到了美洲。当时马尼拉大帆船航行于菲律宾的马尼拉与墨西哥的阿卡普尔科之间，它开辟了连接亚洲和美洲的太平洋航线，使中国的生丝、丝绸、瓷器等产品源源不断地进入墨西哥、危地马拉、厄瓜多尔等国家，同时大量美洲白银流入中国，原产美洲的玉蜀黍、烟草、花生、西红柿等作物传入中国。

因此，在海上丝绸之路 2000 多年的发展史上，中国人、希腊人、罗马人、埃及人、印度人、波斯人、阿拉伯人、葡萄牙人、西班牙人等在经营海上交通和东西方贸易上都起到过重要的作用。海上丝绸之路不仅是中国的，它更是世界的。围绕海上丝绸之路产生的贸易曾经极大地丰富了世界各国人们的物质生活，人们互通有无，加强了沟通和了解。频繁的科技交流、文化交流促进了人类文明的进步。

进入 21 世纪，世界正发生着复杂深刻的变化，因种族、宗教、领土等问题引起的地区冲突此起彼伏，恐怖主义、极端主义和分离主义三股势力抬头，2008 年金融危机后全球经济复苏乏力，世界各国都面临着维护和平、共同发展的问题。2013 年 9 月、10 月中国国家主席习近平相继提出了共建丝绸之路经济带和 21 世纪海上丝绸之路（简称"一带一路"）。笔者认为"一带一路"是中国的领导人面对世界新形势、新格局提出的新战略构想，是在探索有中国特色的外交之路。

中国作为一个正在崛起的大国，在国际上的影响力不断增强，中国的外交理念需要与时俱进。笔者认为"一带一路"可以帮助中国有意识地建立国家和地区的关系。目前中国与 58 个国家和组织建立了合作伙伴、建设性合作伙伴、全面合作伙伴、战略伙伴、战略合作伙伴、全面战略合作伙伴、全天候战略合作伙伴关系，[①] 层次依次递进，显示了中国与不同国家的关系。中国不仅注重中国与别国的关系，也重视中国与地区的关系，重视与多边、双边和区域、次区域合作组织的合作。2014 年亚信峰会和 2015 年博鳌亚洲论坛上，习近平总书记发表的主题演讲中都提到要建立亚洲利益共同体和命运共同体，说明了中国重视亚洲，希望与邻为善、以邻为伴的良好愿望。亚洲各国经过多年的发展，已经是你中有我，我中有你，今天的亚洲已经拥有世界三分之一的经济总量，是当今世界最具发展活力和潜力的地区之一。中国作为亚洲经济总量最大的国家，理应在地区事务中发挥重要的作用。2014 年，中国启动中国—东盟自贸区升级版谈判；推动区域全面伙伴经济伙伴关系协定进入实质性磋商阶段；签署了上海合作组织国家道路运输便利化协定；开启上海合作组织的扩员进程；这些都是中国努力在地区事务中发挥重要作用的具体表现。它们不仅增强了中国在地区的影响力，也提升了中国在国际上的地位和声望。

"一带一路"沿线国家中相当多的是亚洲国家，它们的发展水平不同，基础设施不够完善，限制了经济的发展，满足不了人民需要。为此，中国设立了丝路基金并发起设立了亚洲基础设施投资银行，旨在为亚洲地区基础设施建设提供融资支持，推动区域互联互通，促进区域经济发展。2014 年 11 月，中国宣布出资 400 亿美元设立丝路基金。截至 2015 年 4 月 15 日，亚洲基础设施投资银行的意向创立成员有 57 个。丝路基金和亚洲基础设施投资银行的相继设立说明了中国希望能在国际事务中扮演更加重要的角色，而不仅仅是参与者。美国总统奥巴马在 2014 年 8 月 8 日接受《纽约时报》专栏作家弗里德曼专访时，认为在伊拉克"中国确实是搭便车者，他们搭了 30 年的便车了"。奥巴马此番言论遭到了许多中国专家的驳斥，笔者认为奥巴马与弗里德曼的这段

---

① 潘珊菊、安冬雪：《中国在全世界有 58 个"伙伴"》，《京华时报》2014 年 7 月 25 日。

对话体现了美国精英阶层对中国的普遍印象，即中国在国际事务上承担的责任与中国的经济实力不相符合。从这方面来说，"一带一路"是种改变，本着"和平合作、开放包容、互学互鉴、互利共赢"的理念，中国提出了"一带一路"的共建原则、框架思路、合作重点、合作机制，欢迎沿线国家和亚洲国家的积极参与。

其次，"一带一路"也是基于经济全球化，创建区域经济一体化的实践。投资贸易合作是"一带一路"建设的重点内容。中国提出要打造中国—东盟自由贸易区的升级版，进一步提升区内贸易投资自由化、便利化水平，希望与东盟在经历了"黄金十年"之后再创"钻石十年"。中日韩自贸区谈判、区域全面经济伙伴关系（RECP）谈判、中国与海合会（海湾阿拉伯国家合作委员会）的自贸区谈判，以及中美投资协定和中欧投资协定的谈判的进行，就是希望消除投资和贸易壁垒，激发释放双方的合作潜力，从而使经济更上一个台阶。

毋庸讳言，美国主导的 TPP（跨太平洋战略经济伙伴协定）和推出的"新丝绸之路"（New Silk Road）与"一带一路"有重合的部分，甚至有竞争。2011 年 7 月，时任美国国务卿的希拉里·克林顿（Hillary Clinton）在印度发表演讲，正式提出了建立以阿富汗为中心，将南亚和中亚连接起来的"新丝绸之路"，以实现"能源南下、商品北上"。因为阿富汗国内战乱不断，阿富汗的邻国对美国的倡议显示出了一定程度的冷淡，所以时至今日，美国的"新丝绸之路"并未产生重大的作用和影响。下面笔者将重点介绍与 21 世纪海上丝绸之路较有关联的 TPP。TPP 目前有成员国 13 个，即美国、日本、韩国、加拿大、墨西哥、澳大利亚、新西兰、智利、秘鲁、越南、马来西亚、文莱、新加坡。TPP 将突破传统的自由贸易协定（FTA）模式，达成包括所有商品和服务在内的综合性自由贸易协议。TPP 将对亚太经济一体化进程产生重要影响，可能将整合亚太的两大经济区域合作组织，即亚洲太平洋经济合作组织和东南亚国家联盟，将发展成为涵盖亚洲太平洋经济合作组织（APEC）大多数成员在内的亚太自由贸易区，成为亚太区域内的小型世界贸易组织（WTO）。中国目前还不是 TPP 的成员国，短期而言，TPP 达成协议对中国影响不大，但从中长期看，TPP 将会给中国带来很多挑战，2014 年中国十大贸易伙伴是欧盟、美国、东盟、中国香港地区、日本、韩国、中国台湾地区、澳大利亚、俄罗斯、巴西。TPP 几乎囊括了中国十大贸易伙伴中的一半成员。顺便说一句，TTIP（跨大西洋贸易与投资伙伴协议）正在美欧之间展开谈判，如果此协议能够成功达成，将会建立起全球最大的自由贸易区。TPP 和 TTIP 必然会影响未来全球贸易体系的演变。

展望未来，21 世纪海上丝绸之路建设既面临着机遇，也存在着各种挑战。就机遇而言，基础设施的互联互通将使贸易更加畅通，各国人员往来更加密切，区域经济发展更加协调。改革开放以来，中国东部沿海地区就全面参与到经济全球化的产业体系分工中，在 21 世纪海上丝绸之路的带动下，"东部地区应该不断提升承接国际高端产业转移的能力，吸引全球优势资源进一步向东部沿海地区聚集，发挥好东部地区在经济发展中的辐射和引领作用"①。就这方面而言，21 世纪海上丝绸之路将进一步提升中国的对外开放水平，它在产业转型升级、产业结构调整，以及适应国际经贸合作及其机制转型方面都提供了一个重要的平台。

21 世纪海上丝绸之路是一项宏大系统工程，涉及的国家多，国家之间的差异比较大，利益诉求不一致，出于拓展自己影响力和国家利益的考虑，沿线的某些国家会有自己的考量和计划。首先，需要我们认真聆听对方的需求，做好项目对接，务实的合作不仅能消除对方的疑虑，而且能给对方带来实实在在的好处。其次，需要仔细研究某些国家的区域规划，如印度政府推出的"季风：跨印度洋海上航路和文化景观"，此项计划旨在振兴古航道并恢复与印度洋周围国家的文化联系，涉及的国家从东非、阿拉伯半岛、南亚一直延伸到东南亚。印度政府的这项计划无疑会和 21 世纪海上丝绸之路有重叠的地方，在地缘政治上存在竞争，如何妥善处理类似的问题，需要政治智慧，更需要双方求同存异。

"不谋万世者，不足以谋一世，不谋全局者，不足以谋一域。" 21 世纪海上丝绸之路涉及面广，跨越时间长，需要统筹兼顾，与沿线国家一道共同规划，稳步推进。古代海上丝绸之路文化遗产的价值，在于向大众展示人类创造文明、共同发展的智慧，这种智慧是人类共同的结晶。今天，21 世纪海上丝绸之路要建设成为一个开放合作的平台，欢迎不同国家提出建议，丰富和完善构想，通过双赢或多赢的合作项目来增强各方的信心，最终让更多的国家实现共同发展、共同繁荣的目标。

（作者：陆芸，福建社会科学院副研究员）

---

① 《为世界和平发展增添新的正能量——有关专家详解"一带一路"愿景与行动》，《经济日报》2015 年 3 月 29 日。

自贸区建设背景下两岸共建
"21 世纪海上丝绸之路"探讨[*]

王　勇

摘　要： 推进自由贸易区建设业已成为中国应对经济全球化和贸易自由化的核心发展战略。在此情形下，中国适时提出共建"21 世纪海上丝绸之路"的战略构想，有助于完善中国多元平衡的开放型经济体系。"21 世纪海上丝绸之路"建设是全球经贸合作的新理念，以"五通"为其建设宗旨，开放性、多元化、多领域合作是其灵魂。中国大陆和中国台湾两岸共建"21 世纪海上丝绸之路"将为两岸经济合作提供新的基础和动力。而中国台湾融入"21 世纪海上丝绸之路"建设将为两岸经贸关系发展注入新的活力，推动台湾基于比较优势更好地与大陆开展业务合作，同时也将面临来自岛内外的阻碍因素干扰。基于此，两岸共建"21 世纪海上丝绸之路"应立足于大陆自贸区与台湾"自由经济示范区"的联动，形成以产业园区为载体的分工与合作机制，服务于共建"21 世纪海上丝绸之路"的金融合作机制、合作对外投资机制以及与地区安全治理的互动机制。

关键词： 自由贸易区；两岸；中国台湾；21 世纪海上丝绸之路；合作机制

一　自由贸易区建设的推进与共建，"21 世纪海上丝绸之路"战略的提出

（一）自由贸易区建设的推进

当前，经济全球化不断向纵深发展，生产要素已跨越国界而在全球范围内自由流动，世界各国的相互依存性日益增强。由此，为了顺应经济全球化和贸易自由化的发展趋势，不断拓展对外开放的广度和深度，进而深层次参与经济全球化进程，不同国家或地区纷纷提出自由贸易区发展战略。与此相伴，我国目前正面临较大的经济下行压力，传统比较优势产业面对新的挑战，改革正步入"深水区"。在此情形

---

* **基金项目：** 2013 年度国家社科基金项目"丰富'一国两制'实践和推进祖国统一研究"（批准号：13&ZD052）；2013 年度教育部人文社会科学重点研究基地重大项目"海峡两岸民间社会桥接模式和路径研究"（批准号：13JJD810011）。

下，自 2013 年 9 月 29 日中国（上海）自由贸易试验区挂牌成立以来，全国各地掀起一轮申报自贸区的热潮，试图通过自贸区建设，完善相关体制机制，探索深化改革的道路与产业升级的路径，以此实现区域经济结构转型。同时，借此探索深化对外开放的模式，为进一步融入全球贸易活动做准备。截至 2015 年 4 月 21 日，中国又新挂牌成立广东、天津、福建自由贸易试验区①。与此同时，自 2009 年以来，TPP 日益成为亚太地区经济一体化的重要形式②。为了避免在全球经济一体化和亚太地区经济一体化日益加深下我国台湾地区经济被边缘化的危险，近年来马英九积极倡导推进"自由经济示范区"规划建设③，力求使我国台湾地区的经济实现新一轮的自由化与国际化，为台湾地区经济发展不断注入活力，最终实现将我国台湾地区的建设成为"自由贸易岛"的目标。

（二）基于自由贸易区建设背景下"21 世纪海上丝绸之路"战略的出台

自由贸易区的基本特征是贸易自由化、投资自由化和金融自由化，是世界各国在全球范围内集聚生产要素、参与经济全球分工与竞争、推动经济发展的重要载体。在自由贸易区建设凸显的市场化、开放性和创新性三大驱动要素带动下，各国间商品和服务贸易自由化、便利化的深度和广度均在不断加强，区域内各国之间在关税、非关税措施、服务业市场准入、贸易投资便利化等方面都在向更加开放和非歧视方向调整，跨国间的纵向生产关系，企业内、产业内和区域内贸易投资日益成为主流，一国企业已经无法独享本国资源禀赋的比较优势，而通过产业内和企业内贸易投资在全球进行资源及政策整合成为国际贸易投资的主导形态。在此情势下，为了使中国的过剩产能和庞大的外汇储备获得更优的配置空间，2013 年 10 月，习近平总书记在访问东盟期间首次提出共建"21 世纪海上丝绸之路"的战略构想④。该构想旨在促进中国与丝绸之路沿线各国或地区的商品、资本、信息、物流、文化、交通等的自由流通，实现丝绸之路沿线各国及地区经济社会发展水平的共同提升。同时，该战略有助于加快中国对外开放进程，完善其多元平衡的开放型经济体系。

二　"21 世纪海上丝绸之路"建设前期理论探讨和内涵界定

（一）前期理论探讨

"21 世纪海上丝绸之路"建设是全球经贸合作的新理念，对其进行前瞻性探讨的主要有：法国汉学家沙畹（1913）在其所著的《西突厥史料》中首先提出"海上丝绸

---

① 孙微、倪浩：《中国自贸区增至 4 个　粤津闽挂牌各有定位》，《环球时报》2015 年 4 月 22 日。

② 王勇：《台湾寻求加入 TPP 的动机、路径选择及前景》，《国际经济合作》2012 年第 8 期。

③ 王勇：《台湾"自由经济示范区"规划建设及对两岸区域经济合作的影响》，《台湾研究集刊》2014 年第 6 期。

④ 吴崇伯：《融入国家"21 世纪海上丝绸之路"战略的优势与对策论析——以福建为例》，《华侨大学学报》（哲学社会科学版）2014 年第 4 期。

之路"的概念；日本学者三杉隆敏（1967）在其著的《探索海上的丝绸之路》中正式使用"海上丝绸之路"这一名称①。马勇（2001）探讨了东南亚与"海上丝绸之路"的相互影响关系；占豪（2014）从国际战略角度阐述了"海上丝绸之路"的战略意义及其对世界的影响。全毅等（2014）提出"海上丝绸之路"的发展目标是：以海洋经济合作为重点，通过经济外交与人文交流，构建经济合作机制，推进港口互联互通和自贸区建设，发展多领域的双边和多边合作②；陈万灵和何传添（2014）认为："海上丝绸之路"建设应以通道建设为基础，以经贸合作制度建设为支撑，从而全面提升"海上丝绸之路"通道功能和贸易、投资及经济合作水平，最终构建中国与沿线各国及地区的互利共赢格局；陈武（2014）认为有条件成为"海上丝绸之路"新门户和新枢纽的地区应加快构建港口合作网络、临港产业带、海洋经济合作实验区、金融合作区、友好城市和人文交流圈等，共同构建海陆互动格局；李金早（2014）认为：应加强与"海上丝绸之路"沿线国家及地区的业务对接，提升沿线国家及地区的贸易便利化水平，提升双向投资水平，构建高效、便捷、安全的基础设施网络，发挥金融助推作用等。

（二）内涵界定

总体而言，"21 世纪海上丝绸之路"体现为一个国际化和动态化的概念，其运输效率高、规模大，呈现出全球化和网络化的特点，是一个"全球贸易网"，即从依托现代运输工具和信息技术连接起来的海上国际货物运输通道或国际贸易网，反映"海上丝绸之路"沿线各国及地区的经贸合作关系。同时，"21 世纪海上丝绸之路"也是中国对外贸易关系网络，即从中国沿海港口出发，与沿线各国及地区建立的海上贸易通道，包括中国与东南亚、南亚、西亚、东非的经贸联系、国际关系及文化交流合作。具体而言，"21 世纪海上丝绸之路"包括从中国沿海港口出发，途经东南亚、南亚、波斯湾、红海湾及印度洋西岸各国的航线③，通过沿线港口及其城市合作机制建立起来的国际贸易网，包含与沿线国家及地区的海洋经济合作关系。

"21 世纪海上丝绸之路"以"政策、道路、贸易、货币、民心"的连接或互通等"五通"为其建设宗旨④，联动性、开放性、多元化、多领域合作是其灵魂，最终将使沿线国家联结成更为紧密的利益共享共同体。截至 2013 年底，中国与"21 世纪海上丝绸之路"沿线主要经济体间货物进出口贸易额达 11331 亿美元，较 2007 年增长 1.85 倍（见《中国与"21 世纪海上丝绸之路"沿线主要经济体间货物进出口贸易额表》）。

---

① 陈万灵、何传添：《海上丝绸之路的各方博弈及其经贸定位》，《改革》2014 年第 3 期。

② 全毅、汪洁、刘婉婷：《21 世纪海上丝绸之路的战略构想与建设方略》，《国际贸易》2014 年第 8 期。

③ 刘艳霞、朱蓉文、黄吉乔：《海上丝绸之路沿线地区概况及深圳参与建设的潜力分析》，《城市观察》2014 年第 6 期。

④ 陈伟光：《论 21 世纪海上丝绸之路合作机制的联动》，《国际经贸探索》2015 年第 3 期。

中国与"21 世纪海上丝绸之路"沿线主要经济体间

货物进出口贸易额表（2007—2013）　　　　　单位：亿美元

年份 经济体	2007	2008	2009	2010	2011	2012	2013
东盟	2025	2313	2130	2929	3631	4001	4436
印度	386	518	434	618	739	665	654
南非	140	179	161	257	455	600	652
欧盟	3561	4258	3639	4796	5671	5460	5589
合计	6112	7268	6364	8600	10496	10726	11331

资料来源：中华人民共和国国家统计局：《2014 中国统计摘要》，中国统计出版社 2014 年版。

三　两岸共建"21 世纪海上丝绸之路"的内在动力

两岸要素结构的互补性和经济发展的阶段性差异是两岸经济关系发展的基础，也是两岸产业合作的重要驱动力。随着大陆经济发展水平的提升和两岸经济合作方式的调整，两岸经济原有的合作方式产生显著的变化。随着陆资企业入岛投资经营，两岸经济合作开始由以单向流动及以大陆为主的"单向投资"，逐步扩展到涵盖两岸的"双向投资"，并在一定程度上使两岸相关产业产生竞争关系，从而使两岸经济合作面临更加复杂的环境，对两岸经济合作的深化提出更大挑战。

首先，随着两岸要素价格的变化，两岸之间的要素禀赋结构正发生显著的变化。就经济合作的动力机制而言，要素价格差异所导致的要素禀赋差异性是推进两岸经济关系和产业合作的重要动力。其中，两岸劳动力价格差异尤为凸显。目前，大陆沿海地区企业工人的月平均工资已达到 4000—5000 元人民币，再加上"五险一金"等，企业总体用工成本约为每月 1000 美元[①]。而中国台湾近 20 年来的薪资水平变化不大，使得两岸劳动力成本大致持平。在此情形下，台商投资大陆的动能下降，开始出现回流台湾或转至第三地投资的现象。由此，两岸产业合作的基本动力出现显著变化，进而推动两岸经济合作进入新的调整期。其次，两岸产业结构正逐步趋同，相互竞争性有所增强。从产业结构看，台湾制造业主要集中于电子零部件、电脑电子产品及光学制品、化学材料等三大产业，合计占台湾制造业的 49.25%；而大陆制造业则相对更加均衡，形成较完整的产业体系。总体而言，中国台湾在相关高端产业环节上具有技术优势和创新优势，同时缺乏下游产业配合和规模足够大的市场。大陆则恰好与之相反，由此两岸产业合作形成较明显的互补，进而带动两岸经济合作的全面深化。与此同时，中国大陆近 30 年来的整体产业水平呈现快速提升态势，在相关产业环节上已与台湾形成竞争态势。基于此，两岸在日趋激烈的国际竞争中必须寻找新的合作路径与动力，

---

① 盛九元：《"一带一路"深化两岸经济合作》，《两岸关系》2015 年第 4 期。

因此，两岸共建"21 世纪海上丝绸之路"将在更大程度上为两岸经济合作提供新的基础和动力，而中国台湾通过积极融入"21 世纪海上丝绸之路"建设，将为其创造更多的商机，进而激发我国台湾地区的经济活力。

四 "21 世纪海上丝绸之路"战略下的台湾因应

（一）中国台湾融入"21 世纪海上丝绸之路"对两岸经贸关系发展的影响

首先，当前两岸经贸关系发展面临内生动力不足的问题。主要体现在：一方面，两岸贸易额增长日渐乏力，台商对大陆投资增速趋于放缓。据台湾相关部门统计，台湾对大陆投资占其外贸出口份额的比重由 2007 年的 40.9% 降至 2013 年的 39.7%。两岸以制造业为主轴的产业合作动力也在不断下降。另一方面，随着两岸经济合作的不断深入，ECFA 后续协议协商难度不断加大，特别是岛内发生以反服贸协议为主题的活动后，台湾方面推动两岸经济合作的保守性有所增强，由此带来两岸经贸关系发展进程放缓。基于此，台湾融入"21 世纪海上丝绸之路"建设将构筑新的两岸经济合作平台与机制，为两岸经贸关系发展注入新活力；其次，两岸经贸关系发展中的一些深层次问题日益凸显。主要体现为：一是基础薄弱的两岸互信成为制约两岸经贸关系发展的最大障碍；二是不断加深的两岸经贸合作引发岛内忧虑本地区经济"过度依赖"大陆，促使台湾方面试图通过加强对外经济合作以抵消大陆日益增长的影响力；三是两岸局部产业领域的竞争增强引发岛内部分业界人士的担忧；四是两岸经济发展策略层面互动不足，导致两岸在产业发展与对外经济合作等方面的分歧增大。在此情形下提出共建"21 世纪海上丝绸之路"，是实现"中国梦"的海上通途，更为重要的是向外传递着中国与世界共享经济繁荣的善意。而中国台湾的积极融入，将有助于扩大两岸经济利益的汇合点，增进两岸互信，加快两岸利益及命运共同体的形成；再者，台湾融入"21 世纪海上丝绸之路"建设，将为深化两岸经济合作创造出新的平台，推动两岸经济共同发展。同时，为我国台湾地区通过大陆与东盟、南亚等"21 世纪海上丝绸之路"沿线国家和地区建立更紧密的经贸关系创造新的条件，避免我国台湾地区经济被日益边缘化的潜在危机，进而实现两岸经贸关系发展与亚太区域合作相衔接。

（二）中国台湾融入"21 世纪海上丝绸之路"的优势及经济效应

首先，从区位优势而言，台湾岛作为中国的一个近海岛屿，天然属于"海上丝绸之路"的一部分。而且，中国台湾与一海之隔的福建拥有在地利和人文等方面的"五缘"优势，而福建作为"21 世纪海上丝绸之路"的一个重要起点，正在加大开放力度建设福建自由贸易区，从而为中国台湾"自由经济示范区"与福建自贸区开展对接合作提供现实的发展机遇；其次，随着两岸经贸交流合作的不断推进，台湾地区经济与大陆经济已经成为一个不可分割的整体。基于此，中国台湾在融入"21 世纪海上丝绸之路"建设中，可充分发挥其相较于大陆的产业发展比较优势，从而更好地与大陆开展业务合作。具体而言：一方面，中国台湾拥有较成熟的现代服务业。目前，中国台湾拥有的现代服务业优秀品牌共 3000 多家，而大陆仅有 150 家左右①。其中，台湾地区金融服务业发展比较成熟，而大陆正在推动的亚投行②、丝路基金和金砖国家发展银行建设都需要进行金融服务布局，台湾可以利用其在金融体系、金融分工、金融产品、金融基础设施、金融人才培养体系方面的优势与大陆开展金融合作。另一方面，台湾拥有国际产业转移的丰富经验。随着"21 世纪海上丝绸之路"建设的推进，会带动更多中国优质产能"走出去"。台湾企业拥有较丰富的海外投资经验和产业转移经验，熟悉国际法律、惯例，享有良好声誉。由此，台湾企业可以与"走出去"的大陆企业合作，成为大陆企业"走出去"的重要跳板，联合投资，从而使大陆企业可以借鉴台湾企业处理国际业务的经验，为大陆企业拓展国际市场及扩大经济影响力提供重要助力。而台湾企业也可以抓住"21 世纪海上丝绸之路"建设带来的发展机遇，深化在全球的产业布局，进而提高台湾企业在全球产业链上的优势；再者，台商已在大陆东部沿海地区投资经营近 30 年，对大陆的投资环境日渐熟悉，投资本土化趋势和在地根植性愈加显著。由此，面对"21 世纪海上丝绸之路"建设带来的沿线关税减免、交通便利化与释放出的新产能需求，台商将"抢滩"进入中国大陆中西部及周边地区进行投资合作；此外，台湾方面先前曾提出"南向策略"，在此推动下，东盟国家成为我国台湾地区传统的贸易和投资重要地区。我国台湾企业对外投资起步早，多集中在东南亚等"21 世纪海上丝绸之路"建设沿线国家和地区。目前，东盟是台湾地区仅次于中国大陆的第二大贸易伙伴及出口市场，2013 年双方贸易额占台湾地区对外贸易总额的 15.9%，东盟占台湾地区对外出口的 19.2%。基于此，台湾地区可以通过融入"21 世纪海上丝绸之路"建设进一步开展与东盟的区域经济整合，同时拓展与印度等新兴市场的经济合作。

（三）台湾融入"21 世纪海上丝绸之路"面临的障碍

首先是来自于台湾岛内的反对因素。主要体现为：一方面，当前两岸关系已处于调整期，岛内越来越多的舆论担忧台湾地区的经济会"过度依赖"于大陆，为此，台湾地区方面先后制定"两岸协议监督"相关文件，发布"两岸风险"相关文件，建立中国大陆对台湾地区政治经济影响力的评价系统。在此情形下，台湾地区融入"21 世纪海上丝绸之路"建设将引发台湾岛内部分人士的疑虑甚至反弹。另一方面，台湾岛内民进党势力长期"逢中必反"，导致两岸服务贸易协议至今仍未能在岛内生效。由

---

① 刘宗义：《"一带一路"与台湾的机遇》，《两岸关系》2015 年第 4 期。

② 亚投行，即亚洲基础设施投资银行（Asian Infrastructure Investment Bank，AIIB）是一个政府间性质的亚洲区域多边开发机构，重点支持基础设施建设，总部设在北京，法定资本 1000 亿美元。截至 2015 年 4 月 15 日，亚投行意向创始成员确定为 57 个，遍及五大洲，涵盖除美日之外的主要西方国家、大部分亚欧国家。而且，今后其他国家和地区仍可以作为普通成员加入。

此，台湾试图融入"21世纪海上丝绸之路"建设也将面临来自民进党势力的更大阻挠；其次是来自于岛外势力的阻碍。主要是美、日等国家对当前中国推动的"21世纪海上丝绸之路"建设抱有较深的疑虑，从而极力发挥自身影响力来设置障碍。其中，中国推动建立的"亚洲基础设施投资银行"就遭到美国的暗中阻挠，导致韩国、澳大利亚等原本有意愿参加的国家被迫选择放弃。由此，台湾试图融入"21世纪海上丝绸之路"建设还将面临美国等外部势力的暗中牵制甚至阻挠。

五 两岸共建"21世纪海上丝绸之路"的合作机制

"21世纪海上丝绸之路"建设是一个多元化、综合性的合作框架，不同于统一制度框架下的自由贸易区，也不同于其他区域性国际机制。两岸共建"21世纪海上丝绸之路"以打造区域合作命运共同体推动一体化建设为远期目标，应涵盖并融入多领域区域合作与治理机制，形成机制联动效应。

（一）形成以大陆自贸区与台湾"自由经济示范区"规划建设为基础的联动

两岸共建"21世纪海上丝绸之路"的基本出发点在于保持和加强彼此的互联互通，建立更紧密的经贸合作关系。通过共建"21世纪海上丝绸之路"，以现有大陆自由贸易区和台湾"自由经济示范区"建设为基础，简化出入证件的办理手续以及组建海上丝绸之路沿线港口城市联盟等合作机制，推动贸易投资的便利化与自由化，为两岸经济合作提供制度性保障。同时，积极支持以平潭、厦门、泉州为主体的福建自贸区与台湾地区"自由经济示范区"开展合作，提升两岸海洋经济合作水平。通过充分运用两岸现已达成的基础好、有影响力的双边经济合作机制，如两岸经济合作框架协议（ECFA）及后续协议，两岸共同构建形成"21世纪海上丝绸之路"相关贸易投资治理制度规则体系。同时，加快推进两岸海洋生物医药、游艇、港口物流、滨海旅游等产业对接。

（二）推动形成两岸以产业园区为载体的分工与合作机制

"21世纪海上丝绸之路"是一个综合的运输通道，产业园是该通道发展的外溢结果。将产业园与运输通道相结合，将使"21世纪海上丝绸之路"演变为沿线国家和地区发展的经济走廊。两岸共建"21世纪海上丝绸之路"将从多个方面产生产业调整效应，形成产业链的重新整合。具体而言，一是产业转移效应，加速产业从高端向低端转移。在这方面，两岸应实现优势互补，打造具有国际竞争力的产业。在一些高新技术产业领域，台湾具有较为先进的技术和创新能力，大陆拥有强大的制造能力、完善的产业体系和巨大的市场潜力。两岸应加强在这些领域的合作，打造出国际领先的产业和国际知名的产品，从而更好地融入"21世纪海上丝绸之路"建设的进程中。二是产业集群效应，产业园区在沿线上按市场选择集聚。三是对产业链进行重新整合，促进产业结构优化。在这方面，应积极推动两岸产业形成合理分工与整合布局。两岸产业合作不能只是一种简单的投资项目与利益争取，而应放在

共建 "21 世纪海上丝绸之路" 建设中来进行规划和布局, 应逐步改变过去以台湾接单—大陆生产—海外销售为主的产业方式, 向两岸合作、共同创造、全球销售的新方式转变。同时, 两岸应协调各自重点发展的优势产业与项目, 避免重复建设与恶性竞争。在产业布局上, 两岸应将对方产业作为自己产业体系的重要延伸或组成, 形成相互支撑、充分发挥各自比较优势的格局。由此, 推动两岸行业和企业进行产业链与价值链整合, 共同提高两岸经济在全球产业链与价值链中的地位。基于此, 两岸共建 "21 世纪海上丝绸之路" 要充分运用和发挥这些效应, 形成产业联动与合作机制。

(三) 建立服务于两岸共建 "21 世纪海上丝绸之路" 的金融合作机制

两岸在共建 "21 世纪海上丝绸之路" 进程中开展的贸易投资离不开贸易融资, 与贸易投资相伴的互联互通、产业园区建设、海洋运输与开发都需要金融支持。当前, 中国为推动包括 "21 世纪海上丝绸之路" 在内的 "一带一路" 建设, 已出资 400 亿美元成立 "丝路基金", 并发起成立亚洲基础设施投资银行 ("亚投行")。其中, "丝路基金" 对亚洲区域内外的所有投资者开放, 亚投行也对加入 "一带一路" 筹建过程的其他感兴趣的国家和经济体遵循包容开放的原则。亚投行与丝路基金的成立, 为台湾融入 "21 世纪海上丝绸之路" 建设提供发展的契机, 能相当程度解决两岸共建 "21 世纪海上丝绸之路" 的融资缺口问题。但两岸在共建 "21 世纪海上丝绸之路" 进程中涉及的各类开发性融资结构的关系如何协调, 治理结构如何形成, 风险如何防范, 以及进一步培育组建两岸 "海上丝绸之路开发银行" "开发基金" "投资基金" "风险基金" 等金融机构等, 需要两岸进一步协商加以论证和分析。为此, 两岸可通过务实协商, 商讨台湾借鉴香港的模式参与 "丝路基金" 和 "亚投行" 的可行路径。同时, 两岸可协商成立由双方相关部门注资的共同基金, 或由大陆与香港特别行政区、澳门特别行政区及台湾地区共同成立 "大中华共同基金", 向 "丝路基金" 或 "亚投行" 注资, 整合海峡两岸暨香港、澳门的优势资源, 共建 "21 世纪海上丝绸之路", 携手进军国际市场。

(四) 两岸共建 "21 世纪海上丝绸之路" 的合作对外投资机制

加速两岸合作对外投资的规模与范畴是两岸有效共建 "21 世纪海上丝绸之路" 的关键。从共同发展的角度看, 两岸应加快合作对外投资的步伐, 尤其要利用台商在 "21 世纪海上丝绸之路" 沿线区域内的既有产业网络, 深化两岸合作规模。两岸可以通过相互参股、相互持股与合作投资等方式, 共同开展 "21 世纪海上丝绸之路" 规划中的基础设施建设与产业园区发展, 从而将两岸产业合作延伸到 "21 世纪海上丝绸之路" 沿线区域, 实现合作效益的外溢, 从而为深化两岸经济合作提供新的动力。

(五) 两岸共建 "21 世纪海上丝绸之路" 与地区安全治理的互动机制

两岸共建 "21 世纪海上丝绸之路" 主要是为解决互信不足的问题。由此, 共建海上丝绸之路与地区安全治理的互动显得十分重要。因此, 两岸应以 "共同、综合、合

作、可持续"的新安全观设计"21世纪海上丝绸之路"框架。同时,两岸应以共建
"21世纪海上丝绸之路"的经济成果形成命运共同体和利益共同体,共同维护和巩固
安全机制的形成。

(作者:王勇,厦门大学两岸关系和平发展协同创新中心经济平台成员,厦门大学
台湾研究院经济研究所、厦门大学台湾研究中心副教授、硕士生导师,"985工程"台
湾研究创新基地成员)

公元前4世纪雅典私人钱庄研究

——海上贸易融资视角的考察

陈思伟

摘　要： 古希腊的私人钱庄是城邦广泛使用金属硬币的产物。钱庄是公元前4世纪雅典海上贸易资金的主要提供者。与个人投资者相比，它具有资金充沛、规避风险能力强、信贷经验丰富的优势。钱商经营海事贷款时，首先需招揽客户将游资存入银行，专门用于海事贷款投资；然后招雇精于海事活动的专业人员为代理人，为其提供资金，并由其负责相关业务。虽然公元前4世纪雅典私人钱庄的组织方式与现代银行颇有差异，但通过对其经营海事贷款的考察表明，私人钱庄的信贷活动具有较高水平和一定程度的复杂性。

关键词： 银行；历史；海事贷款；作用

A：那些斯基泰人不真是太聪明了吗？孩子一出生，他们就马上给孩子喂马奶和牛奶。

B：宙斯在上，他们没有把心存不良的保姆和接送孩子上学的奴隶带回家，没有比这些人更坏的了。

A：宙斯啊，这些人其实还在接生婆之后，接生婆才是坏透顶了。

B：宙斯啊，接生婆其实还在库柏勒女神的乞讨僧之后，因为这种人才最最可恶。

A：宙斯啊，如果谁不愿意提起鱼贩子……

B：天哪，鱼贩子其实还在钱商之后，因为没有谁比这种人更险恶了。

这是公元前4世纪阿提卡剧作家安提法涅斯（Antiphanes）的喜剧《嫉恶者》（*Misoponeros*）中的一段对白，剧中两人正在讨论谁是世上最可恨的人。在他们看来，世上可恶之人包括保姆、家庭教师、接生婆、乞讨僧、鱼贩等，但最令人生厌的是钱商。[①] 遗憾的是，该剧仅存片断，甚至没有交代对话者的姓名和身份，很难从中推断对话的场景和讨论该主题的目的，所以也无法从中探寻时人如何评价雅典的钱商及其在社会

① 约翰·M. 埃德蒙兹：《阿提卡喜剧残篇》（John M. Edmonds, *The Fragments of Attic Comedy*）第二卷，E. J. 布里尔出版社1959年版，第238页（但第四行辑佚者误标为A）。同时参照米勒的英译，见保罗·米勒《古代雅典的借与贷》（Paul Millett, *Lending and Borrowing in Ancient Athens*），剑桥大学出版社2002年版，第197页。

经济中的地位。不过，如果将钱商置于公元前 4 世纪雅典社会经济发展的大背景中考量，则有助于剖析其负面形象形成的根源。在厘清古典时代私人钱庄的发展概况后，本文主要借助法庭讼词中与此相涉的篇章，从雅典海上贸易融资的视角，考察私人钱庄的运作过程，在此基础上，对私人钱庄在公元前 4 世纪雅典社会经济中的地位作出评价。

一　从钱币兑换者到钱商：古典时代雅典私人钱庄的发生发展

德摩斯提尼认为公元前 4 世纪雅典的钱庄业是"一种从他人钱财中获取风险性收益的行业"①。既然钱庄的业务与钱币密切相关，欲知其发生和发展，有必要考察希腊人何时广泛使用打制的金属硬币。据波鲁克斯记载，公元前 7 世纪中叶，小亚细亚的吕底亚人开始使用硬币。② 但是，正如豪格高（C. Howgego）指出，波鲁克斯是 2 世纪的辞典编撰家，距色诺芬尼的时代已近 700 年，其记载的可信度值得怀疑。③ 考古材料表明，公元前 560 年左右，在离吕底亚不远的城邦以弗所，硬币体系仍未完备：虽已成块状，但有的金属块上单面压印，有的压印了简单的条纹，仅有少数压印了完备的图案和标志。在小亚细亚之外的地区，早期硬币发展和传播方式并不完全明晰。但无论如何，公元前 6 世纪下半叶，随着海上贸易的增长，港口税的增加，城市化的发展，建筑业的繁荣，生产专业化的显现，对原料和劳动力需求的增加，促进了地区交流；最关键的是，出于战争和支付雇佣兵的需要，原有以大麦、牲口、贵金属混用的货币体系已不能适应时代发展的要求④，由城邦统一打造的、有固定形制和价值的贵金属硬币大量出现并迅速传播，成为广泛使用的交换媒介。公元前 500 年左右，希腊大陆、意大利、西西里岛及小亚细亚岛等地中海沿岸地区，相继形成了相对完备的硬币体系。⑤

钱庄是古希腊城邦广泛使用金属硬币的产物。⑥ 硬币的广泛使用导致生产的发展和

---

① 德摩斯提尼（XXXVI，第 11 页），本文所引德摩斯提尼演说词据 M. R. 迪尔兹编辑《德摩斯提尼演说词》（M. R. Dilts, *Demosthenis Orationes*）第 1—4 卷，牛津大学出版社 2002—2009 年版。所引其他古典著作，除特别注明外，皆据洛布古典丛书。

② 波鲁克斯：《辞典》（Pollux, *Onomasticon*）IX，第 83 页，G. 丁多夫（Guilielmus Dindorfius）编辑，库埃希亚娜图书馆 1824 年版。

③ C. 豪格哥：《钱币视角下的古代历史》（C. Howgego, *Ancient History From Coins*），路特莱吉出版社 1995 年版，第 1 页。

④ 同上书，第 2、4、6、14—18 页；吉尔·戴维斯：《梭伦法律中德拉克玛出现的时间》（Gill Davis, "Dating the Drachmas in Solon's Laws"），《历史杂志》（*Historia*）2012 年第 61 卷第 2 期。

⑤ J. 科洛尔、N. 瓦格纳：《雅典、科林斯、埃吉那最早钱币出现的时间》（J. Kroll & N. M. Waggoner, "Dating the Earliest Coins of Athens, Corinth and Aegina"），《美国考古杂志》（*American Journal of Archaeology*）1984 年第 88 卷第 4 期。

⑥ R. 博加特：《古希腊钱庄概览》（R. Bogaert, *Grundzüge des Bankwesens im alte Griechenland*），康斯坦兹大学出版社 1986 年版，第 7—9 页。

社会分化的加剧，人们对信贷的需要日益强烈；同时随着大殖民运动的深入开展和邦际经济交往的日益频繁，兑换不同币制钱币的需求亦越来越急迫。在此背景下，出现了从事借贷、汇兑等业务的机构。神庙可能是最早的金融机构，主要提供贷款和保管重要物品业务，学者一般将其称为"神庙钱庄"①。公元前 450 年至前 440 年之间，阿提卡的兰诺斯（Rhamnous）复仇女神神庙共发放了贷款 56606 德拉克玛另 4 奥玻尔。其中，以每笔 300 德拉克玛贷出的款项总额为 14400 德拉克玛；以每笔 200 德拉克玛贷出的共计 3.7 万德拉克玛。② 易言之，在德莫芬尼斯（Demophanes）任村长（Demar-chy）的那一年，该神庙共贷出款项 233 笔。据此可见，前 5 世纪中叶，神庙借贷已相当频繁。古典时代及其后，奥林匹亚、德尔斐、以弗所、提洛、罗德斯等地的神庙也频繁参与借贷。③ 公元前 4 世纪末，莱库古在雅典设立了"城邦银行"。在博加特看来，创立"城邦银行"的目的是保护公民手中现金的安全并使城邦获利；但科恩认为，其主要目的是征收和支付税收。④

　　私人钱庄的产生与邦际间频繁的商贸活动有着直接联系。大约在公元前 5 世纪上半叶，希腊主要商港和市场上出现了一批钱币兑换者。最初，钱币兑换者的设施非常简单，只需在市场摆上一张桌子（trapeza）即可。博加特认为，公元前 411 年之前，他们在市场交易中的地位如此重要，以至市场需要专门为其留出地方摆放兑换钱币的柜台。⑤

　　然而，公元前 5 世纪大部分时间内，古希腊私人钱庄的主要业务是兑换钱币⑥，直到公元前 5 世纪末，钱币兑换者才逐渐转变为真正意义上的钱商，trapeza 一词成为钱商的代名词。⑦ 此时，钱商的业务范围大幅度拓展，吸纳存款、发放贷款、保存贵重物品、提供信贷服务、充当证人、担任信用担保等成为其主要业务。遗憾的是，现并无明确史料记载钱商出现的具体时间。博加特认为，希腊最早的私人钱庄发端于雅典⑧，但据现存史料，最早的私人钱庄可能出现在商品经济最发达的科林斯。据载，普拉提亚战役后不久，地米斯托克利将 70 塔兰特现金存入了科林斯的菲洛斯提

①　S. 霍恩布劳尔、A. 斯鲍福斯编：《牛津古典辞书》，（S. Hornblower and A. Spawforth eds., *Oxford Classical Dictionary*）（第三版），牛津大学出版社 2003 年版，第 232 页。

②　C. W. 福那那：《从古风时代到伯罗奔尼撒战争结束》（C. W. Fornana, *Archaic Times to the End of the Peloponnesian War*），剑桥大学出版社 1983 年版，第 90—91 页。

③　R. 博加特：《古希腊城邦的钱庄与钱商》（R. Bogaert, *Banques et banquiers dans les cités grecques*），斯吉托夫出版社 1968 年版，第 101、106、245—246、201—225 页。

④　E. 科恩：《雅典的经济与社会》（E. Cohen, *Athenian Economy and Society*），普林斯顿大学出版社 2002 年版，第 42 页（注释 2）。

⑤　R. 博加特：《古希腊城邦的钱庄与钱商》，斯吉托夫出版社 1968 年版，第 61 页。

⑥　J. 霍伯：《希腊的钱庄》（J. Hopper, "Greek Banks"），《古典评论》（*The Classical Review*）新系列 1971 年第 21 卷第 3 期。

⑦　R. 博加特：《古希腊城邦的钱庄与钱商》，斯吉托夫出版社 1968 年版，第 37—40 页；S. 霍恩布劳尔、A. 斯鲍福斯编：《牛津古典辞书》，牛津大学出版社 2003 年版，第 232 页。

⑧　R. 博加特：《古代存款钱庄探源》（R. Bogaert, *Les Origines antiques de la banquet de depot*），斯吉托夫出版社 1966 年版，第 132—133 页。

芬诺斯（Philostephanos）钱庄。① 安提玛科斯（Antimachos）可能是雅典最早的钱商之一。② 然而，对于安提玛科斯，仅知道他是欧波里斯《公民》一剧第 107 行中的第 4 个人物且职业为钱商，其他情况一无所知，甚至不知其所属城邦。③ 不过，帕西昂的前主人阿奇斯提拉图斯（Archestratos）之子也名安提玛科斯。戴维斯据雅典人命名习惯推断，欧波里斯戏剧中的安提玛科斯可能为阿奇斯提拉图斯之父。④ 古典时代，在雅典经营业务且已知姓名的钱商不少于 30 人，⑤ 其中至少一半是雅典公民。⑥

古典时代钱庄的资产通常由"有形资产"和"无形资产"两部分构成。就有形资产而言，私人钱庄设施简单。经营者的居所常兼作营业场所，其他有形资产主要有柜台、标尺、砝码、算盘、莎草纸等。⑦ 除房屋外，上述物品总价值不会超过 10 德拉克玛。仅凭上述有形资产，承租者不可能缴纳高达 100 明那的年租。⑧ 因此，对钱庄而言，更重要的是"无形资产"。钱庄的"无形资产"主要包括"软资源"和"人力资源"两个方面。所谓软资源，主要指钱商筹集和管理资金的能力、良好的人际关系网络、较高的信誉度等。伊索格拉底强调说，（钱商）"朋友众多，掌控着巨额资金，诚信可靠"⑨，这表明软资源是钱商成功的基本法宝。所谓"人力资源"⑩ 指钱庄的工作人员。除钱商本人外，还包括若干钱庄职员、代理人、海外分支机构的办事人员等。公元前 4 世纪雅典各钱庄皆拥有一定数量的帮办人员。

就组织方式而言，古代雅典的钱庄有别于现代银行。其一，在雅典人看来，钱商与医生、厨师、工匠一样，全靠手艺谋生或赢利，因此，古典时代的钱庄并非法人实

---

① 鲁道夫·赫歇尔编：《希腊书信集》（Rudolf Hercher, *Epistolographoi Hellenikoi*）（地米斯托克利）书信 Ⅵ.2，那布出版社 2010 年版。

② 但科恩认为，雅典最早的私人钱庄产生于公元前 4 世纪初。参见 E. 科恩《雅典的经济与社会》，普林斯顿大学出版社 2002 年版，第 42 页。

③ 约翰·M. 埃德蒙兹：《阿提卡喜剧残篇》第一卷，E. J. 布里尔出版社 1959 年版，第 342—343 页。该剧上演时间大约为公元前 420 年。

④ J. K. 戴维斯：《雅典有产家族》（J. K. Davies, *Athenian Propertied Families*），卡拉伦登出版社 1971 年版，第 428 页。

⑤ M. I. 芬利：《古希腊的经济与社会》（M. I. Finley, *Economy and Society in Ancient Greece*），维京出版社 1981 年版，第 73 页；S. 霍恩布劳尔、A. 斯鲍福斯编：《牛津古典辞书》，牛津大学出版社 2003 年版，第 232 页。但芬利将从事海上贸易融资的钱商排除在外，如果加上这些人，总数将不少于 38 人。

⑥ 这里所指的雅典公民包括生而为公民和因对城邦贡献巨大而被授予公民权者，其中最著名的具有公民身份的钱商包括帕西昂、福尔米奥、阿波罗多洛斯、阿里斯托洛库斯、德蒙、布勒帕伊俄斯等。E. 科恩：《雅典的经济与社会》，普林斯顿大学出版社 2002 年版，第 70 页（注释 44）。

⑦ E. 科恩：《雅典的经济与社会》，普林斯顿大学出版社 2002 年版，第 67—70 页。

⑧ 德摩斯提尼，ⅨⅤ，第 31 页。

⑨ 伊索格拉底，ⅩⅦ，第 2 页。

⑩ human asset，这里借用科恩的说法，参见 E. 科恩《雅典的经济与社会》，普林斯顿大学出版社 2002 年版，第 66—73 页，说法见第 66 页。另见 C. B. 威尔斯《评〈古希腊城邦的钱庄与钱商〉》（C. B. Wells, "Review of *Banques et banquiers dans les cites grecques*"），《加诺蒙》（*Gnomon*）1970 年第 42 卷第 8 期。

体，而是一种与个人密切联系的可以通过学习获得的技艺（techne）①。从事钱庄业这门技艺的关键要素是前述筹集和管理资金的能力、良好人际关系网络、诚实守信。② 其二，钱庄属于家庭生活的范畴，是一种以家庭为经营单位的技艺。③ 公元前 4 世纪的雅典，"家庭是呈现个人年龄、性别、血缘、社会化和经济协作的基本舞台"，"毫不夸张地说，在古代雅典人看来，没有一个人不是属于某一个家庭，不属于家庭者只能是社会的异类"④。希腊人眼中"家庭"（oikos）一词并非近代社会的核心家庭，而是一个复合概念，既指家人的居所，也指家庭成员，还指家庭财产。其中，家庭成员指居于同一屋檐下的所有人，亚里士多德把奴隶与丈夫、妻子、孩子都当作家庭成员的一分子。⑤ 然而，同为家庭成员，他们分工不同，各司其职。⑥ 这是因为钱庄既需与客户个人打交道，也需参与公共活动。应答诉讼、履行城邦义务、参与城邦公共事务等由作为家庭全权代表的男性处理，然而，他们一般不会亲自操持钱庄的具体业务；家庭生活中，妇女占据主导地位，是家庭生活的中心，对家庭的儿童、奴隶等其他成员享有绝对支配权，但以男性为中心的社会价值体系使她们无法完全应对钱庄的所有事务；⑦ 钱庄的各项业务几乎由身为奴隶的职员经营管理，他们每日坐守柜台，掌握着客户的信息和资金的流向，具有丰富的经营管理经验，与客户保持着密切联系，然而，由于身份的缺陷，他们无法应对和协调钱庄、家庭、城邦三者的关系。易言之，钱商并未直接参与钱庄具体运营，其妻子和奴隶是实际的经营管理者。⑧ 因此，史料中钱商的奴隶往往有机会挣得与

---

① 所以德摩斯提尼借阿波罗多洛斯之口说："我猜想你们都知道，当这个家伙（即福尔米奥）被出售时，如果一位厨师或其他手艺的工匠买了他，他将学习其主人的手艺，就不会如现在这么兴旺发达。但我父亲（即帕西昂）买下了他，教他读书记账，指导他学习钱庄的技艺，负责经营大笔金钱，他才有了今日的富裕……"德摩斯提尼，XLV，第 71—72 页。

② 色诺芬将钱商称为"凭借贷放款谋利的人"（色诺芬：《雅典的收入》，V，第 3 页）。

③ E. 科恩：《雅典的经济与社会》，普林斯顿大学出版社 2002 年版，第 84—86 页。

④ L. 福克斯霍尔：《古典时代雅典的家庭、性别与财产》（L. Foxhall, "Household, Gender and Property in Classical Athens"），《古典季刊》（Classical Quarterly）1989 年第 39 卷第 1 期。D. 麦克道威尔：《雅典法律中的 Oikos》（D. MacDowell, "The Oikos in Athenian Law"），《古典季刊》第 39 卷。希腊人并无现代核心家庭的概念。参见 M. I. 芬利《古代经济》（M. I. Finley, The Ancient Economy），霍加斯出版社 1985 年版，第 19 页；E. 科恩《雅典的经济与社会》，普林斯顿大学出版社 2002 年版，第 85 页。

⑤ 亚里士多德：《政治学》，1253b，第 4—9 页。

⑥ L. 福克斯霍尔：《古典时代雅典的家庭、性别与财产》，《古典季刊》（Classical Quarterly）1989 年第 39 卷第 1 期；E. 科恩：《雅典的经济与社会》，普林斯顿大学出版社 2002 年版，第 86—87 页。A. 格拉捷布鲁克：《饰品与贞洁：色诺芬〈家政论〉中伊斯霍玛库斯的妻子》（A. Glazebrook, "Cosmetics and Sophrosune: Ischomachus' Wife in Xenophon's Oikonomikos"），《古典世界》（Classical World）2009 年第 102 卷第 3 期。

⑦ 关于妇女在家庭中的主导作用，参见色诺芬《家政论》，Ⅶ，第 35—43 页；亚里士多德《政治学》，1264b，第 4—6 页。然而，正如吉姆森指出，女主人不大可能主导农业奴隶。参见 M. H. 吉姆森《古典时代雅典的农业与奴隶制》（M. H. Jameson, "Agriculture and Slavery in Classical Athens"），《古典杂志》（The Classical Journal）1977—1978 年第 73 卷第 2 期。

⑧ E. 科恩：《不会挣钱的男主人》（E. Cohen, "An Unprofitable Masculinity"），P. 卡特里奇等编《金钱、劳动力与土地》（P. Cartledge et al eds., Money, Labour and Land），路特莱吉出版社 2002 年版，第 100—107 页；D. 夏普斯：《古希腊妇女的经济权利》（D. Schaps, Economic Right of Women in Ancient Greece），爱丁堡大学出版社 1979 年版，第 52—56 页。

其身份极不相称的丰厚个人财富，并能在雅典社会中获得广泛认同；钱商的妻子对于钱庄事务的细节往往也相当熟悉，并在一定程度上影响着钱庄的运营。为了让钱庄的业务具有持续性，同时也为保持钱庄的繁荣，钱商去世后，继承者并非总是其男性子嗣，主管钱庄事务的奴隶有时也可能成为幸运儿。他们不但获释，而且还继承前主人的家业，并与其寡妻结婚，通过这种安排使钱庄的业务得以延续，福尔米奥就是其中的典型。①

二 充沛的资金：钱庄发放海事贷款的优势

公元前 4 世纪，雅典的钱庄经营方式灵活、业务范围广，限于篇幅，笔者拟从海上贸易融资的角度，考察公元前 4 世纪雅典钱庄的经营规模和发展水平，揭示其经营管理的特点。

20 世纪西方著名古典学家芬利（M. I. Finley）曾对古代城市的规模有过精辟论述："除非可直接通过海路输入所需物品，否则城市的发展不会超过周边乡村生产粮食所能供应人口的规模。"② 就此而论，古典时代雅典城的人口显然无法仅靠周边乡村的粮食养活，必须每年从海外输入大量生产生活用品。海上贸易所需资金的来源应是需考虑的首要问题。首先应排除城邦提供资金的可能性③，因为古典时代城邦主要采取间接方式干预商业，譬如制定政策、鼓励进口、设置官吏、维持秩序、打击海盗、提供护航、保障航行安全，或与外邦订立条约、保护商人利益等，所以雅典海上贸易主要是私人行为。④ 一般认为雅典富裕公民⑤或手头略有闲钱的个体商人⑥是资金的主要提供者。米勒（P. Millett）将海事贷款的个人投资者分为偶尔放贷的富裕公民、偶尔放贷的商人和职业放贷人三类，并认为职业放贷人，即收入全部或大部分来自贷款利息的个体公民或外侨，是海事贷款的主要提供者，他们发放的款项是个人积蓄而非他人的存款。⑦

① 德摩斯提尼，XXXVI，第 28—29 页；E. 科恩：《雅典的经济与社会》，普林斯顿大学出版社 2002 年版，第 61 页。

② M. I. 芬利：《古代经济》，霍加斯出版社 1985 年版，第 126 页。

③ 文森特·罗斯瓦赫：《公元前 4 世纪影响雅典粮食市场的几个经济因素》（Vincent Rosivach, "Some Economic Aspects of the Fourth Century Athenian Market in Grain"），《喀戎》（Chiron）2000 年第 30 卷。

④ 相关论述颇丰，仅列举一二，例如 E. 比莎《古风古典时代希腊政府对海外贸易的干预》（E. Bissa, Governmental Intervention in Foreign Trade in Archaic and Classical Greece），布里尔出版社 2009 年版，第 236 页；R. 斯特劳德：《公元前 374 年或前 373 年的雅典谷物法》（R. Stroud, The Athenian Grain Tax Law of 374/3 B. C.），普林斯顿大学出版社 1998 年版，第 49—50 页。文森特·罗斯瓦赫：《公元前 4 世纪影响雅典粮食市场的几个经济因素》，《喀戎》（Chiron）2000 年第 30 卷。

⑤ J. 哈斯布鲁克：《古希腊的商贸与政治》（J. Haseberoek, Trade and Politics in Ancient Greece），毕比洛和唐宁出版社 1965 年版，第 7—37 页。

⑥ 保罗·米勒：《公元前 4 世纪雅典的海事贷款与信贷结构》（P. Millett, "Maritime Loans and the Structure of Credit in 4th Century Athens"），P. 加恩西等编《古代经济中的商贸》（P. Garnsey et al. eds., Trade in the Ancient Economy），加利福尼亚大学出版社 1983 年版，第 47—50 页；S. 伊萨格、M. 汉森：《公元前 4 世纪雅典社会面面观》（S. Isager & M. Hansen, Aspects of Athenian Society in the Fourth Century），奥登塞大学出版社 1975 年版，第 83—84 页。

⑦ 保罗·米勒：《公元前 4 世纪雅典的海事贷款与信贷结构》，第 49 页；《古代雅典的借与贷》，剑桥大学出版社 2002 年版，第 161—169、180、181、189 页。

上述观点，尤其是米勒的观点因论证系统翔实，得到西方学者的普遍认可。[①]

　　事实上，米勒的分类并非完全没有问题。其一，从事海事贷款的职业借贷者并非总是精于海事业务的商人或船主。据里德（C. M. Reed）研究，现存公元前4世纪的62位海上贸易商人和船主中，仅有6位在借款同时也放贷[②]，二者重合率不到10%；其二，划分标准不够严谨，三类放贷人的界限有欠明确，存在明显的重复；[③] 其三，更关键的是，米勒所谈的三类放贷人掌握的资金根本无法满足公元前4世纪雅典海上贸易巨大的资金需求，因为偶尔放贷的富裕公民或商人只是抱着投机心理从事借贷，[④] 而因受自身财富状况、社会地位、海事经验的限制，职业放贷人提供的资金总量也相当有限。[⑤] 但是，公元前4世纪雅典海上贸易的资金链从未断裂，粮食和其他物资的供应也未发生大规模危机。即便最困难的时候，即同盟战争结束之时，雅典海上贸易仍能正常开展。基于上述原因可以认为，公元前4世纪雅典海事贷款中虽不乏个人投资者，但他们不大可能是资金主要而稳定的来源。

　　对于钱庄在海上贸易融资中的作用，研究者大多持否定态度，认为古典时代雅典的钱庄缺乏充沛的周转资金、经营理念保守、缺乏投资海上贸易的必要经验，因此不可能参与海事贷款。[⑥] 因与近50年来古代经济史研究中占主导地位的"原始派"观点契合，该观点被西方学者广泛接受，并从不同层面加以补充和强化，逐渐成为新的正统。[⑦] 然而，正统观点并非总是无可辩驳的绝对真理。自20世纪初以来，格洛兹、伊萨格和汉森、汤普森、科恩等学者力图从逻辑推理或资料角度批驳这种看法。他们认为无论从风险承受能力，还是信用、资金、掌握信息多寡的角度，雅典的钱庄参与海上贸易融资都不会存在难以逾越的障碍。遗憾的是，他们并未提供充分证据，缺乏有

---

　　① 例如 C. M. 里德《古代希腊世界的海上贸易商人》，（C. M. Reed, *Maritime Traders in the Ancient Greek World*），剑桥大学出版社2003年版，第38—40页；W. E. 汤普森《关于雅典钱庄的一点看法》（W. E. Thompson, "A View of Athenian Banking"），《瑞士古典学刊》（*Museum Helveticum*）1979年第35卷第4期。

　　② C. M. 里德：《古代希腊世界的海上贸易商人》，剑桥大学出版社2003年版，第38、96—132页。

　　③ 米勒时而按贷款资金在所有财产中所占比例（保罗·米勒：《公元前4世纪雅典的海事贷款与信贷结构》，第49—52页），时而按投资者的身份和社会地位划分（保罗·米勒：《古代雅典的借与贷》，剑桥大学出版社2002年版，第190—193页）。

　　④ 保罗·米勒：《公元前4世纪雅典的海事贷款与信贷结构》，第49—50页；M. I. 芬利：《古希腊的经济与社会》，维京出版社1981年版，第73页；L. 卡松：《古代的航海者》（L. Casson, *The Ancient Mariners: Seafarers and Sea Fighters of the Mediterranean in Ancient Times*），麦克米伦出版社1967年版，第120页。

　　⑤ 米勒仅列出第33篇演说词中的匿名公民、第34篇中的克里斯普斯、第56篇中的大流士、第52篇中的尼科波洛斯及吕西亚斯、第32篇中的狄奥多图斯（保罗·米勒：《公元前4世纪雅典的海事贷款与信贷结构》，第50—52页；《古代雅典的借与贷》，剑桥大学出版社2002年版，第192—194页），芬利认为，纵观公元前4世纪，职业贷款者不会超过30人（M. I. 芬利：《古希腊的经济与社会》，维京出版社1981年版，第73页）。而且，其中大多数只不过"财富状况一般"（德摩斯提尼，XXXⅢ，第4页）。

　　⑥ 涉及该问题的相关论述非常多，仅列举一二，例如 M. I. 芬利《古代经济》，霍加斯出版社1985年版，第141页；S. 伊萨格、M. 汉森《公元前4世纪雅典社会面面观》，奥登塞大学出版社1975年版，第84页；W. E. 汤普森《关于雅典钱庄的一点看法》，《瑞士古典学刊》（*Museum Helveticum*）1979年第35卷第4期。

　　⑦ K. 霍普金斯：《前言》（K. Hopkins, "Introduction"），P. 加恩西等主编《古代经济中的商贸》，第11页。

说服力的实证研究。① 总体而论，近几十年来，关于银行在海上贸易融资中扮演的角色争议颇多，有时不同学者的观点甚至截然对立。虽然上述学者说法有异，但讨论的焦点是钱庄是否拥有充沛的资金，能否应对海上贸易巨大的资金需求。资金问题所以成为争论的焦点，是因为公元前 4 世纪雅典海上贸易所需资金数额巨大，仅进口物资所需资金至少达 2000 塔兰特。而基于现金短缺、规模效应、风险分担的考量，商人主要依靠海事贷款筹集贸易所需资金。如果按海事贷款惯例，债务人需自备一半资金，那么出入比雷埃夫斯港的商人每年至少需 600 塔兰特贷款。②

　　然而，学者大多认为，雅典的钱庄融资水平有限，无法满足海上贸易的资金需求。芬利强调，钱庄不可能拥有太多资金，因为"大多数钱币在找到进入钱庄的路径之前，已被人们装入保险柜窖藏在家"③。卡尔霍恩悲观地认为，大多数钱商经营惨淡，许多人根本没有任何属于自己的资金。④ 奥斯丁和维达勒·纳盖指出，"雅典的钱庄规模很小，不过是钱币兑换商和典当行。有钱人的财富不是投放到钱庄，而是窖藏在家，未能投入扩大再生产中。即便委托存放在钱庄的金钱也未投资于商业实体，似乎钱庄也不曾将储户的存款投资海事贷款"⑤。经过对比，汤普森得出钱庄在信贷中无足轻重的推论，"即便一位钱商拥有超过 100 位客户，掌握的总资金超过了某些客户的资产，但他能够支配的资金也相当有限。他必须将大部分存款留作储备金……钱庄不过是社会财富大池塘里的一条小鱼"⑥。然而，经过对史料的重新爬梳，笔者发现，无论从存款数目、钱商个人财富、钱庄的租金等角度看，公元前 4 世纪雅典钱庄掌握的资金都相当充沛，足以应对海上贸易的资金需求。

　　虽然学者对钱庄是否为个人存款支付利息仍存争议⑦，但因钱庄可为储户隐匿财产、提供信用支持，且能在商业和私人事务上为他人提供咨询服务，所以私人钱庄对

　　① G. 格洛兹：《古希腊的劳作》（G. Glotz, *Ancient Greece at Work*），路特莱吉出版社 1996 年版，第 365 页；S. 伊萨格、M. 汉森：《公元前 4 世纪雅典社会面面观》，奥登塞大学出版社 1975 年版，第 84 页；W. E. 汤普森：《关于雅典钱庄的一点看法》，《瑞士古典学刊》（*Museum Helveticum*）1979 年第 35 卷第 4 期；《雅典的企业家》（W. E. Thompson, "The Athenian Entrepreneur"），《古典古代杂志》（*L'Antiquite classique*）1982 年第 51 卷，第 35 页（注释 12）；E. 科恩：《雅典的经济与社会》，普林斯顿大学出版社 2002 年版，第 136—159 页。

　　② 关于公元前 4 世纪雅典年均进出口总量、海事贷款在海上贸易融资中的地位可参见陈思伟《公元前 4 世纪雅典海上贸易的几个问题》，《首都师范大学学报》（人文社会科学版）2014 年第 4 期。

　　③ M. I. 芬利：《古希腊的经济与社会》，维京出版社 1981 年版，第 74 页；保罗·米勒：《古希腊的借与贷》，第 169—170 页。

　　④ G. 卡尔霍恩：《古代雅典的商贸生活》（G. Calhoun, *The Business Life of Ancient Athens*），芝加哥大学出版社 2002 年版，第 103 页。

　　⑤ M. 奥斯丁、P. 维达勒·纳盖：《古希腊社会经济史》（M. Austin & P. Vadal-Naquet, *Economy and Social History of Ancient Greece*），加利福尼亚大学出版社 1977 年版，第 149 页。

　　⑥ W. E. 汤普森：《关于雅典钱庄的一点看法》，《瑞士古典学刊》（*Museum Helveticum*）1979 年第 35 卷第 4 期。

　　⑦ 钱庄为存款发放利息的主要依据二则颇有歧义的史料，即德摩斯提尼第 52 篇第 26 节和伊索格拉底第 21 篇第 17 节，博加特是利息论的主要支持者（R. 博加特：《古希腊城邦的钱庄和钱商》，第 336 页注释 180），但米勒对此持否定意见（保罗·米勒：《古代雅典的借与贷》，剑桥大学出版社 2002 年版，第 308 页注释 29），相关讨论还可参阅 W. E. 汤普森《关于雅典钱庄的一点看法》，《瑞士古典学刊》（*Museum Helveticum*）1979 年第 35 卷第 4 期。

个人闲散资金仍有较大吸引力。一方面，雅典的富人为逃避公益捐献或躲债，需将不动产转换成钱庄的存款。为了逃避捐献，斯提芬诺斯成为福尔米奥、阿里斯托洛库斯等多位银行家的代理人，"通过钱庄，他隐匿了巨额财产，并从中获利"①。为了躲债，德摩斯提尼第 47 篇演说词中的原告将家中大部分家具和其他不动产甩卖或用于抵押。当债主闯入时，发现家里根本没有什么值钱的东西。后来他的妻子透露，如果债主愿稍作等候或愿随她一同前往钱庄，即可取出存款，偿清债务。② 另一方面，商人需将手头多余现金存入钱庄。除安全考虑外，他们还希望通过存款获得钱庄提供的信贷和商业事务的咨询服务。伊索格拉底③的客户中有一位来自博斯普鲁斯王国的商人，他一到雅典，即经人引介，与雅典最重要的钱商帕西昂取得联系，成为该钱庄最重要的客户。他与帕西昂的关系非常密切，除商务外，其他事情也常请教帕西昂。当这位外邦商人的父亲受到迫害时，帕西昂帮助他隐匿财产，以免被国王查抄。他在帕西昂钱庄的存款数目惊人：钱庄愿为他提供价值 300 斯塔特尔（超过 1 塔兰特）到 7 塔兰特的担保④；他曾从该钱庄取出大笔现金，兑换成 1000 斯塔特尔金币（约合 4 塔兰特）。上述每笔交易都远远超过一位技术工人多年的工资收入。⑤ 毫无疑问，钱庄愿意提供上述服务，皆因此人是其客户并有巨额存款。

在帕西昂钱庄存款获得信贷支持和商业服务的并非仅有这位贵族子弟，其他事例也为数不少。出发前往利比亚之时，商人吕康（Lykon）要求帕西昂将他存入钱庄的 1640 德拉克玛支付给他的合伙人基菲西阿德斯（Kephisiades）。提供此类服务需以"在钱庄有存款"为前提，事实上，此时通过钱庄向第三方支付现金"在所有钱庄皆有固定程序"⑥。如果要进行大宗交易，买方通常会提前将钱存入钱庄。为购买一家香水店，伊庇克拉特（Epikrates）费尽周章，从亲朋那里筹得 40 明那。一旦借得金钱，他会即刻存入钱庄。即便凑足了所需金钱，他也不会立即转入卖方账户。双方仍需进一步协商交易细节，拟定书面契约；利用这段时间，买方考察店铺的状况，卖方到钱庄核实资金到位情况。当交易最终完成时，这笔 40 明那的款项已存入钱庄一段时间。⑦ 雅典商人蒂摩斯提尼赴海外之前，将现金和其他值钱的东西存放在福尔米奥的钱庄中。德摩斯提尼之父在钱庄里的存款也价值不菲。⑧ 不唯个人在钱庄存款，雅典娜神庙的司库

---

① 德摩斯提尼，XL，第 66 页。

② 德摩斯提尼，XL，第 45—47 页。

③ 伊索格拉底，XVⅡ，第 5—7、35—37、40、43—44 页。

④ 这笔担保的数目是如此之大，以至于苏帕伊俄斯家族的世交菲利浦斯也不愿承担（伊索格拉底，XVⅡ，第 43 页）。

⑤ 公元前 329 年，杂工日均工资为 1.5 德拉克玛，技工可达 2—2.5 德拉克玛。参见 W. 卢米斯《古典雅典的工资、福利花费和通货膨胀》（W. Loomis, *Wages, Welfare Costs and Inflation in Classical Athens*），密歇根大学出版社 1998 年版，第 233—234 页。

⑥ 德摩斯提尼，LⅡ，第 3—4 页。

⑦ 希培里德，Ⅲ，第 4—9 页。

⑧ 分别参见德摩斯提尼 XLIX，第 31 页；XXVⅡ，第 9—11 页。

也可能将圣所的巨额现金存入钱庄。[①] 上述材料皆出自演说家之口，未免有夸大其词之嫌，但可以肯定，这并未超出钱庄正常业务范围。总之，公元前 4 世纪雅典的钱庄通过提供信贷服务等方式吸纳了大量社会闲散资金。对帕西昂颇有微词的原告也承认，钱商掌控着巨额资金。易言之，公元前 4 世纪的钱庄绝非部分学者描述的那样"惨淡经营"，而是雅典社会最可能提供充沛资金的商业机构。

　　钱庄能否自由支配存揽的资金？汤普森认为钱庄需将大部分资金留作支付保证金，所以不能自由支配客户的存款；[②] 米勒则断然否定钱庄享有金钱的自由支配权，认为客户在钱庄的金钱并非存款，而是他们借给钱商的款项。[③] 但事实上迟至公元前 4 世纪中叶，"ai parakatathekai tes trapezes"已成为"钱庄存款"的通用说法。[④] 公元前 3 世纪初的哲学家泰奥弗拉斯图的学生比昂（Bion）提出了这样的问题："为何钱商有钱而又没有钱？因为他们所拥有的钱并非属于他们自己。"[⑤] 比昂的疑问从一个侧面印证了德摩斯提尼所言非虚，即大多数钱商能够支配客户存款，因为钱庄就是靠他人的存款而牟利。

　　钱商也并非没有任何属于自己的资金。[⑥] 钱商的个人财富从一个侧面反映了钱庄的融资规模和能力。因为只有钱庄融资能力强，借贷规模大，借贷频率高，钱商才可能挣得巨额家产。公元前 4 世纪雅典最著名的钱商帕西昂去世时，留下的资产多达 70—75 塔兰特。[⑦] 无疑帕西昂可能是雅典最富有的钱商，但其他钱商的财富也不容小觑。通过主动承担公益捐献、贿赂等方式，不少原本为外侨的钱商归化入籍，成为雅典公民，譬如帕西昂、福尔米奥、阿里斯托勒库斯、布勒帕伊俄斯、提摩德摩斯、

---

　　① 据德摩斯提尼的注释家记载，约公元前 377（376）年，卫城的雅典娜圣库发生了火灾。后查明，此乃雅典娜女神及其他一些神灵的司库所为。他们放火烧掉圣所，力图掩盖其罪行。因为他们将放置在圣库属于神庙的现金借给了钱庄（即存入了钱庄），但是，因该钱庄倒闭，无法取现。所以他们企图制造火灾的假象，推脱责任。相关阐释参见 E. 科恩《雅典的经济与社会》，普林斯顿大学出版社 2002 年版，第 114 页；保罗·米勒《古代雅典的借与贷》，剑桥大学出版社 2002 年版，第 205 页。需要说明的是，希腊语中"借进""借出"二词皆以 daneizo 为词根，"借出"为其主动形式，而"借进"为被动形式，参阅 H. 利德尔、R. 斯科特主编《希腊语英语词典》（H. Liddel & R. Scott, A Greek-English Lexicon），克拉伦登出版社 1996 年版，第 369 页。

　　② W. E. 汤普森：《关于雅典钱庄的一点看法》，《瑞士古典学刊》（Museum Helveticum）1979 年第 35 卷第 4 期。

　　③ 保罗·米勒：《古代雅典的借与贷》，剑桥大学出版社 2002 年版，第 203—205 页。

　　④ 德摩斯提尼，XXXVI，第 5—6 页；H. 利德尔、R. 斯科特主编：《希腊语英语词典》，克拉伦登出版社 1996 年版，第 1312 页。

　　⑤ 转引自保罗·米勒《古代雅典的借与贷》，剑桥大学出版社 2002 年版，第 204 页；E. 科恩《雅典的经济与社会》，普林斯顿大学出版社 2002 年版，第 67、183 页。

　　⑥ G. 卡尔霍恩：《古代雅典的商贸生活》（G. Calhoun, The Business Life of Ancient Athens），芝加哥大学出版社 2002 年版，第 103 页。

　　⑦ R. 博加特：《公元前 4 世纪雅典钱庄考》，第 42 页；E. 科恩：《雅典的经济与社会》，普林斯顿大学出版社 2002 年版，第 67 页；J. 崔维特：《帕西昂之子阿波罗多洛斯》（J. Trevett, Apollodoros the Son of Pasion），克拉伦登出版社 2002 年版，第 27—31 页。古典时代雅典并无"法人"概念，钱商的个人资产与钱庄的资产混在一起。E. 哈里斯：《古典时代雅典的民主与法治》（E. Harris, Democracy and the Rule of Law in Classical Athens），剑桥大学出版社 2006 年版，第 241 页。

科侬等。① 有学者认为，公元前4世纪完全意义的归化民中，钱商所占比例高达三分之二。② 无论贿赂还是承担公益捐献，财富都起着至关重要的作用，而经营钱庄业务积累的巨额财富是他们获得雅典公民权的基本前提。③

出租钱庄时收取的租金可从另一侧面反映其融资借贷的规模和水平。同样，只有融资能力强、借贷规模大、借贷频率高、盈利空间大的钱庄，出租时才可能收取高额租金。仍以帕西昂钱庄为例，公元前371年或前370年帕西昂去世之前，福尔米奥按如下条件承租了该钱庄：

> 除日常花费外，福尔米奥每年支付给帕西昂的儿子们（即阿波罗多洛斯与帕西克勒斯）2塔兰特40明那的租金。如未得帕西昂儿子们同意，他不得独自开设钱庄并从事相关业务。帕西昂欠钱庄11塔兰特。④

学者一般认为，阿波罗多洛斯所提及的160明那是钱庄和武器作坊的总租金；而钱庄的租金应为100明那。⑤ 8年租约期满后，阿波罗多洛斯兄弟俩以相同的租金，将钱庄租给克塞农、优弗拉俄斯、优弗戎、卡利斯特拉图斯等4人。⑥

100明那的年租金能否证明钱庄"缺乏必要的周转资金"？假定钱商只是"钱币兑换商"，所有收入皆来自兑换钱币时所收的佣金⑦，而且，假定博加特推算的汇兑费用成立，即为总金额的5%—6%，⑧ 那么，单单挣足100明那的租金，福尔米奥每年兑换的钱币数量将达28—33塔兰特。除租金外，帕西昂家族的日常花销也需从钱庄收入中支取；作为承租者，无论福尔米奥还是其后继者，当然希望通过经营钱庄挣钱。所以

---

① 具体事例分别参见德摩斯提尼 LIX，第2页；XL，第85页；LII，第26页；戴那库斯：I，第43页。关于归化民的总体情况，参阅 M. J. 奥斯邦《雅典的归化民》（M. J. Osborne, *Naturalization in Athens*）第4卷，帕莱斯研究院1983年版，第204—206页；钱商占据优势，见该书第196页。

② 完全意义上的归化民指授予其公民权既是一种荣誉，更是一种具有现实政治经济价值的权利，而非基于特殊情况集体授予某个城邦或某些政治流亡者的荣誉。M. 迪恩：《雅典的归化民与社会流动性》（M. Deene, "Naturalized Citizens and Social Mobility in Athens"），《希腊罗马杂志》（*Greece and Rome*）2011年第58卷第2期；J. K. 戴维斯：《古典时代雅典的财富及财富的力量》（J. K. Davies, *Wealth and the Power of Wealth in Classical Athens*），阿耶尔公司1981年版，第65—66页；M. J. 奥斯邦：《雅典的归化民》，帕莱斯研究院1983年版，第196页。

③ 德摩斯提尼，LIX，第89页；J. K. 戴维斯：《古典时代雅典的财富及财富的力量》，阿耶尔公司1981年版，第60—66页；J. 崔维特：《帕西昂之子阿波罗多洛斯》，克拉伦登出版社2002年版，第4—5页；M. 迪恩：《雅典的归化民与社会流动性》，《希腊罗马杂志》（*Greece and Rome*）2011年第58卷第2期。

④ 德摩斯提尼，IXV，第31页。

⑤ J. 崔维特：《帕西昂之子阿波罗多洛斯》，克拉伦登出版社2002年版，第30页。

⑥ 德摩斯提尼，XXXVI，第12—13、37页；XLIX，第44页。

⑦ 必须注意的是，福尔米奥钱庄经营业务绝非只有汇兑，其他业务涉及资金更多，赢利更大。例如，公元前4世纪，每笔海事贷款平均数额可达3000德拉克玛，平均利率在30%左右。参见陈思伟《公元前4世纪雅典海上贸易的几个问题》。

⑧ R. 博加特：《希腊城邦的钱庄与钱商》，第326—329页。

帕西昂钱庄每年经手的资金应远超 28—33 塔兰特，可能多达 50 塔兰特。① 因此，即便阿波罗多洛斯也不得不承认福尔米奥"掌控着巨额资金"②。公元前 4 世纪的雅典是东地中海地区的商业贸易中心和最大的消费市场，在此经营钱庄业务的人自不在少数。③ 总之，公元前 4 世纪众多的钱商及其掌控的充沛资金是雅典海上贸易巨大资金需求的有效保障。此外，他们还具有冒险精神，在量化风险、处理信贷事务方面，比个人投资者更具优势。钱商"因经营业务特殊"，被认为"朋友众多，掌握着大量的金钱，诚实守信"④，是海上贸易最合适的资金提供者。

三　专项存款和钱庄的代理人：钱庄发放海事贷款的基本模式

有学者认为，尽管雅典的钱商长于信贷、精于风险的评估和规避、拥有充沛的资金，甚至不乏海事活动经验，但仍不足以证明钱庄确实参与了海上贸易融资，因为"没有一则事例明确无误地表明雅典的钱庄为海上贸易提供了资金"⑤。其实，古典史料中并非没有钱庄从事海事贷款的记载，德摩斯提尼的第 49 篇演说词提及的一宗纷争即为明证。

（一）钱庄直接发放的海事贷款

船主菲隆达斯（Philondas）从马其顿运送一批木材到雅典，阿波罗多洛斯与雅典将军提摩修斯因运费问题产生了分歧。提摩修斯声称这是菲隆达斯利用帕西昂钱庄提供的贷款输入的商品；阿波罗多洛斯则坚称是马其顿人送给提摩修斯的礼物，运费是他从钱庄借款支付的。孰是孰非已不得而知。但重要的是，如果钱庄没有贷款给商人从事海上贸易的业务，提摩修斯的说法就会变成昭然若揭的谎言，无法得到陪审员的响应。⑥ 当然，提摩修斯这样的大人物具有丰富的诉讼经验，有雅典顶级的演说家捉刀，不可能犯如此低级的错误。⑦ 因此，必然的结论是钱庄为商人提供海事贷款乃寻常

---

① 在承租该钱庄时（前 370—前 360），福尔米奥成为雅典最富有的人。他通过慷慨的公益捐献，在前 361 年或前 360 年获得雅典公民权。这无疑证明，承租期间钱庄经营规模仍然很大，生意红火。

② 德摩斯提尼，XLV，第 80 页。

③ E. 科恩：《雅典的经济与社会》，普林斯顿大学出版社 2002 年版，第 31 页；M. I. 芬利：《古希腊的经济与社会》，维京出版社 1981 年版，第 73 页。

④ 伊索格拉底，XVII，第 2 页。

⑤ S. 伊萨格、M. 汉森：《公元前 4 世纪雅典社会面面观》，奥登塞大学出版社 1975 年版，第 84 页。类似的看法还可参见 R. 博加特《希腊城邦的钱庄与钱商》，第 357 页；保罗·米勒《公元前 4 世纪雅典的海事贷款及信贷结构》，第 47 页；K. 谢普顿《公元前 4 世纪雅典的私人钱庄》（K. Shipton, "The Private Banks in Fourth-Century B. C. Athens"），《古典季刊》（*Classical Quarterly*）1997 年第 49 卷第 2 期。

⑥ 海事法庭陪审员可能由专业人士构成。参阅 E. 科恩《古代雅典的海事法庭》（E. Cohen, *Ancient Athenian Maritime Courts*），普林斯顿大学出版社 1973 年版，第 93—95 页；A. 兰尼《古典时代雅典法庭中的法律和正义》（A. Lanni, *Law and Justice in the Courts of Classical Athens*），剑桥大学出版社 2005 年版，第 152—153 页。

⑦ 奈波斯是这样评价提摩修斯："他能言善辩、精力充沛、任劳任怨，精于军事并且在治国方面也不逊色。"参见奈波斯《外族名将传》，刘君铃等译，张强校，上海人民出版社 2007 年版，第 125 页。

之事。接下来的段落中，阿波罗多洛斯的描述从运作层面再次印证了私人钱庄参与海事贷款的事实，"如果木材是菲隆达斯贷款购买的货物，运送至此必然是为了销售。由于木材是贷款的抵押品，我父亲（即帕西昂）绝不会允许菲隆达斯从码头运走木材，而会立即派出一名奴隶严密监视，一旦有货物销售，就会马上将钱收缴，直到偿清所有款项（包括本金及利息）"①。

不可否认，钱庄参与海事贷款的直接史料仍相对较少，但这并不意味着钱商投资海上贸易不活跃。例如，经过近一百年的研究，如今学者知晓的承担雅典节庆公益捐献的富裕公民不及总人数的1%②，然而，这并不能表明他们在公益捐献中可有可无，债碑中也存在类似情况。现存债碑提及的职业仅有两种，即一位钱商和一位医生③，但不能根据文献中只出现一位医生，就推演出医生在古代希腊并非重要职业的结论。上述事例证明，在古代社会某种职业繁荣与否不能简单根据现存史料所载从业人数的多寡判断。更重要的是，如果基于新视角重新解读史料，将会发现更多钱庄发放海事贷款的例证。

（二）通过代理人发放的贷款

过往研究中，学者力图在史料中寻找钱商参与海事贷款的直接证据。然而，基于表述多样化和避免重复的考量，诉讼词并不总会同时使用"trapezites"和"nautikos daneismos"二词。

首先，涉及信贷的讼词并非总使用"trapezites"表述钱商。鉴于公元前4世纪钱庄从事海事贷款的直接证据相对缺乏，学者易于强调个人投资者的主导地位。④为证明个人投资者的绝对优势，汤普森列出一长串名单。⑤遗憾的是，法庭讼词对人物身份的交代非常有限，被列举者身份到底是普通商人、船主还是钱商往往未尽可知。例如，阿拉图斯曾将1100德拉克玛借给商人阿尔特蒙，但是对于阿拉图斯的了解仅限于他是一名来自哈利卡那苏斯的年轻人。但汤普森断定他不是钱商，唯一依据不过是他是一位诚实无欺的年轻人。⑥然而，无论年纪还是出生地，都不能成为判断标准；⑦安提帕特的情况与此类似，对于此人的了解仅局限于他出生在塞浦路斯的基提昂城。或许，在汤普森看来，钱商不大可能由外邦人充任。但是，在判断德蒙和安德罗克勒斯身份时，汤普森却用了截然不同的标准："另外两人，即德摩斯提尼的亲属德蒙和第35篇演说

---

① 德摩斯提尼，XLIX，第35—36页。

② J. K. 戴维斯:《雅典有产家族》（J. K. Davies, *Athenian Property Families*），卡拉伦登出版社1971年版，第28—30页。

③ 分别见 M. I. 芬利《古代雅典的土地和信贷研究》，第131页第39条铭文、第157页第135条铭文。

④ 保罗·米勒:《公元前4世纪雅典的海事贷款及信贷结构》，第49页；W. E. 汤普森:《关于雅典钱庄的一点看法》，《瑞士古典学刊》（*Museum Helveticum*）1979年第35卷第4期。

⑤ W. E. 汤普森:《关于雅典钱庄的一点看法》，《瑞士古典学刊》（*Museum Helveticum*）1979年第35卷第4期。

⑥ 同上。

⑦ 例如，福尔米奥非常年轻还是奴隶时就已是雅典一位举足轻重的钱商。参见 E. 科恩《雅典的经济与社会》，普林斯顿大学出版社2002年版，第174页。

词的发言者（安德罗克勒斯），不可能是钱商，因为他们是雅典人。"[1] 然而，史料表明，不少钱商或生为雅典人或已归化入籍。出生地或公民身份与他们是否为钱商也并无太大联系。

此外，即便据上下文语境已表明资金提供者为钱商，文献中也并不总使用"trapezites"一词，而常用"金钱所有者""贷方"（chrematizesthai）代替。[2] 但是，讨论海上贸易融资时，学者常忽略他们钱商的身份。如前所述，仅公元前 4 世纪，雅典有名有姓的钱商不少于 30 人。在古代雅典人口相对稀少、史料严重不完整的情况下[3]，这已是非常难能可贵。

其次，雅典人并非总使用"nautikos daneismos"表达海事贷款。从语汇的角度看，古代希腊语用来表达商贸的术语往往不够严谨[4]，指涉借贷双方身份和海事贷款的术语多样。一方面，正如上文所述，即便已明确表明贷款提供者为钱商，文献也并不总是使用"trapezites"；另一方面，古典文献中，用以表达海事贷款的术语也并非唯一。除"nautikos daneismos"外[5]，古典作家常用"海事"一词的形容词或副词（nautika，nautikos，nautikôs）代替[6]；与此相关的一些短语也被用以指代海事贷款，如"nautikous tokous"；有时甚至使用与海事无关的词汇代替，如"chremata auto estin en te thalatte"，"ekdosis"等。[7]

因此，不应仅从"trapezites"或"nautika"等词汇寻找钱庄投资海事贷款的证据，而应转换视角，从贷款的实际运作入手考察。如果钱庄确实参与了海上贸易融资，那么资金来自哪里？由谁负责经营？下面将讨论这些问题。

1. 资金来源：储户在钱庄中的专项存款

除私人财产外，钱商提供的资金主要是储户存入钱庄且专门用于海事贷款投资的款项（ekdosis）。一般情况下，"ekdosis"表示"交出去""放弃"。[8] 但是，当置于与钱庄业务相关的语境时，其语义发生了变化，成为"储户获取海事贷款红利的专项存

---

① W. E. 汤普森：《关于雅典钱庄的一点看法》，《瑞士古典学刊》（*Museum Helveticum*）1979 年第 35 卷第 4 期。

② 分别参见色诺芬《雅典的收入》，V，第 3 页；德摩斯提尼 XXXVI，第 29 页。

③ 从古风时代直至拜占庭时期，流传下作品的古希腊作家不到 3000 人（其中还包括一些匿名作家的作品），更多作家及作品都未能保存下来。L. 伯尔科维兹、K. 斯奎特尔：《希腊语典藏：希腊作家作品全集》，（L. Berkowitze and K. A. Squitier, *Thesaurus Linguae Graecae: Canon of Greek Authors and Works*），牛津大学出版社 1986 年版，第 11 页。

④ M. I. 芬利：《古希腊土地及信贷研究》，第 8 页；E. 科恩：《雅典的经济与社会》，普林斯顿大学出版社 2002 年版，第 157 页；E. 哈里斯：《古典时代雅典的民主与法治》，剑桥大学出版社 2006 年版，第 174 页。

⑤ 在希腊语中用"nautikos daneismos"表示海事贷款之义是相当晚近的事，现存最早的用法出现在 1957 年出土的一份公元 2 世纪的纸草中，即 P. Vindob G19792 = SB VI 9571。参见 L. 卡松《海事贷款的新发现》（L. Casson, "New Light on Maritime Loans"），《纸草铭文研究杂志》（*Zeitschrift für Papyrologie und Epigraphik*）1990 年第 84 卷。

⑥ 德摩斯提尼，L，第 17 页；XXXⅢ，第 4 页；L，第 94 页。关于"ekdosis"参见下文。

⑦ 分别参见德摩斯提尼 LVI，第 17 页；泰奥弗拉斯图《人物种种》，XXⅢ，第 2 页。

⑧ 罗念生、水建馥：《古希腊语汉语词典》，第 247 页；H. 利德尔、R. 斯科特主编：《希腊语英语词典》，克拉伦登出版社 1996 年版，第 505 页。

款”。然而，对于该词的具体含义，自古以来颇有争议。自罗马帝国时起，辞书编撰者就已认识到了 "ekdosis" 与海事贷款的密切联系。例如，波鲁克斯和哈波克拉提昂就将二者视为同义词。[①] 近代学者一般认为 "ekdosis" 专指投资于海上贸易的存款。20 世纪中叶，法国学者路易·热尔内的研究证明，当古希腊钱庄使用储户存款投资时，储户也能分得一部分利润，他推断，双方大概按五五分成；[②] 意大利学者保利（U. Paoli）和德国学者齐巴特（E. Ziebarth）认为，"ekdosis" 特指用于海上贸易投资的存款。[③] 然而，上述学者并未深入探析 "ekdosis" 与普通存款的差异。经深入研究，科恩指出 "ekdosis" 与 "nautikos" 并非完全相同，"如果 'ekdosis' 只是 'nautikos' 的同义词，又何必要在一个句子中同义重复？" 经过对相关材料的具体考证，科恩指出，"ekdosis" 指储户委托钱庄用于海事贷款投资的专项存款。[④]

史料印证了科恩的论证。老德摩斯提尼去世时留下的财产如下："他留下 70 明那通过克苏托斯钱庄投资海事贷款，2400 德拉克玛通过帕西昂钱庄……600 德拉克玛通过皮拉德斯钱庄……1600 德拉克玛通过德蒙之子德摩美勒斯钱庄……另有 1 塔兰特以 20% 或 30% 的利率贷出。"[⑤] 最初提及 70 明那时，德摩斯提尼特别指出其父的存款用于海事贷款（nautika d'），接着他使用 "ekdosis" 一词，进一步强调是通过克苏托斯钱庄实现的。科恩认为演说家在此使用了承前省的句式，并根据类似的句式结构，即 "para..."，证明老德摩斯提尼在帕西昂、皮拉德斯、德摩美勒斯钱庄的存款也以同样方式投资到海事贷款中。[⑥] 第 29 篇演说词再次提及这笔贷款时，德摩斯提尼已不再使用 "nautika"，而直接使用 "ekdoseis"（即 "ekdosis" 的与格复数形式）。[⑦] 类似的情况还有商人吕康通过帕西昂钱庄、商人狄奥多图斯通过某钱庄、某商人通过赫拉克里德斯的钱庄投资的海事贷款。[⑧] 演说家德摩斯提尼本人也曾被诉通过钱庄投资海事贷款，"如今你借出专项存款（ekdoseis）投资海上贸易（nautikos）"[⑨]。尽管希培里德的指控有报复之嫌，但在审理重要政治人物贪贿案的公审法庭中，他不可能信口雌黄。

---

① 波鲁克斯：《辞典》，Ⅲ，第 84、24—25 页，Ⅲ，第 115、27 页；哈波克拉提昂：《阿提卡十大演说家辞典》（Harpocrationis, *Lexicon in Decem Oratores Atticos*）第一卷 ekdosis 词条，G. 丁多夫编，牛津大学出版社 1853 年版，第 107 页。

② L. 热尔内：《古希腊人类学》（L. Gernet, *The Anthropology of Ancient Greece*），J. 汉弥尔顿和 B. 纳吉译，约翰霍普金斯大学出版社 1981 年版，第 350 页（注释 14）。

③ 转引自 E. 科恩《雅典的经济与社会》，普林斯顿大学出版社 2002 年版，第 157 页。

④ 同上书，第 158—159 页。

⑤ 德摩斯提尼，ⅩⅩⅦ，第 11 页。

⑥ E. 科恩：《雅典的经济与社会》，普林斯顿大学出版社 2002 年版，第 121—129 页；C. M. 里德：《古希腊世界的海上贸易商人》，第 39 页。

⑦ 德摩斯提尼，ⅩⅩⅨ，第 36 页。

⑧ 分别参见德摩斯提尼 LII，第 20 页；吕西亚斯 ⅩⅩⅩⅡ，第 6 页；德摩斯提尼 ⅩⅩⅩⅢ，第 4 页。其他事例可参阅 E. 科恩《雅典的经济与社会》，普林斯顿大学出版社 2002 年版，第 171—183 页。

⑨ 希培里德，V，第 17 页。本义为 "从事海事工作"，常引申为 "从事海上贸易"。但不能想象，已经年逾 60 的德摩斯提尼会亲自从事海上贸易。因此科恩认为这里应指 "提供海事贷款"。

难以想象，在公元前 323 年纷繁复杂的政治环境中，作为雅典著名政治家、民主政治的领袖，德摩斯提尼还会身体力行，亲自从事专业性强、时有纠纷的海事贷款。即便年轻时，他也声称没有时间顾及私人事务，[①] 当然年老时更不会有闲暇关心海事纠纷。因此，为了避免陪审员误解其意，在指出德摩斯提尼投资海上贸易（nautikois）后，希培里德特别强调贷款的具体方式，即通过"在钱庄的专项存款"（ekdoseis）。只有这种解释，才可能使诉讼不会因违背常理而受到陪审员质疑。文学作品中也不乏专项存款用于海上贸易融资的事例。泰奥弗拉斯图笔下一位吹牛大王站在比雷埃夫斯市场向外邦人吹嘘他在海上贸易中有巨额投资……在不着边际地神侃时，他还派遣奴隶去他的开户钱庄（以便向这些外邦人证明他在钱庄确有巨额专项存款）。不过接下来泰奥弗拉斯图揭露了吹牛大王的虚伪，"虽然他的账户里一文不名"[②]。如果钱庄专项存款并非个人投资海事贷款的重要标志，泰奥弗拉斯图讲述的故事就不可能产生讽刺效果。

2. 代理人：钱庄从事海事贷款业务的经营者

利用储户的专项存款，钱庄招雇精于海事活动的专业人员（商人或退休商人）为代理人，向其提供资金，并由其负责经营具体的贷款业务。一旦出现纠纷，代理人走到前台，成为诉讼中的原告或被告，承担司法责任，分担钱庄的风险。德摩斯提尼第 33 篇诉讼词详细描述了赫拉克里德斯钱庄招雇代理人经营海事贷款的运作方式。

祖籍拜占庭的船主阿帕特里俄斯（Apatourios）曾在雅典贷得 4000 德拉克玛从事海上贸易，但因某种原因未能如约偿还贷款。他刚到比雷埃夫斯，债主就试图没收商船抵债。为避免窘况的发生，在拜占庭流放者帕梅隆（Parmenon）的引介下，他向一位退休商人寻求贷款。此人为雅典公民，当不再亲自经营海上贸易后，就靠发放海事贷款为业已 7 年。当这位雅典公民答应充当贷款担保人后，赫拉克里德斯钱庄向阿帕特里俄斯提供了 3000 德拉克玛贷款。帕梅隆答应提供剩余的 1000 德拉克玛，并马上支付了 300 德拉克玛。不过因二人关系恶化，帕梅隆将债权转给了这位退休商人，并付给他余下的 700 德拉克玛。[③] 不难发现，这宗海事贷款中，没有一分钱来自这位自称家境殷实的雅典退休商人，主要部分即 3000 德拉克玛，来自钱庄；而他成为帮助钱庄发放贷款、监管贷款、回收贷款、承担风险的代理人（同时也是帕梅隆的代理人）。对于钱庄提供贷款并利用第三方作为代理人的经营方式，博加特等人早有论述。[④] 但是他们并未认识到，钱庄借出的的确是海事贷款，因为该贷款利率不是按时间而是按

① 德摩斯提尼，XXXⅡ，第 32 页。
② 泰奥弗拉斯图：《人物种种》，XXVⅧ，第 2—3 页。
③ 德摩斯提尼，XXXⅢ，第 8 页。
④ R. 博加特：《希腊城邦的钱庄与钱商》，第 355 页；S. 伊萨格、M. 汉森：《公元前 4 世纪雅典社会面面观》，奥登塞大学出版社 1975 年版，第 153 页；E. 科恩：《雅典的经济与社会》，普林斯顿大学出版社 2002 年版，第 154 页。

次数计算。① 除这位退休商人外，斯提芬诺斯②、蒂摩斯提尼③、皮托多洛斯④、阿古尔里奥斯⑤等人也可能是钱庄投资海事贷款的代理人。

无疑，使用代理人经营海事贷款，有利于将代理人的海事经验与钱庄的资金和信贷优势结合起来。一方面，作为代理人，前述的退休商人、斯提芬诺斯、蒂摩斯提尼、皮托多洛斯、阿古尔里奥斯等人都曾经或正在经营海上贸易，他们是职业商人，有丰富的海事经验。⑥ 钱庄充沛的资金和信贷经验与代理人丰富海事经验的结合极大地降低了海事贷款的风险。

另一方面，利用代理人经营海事贷款，钱庄不但可避免一系列不必要的司法纠纷，而且有助于隐匿储户的财产，有效保障了钱庄和储户利益的实现。在前述阿帕特里俄斯贷款案中，虽然款项的绝大部分，即4000德拉克玛中的3000德拉克玛来自钱庄，但贷款契约中，钱庄根本没有作为债权人出现。不过，钱庄的利益并未因此受到任何影响。通过回购抵押的方式⑦，钱庄取得了对抵押品（即商船）的控制权，确保了贷款的安全性。当阿帕特里俄斯最终无法偿还时，人们将商船以40明那的价格售出，其中30明那用以偿还钱庄的贷款，10明那用以偿还帕梅隆。海事贷款中，时有纠纷发生，无论是债权人还是债务人，常受诉讼之苦。当钱庄的3000德拉克玛到账之后，帕梅隆虽然答应提供剩余的700德拉克玛，但要求将债权转给这位退休商人，因为，"帕梅隆不希望自己承担由此而产生的法律义务"⑧。与个人投资者帕梅隆一样，为了不受诉讼的干扰，作为贷款的实际提供者，赫拉克里德钱庄选择了这位退休商人作为代理人。结果，作为代理人的这位退休商人因未能履行担保人职责，受到阿帕特里俄斯的指控。⑨整个诉讼过程中，赫拉克里德钱庄并未作为诉讼的主体或客体出现，而仅作为一个事实背景偶有涉及，因此任何一方都不可能将钱庄牵涉案中。这不但减少了钱庄的诉讼之苦，而且避免了在不得已的情况下披露客户的经济状况，从而达到帮助客户隐匿财

---

① 经过一系列的讨价还价，他们最终以4000德拉克玛的价格卖掉阿帕特里俄斯的商船，偿还了银行和帕梅隆的本金，同时卖掉船上的奴隶作为利息。德摩斯提尼，XXXⅢ，第9—12页。

② 曾作为钱商阿里斯托库斯、帕西昂、福尔米奥等人的代理人。参见德摩斯提尼 XLV，第44—46页。

③ 是钱商福尔米奥的合伙人（koinonos，德摩斯提尼，XLIX，第31页）。关于麦特克银行家与公民代理人之间的关系，可参阅保罗·米勒《古代雅典的借与贷》，剑桥大学出版社2002年版，第226—229页。

④ 在帕西昂还未获得公民身份时，就已与其有密切联系；成为代理人后，"皮托多洛斯所言所行无不代表了帕西昂的意愿"，参见伊索格拉底 XVⅡ，第4、33—34页；皮托多洛斯之孙可能是钱商阿波罗多洛斯的代理人，参见德摩斯提尼 L，第26页；J. K. 戴维斯：《雅典有产家族》，卡拉伦登出版社1971年版，第481页。

⑤ 是钱商帕西昂的代理人，参见伊索格拉底 XVⅡ，第31—32、58页；J. K. 戴维斯：《雅典有产家族》，卡拉伦登出版社1971年版，第278—279页；R. 斯特劳斯：《公元前374/3年雅典粮食法》，第24页。

⑥ 关于上述人物是职业商人，参阅 C. M. 里德《古代希腊世界的海上贸易商人》，剑桥大学出版社2003年版，第93—132页。其中退休商人见第8项、蒂摩斯提尼见第24项。斯提芬诺斯、皮托多洛斯、阿古尔里奥斯分别见 J. K. 戴维斯《雅典有产家族》，卡拉伦登出版社1971年版，第438、481、278—279页。

⑦ 关于回购抵押，参阅 M. I. 芬利《古代雅典的土地与信贷研究》，第33—37页；E. 哈里斯《古典时代雅典的民主与法治》，剑桥大学出版社2006年版，第182页。

⑧ 德摩斯提尼，XXXⅢ，第7—8页。

⑨ 同上书，第19页。

富，逃避公益捐献和债务的目的。

不得不承认，钱庄从事海上贸易投资的史料远非丰富，但鉴于希腊人在使用钱商、海事贷款等术语时缺乏特定词汇，大多数情况下，只有联系上下文语境，重新挖掘和诠释相关材料，才能正确定位钱庄在海上贸易融资中的地位。近年来，经过学者的不懈努力，钱庄在海上贸易融资中的作用已越来越清楚地凸显出来。除投入自家的财富外，钱商还以中间人的身份参与海上贸易融资：钱庄利用高额的海事贷款红利吸引个人存入专项资金；招雇精于海事业务的人员为代理人，将储户的专项资金贷给海上贸易商人或船主，并由代理人负责贷款的监管、纠纷的协调、本金和利息的收取等事宜；一旦发生纠纷，代理人走上前台，成为诉讼的原告或被告，而钱庄或钱商则消失在视线之外。这种独特的运作方式使一些学者产生了错觉，误以为钱庄并未参与海事贷款。时至今日，钱商利用代理人投资海事贷款的看法已逐渐为一部分西方学者所接受。① 在人类追求财富的永恒欲望驱动下，钱庄利用自身优势，成为公元前 4 世纪雅典海上贸易最主要的资金供应者。

四　钱庄与雅典社会生活

回到文初所引喜剧《嫉恶者》，剧中人对于钱商的嘲讽是否意味着钱庄在公元前 4 世纪雅典社会经济生活中无足轻重？在米勒看来，钱庄在雅典社会经济中发挥的作用有限，因经营者通常为被释奴或外侨，客户也主要是处于城邦主流生活之外的外侨或赤贫的雅典公民，"人们只是在绝望之时才会想到钱庄……钱庄是借款人不得已时的最后手段"。更关键的是，钱庄借他人之不幸谋利的经营理念有悖于基于友情的互助借贷传统。正是这一理念使钱商无法融入雅典主流社会。② 近年来，不少学者强调古代世界金融信贷的原始性，突出典当业务的主导作用，他们认为"trapeza"不过是"桌子"③，"钱商不过是钱币兑换者和典当商"④。

可否据此认为公元前 4 世纪雅典的钱庄在社会生活中无甚地位？不妨重读安提法

---

① I. 莫里斯：《〈古代经济〉二十年以来的雅典经济研究》（I. Morris, "The Athenian Economy Twenty Years after *The Ancient Economy*"），《古典语文学杂志》（*Classical Philology*）1994 年第 89 卷第 4 期；K. 谢普顿：《公元前 4 世纪雅典的私人钱庄》，《古典季刊》（*Classical Quarterly*）1997 年第 49 卷第 2 期；R. 斯特劳德：《评〈雅典的经济与社会〉》（R. Stroud, "Review to *Athenian Economy and Society: A Banking Perspective*"），《摩涅莫叙涅》（*Mnemosyne*）1996 年第 49 卷第 3 期；T. 菲盖拉：《评〈雅典的经济与社会〉》（T. Figueira, "Review to *Athenian Economy and Society: A Banking Perspective*"），参见《布林莫尔古典评论》（*Bryn Mawr Classical Review*）1994 年第 5 卷。

② 保罗·米勒：《古代雅典的借与贷》，剑桥大学出版社 2002 年版，第 1—3、218—221 页，所引见第 3 页。类似论述还可参阅 S. C. 罕弗里斯《人类学与希腊人》（S. C. Humphreys, *Anthropology and the Greeks*），路特莱吉出版社 2004 年版，第 152 页。

③ H. 利德尔、R. 斯科特主编：《希腊语英语词典》，克拉伦登出版社 1996 年版，第 1810 页。

④ M. 芬利：《古希腊经济与社会》，第 74 页。另见 M. 奥斯丁、P. 维达勒·纳盖《古希腊社会经济史》，加利福尼亚大学出版社 1977 年版，第 149 页；S. 伊萨格、M. 汉森《公元前 4 世纪雅典社会面面观》，奥登塞大学出版社 1975 年版，第 88 页。

涅斯的作品，保姆、家庭教师、接生婆、乞讨僧、鱼贩，哪一种职业在雅典人的日常
生活中可以或缺？恰恰相反，让人生厌的人可能正是与日常生活联系最紧密、最不可
或缺之人。经常让人记挂在嘴边并对他说三道四的可能正是生活或工作中接触最频繁
的人，如领导、同事、家人乃至配偶。从这个角度看，钱商令剧中人最为讨厌的事实
恰好凸显了钱庄在公元前 4 世纪雅典社会生活中无处不在的影响。

　　上述关于海上贸易融资的考察也充分证明了钱庄在雅典社会生活中的重要作用。
米勒指出，"前资本主义社会并不一定就是落后和原始的代名词"①。钱庄积极参与
海上贸易融资的事实表明，公元前 4 世纪雅典钱庄经营的业务广泛而复杂，绝非
仅有兑换和典当。它们不但为商人提供实物货币和信用货币②，而且还为他们保管
重要物品③。绝大部分商人会在雅典的钱庄开设个人账户④；一旦商人开设了账户并存
入款项，钱庄将为其提供取现、贷款、担保、契约见证、转账（diagraphe）等服务⑤，
并为重要客户提供投资乃至日常生活的咨询服务⑥。此外，钱庄会为每位客户建立专门
的收支细目（grammata），记录每笔款项的来源、支出、转账等。⑦ 总之，雅典的钱庄
绝非只是"典当商和钱币兑换者"，其基本运作方式与近代早期的银行相差无几，在公
元前 4 世纪雅典社会生活日渐货币化的背景下，钱庄发挥着不可或缺的重要作用⑧。

　　钱庄提供的海事贷款关乎城邦的生存和发展。公元前 4 世纪，雅典的生存和发展
很大程度上取决于从海外输入的大量物资，其中最重要的当数粮食。因为雅典本土粮
食产量有限但人口规模较大，加上各种心理因素综合产生叠加效应，公元前 4 世纪雅
典每年必须从海外输入 40 万—160 万斗小麦；此外，输入的非农物资大致与粮食等量
齐观。易言之，城邦每年需输入的货物价值至少多达 2000 塔兰特。⑨ 海上贸易能否顺
利开展取决于资金、人员、物资三要素。对于资金的来源，德摩斯提尼曾断言："海上
贸易商人所需的资金不是由他们自己提供，而完全取决于贷款；如果债权人撤走贷款，

---

① 保罗·米勒：《古代雅典的借与贷》，剑桥大学出版社 2002 年版，第 221 页。
② 海事贷款中，钱庄可为买方提供按揭贷款、提供担保函实现异地支付、为储户指定的个人实现支付命令。
关于钱庄提供业务，还可参见 K. 谢普顿《公元前 4 世纪雅典的私人钱庄》，《古典季刊》（Classical Quarterly）1997
年第 49 卷第 2 期；汤普森认为这与中世纪意大利和西欧的银行类似，它们招揽存款最主要方式是为客户提供各类
便利的商业信贷服务。W. E. 汤普森：《关于雅典钱庄的一点看法》，《瑞士古典学刊》（Museum Helveticum）1979
年第 35 卷第 4 期。
③ 金银器物，参见德摩斯提尼 XLIX，第 31—32 页。借贷契约，参见德摩斯提尼 XXXIV，第 6 页；XXXV，
第 14 页；LVI，第 15 页。
④ 在钱庄开有账户成为一个人富裕的标志之一，如泰奥弗拉斯图《人物种种》，XXⅢ，第 2 页。
⑤ 取现，见德摩斯提尼 XLVⅡ，第 51、57、62、64 页；担保，见伊索格拉底 XVⅡ，第 35—37、43 页，以
及德摩斯提尼 L，第 28 页；契约见证，见德摩斯提尼 XXXV，第 10 页；转账，见哈波克拉提昂《阿提卡十大演说
家辞典》第一卷，διαγραφή 词条，第 91 页。
⑥ 伊索格拉底，XVⅡ，第 6—7 页。
⑦ 德摩斯提尼，LⅡ，第 5、19 页；XLIX，第 43—44 页；XXXVI，第 20—21 页。
⑧ K. 谢普顿：《公元前 4 世纪雅典的私人钱庄》，《古典季刊》（Classical Quarterly）1997 年第 49 卷第 2 期。
⑨ 陈思伟：《公元前 4 世纪雅典海上贸易的几个问题》。

所有商船、船主和商人都将不能出海。"① 无疑，德摩斯提尼的说法有夸张之嫌。一方面，公元前 4 世纪互助借贷、自备资金也可能是海上贸易的资金来源；另一方面，即便贷款，商人仍需提供至少一半资金。但可以肯定的是，出于现金短缺、规模效应和分担风险的考量，公元前 4 世纪雅典海上贸易商人主要通过海事贷款融资。② 从这个角度看，德·圣·克洛瓦的看法仍最具说服力，"即便不是全部，至少绝大多数商人是通过海事贷款筹集贸易资金的"③。但德·圣·克洛瓦前述的"绝大多数"只是一个相对笼统的概念。不妨做这样的推演：如果"绝大多数"占 90%，那么将达 1800 塔兰特；即便把所谓"绝大多数"限定为 65%，也不会低于 1300 塔兰特。按海事贷款运作的惯例，债务人必须提供与贷款等值的货物作为抵押，即贷款数额只能是货物总价值的一半。④ 这样，每年发生在雅典的海事贷款总额至少达 650 塔兰特。然而，如前所述，因政治习惯或资金原因，城邦和个人皆不可能成为海上贸易资金的主要来源。雅典的钱庄利用充沛的资金、充足的人手、长于信贷的优势，通过招雇精于海上贸易的职业商人为代理人，达到了弥补自身不足、减少诉讼、帮助储户隐藏财产的目的，成为海上贸易资金的主要提供者。如果上述结论成立，那么可以毫不夸张地说，钱庄是维系公元前 4 世纪雅典生存和发展必不可少的"润滑剂"。如果没有钱庄提供的海事贷款，商人将没有足够的启动资金，也缺乏积极性为雅典输送必要的生产生活物资；没有海外输入的木材、咸鱼、奴隶，城邦的正常生活必然会受到严重影响；如果没有海外输入的足够粮食，城邦将难以为继。公元前 361 年，菲拉（Pherae）僭主亚历山大突袭比雷埃夫斯港，掠走钱商的现金。⑤ 亚历山大的行径使雅典海上贸易融资一度受阻，海外物资无法运抵，粮价飞涨⑥，引发了雅典人巨大的恐慌。当然，亚历山大事件只是一个偶然事件，但从中可再次真切感受到钱庄在公元前 4 世纪雅典社会生活中无可替代的作用。

（作者：陈思伟，信阳师范学院副教授）

---

① 德摩斯提尼，XXXIV，第 51 页。

② 陈思伟：《公元前 4 世纪雅典海上贸易的几个问题》。

③ G. 德·圣·克洛瓦：《古希腊罗马的海事贷款》（G. M. de. Ste. Croix， "Ancient Greek and Roman Maritime Loans"），H. 埃迪、B. 亚梅主编：《借贷、信用、融资和利润》（H. Edey and B. Yamey eds.，*Debits*，*Credits*，*Finance and Profits*），伦敦 1974 年版，第 43 页。他推导的基础主要依据德摩斯提尼，XXXIV，第 51 页。

④ 德摩斯提尼，XXXIV，第 6—7、40 页；XXXV，第 18 页。

⑤ 比雷埃夫斯的钱商被劫事件，参见波吕亚努斯《论谋略》（Polyaenus，*Stratagems*），VI. 2. 2。

⑥ 大麦（而非小麦）价格狂涨至每斗 18 德拉克玛，酒涨至每斗 12 德拉克玛，德摩斯提尼，XLⅡ，第 20 页。公元前 4 世纪，正常情况下雅典小麦价格为每斗 5 德拉克玛（德摩斯提尼，XXXIV，第 39 页），但因进口粮食在雅典人消费中占绝对优势，即便本地粮食歉收，粮价受到的影响也相当有限（色诺芬：《希腊史》，I，第 1、35 页），小麦价格至多在 9—16 德拉克玛之间徘徊。粮食短缺时，决定粮价主要因素是市场供求，参阅文森特·罗斯瓦赫《公元前 4 世纪影响雅典粮食市场的几个经济因素》，《喀戎》（*Chiron*）2000 年第 30 卷。

论前伊斯兰时期西方海上
丝绸之路运输体系

郝鹭捷

摘　要: 前伊斯兰时期海上丝绸之路的发展与积淀是唐朝或阿拉伯帝国成立后海上丝绸之路迈向顶峰的重要因素之一，本文从海商、海上贸易口岸、海陆联运路线和运输时间点对前伊斯兰时期西方海上丝绸之路运输体系进行论述。

关键词: 前伊斯兰时期；西方；海上丝绸之路；运输体系

海上丝绸之路起源于汉、繁华于唐，是彼时世界上最长的海运线路。《汉书·地理志》记载，西汉时期由徐闻、合浦为起点至印度南部康契普腊姆的海上线路，发展到海上丝绸之路鼎盛时期，唐朝同阿拉伯帝国合力开辟一条由广州出发到波斯湾和东非的海上航线，据统计该路线全程约 1.4 万公里。《汉书·地理志》记载，西汉时期我国海商已经航行至印度半岛南部；古罗马科学家普林尼（Gaius plinius Secundus）在《自然史》中，记载了中国商人在印度、斯里兰卡经商的情况；唐代"广州通海夷道"也以印度东南部作为航线分界点。① 笔者据此将印度西海岸与波斯湾、红海、东非、阿拉伯南部定义为"西方"海上贸易区。

目前国内学术界对海上丝绸之路运输的研究集中在唐宋元时期的海上丝绸运输路线上，除北京大学陈炎教授在其所著《海上丝绸之路与中外文化交流》中涉及相关内容外，较少学者针对唐代（阿拉伯帝国成立）之前特别是"西方"的海上丝绸之路运输进行研究。笔者有幸发文对罗马帝国时期印度洋海上贸易、阿拉伯香料贸易，以及前伊斯兰时期西方海上贸易口岸做出论述；本文在笔者前期研究基础上结合陈炎教授大作、公元 1 世纪佚名作者的《厄立特里亚航海记》和其他外国学者的相关研究，主要从海商、海上贸易口岸、海陆联运路线和运输时间点对前伊斯兰时期西方海上丝绸之路运输体系进行论述。

---

① 郝鹭捷：中国古代航海史，http://bbs.tianya.cn/post-no05-228117-1.shtml，2012 年 3 月 1 日。

一　西方海商

古代海商相当于现代海上运输体系中的承运人（船东），不同的是古代海商除了船东职能外还充当贸易中间商角色。前伊斯兰时期在印度洋、波斯湾、亚丁湾、红海存在不同的海商团队经营一定区域内海上货物（包括丝绸）的贸易运输。

沃明顿认为公元 3 世纪后中国商人已把肉桂等货物运到波斯湾。公元 360 年左右，在幼发拉底河畔的巴塔尼亚的市集上所见到的中国商品就是由中国商船运来的。阿拉伯史学家麦斯欧迪曾记载，中国船只于 5 世纪时航行至幼发拉底河畔的希拉城，并与阿拉伯人进行贸易[①]。中国海商在公元 3 世纪也曾航行到红海西岸，根据东吴丹徒太守万震在他所著的《南州异物志》中说，当时中国船向西最远曾航行到加陈国[②]。加陈国是古波斯铭文中 kusa 的音译，是指居住在埃塞俄比亚的库施族，其故地即在今红海西岸埃塞俄比亚的马萨瓦港附近。但在前伊斯兰时期，中国和西方海上贸易还未形成直航[③]，中国海商并不是当时在西方进行海上丝绸贸易的主体。

罗马、希腊海商也为罗马帝国的丝绸需求提供一定的货源。据斯特拉波（Strabo，公元前 58—公元 21）记载，在托勒密王朝末，"每年不到 20 艘船只敢于穿越阿拉伯海（红海）到（曼德）海峡以远海域"，但在奥古斯都（公元前 31—公元 14）带来罗马世界的和平后，每年至少有 120 艘船从米奥斯贺而莫斯（Myos Hormos）出曼德海峡到达印度，但罗马、希腊海商并不是印度洋上的主力军，甚至在公元 1 世纪中后期，罗马、希腊商人已经逐步退出印度洋贸易的舞台，进而转战地中海沿岸的西方新兴市场[④]。罗马帝国对丝绸等奢侈品的引进渠道主要靠纳巴泰人组成的海商和波斯海商团体供应。

纳巴泰人（Nabataeans）是罗马帝国时期最成功的海商群体。由海盗起家的纳巴泰人在公元前 2 世纪就开始在红海从事海上货物运输活动，通过与阿拉伯半岛南部塞巴人的合作，纳巴泰商人开始向红海各口岸输送乳香和没药，随后商品种类逐渐增多，包括乳香、肉桂、生姜、香料和香草、没药、玻璃珠、中国丝绸等。当罗马帝国征服塞琉古，纳巴泰彻底成为罗马帝国同印度、中国商品的具有垄断性的中间商，为了维护同罗马帝国的良好关系，纳巴泰向罗马缴纳 25% 的税收。据斯特拉波算，罗马帝国每年奢侈品将耗费 1 亿塞斯特帖姆（古代罗马的货币单位），其中将近一半落入阿拉伯商人（主要指纳巴泰人）的口袋。随着政局的变换，纳巴泰人在 3—4 世纪淡出印度洋

　①　陈炎：《海上丝绸之路与中外文化交流》，北京大学出版社 1996 年版，第 128 页。
　②　中国航海学会：《中国航海史》，人民交通出版社 1988 年版，第 70 页。
　③　G. F. Hourani. Direct Sailing between the Persian Gulf and China in Pre-Islamic Times. Journal of the Royal Asiatic Society of Great Britain and Ireland, 1947（2）：157 - 160.
　④　郝鹭捷：《罗马帝国时期印度洋的海上贸易》，《世界海运》2013 年第 8 期。

海上贸易圈[①]。

波斯海商，安息帝国介于中国、印度和罗马之间，扼东西海陆交通的枢纽，自古为东西贸易的中心，也是历史上贩运中国丝绸至西方的主要中间商。因此安息帝国和中国的友好往来和贸易活动十分频繁的。安息利用地理上的优势，自后汉起就操纵海陆丝绸贸易[②]。萨珊王朝延续安息帝国对罗马帝国的压制。在萨珊王朝的掌控下，波斯湾崛起，其与拜占庭帝国的海上贸易战延伸到了阿拉伯南部（亚丁港）和锡兰（斯里兰卡）。拜占庭帝国对东方丝绸及奢侈品需求不减，但受限于萨珊王朝的高关税及海上贸易霸权，查士丁尼（Justinian）执政期间只能依靠埃塞俄比亚海商远渡锡兰采购商品，进而转卖给拜占庭。然而此时锡兰的海上贸易早已被众多波斯商人掌管；查士丁尼时期的历史学家普罗科匹厄斯（Procopius）的记载最为客观，他在文献中写道：（即便是通过埃塞俄比亚人进行采购，拜占庭帝国）很难买到印度（东方）运来的丝绸；波斯海商驻扎在锡兰的每个口岸，只要见到印度商船停靠便在第一时间把整船商品买下[③]。查士丁尼为了打破萨珊王朝的海上贸易垄断曾怂恿埃塞俄比亚人占领也门，穿越阿拉伯沙漠进攻波斯湾诸港。570 年，在也门皇族后裔赛义夫的请求下，库思老一世（Khusrau I）派遣一支由瓦赫里兹（Vahriz）统领的舰队及军队到达今天的亚丁湾，并占领了首都萨纳，击退了霸占也门的埃塞俄比亚人。借助复位的名义，萨珊帝国在阿拉伯南部建立据点，进而切断拜占庭在红海的出口，彻底控制印度洋的海上贸易[④]。

印度商人也参与了印度洋的海上货物运输，不少印度商船会选择在阿拉伯南部的 Moscha 过冬等候来年的季风返回印度[⑤]；埃塞俄比亚（阿克苏姆帝国）海商积极参与罗马帝国后期的丝绸贸易，甚至到了 3 世纪时，阿克苏姆成为罗马帝国唯一的贸易对象[⑥]；塞西西亚（Scythia）海商也参与印度与安息之间的丝绸转运贸易[⑦]。但受限于波斯海商的海上贸易垄断策略，其贸易规模较小。

二　前伊斯兰时期西方海上主要贸易口岸

港口是海上运输体系的重要节点，是贸易供需的交集；古代贸易口岸的形成不仅因为其所在港口自然条件优良，更因为其腹地集市的繁荣，其集市对包括丝绸在内的商品的强烈需求形成了古代贸易口岸。本节内容以《厄立特里亚航海记》中的航行记

---

① 郝雯捷：《罗马帝国时期印度洋的海上贸易》，《世界海运》2013 年第 8 期。

② 陈炎：《海上丝绸之路与中外文化交流》，北京大学出版社 1996 年版，第 79 页。

③ Touraj Daryaee. The Persian Gulf Trade in Late Antiquity. Tournal of World History, 2003（14）：11.

④ David Whitehouse. SASANIAN MARITIME TRADE, British Institute of Persian Studies, 1973（11）：44.

⑤ Eivind Heldaas Seland. The Indian ships at Moscha and the Indo-Arabian trading circuit. Proceedings of the Seminar for Arabian Studies, 2008（38）：238 - 288.

⑥ Touraj Daryaee. The Persian Gulf Trade in Late Antiquity Tournal of World History, 2003（14）：11.

⑦ Eivind Heldaas Seland. Ports and Political Power in the Periplus: Complex Societies and Maritime Trade on the Indian Ocean in the First Century AD. England: Archaeopress Publishers of British Archaeological Reports, 2010：50.

录为主线①，分别介绍前伊斯兰时期红海、东非、阿拉伯南、印度西海岸、波斯湾五个贸易区的主要口岸。

（一）红海贸易区

红海贸易区包括古代北非红海港口、阿拉伯半岛西北部临近红海部分口岸。如图1所示，该贸易区在红海西侧口岸有位于埃及的阿尔西诺伊港（Arsinoe，现苏伊士港）、贝伦尼斯港（Berenice，现埃及巴纳斯港）和米奥斯贺而莫斯港（Myos Hormos，现埃及库赛尔港）及内陆点科普托斯（Koptos，现埃及科普托斯）；阿克苏姆国的阿杜利斯港（Adulis，现厄立特里亚马萨瓦港）；该贸易区在红海西面口岸主要是东北部的艾拉港（Aila，现约旦亚喀巴港），内陆点佩特拉（Petra，约旦佩特拉）。

《航海记》以米奥斯贺而莫斯港及贝伦尼斯港为航行的起点，作者描述两港是"埃及在红海边界开放的两个口岸"。尽管对上述两港叙述篇幅较小，实际上阿尔西诺伊港、贝伦尼斯港及米奥斯贺而莫斯港是从托勒密王朝时就已建立的重要贸易口岸；阿尔西诺伊港本是最早的贸易中心，但由于地处苏伊士，盛行北风且礁石众多，不便于商船停靠，不久便被地理位置更优越的贝伦尼斯港取代；贝伦尼斯港在托勒密二世（公元前308—前246）执政期间成为红海第一大港；米奥斯贺而莫斯港则是众多商船在红海的起点。

另外一条通往亚历山大的运输线路由阿拉伯北部"纳巴泰"人垄断经营，纳巴泰人在阿拉伯南部港口采购香料后，经红海运送至艾拉港，再由驼队将香料经佩特拉运送至亚历山大港。来自艾拉港的香料、丝绸都是通过佩特拉转运至亚历山大港或地中海西部口岸再进入罗马帝国。

沿着红海继续前行，船队经过了柏柏尔国（Barbaria）海岸线后便抵达了阿克苏姆国境。《航海记》作者提到阿克苏姆国的最大的贸易口岸阿杜利斯港。阿杜利斯距阿克苏姆象牙交易市场"Coloe"仅三天路程，距阿克苏姆中心仅有五天路程，因此内陆地区的象牙、龟壳、犀牛角、玳瑁主要是从阿杜利斯港出口；从埃及南下的商船会向该港卸下埃及产的睡袍、服饰，印度产的锦葵服、棉布、铁制品、斗篷，再经由阿杜利斯港向其内陆地区运送。

（二）东非贸易区

商船离开阿杜利斯港沿着海岸线往西南方向行驶若干天就到了东非贸易区，该贸易区在《航海记》中被称为"Azania"（阿扎尼亚），泛指Adulis东南区域（也有学者认为Azania指的是索马里东南面），该贸易区主要口岸有临近亚丁湾的索马里古港阿费利特斯港（Avalites，现索马里塞拉港）、玛洛港（Malao，现索马里博培拉港）、蒙杜斯港（Mundus，现索马里希斯）、摩西朗姆港（Mosyllum，现索马里博萨索港）；位于印

① 说明：由于《厄立特里亚航海记》是前伊斯兰时期最全面的航海日志，直到阿拉伯帝国成立前，除波斯湾口岸在萨珊帝国时期有所变化外，其他区域港口相对固定。因此本节在《厄立特里亚航海记》内容的基础上增加萨珊帝国时期对外口岸的介绍。本节内容大部分摘自笔者论文《从〈厄立特里亚航海记〉看古代西方海上贸易口岸》。

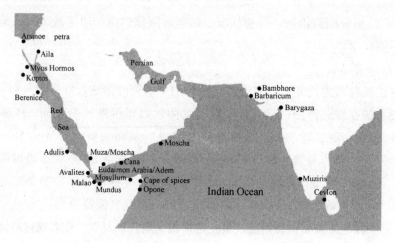

图 1　前伊斯兰时期红海、东非、阿拉伯南、印度西海岸对外贸易口岸

度洋的口岸有：香料角（Cape of spices，现索马里瓜达富伊角）、欧泊尼港（Opone，现索马里哈丰），以及拉普塔港（Rhapta，约为现坦桑尼亚达累斯萨拉姆港），港口位置可参见图 1。古代索马里的阿费利特斯港、玛洛港、蒙杜斯港、摩西朗姆港、香料角、欧泊尼港形成了一个港口集群，《航海记》作者在第七节中用 "far-side ports" 来命名，在第 14 节里作者记录每年七月商船从埃及出发前往 "far-side ports"，抵港贸易后或继续南下抵达东非其他口岸，或横跨印度洋抵达印度口岸。这些口岸主要进口来自印度的小麦、大米、奶油、芝麻油、棉制衣服、腰带、蜂蜜等。当时世界上最大的两个乳香、没药生产地之一就位于索马里内陆地区，因此有些商船专程来这些港口进行乳香没药的贸易。

从埃及南下，阿费利特斯港是东非 "far-side" 港群的首站，作者描述该港的自然条件不佳，因此商人必须换成小竹筏才能入港贸易；阿费利特斯港是港群中距离阿拉伯南部最近的港口，当地人用小船将本地产的优质没药、香料、象牙、龟壳运送至对岸的 Muza（穆哈港）及其周边港口；玛洛港与蒙杜斯港情况类似，基本出口一些香料、没药；而摩西朗姆港肉桂出口量很大，作者特别说明来此港停靠的都是大船。

香料角顾名思义该港出口大量的优质乳香还有肉桂，商船在 "far-side" 贸易后的下一站如果是印度西海岸，那么船队就在香料角启程，顺疾风横跨印度洋；如果选择继续在东非港口贸易则沿海岸线继续南下，航行若干天就到欧泊尼港，该港不仅出口大量的肉桂，当地的龟壳比其他任何地方都好。

（三）阿拉伯南部贸易区

阿拉伯半岛南部盛产没药与乳香，其贸易口岸（参见图 1）大多分布在阿拉伯半岛西南部及南部沿岸：穆哈港（Muza/Moscha，现也门穆哈港）、艾夫泽蒙阿拉伯港（Eudaimon Arabia，现也门亚丁港）、坎纳港（Cana，其大致位于也门比尔阿里）、穆斯卡港（Moscha，现阿曼佐法尔）以及波斯湾地区的哈拉克斯港（Charax，现伊拉克巴士拉西北部）。

在《航海记》中，阿拉伯半岛红海侧海岸线没有设置通商口岸，作者在第20节说明了原因：

首先在这区域航行很危险，没有港口，锚地条件极差外加遍布礁石，使得船舶难以靠泊；其次岸上的居民时常打劫过往船只并将海难幸存者充当奴隶使唤，或送到监狱关押。因而有经验的船队都是一鼓作气通过这条危险的海岸线，一直航行到穆哈港。

穆哈港虽然没有正式的港口，但它的锚地下方有厚厚的沙，因而穆哈港抛锚很稳定、安全；当时阿拉伯半岛南部被赛伯伊王国（Saba）控制，赛伯伊对没药采取集中管理制度，阿拉伯自产以及索马里产的没药都集中到穆哈港出运，因而穆哈港成为当时世界上没药的出口中心，港内聚集了很多阿拉伯船东和船员，他们的下一站可能是东非或者印度。穆哈港由于没药繁荣了，前来贸易的船只载了大量的金、银、铜用以交换，并赠送优质的马和骡子给当地的首领。

船队驶离穆哈港经过亚丁湾就到了艾夫泽蒙阿拉伯港（亚丁港），艾夫泽蒙阿拉伯港又被称为幸运之地。因为地处亚丁湾，它成为印度、埃及贸易的中转港，印度驶来的商船在该港卸货换乘当地人或罗马、希腊人的商船送至贝伦尼斯或奥斯贺而莫斯港，进而抵达亚历山大港，反之亦然。作者抵达那里时，艾夫泽蒙阿拉伯港已被统治者破坏，失去了往日的繁荣。

过了艾夫泽蒙阿拉伯港之后，沿着阿拉伯南海岸线行驶若干天便抵达坎纳港，坎纳港在当时处于号称"乳香之地"的哈德拉毛国的统治下。和赛伯伊类似，哈德拉毛国对乳香的出口也采用了集中制，因此阿拉伯南部的乳香全部都由坎纳港出口；哈德拉毛国领域内的乳香都通过驼队、竹筏或小船运送至坎纳港前方的 Syagrus（现也门法塔克）进行存储并出运。作者提到该港的乳香主要出口埃及、东非、波斯湾和印度。

穆斯卡港是哈德拉毛国为了转运内陆地区乳香而建立的港口；该港的乳香一部分通过小船运送至坎纳港存储，另一部分留作交易用。作者提到除从坎纳前往波斯湾的商船会选择停靠穆斯卡港外，每年从印度前来的船只冬季无法返航就选择在穆斯卡港或周边过冬，用印度衣服、芝麻油交换当地乳香。同时作者也提到在穆斯卡装运乳香需要出示国家颁发的乳香特许出口证，否则商船无法出港；所以在穆斯卡及其内陆地区即便无专人专门看管乳香也不会被偷盗或走私。

（四）印度西海岸贸易区域

船队越过波斯湾沿着海岸线前行就抵达西印度贸易区，虽然作者记录了众多的口岸，但本文选择三个最大的港口：巴巴里贡港（Barbaricum，现巴基斯坦的卡拉奇港）、婆卢羯车港（Barygaza，今印度布罗奇港）、穆泽里斯港（Muziris，现印度喀拉拉的 Pattana）进行介绍。

巴巴里贡港隶属塞西西亚国（Scythia），是该国最主要的贸易口岸。作者提到有条连通塞西西亚国首都 Minnagara 的运河；从巴巴里贡进口的布料、黄玉、珊瑚、苏合香脂、乳香、玻璃、金银、酒等都会通过运河运送至国都。

　　赛西西亚国南部是阿里亚卡国（Ariaca），该国的主要口岸是婆卢羯车港。作者在文中第40—46节总结了婆卢羯车港口条件的恶劣：首先前沿水域巴拉卡湾（Baraca）极其危险，那些进入湾内的船只会因为大浪而沉没，那里不时还有旋涡出现，水底也有很多尖利的礁石。在这里抛锚很危险，缆绳会被切断，有些礁石会导致船底受损；其次婆卢羯车港入口不易被发现且多为浅滩，一不注意就会发生船只搁浅；最后该区域涨潮退潮时水流对船舶冲击力极强，作者认为对于第一次来此贸易的船只而言进出港都是十分危险的，遇到的水流冲击是不可抗拒的，即便抛锚也无法抵挡。水流冲击船舷，将大船冲向浅滩，小船则完全被掀翻。退潮时水流往往冲击船身左侧，如果船身无法保持平稳的话，第一个浪冲过来船就进水了。

　　基于上述原因婆卢羯车港是最早设立引航制度的港口之一。作者在第44节提到：负责引航的小渔船被称为"trappaga and cotymba"，这些船只在入港处等待商船到来并将其引入Barygaza港，引航员操纵船直向行驶，避开浅滩，引领船只到达固定地点，涨潮时出航，退潮时候就抛锚在锚地[①]。

　　印度西海岸南部最大的口岸是穆泽里斯港。《航海记》对该港的贸易货物也进行了记录：商船靠岸后将大量的散装胡椒粉、三条筋树叶装上船。除了一些常见的印度出口货外，该港还出口大量胡椒粉、恒河产珍珠、象牙、甘松、内陆地区产的三条筋树叶、各种形状的透明石头、钻石、蓝宝石、龟壳等。

　　到了萨珊王朝时期，其海外港口主要是为应对拜占庭帝国的贸易而建立的，除了亚丁港（Aden）外，主要是位于巴基斯坦以南64公里的斑波尔（Banbhore）[②]，虽然锡兰并没有被萨珊帝国控制，但相关文献记载锡兰有出口港专供波斯商船停靠。

（五）波斯湾贸易区

　　由于受到安息的限制，《航海记》的作者并没有对波斯湾港口做详细的介绍，只是简单介绍了两河流域的哈拉克斯港（Spasinou Charax），这是当时波斯湾最重要的进口港。据介绍，哈拉克斯港除了接收来自东非亚丁湾的货源外，还承接印度的进口货，并通过陆运方式途经安息帝国（Parthia Empire）、巴尔米拉（Palmyra，泰德穆尔的旧称），最终到达安提俄克（Antioch，中国古称条支），之后再转运到地中海沿岸[③]。

　　萨珊王朝时期，由于同罗马的战争使得Spasinou Charax港向西的贸易量剧减，波斯湾航运的中心便转移到萨珊王朝的政治经济中心法尔斯省（Province of Fars）[④]。为了延续帝国的海上贸易战略，萨珊王朝在海外也建立了若干殖民口岸。

　　这里主要介绍萨珊帝国在波斯湾东海岸（法尔斯省）、西海岸（包括两河流域）及其他区域（主要印度洋）建立的主要港口（如图2所示）。

---

① 郝鹭捷、冼先品：《从〈厄立特里亚航海记〉看古代西方海上贸易口岸》，《世界海运》2014年第4期。
② Touraj Daryaee. The Persian Gulf Trade in Late Antiquity. Tournal of World History, 2003（14）：10.
③ 郝鹭捷、冼先品：《从〈厄立特里亚航海记〉看古代西方海上贸易口岸》，《世界海运》2014年第4期。
④ David Whitehouse. SASANIANMARITIME TRADE. British Institute of Persian Studies, 1973（11）：33.

1. 法尔斯区域港口

萨珊王朝时期，法尔斯省管辖着波斯湾东海岸，该区域作为萨珊王朝的经济中心，覆盖其内陆经济腹地，因此法尔斯周边的港口就成为萨珊王朝内陆货物进出口的主要中转站。

布什尔港（Bushihr）是法尔斯省中心设拉子（Sheraz）及卡泽伦（Kazerun）的外港，两地的货物通过布什尔港出口。尸罗夫港（Siraf）大约建立于沙普尔二世（Shapur Ⅱ）期间，主要作为军港，但不少考古证据表明尸罗夫港在萨珊王朝承担了波斯湾东海岸的部分海上贸易，是设拉子和菲鲁扎巴德（Firuzabad）的进出口港；Guzeran Ardeshir 港服务于达拉卜（Darab）；锡尔詹（Sirjan）通过霍尔木兹（Hurmuzea）港进出口货物[①]。

2. 波斯湾西海岸口岸

Al-Ubullah（Apologos）港在安息帝国时期便是波斯湾河口的重要口岸，这个港口在萨珊帝国依旧保持着主港的地位。尽管在 620 年遭到阿拉伯人洗劫，但 Ubullah 在之后的 400 年内仍活跃于波斯湾贸易圈，此外 Gerrha 地区因香料贸易发展而致富，也是安息帝国时期波斯湾西部重要的贸易中转站[②]。

马斯喀特港（Muscat）建立于库思老二世（Khusrau Ⅱ）期间，是印度到亚丁商船固定的停靠补给港。在卡塔尔半岛的 Umm al-Ma 区域考古时的发现也证明该地区曾是萨珊的贸易港口；而位于阿曼的苏哈尔港（Suhar）、Julfar 港则是萨珊的军寨兼商港；位于霍尔木兹海峡的 Al-Ghanam 因为其地理位置成为萨珊王朝监控进出口贸易的最佳港口[③]。

图 2　前伊斯兰时期波斯湾对外贸易口岸

①　Touraj Daryaee. The Persian Gulf Trade in Late Antiquity. Tournal of World History, 2003 (14)：6 - 7.

②　Ibid. ，pp. 9 - 11.

③　Ibid.

三　海上丝绸之路线路及时刻表

航线及船舶班期是海上运输体系中的重要组成部分，由于古代航行动力来源于季风，选择合适的时间顺风而行十分重要，因此古代船舶远洋航行呈现类似班轮的情形，即固定的时间点、固定的港口航线。下面就前伊斯兰时期印度洋、波斯湾、红海的海上运输航线和运输时间进行探讨。

（一）前伊斯兰时期海上丝绸之路联运线路

据《厄立特里亚航海记》的记载，丝绸从中国长安运出，途经大夏，经陆路运至婆卢羯车港，再沿海路运往各国[①]。国外学者 Eivind Heldaas Seland 记载在 467 年年末，一群巴尔米拉（Palmyra）商人，在婆卢羯车港等待东北季风以便开航驶往波斯湾[②]；可见婆卢羯车港是海上丝绸之路在印度西海岸最主要的起运港。

前伊斯兰时期，有两条以婆卢羯车港为起点的将丝绸及其他货物通过海运运往地中海的线路，如图 3 所示。

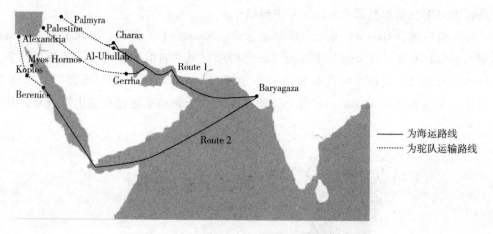

图 3　前伊斯兰时期西方海上丝绸之路运输路线图

线路 1：印度—波斯湾。《厄立特里亚航海记》及同期文献中记载了公元 1 世纪左右由印度到波斯湾的海上贸易：海商将婆卢羯车当地的黄铜、檀香木、柚木、乌檀木等土特产输往波斯湾头的 Al-Ubullah 和 Charax（即 Spasinou Charax）等港口，再通过驼队运送至帕尔米拉（Palmyra）贸易区，或从婆卢羯车运至 Gerrha 港卸船，通过驼队运输与巴勒斯坦（Palestine）贸易区连接[③]。该线路是前伊斯兰时期波斯商人主要的海上贸易线路。

线路 2：印度—红海。由于第一条路线基本受控于波斯及其他中间商手中，当罗马

① 陈炎：《海上丝绸之路与中外文化交流》，北京大学出版社 1996 年版，第 75 页。

② Eivind Heldaas Seland. The Persian Gulf or the Red Sea? Two axes in ancient Indian Ocean trade, where to go and why. World A rchaeology, 2011 (43): 398.

③ David Whitehouse. SASANIANMARITIME TRADE. British Institute of Persian Studies, 1973 (11): 30.

人掌握季风规律后，便开发出了第二条路线，即印度—红海路线：从印度经过印度洋、曼德海峡、红海抵达贝伦尼斯（Berenike），通过骆驼运输将货物运到科普托斯（Koptos）的帝国仓栈中，再由尼罗河驳船转运至亚历山大港（Alexandria），之后再分销到地中海沿岸。有文献记载，亚历山大港对来自印度的进口货物征收25%的税①。两条联运线路各自的运输里程见表1。

表1　　　　　前伊斯兰时期海上丝绸之路两条联运线路的运输里程

线路1：印度—波斯湾		线路2：印度—红海	
起运口岸—到达口岸	口岸间运输里程（km）	起运口岸—到达口岸	口岸间运输里程（km）
Barbarikon-Charax	2350km	Barbarikon-Berenike	4500km
	1100km	Berenike-Koptos	380km
	Charax-Palmyra	Koptos-Alexandria	760km

注：本表缺少 Gerrha-Palestine 的数据。资料来源：Eivind Heldaas Seland. The Persian Gulf or the Red Sea? Two axes in ancient Indian Ocean trade, where to go and why. World Archaeology, 2011（43）：399.

（二）前伊斯兰时期海上丝绸之路联运时刻表

根据季风的规律，加上《航海记》《自然史》、阿拉伯引航员马吉德手记中的记录，以及中世纪到19世纪在印度洋航行船只的相关记录，Eivind Heldaas Seland 在其论文中较系统地总结了上述两条路线的货物运输班期表。笔者结合其他学者对同期印度洋航海的研究，总结了前伊斯兰时期西方海上丝绸之路运输时刻表，见表2。

表2　　　　　前伊斯兰时期西方海上丝绸之路运输时刻

月份	船舶或货物动态
七月	部分商船从红海出发前往印度
八月	大部分商船选择在八月或九月从红海或阿拉伯半岛（波斯湾）出发前往印度
九月	
十月	商船抵达印度半岛（部分船舶可在九月抵达），并开始采购货物
十一月	十一月到来年二月，波斯湾商船沿路线1回程
十二月	十二月初到来年一月中旬，红海商船沿路线2回程
（第二年）一月	部分商船抵达波斯湾与两河交汇处，转陆路骆驼运输
二月	部分红海商船抵达埃及贝伦尼斯港
三月	路线1所运货物抵达巴尔米拉；路线2所运货物抵达尼罗河
四月	路线1所运货物抵达安提俄克
五月	在波斯湾和红海卸货完毕的商船，准备第二年的印度之行
六月	
七月	
八　月	路线2所运货物抵达亚历山大港

资料来源：郝鹭捷：《罗马帝国时期印度洋的海上贸易》，《世界海运》2013年第8期。

---

① 郝鹭捷：《罗马帝国时期印度洋的海上贸易》，《世界海运》2013年第8期。

四　结语

经唐朝和阿拉伯帝国合力，海上丝绸之路成为当时世界上最长的海上运输路线，也促进了中西文化交流，但我们不可忽视唐朝及阿拉伯帝国成立之前海上丝绸之路的积淀。本文基于笔者的前期研究并结合国内外学者的相关文献，对前伊斯兰时期西方海上丝绸之路进行研究，从海商、对外口岸、航线及航行时刻几个方面进行论述。希望本文能起到抛砖引玉的作用，使更多的学者关注前伊斯兰时期海上丝绸之路运输的研究。

（作者：郝鹭捷，福州外语外贸学院物流管理系讲师）

丝路远航

——福建与海上丝绸之路的不解之缘

黄后杰

摘 要："海上丝绸之路"是古代中国走向海洋、走向世界的一条重要通道。2013 年习近平主席在访问印度尼西亚时提出了新时期"海上丝绸之路"的战略构想，作为"海上丝绸之路"起点之一的福建省，与其有着千丝万缕的联系。本文梳理了福建"海上丝绸之路"的发展概况，拟从历史、人文、现代优势三方面入手，探讨福建与"海上丝绸之路"的不解之缘，并尝试为福建省加快"海上丝绸之路"发展建言献策。

关键词：海上丝绸之路；福建；缘分；优势；启示

"海上丝绸之路"，又名"陶瓷之路""香料之路"，是一条形成于秦汉时期，后经历代王朝拓展的海上贸易交通线。它是古代中国连接世界其他国家的重要桥梁，大大促进了中国与世界各国的经济、政治和文化交流。新时期的"海上丝绸之路"建设，是国家主席习近平于 2013 年 10 月 3 日访问印度尼西亚时提出的，他指出：东南亚地区自古以来就是"海上丝绸之路"的重要枢纽，中国愿同东盟国家加强海上合作，使用好中国政府设立的中国—东盟海上合作基金，发展好海洋合作伙伴关系，共同建设 21世纪"海上丝绸之路"[①]。

福建"作为海上丝绸之路的重要发祥地和我国最早对外开放的省份，要抓住机遇、主动融入，发挥优势、积极作为，为建设共同发展、共同繁荣的美好世界做出积极贡献"[②]。

一 福建"海上丝绸之路"发展概况

福建地处我国东南沿海，北接长三角，南连珠三角，东面与我国台湾地区隔海相望，是我国重要的出海口之一，同时也是中国与世界交往的重要窗口之一。福建境内三面环山，在内陆交通不发达的古代，福建人民充分利用了海岸线长、良港众多等地

---

① 习近平：《中国愿同东盟国家共建 21 世纪"海上丝绸之路"》，中国日报网要，2013 年 10 月 3 日。
② 尤权：《打造 21 世纪海上丝绸之路重要枢纽》，《求是》2014 年第 17 期。

理优势，积极开展对外贸易。据相关史料记载，福建的对外交往历史，可以追溯到汉朝，《后汉书·郑弘传》记载："汉章帝建初八年……旧交趾七郡贡献转运，皆从东冶泛海而至，风波艰阻，沉溺相系。"① 这段文字表明，福州早在汉代，便已成为中国对越南、柬埔寨等国家转运贸易的港口。

魏晋南北朝时期，北方战乱不断，而福建相对稳定，因而大量中原人士纷纷逃往福建避难，带来了大量的劳动力以及先进的生产技术，促进了福建地区的开发，为福建对外交流发展注入了活力。据相关史料记载，早在三国时期，吴国孙权便在福建设立了"点船校尉"一职，专门管理造船及招募水手事宜，并于公元 230 年派人到达台湾。南朝陈永定二年（558），印度著名的高僧拘那罗陀到建康一带传道后，曾取道泉州回国，在侨居泉州时，于南安丰州的九日山上翻译了部分经书，至今九日山上还留有拘那罗陀当年翻译经书的"翻经石"。

唐五代时期，在闽王王审知的治理下，福建人口迅速增加，生产技术不断进步，福建的沿海优势得到进一步发展，海外贸易有了很大的发展，逐渐成为我国对外贸易的重要省份之一。"闽广商船，乃更扩张其航路，或自师子国沿印度西岸而入波斯湾，或沿阿拉伯海岸而抵红海湾头阿甸。"② 福州的"甘棠港"成为当时重要的海外贸易转口港。而此时的泉州，也与东南亚诸国甚至地中海地区的国家都有贸易往来。福州、泉州港口对外贸易迅速发展。

宋元时期，由于经济重心的南移以及政府对海外贸易的重视，福建"海上丝绸之路"发展空前。当时的泉州港与埃及的亚历山大港并称为"世界第一大港"。由于进出的船舶数量巨大，宋朝于元祐二年（1087）在泉州设置了市舶司，元朝沿袭此机构，至明成化十年（1474）迁往福州，历时近 400 年。当时国家的财政支出，很大一部分都要靠泉州的海外贸易收入来维持。

明清时期，由于泉州港的堵塞及统治者采取的海禁政策，福建"海上丝绸之路"受到严重的影响。但福建人民仍然通过各种渠道发展对外友好往来。至隆庆元年（1567），政府承认漳州月港的合法地位后，月港成为"海上丝绸之路"的重要港口，商民通过月港将丝绸、茶叶、书籍等远销海外，同时输入象牙、香料、宝石等物品，继续与外国进行经济、文化方面的交流。漳州月港也因此取代泉州港，成为福建对外通商的主要港口。

二　福建与"海上丝绸之路"的不解之缘

由上文可知，福建是"海上丝绸之路"的重要起点和发祥地之一，有着深厚的海洋文化底蕴，在海外贸易的发展浪潮中，福建凭借自身的独特优势，确立了自身在

---

① （宋）范晔：《后汉书·郑弘传》，岳麓书社 1994 年版，第 419 页。
② ［日］高桑驹吉：《中国文化史》，商务印书馆 1926 年版，第 258—259 页。

"海上丝绸之路"中的独特地位，与"海上丝绸之路"留下了一段不解之缘。

（一）福建与"海上丝绸之路"的历史之缘

在漫漫历史长河中，福建的发展与"海上丝绸之路"的兴衰息息相关，尤其是福建港口的发展、造船技术的进步、海洋文化的勃兴更是与"海上丝绸之路"有着千丝万缕的联系。

（1）港口。福建作为"海上丝绸之路"的重要起点之一，拥有三千多公里长的海岸线以及众多的优良港口，自古就是我国对外交往的重要门户之一。在"海上丝绸之路"两千多年的发展史上，福建港口一直扮演着重要的角色。先后形成福州、泉州、漳州、厦门这四个著名的港口。宋元时期，"海上丝绸之路"空前繁荣，而泉州也因此成为世界性的大港口，与埃及的亚历山大港并称为"世界第一大港"。当时有许多外国的商人前往泉州进行贸易，盛况空前，今天我们还能够从泉州现存的众多外国宗教的遗迹中看出当时的盛况。虽然历经朝代的更替，但福建港口在"海上丝绸之路"中的地位并没有发生动摇，只不过中心港口出现了相互替代的现象。魏晋南北朝以前的主港在闽江口；隋唐、五代福州港成了主港；宋元时期的主港是泉州港；明中期以后主港又变为走私贸易合法化的漳州月港；清初主港又从漳州月港变为厦门港。福建人凭借港口优势，不断发展、开拓"海上丝绸之路"，不仅满足了自身的需要，还在国际上形成一定的市场网络，反映了一条沿海地区经济发展的规律。可以说"海上丝绸之路"的发展促进了福建港口的繁荣，而福建港口的繁荣又进一步促进"海上丝绸之路"的发展，二者相辅相成，有着密不可分的联系。

（2）造船技术。海上贸易的基本交通工具是船，造船技术的好坏，直接影响到舟船的质量，关系着船员的生命安全，是出海贸易能否成功的一项重要因素。福建背山靠海，有着漫长的海岸线及众多的优良港湾，这样特殊的自然环境为造船业的发展提供了得天独厚的条件。此外，福建物产丰富，造船所需要的铁、松、生漆、苎麻等，在福建都极易取得。如"闽山多材，楗木处处不乏"，"如棕，如铁，闽省皆有"，[①] 这些也为福建造船业的发展提供了有利的物质条件。

福建造船的历史悠久，早在先秦时期，福建境内的闽越族先民就开始造船；秦汉时期，闽越先民就已经形成"以舟为车、以楫为马"的生活；三国时期，吴国在福州地区设置"点船校尉"一职来管理舟船建造；隋唐、五代时期，在闽王王审知的支持下，福建造船业在东南沿海地区声名远播。宋元时期，随着"海上丝绸之路"的繁荣，福建成为全国主要的造船基地之一，当时就有"海舟以福建为上"[②] 的说法，并形成泉州、福州两个造船中心。明清时期，福建造船业继续发展，福州地区和漳州月港成为新的造船业中心。福建造船业的发达，不仅仅体现在历史悠久，更体现在其安全性能好，据茅元仪记载："闽南洋通番船舶专在琉球、大食诸国往来，而海岛州县常年渡

---

① 夏子阳：《使琉球录》卷上（"造舟"），台湾文献丛刊第 287 种 1970 年版，第 237—238 页。
② 徐梦莘：《三朝北盟会编》卷 176 第 351 册（史部 109 纪事本末类），台湾商务印书馆 1983 年版，第 557 页。

海，未见有覆溺之患。"① 由此可见，福建造船业的发展，为"海上丝绸之路"的发展提供了技术上的支持，同时，"海上丝绸之路"的发展，也为福建造船业的发展注入了源源动力。

（3）海洋文化。福建号称"八山一水一分田"，这样的自然环境促使福建先民充分利用海洋资源，以满足自身生存及发展的需要，同时，福建境内的崇山峻岭也为福建与周边地区的陆路交通增添了不少阻碍，就是在这种生存空间相对独立的环境中，福建形成了具有自身特质的海洋文化。福建的海洋文化源远流长，其萌发于史前时代，孕育于秦汉三国时，崛起于隋唐五代，鼎盛于宋元时期，转变于明清时期，这与"海上丝绸之路"的发展曲线大致相同，二者有着密切的联系。同时，福建海洋文化具有开放性、包容性、拼搏进取等鲜明的海洋特色，这些特色与"海上丝绸之路"所折射的开拓创新、文明包容、和平发展的精神不谋而合。福建在悠久的"海上丝绸之路"中也保留下许多珍贵的文化遗迹，泉州、漳州、莆田、福州等地，都因保留有众多的"海上丝绸之路"文化遗迹而成为公认的"海丝之城"。此外，海上女神"妈祖"信仰，也是经由"海上丝绸之路"而成为海内外众多不同国籍、不同种族、不同肤色百姓的共同信仰。由此可见，福建的海洋文化与"海上丝绸之路"有着深厚的不解之缘。

（二）福建与"海上丝绸之路"的人文之缘

"海上丝绸之路"上最活跃的群体莫过于福建人。福建港口的发展、造船技术的进步、海洋文化的积累、"海上丝绸之路"的拓展、与外国港口的连接，都是福建人辛勤耕耘的结晶。福建人对"海上丝绸之路"建设，有目共睹。

（1）闽商。不管是在官方所组织的大规模航海中，还是在自发的民间航海中，我们都可以看到闽商辛勤的身影。《闽商宣言》中说道："闽商之发祥，源远而流长；闽商之基因，乃蓝色文明。"② 闽商兴起于唐宋时期，那时正是"海上丝绸之路"大发展之际，闽人为了解决自身的生计问题，带着丝绸、书籍、茶叶、药物等特产，搭上商船，从泉州港起航，顺着"海上丝绸之路"远航，将这些中国特产输往世界其他地区，同时，他们也将象牙、香料、宝石等特色商品带回中国，创造了东渡日本、西至南北美洲、南抵东南亚、北达欧亚的辉煌历史，促进了中国与世界各国的经贸往来。闽商中又以泉州商人为代表，"泉商之蔚起，缘于海洋。戴云迤逦，长峡回澜，激励吾土先民，耕山海于闽越，启贸易于汉唐。宋元市舶，缠头赤足半番客；边陲开禁，涨海声中万国商。丝绸之路，借波涛而致远；商帮之旅，领群舸以放洋。东方大港，振鬐翔翔。"③ 可以说，自宋元时期，泉州成为"海上丝绸之路"的主港以后，泉商、闽商便与"海上丝绸之路"结下不解之缘，其对"海上丝绸之路"的发展繁荣，厥功甚伟。现如今，分布在世界各地的闽商，正在以一种更加开放、更加包容的博大情怀，为

---

① 茅元仪：《武备志》卷 214—217（"占度载"），明天启元年刻，清修本。
② 陈章汉：《闽商宣言》，第二届世界闽商大会，2007 年。
③ 陈章汉：《世界泉商宣言》，首届世界泉商大会，2010 年。

"海上丝绸之路"的发展与繁荣注入活力。

（2）闽侨。福建省是我国著名的侨乡之一，亦是台湾同胞的祖籍地。现旅居世界各地的闽籍华人华侨有1200多万人，其中80%集中在东南亚，东盟国家2000多万华侨华人中有近1000万人祖籍福建，台湾同胞中祖籍福建的占80%。[①] 在"海上丝绸之路"的发展过程中，开拓进取、爱拼敢赢的福建人沿着这条海上贸易通道前往世界各国，部分福建人更是在当地定居，21世纪"海上丝绸之路"沿线各国都有大规模的华侨华人聚居区。这些旅外乡亲秉承开放兼容、重商务实的精神，在当地拥有较大的影响力，而且长期以来关心家乡事业，涌现出一批贡献巨大的乡贤硕彦。而台湾与福建隔海相望，闽台两地具有地缘相近、血缘相亲、文缘相承、商缘相连、法缘相循的优势。"海上丝绸之路"是两岸人民共同开拓的，在新时期"海上丝绸之路"的建设中，两岸也拥有更多的共同利益，具有共同建设的传统优势。2014年5月，福建华侨文化展示中心正式开馆，成为展示华侨华人历史与文化，弘扬华侨精神，团结海内外华侨的重要纽带。因此，我们应充分重视华侨华人在21世纪"海上丝绸之路"建设中的依托作用，使其成为连接中国与海外各国经贸文化往来的重要纽带。

（三）福建与"海上丝绸之路"的现代之缘

福建不仅在历史、人文方面与"海上丝绸之路"有着不解之缘，在融入"海上丝绸之路"建设过程中，更是在政策支持、基础条件等方面与"海上丝绸之路"相互呼应。

（1）政策之缘。在建设21世纪"海上丝绸之路"中，福建省扮演着桥头堡的角色，中央和地方都给予多项政策支持。2013年11月，中共福建省委九届十次全会在福州闭幕，全会审议了《中共福建省委关于贯彻党的十八届三中全会精神全面深化改革的决定》，提出在发挥对台优势和巩固闽港澳侨合作的同时，打造新的"海上丝绸之路"，进一步密切同发达国家和新兴市场国家的经贸合作，创新外经贸体制机制，开拓新市场。[②] 福建省委书记尤权就福建部署深化改革方案指出："制定福建省改革方案时，既要体现全国改革的共性，服从全国一盘棋需要。又要从福建特点和实际出发，有重点有针对性地谋划设计福建省的改革方案。"[③] 而福建提出的"打造新海上丝绸之路"构想，正是在贯彻中央部署中体现出的福建特色。这些政策及决定有助于"海上丝绸之路"的建设，促进福建经济更好发展。

（2）海洋之缘。福建，自古以来便有以海为生的传统。随着历史的发展，福建人建设"海上丝绸之路"的步伐更稳健，信心更强大，激情更饱满，这一点在海洋与渔业方面尤为突出。福建省委、省政府将远洋渔业作为加快发展海洋经济、建设海峡蓝色经济试验区的重点产业进行培育，建立起涵盖渔船更新改造补助、燃油补助、自捕

① 尤权：《打造21世纪海上丝绸之路重要枢纽》，《求是》2014年第17期。
② 《中共福建省委关于贯彻党的十八届三中全会精神全面深化改革的决定》，中共福建省委九届十次全会，2013年。
③ 《融入21世纪海丝经济圈》，《香港商报》2014年6月15日。

鱼不征税、信贷优惠、新渔场开发等较为完整的政策扶持体系，加快远洋渔业发展，形成一批实力强、管理规范和信誉度高的远洋渔业企业，初步建成布局合理、装备优良、配套完善、管理规范、支撑有力的现代远洋渔业产业体系[①]，为"海上丝绸之路"的发展提供了坚实的物质基础。

三　福建与"海上丝绸之路"之缘给我们的启示

福建与"海上丝绸之路"在历史、人文、现代建设方面有着不解之缘，在"海上丝绸之路"的发展过程中扮演着重要的角色。在为"海上丝绸之路"的发展繁荣做出了巨大贡献的同时，"海上丝绸之路"的发展繁荣又反过来促进了福建的发展，使福建从东南一隅变为中外经贸交流史上的一颗明珠。因此，福建应抓住机遇，发挥优势，努力将自身建设为21世纪"海上丝绸之路"的核心区域。

（1）加强港口建设，发展外向型经济。福建深水海岸线全国第一，拥有福州、湄洲湾、厦门这三个省重点建设的优良港口，同时还有泉州、漳州等数量众多的中小港口。自海西战略、海峡蓝色经济试验区建设以及海洋经济发展试点开展以来，福建的港口发展迅猛。我们应充分利用港口优势，发挥厦门经济特区和闽东南开放区的整体优势，积极参与国际经贸合作，使福建形成港口—经济特区和开放区—经济腹地这样一个多层次的开放新格局。同时，福建应充分发挥闽台在人缘、地缘、血缘、商缘、法缘等方面的优势，加快闽台两地物流通道建设，积极拓展两地集装箱班轮航线以及散货、杂货不定期航线；积极鼓励台湾同胞以合作、合资、独资等方式参加福建港口、码头和配送中心建设；鼓励台商在闽投资合作港航业务，支持福建港航企业与台湾港航企业合作经营，开创闽台合作的新局面。

（2）加强闽台两岸学术界联系，深入开展"海上丝绸之路"文化研究。"海上丝绸之路"与福建海洋文化发展息息相关，它缔造了福建开放、包容、拼搏进取的海洋精神，造就了海内外福建人爱拼敢赢、关心家乡的文化情缘。这些精神在历史的发展中逐渐升华为凝聚两岸同胞、海内外同胞的一股精神合力。深入挖掘"海上丝绸之路"的文化内涵，进一步弘扬开拓进取、诚信务实的福建精神，对于推动福建经贸文化发展，对于促进中华民族的伟大复兴，具有深远的历史意义和重大的现实意义。同时，我们应鼓励以多学科的角度对"海上丝绸之路"进行综合研究，借助两岸各地学者的文献资料和研究成果，汲取包括历史学、经济学、社会学和地理学等多学科的理论方法及研究成果，不断推进"海上丝绸之路"的研究深度和广度。

（3）加强"海上丝绸之路"遗迹的保护与开发。福建拥有数量众多的"海上丝绸之路"遗迹，这些遗迹都是福建省发展旅游经济重要的资源。以泉州为例，泉州拥有

---

① 《继往开来建设21世纪海上丝绸之路》，《福建日报》2014年2月12日。

保存完好的佛教、基督教、伊斯兰教、印度教和摩尼教遗迹，这些遗迹有助于我们了解当时外国宗教在泉州的发展情况及外国人在泉州的生活情况。还有九日山祈风石刻、市舶司遗址等，这些都是研究当时福建对外贸易发展情况的珍贵资料。我们应充分利用"海上丝绸之路"所赐予我们的这些珍贵遗迹，大力发展观光旅游、宗教旅游、民俗风情旅游、考古考察旅游等业务，促进当地经济发展。

（4）充分发挥闽商闽侨的作用。福建要想提高自身在21世纪"海上丝绸之路"中的影响力，其重点之一便是充分发挥闽商闽侨在经贸合作以及文明对话方面的作用，增强海外闽侨与福建的互动往来。一方面通过开展各种形式的交易会、联谊会，积极引导闽商闽侨在福建开展各种经贸、科技、文化等方面的交流；另一方面通过建设海内外闽商闽侨文化中心，建设中国"海上丝绸之路"博物馆等方式，树立福建改革开放的新形象，提升福建在"海上丝绸之路"沿线各国闽商闽侨中的影响力。福建只有正视闽商闽侨的作用，努力为闽商闽侨参与"海上丝绸之路"建设创造条件，才能不断提升"海上丝绸之路"的品牌影响力和中国福建的形象。

（5）加强海洋经济建设。"海上丝绸之路"的核心在于海洋。福建具有得天独厚的优势，是名副其实的"海洋大省"，我们要充分发挥这一优势，一方面积极促进福建海洋新兴产业的发展，加快海洋产品深加工、海洋药物等高新技术的产业化应用，扶持海洋保健食品、海洋药物等海洋医药产业的发展；另一方面，要加强海洋科技成果的转化，通过人才引进、土地使用、简化手续等措施，吸引国内外现代海洋技术企业到福建投资，为21世纪"海上丝绸之路"的发展与繁荣不懈奋斗。

（6）加强与"海上丝绸之路"沿线各国的往来。福建省在21世纪"海上丝绸之路"建设中的优势之一便是与"海上丝绸之路"沿线的东南亚国家有地缘近、血缘亲、人缘广、商缘深等优势。凭借这些优势，福建可以与东南亚各国进行经济、政治、文化等多方面、多层次的交流。经济上，结合福建省实施的海峡蓝色经济试验区建设，加强福建与东盟在海洋领域的合作。建立长期、稳定的渔业合作机制，鼓励福建企业到东南亚地区建立水产养殖基地和渔业综合基地，着力打造国际化的海洋特色品牌；政治上，加强与"海上丝绸之路"沿线各国及地区的交流合作，城市间相互结为友好城市，开展互访，推动建立"海上丝绸之路"沿线城市联盟，构建多层次、常态化的交流合作机制；文化上，进一步加强文化人才交流，充分挖掘"海上丝绸之路"丰富的历史内涵，举办各种学术交流研讨活动，鼓励高等院校间的交流与互派留学生活动，提升教育合作水平，进行人力资源的深层挖掘。

四 余论

"海上丝绸之路"作为一条海上贸易线路，以其广博的内涵、深远的意义对古代世界文明产生了巨大的影响。21世纪的"海上丝绸之路"，通过海洋将中国与世界各国连接起来，以促进各国全面合作、构建利益共同体为目标，具有经济发展和政治互信的双重意义。福建是我国海洋大省，是"海上丝绸之路"重要起点之一，在历史的发展过程中与"海上丝绸之路"在历史、人文、现代建设等方面结下了诸多不解之缘。福建的发展与"海上丝绸之路"的兴衰密切相关，今天的福建，仍然离不开海洋，离不开"海上丝绸之路"。福建只有充分发挥自身在历史、人文等方面的优势，不断开拓创新，才能重现昔日"海上丝绸之路"的繁华，才能为海西发展提供源源不竭的动力。

（作者：黄后杰，福建师范大学社会历史学院硕士研究生）

略论市舶司制度及其对泉州海外贸易之影响

黄晖菲

摘　要：市舶司制度始于唐代，兴盛于宋元，对我国的海外贸易产生了重要的影响。作为古代海上丝绸之路的重要城市之一，泉州的市舶司制度起步略晚，但其影响却不容忽视。泉州的市舶司制度，对宋元时期的泉州海外贸易产生了诸多影响，并推动了当时泉州海外贸易的繁荣与发展，其作用值得肯定。

关键词：市舶司；泉州；海外贸易

宋元时期，随着东西方世界格局的变化、航海技术的突破和经济贸易的空前诉求使海上丝绸之路达到鼎盛。而泉州，作为古代海上丝绸之路兴衰的代名词之一，在宋元时期其海外交通贸易也一度发展至鼎盛之态，在海丝之路上描下浓墨重彩的一笔。宋元时期，泉州的市舶司制度伴随了泉州港海外贸易繁荣、鼎盛、衰退三个阶段，对泉州的海外贸易发展产生了重要的影响。关于泉州市舶司制度的各个方面，已有诸多学者进行过分析，有对泉州市舶司设置时间进行的考证、对其设置问题的探讨、对其制度与管理的分析，也有对其在泉州海外贸易上的影响进行探讨，侧重点各有不同，笔者不再一一赘述。本文拟就市舶司制度及其对泉州海上贸易的影响进行较为系统的梳理，以求教于方家。

一　市舶司制度

我国市舶司制度始于唐代，唐开元二年（714）在广州设立市舶使，《旧唐书》卷八《玄宗纪》载："（开元二年十月乙丑）时右威卫中郎将周庆立为安南市舶使，与波斯僧广造奇器，将以内进……"宋开宝四年（971）设立广州市舶司。市舶司的设立，主要是为了方便对商贸事务和往来船舶进行管理，或者可以说是官府管理和经营海外贸易的机构。《宋史》载市舶司乃为"掌蕃货海舶征榷贸易之事，以徕远人，通远物"[①]。可见，

---

①　（元）脱脱：《宋史·卷一百六十七·职官志》，北京图书馆出版社 2005 年版。

市舶司设置之目的主要有三个方面：一是管理海外贸易往来之货船，二是做好货物出入记录、征收契税、收购和出售进出口货物，三是接待和管理外国来华之使节和商人。

细而言之，宋元政府为了加强对海外贸易的管理，在设置市舶司机构的基础上，制定了一系列的法令，由市舶司贯彻实行。对此，胡沧泽老师的《宋元时期泉州海外贸易的管理》、郑有国老师的《中国市舶制度研究》、李玉昆老师的《泉州古代海外交通史》等书中均对此进行了详细的探讨。元丰三年（1080），北宋政府修订了"广州市舶条（法）"，并委派官吏付诸实行，且这一市舶条法，亦实行于其他各路。至元三十年（1293），政府制定了"整治市舶司勾当"二十二件①，仁宗延祐元年（1314）颁布新的市舶法则二十二条（《元史》卷一八四《王克敬传》），元代基本沿用原来的规定，并针对先前制度实行中的一些不足进行了补充和完善。在此概括如下。

（一）管理进出口船舶、货物、人员

宋代商人出海贸易，必须向政府申请"公凭"或"公验"许可证。申请"公凭"需报送人、船、货各项资料，所去地点，三个本地富户之人担保。《续资治通鉴长编》中对管理舶商有一段简要的记述：

> 刑部言，商贾许由海道往外蕃兴贩，并具入船物货名数、所诣去处，申所在州，仍召本土有物力户三人委保不得夹带兵器，若违禁以堪充造军器物，并不越过所禁地分。州为验实，牒送愿发舶州置簿抄上，仍给公据听行，回月许于合发舶州住舶，公据纳市舶司。即不请公据而擅乘船自海道入界河及往高丽、新罗、登莱州界者，徒二年，五百里编管，往北界者，加二等，配一千里。并许人告捕，给船物半价充赏。其余在船人虽非船物主，并杖八十。②

通过"公凭"制度，市舶司对往来于港口的人员、船舶和物品有了规范化的管理。日本《朝野群载》卷二十辑录了北宋崇宁四年（1105）四月泉州商人李充前往日本国贸易的一份"公凭"，是我们了解宋代市舶司制度的重要依据。

南宋时期，作为舶来品的经纪人，为舶来品提供估价保价，舶牙行业兴起，元代承袭并强化了这一制度，"保舶牙人"一词正式出现在元《延祐市舶法则》二十二条中。"舶商请给公据，照旧例召保舶牙人，保明某人招集人几名，下舶船收买物货，往某处经纪。"③可见元代对申请"公凭"有了更高的要求。

除了严格的"公凭"制度之外，与之相配套的检视制度也是市舶司的重要职责之一。市舶司根据商户所申请之"公凭"盘查严禁的货物内容，严查各个时期严禁出口之物品。对出港船舶的检视也非常严格。除此之外，为了防止市舶司出现营私舞弊的

---

① 陈高华、张帆、刘晓：《元典章·户部八·市舶》，中华书局 2011 年版。

② （宋）李焘：《续资治通鉴长编〈哲宗元祐五年十一月己丑条〉》，中华书局 2004 年版。

③ 方龄贵：《通制条格校注》，中华书局 2001 年版，第 535 页。

情况，政府安排其他部门进行复检。《萍洲可谈》卷二记载：从广州出港到澞洲放洋要经过七百里的路程。这七百里分几层哨卡，有巡检司负责盘查，称作一望、二望、三望。《宋会要辑稿》中记载，舶船出港，先由市舶属官"临时点检"，然后还有不属于市舶系统的"不干预市舶职事"的"不干碍官"，再次检查，而且"不干碍官"要一直随舶船到澞洲，"候其船放洋方得回归"①。对入港的船舶也有严格的管理制度，《萍洲可谈》卷二中明确记载：舶船进入广州沿岸，即由负责海上巡检的军队派兵船护送入港。距广州七百里的澞洲岛上就驻有中国军队。护送到达广州后，"泊船市舶亭下，五洲巡检司差兵监视，谓之编栏"。"编栏"后，舶船不允许再动，要由市舶官员根据所持"公凭"进行核实、检查②。可谓对船舶出入管理费尽心思。

（二）实行"抽解""禁榷""博买"等政策

"抽解"即征税，《萍洲可谈》中提到"凡舶至，帅漕与舶监官莅阅其货而征之，谓之抽解"③，又叫"抽分"，即为早期的关税。依据国家的政策和财政状况不同，抽解的税率常有变动，成为政府的一项重要收入。至元朝，新增了一项舶税，是对入港货物抽解之后，出卖之前再征一次税，从而增加政府收入。

"禁榷"是指由国家垄断买卖，禁止民间私自进行交易。禁榷品主要是统治阶级所需的奢侈品和民间畅销利润较高的香药，宋朝对私贩禁榷品的处分非常严厉，至元朝则取消了禁榷制度，鼓励民间进行自由贸易。

"博买"又称"官市"，是指官方按时价收购已被抽解的货物，送榷易院加价出售，谋取更多利润。因此，博买的物品也是获利较高、需求较大之物品。因为所获利润甚高，政府十分支持，多次给市舶司拨钱实行博买，从而使市舶司也具备了一定的社会贸易功能。

（三）招徕、接待、管理外商

《宋史》中写市舶司为"掌蕃货海舶征榷贸易之事，以徕远人"之用，可见政府设立市舶司的重要目的之一即为招揽、接待蕃商。招徕外国商船可增加市舶收入，从而增加政府财政收入，是开展海上贸易的主要方式，因此，宋元两朝对待蕃商都十分重视。《宋会要辑稿》曾载"仁宗天圣六年七月十六日诏：广州近蕃舶罕至，令本州与转运司，招诱安存之"④。招诱安抚的目的是希望蕃舶能不断到来，只有大量蕃舶到来才能带来抽解的利益。因此宋朝一方面派使臣四出，发诏令，鼓励蕃舶来华贸易；另一方面，对于积极招诱外商来华贸易的市舶官吏按规定给加官晋爵，从而激励市舶司官吏招徕蕃商，在《宋会要辑稿》中有多条记载，不再赘述。

招徕蕃商之余，市舶司也负责接待蕃商之务，政府也十分支持，宋朝为此设立专门的财

① （清）徐松：《宋会要辑稿·职官》，中华书局1957年版，第四四之二三页。
② 郑有国：《中国市舶制度研究》，福建教育出版社2004年版，第85页。
③ （宋）朱彧、陆游：《萍洲可谈》卷二，上海古籍出版社2012年版。
④ （清）徐松：《宋会要辑稿·职官》，中华书局1957年版，第四四之四页。

政开支项目。《萍洲可谈》卷二就有曾任职广州的朱服"在广州，尝因犒设蕃人，大集府中"之说，《岭外代答》中亦有"岁十月提举司大犒设蕃商而遣之"的记载。

随着海上贸易的不断发展，蕃商来者愈众，许多蕃客来华经商后，累世定居，逐渐形成具有一定规模之群体，对其管理已成为不容忽视之问题，对蕃商的管理也开始成为市舶司的职责之一。《粤海关志》卷三引《宋会要辑稿》："政和四年（1114）五月十八日诏，诸国蕃客到中国居住，已经五世，其财产依海行无合承分人，及不经遗属者，并依户绝法，仍入市舶司拘管。"① 可见，宋朝市舶司已兼具了管理蕃商的功能。

以上主要介绍的是宋元时期市舶司的主要职责，在下文分析泉州市舶司中亦会有所涉及，因此部分职能未再展开进行详细分析。

二　泉州市舶司

泉州海外贸易历史久远，在晚唐便日趋繁荣，对于其设立市舶司的时间，学者间也曾存在不同的看法，曾有学者提出泉州在唐代就已设立市舶司，这一说法大部分根据顾炎武之《天下郡国利病书》而来，但相关资料中尚未找到其确切记载，李玉昆老师在《泉州古代海外交通史》一书中罗列了翔实的资料进行分析，因此唐代设立泉州市舶司一说实难成立。

至"哲宗元祐二年十月六日，诏泉州增置市舶司"②。泉州港始开市舶司管理之史。然而自宋开宝四年（971）设立广州市舶司，至宋哲宗元祐二年（1087）设立泉州市舶司，泉州市舶司的设立比广州晚了一百多年，相对而言显得十分迟缓，对此傅宗文老师曾撰文《宋代泉州市舶司设立问题探索》进行分析。日本学者土肥祐子也曾撰文《陈偁和泉州市舶司的设置》进行相关阐述。学者中主要存在几个观点：其一是宋代的党争所致，即泉州太守陈偁与福建转运判官王子京之政见不同而使泉州市舶司之设立迟缓；其二是受到市易司之压制，广州市舶制度由来已久且长期在海外贸易上独占鳌头，利润丰厚，但市易司试图笼括海外贸易之利益，不仅试图吞并广州市舶司，更不允许其他地方增设市舶司，曾否决密州申请市舶司的请求③；其三是泉州地理位置并未占据优势，虽有优良港口，但典型的丘陵地带，使得其陆路交通运输条件显得尤为困难。归纳言之，泉州设立市舶司之所以较晚，既有地理位置的原因、政治因素之影响，也有社会环境的作用，是多重原因共同所致。随着泉州的海外贸易规模日渐庞大，政治困扰逐渐排除，其港口地位及贸易利益已不容忽视，泉州市舶司的设立，可以说是一个必然的结果。

泉州市舶司设立之后，由于受到宋朝外贸政策、政权交替等因素影响，其发展也随

---

① 邱树森：《中国回族史》（修订本），宁夏人民出版社 2012 年版，第 49 页。
② （清）徐松：《宋会要辑稿·职官》，中华书局 1957 年版，第四四之八页。
③ 中国航海学会、泉州市人民政府：《泉州港与海上丝绸之路》，中国社会科学出版社 2002 年版，第 215 页。

之动荡变迁：大观三年（1109），泉州市舶司首次罢废，归提举常平官兼摄。政和二年（1112）又复旧制；建炎元年（1127）再罢，二年再复；绍兴二年（1132），罢福建提举市舶司，以提举盐茶兼领，十二年复；乾道二年（1166），因两浙市舶司罢废，泉州市舶司成为南宋两大市舶司之一，其地位尚在广州市舶司之上。① 徐晓望老师认为泉州市舶司多次被罢除后重建，是因为泉州市舶司能够给朝廷带来较为可观的收入，因此虽然几度废立，其地位仍然不可替代②。

不仅宋朝重视泉州的海外贸易，元朝亦深深了解泉州在海外贸易中之重要地位，《元史》卷九十四《食货志》载："至元十四年，立市舶司一于泉州，令忙古解领之。"③ 可见元政府在占领泉州的第二年（1277），便在泉州设置市舶司。元代市舶司设置亦多有变化，至元二十二年（1285），福建市舶司并入盐运司，领福建漳泉盐货市舶。至元二十三年（1286）十二月，复置泉州市舶提举司（市舶司）。至大元年（1308），泉州市舶司隶属泉府院，至大二年（1309），因泉府院罢废，改隶行省。至大四年（1311），泉州市舶司罢废，于延祐元年（1314）复设；延祐七年（1320）又罢，至治二年（1322）再设。④

明洪武三年（1371），泉州、广州、宁波各设市舶司，泉州市舶司主要管理对琉球的贸易。洪武七年（1374），三省市舶司罢废，永乐元年（1403）复置，是年，朝廷"命内臣提督市舶"，派太监往福州，于柏衙前（今大根路）设衙门市舶太监府（或称市舶府）。明成化十年（1474），福建市舶司由泉州正式迁往福州设衙⑤。

三　市舶司制度对泉州海外贸易的影响

自宋哲宗元祐二年（1087）设立泉州市舶司，至明成化十年（1474）迁衙福州，泉州的海外贸易在市舶司制度的伴随下经历了繁荣、鼎盛、衰退的历程。

宋代泉州市舶司的设立，为当时泉州的海外贸易提供了极大的便利，规范了泉州港的船舶出入和货物运送，并且给朝廷带来可观的收入，极大地推动了泉州港的繁荣，其后三十多年，泉州贸易量几与广州相当，南宋时期其贸易总量甚至超过了广州市舶司。

（一）积极影响

（1）缓解了福建地区人口膨胀、土地生产力低下的社会矛盾。福建地区为典型的丘陵地带，境内山岭耸立，河谷盆地交错，地形差异较大，沿海地区则土地贫瘠，不

---

① 福建省地方志编纂委员会：《福建省志·海关志》，方志出版社1995年版，第8页。
② 徐晓望：《宋代福建史新编》，线装书局出版社2013年版，第211页。
③ （明）宋濂：《元史》，中华书局1976年版，第1592页。
④ 福建省地方志编纂委员会：《福建省志·海关志》，方志出版社1995年版，第8页。
⑤ 同上。

适合农业耕作，这对于传统的农耕社会而言，是极为不利的因素。以惠安为例，《八闽通志》中有云："惠安县，地瘠民贫……"① 另在道光十四年《惠安县志续志》中载：惠安于泉郡为属邑……其土瘠，其民劳，其俗俭而啬，东南临海，民又以海为田，轻生逐利，失利则流为盗，不得其方，未能见治也。"② 虽仅为明清史料之记载，亦可见惠安土瘠民贫由来已久。既然传统农业无法满足基本生活需求，人口膨胀与生产资料的匮乏促使福建民众转向海洋寻找新的希望，宋人谢履所作之《泉南歌》很好地说明了这一点："泉州人稠山谷瘠，虽欲就耕无地辟。州南有海浩无穷，每岁造舟通异域。"③ 宋代泉州市舶司的设立，是官方对泉州海外贸易的认可和赞同，这对缓解当时福建社会的矛盾有着极大的帮助。

（2）适应泉州港海外贸易的发展需求，为泉州的海外贸易提供了极大的便利。正如上文所述，至北宋时期，泉州海外贸易愈加繁荣，主要体现在两个方面，一是海上地理位置之优越，泉州位于我国东南海岸线转折处，可兼营南北两线的海上贸易，这是广州和浙江等地港口所难以比拟的；其二，海上贸易量已达到一定数额，《宋会要辑稿·蕃夷》中记载，宋太祖开宝九年（976）至太宗太平兴国二年（977）的两年中，当时统治泉州的陈洪进为显示归顺诚意，先后向宋廷贡奉五次，贡品内含乳香、象牙、犀角、白龙脑等贵重物品，重量更是以千斤计算，可见彼时泉州海外贸易水平之高。虽贸易往来频繁，但因泉州未设立市舶司，海商赴海外进行贸易，需南下或者北上领取凭证，再候风出行，给商人及货物出行造成极大的不便，变相制约了泉州海外贸易的进一步发展。因此，泉州市舶司的设立，适应了当时泉州海外贸易发展的需求，给当时福建海商提供了极大的便利。

（3）改变泉州海外贸易杂乱无章的局面，规范化管理贸易市场，增加朝廷财政收入，实现民间与官方双赢。泉州设市舶司之前，虽有法规严律，但绕道南下北上申请"公凭"，很容易延误航期，造成诸多不便，给商人带来较大损失，因此很多商人宁可铤而走险，直接从泉州出行，一旦被抓获，便要面临严酷刑罚，且影响国家课税收入，两任泉州知事的陈偁更是有"舟之南日少，而广之课岁亏"的感慨。自泉州设立市舶司之后，泉州港海外贸易量大增，宋元两朝通过设立市舶条法规范管理海外贸易，朝廷海外贸易课税收入日增，成为政府收入的重要来源之一，也就不难理解为何泉州市舶司虽多次罢除但又重建了。

（4）丰富社会民众形态，双向移民促进社会形态多样化。除了上文分析过的市舶司职责之外，徐晓望老师认为当时泉州市舶司经营的主要内容可以分为两个方面：其一，促成泉州等地海商到海外贸易；其二，吸引海外蕃商到泉州贸易。其中尤以第二

---

① （明）黄仲昭：《八闽通志》卷三，福建人民出版社 1990 年版。
② （清）娄云：《道光惠安县续志·中国地方志集成》第二十六卷，上海书店出版社 1993 年版，第 193 页。
③ 范清靖、曾平晖：《晋江历代山水名胜诗选》，厦门大学出版社 2005 年版，第 6 页。

个方面为重。① 海上丝绸之路的兴起，不仅使大量闽商走出福建，到他地安家落户，同时也吸引了大量的蕃商来泉州贸易，并逐渐有许多蕃商在泉州定居，累世安居，在泉州形成独特的蕃商聚居生活区"蕃人巷"。蕃商居住于泉州，势必要融入泉州社会，同时也带来了母国衣食住行之风俗。以宗教为例，来自海丝之路的各国蕃商带来了基督教、印度教、摩尼教、犹太教等，并与中国本土的儒教、道教、民间信仰相互辉映。同时，这些居住在泉州的外国人，修建寺庙和公共墓地，实行蕃学等，极大地丰富了当时泉州的社会形态，使泉州显示出开放、活跃而又繁荣的社会生命力。

（二）消极影响

市舶司的设立在带来积极影响的同时，也因其设置的反复多变和内部管理的问题，给海外贸易带来了一定的消极影响。例如，泉州市舶司的反复裁建、政策的不稳定性对于泉州海外贸易的持续发展产生了一定的不良影响，良好政策的实行不仅需要合理的规划，更需要长期稳定的执行措施，但由于政权更迭、党争等原因，常常会出现朝令夕改的现象。

此外，政策执行者的公平、公正也是影响政策施行效果的重要因素。为充盈国库，宋朝对惩罚权贵官吏营私舞弊和奖赏发展市舶有功官员，都作了各种规定。但是面对高额利润的诱惑，官员贵族走私屡禁不止。封建权豪、地方官员和市舶司官员，往往利用职权，低价收购海外客商带来的贵重物品，如珍珠、犀角、象牙、香药等细色宝货和违禁物品，并逃避关税。"舶商岁再至，一舶连二十艘，异货禁物如山。吏私与市者，价十一二售"，以各种手段通过海外贸易而牟取暴利的现象在宋代屡见不鲜。②

四 结语

本文较为粗浅地整理了市舶司制度及其对泉州海外贸易所产生之影响。泉州市舶司与泉州的海外贸易发展，并不是一个单方面作用的过程，而是相互作用、相互影响的一个过程。泉州市舶司的设立，根源于泉州港优良的地理位置和繁荣的海外经济贸易，可以说是泉州海外贸易促进了市舶司制度的建立，诚如陈高华老师在《北宋时期前往高丽贸易的泉州舶商——兼论泉州市舶司的设置》一文结语中所言："泉州市舶司的建立，实际上反映了泉州海商经济力量的强大。"③ 与此同时，市舶司的建立，给予了福建尤其是泉州经济发展的动力与政府力量的推动，"促进泉州港海外贸易事业的发展，并为泉州港日后成为世界东方第一大港奠定历史基石"④。

---

① 徐晓望：《宋代福建史新编》，线装书局出版社 2013 年版，第 215 页。
② 泉州海关：《泉州海关志》，厦门大学出版社 2005 年版，第 78 页。
③ 中国航海学会、泉州市人民政府：《泉州港与海上丝绸之路》，中国社会科学出版社 2002 年版，第 324 页。
④ 同上。

　　综上所述，市舶司制度是适应时代经济发展的产物，为彼时的海上丝绸之路提供了坚实的政治支持，它与泉州港海外贸易相互结合，催生了泉州海外贸易的鼎盛局面，其历史地位与作用值得肯定。

（作者：黄晖菲，中国闽台缘博物馆研究部馆员）

海丝背景下福建创意产业影响因素及提升路径研究*

黄益军　吕庆华

摘　要：现有对福建创意产业的理论研究大多从定义、现状、存在问题等方面进行阐述，停留于定性研究阶段，所提出的对策也较为主观，缺乏具体调研数据和案例的支撑，对创意产业影响因素的定量研究十分缺乏。本文拟借助佛罗里达"3T"理论，以福建省9地市为样本，通过主成分分析和因子分析的方法，提炼出影响福建省创意产业发展的主要因素，同时提出有针对性的建议，以期为地方创意产业水平的提升提供借鉴。

关键词：创意产业；影响因素；主成分分析；福建省

1998年，英国创意产业特别工作组在《英国创意产业路径文件》中首次对创意产业进行定义，将创意产业界定为："源自个人创意、技巧及才华，通过知识产权的开发和运用，具有创造财富和就业潜力的行业。"凯夫斯认为创意产业包括书籍、杂志印刷业，视觉艺术（油画与雕刻），表演艺术（戏剧、歌剧、演唱会、舞蹈），有声唱片，电影和电视节目，以及时装、玩具和游戏等。[①] 在现代社会，创意正成为经济生活的核心，创意产业在许多地区和城市日益成为财富与工作机会的重要来源。正如霍金斯指出的："创意经济的成长很可能超过所有其他经济活动领域的增长。……创意产品不仅是信息和新科技的基础，也是整个现代经济的基础。"[②]

福建作为海峡西岸经济区主体和21世纪海上丝绸之路参与省份之一，历史文化资源丰富，创意产业总体粗具规模，具备进一步开拓提升创意产业的良好基础。要更好发展创意产业，只有对其影响因素进行深入分析，才能找准短板，对症下药。但是，现有对福建创意产业的理论研究大多从定义、现状、存在问题等方面进行阐述，停留

---

* **基金项目**：泉州师范学院青年骨干教师基金。

① ［美］理查德·E. 凯夫斯：《创意产业经济学：艺术的商业之道》，孙绯等译，新华出版社2004年版，第3页。

② ［英］约翰·霍金斯：《创意经济：如何点石成金》，洪庆福、孙薇薇、刘茂玲译，上海三联书店2006年版，第220页。

于定性研究阶段，所提出的对策也较为主观，缺乏具体调研数据和案例的支撑，对创意产业影响因素的定量研究十分缺乏。因此，本文拟以福建 9 个地市为样本，基于佛罗里达"3T"理论，选取相应的影响因素指标，应用 SPSS 统计分析软件，对福建创意产业发展的影响因素加以缕析，并提出创意产业水平提升的路径。

一　创意产业影响因素相关文献回顾与述评

基于对创意产业重要作用的认识，近年来国内外学者对创意、文化产业的影响因素进行了不少研究。

Richard Florida 认为，构建创意城市的关键要素是技术（Technology）、人才（Talent）和包容度（Tolerance）。为吸引有创意的人才，产生创意和刺激经济的发展，一个创意城市必须同时具备这三个要素。技术是一个地区创新和高科技的集中表现；包容度可以定义为对所有少数民族、种族和生活态度的开放、包容和多样性；人才则指那些获得学士学位以上的人，即所谓的"创意阶层"（Creative Class）。创意阶层的核心成员包括科技、建筑和设计、教育、艺术、音乐以及娱乐等领域的工作者，他们的经济职能是创造新理念、新技术和（或）新的创意内容。围绕这个核心，创意阶层还包括一个更为广阔的"创造性专业人员"的群体，分布在商业和金融、法律、卫生保健等相关领域。[①] 他还运用路径分析和结构方程模型，以加拿大地区为例，考察了技术、人力资本（创意阶层）、大学、服务行业的多样性，对移民、少数群体、同性恋、波西米亚族的开放性等因素对地区收入的影响。[②]

Mary Donegan 等（2008）运用多元回归方法对美国 263 个大城市进行实证分析，比较了传统的人力资本、产业结构等理论与佛罗里达"3T"理论对地区工作增长、收入增长与就业不稳定性等指标的影响，并提出支持教育、商业创新和保持产业多样化等建议。[③] Hans Westlund、Federica Calidoni（2010）运用 OLS 进行回归分析，对 Florida 创意阶层理论和 Putnam 的社会资本理论在日本的适用性进行验证，考察了两种理论对地区创新和新产业成长的影响。[④] Blanca De-Migudl-Molina 等（2012）运用 OLS 进行回归分析，以欧洲 250 个地区为例，考察了制造业、服务业和创意产业的集聚及上述行业之间的关系，并分析了地区经济和产业结构之间的关系。文章肯定创意产业对地区经济的重要作用，并以实证研究发现最具创意的地方比其他地区拥

①　[美] 理查德·佛罗里达：《创意阶层的崛起》，司徒爱勤译，中信出版社 2010 年版，第 9 页。

②　Richard Florida et al. Talent, technology and tolerance in Canadian regional development. The Canadian Geographer 54, No. 3 (2010), 277 – 304.

③　Mary Donegan et al. Which Indicators Explain Metropolitan Economic Performance Best? . Journal of the American Planning Association, Vol. 74, No. 2, Spring 2008：180 – 195.

④　Hans Westlund, Federica Calidoni. The Creative Class, Social Capital and Regional Development in Japan. Review of Urban & Regional Development Studies. Vol. 22, No. 2/3, July/November 2010：89 – 108.

有更多高科技制造业，并且产业结构比产业集聚对地区经济的影响更大。①

　　还有一些学者从比较特殊的视角去考察创意产业的影响因素，如 Elmar D. Konrad（2013）通过对德国 121 位私人艺术家和文化风险投资家的实证研究发现：外部社交网络对艺术创意企业的建立有显著积极作用。② Peter Campbell（2011）分析了"欧洲文化之都"称号的获得对英国利物浦地区创意产业的影响。③ Annet Jantien Smit（2011）通过对荷兰阿姆斯特丹、鹿特丹、格罗宁根 3 个地区 63 位创意企业家的访谈，发现地区外观特色在创意企业选址中具有重要作用。④

　　国内研究主要借鉴国外相关理论，既有规范研究也有实证研究。实证方面主要运用灰色关联模型、随机前沿模型、空间计量模型、多元线性回归、面板数据模型等研究方法，结合国内实际情况进行分析，研究视角涉及宏观、中观及具体行业等层面。

　　在宏观研究方面，文嫱、胡兵（2014）利用空间计量模型分析了人才、技术、宽容、政策、基础设施这 5 个因素对省域文化创意产业发展的影响。⑤ 林明华、杨永忠（2012）对国内 43 个城市进行了实证研究，并得出人才储备是影响国内城市创意产业发展的最主要因素的结论。⑥ 马跃如等（2012）⑦，董亚娟（2012）⑧，钟廷勇、安烨（2014）⑨运用随机前沿生产函数（SFA）模型分析了国内文化产业效率的影响因素。林秀梅、张亚丽（2014）根据 1995—2011 年统计数据，建立 VAR 模型，得出文化消费需求、人力资本水平、经济发展水平冲击对文化产业发展有正向影响的结论。⑩ 袁海、吴振荣（2012）利用 BCC 模型和超效率 DEA 模型测算了 2004—2008 年中国各省份文化产业的效率，运用面板数据模型对文化产业效率的影响因素进行了实证检验。⑪ 肖雁飞等（2014）选取 1999—2011 年我国文化创意产业发展的相关数据，研究发现：文化因

　　① Blanca De-Migudl-Molina et al. The Importance of Creative Industry Agglomerations in Explaining the Wealth of European Regions. European Planning Studies, Vol. 20, No. 8, August 2012：1263 – 1280.

　　② Elmar D. Konrad. Cultural Entrepreneurship：The Impact of Social Networking on Success. Cultural Entrepreneurship, Volume, 22, Number, 3, 2013：307 – 318.

　　③ Peter Campbell. Creative industries in a European Capital of Culture. International Journal of Cultural Policy, Vol. 17, No. 5, November 2011：510 – 522.

　　④ Annet Jantien Smit. The Influence of District Visual Quality on Location Decisions of Creative Entrepreneurs. Journal of the American Planning Association, Vol. 77, No. 2, Spring 2011：167 – 184.

　　⑤ 文嫱、胡兵：《中国省域文化创意产业发展影响因素的空间计量研究》，《经济地理》2014 年第 2 期。

　　⑥ 林明华、杨永忠：《中国创意产业发展的影响因素及策略研究》，《华东经济管理》2012 年第 8 期。

　　⑦ 马跃如等：《基于 SFA 的我国文化产业效率及影响因素分析》，《统计与决策》2012 年第 8 期。

　　⑧ 董亚娟：《区域文化产业效率的影响因素研究——基于随机前沿模型的分析》，《商业经济与管理》2012 年第 7 期。

　　⑨ 钟廷勇、安烨：《文化创意产业技术效率的空间差异及影响因素——基于异质性随机前沿模型（HSFM）的实证分析》，《中南财经政法大学学报》2014 年第 1 期。

　　⑩ 林秀梅、张亚丽：《文化产业发展影响因素的区域差异研究——基于面板数据模型》，《当代经济研究》2014 年第 5 期。

　　⑪ 袁海、吴振荣：《中国省域文化产业效率测算及影响因素实证分析》，《软科学》2012 年第 3 期。

素对国内创意产业发展的影响程度不显著，而科技因素的影响程度相对最大。①

　　在中观研究层面，张炜、姚海棠（2011）②，章迪平（2013）③，万丽娟、张变玲（2013）④ 分别用灰色关联理论分析了北京市、浙江省、重庆市文化产业发展的影响因素。张敏（2012）基于产业集群理论，选取江苏省 13 个地级市作为实证研究对象，分析江苏文化产业发展战略的影响因素。⑤ 李兴江、樊帆（2014）通过主成分分析方法，对影响甘肃省文化产业的各个指标进行主成分提取，并进行回归分析。⑥

　　在具体行业方面，张卫东等（2013）利用 2000—2010 年国内群众文化业、图书馆业、艺术业、文化市场、文物业等五个文化行业投入产出的面板数据，基于 DEA-Malmquist 指数方法，分析了文化类产业创新效率变动的影响因素。⑦

　　而在对福建创意、文化产业的相关研究方面，基本都为定性分析，以对策建议类论文居多。陈明三（2012）在分析地缘、地缘文化和地缘文化产业三者关系的基础上，对发展闽台地缘文化产业提出相应对策和建议。⑧ 蔡洪杰（2011）探讨了福建文化创意产业面临的机遇和挑战，并提出若干对策和建议。⑨ 熊昌茂（2011）提出发挥区域优势，突出文化重点；引进民间资本发展文化产业；推进文化产业与科技产业的联姻以及创新文化产业发展的运行机制等促进福建文化产业发展的措施。⑩ 柯涌晖等（2011）认为闽台两地的旅游业与文化创意产业能在产业边缘衍生新的形态，创造良好的多重效应。⑪ 曾倩琳、安增军（2010）认为可通过制订文化创意产业发展规划；营造有利于文化创意产业发展的社会环境；加强文化创意产业园区建设和层次的提升，形成集群化发展效应；加快创意产业人才引进和培养；推进海峡两岸的合作与联动等来实现文化创意产业的持续发展。⑫

　　综上所述，国外对创意产业的研究起步较早，基础理论比较扎实，对创意产业影响因素归纳得比较全面，研究视角也值得借鉴。大多数研究针对欧美发达地区进行了实证分析，但其结论的适用范围应该加以辨析。国内研究视角主要集中在宏观、中观层面，在实证方面，方法也十分多元，但不少研究存在指标体系不够规范和全面、主

① 肖雁飞等：《中国文化创意产业发展影响因素与实证研究》，《科技管理研究》2014 年第 11 期。

② 张炜、姚海棠：《试析北京市文化创意产业的影响因素》，《北京社会科学》2011 年第 3 期。

③ 章迪平：《基于灰色关联分析的文化产业发展影响因素研究——以浙江省为例》，《浙江工商大学学报》2013 年第 3 期。

④ 万丽娟、张变玲：《文化产业发展影响因素的实证分析》，《重庆大学学报》（社会科学版）2013 年第 6 期。

⑤ 张敏：《江苏文化产业发展战略影响因素实证研究》，《南京财经大学学报》2012 年第 1 期。

⑥ 李兴江、樊帆：《甘肃省文化产业发展影响因素的实证分析》，《兰州商学院学报》2014 年第 1 期。

⑦ 张卫东等：《文化类产业创新效率影响因素研究》，《科研管理》2013 年第 12 期。

⑧ 陈明三：《发展闽台地缘文化产业的环境分析与建议》，《南昌教育学院学报》2012 年第 1 期。

⑨ 蔡洪杰：《福建省文化创意产业现状与对策分析》，《长春理工大学学报》（社会科学版）2011 年第 1 期。

⑩ 熊昌茂：《福建新兴文化产业发展的优势及对策分析》，《河南科技学院学报》2011 年第 9 期。

⑪ 柯涌晖等：《闽台旅游与文化创意产业融合发展策略研究》，《韶关学院学报》（社会科学版）2011 年第 9 期。

⑫ 曾倩琳、安增军：《文化创意产业助推海西城市发展——福建省发展文化创意产业的思考》，《福建金融管理干部学院学报》2010 年第 4 期。

观性较强等不足。本文拟借助佛罗里达"3T"理论，以福建省 9 个地市为样本，通过主成分分析和因子分析的方法，提炼出影响福建省创意产业发展的主要因素，同时提出针对性建议，以期对地方创意产业水平的提升提供借鉴。

二　福建省创意产业影响因素指标体系构建

由上述文献可以看出，创意产业发展的影响因素呈现出多元化和复杂性的特点。文章选取创意人才、科技支撑、社会宽容、政府支持、基础设施、产业环境、市场需求 7 个因素综合分析福建省创意产业发展的影响因素（见表 1）。

表 1　　　　　　　　　　　　福建省创意产业发展影响因素指标体系

类别	指标	数据来源
创意人才	X1 科技活动人员数（人） X2 信息传输、计算机服务和软件业从业人员数（人） X3 文化、体育和娱乐业从业人员数（人） X4 每万人口拥有高等学校在校学生数（人）	《福建统计年鉴 2014》，福建省各地级市 2014 年统计年鉴及公报，福建省科技厅、卫计委等政府部门网站
科技支撑	X5 专利申请授权数（项） X6 R&D 经费（亿元） X7 技术市场合同金额（亿元） X8 创新型企业数量（个）	
社会宽容	X9 入境游客人数（万人次） X10 流入人口占年平均人口比例（%）	
政府支持	X11 科学技术支出占公共财政支出比例（%） X12 文化体育传媒支出占公共财政支出比例（%）	
基础设施	X13 博物馆、文化馆、艺术馆总数（个） X14 公共图书馆总数（个） X15 国际互联网用户数（万户） X16 人均公园绿地面积（平方米）	
产业环境	X17 第三产业固定资产投资额（亿元） X18 第三产业集聚度 X19 高新技术产业增加值（亿元）	
市场需求	X20 城镇居民人均文化消费支出（元/人） X21 恩格尔系数（%）	

（1）创意人才。佛罗里达十分强调人才对于创意经济的重要性，他认为竞争力的核心在于一个国家动员、吸引和留住创造型人才的能力。[①] 兰德利也从创意城市发展角度指出："人类的才华、技能与创意，正取代地理位置、自然资源、大同小异的劳动力大军与市场通路，成为主要的城市资源。"[②] 因此，文章选取"科技活动人员数"，"信息传输、计算机服务和软件业从业人员数"，"文化、体育和娱乐业从业人员数" 3 个

[①]　[美] 理查德·佛罗里达：《创意经济》，方海萍、魏清江译，中国人民大学出版社 2006 年版，第 4 页。
[②]　[英] 查尔斯·兰德利：《创意城市：如何打造都市创意生活圈》，杨幼兰译，清华大学出版社 2009 年版，第 14 页。

指标来衡量福建省创意产业发展的人才现状。由于应届生在学校所在地已经积累了相当的社会资本，特别对于经济比较发达城市的高校来说，有不少学生选择在高校所在地就业。在现阶段城市待业人员特征的数据不能获取的情况下，文章采用"每万人口拥有高等学校在校学生数"这一指标来反映城市创意人才的储备。

（2）科技支撑。技术是一个地区创新和高科技的集中表现，也是产生创意和刺激经济发展的重要支撑条件。佛罗里达认为技术是创意阶层创造力的集中表现，借助技术可以更广泛地把创意投入包括在服务业内。他在《创意阶层的崛起》一书中用研究和发展（R&D）经费投入和专利数两个指标来度量创意技术的发展情况。① 因此，文章选取"R&D经费"衡量地区对科技研发的投入，用"专利申请授权数""技术市场合同金额""创新型企业数量"3个指标来衡量科技产出成果转化的规模。

（3）社会宽容。佛罗里达认为开放性或者"对人才的低准入壁垒"是真正导致了地区发展的一个更加根本性的特征。② 兰德利也提出一座城市在现代社会要取得成功必须具备连通性，即"通过实体基础建设、面对面和以虚拟方式建立内外连通性"，要"充满多样化以及包容力，兼有高度的地方性与国际性"③。对于一个高度开放、具有较强国际竞争力的城市来说，国际入境旅游人数无疑是一个重要的衡量标志。而根据佛罗里达的理论，一个城市容纳外来人口的比例越大，该城市的宽容氛围也越好。因此，文章选取"入境游客人数""流入人口占年平均人口比例"2个指标来衡量地区的宽容度和开放性。

（4）政府支持。创意产业的发展离不开资金和政策的保障。政府通过直接注入资金或为创意企业融资提供优惠措施，对一些创意企业实行税收减免、规范创意产业市场秩序等政策，可以为创意产业发展提供政策层面的保障。考虑统计资料的可获得性，文章主要选取"科学技术支出占公共财政支出比例""文化体育传媒支出占公共财政支出比例"2个指标来衡量政府直接财政支出对创意产业的影响。

（5）基础设施。环境是影响创意产业构建和发展的基础因素。佛罗里达在"3T"理论基础上所加的第四个"T"，即"领域资产"（Territory assets），它是指一个社会（或社区）的自然环境、建筑以及心理环境，也是一个社会（或社区）区别于其他的独特氛围。佛罗里达认为，在创意经济发展中建设领域资产很有必要，而完善的城市基础设施是领域资产建设的前提和关键。④ 同时，创意人才的工作和各类创意产品的消费均离不开国际互联网，互联网用户数量是度量城市通信设施便利情况的重要指标。因此，文章选用"博物馆、文化馆、艺术馆总数""公共图书馆总数""国际互联网用户

---

① ［美］理查德·佛罗里达：《创意阶层的崛起》，司徒爱勤译，中信出版社2010年版，第289页。
② ［美］理查德·佛罗里达：《创意经济》，方海萍、魏清江译，中国人民大学出版社2006年版，第50页。
③ ［英］查尔斯·兰德利：《创意城市：如何打造都市创意生活圈》，杨幼兰译，清华大学出版社2009年版，第18页。
④ ［美］理查德·佛罗里达：《创意阶层的崛起》，司徒爱勤译，中信出版社2010年版，第338页。

数""人均公园绿地面积"4个指标来衡量地方基础设施建设情况。

（6）产业环境。创意产业的发展离不开自身产业结构和相关产业的支撑。其中，产业集聚是一个很重要的因素。斯科特认为文化产品产业的集聚能导致"相互学习、文化整合和创造力效应"的外部经济，从而加快创新过程。[①] 反映产业集聚的代表性测度指标有行业集中度、空间基尼系数和产业区位熵等。产业区位熵又称为地方专门化率或专业指数，其计算公式为：$LQ_{ij} = \dfrac{q_{ij}}{q_j} / \dfrac{q_i}{q}$。在此公式中，$LQ_{ij}$就是$j$地区$i$产业在全国的区位熵，$q_{ij}$为$j$地区$i$产业的相关指标（例如产值、就业人数等），$q_j$为$j$地区所有产业的相关指标。$q_i$指在全国范围内$i$产业的相关指标，$q$为全国所有产业的相关指标。$LQ_{ij}$的值越高，$j$地区$i$产业集聚度就越高。当$LQ_{ij} > 1$时，表明$j$地区$i$产业集中度高于全国平均水平；当$LQ_{ij} < 1$时，表明$j$地区$i$产业的集中度低于全国平均水平。区位熵方法简便易行，可在一定程度上反映产业部门的专业化程度，以及衡量某一地区要素的空间分布情况，故采用产业区位熵作为福建省文化产业集聚的测度指标。由于缺乏创意产业产值的统计资料，文章以第三产业产值来模拟计算福建省各地市创意产业区位熵，具体为第三产业产值占各地市生产总值的比例与福建省第三产业产值占全省生产总值比例的比值，同时选取"第三产业固定资产投资额"这一指标来衡量地区创意产业发展的硬件基础。创意产业发达的地区往往拥有更多的高科技制造业，[②] 故选取"高新技术产业增加值"来衡量相关产业对创意产业发展的影响。

（7）市场需求。创意产业提供的产品和服务只有满足消费者需求，才能带动创意产业形成强大的凝聚力和产出力，才会对创意产业发展产生巨大的促进作用。正如霍金斯指出："创意本身没有任何经济价值，它需要落到实处。如果要产生经济价值，还需要在可交易的产品中显示出来，而这又需要一个买卖活跃的市场、若干法律和契约方面的基础规则，以及达成合理交易的惯例。"[③] 根据现阶段我国城乡文化消费差异，文化消费需求能力主要体现在城镇居民对文化消费的支出方面，所以本文用"城镇居民家庭人均文化消费支出"来衡量创意产品消费需求，而消费需求往往还受到消费结构的影响，故用"恩格尔系数"来衡量城镇居民家庭消费结构。

三 福建省创意产业影响因素实证分析：模型构建与结果讨论

（一）运算步骤

根据所收集的福建省各地市2013年各项指标的数据，运用SPSS19.2进行分析。首

---

① 孙福良：《创意产业基础理论研究》，学林出版社2014年版，第207页。

② Blanca De-Migudl-Molina et al. The Importance of Creative Industry Agglomerations in Explaining the Wealth of European Regions. European Planning Studies, Vol. 20, No. 8, August 2012：1263 – 1280.

③ ［英］约翰·霍金斯：《创意经济：如何点石成金》，洪庆福、孙薇薇、刘茂玲译，上海三联书店2006年版，第28页。

先，对原始数据进行标准化处理，消除量纲，文章采用的是 SPSS 自带的 Z-score 处理方法。其次，运用主成分分析法求出指标间的相关系数矩阵，并提取该矩阵的特征根、贡献率及累计贡献率（见表 2）。再次，运用最大方差法进行旋转，求出因子的载荷矩阵（见表 3）。最后，以各因子的累计贡献率作为权重，乘以各因子的具体得分，得出福建省各地市创意产业影响因素的综合得分（见表 4）。

表 2　　　　　　　　　　　福建创意产业影响因子的特征根和贡献率

因子序号	提取平方和载入合计（特征根）	贡献率（%）	累计贡献率（%）
1	13.039	62.092	62.092
2	3.621	17.243	79.336
3	2.263	10.774	90.110
4	1.023	4.869	94.979

表 3　　　　　　　福建省创意产业影响因子载荷矩阵（经最大方差法旋转）

指标序号	因子 1	因子 2	因子 3	因子 4
X1	0.790	0.393	0.436	0.136
X2	0.823	0.070	0.395	0.352
X3	0.880	0.142	0.150	0.296
X4	0.828	0.545	0.108	0.022
X5	0.365	0.264	0.879	0.021
X6	0.744	0.471	0.458	0.104
X7	0.782	0.594	0.132	−0.055
X8	0.238	0.007	0.935	0.190
X9	0.708	0.531	0.364	−0.156
X10	0.572	0.707	0.151	−0.222
X11	0.274	0.846	0.351	−0.252
X12	0.212	0.822	−0.075	0.405
X13	−0.053	−0.225	0.116	0.960
X14	0.358	0.042	0.068	0.881
X15	0.414	0.052	0.752	−0.143
X16	−0.218	−0.847	0.282	0.226
X17	−0.004	−0.022	0.985	0.121
X18	0.848	0.517	0.070	−0.004
X19	0.760	0.474	0.437	0.073
X20	0.539	0.713	0.372	0.142
X21	−0.531	−0.793	−0.202	0.149

表4　　　　　　　　　　福建省各地市创意产业影响因素综合得分

城市	产业生产力因子	政府支持因子	科技支撑因子	基础设施因子	综合得分	排名
福州	1.658	0.393	0.204	1.181	1.096	2
厦门	1.450	1.834	-0.174	-0.759	1.222	1
宁德	0.016	-1.145	-0.526	0.075	-0.253	6
莆田	-0.411	-0.389	-0.043	-2.093	-0.452	7
泉州	-0.482	-0.079	2.554	0.101	-0.034	3
漳州	0.054	-0.626	-0.264	0.183	-0.099	4
龙岩	-1.035	0.830	-0.544	0.044	-0.586	8
三明	-1.292	0.967	-0.478	1.263	-0.659	9
南平	0.043	-0.999	-0.729	0.007	-0.236	5

（二）结果分析

（1）由表2可以看出，福建省创意产业发展影响因素指标体系最主要的特征根有4个，其贡献率分别是62.092%、17.243%、10.774%和4.869%，累积贡献率达到94.979%，说明通过数据变换之后，这4个特征根所反映出来的信息占全部信息量将近95%。由指标提取碎石图也可以看出（见图1），在第4个因子处出现比较明显的拐点。因此，可以用前四个公因子的变化代表整个样本相关变量的变化。而从表3可以看出，公因子1在指标X1、X2、X3、X4、X6、X7、X9、X18、X19上有较大载荷，主要反映创意人才、产业集聚、相关产业等对创意产业的影响，故定义公因子1为产业生产力因子。公因子2在指标X10、X11、X12、X16、X20、X21上有较大载荷，主要反映财政投入、城市开放程度、居民消费等对创意产业的影响，而这些因素又和政府政策和执行力密切相关，故定义公因子2为政府支持因子。公因子3在指标X5、X8、X15、X17上有较大载荷，主要反映科技创新对创意产业的影响，故定义公因子3为科技支撑因子。公因子4在指标X13、X14上有较大载荷，主要反映城市文化基础设施等对创意产业的影响，故定义公因子4为基础设施因子。

（2）在影响福建省创意产业发展的诸多因子中，产业生产力、政府支持、科技支撑和基础设施建设起主要作用。首先，产业生产力的作用最大，产业集聚度越高，创意人才、相关产业越多，创意产业就发展得越好。其次，政府的支持程度越高，政策越优惠，财政投入越大，该城市的创意产业发展情况越好。再次，科技支撑对文化产业的发展也起到重要作用。科技越发达的城市，越具备将创意产业化的客观条件，对创意产业发展的促进作用越大。最后，基础设施是创意产业发展的后勤保障，基础设施越完善的城市越具有发展的潜力。因此，福建创意产业要实现良性发展，关键路径在于产业生产力的提升、政府支持力度的加强、科技创新的投入和基础设施的完善四个方面。

（3）从表4可以看出，厦门、福州、泉州在创意产业影响因素综合评价上处于全

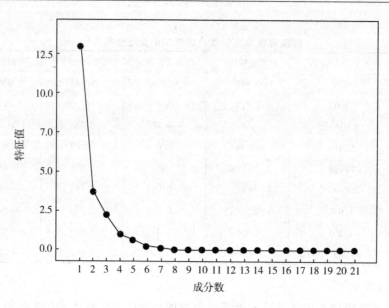

图 1　指标提取碎石图

省前三名。厦门得益于其特区优势，政府支持方面得分最高，产业生产力也具备良好基础，所以综合得分排在第　位。福州排名第二，主要得益于其在四个因子上的均衡发展，但其作为省会城市，在政府支持和科技支撑两方面的得分并不高，说明还有比较大的改进空间。值得注意的是，泉州的排名位于第三，这与 2013 年其 GDP 和第三产业固定资产投资额排在全省第一位并不一致，其在产业生产力和政策支持方面得分更为负数，说明泉州创意产业基础较为薄弱，政府支持还有待改进。但泉州科技支撑得分遥遥领先其他城市，其重视科技创新的做法值得全省其他城市学习。漳州、南平、宁德由于城市自身定位问题，在政府支持和科技支撑方面的得分比较低，但综合得分差距并不大。而莆田在基础设施建设方面亟待加强，龙岩、三明创意产业基础薄弱，均影响了其具体排名。整体来说，福建省创意产业呈现两极分化的态势，厦门、福州和全省其他城市的得分有比较大的差距，发展的区域不平衡现象较为突出，创意产业发达城市的示范与辐射带动作用应该得到更大程度的发挥。

四　福建省创意产业水平提升的实现路径分析

（1）提升创意产业市场竞争力。首先，完善人才培养和引进机制。争取引进海内外具有高度影响力的创意人才，同时鼓励地方大学培养既懂经营管理，又具有深厚文化底蕴、善于创意的复合型优秀人才，使他们在福建省文化创意产业发展中发挥智力优势。其次，利用福建各地市的特色和优势，实现创意产业集聚。创意产业涵盖面十分广泛，各地市不可能也没必要在所有层面都占据优势，最合理的做法是在产业链各个环节实行分工，并发挥集聚优势。再次，加强地方高科技制造业、建筑业、农业、旅游业等相关产业与创意产业的融合与碰撞。

（2）发挥政府政策支持和引导作用。首先，继续增加政府对科学技术、文化体育与传媒、教育等方面财政资金投入。除此之外，地方政府应积极打造创意产业融资平台，通过制定融资、税收、金融等方面的政策，疏通投资基金、民间资本、海外资本等的进入渠道。其次，保持城市的多样化和开放性。福建可以搭乘21世纪海上丝绸之路建设、自由贸易区设立的东风，积极开展对外经济文化交流，今后还可以积极加入联合国教科文组织创意城市网络，在更大的平台上拓展对外交流空间。再次，积极发展地区经济，提高居民收入水平，改善民生消费结构，引导居民产生更多的文化、创意产品消费需求。

（3）加大对科技创新的鼓励和扶持。首先，加大对专利、设计、商标等知识产权的保护力度。知识产权是创意产业当中的核心资产。[①] 要在健全和完善知识产权立法的同时，把重点放在对知识产权保护的执法力度上，采取有力措施，严厉打击各种盗版行为，为福建创意产业的发展营造一个规范、健康、有序的外部环境。其次，发挥创新型企业的示范带动作用。创新型企业是指拥有自主知识产权的核心技术和知名品牌，具有良好的创新管理和文化，整体技术水平在同行业居于先进地位，在市场竞争中具有优势和持续发展能力的企业。截至2013年，福建共有创新型企业302家，[②] 今后应进一步通过税收优惠、资金扶持等途径加强创新型企业的培养，并充分发挥其带动和辐射作用。再次，鼓励全民参与科技创新。在当前的互联网时代，创新的主体已不仅仅局限于企业和专业研发人员，应提供全民参与创新的多样化平台，并为其孵化提供资金、渠道扶持。

（4）打造吸引创意人才的城市环境。正如伊丽莎白·科瑞德所指出："弱连接和社交生活的结合正是艺术与文化经济最明显的特征"，文化产品"主观的本质使它在很大程度上受到密集型社交网络的影响"[③]。因此，城市除了要完善道路、公园绿地、交通运输、邮电通信等基础设施，为创意人才提供基本的城市便利以外，还要根据创意人才的需求，适当鼓励酒吧、画廊、影剧院等社交场所的建设，以便更好满足创意人才居留的要求。此外，福建各地市还应该充分地将地域特色融入城市建筑风格中，如福州明清传统建筑风格、闽南红砖建筑风格等，以吸引创意企业选址的目光。

（作者：黄益军，泉州师范学院政治与社会发展学院讲师；吕庆华，华侨大学教授）

---

① 孙福良：《创意产业基础理论研究》，学林出版社2014年版，第207页。

② 福建省科技厅计划处：2013年全省培育创新型企业数量，http://www.fjkjt.gov.cn/newsedit.asp? news_xxlb=113&news_xxbh=64029（2014年3月10日）[2015年2月6日]。

③ ［美］伊丽莎白·科瑞德：《创意城市：百年纽约的时尚、艺术与音乐》，陆香、丁硕瑞译，中信出版社2010年版，第115页。

1057—1852 年缅甸孟人海岸的地域史[*]

李 枫

摘 要：1057 年直通并入蒲甘帝国版图，缅甸成为一个海洋国家，孟人文化大量注入蒲甘，族群竞争也由此成为贯穿缅甸国家历史发展的一条主线。第二帝国前半期孟人海岸成为缅甸国家权力中心，他隆迁都上缅甸后，缅中干燥地带取而代之。1752 年孟人军队攻陷阿瓦，却很快又撤回了下缅甸，这为雍籍牙建立第三帝国创造了机会。第一、第二次英缅战争期间，英国东印度公司军队由孟人海岸入侵缅甸，1852 年后这一地区沦为英国殖民地。

关键词：下缅甸；孟人；海洋交通；地理政治

得益于先天的海洋交通优势，孟人海岸较早地与印度文明发生了接触，并成为该文明在中南半岛传播的重要中介地域。1057 年阿奴律陀（Anawratha）征服直通（Thaton）后，缅甸成为一个海洋国家，勃固（Pegu）、沙廉（Syriam）、仰光（Rangoon）等地相继崛起。1852 年英国东印度公司军队侵占孟人海岸，取得了对缅甸三大海岸地区的完整控制权，缅甸重回内陆国家。本文中的"缅甸孟人海岸"，主要指孟人曾广泛居住的伊洛瓦底江（Irrawaddy R.，下称伊江）三角洲、锡当河（Sittaung R.）下游和莫塔马湾（G. of Moktama）沿岸地区①，将重点就上述地区 1057—1852 年的地域变迁史发起讨论。

一 孟人海岸并入蒲甘帝国版图

1044 年阿奴律陀建立蒲甘（Pagan）帝国以前，孟人海岸的直通是中南半岛西部的四大主要王国之一。这四大王国虽然地理位置各异，兴衰时间也不尽一致，但却有一个共同点：地处陆海交通要冲。（1）帖人的太公王国（Tagaung）居于北部内陆，"孟

---

* **基金项目**：中国博士后科学基金面上资助项目（2013M532163）。

① 这些地区也聚居着大量非孟族人口，如在勃生，就有大量克伦人从事农业生产，而缅人和孟人则主要是小商贩、渔民或手工艺人。参见 Henry Yule. "On the Geography of Burma and Its Tributary States, in Illustration of a New Map of Those Regions", *Journal of the Royal Geographical Society of London*, Vol. 27, 1857, pp. 54 – 108。

加拉东部跨越伊江上游至中国的（陆路）贸易（线路），可能很早就已真实存在"[①]，太公王国可能就是由沿途一个较大的休息站发展起来的；（2）骠人的卑谬王国（Prome，Sriksetra）控制着伊江中游河谷沿线的陆路交通线路；（3）阿拉干人的"阿拉干王国（Arakan State）占据孟加拉湾沿岸（交通）"[②]；（4）孟人的直通王国则是印度南部至马来半岛海上航线的一个重要组成部分。在与印度商人长期接触的过程中，受印度文明浸润，孟人的经济、文化成就逐渐走在了中南半岛各族群的前列，孟人不仅把自己的文明传递给缅人和暹罗人，还承担了（推动中南半岛）宗教转型的主要责任，使得缅甸、暹罗、柬埔寨、老挝等国人民（普遍）成为上座部佛教信众。[③] 与较早定居下来的上述族群相比，在一路南下的不安全感、生存压力和战争洗礼中，缅人具备了更为卓越的骑射技能和作战经验，进而在族群竞争中居于优势地位。9 世纪时缅人从孟人手中夺得皎克西（Kyaukse）[④]，粮草补给更为稳定，人口数量稳步增长，军队规模不断壮大，并逐渐取代骠人占据了伊江中游地区，取得了对缅甸政治地理中轴的主导权。

　　1057 年阿奴律陀征服直通，孟人海岸正式并入蒲甘帝国版图。这一事件的主要影响在于：（1）缅甸由此成为一个海洋国家。作为一个内陆农业政权，蒲甘通过孟人海岸"打开了更大的世界"，得以跻身那个连通孟加拉湾沿岸各地的海洋贸易网络中；[⑤]（2）孟人文化大量注入蒲甘。如江喜陀（Kyanzittha）时期就为后世留下了大量孟人风格的艺术品、建筑物和孟文碑铭；（3）族群竞争也由此成为贯穿缅甸国家历史发展的一条主线。坦普尔（Richard C. Temple）认为：缅甸古代史就是一部缅人、掸人、孟人角逐优胜权的竞争史，这样的竞争持续发生于各个时期，在 1824 年英国人发起第一次英缅战争之前，几乎没有任何外来族群介入其中。[⑥]

　　孟人海岸具有先天的交通优势，并入蒲甘后，这一优势越发凸显出来。（1）太公、卑谬控制的交通线路均以陆路为主，具有相对的封闭性。（2）从对印交通看，虽然阿拉干海岸距离印度更近，但是受若开山脉（Rakhine Yoma）阻隔，由该海岸输入的货物，"通常（需要）由牛背驮运，穿越（仅有的）几处关隘"[⑦]，才能运抵内陆，交通

　　① A. P. Phayre. On the History of the Burmah Race, Transactions of the Ethnological Society of London, Vol. 5 (1867), pp. 13 – 39.

　　② U. Kan Hla. Ancient Cities in Burma, Journal of the Society of Architectural Historians, Vol. 38, No. 2 (May, 1979), pp. 95 – 102.

　　③ D. G. E. Hall. Looking at Southeast Asian History, The Journal of Asian Studies, Vol. 19, No. 3 (May, 1960), pp. 243 – 253.

　　④ D. G. E. Hall. A history of Southeast Asia, London: Macmillan, 1966, p. 135.

　　⑤ Keith W. Aylor. "The Early Kingdoms", in Nicholas Tarling (ed.), The Cambridge History of Southeast Asia: From Early Times to C. 1800, Cambridge: Cambridge University Press, 1992, pp. 137 – 182.

　　⑥ Richard C. Temple. The People of Burma. Journal of the Royal Society of Arts, Vol. 58, No. 3003 (June 10, 1910), pp. 695 – 711.

　　⑦ L. Stilson, Barnas Sears, G. S. Comstock Stilson Notes on Arakan: By the Late Rev. G. S. Comstock, American Baptist Missionary in That Country from 1834 to 1844, Journal of the American Oriental Society, Vol. 1, No. 3 (1847), pp. 219, 221 – 258.

成本过大。（3）而就对马六甲海峡的交通论，德林达依（Tanintharyi）海岸也可谓近水楼台，但该海岸一路向南延伸，远离缅甸内陆，与泰国西南部交通又为比劳山脉（Bilauktaung Ra.）所隔，同样不利于展开大规模贸易。可见，在中南半岛西部的各个地理单元中，孟人海岸具有先天的交通优势。蒲甘帝国都城以外的地区通常由王侯间接统治①，1057 年后，孟人海岸即便同样由王侯间接统治，但随着统一国家的建立，全国资源的调配、利用更趋于一体，原先由于政治归属不同而构成的人为交通障碍被打破，这一地区先天的交通优势就越发凸显出来，"由当地王侯进献至蒲甘王廷的各种舶来品和金银财富，成为一项可观的王室收入（来源）"②。这时，随着直通的衰落和 11 世纪时其宗教中心身份的暗淡，勃固逐渐崛起为孟人海岸新的权力中心。③

二　成为缅甸国家权力中心

第二帝国建立后，孟人海岸成为缅甸国家权力中心。蒲甘覆灭后，孟人三地区：勃生（Bassein）、马都八（即莫塔马）、罕礁瓦底（Hanthawaddy，即勃固）实现了统一，勃固与阿瓦（Ava）之间爆发了四十年战争，期间大量缅人流入位于两者之间的东吁（Toungoo）避难，东吁的缅人力量借势抬头。明吉瑜（Minkyinyo）为王时，更是通过迎娶阿瓦公主的方式，获得了"嫁妆"皎克西，为第二帝国的统一奠定了基础。④ 第二帝国建立的"整个 16 世纪，下缅甸（的孟人海岸）都是缅甸当之无愧的权力中心"⑤，勃固、勃生、沙廉、马都八等沿海城市与外界的贸易往来十分兴盛。同时，与江喜陀时期情况类似⑥，莽瑞体（Tabinshwehti）、莽应龙（Bayinnaung）也十分重视推行族群和睦政策，征服孟人海岸后，莽瑞体即以孟人国王自居，按孟人礼仪着装穿戴，

---

① 这些王侯多由国王的兄弟、子嗣、功臣或归降的当地领袖充任，他们统管辖地大小事务，宣誓对国王的忠诚，定期进献税赋，并在帝国对抗外敌的过程中负有派军随征的义务。

② Victor B. Lieberman. Reinterpreting Burmese History, Comparative Studies in Society and History, Vol. 29, No. 1 (Jan. , 1987), pp. 162 – 194.

③ Reginald Le May. The culture of South-East Asia: the heritage of India, London: George Allen & Unwin Ltd. , 1964, p. 45.

④ 莽瑞体时期奉行与阿瓦修好的政策，首先征服了孟人海岸的马都八、毛淡棉、罕礁瓦底等地，大大拓展了东吁的战略纵深，经过一年的休整后，1541 年沿伊江北上打败了在阿拉干、阿瓦支援下的卑谬，1546 年远征阿拉干，其间还出兵平息了阿瑜陀耶从东边发起的挑战。莽瑞体死后，包括孟人海岸在内已纳入东吁版图的各地又奋起反抗，危急之际，莽应龙同样先平定了孟人海岸，再北上战胜阿瓦，最终完成了由莽瑞体开创的统一大业。

⑤ Michael Aung-Thwin. "Lower Burma and Bago in the History of Burma", in Jos Gommans, Jacques Leider (eds.), The Maritime Frontier of Burma: Exploring Political, Cultural and Commercial Interaction in the Indian Ocean, 1200 – 1800. Leiden: KITLV Press, 2002, pp. 25 – 58.

⑥ 江喜陀（Kyanzittha）时期曾奉行族群和睦政策：（1）推动缅孟联姻，他自己就迎娶了一位孟人公主为妃，把女儿嫁给了孟人王裔，还把兼具缅孟两族血统的外孙阿隆悉都（Alaungsithu），而不是自己的儿子指定为王位继承人；（2）尊重孟人风俗、文化，国王的加冕仪式按孟人传统进行，记载加冕盛况的碑铭也由孟人文字镌刻；（3）提拔重用孟人官员和僧侣，如当时缅甸最著名的宗教领袖乌多罗耆婆（Uttarajiva）和车波多（Chapata）都是孟人僧侣。

并遵照孟人习惯举行加冕仪式，莽应龙时期也推行一视同仁的族群政策，甚至对远来的葡萄牙人也同样以礼相待，这有力地促进了缅甸的社会稳定和经济发展。到了东吁时代后期，各地王侯对勃固的离心倾向日渐明显，1600 年阿拉干侯和东吁侯联手攻陷首都，掠走各类珍宝和工匠、僧侣等，宏伟的勃固城也被付之一炬，勃固作为缅甸首城的地位由此丧失，东吁时代宣告结束。

第二帝国前半期，大量葡萄牙人来到缅甸，孟人海岸的地域景观发生了深刻变化。好望角航线被发现后不久，1501 年葡萄牙人巴尔博萨（Duarte Barbosa）前往东方并于 1516 年返回，他的回忆录提到：当时缅甸的出口商品主要是上好的紫胶、丰富的麝香和东方最好的红宝石。① 1519 年葡萄牙人科雷亚（Anthony Correa）与勃固国王在马都八签订协议，从这时起，葡萄牙人在这里建立了一个（造船）厂和商馆②，1531 年莽瑞体继位时，欧洲国家与东方的海洋贸易关系渐渐确立，这些贸易不必通过意大利人、阿拉伯人或中国人的中间环节，为宾主双方带来了丰厚利润，当时的孟人海岸即便不像香料群岛那样，是葡萄牙商人趋之若鹜的重要目的地，至少也是商船往来途中必要的经停站之一。在商人之外，这时候大量葡萄牙雇佣军也出现在了中南半岛权力竞争的舞台上，他们队列中的洋枪火炮完全改变了冷兵器时代的战场法则，有时甚至成为制胜的关键。阿拉干侯和东吁侯联手进攻勃固时，就有一定数量葡萄牙雇佣军参与其中，后来被封为沙廉侯的勃列多（Felipe de Britoy Nicote）就是其中之一。在沙廉站稳脚跟后，勃列多驱逐了同期留驻沙廉的阿拉干人，并与果阿（Goa）的葡萄牙总督搭上了线，沙廉由此成为葡萄牙人在缅甸的第一块殖民地。勃列多时期，孟人海岸的地域景观发生了深刻变化：（1）勃列多试图强迫当地人改信天主教，兴建了大量天主教教堂，并摧毁了许多重要的佛寺、佛塔和佛像等；（2）勃列多还凭借武力，禁止外来商船停靠在沙廉以外的港口，勃生、马都八等地的航运和贸易遂黯然失色，沙廉则取代勃固一跃成为新的地区贸易中心。

东吁时代结束后，阿瓦主导缅甸再次统一，开创了第二帝国后半期的良渊时代。莽应里（Nandabayin）后期，下缅甸连年混战，良渊侯（Lord of Nyaungyan）在北方宣布独立，各地缅人又纷纷流入阿瓦，阿瓦在力量对比上逐渐超过了沙廉和东吁这两个主要对手。1605 年暹罗国王那腊萱（Naresuen）去世，这时，统一缅甸的时机成熟了，在来自东部宿敌的威胁暂时减轻的情况下，从 1608 年攻占卑谬控制伊江中游开始，阿那毕隆（Anaukpetlun）先后征服了东吁、沙廉、马都八和景迈（Xieng Mai）等地，并击溃了暹罗向德林达依海岸的进攻，再次统一了缅甸。随后，阿那毕隆宽恕了曾出兵洗劫勃固的阿拉干人，并积极推动孟人海岸对印度南部和马来半岛的贸易往来，从 1627 年开始，英国、荷兰、法国的公司相继在沙廉设立商馆，孟人海岸各大港口的对

---

① D. G. E. Hall. Early Days of European Trade with Burma. *Journal of the Royal Society of Arts*, Vol. 92, No. 4660 (March 3rd, 1944), pp. 172 – 181.

② Arthus Purves. History of Burma, Bangkok: Orchid Press, 1883, p. 264.

外贸易又逐渐兴盛起来。

三　他隆迁都上缅甸与孟人撤回下缅甸

1634 年他隆（Thalun）迁都上缅甸，这一决策对缅甸的国家历史构成了深远影响。他隆迁都的原因何在？第一，他隆和他的兄长阿那毕隆都对上缅甸怀有深厚情感，阿那毕隆 3 岁时就随父进入上缅甸，他隆更是生长在北方，他们的早期生涯都与孟人文化没有多少联系，在缅人文化之外，他们最亲近的就是掸人文化，事实上，14—16 世纪历代阿瓦国王多少都具有一定的掸人血统。第二，与勃固不同，阿瓦更容易进入掸邦（Shan）。第三，缅中干燥地带的人口数量一直多于孟人海岸，即便是在定都勃固的时候，孟人海岸的人口数量也只是缅中干燥地带的 1/4—1/3，在冷兵器时代，这无疑意味着南方的军事资源更为贫乏，[①] 战争动员相对困难。第四，1629 年他隆继位后，勃固、毛淡棉（Moulmein）等地相继爆发孟人叛乱，而由于泥沙淤积，勃固港也逐渐丧失了昔日便利的交通。第五，当时正值中国明朝式微，对周边影响力逐渐萎缩之际，此时迁都上缅甸，可对来自北方的潜在影响忽略不计；他隆迁都的主要影响又有哪些呢？第一，缅甸由此疏远了与外部海洋世界的联系，再度成为一个专注陆权的农业国家，这与工业时代来临后，世界海权力量勃兴的大潮流无疑是背道而驰的。第二，阿瓦虽然更容易进入掸邦，但却不像勃固那样，具备可以同时制衡伊江三角洲和湄南河（Menam）三角洲的地利，迁都上缅甸后，缅甸可谓主动放弃了与暹罗的正面对抗。第三，他隆迁都后一度续任孟人官员治理当地，[②] 保持了孟人海岸与上缅甸及外部海洋国家的贸易畅通，并继续给予外国人通商便利，这些措施促进了当地社会的稳定和贸易发展，然而，统治中心重回上缅甸，也使这一地区所受的约束大大减少，为日后孟人力量坐大预留了空间。

良渊时代末期，孟人海岸发起反叛，并最终推翻了第二帝国。平达力（Pindale）时期，缅甸与中国清政府之间围绕明永历帝滞缅问题数度兵戎相见，曼尼坡（Manipur）连年来袭，景迈宣告独立，掸邦很多土司也改变了对国王的态度，同期孟人海岸的对外贸易受到很大影响，1657 年英国人关闭了沙廉商馆，1661 年荷兰对缅贸易也陷入了停顿状态，同期，与孟人海岸在地理上构成竞争关系的德林达依海岸却获得了一定发展，大约在 17 世纪末期，欧洲人经常光顾这一地区，1687 年英国人还在丹老（Tannau）建立了一个定居点。[③] 各种因素使然，孟人海岸最终发起了针对阿瓦的反叛。

---

① Victor B. Lieberman. The Transfer of the Burmese Capital from Pegu to Ava. *The Journal of the Royal Asiatic Society of Great Britain and Ireland*, No. 1 (1980), pp. 64 – 83.

② 他隆时期废止了王侯间接统治制度，改由总督出任国内大部分地区的最高行政长官。

③ James Low. History of Tennasserim. Journal of the Royal Asiatic Society of Great Britain and Ireland, Vol. 2, No. 2 (1835), pp. 248 – 275.

霍尔（D. G. E. Hall）认为：孟人的反叛并不是一场精心策划的全国性起义，而是由于曼尼坡（连）袭扰，阿瓦王廷未能取得对曼尼坡的胜利而引起的社会动荡所致。[①] 1740年勃固的缅人总督宣布独立，阿瓦随即派兵清剿，新任勃固总督奉行强硬政策以防事态再度恶化，但适得其反，1747 年以孟人为主导，缅人、掸人等多族群参与的反叛活动最终爆发了。起义军很快南下占领了沙廉，烧毁了当地欧洲人的教堂和商馆，控制了码头上所有的船只，并于 1752 年最终攻陷阿瓦，推翻了第二帝国。

攻陷阿瓦后，孟人军队的主力却很快又撤回了下缅甸，这为雍籍牙（Alaungpaya）建立第三帝国创造了机会。中南半岛西部有一处地理单元，对缅甸统一民族国家的建立具有无可比拟的重要意义，本文称之为"缅甸政治地理中轴"，该中轴的南北两大权力中心分别是孟人海岸和缅中干燥地带，锡当河和伊江则在东西两翼，构成这两大中心之间的交通干道。从 1044 年开始，取得中轴主导权的优势族群，往往也就取得了统一缅甸、建立以自身为核心民族国家的主导权。攻陷阿瓦后，多罗般（Tarabya）将军留任当地军事总督，但孟人军队主力却很快又撤回了下缅甸，此时，缅甸国内局势并未完全稳定，木疏村（Moksohomyo）雍籍牙部缅人力量正在暗中聚合，孟人对之并未高度重视，最终丧失了对中轴的主导权。哈威（G. E. Harvey）谈道："孟人政权的做法令人百思不得其解，他们听任险情发展（而不闻不问），原本应该全力以赴，但却没有（向上缅甸）增派一兵一卒。"1753 年缅人围攻阿瓦，孟人守军弃城南下，完全撤出了缅中干燥地带，直到"1754 年 3 月，孟人才做了他们两年前就该做的事情，全员出动（进攻上缅甸）"，但此时的雍籍牙部已经羽翼丰满，逐渐取得了战场优势。1755 年雍籍牙将孟人军队赶出了大光（Dagon），并将该地改名为仰光，从而取得了对孟人的决定性胜利。[②] 将古代缅甸各主要族群与该国政治地理中轴的地域关系做一横向比较：（1）骠人曾经控制过中轴中部，但这样的控制随后就被缅人所取代；（2）虽然在不同时期，掸人、阿拉干人、孟人也曾分别从东、西、南各个方向，对缅人在中轴的主导权发起过挑战，但这些挑战的效果都未能持久；（3）缅人对中轴的主导权具有很强的历时性，虽然也曾几度中断，但最后又都得到了恢复。与他隆迁都上缅甸，降低了对孟人海岸影响力的情况类似，攻陷阿瓦后孟人军队主力很快撤回下缅甸的做法，同样疏忽了对缅中干燥地带的控制，两者都在事实上放弃了对政治地理中轴的主导权。

四 英国入侵与孟人海岸的兴衰

第三帝国建立后，一度沉寂的孟人海岸又再度兴盛起来。18 世纪最初的 30 年，英法两国都开始在沙廉开设造船厂，但从 1740 年勃固独立到 1755 年雍籍牙占领仰光的十

① D. G. E. Hall. Burma, London：Hutchinson's University Library, 1956, p. 75.

② G. E. Harvey. History of Burma：From the Earliest Times to 10 March 1824 the Beginning of the English Conquest, London：Longmans, Green and Co. , 1925, pp. 221 – 224.

五年间，孟人海岸陷于持续动荡中，社会经济发展倒退，英法两国的造船活动也受到了严重冲击。[①] 战后，孟人战败并几乎被灭绝，他们曾广泛居住的土地肥沃的三角洲地区人口大量减少[②]，第三帝国建立后上述情况出现了根本变化。以仰光的崛起为例，雍籍牙夺得仰光之初，那里还只是一个建在河岸边上的小城镇，零星分布着两三个小码头和几排房屋，这些房屋只有一两栋是砖砌的，人口最多只有 1 万—1.2 万，其中1000—1800 人是外国人，欧洲人为数甚少[③]，缅甸国内形势基本稳定后，随着对孟加拉湾海洋贸易的蓬勃开展，仰光又再度兴盛起来，很多上缅甸人纷纷南下谋生，当时"人们认为一个男人（就算只是）在仰光锯锯木头，也能在短期内发家致富"[④]。这一时期，即便孟人的反抗仍时有发生，如孟云（Bhodawpaya）时期就曾有 300 多名孟人从勃生出发攻占仰光[⑤]，但最终都没有形成气候，孟人海岸重归社会稳定，仰光取代沙廉成为新的地区贸易中心。

第一，第二次英缅战争期间，英国东印度公司军队由孟人海岸入侵缅甸。1763 年孟驳（Hsinbyushin）继位后，缅甸国势强盛，对暹罗、中国的战争，以及对曼尼坡的征讨几乎同步爆发，孟云时期又相继对阿拉干、暹罗、曼尼坡和阿萨姆（Assam）发起远征，常年征战使缅甸人的民族自豪感不断增强[⑥]，同样民族自豪感不断膨胀的，还有刚刚在印度取得了绝对优势的英国人。这时，在二者权力接壤的中间地带，曼尼坡、阿萨姆事件相继爆发，缅甸人试图维护自己在区域事务中的话语传统，英国则希望通过重塑该区政治结构来获取更大的殖民利益，在这样的背景下，1824 年第一次英缅战争爆发了。早在 1789 年，英国东印度公司海军就占领了孟人海岸对面的安达曼群岛（Andaman Is.），并在当地修建了康沃利斯港（Port Cornwallis）[⑦]，第一次英缅战争初期，英军先对西线的阿萨姆和布拉马普特河谷（Brahmaputra River Valley）发起攻击，但遭到缅军大将摩诃班都拉（Maha Bandula）组织的有力还击。英军随即调转主攻方向，转由安达曼群岛集结兵力，对下缅甸发起正面进攻，相继侵占了德林达依海岸的土瓦（Tavoy）、丹老等地。摩诃班都拉奉命回防，雨季跨越阿拉干山脉的艰难过程无疑折损了缅军的锐气，加之在武器装备上缅军又大大落后于英军，于是，英军接连攻占了孟人海岸的勃固、仰光等地，还重新取得了在西线的胜利，战后，缅甸失去了对

---

① 1742 年英国的造船厂被焚毁，不久法国造船厂也被迫关闭。

② D. G. E. Hall. Early Days of European Trade with Burma. *Journal of the Royal Society of Arts*, Vol. 92, No. 4660（MARCH 3rd, 1944），pp. 172 - 181.

③ O. H. K. Spate, L. W. Trueblood. Rangoon：A Study in Urban Geography. *Geographical Review*, Vol. 32, No. 1（Jan., 1942），pp. 56 - 73.

④ Htin Aung U. A history of Burma, New York：Columbia University Press, 1967, p. 191.

⑤ ［缅］波巴信：《缅甸史》，陈炎译，商务印书馆 1965 年版，第 131 页。

⑥ 这与当时欧洲人在缅甸的"缺位"是有一定关联的。1756—1763 年欧洲爆发七年战争，战后英国在印度取得了绝对优势后，一度专注于在印度的殖民扩张。1814 年法国遭遇滑铁卢战败，不得已在远东战略收缩，并最终撤出了缅甸。

⑦ Edward Belcher. Notes on the Andaman Islands. Transactions of the Ethnological Society of London, Vol. 5 (1867), pp. 40 - 49.

阿萨姆、曼尼坡的宗主权，阿拉干、德林达依两大海岸也成为英国的殖民地。1852 年，英国人发起了第二次英缅战争，相继占领了孟人海岸的莫塔马、仰光、勃生、勃固等要地后，又沿伊江北上攻陷了德耶谬（Thayetmyo），其间，孟人、掸人部落都没有出兵反抗。① 战后，孟人海岸沦为英国殖民地，英国由此取得了对缅甸三大海岸地区的完整控制权，缅甸重回内陆国家。

1852 年后，孟人海岸再度复兴。第一、第二次英缅战争之间，孟人海岸一度趋于萧条，人口流失严重，由 1826 年的 769120 人，锐减到 1852 年的约 50 万人。1852 年后，这一地区的政治、经济体系与第三帝国时期相比发生了深刻变化，吸引了大量欧洲人、印度人和华人移民，这些外来移民群体与缅甸本地族群的大融合，使孟人海岸社会结构的成分越发多元化，② 根据 1855 年的数据，当时这一地区总人口数为719640 人，其中就有 8.8 万人为外来移民。③ 仰光的崛起可谓当时孟人海岸最显著的地域景观变化，1852 年仰光取代毛淡棉成为英属缅甸首府，1853 年仰光的港口得到重建，航运和贸易越发兴旺。英国人布朗（Alexander Brown）1867 年时在一封信中说道："1852 年（前）仰光还什么都不是，但现在这里已经变成了大米贸易的总枢纽，逐渐发展为一个充满活力的大都市，有 6 到 7 万人定居在这里，并且城市规模还在持续扩大。"④ 在仰光崛起的同时，当时伊江三角洲稻米种植的规模也不断扩大，勃生（Bassein）、壁磅（Pyapon）、渺弥亚（Myaungmya）、代达耶（Dedaye）、瓦溪码（Wakema）、毛淡棉遵（Moulmeingyun）和马乌宾（Ma-u-bin）等地相继成为主要的稻米贸易集散中心，送往出口或碾压的稻米经由内河支流被源源不断地运送到仰光或勃生⑤，呈现一派繁荣景象。

五　结语

1057 年并入蒲甘帝国后，孟人海岸成为缅甸版图的有机组成部分。封建王朝时代，在缅甸三大帝国兴衰的过程中，孟人海岸与缅中干燥地带这两大中心的权力互动，成为缅甸统一或分裂的核心动力，其间孟人海岸的地域景观发生了深刻变化，但该海岸在区域海洋交通网络中的优势地位却是一贯的，并随着西方人大量东来而凸显出越发重要的全球价值。缅甸是我古代南方丝绸之路与海上丝绸之路的一个重要交会点，新

---

①　赵松乔：《缅甸地理》，科学出版社 1958 年版，第 83 页。

②　Michael Adas. The Burma delta: economic development and social change on an Asian rice frontier, 1852—1941, Wisconsin: The University of Wisconsin Press, 1974, p. 103.

③　Albert Fytche. Memorandum on the Comparative Progress of the Provinces now forming British Burma under British and Native Rule. Proceedings of the Royal Geographical Society of London, Vol. 12, No. 3 (1867—1868), pp. 198 – 201.

④　Alexander Brown. Notes on Rangoon, Proceedings of the Royal Geographical Society of London, Vol. 11, No. 3 (1866—1867), pp. 148 – 149.

⑤　L. Dudley Stamp. Burma: An Undeveloped Monsoon Country. *Geographical Review*, Vol. 20, No. 1 (Jan., 1930), pp. 86 – 109.

的历史时期，中国的"一带一路"建设倡议，得到缅方的支持和积极参与，① 今后，在中缅两国的共同努力下，古老的孟人海岸可望焕发全新活力，成为缅甸国家经济腾飞的一大引擎，并在深化区域互联互通中发挥更大的作用。

（作者：李枫，武警指挥学院指挥一系讲师）

---

① 2015 年 4 月 9 日，缅甸总统发言人在接受新华社采访时表示：中国"一带一路"建设是缅甸经济发展的一个新机会。4 月 22 日，缅甸总统吴登盛在雅加达与中国国家主席习近平会谈时也再次重申：缅方支持并愿积极参与中方的"一带一路"建设倡议。

从荷兰史料看郑芝龙在中国台湾的活动

李国宏

摘　要： 台湾是郑芝龙崛起的舞台，地方文献并不回避其海盗身份，《台湾外史》等著述更是绘声绘色地描写郑芝龙的早年发迹史。但是，郑芝龙在台湾演绎的人生传奇远非中文史料所能一一厘清。所以外文史料尤其是荷兰档案的翻译与传播，有助于从另一个视角来观察郑芝龙的发家史。江树生主译并注释的《荷兰台湾长官致巴达维亚总督书信集》即是重要的参考文献，江树生撰写的《导言》对这份难得一见的史料集作了详尽介绍，其中不乏真知灼见。解读荷兰档案，基本上可以勾勒出郑芝龙为何担任荷兰人翻译，参与澎湖危机的调停；同时又是怎样追随颜思齐以台湾为基地，演绎其亦商亦盗的海上传奇，并最终继承李旦、颜思齐的事业，成为台湾海峡的霸主。

关键词： 荷兰档案；郑芝龙；颜思齐；台湾海盗

一　李旦的心腹兼任荷兰翻译员

据西班牙传教士帕莱福描述，郑芝龙出身贫贱，年少时便出外去碰运气，在澳门为几个商贩服务，并在澳门接受基督教教义，成为一名教徒。[①] 后来，郑芝龙感觉没有获得自己想要的结果，于是返回泉州。为了寻找新的机会，1612 年，他决定去日本。[②] 此行让他遇到贵人，一个据称是"非常富有的中国商人"，西方文献称之为"中国甲必丹"，而中文史料指责他是交通倭夷的"游棍""奸民"。这位"贵人"就是李旦（Cappiteijins China）。从 1617 年起，台湾即纳入李旦的贸易网络。张增信的研究成果表明："李旦兄弟不但是当时进入台湾私自贸易的最大获利者，而其贸易与航运网亦延伸至中南半岛和南洋。可以想见的是，李旦能够往来纵横于西太平洋南北水域，其背后必有

---

① ［西班牙］帕莱福：《鞑靼征服中国史》，何高济、吴翊楣译，中华书局 2008 年版，第 53 页。
② 郑芝龙于明万历四十年（1612）抵达日本的史料见于 ［日］川口长孺《台湾郑氏纪事》卷上，《台湾文献丛刊》第 5 卷。

坚实的武装势力作支撑，远非一般走私商人或贩洋之徒所能比。"① 郑芝龙 "头脑敏捷，他每天都在进步，越来越精明"，在泉州老乡、基督教教友李旦的提携下，郑芝龙开始展现他超人一等的商贸才华，得到李旦及其富商伙伴的信任，从一名伙计、助手逐渐成长为李旦的心腹。②

1622 年 7 月 11 日，荷兰舰队司令官雷尔松（Reijresen）占据澎湖马公港。7 月 21 日至 30 日，雷尔松在一位据称是两年来一直在台湾从事渔业活动的中国人的引航下，到台湾南部勘查。雷尔松在《司令官日记》中写道："据中国人言，此港为日本人每年以戎克船二三艘渡来经营贸易之地。此地多鹿皮，日本人向土番采购之。又自中国每年有戎克船三四艘，运载丝织品前来与日本人交易。"③ 雷尔松于 1622 年 9 月 10 日在澎湖写给顾恩总督的第一封书信中也直言其渴望与中国通商的意愿："希望在这（北风）季节过去以前，中国人会来此地或福尔摩沙岛（今中国台湾——本文作者注）跟我们交易。如果他们不理睬我们对交易的要求，我们将去他们所有的航道阻碍他们，威胁他们，直到他们答应跟我们交易。"④

就在雷尔松通过交涉、武力威胁等手段企图迫使福建官方开放贸易的过程中，他遇到一个急需解决的问题——荷兰人缺少得力且值得信任的翻译。雷尔松于 1623 年 3 月 5 日写给顾恩的信件中说："要再派翻译员来时，请您阁下务必派一个有能力又可信赖的翻译员来。因为中国人翻译员是难信赖，甚至不能信赖的，而且他们也不敢把我们告诉他们的话直接翻译给他们的首长听。"⑤

1623 年 9 月之前，李旦派遣一艘从日本出发的商船来到中国台湾。经过协商，雷尔松同意用 4000 两白银向李旦转手买进 150 担中国生丝。经过这次交易，李旦开始与荷兰人建立贸易关系。⑥ 此后，荷兰人事先支付现金给李旦，通过李旦的关系到中国大陆采购所需的货物。为了保险起见，李旦将担保人及契约留在台湾大员港荷兰人开设的商馆里。

1624 年 1 月 27 日，通过李旦的推荐，郑芝龙搭乘荷兰 Goede Hoope 号大船从日本来到中国台湾，担任荷兰人的翻译。虽然郑芝龙在澳门的历练使得他懂得葡萄牙文这一当时通用的商业语言，也熟悉中西贸易的规则。可是，一开始郑芝龙似乎不太乐意接受这份差事。雷尔松的书信也提到："我们从日本得到一个中国人翻译员，但是他现在没有意愿来工作，虽然我们答应会给他优厚的待遇。跟他一起来的另一个中国人，将使此地花费很多开支。他要求我们必须支付他的旅费和其他费用。如果事情如此办

---

① 张增信：《明季东南海寇与巢外风气（1567—1644）》，张炎宪主编《中国海洋发展史论文集》第三辑，台北出版社 1988 年版，第 334—335 页。

② ［西班牙］帕莱福：《鞑靼征服中国史》，何高济、吴翊楣译，中华书局 2008 年版，第 54 页。

③ ［日］村上直次郎：《巴达维亚城日记（第一册）序说》，台湾省文献委员会 1989 年版，第 11 页。

④ 《雷尔松寄总督顾恩函》（1622 年 9 月 10 日于澎湖），《荷兰台湾长官致巴达维亚总督书信集》（1），江树生主译，台北南天书局有限公司 2007 年版，第 5 页。

⑤ 《荷兰台湾长官致巴达维亚总督书信集》（1），江树生主译，台北南天书局有限公司 2007 年版，第 38 页。

⑥ 同上书，第 49—50 页。

理，我们会把这些开支好好记录下来，等候您阁下有关此事的命令。"① 但是，出于李旦的关系，郑芝龙还是如期抵达中国台湾担任荷兰人的翻译。

李旦本人也于1624年3月4日来到大员港，这件事在雷尔松写给顾恩总督的书信中没有提及，却被雷尔松派驻大员港的荷兰舰队上尉艾利·利邦记录在他撰写的一部东方冒险录中，透过利邦的描述我们可以清晰地看到李旦真实的另一面。据《利邦上尉东印度航海历险记》记载：

> 3月4日，支那船长（李旦）抵达（大员）。这样称呼他，是因为他脱离了明朝，在中国富甲一方。他有亏职守，在海上拥有五十多艘船，和中国船队一样多，在海上尽其所能到处劫掠，能到手的都不放过。他敬拜所有神祇，却与所有人为敌。自称来维护我们的安全，同时也寻求我们的保护。不久之后，我们和中国人之间的和平便部分达成。他在一艘中式大船上载满各种商品，和福尔摩沙岛（今中国台湾——本文作者注）上的人交易，最常见的是鹿皮和鹿脯，带到日本去出售。他与我们交易频繁……他是个有信用的人，于是成了我们和中国往来的第一座桥梁和中间人，而他从双方得到丰厚的回报与礼物。②

1624年年初，澎湖危机四起，雷尔松疲于应付，萌生退意。新任总督卡本提耳决定派宋克（Sonck）接替雷尔松。考虑到当时荷兰公司的实力，卡本提耳训令宋克与中国军方议和，并运用外交手段换得能与中国通商的许可。1624年8月3日，宋克抵达澎湖。李旦也抱病于8月17日从大员港来到澎湖，扮演中荷交战双方的调停人。经过交涉，8月24日，荷兰人承诺20天内拆毁城堡并全部退出澎湖。而福建地方官出于权宜之计，默许荷兰人前往原本由李旦集团控制的台湾南部地区，并许诺开放福建与巴达维亚之间的贸易航线。③

郑芝龙作为李旦在台湾的代理人，又身兼荷兰人翻译，在李旦穿梭中荷之间斡旋之时，郑芝龙不仅参与其中，也得到一次难得的锻炼机会。而在荷兰人眼中，郑芝龙似乎不是个称职的翻译，雷尔松的书信中极少提及郑芝龙的活动，而宋克也抱怨郑芝龙未能尽职地替荷兰人工作。其实，这是因为荷兰人根本不清楚郑芝龙的底细。与其说郑芝龙是荷兰人的翻译，还不如说郑芝龙就是李旦安插在荷兰人中的重要眼线。更让荷兰人不明白的是这位"不称职的翻译员"怎么忽然一下子变成"台湾海盗首领"，并最终成为荷兰人强劲的对手。

---

① 《荷兰台湾长官致巴达维亚总督书信集》（1），江树生主译，台北南天书局有限公司2007年版，第96页。
② ［荷兰］艾利·利邦：《利邦上尉东印度航海历险记》，赖慧芸译，包乐史、郑维中、蔡香玉校注，台北远流出版事业有限公司2012年版，第132—133页。
③ 《荷兰台湾长官致巴达维亚总督书信集》（1），江树生主译，台北南天书局有限公司2007年版，第110—113页。

二　台湾海盗颜思齐的继承者

1624 年 1 月 27 日郑芝龙以翻译员的身份出现在荷兰人的视线之中，荷兰人始终一厢情愿地认为他们应该比郑芝龙更早来到中国台湾，并且曾经是郑芝龙的"主子"。殊不知，郑芝龙不仅是李旦在商业贸易上的得力助手，也是李旦海盗集团中重要的头目。早在 1621 年，郑芝龙就追随颜思齐进驻台湾了。

张增信判断李旦"背后必有坚实的武装势力作支撑"，这是符合事实的。利邦上尉也证实李旦至少掌握着一支由 50 多艘船只组成的海盗武装力量。李旦的公开身份是"中国人甲必丹"，那又是谁受李旦的授权来指挥这支武装船队呢？他就是荷兰档案中记录的中国台湾海盗颜思齐。荷兰人与福建地方官达成协议后，于 1624 年 9 月间全部撤离澎湖。可是，为了等候从日本返航并将按原计划驶往澎湖的荷兰商船。1624 年 10 月 29 日，宋克在台湾向颜思齐租用船只，并在事前征得澎湖守备王梦熊的同意来到澎湖。宋克在信件中写道：

> 所有我们的船只都已经航离澎湖，不过我们从中国人甲必丹（李旦）的一个伙伴颜思齐（Pedro China）手中租用一艘戎克船，船上搭乘两名公司的人员，在预先告知王守备（王梦熊），他现在担任澎湖的长官，并取得他的同意之后，于 10 月 29 日出发航往澎湖，要去等候即将从日本航来的我们的船只，要去把寄来此地的信带回来，把我们的信交给那些船只的主管（带去巴达维亚），并去秘密侦查那边的情形和中国人的活动。①

宋克将颜思齐称为"中国人甲必丹的一个伙伴"。德·韦特司令官（De Witt）也曾评价颜思齐："他是一名既不好又不成功的海盗，是很多无赖抬举起来的人。"② 不管荷兰人的评价是否准确，至少现在我们知道：颜思齐既是台湾海盗的首领，也是李旦的合伙人。

1621 年 3 月 18 日，李旦的一艘商船从日本平户驶往中国台湾。属于李旦集团的颜思齐、郑芝龙也率领海盗船队离开日本，进入台湾北港。康熙二十四年（1685）蒋毓英编修的第一部《台湾府志》记载："天启元年，又有汉人颜思齐为东洋日本甲螺，引倭夷屯聚于台（湾），郑芝龙附之。未几，红夷荷兰人由大西洋而来。"③

雷尔松窃据澎湖后，于 1623 年 3 月 25 日派遣商务员 Adam Verhuit 率领两艘快艇驶往台湾，并于 3 月 27 日抵达大员港，随后开始在此地建立商馆及简易的防御工事。可

---

① 《荷兰台湾长官致巴达维亚总督书信集》（1），江树生主译，台北南天书局有限公司 2007 年版，第 118—119 页。

② 同上书，第 201 页。

③ 蒋毓英：《台湾府志》，陈碧笙校注，厦门大学出版社 1985 年版，第 1 页。

是，就在荷兰人企图在大员港开展活动时，遇到了来自中国海盗的阻挠，甚至是袭击。① 1623 年 10 月 25 日，一支由 34 人组成的荷兰分队，"出发前往大员，抵达那里后立即下令开工建造一个要塞。当地居民看起来很同意我们前来，但因中国人的煽动，很快就改变态度"。随后便发生一场武装冲突，导致 3 名荷兰士兵丧生。②

当然，荷兰人对中国台湾海盗也采取笼络利用的策略，从海盗手中买进便宜的货物，与海盗合作劫掠中国商船，企图阻断中国与马尼拉的贸易航线。1624 年 12 月间，宋克与李旦、颜思齐商议，让中国台湾海盗的船队配合荷兰人一起到马尼拉海域抢劫中国商船。宋克的书信写道："此地（大员）有几艘中国人甲必丹李旦和颜思齐手下的戎克船，我们希望他们偕同我们的舰队去（马尼拉）为公司工作。上述甲必丹和颜思齐看起来乐意这样做。"③ 1625 年 2 月 8 日，李旦、颜思齐的海盗船根据与宋克的协议，从大员出发，前往马尼拉海域。宋克的书信提及："约有 100 名中国人，以前在北边和这附近驾船抢劫，属于中国人甲必丹李旦与颜思齐所管辖，愿意为公司工作，驾 3 艘戎克船加入我们前往马尼拉的船队，去协助我们。"④

有趣的是，身为翻译的郑芝龙此前也曾被荷兰人派遣参与海上劫掠活动。德·韦特的信件提到："经过雷约兹上将批准，我们每天都期望能够在这里集中二三十艘中国帆船，通事一官被派往北边去截击与俘获一些船只。"⑤ 看来，郑芝龙干起他的老本行确实比作一名翻译更得心应手。就在颜思齐手下的 3 艘戎克船被派往马尼拉海域协助荷兰人进行抢劫的协议实施之后，"翻译员"这份工作对于郑芝龙而言，已经没有吸引力了。郑芝龙终于不告而别，离开荷兰人，重新回到颜思齐的身边，成为独当一面的"首领"。锡兰号船长写给宋克的书信中提到，1625 年 4 月 27 日，"首领一官"（郑芝龙）带着七八名手执刀剑的随从，登上锡兰号，作为海盗代表与船员交涉。⑥

机遇再次降临到了郑芝龙身上，1625 年 7 月 3 日，李旦带着大批手下离开大员，返回日本。8 月 12 日，身染重病的李旦在日本去世。作为李旦的心腹，留在台湾的郑芝龙顺利地成为李旦集团在台湾的重要代理人。1625 年 10 月 23 日，颜思齐在台湾去世。因为荷兰人贷款给厦门的一个军官，颜思齐是担保人。所以德·韦特的信件记录了颜思齐的死讯，并准备清查颜思齐的财产以获得补偿。然而，清查过程却让荷兰人吃惊不已：

> 厦门的戎克船检查官 Chuopou Lechou，他曾经派他的兄弟来此地（大员）向已故长官阁下（宋克）请求准予延后偿还（贷款），并由颜思齐担保。但这个担保人于本月（10 月）23 日去世了。据他周围的中国人说，他死后没有留下什么（金

---

① 《荷兰台湾长官致巴达维亚总督书信集》(1)，江树生主译，台北南天书局有限公司 2007 年版，第 52、57 页。
② 同上书，第 75—76 页。
③ 同上书，第 142 页。
④ 同上书，第 163—164 页。
⑤ 陈碧笙：《郑成功历史研究》，九州出版社 2000 年版，第 80 页。
⑥ 同上书，第 81 页。

银财产）。因此我们去把他的两艘戎克船暂时押来，但他的人（部属）却借口说，他们拥有那两艘戎克船的部分（产权）。关于此事，我们将依照情况来处理，并且将处理得使公司收回的贷款不至短缺。这个人（颜思齐）的死去，我们认为对公司没有损失，因为他是一个既不好又不成功的海盗，是很多无赖抬举起来的人。①

那么，李旦、颜思齐曾经拥有的由"50 多艘船只组成的海盗武装船队"到哪儿去了？德·韦特的信件在讲述清查颜思齐财产一事后，紧接着介绍当时台湾海盗的首领已经变成郑芝龙了。德·韦特说：

> 有一个名叫一官（Itquan）的人，以前任过司令官雷尔松阁下的翻译员，预定这几天会前来此地（大员），他现在还率领 20 到 30 艘戎克船在海上。这些戎克船在北边向那些不肯缴纳捐献，即他们所谓的保护费的中国人抢劫，也向从萨摩来的人抢劫。这些戎克船全部或其中几艘来到此地以后，我们将使他们不能再去抢劫，因为他们是悬挂亲王旗和旒幡旗，以公司或荷兰人的名义去抢劫的。②

显然在李旦、颜思齐相继过世后，郑芝龙凭借其常年为李旦办理商务，又善于处理与荷兰人的关系，并且是最早跟随颜思齐来到台湾的海盗头目等便利条件；加上他自身的机智和能力，使之抓住机会成为李旦、颜思齐在台湾事业的实际控制者与继承人。

1626 年年初，郑芝龙掌控的台湾海盗船只达到 40 艘。面对现实的荷兰人改变不允许郑芝龙打着荷兰公司旗号从事抢劫的政策，转为支持郑芝龙，并与之达成协议，即荷兰人每次将从郑芝龙的抢劫所得分到一半的利益。德·韦特写于 1626 年 2 月 4 日的书信直言不讳地提到：

> 约在三个月前，以前任过司令官雷尔松阁下的翻译员一官搭一艘失去桅杆、漏水严重的大戎克船进来大员。他说，是从北方来的，在那里巡弋（劫掠）的还有 40 艘跟他同行的戎克船留在那里，这些船也将来此地。但是这些船只有一艘前来此地，而且，没有载来任何东西。从他那艘戎克船，公司按照跟他的约定，取得该船（打劫到的东西）的半数，约为 960 里尔，大部分是银，如同账簿所记载那样。③

1627 年 6 月，郑芝龙海盗集团拥有船只 400 艘，纵横台湾海峡，以致福建地方官派人与荷兰人接洽，商议共同对付郑芝龙。荷兰人的信件记载："中国海盗猖獗，在中

---

① 《荷兰台湾长官致巴达维亚总督书信集》（1），江树生主译，台北南天书局有限公司 2007 年版，第 201 页。
② 同上。
③ 同上书，第 223—224 页。

国海上横行霸道，将整个中国沿海的船只烧毁，到大陆上抢劫。海盗们拥有约 400 艘帆船，6000—7000 人。海盗头目一官曾在大员为公司翻译，后来悄无声息地离开那里，在海上行盗，短时间内即有众人响应，其声势浩大，甚至中国官府也无法把他们赶出中国海岸，派人在大员向我们求援。"①

　　不久，郑芝龙兼并了西二老、萨子马控制的另外两大股海盗。至此，台湾的海盗基本上归入郑芝龙旗下。② 至 1628 年接受招抚之前，郑芝龙拥有的船只超过 1000 艘。荷兰人也承认"中国海贼在海上称霸"，"贼人一官拥有戎克船一千艘"，就连装载价值 2600 里尔日本银的荷兰快艇 West Cappel 号也在从平户驶往中国台湾的途中被郑芝龙俘获。③ 郑芝龙在台湾海峡叱咤风云的时代到来了。

　　　　　　　　　　　　　（作者：李国宏，石狮市博物馆馆长、副研究馆员）

---

① 《荷兰人在福尔摩沙》，程绍刚译注，台北联经出版事业公司 2000 年版，第 77—78 页。

② 天启七年七月，福建巡抚朱一冯在《郑芝龙等海寇披猖官兵挠败等事》中奏称："闽固海国，夙多海寇，年来啸聚实繁有徒。小者不论，大者如郑芝龙号一官老、酉二老、萨子马等各起，俱号为剧盗，而芝龙尤横……往来闽粤之间，劫掠商渔，所在见告。近酉二老为萨子马所并，归于芝龙，二贼遂合为一。"

③ ［日］村上直次郎：《巴达维亚城日记》（第一册），台湾省文献委员会 1989 年版，第 61 页。

中国与东盟佛教文化交流探索[*]

李湖江

摘　要：佛教是海上丝绸之路沿线多数东盟成员的主要宗教，加强佛教交流是当代中国与东盟文化领域交流的重要表现形式。中国与东盟的佛教交流具有良好的历史和现实基础。自中华人民共和国成立以后，中国佛教协会与东盟多数成员就有了各种形式的合作与往来。中国是一个佛教大国，具有汉语、藏语、巴利语三大语系佛教，拥有普陀山、五台山、峨眉山、九华山四大佛教名山。在佛教文化交流的各个方面，中国与东盟成员之间都可以开展更多的合作，佛教将成为连接中国与东盟人民之间友谊的桥梁。本文主要探讨以下几个方面：佛教舍利与公共外交、佛教名胜与文化传播、佛教教育与文化交流。

关键词：中国；东盟；佛教文化交流；公共外交；佛教教育

2015 年 3 月 26—29 日博鳌亚洲论坛年会成功举办，国家主席习近平发表了题为"迈向命运共同体开创亚洲新未来"的主旨演讲。论坛首次设置了宗教版块，"一带一路"成为热点议题，与会者在宗教的作用、宗教界的参与等方面展开了深入的讨论。[①] 2015 年 4 月 19 日，国家宗教事务局王作安局长在中国佛教协会第九次全国代表会议开幕式上的讲话中指出："围绕'一带一路'建设，要鼓励有条件的佛教团体和名山大寺，加大'走出去'、'请进来'的力度，开展同沿线国家和地区的佛教交流，增进不同信仰的沟通与互鉴，丰富和拓展文化交流内涵。要加大对外弘法和交流人才培养，增强中国佛教的对外表达能力，扩大中国佛教在文明对话中的影响力，致力于传播中华优秀传统文化。"[②] 新任中国佛教协会会长学诚法师在不久前的一次讲话中也指出，中国佛教应为化解"一带一路"上的各种与宗教有关的冲突提供"价值

---

* **基金项目**：中国博士后科学基金第 57 批面上资助项目（2015M571958）"近代以来中国佛教政策研究"。
① 新闻特载：《博鳌亚洲论坛首设宗教版块》，《法音》2015 年第 4 期。
② 王作安：《在中国佛教协会第九次全国代表会议开幕式上的讲话》，《法音》2015 年第 5 期。

支撑"①。本文所要探讨的是"一带一路"中的"一路"：21世纪海上丝绸之路，笔者将对中国与海上丝绸之路沿线东盟国家之间的佛教文化交流作进一步的探索。中国与东盟的佛教交流具有良好的历史和现实基础。自中华人民共和国成立以后，中国佛教协会与东盟多数成员国就有了各种形式的合作与往来。中国是一个佛教大国，具有汉语、藏语、巴利语三大语系佛教，拥有普陀山、五台山、峨眉山、九华山四大佛教名山。在佛教文化交流的各个方面，中国与东盟成员国之间都可以开展更多的合作，佛教将成为连接中国与东盟人民之间友谊的桥梁。

一 中国与东盟佛教概况

当代中国宗教呈多元化发展态势，宪法保障公民享有宗教信仰的自由。中国官方认可的五大宗教分别是佛教、道教、伊斯兰教、天主教、基督教。此外，还有少数其他宗教和多种民间信仰。佛教源于印度，于两汉之际传入中国，与中国本土文化相结合，逐渐演化为中国传统文化的一部分。当代中国佛教的发展状况，据中国佛教协会网站介绍："截至2012年，三大语系佛教活动场所有3.3万余座，僧尼约24万人，其中汉传佛教寺院2.8万余座，僧尼10万余人；藏传佛教寺院3000余座，僧尼13万余人；南传上座部佛教寺院1600余座，僧人近万人（其中比丘2千多人）。现有各种不同层次的佛学院38座，佛教期刊100余种，较有影响的佛教网站近200家。各地佛教界均设有公益慈善组织和佛教文化机构。据不完全统计，目前中国的佛教徒人数有1亿多人。"②

东盟成立于1967年，成员国包含印度尼西亚、马来西亚、菲律宾、新加坡、泰国、文莱、越南、老挝、缅甸、柬埔寨。《东盟社会文化共同体蓝图》第43条指出：东盟文化共同体的战略目标，是要建立一个具有归属感、多样性巩固团结的东盟，以提高成员国之间在文化、历史、宗教、文明方面更深入的相互了解。东盟十国中，伊斯兰教信徒的人数最多。马来西亚与文莱将伊斯兰教作为国教，印度尼西亚约87%的人口信奉伊斯兰教，是世界上穆斯林人口最多的国家。菲律宾国民约85%信奉天主教，是亚洲唯一的天主教国家。上述诸国佛教虽然并非主要宗教，但是也仍然占有一定的信仰比例。东盟十国中，泰国、柬埔寨、老挝、缅甸四个国家，以南传上座部佛教作为主要宗教。在越南和新加坡，以大乘佛教作为主要宗教之一。依照刘金光的统计："佛教信徒大约占东南亚人口总数的三分之一（34%以上）。在印度支那半岛国家中，佛教占有绝对优势，约占东南亚佛教徒的94%以上。泰国存在着最大的佛教宗教团体，佛教信徒约占东南亚地区佛教徒总数的34%；越南，占28.4%；缅甸，占22%；柬埔

---

① 学诚：佛教应为化解"一带一路"的宗教冲突提供价值支撑，http://bodhi.takungpao.com/topnews/2015-04/2975325.html，2015年4月17日、2015年4月20日。

② 参见中国佛教协会官网，http://www.chinabuddhism.com.cn/js/jj/2012-04-20/869.html，2015年1月30日。

寨，占 7%；老挝，占 2.7%；马来西亚，占 2%；印度尼西亚，2.6%；新加坡，占不到 1%。其他国家更少。至于单个国家，人口佛教信徒比例最高的是柬埔寨，占人口总数的 93%；在泰国，占 92%；在缅甸，82%；在老挝，占 77%；在越南，占 76%；在新加坡，占 40%；在马来西亚，占 20%；在文莱，占 13.5%。"[①]

二　佛教舍利与公共外交

舍利是指佛、菩萨、罗汉、高僧等，在圆寂火化之后所凝结成的坚固子，被认为是由于勤修戒定慧的功德力结晶而成。外观或如珠，或如花。其中，骨舍利呈黑色，血肉舍利呈红色，发舍利呈黑色。中国最有名的佛教舍利有两枚：佛牙舍利与佛指舍利。据说释迦牟尼佛圆寂荼毗之后，得到许多骨舍利、血舍利、发舍利，还有几颗佛牙舍利。现存于世的佛牙舍利有两颗，一颗供奉在斯里兰卡康提市的佛牙寺中，另一颗则供奉在我国北京灵光寺。现存的佛指舍利则只有一枚，珍藏于中国陕西西安的法门寺。在中国与东盟成员国的友好交往中，佛教舍利曾起到公共外交的重要作用。公共外交的范畴"包括了'政府外交'以外的各种对外交流方式，包括了官方与民间的各种双向的交流。交流的目的是直接促进外国公众提升对本国的认识，以交流影响社会，让社会影响政府"[②]。公共外交的模式有以下几种类别：人民外交模式、战略外交模式、族裔外交模式、经贸外交模式及宗教外交模式等。中国与东盟的佛教交流可归属于宗教外交模式，其目的在于提升东盟国家公众对中国佛教状况、中国宗教政策等相关领域的认识。

以中国与缅甸的佛教交流为例：在缅甸政府的请求下，藏于北京灵光寺的这颗佛牙舍利曾经先后四次被请到缅甸供奉。第一次是 1955 年 10 月至 1956 年 6 月，前来迎接佛牙的缅甸代表团与缅甸联邦文化代表团受到周恩来总理的设宴款待，佛牙抵达缅甸仰光时，缅甸联邦总统巴宇、总理吴努亲自到机场奉迎佛牙，并率领政府官员举办了隆重的迎接仪式，[③] 佛牙舍利在缅甸供奉将近八个月。[④] 有学者评价这个事件："佛牙舍利的缅甸之行，为新中国佛教外交增加光彩。佛牙作为中国政府和人民的友好使者，出巡海外，帮助中国政府建立与周边佛教国家友好睦邻关系、消除国际社会对中国的误解。"[⑤] 佛牙第二次抵达缅甸是 1994 年，供奉 45 天；第三次是 1996 年末至 1997 年初，持续供奉 90 天；第四次是 2011 年 11 月 6 日至 12 月 24 日，供奉时间为期 48 天，这四次巡礼供奉都在缅甸引起了巨大的轰动，佛牙舍利作为智慧与和平的象征为

① 刘金光：《东南亚宗教的特点及其对我国对外战略实施的影响》，郑筱筠：《东南亚宗教与社会发展研究》，中国社会科学出版社 2013 年版，第 24 页。
② 参见 GBD 公共外交文化交流中心网站，http://www.cpdcea.com/pdnews/，2015 年 1 月 29 日。
③ 学愚：《当代中国佛教外交与政治宣传》，《人间佛教研究》2013 年第 5 期。
④ 有关这一事件，另见张琪编著《新中国佛教大事记》，金城出版社 2013 年版，第 39—46 页。
⑤ 学愚：《当代中国佛教外交与政治宣传》，《人间佛教研究》2013 年第 5 期。

中缅两国架起了友谊的桥梁。① 这枚佛牙舍利也曾应泰国政府的邀请，于 2002 年 12 月 15 日至 2003 年 3 月 1 日，在泰国供奉 76 天。而早在 1994 年，陕西西安法门寺的佛指舍利就曾赴泰供奉瞻礼，两个多月中，前往瞻拜的朝野各界人士达三百万人次。②

在中国除了有佛牙舍利、佛指舍利之外，还有高僧舍利。2012 年 4 月 2 日当代佛门泰斗本焕长老圆寂，在他荼毗（火化）之后也出现大量珍贵的舍利。2013 年 3 月 22 日，泰国佛教界在素可泰府隆重举行了"恭迎本焕长老舍利安奉仪式"。本焕长老舍利赴泰国安奉仪式，在公共外交层面具有重要意义："中国高僧的舍利首次出国安奉，成为当代中泰两国佛教交流史上的一件有影响的大事，成为中泰两国人民友谊的见证与象征。这不仅极大地推动了中泰两国人民的相互了解和友谊，而且也对周边佛教国家起到联谊与宣传的功效。"③ 2015 年 3 月 19 日，柬埔寨举行国家级庆典，建造本焕塔，专机恭请佛门泰斗本焕长老舍利永久安奉。④ 据深圳弘法寺网站所转引柬埔寨《华商日报》的评论指出："本焕长老舍利塔奠基典礼隆重殊胜，典礼仪式现场融合了汉传佛教与南传佛教的祈福方式，更显得意义非凡。本焕长老的舍利在柬埔寨永久安奉，这不仅加深了中柬两国的传统友谊，也为当代中柬两国佛教的友好与中柬文化交流掀开了新的一页。"⑤

三　佛教名胜与文化传播

中国与东盟国家拥有许多佛教名胜，它们与一般的自然和人文景观不同之处在于被赋予了神圣性。所以佛教旅游除了观光、娱乐之外，往往都带有朝圣的性质。段玉明指出，自然环境由于佛教元素的介入被纳入了佛教的宇宙模式，"借此营造，被佛教所选定的环境便从凡俗空间中脱离出来，镶嵌在佛教既定的宇宙秩序中。而当此时，被佛教所选定的环境即不再是自然的环境，而是佛教所谓的'不思议境界'"⑥。世俗空间由此转化为神圣空间。"这些圣地，从信徒的角度来看，代表着一个神圣空间秩序的中心，所以能亲临这样的中心，对他们而言具有回到世界中心的神圣归属意义——他们是属于这个神圣空间的。"⑦ 因此，每一个佛教圣地，都有其特殊的文化内涵。它们是文化的载体，以静态的形式默默地传播着博大精深的佛教文化。

在中国，佛教四大名山可谓享誉海内外：浙江普陀山是观音菩萨的道场，山西五台山是文殊菩萨的道场，四川峨眉山是普贤菩萨的道场，安徽九华山是地藏王菩萨的

---

① 凌海成：《中国佛教》，五洲传播出版社 2004 年版，第 204—206 页。
② 桑吉：《中泰两国的佛教文化交流》，《法音》2003 年第 1 期。
③ 资料来源：深圳弘法寺网站，http://www.hongfasi.net，2015 年 4 月 30 日阅。
④ 同上。
⑤ 同上。
⑥ 段玉明：《佛教环保技术试析——以峨眉山为例》，《云南社会科学》2009 年第 1 期。
⑦ 张俊：《神圣空间与信仰》，《福建论坛》（人文社会科学版）2010 年第 7 期。

道场。它们成为世界各地佛教徒参访、朝拜、祈福的圣地，因其优美的自然风光与厚重的人文底蕴，也成为世界各国游客观光旅游的胜地。普陀山观音文化的核心思想是大慈大悲、救苦救难，这种精神的现实意义就是佛教能够应对个人的苦难乃至社会危机，可以安慰人心、化解灾难。五台山文殊信仰的核心精神是智慧第一，它告诉人们要有圆融的处事态度，懂得善巧地处理纷繁复杂的人际关系；峨眉山普贤文化的中心思想则是十大行愿，体现了"上求菩提，下化众生"的善念，其现实意义就是指导佛教信徒在实际行动中勤修善根、利益众生。九华山地藏王菩萨的誓愿是"地狱不空、誓不成佛"，地藏文化的核心理念是因果轮回，提醒世人去恶扬善，祈求在今生乃至来世都能得到善的果报。

在东盟国家也有许多著名的佛教圣地，它们都拥有深厚的文化底蕴。如泰国曼谷玉佛寺："始建于 1784 年，为泰国皇室的佛事活动场所。寺内玉佛殿供有碧玉玉佛，殿壁绘佛本生故事、佛传故事等。"① 此外还有曼谷金佛寺、大理石寺、卧佛寺、金山寺，巴吞他尼府的法身寺等著名寺院。位于曼谷西约五十公里处的佛统府，是一个有着三千多年历史的佛教名城。缅甸佛教圣地蒲甘："兴建于 1 世纪，11 世纪成为蒲甘王朝和上座部佛教中心，号称'四百万宝塔城'。据 1973 年统计，共有佛教建筑物 2217座。"② 在缅甸仰光茵雅湖附近的瑞德光塔（即仰光大金塔）、仰光寺东郊的世界和平塔也十分著名。柬埔寨的吴哥寺"位于柬埔寨暹粒市吴哥城南郊，建于 1112 年至 1201年。全寺由十余座主建筑及数十组辅助建筑组成，总面积达四万余平方米"③。除了上述以外，东南亚的佛教圣地还有许多：比如位于老挝首都万象市区东北部的塔銮广场；印度尼西亚的佛教名塔婆罗浮屠，该塔与吴哥窟、仰光大金塔并称东南亚佛教三大古迹；越南河内的李国师寺、玉壶寺、一柱寺、金莲寺；马来西亚槟城极乐寺、泰禅寺；新加坡龙山寺、双林禅寺；值得一提的是菲律宾的贝尔大教堂，它"位于菲律宾碧瑶市郊，为一座集佛教、道教、天主教等寺堂建筑于一体的大教堂。其内的中国佛寺，有大雄宝殿、佛塔、莲花放生池、牌楼等。又称'钟庙'"④。

这些佛教圣地吸引了无数游客、信众参观与膜拜。他们在获得赏心悦目游览的同时，也一定能收获佛教文化的熏陶，因此佛教旅游能达到佛教文化传播的效果。

四　佛教教育与文化交流

关于佛教教育的内涵并无标准答案，仁者见仁，智者见智。王雷泉在《走出中国佛教教育困境刍议》一文中把佛教教育界定为："向社会各界传递佛法的观念、经验、

---

① 陈兵：《新编佛教辞典》，中国世界语出版社 1994 年版，第 684 页。
② 同上书，第 680 页。
③ 同上书，第 682 页。
④ 同上书，第 687 页。

礼仪、制度，并使佛教教团自身得以延续的方式与方法。"① 并指出中国历史上存在三种类型的佛教教育模式：译场讲学、丛林熏修与专业院校。原中国佛教协会会长一诚长老提出了对佛教教育的另一种分类法："以教育培养人才，通过院校教育、寺院教育、居士教育培养合格佛教人才，是佛教兴衰存亡的关键所在。"② 而现代意义上的佛教教育一般是从狭义上讲，是指院校教育，即僧众在佛学院或者佛教大学接受教育。一诚长老曾在多个场合提及自己的愿望："在中国建立一所国际一流的佛教大学。"学诚法师在接受记者采访时指出："我也有一个梦想：就是中国能有一座符合现代学术规范的佛教大学，能让佛教信众、出家人更加深入系统地研究佛教及佛教的传统文化。"③ 中国与东盟国家在佛教教育方面交流合作处于起步与发展阶段，以往这方面的交流合作并不多见。1996 年，应缅甸政府邀请，新中国成立以来首批中国僧人赴缅甸仰光国立佛教大学留学④；2001 年 5 月 25 日，根据越南佛教界和中国佛教协会的商定，越南派出四位比丘尼到福建省闽南佛学院留学。⑤ 2011 年 12 月 4 日，深圳弘法寺佛学院（现更名为本焕学院）与泰国朱拉隆功佛教大学在泰国总理府部长议事厅签订了合作意向。⑥ 2014 年 12 月 22 日至 25 日，中国佛教协会代表团访问柬埔寨智慧大学，双方希望在佛教教育、僧才培养、互派留学生等方面加强交流与合作。⑦ 2015 年 4 月 8 日福州开元寺与泰国摩诃朱拉隆功佛教大学共建的大乘佛教研究中心举行挂牌揭幕仪式。随着资讯的发达、交流渠道的增多，双方逐渐意识到在佛教教育方面合作的重要性，所以这项工作渐有起色。云南佛教协会康南山指出："随着中国经济和教育的发展，东盟国家佛教界来中国留学的渴望越来越强烈。到中国巴利语系高级佛学院成立招生时即可接受东盟国家佛教界来留学，让东盟国家佛教界来中国学习，学习中国文化，多了解中国。通过佛教界相互派遣留学僧和合作办学可以加强中国与东盟的合作，促进中国与东盟人民的友好往来。"⑧

文化交流与传播具备双向性的特征，而不是单向性的输出或输入，同类型文化间的交流与传播可以维系和强化该文化系统，而不同类型文化间的交流与传播可能导致对方的文化要素融入自己的文化之中，从而造成文化融合现象，因此文化交流与传播是文化发展的动力。⑨ 从佛教文化输出的角度来分析，中国拥有丰富的佛教文化资源，包含了汉语系佛教、藏语系佛教和巴利语系佛教。汉、藏语系佛教的发源地都在中国，

① 王雷泉：《走出中国佛教教育困境刍议》，《法音》2001 年第 10 期。
② 一诚：《继承赵朴初会长遗愿，同心协力开创中国佛教事业新局面》，《法音》2002 年第 10 期。
③ 《学诚法师：梦想建立符合学术规范的佛教大学》，《人民日报》（海外版）2015 年 3 月 12 日。
④ 黄云静：《中国对东南亚的佛教交流》，《公共外交季刊》2011 年第 8 期。
⑤ 张琪：《新中国佛教大事记》，金城出版社 2013 年版，第 301—302 页。
⑥ 资料来源：深圳弘法寺网站，http：//www.hongfasi.net，2015 年 4 月 30 日阅。
⑦ 资料来源：中国佛教协会官网，http：//www.chinabuddhism.com.cn，2015 年 1 月 30 日阅。
⑧ 康南山：《加强中国南传佛教自身建设，建立中国与东盟佛教黄金纽带》，郑筱筠：《东南亚宗教研究报告：东南亚宗教的复兴与变革》，中国社会科学出版社 2014 年版，第 345 页。
⑨ 王晓朝：《宗教学基础十五讲》，北京大学出版社 2003 年版，第 228 页。

所以佛教文化输出主要体现为汉、藏语系佛教对东盟国家的影响。就现实情况来分析，影响较大的是汉语系佛教，它已经在许多东盟国家扎根，如泰国、越南、新加坡、马来西亚、印度尼西亚等国，都有华人的寺庙与佛教信徒。"2009 年，泰国王室六世基金会邀请深圳弘法寺往泰国普济岛创建中国寺院，对中国佛教来说是新的机遇。以往东南亚地区的中国大乘寺院，都是由前往当地定居的华人所建，再礼请中国的高僧前去主持，其信徒也主要由华人组成，影响主要在华人生活圈内。这次由泰国王室基金会主动提出邀请中国佛教僧人前去建寺，说明中国佛教已受到世界佛教界重视。2012 年，泰国国王向深圳弘法寺印顺大和尚颁发了泰国华僧大尊长的证书，这是泰国政府首次向中国大乘佛教僧人赠送僧职。"① 而从佛教文化输入的角度来看，则主要体现为东盟国家的南传上座部佛教对中国云南地区佛教的影响。据学者郑筱筠的观点，云南省由于其地缘、亲缘和族缘的密切联系，势必受到东南亚南传上座部佛教文化圈的影响，② 她指出："中国南传佛教管理模式的特点在于，将管理重点放在基层，将宗教纳入社会管理体制之中，有力地促进佛教在当地社会的有序发展。中国南传佛教这一管理模式正是受东南亚佛教的影响形成的，它在东南亚地区始终发挥着社会有序化发展的作用。"③ 此外，还有一项佛教文化交流的项目是大型国际佛教会议。如近年来，中国成功举办三届"世界佛教论坛"，2014 年在陕西宝鸡市承办"第 27 届世界佛教徒联谊会"，东盟国家佛教界均派代表参加。而中国佛教协会也会派代表参加在泰国、越南等东盟国家所举办的"联合国卫塞节年会"等各类佛教盛会。由于同一佛教信仰所产生的凝聚力，可以使中国与东盟国家的佛教信徒彼此交往并进行文化传递。因此佛教文化交流首先可以成为连接双方佛教信徒友谊的桥梁，进而可以演化为连接中国与东盟国家之间友谊的桥梁。

（作者：李湖江，福建师范大学中国史博士后科研流动站）

---

① 黄夏年：《充分发挥佛教对外服务的民间外交功能》，《世界宗教研究》2012 年第 3 期。
② 郑筱筠：《当代东南亚宗教现状、特点及发展战略》，郑筱筠：《东南亚宗教与社会发展研究》，中国社会科学出版社 2013 年版，第 41 页。
③ 同上书，第 38 页。

东南亚华人民间宗教信仰与
建设 21 世纪海上丝绸之路

摘　要：东南亚地区是传统的华人海外移居地。在华人移民的过程中，发源于中华民族传统文化的民间宗教信仰通过海上丝绸之路传播出去，这些民间宗教信仰在华人移民社会中起到了精神寄托、凝聚族群、沟通合作等作用，是华人社会一个重要的组成部分。在新的时代，华人民间宗教信仰又将为建设 21 世纪海上丝绸之路添砖加瓦。

关键词：东南亚；华人民间宗教信仰；海上丝绸之路

古代海上丝绸之路是 15 世纪连接中国与世界其他地区的一条海上贸易之路。它形成了一个贯穿欧、亚、非大陆的巨大网络，从而成为世界贸易的最主要通道之一，同时也促进了世界各地区和国家的政治交往与文化往来。而东南亚地区自古就是海上丝绸之路的重要枢纽和组成部分。加强与 21 世纪海上丝绸之路"首站"——东南亚地区间的合作与交流，尤为重要。单纯的经济往来只是短期的合作模式，只有建立文化交流，达到相互理解，相知而相惜，国际合作才能深入而持久。建设 21 世纪海上丝绸之路的国家战略中，如何促进文化交融、促进互信应提上议事日程。在古代丝绸之路，我们的祖先在文化传播、交流、碰撞和交融等方面，为我们开辟了道路。在新的时代，我们需要重新思考与海上丝绸之路国家在文化上如何交流沟通、增进了解与互信。

一　华人民间宗教信仰在东南亚的传播

在文化交流层面上，"宗教是文化的中心要素"[①]。而东南亚素有"世界宗教博物馆之称"，是当今世界上宗教种类最多的地区，各国宗教都呈现出多元化的特征。东南亚现有的宗教主要有伊斯兰教、佛教、基督教、印度教、道教、锡克教和原始宗教等。根据有关数据统计，目前东南亚信奉伊斯兰教的约占人口总数的 39.8%，信奉佛教的

[①]　[美] 托马斯·奥戴：《宗教社会学》，中国社会科学出版社 1989 年版，第 180 页。

约占 34% 以上，基督教徒约占 16%，剩下 10% 是信奉原始宗教和其他宗教的。美国亨廷顿教授认为"人民之间最重要的区别不是意识形态的、政治的或经济的，而是文化的区别。……人们用祖先、宗教、语言、历史、价值观、习俗和体制来界定自己。他们认同于部落、种族集团、宗教社团、民族，以及在最广泛的层面上认同于文明"①。在建设21 世纪海上丝绸之路中，不可忽视的是华人宗教信仰在当地的传播与融合。

关于东南亚华人宗教的定义，学界一直存在着争议。但不可否认的是，东南亚华人宗教的来源一是中华传统的民间宗教信仰，如妈祖信仰、关帝信仰等；二是在移民的过程中华人创造出来的，如大伯公、三宝公等，往往带有很深的移民印记。另外东南亚华人宗教在植根东南亚的过程中还与当地宗教信仰、文化环境发生作用，使其有别于中华传统宗教信仰。所以，中山大学的张龙林教授给出的定义是一个很好的参考，"东南亚华人宗教是在中华文化背景下衍生的一种宗教信仰，其基本特点和宗教活动所崇信的诸神主要是华人从中国带来的，也包括到东南亚以后华人新发展出来的各种信仰对象及活动。它是东南亚华人在海外开拓的历史过程中形成的一种独特的精神生活，一定程度上反映了这一群体的历史传统和现实生活"②。东南亚各国华人民间宗教信仰情况如下：

在马来西亚，华族是仅次于马亚族的第二大族群。据马来西亚 2010 年人口普查的数据显示，马来西亚总人口共达 28334135 人，其中华族人口有 6392636 人，占 24.6%。在宗教信仰方面，伊斯兰教最多占 61.3%，其次分别是佛教占19.3%、基督教 9.2%、印度教 6.8% 及道教等华人传统宗教 1.3%。③

据新加坡 2000 年人口普查的数据显示，在新加坡华人当中，有 54% 自称是佛教徒，远远超过 1980 年的 34% 和 1990 年的 39%。自 1980 年以来，佛教渐渐取代道教，成为华人信仰最多的宗教。华族当中信仰道教的比例，从 1980 年的 38% 减少到 2000年的 11%。人口普查结果也显示，虽然华人佛教徒增加了，信奉一般中华传统宗教的人却明显减少了。信仰佛教和道教的华人比例，从 1980 年的 73% 和 1990 年的 68% 减少至 2000 年的 64%。此外，新加坡华人佛教徒中青年学生的比例正在增加，信奉佛教的大学毕业生在过去十年出现了增加的趋势，在所有大学生中的所占比例从 1990 年的15% 增加到 2000 年的 24%。有大学学历的佛教徒人数增幅达 3 倍，相比之下，有大学学历的基督教徒人数在这期间只增加了将近一倍。④

在菲律宾，虽然天主教成为大多数华人的宗教信仰，但仍然有一些华人保持本民族的传统宗教信仰，主要是道教和佛教及其他民间信仰。道教方面，据统计，菲律宾

---

① 塞缪尔·亨廷顿：《文明的冲突与世界秩序的重建》，周琪等译，新华出版社 2013 年版，第 5 页。
② 张龙林：《东南亚华人宗教问题初探》，《东南亚纵横》2004 年第 6 期。
③ ［新加坡］《联合早报》2011 年 7 月 30 日。
④ ［新加坡］《联合早报》2000 年 11 月 18 日。

全国有道观、道坛 58 座，还成立了菲律宾全国道教总会等道教团体。菲律宾道教活动的中心是大马尼拉地区和南部的宿务市。佛教方面，菲律宾全国共有佛教寺院 27 座，其中大马尼拉地区有 18 座，各省市 9 座。这些佛教寺院下面还设立有不少弘法、教育、慈善团体。[①]

经过多年的发展，华人宗教呈现出与当地土著社会的宗教文化融合、同化的特征。而宗教的融合有助于相融相近、你中有我、我中有你，为地区间友好合作奠定良好的基础。

二　宗教和谐是地区和谐的保证

东南亚地区宗教信仰多元，不同民族之间宗教信仰方面的差异极大，致使宗教信仰问题难免会被连带到种族政治的争议当中成为敏感话题。和平和发展是当今世界的主流，建设和谐世界是人类的崇高理想。在东南亚多种族、多元文化的背景下，宗教和谐是华人与其他民族和睦共处的重要保证，关系到这一区域的社会稳定，也关系到"21 世纪海上丝绸之路"战略的合作与推进。在东南亚各国中，新加坡是推行多元宗教政策比较好的一个国家。在政策上，1989 年发布《维持宗教和谐白皮书》，系统阐述了新加坡的宗教政策与实践。1990 年通过《维持宗教和谐法案》，以立法的形式来保证宗教的和谐。2003 年 7 月 20 日，又发布《宗教和谐声明》："我们同为新加坡人民，谨此声明：宗教和谐是确保我国多元种族、多元宗教社会之和平、进步与繁荣的要素。我们决心通过互相容忍、信任、尊重和了解，强化宗教和谐。我们将始终如一，确认国家的世俗性，提升社会的凝聚力，尊重各人的信仰自由，既增广共同空间也尊重彼此差异，促进宗教间的沟通。从而确保在新加坡宗教不会被滥用来制造冲突与不和。"鼓励国民在每年种族和谐日（7 月 21 日）的一周内朗诵该声明，将维护宗教和谐的理念内化到每个公民的心中。除此之外，新加坡政府还有一个由不同宗教的领袖组成的"宗教联合会"，包括佛教、基督教、伊斯兰教、犹太教、锡克教和拜火教等，主席职位每年一换，轮流担任。联合会鼓励不同宗教的信徒经常接触，促进彼此间的容忍、谅解和互相尊重，避免分歧和争论，求同存异。

直落亚逸街是新加坡多元宗教文化的一个缩影，这里会聚了代表华人闽、粤、客三帮的天福宫（妈祖庙）、庆德楼（道教寺庙）和海唇福德祠（大伯公庙）。除此之外，还有清真寺和基督教堂，各种宗教在这百米长街上和睦共处。1969 年马来西亚发生的"五一三"事件蔓延到新加坡时，直落亚逸区一带的各族群都相安无事。"直落亚逸"是马来语"水湾"的意思，19 世纪就出现在英国的地图和文献里。根据

---

① 陈衍德：《现代中的传统——菲律宾华人社会研究》，厦门大学出版社 1998 年版，第 234 页。

《新加坡风土志》的作者吴彦鸿（笔名吴宏砚）的考证，1822 年由英国工程师富兰克林（James Franklin）所绘制的地图中，在新加坡河南岸注明有"华人镇"（Chinese Town）及"马来人镇"（Malay Town），后者更接近直落亚逸，相信是以捕鱼为生的马来人的聚落。

在这条古老的街上，最引人注目的是新加坡最古老的华人庙宇——天福宫（又称添福宫、妈祖宫）。天福宫于 1839 年兴建，至 1842 年年底落成，正殿奉祀着庇护航海的神灵——天妃。据说在这之前，即 1810 年的清嘉庆十五年，已有人在天福宫的原址设坛奉祀了。[①] 天福宫作为一座融历史、地理、民俗、文化、教育、古建筑、雕刻、美术等知识为一体的巍峨壮观的宗教文化殿堂，是世界少有的大型妈祖庙宇，也是新加坡多民族多元文化整体的有机组成部分。1973 年，天福宫被列为新加坡国家古迹。2001 年，获联合国教科文组织颁发的亚太文化遗产表扬奖，成为国际重点文化遗产。这是新加坡建国以来第一次获得联合国教科文组织的奖项。亚太文化遗产奖评审团在表扬词中说："天福宫成功地采用了传统的方法和材料，配合创新技术来保护庙宇结构，而没有破坏庙宇原来的美感。"此时新加坡华族信仰妈祖、瞻仰妈祖庙宇天福宫，虽已不再举行神诞庆典，却包含了更高的文化内涵，这是作为多民族多元文化认同，民族追根，缅怀和弘扬华族行为美德，对华族文化的传承与延续而进行的。

紧临天福宫的是庆德楼。庆德楼原为庆德会的私人宗祠，建于 1840—1850 年，原为庆德会的活动场所。庆德会又称庆德公司，是新加坡早期福建籍商人互助团体，成立于 1831 年，创始人为杨金水、徐钦元等 36 人。会员结拜为兄弟，选举会主 1 名及谋事、参议等职员。入会时每人需缴 100 元作为救济基金。如遇某一会员逝世，其他会员须援助其家属，直至其子女成年自立。2010 年庆德会把庆德楼的主权转让给新加坡道教协会，作为道教文化中心。

除了福建人之外，客家人与广东人也在此落脚。街口的海唇福德祠建于 1824 年，因为供奉大伯公，所以广东人也把直落亚逸街叫作"大伯公庙街"。福德祠是以粤、客两帮为核心的组织，据说 1820 年前后，在直落亚逸临海处发现一陈氏长者的浮尸，当地华侨遂把他打捞起来，葬于岸边加以祭拜。后因前往祭拜者日众，广客七属人士遂于 1824 年集资建造了福德祠，即现在的海唇大伯公庙。[②] 许云樵教授认为，"大伯公"三字是马来话和客家话的缀语。"伯公"是客家话，土地公的意思。"大"乃源自马来话 Datoh（神）的缩称 toh 的音译。最初马来人称"伯公"为 Datoh Pekong，后来叫滑了，缩作 Tope kong，华人发音不准，叫作大伯公。关于大伯公，学界一种观点认为其是类似于中国传统的土地崇拜，另一种观点认为其是华侨先驱的祖灵崇拜。

---

① 柯木林：《古色古香的天福宫》，《石叻古迹》，南洋学会 1975 年版，第 49 页。
② 李奕志：《从海唇福德祠到绿野亭》，《石叻古迹》，南洋学会 1975 年版，第 200 页。

三　以宗教信仰为纽带促进旅游业的发展

中国国家旅游局预计，在"一带一路" 2016 年至 2020 年发展期间，中国将为沿线国家输送 1.5 亿人次中国游客和 2000 亿美元中国游客的旅游消费。"一带一路"战略构想的提出和亚洲基础设施投资银行（AIIB）的成立，不但会为东南亚沿海国家创造新经济活动，也会开拓旅游发展新空间。为落实"海上丝绸之路经济带"和建设"21 世纪海上丝绸之路"，我国国家旅游局将 2015 年定为"海上丝绸之路旅游年"，组成大型团组到印度尼西亚等东南亚国家举行旅游推介活动。2015 年纪念郑和下西洋 610 周年，海内外各地纷纷举行纪念活动。印度尼西亚政府以纪念活动为契机，精心打造了"郑和旅游线"大打旅游牌吸引中国游客。"郑和旅游线"涉及巴淡、巨港、邦加、勿里洞、雅加达、三宝垄、井里汶、泗水和巴厘岛等 9 个保留着郑和船队的文化遗迹和中国民俗的地方。以华人民间宗教文化为纽带，驱动旅游业的发展，这实际上是我国提出建设"21 世纪海上丝绸之路"的效应之一。印度尼西亚政府打造的"郑和旅游线"与我国推出的"海上丝绸之路旅游年"不谋而合。

为推介"郑和旅游线"，2015 年 8 月 13 日，印度尼西亚三宝垄市隆重举行纪念中国航海家郑和下西洋 610 周年活动。印度尼西亚三宝垄的三宝庙兴建于 1434 年，重修于 1931 年，是印度尼西亚最为著名的纪念郑和的庙宇之一。三宝庙每年吸引 5 万多游客前去游览，其中大部分来自中国，他们前去瞻仰当年郑和下西洋的遗迹，感受印度尼西亚浓厚的中国文化。印度尼西亚旅游部部长阿里夫和当地民众、军人、华人华侨近千人出席活动，三宝垄市陆军军人还进行了精彩的舞龙表演。阿里夫在纪念活动开幕式上致辞："610 年前的 1405 年，中国航海家郑和率领商船到了三宝垄市进行友好访问和贸易文化交流，并遗留下当年中国的文化流传至今。今天纪念郑和下西洋的节目对促进印度尼西亚和中国文化交流，尤其是旅游文化交流和人员往来有深远意义。印度尼西亚政府对此十分重视和关注，旅游部将支持地方政府年年举办庆祝活动。"[①]

明永乐三年（1405）至宣德八年（1433），郑和七下西洋，出使亚非 30 多个国家，促进了我国同亚非国家的海上贸易，为海上丝绸之路建设做出了卓越的贡献。郑和因其丰功伟绩得到了海外各国以及华侨华人的崇敬与爱戴，华侨华人甚至将其当作神明一样加以供奉。目前，在东南亚的泰国、印度尼西亚、马来西亚及柬埔寨等国就有当地华侨华人为供奉郑和而兴建的庙宇"三宝公庙"或"三保公庙"，如马来西亚的马六甲、槟榔屿、吉隆坡、沙捞越、丁加奴，泰国的曼谷、大城，印度尼西亚的苏门邦加岛、答腊岛、爪哇岛，菲律宾的苏禄群岛，以及柬埔寨、文莱等国，都兴建有三宝宫、三宝庙、三宝塔、三宝禅寺等。建于 1795 年的马六甲三宝山的三宝亭，曾供奉有郑和

---

① 中国新闻网，http://auto.chinanews.com/hr/2015/08-14/7466570.shtml，2015 年 8 月 15 日。

的神位，与福德正神（大伯公）和妈祖并立。

在印度尼西亚，政府奉行宗教信仰自由的政策，宪法第二十九条规定，印度尼西亚奉行五项建国原则，即信仰神、民族主义、人道主义、社会公道和民主。信仰宗教被列为头条。1969 年，正式宣布承认六大宗教的存在，即伊斯兰教、天主教、印度教、佛教和孔教、华人的民俗信仰，如供奉郑和、妈祖、大伯公（土地神）、关帝和吴本（慈济公）等也归附于佛教而保存下来。以祭祀祖先的宗祠为中心的宗亲会，也列为宗教社团而保存下来，包括孔教、华人的民族宗教信仰得到完整保存和发展。①

本文通过对东南亚华人民间宗教信仰概况的考察，可以发现，在当代背景下，华人民间宗教信仰已经跳出宗教影响的范畴，在地区和谐和旅游交往上都起到了积极的推动作用。在建设 21 世纪海上丝绸之路中，有必要对海外华人文化传播加强认识和重视，为这一伟大战略构想的实现增添动力。

参考文献：

［1］李天锡：《华侨华人民间信仰研究》，中国文联出版社 2004 年版。

［2］林孝胜、张夏帏、柯木林等：《石叻古迹》，新加坡南洋学会 1975 年版。

［3］陈衍德：《现代中的传统——菲律宾华人社会研究》，厦门大学出版社 1998 年版。

［4］张禹东、刘素民等：《宗教与社会——华侨华人宗教、民间信仰与区域宗教文化》，社会科学文献出版社 2008 年版。

（作者：李慧芬，福建社会科学院科研处，助理研究员）

---

① 《星州日报》1959 年 12 月 17 日。

斯里兰卡共建 21 世纪海上
丝绸之路的机遇与挑战

廖 萌

摘 要： 作为联结亚非欧航路的枢纽，斯里兰卡是 21 世纪海上丝绸之路的重要参与方，也将是主要受益方。海上丝绸之路倡议与斯里兰卡发展需求和发展战略高度契合，斯里兰卡通过参与共建海上丝绸之路，不仅能推动中斯自贸区建设、振兴本国经济，还能够增强对印度的外交筹码。但是斯里兰卡同时也面临着平衡印度"季风航路"构想、日本的"安保钻石"构想等挑战。斯里兰卡政府实施"平衡外交"战略，在维持好斯印、斯日关系的同时，进一步加强斯中在经贸、金融、旅游等方面合作，为共建"21 世纪海上丝绸之路"发挥不可替代的作用。

关键词： 斯里兰卡；21 世纪海上丝绸之路；平衡外交

为了适应经济全球化的新形势，扩大与沿路国家的利益互惠，与沿路各国打造政治互信、经济融合、文化包容、互联互通、互利共赢的命运共同体，实现沿路国家和地区的共同发展、共同繁荣，2013 年 10 月，中国国家主席习近平提出共同建设"21世纪海上丝绸之路"的倡议。斯里兰卡是首个以政府声明形式支持这一倡议的国家，这主要是出于以下几方面的原因：第一，中斯两国友好历史悠久，是大小国家间友好相处、互利合作的典范。公元 5 世纪，中国高僧法显到斯里兰卡寻求佛教经典，开启了中斯友好历史。1952 年中斯双方签署了著名的米胶协议，为冲破西方封锁和各自国家建设发展发挥了重大作用，续写了中斯友好的历史篇章。2014 年 5 月，两国关系更进一步提升为战略合作伙伴关系。第二，斯里兰卡地理位置独特，是"21 世纪海上丝绸之路"上具有重要意义的中继点，能够承接东南亚，辐射南亚，联系中东和非洲。第三，海上丝绸之路倡议与斯里兰卡发展需求和发展战略高度契合，能为斯里兰卡带来实实在在的利益，为中斯战略伙伴关系的发展创造条件。中斯可在投资贸易、基础设施、海洋经济、海上联通、物流旅游等方面展开合作，将海上丝绸之路倡议转化为两国务实合作的成果。因此，斯里兰卡是"21 世纪海上丝绸之路"的重要参与方，也将是主要受益方。假以时日，斯里兰卡必定可以成为"21 世纪海上丝绸之路"上耀眼的明珠。

一　斯里兰卡共建 21 世纪海上丝绸之路的机遇

（一）契合斯里兰卡"马欣达"发展愿景

2009 年，斯里兰卡提出了国家振兴发展的"马欣达愿景"①，要把斯里兰卡打造成五个中心，即海事中心、商业中心、能源中心、旅游中心和知识中心；要在 2020 年将人均国民生产总值从不到 2000 美元提升到 7000 美元，从而成为中上等收入国家。此外，"马欣达愿景"还包括了很多社会和文化目标，即加大基础设施建设，促进旅游业发展；推进乡村发展，帮助农民实现"不离乡的发展"；实现北部冲突地区重建，完成内战后民族和解；发展与世界各国友好关系，在国际事务中发挥独特作用等。中国建设 21 世纪海上丝绸之路构想，和斯里兰卡制定的"马欣达"长远发展愿景高度契合。斯里兰卡前总统拉贾帕克萨在与习近平主席会谈时表示②，建设 21 世纪海上丝绸之路的倡议与斯方打造印度洋海上航运中心的设想不谋而合，斯方愿意同中方共同建设和经营好汉班托塔港和科伦坡港口城等重点合作项目，加速双边自由贸易谈判，加强经贸、能源、农业、基础设施建设、卫生医疗等领域合作。可以预见，一旦汉班托塔港和科伦坡港完工，将成为印度洋主航道上的关键海港，更好地发挥斯里兰卡作为联结东亚和东南亚、沟通西亚、覆盖南亚的枢纽作用，从而奠定其在印度洋航运中的枢纽地位。

（二）推动中斯自贸区建设

建设中斯自贸区是斯里兰卡参与共建 21 世纪海上丝绸之路构想的重要步骤。近年来，中斯贸易规模不断扩大。通过 2009—2014 年中期双边贸易额一览表可知，2014 年中斯双边贸易额达 36.2 亿美元，增长 17.5%。其中，斯里兰卡对中国出口 1.7 亿美元，增长 42.9%，占斯里兰卡出口总额的 1.6%，增长 0.4 个百分点；斯里兰卡自中国进口 34.5 亿美元，增长 16.6%，占斯里兰卡进口总额的 17.9%，增长 0.9 个百分点。③中国已成为斯里兰卡第二大贸易伙伴和第二大进口来源地，斯里兰卡是中国在南亚第四大贸易伙伴。2014 年 9 月，习近平主席访问斯里兰卡期间签署《关于启动中国—斯里兰卡自由贸易协定谈判的谅解备忘录》，宣布正式启动双边自贸区谈判。双方确认，中斯自贸协定将是一个覆盖货物贸易、服务贸易、投资和经济技术合作等内容的全面协定。中国驻斯里兰卡前大使吴江浩表示，中斯自贸区将带来各方面积极效应，投资、人员往来、产业合作等都将因此受益，两国经济合作也将向更高层次发展。斯里兰卡

---

①　覃远东、张松：《斯里兰卡外长愿"中国梦"助力"马欣达愿景"》，《文汇报》2014 年 9 月 16 日。

②　杜尚泽、杨讴：《习近平同斯里兰卡总统拉贾帕克萨会谈》，《人民日报》2014 年 9 月 17 日。

③　斯里兰卡贸易简讯（2014 年 12 月），国别数据网，http://countryreport.mofcom.gov.cn/new/view.asp? news_ id =42871，2015 年 3 月 4 日。

前总统拉贾帕克萨认为，斯中两国的合作领域十分广泛，从工业、航空业到能源及科技领域，从基础设施建设到旅游领域等，双方均可携手合作。斯中自贸协定有助于进一步促进两国贸易和投资合作，将为斯里兰卡扩大对华出口提供契机，也有助于逐步缩小双边贸易逆差，推动斯里兰卡中小企业发展，从而为斯里兰卡经济发展增添新动力。可以预见，《中斯自贸协定》的签署必将极大推动两国贸易和经济合作均衡、可持续发展，为中斯发展 21 世纪的海上丝绸之路开启新篇章。

2009—2014 年中斯双边贸易额一览

年份	贸易总额（亿美元）	同比增长（％）	斯里兰卡自华进口（亿美元）	同比增长（％）	斯里兰卡对华出口（亿美元）	同比增长（％）
2009	9.4	-18.5	8.8	-20.4	0.6	22.9
2010	13.3	41.6	12.4	40.8	0.9	50.9
2011	22.4	67.9	21.3	71.4	1.1	20.2
2012	26.8	19.7	25.7	20.7	1.1	0.9
2013	30.8	15.1	29.6	15.2	1.2	12.0
2014	36.2	17.5	34.5	16.6	1.7	42.9

资料来源：斯里兰卡出口促进局、斯里兰卡统计局。

（三）"搭中国快车"振兴本国经济

斯里兰卡希望深化同中国在经贸与投资领域的合作，这一愿望契合 21 世纪海上丝绸之路构想。自 2009 年斯里兰卡内战结束后，斯中双方在斯各项经济社会建设领域进行了有力合作，中国公司承建了一系列大型基建项目。包括科伦坡国家大剧院、汉班托塔港、马塔拉国际机场等。据统计，2009 年以来，中国共向斯里兰卡投入了 40 亿美元。这些资金是以援助、软贷款和赠款的形式提供的，目前斯里兰卡有近 70% 的基础设施项目是由中国金融机构提供资金、由中国企业施工的。[①] 根据斯中央银行的最新报告，中国已经成为斯最大投资来源国，2013 年外资对斯投资的 20 亿美元中 40% 来自中国。[②] 可以说，近年来，中国的贷款和投资在斯里兰卡内战后的重建中发挥了重大作用。中国直接投资不仅有助于扩大斯里兰卡外汇储备，创造大量就业机会，而且在技术转让和开发方面也为斯里兰卡带来了不可估量的效益。2014 年 9 月，斯里兰卡投资促进部部长拉克什曼·阿贝瓦德表示，当前在斯投资局登记注册的 14 家中资公司建设的项目共为当地创造了 2500 多个就业机会。[③] 2014 年，中国启动在斯多个大型项目，其中包括投资 14 亿美元在首都科伦坡附近修建一座港口城，以及修建一座总投资 5 亿美元的集装箱码头。可以预见，21 世纪海上丝绸之路将为斯里兰卡带来更多的外国投

① 斯里兰卡前总统称应感谢中国投资，参考消息网，http://china.cankaoxiaoxi.com/2015/0313/703352_2.shtml，2015 年 3 月 13 日。

② 陈晨、张笑非：《斯里兰卡总统今起首访中国　回击西方唱衰两国声音》，《环球时报》2015 年 3 月 25 日。

③ 黄海敏、冯武勇：中斯经贸关系迎来"黄金"腾飞期，新华网，http://news.xinhuanet.com/world/2014-09/15/c_1112487191.htm，2014 年 9 月 15 日。

资特别是中方的直接投资，这将使斯里兰卡的经济面貌发生巨大变化，为其未来的经济腾飞奠定坚实基础。

（四）大打"中国牌"，增加对印度外交筹码

通过支持21世纪海上丝绸之路战略，斯里兰卡可以借助中国平衡印度在印度洋地区的影响力，从而增加对印度的外交筹码。早在20世纪70年代，斯里兰卡就曾提出建立印度洋和平区的构想，但由于印度奉行的霸权主义政策，这一构想难以实施。印度试图主导南亚的目标使印度与邻国难以做到真正的平等对待、和睦相处。斯里兰卡作为印度的一个小邻国，对印度的猜疑、惧怕与戒备难以从根本上消除，但其自身又没有实力或能力抗衡印度。所以通过引入域外大国力量平衡域内压力，不失为斯里兰卡等南亚国家的一种选择。斯里兰卡十分清楚印度对"中斯合作"的顾虑，希望打出"中国牌"刺激印度，从而在与印度关系中占据更加有利的政治态势。另外，斯印间的分歧和历史记忆令两国间实现完全互信仍有难度。处在经济改革进程中的印度，难以为斯里兰卡发展提供大量资金支持，也制约着两国关系发展的广度。此外，在国际上，斯里兰卡也需要中国的政治支持。斯里兰卡目前面临来自西方的人权问题压力，通过海上丝绸之路建设巩固对华关系，有助于斯方改善自身当前的国际困境。

二　斯里兰卡参与共建21世纪海上丝绸之路面临的挑战

（一）印度筹划"季风航路"构想，制衡中国在南亚的影响

印度洋是全世界最繁忙的海上航线之一，而斯里兰卡是这条航线的中途点，其战略作用突出。近年来，中国在建造港口和高速公路方面已经成为斯里兰卡的主要投资者，这引起了邻国印度的担忧。印度认为中国对斯里兰卡等印度洋岛国的帮助是为了大力扩展在印度洋地区的存在和影响力。一些印度媒体鼓吹，当前，中国在印度洋地区的影响力越来越大，中国与斯里兰卡关系的发展是所谓的中国"钻石项链战略"①[参见所谓的"钻石项链战略"图（附日本"安保钻石"构想）]的一环。2014年2月13日，日本《外交学者》杂志网站也将中国提出的"海上丝绸之路"与西方炒作的中国"钻石项链战略"混为一谈，认为两者是中国为扩展印度洋战略空间实施的平行策略。"海上丝绸之路"要求中国与伙伴联手修建海上基础设施，特别是港口。使用"海上丝绸之路"这个新的说法，令中国可以讨论对东盟海上基础设施的投资并进一步西进的战略。②

---

① 钻石项链战略，是国外有些别有用心的媒体声称中国正透过资助等各种方式取得军舰海外停泊基地，主要包括巴基斯坦瓜德尔港、斯里兰卡汉班托特港、孟加拉国吉大港、缅甸实兑港、柬埔寨西哈努克港以及泰国等国家的有关港口，这些国家在地图上连接起来像一串钻石项链。但是，中国的这些资助行为完全属于纯商业的运作，不参与主权的管理，因此，钻石项链战略被认为是一些别有用心的国家制造的一种威胁论调。

② 《中国邀印度共建海上丝绸之路》，《东方早报》2014年2月16日。

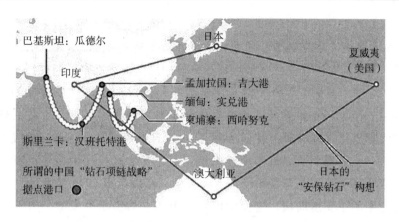

所谓的"钻石项链战略"图（附日本"安保钻石"构想）

为了应对中国提出的"21 世纪海上丝绸之路"这一战略，印度筹划实施"季节：跨印度洋海上航路和文化景观"计划（简称"季风航路"计划），计划以印度为中心，向西增进与阿拉伯半岛和东非国家之间的关系，向东增进与东南亚国家之间的关系，以掌握稳定的航路。① 该计划拟振兴 1500 年前印度曾开拓的利用季风的印度洋航路并恢复与该地区国家的文化联系，探索多面的"印度洋世界"——从东非、阿拉伯半岛、印度次大陆和斯里兰卡一直延伸至东南亚岛国。印度的意图明显，就是试图利用与该地区国家的历史联系，提供一种可抗衡中国海上丝绸之路的选择。

斯里兰卡和印度有悠久的历史和地缘联系，同印度保持友好关系是斯里兰卡外交政策的重点。2015 年 2 月 16 日，斯里兰卡总统西里塞纳选择印度作为他上任后出访的第一站。双方在民用核能、教育、文化、农业领域签署了 4 个协议，双方同意加强防务安全和海洋安全的合作，计划建立印度、斯里兰卡和马尔代夫三方海洋安全合作机制。印度总理莫迪表示，印度愿在发展领域成为斯里兰卡的合作伙伴，印度还愿意增加进口斯里兰卡商品并发展对斯旅游合作。双方将就建立服务贸易自由区进行谈判，还将在佛教国际文化中心、印度北部比哈尔邦的那烂陀大学开展教育合作。斯里兰卡总统西里塞纳表示，双方同意在诸多领域加强合作，斯方也希望印方能够在国际上继续对斯方提供支持。此外，印方十分关注中国在斯里兰卡基础设施发展上发挥的作用，要求斯里兰卡就中国融资的 14 亿美元科伦坡港口项目的地位进行阐明，印方认为该港口对新德里具有安全隐患。2015 年 3 月，印度总理莫迪访问斯里兰卡，两国就共同提升军事训练能力等议题进行磋商。印度还积极争取斯里兰卡最终批准印度国家电力集团在斯里兰卡东部港口城市亭可马里新建一座 500 兆瓦的发电厂。耐人寻味的是，在印度访问斯里兰卡前夕，斯里兰卡单方面宣布暂停中国"科伦坡港口城"项目。不难看出，印度欲借西里塞纳刚上台之机，修复与斯里兰卡的关系，而斯里兰卡政府也迫不及待地想与印度加强联系。斯里兰卡是否会就此淡化与中国的联系，进而投入印度

---

① 《莫迪遏制中国海上实力的"季节"计划》，《印度时报》2014 年 9 月 16 日。

的怀抱，有待观察。

（二）日本推进"安保钻石"构想，扩大在南亚的影响力

2012 年 12 月，安倍晋三在《世界报业辛迪加》上发表文章，明确提出牵制中国的"安保钻石"构想［参见所谓的"钻石项链战略"图（附日本"安保钻石"构想）］，即日本、印度、澳大利亚和美国夏威夷连成钻石形海洋线，与亚洲的民主盟友共同确保西太平洋至印度洋之间的海上航行自由。[①] 由于日本 80% 的原油和天然气需经马六甲海峡从中东进口，斯里兰卡靠近印度洋的航道对于日本来说显得格外重要。另外，中国在过去几年对斯里兰卡在军事和经济上的援助，特别是从 2009 年开始，中国超越日本成为斯里兰卡的主要援助国，这使中国在斯里兰卡的影响力大增。出于以上两方面的考虑，日本逐渐把斯里兰卡纳入其战略议程，以推进"安保钻石"构想，进一步扩大在南亚的影响力。而斯里兰卡方面，也想继续发展和日本的亲密关系，并以此来缓解美国政府对他们的压力。2013 年 3 月，日本和斯里兰卡发表共同声明，日本承诺向斯里兰卡提供总计 438 亿日元（4.8 亿美元）的发展援助基金，其中 3.3 亿美元用于扩大斯里兰卡的国际机场，1.3 亿美元用于基于日本地面数字广播集成服务系统的电信和广播行业的基础设施建设。[②] 两国还将加强政府间的磋商，以扩大双边贸易和投资。2014 年 9 月，安倍晋三访问斯里兰卡，以保护日本在南亚的影响力为主题，期望以此削弱中国。这是 24 年以来日本首相首次访问斯里兰卡。两国发表联合声明，指出两国领导人决定将两国关系提升到海岸国家新型合作伙伴关系，旨在维护太平洋及印度洋地区的稳定中起到重要作用，并且积极推进海上安保合作，日本承诺为斯里兰卡提供巡逻船。可以预见，中国提出的"21 世纪海上丝绸之路"难免与日本推进的"安保钻石"构想冲突，斯里兰卡在参与共建"21 世纪海上丝绸之路"的过程中，无法绕开日本的因素，斯里兰卡将在其中如何做出平衡？

（三）斯里兰卡新政府的态度：降低对中国的依赖

2015 年 1 月，斯里兰卡现任总统迈特里帕拉·西里塞纳在大选中击败了主政近十年的前总统马欣达·拉贾帕克萨，成为斯新任总统。在竞选期间，西里塞纳就认为斯里兰卡从中国借债过多，并指出新政府会重新审议科伦坡港口城项目。西里塞纳上台后主张外交政策的核心是要降低对中国的依赖，加强与原本就有联系的日、印的关系。并推行"百日施政计划"，旨在为包括中方企业在内的外国投资者营造一个更加透明、稳定、法治的投资环境，使斯成为更有吸引力的投资目的地。围绕这一计划，斯新政府在成立之后即开启对外国投资项目的复审。虽然包括澳大利亚、伊朗等国以及斯里兰卡本国的一些项目，但由于中国目前是斯里兰卡最大的外资来源国，因此有舆论认为，斯新政府的这一措施旨在针对中国。2015 年 3 月 5 日，斯里兰卡政府宣布决定暂

---

① 《首相提唱「ダイヤモンド安保」中国の海洋進出けん制かえって刺激、逆効果?》，《东京新闻》2013 年 1 月 16 日。

② 《日本加强对斯里兰卡援助牵制中国》，《读卖新闻》2013 年 3 月 15 日。

停中国企业投资建设的"科伦坡港口城"项目①。这个项目是中斯合作最重大的项目，也是中国"海上丝绸之路"最大的对接项目。斯里兰卡政府认为该项目涉嫌规避当地法律和环境要求，需要面临重新评估，并要求中方公司提供相关政府部门颁发的有效许可证明。与此同时，斯里兰卡专门成立由总理维克勒马辛哈、总检察长、财政部、港务局和环境部门等多个部门的官员组成的项目评估委员会，将发布科伦坡港口城评估最终报告，如果报告表明港口城项目对国家不利，就有可能会被叫停。虽然西里塞纳在不同场合多次表示，斯里兰卡新政府将继续奉行对华友好政策，推进斯中友好关系和各领域务实合作。但是新政府对科伦坡港口城的态度，表明斯新政府需要重新了解和研究中国提出的"21 世纪海上丝绸之路"，也要深入评估中国对斯里兰卡经济发展的作用。

（四）斯里兰卡在基础设施建设中存在的公平性问题

海上丝绸之路的建设和基础设施的建设密切相关。从斯里兰卡早期参与 21 世纪海上丝绸之路建设的情况看，在投资和兴建基础设施上存在不平衡现象，从而造成收益不均衡。目前，斯里兰卡在进行的基础设施的投资，比如空港、海港等建设，大部分都是从中国的银行取得贷款，这种投资对斯里兰卡多个部门产生影响，使斯里兰卡 GDP 的增长提高到一个前所未有的水平。2013 年斯里兰卡 GDP 增长为 7.3%，国际货币基金组织（IMF）预测 2014 年增长 7%，2015 年增长 6.5%。② 但是，通过这些大规模投资获得的真实收益在斯里兰卡全体居民中分布不均匀，特别是在阶级和种族分布方面，有关这些真实收益是如何分配的问题仍旧存在。此外，很多基础设施建设的投资比如高速公路等，是服务汽车的。但有很多斯里兰卡人是开不上汽车的，而且汽车对于斯里兰卡来说是一种又贵又不保护环境的出行方式。而斯里兰卡却存在保障性住房数量不足、城市公共交通差、交通堵塞、小城市和农村缺少完善的铁路网等基础设施方面的问题。因此，未来，斯里兰卡在投资和兴建基础设施上要强调公平公正性，充分考虑民众的需求，统筹协调海运、空运、公路和周边城市及农村发展。

三　斯里兰卡参与共建 21 世纪海上丝绸之路的前景

（一）实施"平衡外交"政策

2015 年 1 月 9 日，斯里兰卡总统迈特里帕拉·西里塞纳宣布，将实施同中国、日

---

① "科伦坡港口城"项目是中国在斯里兰卡数个海港和基建项目中最大的一个，也是斯里兰卡史上最大规模的外商投资，需要 8 年时间完成建设。项目由中国交建集团和斯里兰卡港务局合作开发，一期投资 14 亿美元，二期将吸引世界各地的投资，投资额有望达到 130 亿美元。项目包括在科伦坡港口附近填海造地，建造购物中心、水上运动区、高尔夫球场、酒店、公寓、游船码头等商业、居住以及休闲设施。建成后，港口城可供约 27 万人居住生活，同时将为斯里兰卡创造超过 8.3 万个就业机会。

② 张若谷：《2014 年斯里兰卡 GDP 或达 7%》，《云南日报》2014 年 5 月 15 日。

本和印度的"平衡外交"①。斯里兰卡在中国、日本、印度等国之间，推行平衡外交的战略是符合斯里兰卡国家利益的。由于斯里兰卡在经济上同时需要中国、日本和印度，在安全上也对中国、日本和印度各有需求。斯里兰卡作为一个与中国、日本、印度实力相差甚远的小国，清楚自身的战略地位、国家自身发展的需求，实时灵活地运用自身的外交资源，以便在最大限度上"搭顺风车"，这是斯里兰卡处理中国、日本和印度关系的最主要的战略逻辑。另外，斯里兰卡是中、日、印三国重要的合作伙伴，对于中国来说，斯里兰卡地理位置十分重要，中斯两国长期以来的友好关系要持续发展下去，2014 年两国关系提升为战略合作伙伴关系；对于日本来说，斯里兰卡在印度洋的交通运输和能源运输中作用突出，2014 年两国关系提升为海岸国家新型合作伙伴关系；对于印度来说，斯里兰卡是印度重要的邻国，两国在宗教、历史、文化等方面有很深的联系。在中、日、印三国之间，斯里兰卡可以同时扮演三国友好的合作伙伴的角色，只要不采取一些偏离传统友好关系的政策，这种平衡外交可以长期保持。

（二）探讨斯、中、印三方合作可能

斯里兰卡和印度都是中国在南亚地区的重要和友好邻国，都是中国周边外交的重要合作对象。中方希望与印度继续推进面向和平与繁荣的战略合作伙伴关系，也希望同斯方不断发展真诚互助、世代友好的战略合作伙伴关系。与此同时，也乐见斯里兰卡和印度关系不断发展。三方关系良性互动、相互促进、互利共赢，最符合三方利益，也有利于地区的和平、稳定与共同繁荣。2015 年 2 月中国外交部部长王毅在同斯里兰卡外长萨马拉维拉会见时表示，中方对中、斯、印三方合作持开放态度，愿积极探讨三方可能合作的领域和可行途径。例如，三国都有丰富的佛教旅游资源，可以考虑合作开辟旅游路线。中印也可探讨发挥各自优势，共同为斯里兰卡经济、社会发展发挥积极作用。2015 年 3 月，在西里塞纳访华期间，中方还建议中国、印度、斯里兰卡通过三方对话协商的方式解决地区问题和相互之间的安全担忧。

（三）进一步加强斯中合作，共建"21 世纪海上丝绸之路"

（1）提高斯中经贸合作水平。首先，促进斯中合作的转型升级。目前斯中合作主要集中在基础设施建设方面，今后可以考虑拓展到交通、能源等领域。其次，加强斯中企业合作。斯里兰卡积极鼓励中国企业多和当地商会交流，通过共同举办学习会、研讨会等活动来探讨如何进一步加强合作。同时还鼓励中国企业加入当地商会，和当地企业真正融为一体，共同发展，共同受益。最后，扩大斯中双边贸易。近年来，斯中贸易增长较快，但仍有很大拓展空间。斯方企业应多与中国企业加强制造业合作，扩大产品规模，提高产品质量，从而缩小双边贸易逆差。

（2）加强斯中金融合作水平。近年来，斯里兰卡和中国在金融联系方面较为密切。2014 年 8 月，中国人民银行行长周小川与斯里兰卡央行行长卡布拉尔在京签署《中国

① 平衡外交即允许一国在一个时期内，在某一特定领域和议题上重点发展与某一特定国家的关系，而在长期上，维持与多个重点国家间关系的平衡与均衡。

人民银行代理斯里兰卡央行投资中国银行间债券市场的代理投资协议》，这将有利于扩大中国与斯里兰卡两国的金融合作。2014 年 9 月，斯中两国还签署了一份人民币 100 亿元（约合 16 亿美元）的互换货币协议。2014 年 12 月，斯里兰卡央行行长卡布拉尔表示，正在考虑发行第一笔人民币债券的计划。今后，斯中双方应利用积极共建"21 世纪海上丝绸之路"这一契机，充分利用丝路基金、亚洲基础设施投资银行等融资渠道，稳步推进大项目建设和产业合作，早日完成中斯自由贸易谈判。

（3）扩大斯中旅游合作规模。斯里兰卡在中国的市场潜力巨大。从 2009 年开始，中国赴斯里兰卡旅游人数持续增长，2014 年，共有 12.8 万名中国游客访问了斯里兰卡，实现了相比 2013 年 136% 的增长。[①] 目前，斯里兰卡已在中国设立从北京、上海、广州、香港、昆明、重庆等直飞科伦坡的 20 多个航班，斯里兰卡国内也增加中文导游、中文频道等，希望吸引更多中国游客。

（4）推进斯中民生工程建设。斯中共建 21 世纪海上丝绸之路必须得到斯里兰卡公众舆论和普通老百姓支持。应积极推进斯中民生工程建设，让斯里兰卡人民感受到实实在在的利益。2015 年 3 月，中国政府承诺再为斯里兰卡提供逾 10 亿美元的资金援助。其中将有 3 亿美元用于改善和提高斯里兰卡医疗卫生水平，包括修建一座专门用来治疗肾病的医院。此外，中国政府还计划用 40 亿卢比（斯里兰卡货币）对科伦坡最高法院进行翻新修复。同时，新政府应确保把中国提供的支持用于斯里兰卡经济发展和人民生活水平的提高。

（作者：廖萌，福建社会科学院华侨华人研究所助理研究员）

---

① 廖静：《斯里兰卡旅游推介会福建泉州举行再续"海丝"情缘》，中国新闻网，http://www.fj.xinhuanet.com/travel/2015-03/11/c_1114598876.htm，2015 年 3 月 11 日。

两岸共建 21 世纪海上丝绸之路的 SWOT 分析与策略

刘凌斌

摘　要：当前国际政治经济格局正发生深刻变化，在两岸关系和平发展已经步入"深水区"的新形势下，两岸共建21世纪海上丝绸之路，具有重要的战略意义。本文采用SWOT分析法，对两岸共建21世纪海上丝绸之路的优势、劣势、机会和威胁进行深入分析，并提出相应的策略。文章认为，两岸应构建多元合作机制，加强互联互通建设，深化海丝文化交流，推进闽台经济融合，从而共同推进21世纪海上丝绸之路建设进程，分享这一伟大战略构想带来的巨大红利。

关键词：两岸合作；21世纪海上丝绸之路；SWOT分析

2013年10月3日，中国国家主席习近平在印度尼西亚国会发表演讲时指出：东南亚地区自古以来就是"海上丝绸之路"的重要枢纽，中国愿同东盟国家加强海上合作，使用好中国政府设立的中国—东盟海上合作基金，发展好海洋合作伙伴关系，共同建设21世纪"海上丝绸之路"。① 这是中国国家领导人首次提出建设21世纪海上丝绸之路的战略构想。2013年12月，中共十八届三中全会通过《中共中央关于全面深化改革若干重大问题的决定》明确提出"加快同周边国家和区域基础设施互联互通建设，推进丝绸之路经济带、海上丝绸之路建设，形成全方位开放新格局"。2015年3月28日，国家发展和改革委员会、外交部、商务部联合发布了《推动共建丝绸之路经济带和21世纪海上丝绸之路的愿景与行动》，标志着"一带一路"正式上升为中国全面深化改革开放布局中的国家发展战略。

中国提出建设"21世纪海上丝绸之路"，为古代海上丝绸之路赋予了新的时代内涵，为泛亚区域合作注入了新的活力，对于深化区域合作、促进亚太繁荣、推动全球

---

① 《中国愿同东盟国家共建21世纪"海上丝绸之路"》，新华网，http://news.xinhuanet.com/world/2013-10/03/c_125482056.htm，2015年4月30日。

发展具有重大而深远的意义。① 据联合国教科文组织认定，古代海上丝绸之路起点位于福建省泉州市。我国的宝岛台湾位于祖国东南沿海，与大陆一衣带水，从历史上看是大陆以闽南人为主体的汉族移民渡海垦荒、传播中华文明的重要基地，从地缘上和历史上看也是海上丝绸之路的重要桥头堡，因此台湾参与具有较强的历史和地缘层面的可行性。② 在两岸关系步入和平发展的新时期，双方理应携手合作，共同推进 21 世纪海上丝绸之路建设进程，分享这一伟大战略构想带来的巨大红利，开创丝路沿线国家与地区经济繁荣、共同富强、互惠互利共赢的美好前景。本文采用管理学领域的 SWOT 分析法，对两岸共建 21 世纪海上丝绸之路的优势、劣势、机会和威胁进行分析，并提出相应的策略。

一　两岸共建 21 世纪海上丝绸之路的战略意义

在当前国际政治经济格局发生深刻变化，两岸关系和平发展已经步入"深水区"的新形势下，两岸携手共建 21 世纪海上丝绸之路，具有重要的战略意义。

从经济层面来看，两岸共建 21 世纪海上丝绸之路，不仅有利于构建两岸经济合作新平台，增强两岸经济关系发展新动力，开拓两岸交流合作新领域，促进两岸经济进一步融合；而且有助于解决两岸经贸关系发展进程中的一些深层次问题，为两岸经济共同发展与亚太区域经济合作相衔接提供可行途径，为中国台湾深程度地参与亚太区域经济合作（如与东盟、南亚等国建立更紧密的经贸关系）创造更好的条件，从而避免中国台湾地区经济被日益边缘化的危机。③

从政治层面来看，两岸共建 21 世纪海上丝绸之路，不但有利于积累两岸双方在涉外领域互动合作的经验，为解决台湾参与国际活动问题创造条件；而且有利于巩固两岸之间的政治互信，增进两岸同胞的民族情感，提升"两岸一家人"的认同感和自豪感，为巩固与深化两岸关系和平发展，推动两岸同胞携手共筑"祖国统一、民族复兴"的"中国梦"夯实基础。

从文化层面来看，两岸共建 21 世纪海上丝绸之路，不但有助于推动中外文化和价值观交流，有利于两岸共同向沿线国家展示和传播中华民族的传统文化与价值观，进一步提升中华民族的软实力与国际影响力；而且有利于逐步缩小两岸在文化和价值观方面的差异，促进两岸文化和价值观的融合，拉近两岸同胞的认同差异与心理距离。

---

① 尤权：《打造 21 世纪海上丝绸之路重要枢纽》，《求是》2014 年第 17 期。
② 王敏：《台湾参与"21 世纪海上丝绸之路"的战略构想与可行路径》，《亚太经济》2015 年第 1 期。
③ 同上。

二　两岸共建21世纪海上丝绸之路的SWOT分析

SWOT分析法又称态势分析法，于20世纪80年代初期由美国旧金山大学管理学教授韦里克提出，是一种用来确定企业自身的竞争优势（S，Strength）、竞争劣势（W，Weakness）、机会（O，Opportunity）和威胁（T，Threat），从而将公司的战略与公司内部资源、外部环境有机地结合起来的一种分析方法。其中，优劣和劣势分析主要是着眼于自身的实力及其与对手的比较，而机会和威胁分析将注意力放在外部环境的变化及可能影响上。SWOT分析法运用系统分析的思想，对研究对象所处的内外环境进行全面、系统、客观的研究，从而根据研究结果制定相应的发展战略、计划以及对策等。SWOT分析法最初被用于企业的战略分析，如企业战略制定、竞争对手分析等场合，后被广泛运用于行业、部门或地区的战略发展分析，近年来亦被学者运用于两岸关系研究领域。以下借助SWOT分析法具体分析两岸共建21世纪海上丝绸之路的优势、劣势、机会和威胁。

（一）两岸共建21世纪海上丝绸之路的优势分析

1. 大陆的快速发展与和平崛起

经过新中国成立以来60多年尤其是改革开放30多年的快速发展，中国取得了举世瞩目的建设成就，经济实现了持续高速增长，社会民生事业取得长足发展，人民生活水平显著提高，综合国力、国际地位和国际影响力不断提升。2014年，中国国内生产总值（GDP）达到636463亿元，首次突破10万亿美元，仅次于美国，稳居世界第二。中共"十八大"以来，以习近平同志为总书记的新一届中央领导集体提出并形成了全面建成小康社会、全面深化改革、全面依法治国、全面从严治党的"四个全面"战略布局，推动一系列经济、政治、文化、社会体制等方面的重大改革，正在步入以改革引领新一轮发展的"新常态"。建设21世纪海上丝绸之路，是新时期中国深化改革开放的重大举措，具有重要的国家发展战略意义。而中国的快速发展与和平崛起是建设21世纪海上丝绸之路的强有力保障。外界普遍预测，未来若干年尽管中国的经济增速可能减缓，经济转型升级或将面临种种挑战，但总体上仍将延续良好的发展势头，中国综合国力与国际地位仍将不断提升，这就使中国主导与推进的21世纪海上丝绸之路建设拥有更为广阔和美好的前景，这也为两岸共建21世纪海上丝绸之路奠定了坚实的物质基础。

2. 台湾发展外向型经济的经验

中国台湾地区在战后数十年间实现了经济起飞，创造了举世瞩目的"经济奇迹"，一跃成为"亚洲四小龙"之一和亚太地区的发达经济体。台湾地区的经济具有明显的以出口为导向的外向型特征，在参与"海上丝绸之路"建设的进程中具有得天独厚的优势。一方面，台湾在经济发展过程中积累了丰富的发展外向型经济的经验，对外贸易与投资实力较为雄厚，高科技产业发达，现代服务业尤其是金融服务业比较成熟，在全球占据重要地位。中国台湾若能积极参与大陆主导的 21 世纪海上丝绸之路，无疑将壮大海上丝绸之路的经济规模，扩大其经济辐射力。另外，台湾企业对外投资起步早，熟悉国际法律、惯例，具有丰富的海外投资经验和产业转移经验，享有良好声誉，且多集中在印度、东南亚等海上丝绸之路沿线国家。在两岸共建 21 世纪海上丝绸之路的进程中，台湾不但将分享巨大的经济红利，而且可以成为大陆"走出去"的重要跳板，为大陆企业拓展国际市场及扩大经济影响力提供重要助力。[①]

（二）两岸共建 21 世纪海上丝绸之路的劣势分析

1. 两岸政治互信基础仍显薄弱

由于两岸关系的复杂性和敏感性，两岸关系的结构性矛盾始终难以得到解决，再加上两岸长期的隔绝使两岸在政治制度、意识形态、价值取向等方面存在诸多差异，这就导致两岸双方的政治互信基础始终比较薄弱，两岸政治关系的发展相对滞后。即使是 2008 年两岸关系步入和平发展的新时期以来，两岸关系取得的阶段性进展也并未改变两岸政治互信不足的现状。由于两岸共建 21 世纪海上丝绸之路不但涉及两岸之间交流合作的问题，而且涉及更为敏感的两岸在国际事务中协商合作的议题，其中更涉及台湾以何种名义、何种方式参与亚太区域经济合作等台湾各界重大关切的问题，可谓牵一发而动全身，一旦处理不好，很容易引发反弹，对两岸关系造成一定冲击。因此，在当前两岸政治互信不足，在重大政治问题上仍然存在严重分歧的状况下，台湾方面明知积极参与 21 世纪海上丝绸之路建设将对台湾经济发展与助益颇多，却可能因为顾虑重重而抱持比较消极保守的态度，这必将对两岸共建 21 世纪海上丝绸之路产生负面影响。

2. 台湾内部的担忧和疑虑

由于两岸分隔 60 余年，加上台湾长期以来存在的某些宣传及教育，岛内仍然存在着一定的"冷战思维"，对于大陆的"敌对心态"和不信任感并未随着近年来两岸关系的改善而完全消弭。这就导致台湾方面对于深化两岸交流合作仍然存在一些不必要的担忧和顾虑。对于台湾参与大陆推动的 21 世纪海上丝绸之路建设，不少台湾民众抱有"参与和疑惧并存"的矛盾心态，既想通过参与 21 世纪海上丝绸之路建设来分享其带来的经济红利，又担忧台湾在参与过程中会加深对大陆的经济依赖。这一点从台湾参与亚投行所引发的争议即可看出台湾方面的矛盾心态。因此，如何有效化解台湾内部的担忧和疑虑，将是两岸携手共建 21 世纪海上丝绸之路能否取得成功的关键所在。

（三）两岸共建 21 世纪海上丝绸之路的机会分析

1. 两岸关系和平发展的历史机遇

2008 年 5 月以来，两岸双方在"反对台独"、坚持"九二共识"的政治基础上，开创了两岸关系和平发展的新局面。两岸关系在各个领域相继取得诸多重大突破与丰

① 王敏：《"21 世纪海上丝绸之路"台湾不应缺席》，中国台湾网，http://www.taiwan.cn/plzhx/zhjzhl/zhjlw/201501/t20150127_ 8834477. htm，2015 年 4 月 30 日。

硕成果，两岸两会共签署包括《海峡两岸经济合作框架协议》（ECFA）在内的 21 项协议，两岸高层往来密切，两岸经贸合作不断深化，文教交流日趋增的，人员往来愈加频繁，社会融合悄然提速，两岸之间逐步建立并累积了一定的政治互信，这就为两岸携手共建 21 世纪海上丝绸之路创造了坚实的民意基础与难得的历史机遇。一方面，和平发展已经成为当前两岸关系的时代主题，正得到包括广大台湾同胞在内的越来越多两岸民众的认同，两岸共建 21 世纪海上丝绸之路符合两岸关系和平发展的主旋律及深化两岸交流合作的大方向，对两岸民众的利益与福祉都大有裨益，必将符合两岸主流民意的期待，相信多数两岸民众都会认同两岸在这一议题上积极展开合作。另一方面，随着两岸交流交往的日益密切，两岸之间建立的政治互信及两岸交流合作（如两会协商、两岸经贸合作、文教交流等）的模式与经验为未来两岸共建 21 世纪海上丝绸之路提供经验与借鉴，为双方在这一议题上开展积极合作创造了便利条件。

2. 两岸在涉外领域的良性互动

近年来，两岸的良性互动，为妥善处理相关事务积累了丰富的经验，为两岸共建 21 世纪海上丝绸之路创造了有利条件。一方面，2008 年 5 月以来，两岸在建立政治互信的基础上保持良性互动，通过有效沟通与协商，显著减少在国际社会的"对抗"；在不造成"两个中国""一中一台"等错误认识的前提下，采取更为弹性、务实和灵活的方案，通过沟通协商对台湾的"涉外"事务问题作出合情合理的安排，妥善解决了台湾出席世界卫生大会（WHA）、国际民用航空组织（ICAO）大会等台湾同胞密切关注的几个国际参与问题，有效回应了台湾同胞渴望参与国际事务的诉求，为今后两岸进一步加强互动合作提供了宝贵的经验。这就为未来两岸在涉外领域携手合作，共建 21 世纪海上丝绸之路奠定了坚实的基础，营造了良好的氛围。另一方面，过去 20 多年间台湾以适当身份与名义参与国际组织活动的历史经验，主要包括亚行模式（以"中国台北"名义参与）、奥运模式（以"中华台北"名义参与）、WTO 模式（以台澎金马个别关税领域名义参与），以及参与 WHA 和 ICAO 大会的模式等，均可以为今后台湾以适当名义与方式参与 21 世纪海上丝绸之路建设提供经验和借鉴。未来两岸应通过务实协商来妥善解决台湾参与 21 世纪海上丝绸之路建设的名称、方式与路径等问题，为两岸共建 21 世纪海上丝绸之路开辟更为广阔的合作空间。

3. 多数沿线国家积极参与的意愿

建设 21 世纪海上丝绸之路涉及东南亚、南亚、西亚与北非的 30 多个国家和地区，这些国家参与建设的意愿如何，关系到两岸共建 21 世纪海上丝绸之路的成效。客观来说，海上丝绸之路沿线国家多为资本技术匮乏、经济较不发达的亚太新兴经济体；中国提出的这一战略构想，将为这些发展中国家共谋发展、共同繁荣，为促进经济发展与民生进步提供新的契机。沿线国家积极参与 21 世纪海上丝绸之路建设，一方面可以有效利用中国雄厚的外汇储备、强大的基建能力和先进的技术水平，在中国的参与和配合下，完成耗资巨大的国内与区域基础设施（公路、铁路、港口、机场等）建设工程，使之成为撬动所在国经济发展的利器。另一方面，有助于沿线国家分享中国和平崛起与经济发展带来的红利，推进区域经济合作与一体化进程，推动沿线各国在政治、文化、社会等各领域的交流与合作，增进沿线各国互利共赢、共同繁荣。简言之，积极参与中国主导的 21 世纪海上丝绸之路建设将给沿线国家带来巨大的政治、经济、文化、民生等层面的利益，从而为该国社会经济发展与民生进步带来重要的发展机遇，这就极大提升了沿线国家参与 21 世纪海上丝绸之路建设的政治意愿。目前，从一些外国政要的积极表态来看，多数海上丝绸之路沿线国家对于中国的这一倡议大多持肯定与积极参与的态度。例如，斯里兰卡总统马欣达·拉贾帕克萨表示，21 世纪海上丝绸之路构想，对斯里兰卡经济发展具有重要意义，斯方将同中方密切配合并积极参与相关建设，为这条海上区域经济合作走廊增光添彩。老挝总理通邢表示，丝绸之路的复兴无疑会给本地区带来更大发展，给本地区人民带来繁荣和幸福。老挝全力支持"一带一路"倡议，将与各国一道，深度参与区域合作。印度尼西亚驻华大使苏庚表示，加强海上丝绸之路与邻国的经贸合作与文化交流，将极大地造福这些国家与人民。印度尼西亚非常欢迎中国这种互惠互利的双赢之举。① 此外，作为中国推动"一路一带"建设的重要配套举措，亚洲基础设施投资银行（简称"亚投行"，重点支持亚洲地区的基础设施建设，总部设在北京）从启动筹建至今，短短半年时间，得到了许多国家的积极回应，吸引了包括多数海上丝绸之路沿线国家与部分欧洲发达国家在内的五大洲 57 个国家成为意向创始成员国②，将成为真正意义上的"立足亚洲、面向全球"的新型多边融资平台。这也从一个侧面反映出，海上丝绸之路沿线国家乃至不少区域外国家（包括一些西方主要发达国家）对中国主导的建设 21 世纪海上丝绸之路这一战略构想的热衷程度与积极参与的意愿。

（四）两岸共建 21 世纪海上丝绸之路的威胁分析

1. "台独"势力的干扰和破坏

长期以来，以民进党为代表的"台独"分裂势力始终是发展两岸关系、深化两岸交流合作的关键障碍。由于两岸共建 21 世纪海上丝绸之路的进程必然涉及岛内各界极为关切的台湾参与国际事务与区域经济合作等敏感议题，"台独"势力必定会不择手段，以所谓维护台湾"国家安全"和经济利益，避免被大陆"矮化"为由强烈反对两岸在这一议题上开展实质性合作，阻挠两岸共建海上丝绸之路的进程。随着国民党在 2014 年年底的"九合一"选举中落选，代表民进党参选 2016 的蔡英文在之后的"大选"中胜选的可能性大增。而一旦民进党重新上台执政，由于其仍然坚持"台独"分

---

① 《国外政要如何看中国海上丝绸之路》，人民网，http：//world．people．com．cn/n/2015/0210/c1002-26539192.html（2015 年 2 月 10 日）[2015 年 4 月 30 日]。

② 截至 2015 年 4 月 15 日，亚投行意向创始成员国确定为 57 个，成员遍及五大洲，包括亚洲 34 国，欧洲 18 国，大洋洲 2 国，南美洲 1 国，非洲 2 国，其中域内国家 37 个、域外国家 20 个。涵盖了亚欧区域的大部分国家，包括海上丝绸之路沿线的主要国家，以及除美国、日本之外的主要西方国家（英国、法国、意大利、德国），并囊括 5 个金砖国家（中国、俄罗斯、巴西、印度和南非）。

裂立场与"反中"思维，不认同"九二共识"这一两岸关系和平发展的政治基础，两岸政治互信必将受到冲击，两岸交流合作进程必将难以扩大与深化，甚至陷入停滞不前的僵局，从而严重危害来之不易的两岸关系和平发展大局。到那时，由于缺乏台湾方面的主动配合与积极参与，两岸共建 21 世纪海上丝绸之路恐怕只能沦为纸上谈兵。可以预见在未来相当长一个时期，民进党等"台独"分裂势力的干扰和破坏仍然是两岸共建 21 世纪海上丝绸之路的主要威胁因素。

2. 美日两国的插手与干涉

一方面，美国作为当前体系中唯一的超级大国，其国际地位很大程度上建立在其所拥有的海权优势之上，日本作为岛国，向来以海洋立国，长期以来非常重视外向型的海洋战略，不择手段地谋取海洋权益。中国推出 21 世纪海上丝绸之路战略，进一步提升海洋影响力，容易被美国和日本解读为对两国海洋影响力的侵蚀及对其政治、经济及安全利益的损害，必将引发美日两国强烈的疑虑。再加上海上丝绸之路沿线许多国家的战略位置相当重要，长期以来一直是大国争夺的焦点，美日两国在上述国家均存在重要的政治经济与战略利益。21 世纪海上丝绸之路的成功，将意味着美国"亚太再平衡"战略在制约中国方面的目标很大程度上落空[①]；也将使日本在与中国进行地缘政治及亚洲主导权的竞争中彻底处于劣势。因此，在美国奥巴马政府大力推进"重返亚洲"与"亚太再平衡"战略的背景下，长期将中国视为竞争对手的美国与日本，出于自身战略利益考虑恐将不择手段对中国主导的 21 世纪海上丝绸之路建设进行干扰与破坏。另一方面，美国和日本对于两岸关系和平发展的心态是相当复杂的。虽然美日两国对于两岸关系的改善总体上持"乐观其成"的肯定态度；但是出于自身国家利益考量，美日两国始终不愿意放弃"以台制华"的战略，长期将台湾视为遏制中国崛起的重要棋子，因此并不乐见两岸关系发展太快，担忧两岸进一步深化交流合作，共建 21 世纪海上丝绸之路会损害两国的战略利益。可以预见，未来美日两国对两岸共建 21 世纪海上丝绸之路会在战略上进行负面解读，很有可能使出种种"小动作"对两岸围绕这一议题开展的合作进行干扰与破坏。因此，在未来一段时间，两岸共建 21 世纪海上丝绸之路的进程很可能因为美日两国的插手与干涉而进展缓慢。

3. 沿线国家的政治经济风险

在威胁两岸共建 21 世纪海上丝绸之路的外部威胁因素方面，除了美日因素之外，还必须高度重视沿线国家可能存在的政治经济风险，主要表现在三个方面：一是某些国家与中国存在的领土争议与地缘政治矛盾。如菲律宾、越南等东盟国家与中国存在南海岛屿的主权争议，在短期内难以获得根本性解决。个别东盟国家甚至为此甘当美国制衡中国的马前卒，在美国的支持下不断挑起与中国的南海主权纠纷，从而使上述国家参与 21 世纪海上丝绸之路建设的意愿大打折扣。又如，印度与中国存在地缘政治

---

① 周方银：《中国的进取之心与开拓之路》，《南风窗》2014 年第 23 期。

矛盾，担忧两岸共建 21 世纪海上丝绸之路将提升中国在南亚和印度洋的影响力，因此很可能会对中国的这一战略构想产生一定的防范心理，未必会积极参与其中。二是某些国家政经局势变化而带来的双边合作与投资风险。许多海上丝绸之路的沿线国家都是正处于社会和经济结构转型时期的发展中国家，在安全和发展方面普遍存在不确定性矛盾，其中地处中东、中亚以及南亚这一"战略不稳定弧"的国家尤其如此。① 有的国家面临或刚经历政治转型，或者由于其他原因而不同程度地存在政治稳定性差、政权更迭频繁等方面的问题，均可能因为政局变迁或外来大国势力的介入而改变对华政策，进而转变对参与建设 21 世纪海上丝绸之路的态度。还有不少国家存在基础设施落后、经贸法规薄弱、市场容量不足、投资条件有限的情况，也将增加中国企业在上述国家投资及双边经贸合作过程中的经济风险。尤其是中国在一些沿线国家投资建设的基础设施建设项目就可能因为所在国政经局势变化、环境保护或民众抗议等被暂停、搁置甚至取消，这将极大影响 21 世纪海上丝绸之路建设的进展。例如，2015 年初价值约 15 亿美元的斯里兰卡科伦坡港口城项目被斯里兰卡新政府叫停，新政府的态度在很大程度上影响该项目的命运。三是沿线国家的内部差异性及成员国之间的矛盾。目前国际地缘政治环境复杂，建设 21 世纪海上丝绸之路涉及国情不同、政治制度与经济社会发展水平存在巨大差异的 30 多个国家，有些国家（如印度和巴基斯坦）之间还存在颇为深刻的矛盾。国与国之间的差异、国家的内部建设、国家之间的政治经济与安全矛盾，这无疑增大了不同国家之间相互协调与配合、共同推进 21 世纪海上丝绸之路建设的难度。

三　两岸共建 21 世纪海上丝绸之路的策略思考

通过对现阶段两岸共建 21 世纪海上丝绸之路的优势、劣势、机会与挑战进行综合分析后，不难发现，两岸加强交流合作、携手共建 21 世纪海上丝绸之路是一个高度敏感和复杂的议题，不仅涉及两岸之间的问题，还涉及岛内局势和台湾民意的发展变化，更涉及美国、日本及沿线国家的态度与意愿等。因此，面对这个议题，两岸不能操之过急，应当在反对"台独"，坚持"九二共识"，不违背"一个中国原则"的前提下，遵循"先易后难""循序渐进""官民并举"的原则，积极采取有效措施，构建多元合作机制，加强互联互通建设，深化海丝文化交流，推进闽台经济融合，从而共同推进21 世纪海上丝绸之路建设进程，分享这一伟大战略构想带来的巨大红利。

（一）构建多元合作机制

构建多元化的长效合作机制有利于调动两岸各界的积极性和参与热情，保障两岸共建 21 世纪海上丝绸之路的进程不会因为岛内局势的变化尤其是党派轮替而中断，为

---

① 周文重：《推进"一带一路"面临地缘政治风险和国际金融风险》，人民网，http://lianghui.people.com.cn/2015cppcc/n/2015/0311/c394394-26676851.html（2015 年 3 月 11 日）［2015 年 4 月 30 日］。

两岸在这一领域合作的可持续发展提供制度化保障。所谓"多元合作机制",主要包括三个层次:一是搭建两岸"官方"或"准官方"的协商机制。两岸可以利用目前运作比较成熟的两岸两会以及在两会框架下设立的两岸经济合作委员会等协商平台,让两岸行政官员戴上"白手套",直接坐上谈判桌进行对话,共商两岸共建 21 世纪海上丝绸之路大计。二是构建民间层面的合作机制。两岸民间层面可以共同发起,由政界、商界、学界人士共同组建"两岸共建 21 世纪海上丝绸之路促进会"之类的民间社团,吸引岛内舆论与民意关注这一议题,提升台湾各界尤其是更多民间团体参与 21 世纪海上丝绸之路建设的热情与意愿。三是设立学术创新机制。两岸可通过定期举办研讨会(如每年在两岸轮流举办高层次的 21 世纪海上丝绸之路国际研讨会)、共组团队研究、考察调研等形式,邀请两岸相关专家学者就相关议题进行深入研究和学术交流,搭建学术创新机制,为有志于"走出去"的两岸企业提供咨询服务与智力支持,为两岸共建 21 世纪海上丝绸之路建言献策。

(二) 加强互联互通建设

对于如何构建"丝绸之路经济带",习近平总书记提出了加强政策沟通、道路联通、贸易畅通、货币流通、民心相通的"五通"举措。笔者认为,这"五通"也同样适用于指引 21 世纪海上丝绸之路建设。两岸共建 21 世纪海上丝绸之路,应秉持这一思路,率先推进以"五通"为核心的两岸互联互通,在此基础上推进两岸与海丝沿线国家的互联互通建设。主要策略:一是加强政策沟通,促进区域经济整合。加强两岸与海上丝绸之路沿线各国产业政策、贸易政策、货币政策等宏观经济政策的沟通、协调与对接,必要时各方可通过沟通协商共同制定推进区域经济发展的总体规划和发展战略,为促进区域经济融合创造条件。二是加快基础设施建设,实现"道路"① 联通。两岸与海上丝绸之路沿线国家要加快推进跨境公路、铁路、港口、码头、机场等基础设施建设,加强各方在港口码头、物流园区、集散基地和运送中心等方面的合作,构筑海陆空路路畅通的综合立体大交通体系,逐步形成日益便捷的连接两岸与海丝沿线国家的交通运输网络,为沿线国家民众往来和经济发展提供便利。三是深化经贸合作,实现贸易畅通。继续推进 ECFA 后续协商进程,加快推动两岸服贸协议生效实施,力争尽快签署高水平的两岸货贸协议,促进两岸经济合作机制化、制度化、自由化乃至一体化,为台湾以适当名义参与亚太区域经济合作创造条件。全方位提升两岸与海上丝绸之路沿线国家的经贸关系,全力打造中国—东盟自贸区升级版,加快推进区域全面经济伙伴关系(RCEP)等亚太区域经济合作机制的谈判进程,全面推进区域贸易自由化和区域经济一体化进程,为建设 21 世纪海上丝绸之路提供长远的制度支持。四是推动金融合作,实现货币流通。加强两岸金融合作,推动两岸货币便捷双向流通,推动台湾成为新的"人民币离岸中心"。推进人民币的区域化与国际化进程,加强两岸与海

---

① 此处"道路"的内涵可以引申为包括公路、铁路、水运、航空、信息通信等在内的广义的交通运输方式。

上丝绸之路沿线国家的金融合作，为两岸与海丝沿线国家之间货币的自由流通创造条件。加快筹建亚投行，推动台湾以适当名义（如中华台北、台澎金马个别关税领域等）与方式加入亚投行，积极争取更多国家和地区加入，为建设 21 世纪海上丝绸之路提供便利的投融资支持。五是加强人文交流，实现民心相通。深化两岸文化领域交流合作，加强两岸民众交流交往，共建两岸命运共同体，打造两岸同胞的"共同家园"，实现两岸同胞的情感融合与心灵契合。加强两岸与海丝沿线国家在文化、教育、社会领域的交流合作，增进相互了解和传统友谊，为开展区域合作，共建 21 世纪海上丝绸之路奠定坚实的民意基础和社会基础。

（三）深化海丝文化交流

从历史上看，海上丝绸之路不仅是东西方互通有无的"商贸之路"，也是沿线各国各民族文明交流的"文化之路"。海上丝绸之路文化（简称"海丝文化"）正是在沿线诸族群海洋文化的各自繁衍与相互交流的过程中不断形成和发展的，是一种海洋性浓重兼具本土性与国际性、主体性与多元性，不断融合东西方文化的世界文化。[①] 如今随着经济社会的高速发展和全球化进程的加速，世界各国的文化碰撞变得更加频繁。因此，两岸共建 21 世纪海上丝绸之路，除了加强与沿线国家的互联互通、经贸合作之外，还要不断深化海丝文化交流合作，共同传承与弘扬海丝文化。主要策略：一是深度挖掘海丝文化遗产。加强两岸与相关国家研究机构的合作，共同研究海上丝绸之路的历史渊源与文化内涵，加速对海丝重点文化遗产（如港口遗址、聚落遗存、南海沉船打捞等）的考古挖掘，加大对海丝文化遗产（包括物质文化遗产和非物质文化遗产）的保护力度。二是大力宣传推广海丝文化。两岸应组织文艺工作者以海上丝绸之路为素材创作一批高规格、高水平、民众喜闻乐见的文艺作品，通过小说、诗歌等文学作品、影视作品以及文艺会演、艺术会展、文物展览等多种形式，利用报刊、广播电视和新媒体等传播平台，全面、生动、形象地向海外宣传与推介海上丝绸之路的历史文化。尤其要精心策划，办好一些宣传推广海丝文化的重点项目，如海上丝绸之路国际合作论坛、海上丝绸之路影视节、海上丝绸之路文化艺术节、海上丝绸之路历史回顾及精品文物展，组织大型舞剧"丝海梦寻"等文化精品创作和赴海外展演等，强化与海上丝绸之路沿线国家的文化联系和情感交流。三是发展海丝文化产业。两岸可以尝试以海上丝绸之路历史文化为内容，瞄准海上丝绸之路沿线国家的文化市场，共同设计和打造一批具有中华文化特色的文化创意产品，推动中华文化在海丝沿线国家的深入传播。加大两岸与海上丝绸之路沿线国家旅游业的合作力度，制定海上丝绸之路沿线旅游合作发展规划，共同推出重走海上丝绸之路旅游线路、重走郑和下西洋线路之旅、探秘南海沉船之旅等以海丝文化为主题的深度旅游或短途旅游线路，带动旅游、宣传、交通、餐饮、文创、娱乐等相关产业的发展，从而带动海丝文化资源的开发和

---

① 周鑫：《繁荣海上丝绸之路文化　推进 21 世纪海上丝绸之路建设》，《新经济》2014 年第 31 期。

旅游产业的发展，为沿线国家创造可观的旅游观光效益，推动以海丝文化遗产为主体的旅游经济和文化产业成为沿线国家社会经济发展的新增长点。

（四）推动闽台经贸融合

福建地处我国东南沿海，是海上丝绸之路的重要起点和发祥地，是联结台湾海峡东西岸的重要通道，是太平洋西岸航线南北通衢的必经之地，历史辉煌，区位独特，优势明显，在建设 21 世纪海上丝绸之路中具有不可替代的重要地位。① 福建也是台湾同胞和海外侨胞的主要祖籍地，侨台优势突出。作为中国改革开放的先行地区和重点发展区域，福建长期以来与东南亚等海上丝绸之路沿线国家有着紧密的经贸合作关系，在对台交流方面充分发挥"五缘"优势，着力"先行先试"，闽台经贸文教交流合作成效显著。因此，面临两岸关系和平发展与福建积极推进 21 世纪海上丝绸之路核心区建设的历史机遇，应发挥闽台经济互补性强的优势，进一步密切闽台经贸合作，将推动闽台经济深度融合发展作为两岸共建 21 世纪海上丝绸之路的重要路径。主要策略：一是加快闽台自贸区（自经区）对接合作。加快福建自由贸易试验区建设，支持福建自贸区与台湾自经区（即"自由经济示范区"）的对接合作，着力将福建自贸区建成海峡两岸经济人文融合示范区和海上丝绸之路建设先行区。二是推动闽台产业深度对接。加强以整合闽台产业链为目标的产业合作，积极推动重点合作项目和政策的实施，加强闽台先进制造业、高科技新兴产业、现代农业和现代服务业的合作对接，把金融业、现代农业、旅游业、文化创意产业、生物科技产业等作为闽台产业合作新的增长点，进一步加快实施闽台产业对接升级。三是加强闽台海洋经济合作。依托福建加快建设海峡蓝色经济试验区的契机，不断拓展闽台海洋经济开发合作领域，优先开展海洋资源开发、远洋捕捞、海产养殖、渔业加工、海洋科技和海上旅游等领域的合作，推动闽台共同开发海洋资源、发展海洋经济、维护海上安全、促进海洋可持续发展。四是探索两岸经济合作新机制。创新闽台贸易往来、产业合作、金融合作、双向投资机制，继续推进厦门综合配套改革试验，加快平潭综合实验区开放开发，积极探索建立互利共赢的两岸经济合作新机制与新模式。五是共同挖掘海丝建设的商机。以福建自贸试验区、平潭综合实验区、保税港区、出口加工区为载体，重点吸引台湾产品在福建加工增值后再出口到东南亚等海丝沿线国家。加快推动福建口岸与台湾关贸网络全面对接，吸引台资企业借道福建拓展东盟等海丝沿线国家的出口市场。② 积极推动福建企业入岛，推动闽台企业签订策略联盟、股权交换等，推动福建企业依托台湾这一跳板"走出去"，共同挖掘海上丝绸之路建设的巨大商机。③

（作者：刘凌斌，福建省社会科学院现代台湾研究所助理研究员）

---

① 尤权：《打造 21 世纪海上丝绸之路重要枢纽》，《求是》2014 年第 17 期。

② 吴崇伯：《福建构建 21 世纪海上丝绸之路战略的优势、挑战与对策》，《亚太经济》2014 年第 6 期。

③ 王敏：《台湾参与"21 世纪海上丝绸之路"的战略构想与可行路径》，《亚太经济》2015 年第 1 期。

泉州圭峰史迹与海洋文明探析

刘文波

摘　要：泉州峰尾已有600多年的港城历史，圭峰塔、"姑妈"义烈宫是圭峰文化的具体象征，见证了峰尾半岛人民自古以海为田，从事海洋捕捞、近海养殖与航运贸易的发展历程，彰显了峰尾的海洋文明历程。

关键词：圭峰；峰尾；历史遗迹；海洋经济

泉州曾经拥有十分发达的"海丝文明"，这是基于宋元时期泉州社会经济的发展与海外交通贸易的兴盛，由此奠定了其"东方第一大港"的地位。学者在追寻这一历史时期泉州"海丝文明"之发展场景的同时，也关注现实中泉州地面之史迹。泉州湾古沉船、九日山祈风石刻、清真寺、灵山圣墓、摩尼教草庵、天后宫、聚宝街、真武庙等等，真实再现了泉州"海丝文明"之发展，也形象展现了"多元文化宝库""世界宗教博物馆"等有关泉州之美誉。圭峰—峰尾，作为泉州下辖的古港古城，也是新兴石化港口城市——泉港的文化重镇，其保有以圭峰塔为代表的较多历史遗迹，也向世人诉说着圭峰曾经有过的海洋文明。

圭峰，今泉州市泉港区峰尾镇之代称。峰尾地处湄洲湾南岸尾端，是一个濒海半岛。峰尾镇于1999年成立，下辖诚峰、诚平、前亭、上楼、联岩、峥嵘、郭厝、奎壁等8个行政村。其实，圭峰主要是指现在峰尾镇之核心区诚峰、诚平、前亭三村。

峰尾虽建镇时间较短，但其建城、建港历史则较早。峰尾地处泉州东北沿海凸出半岛，地域不大，却是南北水陆交通要冲，历史上曾是抗击倭寇的战略要地，明初峰尾即修筑城池与烽火台以防御倭寇。据地方历史文化研究者的考证，明洪武二十年（1387），江夏侯周德兴至惠邑筑城，峰尾城居其一。[①] 今《惠安县志》亦载有：明代，福建沿海包括惠安在内屡遭倭寇的侵扰，为了巩固海防，先后筑起崇武、莲城、东山、浮山、峰尾、辋川海滨6城和惠安县城，烟墩23座，形成了比较完整的防御设施。[②]"烟墩即烽火台，是配合城池而建，用于守望报警，联络御敌。县内古烟墩尚能见其遗

---

① 刘宗训：《峰尾名镇与圭峰文化叙略》，福建美术出版社2012年版，第116页。

② 惠安县地方志编纂委员：《惠安县志》，方志出版社1998年版，第984页。

址有肖厝烟墩……峰前烟墩、峰尾烟墩和后张烟墩等。现已遭破坏。"[1] 据考证：峰尾始建城时，首段城墙位于城东北石狗尾高阜处至东安澳一带，连接烟墩山，山上建烽火台，一直延伸到圭峰塔附近一带开阔地，"旧城顶"遗址至今尚存。至明隆庆六年（1572）重建大环城，设东、西、南、北四大城门，浚沟护城，容民居之。大环城内建筑林立，石铺街道四向纵横，有东街、西街、南街和中街、后街，店铺林立，市肆繁荣。遗憾的是，抗战时期，先经敌机轰炸，后遭人为破坏，整座古城被夷为平地。[2]

有关峰尾港的最早记载亦出现在明代，据《惠安县志》记载：峰尾港在湄洲湾口，总称峰尾澳，由诚峰、诚平及前亭3处澳口组成。明代设巡检司。诚峰村的姑妈宫澳为其主要澳口，港地面积较大，适宜船舶停泊和避风。1973年建设有突岸式简易码头（泊位长30米，环港防波堤有200多米）。[3] 2012年5月，峰尾一级渔港（诚峰）工程项目获得国家农业部立项批复。因此，以峰尾港为依托，峰尾私人海商自明代乃至更早时期就已活跃在南北海运与对外贸易之中，如《惠安县志》载：宋元之际，獭窟、肖厝、黄崎（莲城）、峰尾等地航商非常活跃，船只装载鱼盐、黑白砂糖。"浮海鬻吴、越间"，并运销海外。明中叶，以航海为业的惠安沿海人民"冬易浙米而南，春易广米而北，闽海赖以无乏食之民"[4]。

有着600多年建城、建港历史的峰尾至今留有一些史迹，一定程度上保存着过往繁华的景象，也向今人传递了峰尾古城古港那段曾经有过的海洋文明。其中具有代表性的就是圭峰塔。

圭峰塔建于今峰尾镇诚平村塔仔澳山上。始建于元代，明崇祯年间（1628—1644）倒塌，清嘉庆三年（1798）重建。塔为石构空心楼阁式，二层方形，高3米，有两层塔基。塔底层内墙浮雕一菩萨像，其右勒"重建圭峰塔记"。上层收分，门楣上阴刻楷书"圭峰塔"。塔顶有葫芦塔刹。[5] 圭峰塔座下的峭壁上还刻有"观澜"二字。从《重建圭峰塔记》中了解到圭峰塔之名源起于塔前之"有石曰圭峰石"，此记中还说明了圭峰塔的始建年代与重建的过程，以及"终元之世，泉人第进士者，惟琦一人"的卢琦曾读书于此的故事。[6]

民间流传圭峰塔有着镇海观澜、避邪御灾之灵效，周边渔民出海之前也常前往烧香祈风。其实，圭峰塔顶之葫芦塔刹是一卯榫结构的活动装置，具有指引船舶出港入澳的航标作用，由于圭峰塔位于海滨高处，又面向湄洲湾，成为一座天然的航标。值得称道的是，圭峰塔门两侧石刻对联"作东南巨镇，起海国文明"，浓缩了有着600多

① 惠安县地方志编纂委员：《惠安县志》，方志出版社1998年版，第986页。
② 刘宗训：《峰尾名镇与圭峰文化叙略》，福建美术出版社2012年版，第116—123页。
③ 惠安县地方志编纂委员：《惠安县志》，方志出版社1998年版，第432页。
④ 同上书，第445页。
⑤ 同上书，第994—995页。
⑥ 刘宗胡、许力量：《圭峰文化的象征——圭峰塔》，圭峰文化研究会编委会《圭峰文化研究》（1），1998年版，第36页。

年历史的峰尾古城古港的海洋文明发展历程，也道出了圭峰人民的美好愿望。由此，圭峰塔成为圭峰文化的象征，成为当地弥足珍贵的文物古迹。圭峰塔于 1957 年、1979年分别被列为惠安县重点文物保护单位。1997 年成为肖厝管委会第一批文物保护单位及旅游文化风景点，并载入"泉港文化遗产"①。

作为供奉"姑妈"的义烈庙在圭峰人民心目中同样具有极高的地位，也是当地的文化象征。《峰尾名镇与圭峰文化叙略》载：义烈庙位于今诚峰村圭峰半岛东北濒海处，坐东北向西南，始建于明嘉靖年间（1507—1567），清嘉庆十九年（1814）重修再建。系抬梁斗拱土木结构，硬山顶宫殿建筑，面阔进深各三间，主体建筑占地面积 175平方米，几经修拓，山门、中厅、双天井、庑廊、殿堂等建筑完整。殿内有明大学士史继阶、张瑞图与都御史郭必昌的题词。1957 年，义烈庙被列为惠安县县级文物保护单位；1997 年 4 月被肖厝管委会公布为第一批区级文物保护单位。②

峰尾"姑妈"在圭峰人民心目中如同邻近的湄洲妈祖一样具有同等重要的地位。峰尾"姑妈"名叫刘益娘，生于明弘治十二年（1499），逝于明正德十三年（1518）。如同湄洲妈祖林默娘，峰尾民间一直流传着"姑妈"刘益娘"济世安澜"的故事。她们生前都能为人治病救灾，救急扶危。逝后都能显灵拯救海难，并常示梦显圣，在惊涛骇浪中救过许多渔民与过往商船，更有联手抗击倭寇入侵等传说。因此，邻近讨海为生的人们一般在出海之前要前往祭海求签，"姑妈"刘益娘深得圭峰人民敬仰。

无论是圭峰古城古港，还是圭峰塔与义烈庙，都体现了圭峰文明与海的亲近，承载着圭峰人民曾有过的"作东南巨镇，起海国文明"的海洋发展历程。圭峰文明与海的亲近，圭峰人民以海为生，则是圭峰当地的地理资源条件所决定的，由此形成了海洋捕捞、近海养殖与航运贸易三大传统海洋经济发展模式。

峰尾镇现有人口约 5.5 万人，陆域面积仅为 11 平方千米，自古以来就深受地少人多之困扰。尤其是圭峰文明所处核心区诚峰、诚平、前亭三村，人口密集，可耕土地严重不足。但峰尾镇所处海域面积则达 32 平方千米，海岸线长达 13 千米，可利用滩涂面积达 600 公顷以上，为峰尾人民提供了得天独厚的海洋资源。因此，古代峰尾就已形成了与我国其他地区不同的经济发展模式，渔农并举，以渔为主。入宋之后，惠北沿海的捕捞作业以定置网及内海围网为主，牡蛎养殖业亦已出现；元时，有人使用手杆钓捕淡水鱼；明时，渔民使用大型对船拖网，四季皆渔；清时，大钓船钓艚作业"名闻江浙十四澳"。③

峰尾的海洋捕捞由来已久，明洪武十六年（1384），惠安沿海 8 澳设有河泊所，征收渔课，峰尾就是其中之一，说明明初峰尾渔业发展已具有一定的规模，因此引起地方政府的关注并加强管理和征课。明正德（1506—1521）后，沿海渔场向外扩展，峰

① 刘宗训：《峰尾名镇与圭峰文化叙略》，福建美术出版社 2012 年版，第 312 页。
② 同上书，第 313 页。
③ 惠安县地方志编纂委员：《惠安县志》，方志出版社 1998 年版，第 3 页。

尾渔民已开始转移到浙江渔场生产。明嘉靖九年（1530），海洋捕捞已有旋网、牵丝链网、拖网、扦揪小网、手摇网、方网等19种作业技术。20世纪80年代以来，更是形成了以钓、拖网、机灯光围网、定置和流刺网5大作业为支柱，张网、敷网、地拉网、掩网、抄网等作业为辅的生产方式，生产手段不断改进。①

钓鱼业历来在海洋捕捞中占有重要地位，清后期，峰尾渔民就开始发展50—60吨位的大钓船，当时峰尾钓船数就高达90多艘。钓船各背带附属舢板四艘，冬讯钓捕带鱼。民国21年（1932），峰尾共有小钓船180多艘，大钓船4艘，渔民800多人，钓业盛极一时。②

拖网也是海洋捕捞中传统作业之一，曾形成网仔、漏尾、竖乌、牵虾等作业形式。1962年，惠安一对配置100马力的机帆船（时称"大钓机"）在峰尾前亭澳率先诞生，可背带舢板八艘。由于采用以柴油机为马力推动，加上风帆助航，有着稳定性好、航速快、运载力大的特点，更适应外海长汛生产，使钓带产量大大提高。因此在20世纪70年代，机帆船迅速发展；20世纪80年代在惠安沿海外洋捕捞中机帆单船拖网得到大力推广。1987—1990年，峰尾渔业连续四年总产量居惠安县之首。③

随着生产技术的进步与沿海渔业资源情况的变化，明正德（1506—1521）年间，沿海渔场向外扩展，峰尾渔民已开始转移到浙江渔场。明后期，其活动区域北至江苏吕泗渔场以至沙外、上海、浙江；南抵广东、海南岛以至北部湾；东抵中国台湾。④ 1989年远洋捕捞甚至北到韩国的济州岛附近1442海区，东至近日本海岛的1596海区进行生产。⑤

近海养殖则是圭峰海洋经济发展的另一主要方式。峰尾海域位居湄洲内湾中部，海域面积较广，浅海滩涂辽阔，风平浪小，潮流畅通，透明度大，水质较好，是天然的内湾渔场，海洋资源十分丰富，盛产鲈、鲷、黄鱼、鳗、石斑鱼等，也是贝藻类生长的天然场所。⑥

牡蛎（俗称蚝）和缢蛏养殖历史较早，惠安沿海传统养殖品种为牡蛎，北宋年间就已掌握人工养殖；民国时期在惠安沿海地区，如峰尾、奎壁、山腰等地普遍展开。⑦新中国成立后，峰尾近海滩涂养殖有了长足发展，新增加海水养殖面积3668亩，拓展了浅海滩涂面积近两万亩，主要有下列品种：牡蛎、紫菜、江蓠、海带、紫贻贝、缢蛏、花蛤、对虾、鲍鱼等。⑧ 目前峰尾镇近海养殖紫菜2300亩以上，牡蛎6300亩左

① 惠安县地方志编纂委员：《惠安县志》，方志出版社1998年版，第267页。
② 同上书，第268页。
③ 刘宗训：《峰尾名镇与圭峰文化叙略》，福建美术出版社2012年版，第227—228页。
④ 惠安县地方志编纂委员：《惠安县志》，方志出版社1998年版，第274页。
⑤ 刘恢宝：《圭峰渔业的兴起和沿革》，圭峰文化研究会编委会《圭峰文化研究》（3），1999年版，第15页。
⑥ 同上书，第18页。
⑦ 惠安县地方志编纂委员：《惠安县志》，方志出版社1998年版，第280页。
⑧ 刘恢宝：《海水养殖的引进与改革》，圭峰文化研究会编委会《圭峰文化研究》（3），1999年版，第19—27页。

右，缢蛏 1100 亩以上，花蛤 800 亩左右，海带 300 亩左右，有鳗鱼网 1000 余张，内海定置网 200 余张。① 由此实现了峰尾人民以海为田的梦想，成为峰尾人民赖以为生的一种海洋经济发展方式。

俗言："一方水土养育一方人氏。"峰尾人民"养捕并举"，实现了"耕海牧洋"的壮志。良好的港湾优势与开港通商又为峰尾人民走出大陆、交通四海、发展航运贸易提供了可能。

峰尾私人海商以峰尾港为依托，自明代乃至更早时期就已活跃在南北海运与对外贸易之中。据地方历史文化研究者之考证，峰尾航运贸易之兴盛应始于渔业的转场生产，随着渔业的发展，带动了航运贸易的发展，时间应追溯到清康熙年间（1661—1722）。② 至清光绪年间（1871—1908），峰尾有大小渔船 100 多艘，商运船 80 多艘，规模较大的如峰尾三房楼仔刊拥有商船 13 艘，开辟了北至大连、旅顺，南到汕头、南澳等地的航线。抗日战争前后，峰尾航运贸易繁盛一时，时有"小上海"之美誉。

抗战时期，日寇对沿海地区进行了经济封锁，严重影响了沿海人民的生命安全和渔业生产。但是，战争时期各地物资的紧缺却为海运贸易创造了条件。抗战时期，有着丰富航海经验与精湛航海技术的峰尾人民，敢于冒险，纷纷弃渔从运从商。繁盛时有 85% 的渔民、农民插股参与经商，形成了抗战期间的"沈家门兴"和抗战胜利后的"台湾兴"，即这一时期峰尾航运商贸主要是与浙江普陀沈家门或台湾地区往来。在"沈家门兴"时期，圭峰半岛拥有大小航运商船 150 多艘，船号遍及峰尾城内、城外后山、打艮大圭、前亭各地达数十家；峰尾当地有大小商行 60 多家，峰尾街形成各类行店 90 多家，③ 由此盛极一时，故有时谣颂之："峰尾小上海，财源滚滚来；消灭日本鬼，台湾再兴起；撞风又破浪，富裕和兴旺。"

总之，"一方土地养育一方人氏，一方人氏创造一方文化"，地域文化乃是地理与历史两者相互作用的结果。圭峰文化就是在峰尾半岛这一特定地理环境和圭峰人民"耕海牧洋"的发展中孕育生成的。圭峰文化的象征，无论是作为航标的圭峰塔，还是深受峰尾人民膜拜的"姑妈"义烈宫，其中都寄托着峰尾人民"作东南巨镇，起海国文明"的豪情，也隐含着对"姑妈"于惊涛骇浪中"安澜海国，扶危济困"的敬畏，体现了圭峰人民对海的憧憬，对海的敬畏，更说明了圭峰人民与海的亲近。因此，无论是史迹——圭峰塔、"姑妈"义烈宫，还是峰尾半岛传统经济发展方式——海洋捕捞、近海养殖与航运贸易，均彰显了峰尾的海洋文明的发展历程。

（作者：刘文波，泉州师范学院政发学院副教授、副院长）

---

① 刘宗训：《峰尾名镇与圭峰文化叙略》，福建美术出版社 2012 年版，第 237 页。

② 同上书，第 289 页。

③ 同上书，第 288—290 页。

孙吴与海丝沿线国家的经济文化交流

刘亚轩

摘　要：三国时期，孙吴政权的统治范围主要在今天的江浙一带。为了在三国对峙中立于不败之地，孙吴政权积极与海丝沿线国家进行经济文化交流。

关键词：孙吴；海上丝绸之路；经济文化

东汉末年爆发的黄巾大起义，最终导致魏、蜀、吴三国鼎立局面的形成。孙吴政权定都建业（今南京）。为了增强自己的经济实力，扩大国际影响力，从而在三国对峙中立于不败之地，孙吴政权积极利用靠近海边的有利地势，大力与海丝沿线各国进行经济文化交流。

一　与印度的交往

印度古称天竺，又名身毒，汉武帝时，印度曾进献连环羁。《史记》记载张骞在大夏时见到邛竹杖、蜀布。在国外见到中国的东西，张骞感到奇怪，于是他就问大夏人从哪里得到这两样东西。大夏人回答是从印度贩卖而来的。《史记》载："身毒在大夏东南可数千里，其俗土著，大与大夏同，而卑湿暑热云。其人民乘象以战。其国临大水焉。"[①] 可见汉代时中国已对印度有了基本的了解。孙吴派康泰、朱应出使扶南时，在扶南就遇见过印度的使者。

印度的佛教在两汉之际传入中国。汉明帝曾经梦到一个金人，"长大，顶有光明，以问群臣。或曰：'西方有神名曰佛，其形长丈六尺而黄金色。'帝于是遣使天竺问佛道法"[②]。孙吴时，印度的佛像艺术经缅甸传入云南、浙江，后来又传入日本。这就是佛像的南传之路，比从西域进入中国的北传之路还要早。

康僧会，世居天竺，是一位得道高僧。他"厉行甚峻，为人弘雅，有识量，笃志好学，明解三藏，博览六经，天文图纬，多所综涉，辩于枢机，颇有文翰"[③]，是佛教

① 司马迁：《史记》，中华书局 1985 年版，第 3166 页。
② 范晔：《后汉书》，中华书局 1982 年版，第 2922 页。
③ 慧皎：《高僧传》，上海古籍出版社 1991 年版，第 6 页。

传人中国后第一位兼通佛、儒、道的大师。康僧会听说孙吴虽然已开始流传佛法，但风化不全，就立志到江浙弘扬佛法。东吴赤乌十年（247），康僧会到达孙吴都城建业。"吴主权召问，对曰：'如来圣迹，忽逾千岁，遗骨舍利，神曜无依。'吴主曰：'若得舍利，当为起塔。'乃请期，越三七日，忽闻铜瓦铿然有声，视之，果得舍利。吴主惊异，为起塔寺。"① 这座寺庙，名曰建初寺，是江南地区的第一座佛寺。康僧会在建初寺里译经传教，并且造了中国第一座寺塔——舍利塔。当时孙吴有一位精通佛经的学者，名叫陈慧，是浙江会稽人，康僧会与他交情很深。他们二人一起为佛经作注，传授佛学。康僧会一共译出十部佛经：《六度集经》八卷、《旧杂譬喻经》二卷、《吴品经》五卷、《菩萨净行经》二卷、《权方便经》一卷、《菩萨二百五十法经》一卷、《坐禅经》一卷、《法镜经注解》二卷、《道树经注解》一卷、《安般经注释》一卷。康僧会开创了佛教在江浙广布的崭新时代，是佛教传入江浙的第一功臣。康僧会死时，出现了种种奇异的现象。据《海盐县图经》记载："会尸解后，真身一现，水欣再现。金粟奇骨，瘦露眉间。时放光明，显灵异之迹。"②

二　与大秦的交往

大秦就是罗马帝国。大秦到中国路途遥远，大秦人往往通过海上丝绸之路与中国交往，因为陆上丝绸之路时常受阻。据《南史》《梁书》记载，早在汉朝时大秦就与中国发生了交往。"汉桓帝延熹九年（公元166），大秦王安敦遣使自日南徼外来献。汉世唯一通焉。"③ 大秦当时所献的礼物是象牙、犀角和玳瑁。从此以后，大秦和中国的交往日益频繁。大秦输入中国的货物主要是珊瑚、琥珀、金碧、珠玑、琅玕、郁金和苏合。"苏合是诸香汁煎之，非自然一物也。又云大秦人采苏合，先榨其汁以为香膏，乃卖其滓与诸国贾人。是以辗转来达中国，不大香也。"④ 大秦商人常常从海上丝绸之路经天竺、夫南、日南、交趾等中间站到中国进行贸易。"交趾、日南，是汉武帝统一岭南后设置的郡，三国时属于孙吴，经济文化比较发达，也是我国古代同东南亚诸国和西方贸易的主要港口。"⑤ 孙吴时大秦叫作犁鞬，又名海西国，"其地东西南北各数千里。有城邑，其城周回百余里"⑥。大秦盛产火浣布、明珠、大贝和金玉宝物。其火浣布尤为奇特，大受中国人的欢迎。曾经有人作赋盛赞火浣布："丹辉电近，彤炳星流。飞耀冲霄，光赫天枢。惟造化之所陶，理万端而难查……同五行而并在，与大椿其相

①　浙江省地方志编纂委员会：《清雍正朝浙江通志》，中华书局2001年版，第5595页。

②　同上。

③　张星烺：《中西交通史料汇编》，中华书局2003年版，第145页。

④　同上。

⑤　倪士毅：《浙江古代史》，浙江人民出版社1985年版，第48页。

⑥　房玄龄：《晋书》，中华书局1982年版，第2544页。

率……投之朱炉，载燃载赫。停而冷之，皎洁凝白。"①

　　孙权黄武五年（公元226），有个名叫秦论的罗马商人经由海上丝绸之路到达交趾。交趾太守吴邈立即派人送秦论到孙吴都城建业拜见孙权。孙权热情地接待了这位远方来客，并详细地询问了大秦的国家情况及风土人情。秦论——作了回答。当时诸葛恪征讨丹阳，得胜以后擒获一些黝歙短人。秦论觉得这些山越短人非常稀奇，告诉孙权在大秦这种人是很少见的。于是孙权就派会稽人刘咸送山越男女各十人给秦论作为礼物。不幸的是，刘咸于中途得病去世。秦论没有得到这份特殊的礼物就径自起程回大秦了。秦论于公元226年来到中国，一直到公元234年才回归故里。秦论在孙吴前后一共待了8年之久，必定对孙吴的情况比较熟悉，归国后告诉国人他在中国的所见所闻，肯定能够增加罗马人对中国人的了解。作为一国之主的孙权亲自接见秦论，并且仔细询问罗马的情况，这足以证明孙权非常重视与其他国家的交往。孙权是想与罗马建立良好的国际关系，从而进行正常的经济文化交流，以便增强孙吴的国力。

　　秦论是从海上丝绸之路到达中国并留下姓名的第一个大秦商人。他的到来表明"当时通过南洋诸国，（孙吴）与西方的交通已相当频繁"②。秦论的孙吴之行，在中国和欧洲的关系史上写下了浓墨重彩的一笔，掀开了中欧关系新的一页，同时，也为孙权遣使南海诸国开了先河。

三　与日本的交往

　　在我国的古书中，很早就有关于日本的记载。《后汉书》说："倭在韩东南大海中，依山屿为居，凡百余国。自武帝灭朝鲜，使驿通于汉者三十许国，国皆称王，世世传统。其大倭王居邪马台国。乐浪郡徼，去其国万二千里，去其西北界拘邪韩国七千余里。"③ 至于日本与江浙的关系，《后汉书》载："其地（指日本）大较在会稽东冶之东，与朱崖、儋耳相近，故其法俗多同。"④ 我国史籍明确记载的日本与中国最早的交往发生于建武中元二年，即公元26年。这一年，"倭奴国奉贡朝贺，使人自称大夫，倭国之极南界也"⑤。东汉光武帝刘秀赐使者以金印。从此以后，日本与中国交往不断。"安帝永初元年（公元108），倭国王帅升等献生口百六十人，愿请见。"⑥ 桓帝、灵帝时期，日本内乱，各派政治势力之间攻伐不已。后来，有一个叫卑弥呼的女子，"年长

① 张星烺：《中西交通史料汇编》，中华书局2003年版，第147—148页。
② 罗宗真：《六朝考古》，南京大学出版社1996年版，第246页。
③ 范晔：《后汉书》，中华书局1982年版，第2820页。
④ 同上。
⑤ 同上书，第2821页。
⑥ 同上。

不嫁,事鬼神道,能以妖惑众,于是共立为王"①。该女王深居简出,为日本制定了严酷的法律。日本当时的风俗习惯、农业生产及气候情况在《后汉书》里都有具体的描绘。中国人对日本了解这么多,足见当时双方的交往已经相当密切。

当时孙吴与日本的交往,《后汉书》中也有所反映:"会稽海外有东鳀人,分为二十余国。"② 该书还记载了日本人到会稽贸易的情况。到孙吴时,中国与日本的关系更加密切,交往更加频繁。当时孙吴的丝绸生产技术和铜镜铸造技术东传日本就是明证。

孙吴的统治者比较重视农业生产,把农业生产的好坏作为考核地方官政绩的条件之一。孙吴还制定了奖励农耕的政策,规定养蚕缫丝的农民可以免除其他劳役。这就提高了农民养蚕缫丝的积极性,孙吴的丝织业也随之突飞猛进。杭嘉湖与宁绍平原土地肥沃,交通方便,孙吴的蚕桑丝绸业首先在这里兴起。杭嘉湖平原"乡贡八蚕之绵",宁绍平原所产的丝质量上乘。处于这一地区的永兴(今萧山)、诸暨的丝绸业发展势头更为迅猛,孙吴宫廷所需的丝织原料就是由它们提供的。孙吴大臣陆凯曾说:"诸暨、永兴出御丝。"③《两浙名贤录》卷二十九说浙江有一种蚕叫"八辈蚕",每年产丝量极大。孙吴时南迁的大量北方人带来的先进的纺织技术和工具也使这里的丝绸生产勃兴,孙吴政权把丝、绢作为赋税项目之一。当时养蚕缫丝也是农民家庭收入的重要来源。

孙吴时大量丝织品漂洋过海,远销日本。日本使者从吴国带回精美的丝织品,在日本经裁缝制成衣裳,于是日本就出现了吴服。现在在日本,有些服装店的店名就叫作"吴服店"。日本学者佐藤真认为日本丝织业的始祖就是浙江。日本后来又专门派人到孙吴聘请吴织、汉织、兄媛、弟媛四名丝织技术过硬的女工,到日本传授丝织技术。孙吴的丝绸生产技术东传日本,促进了日本丝织业的发展。

孙吴时会稽以铸造铜镜而闻名遐迩。会稽是孙吴铜冶业的中心,会稽的"铜镜铸造业和青瓷烧造业最具特色,并处当时全国领先地位"④,其铜镜远销曹魏和蜀汉。当时铸造的铜镜不但数量众多,而且工艺精湛,画像镜、神兽镜和车马镜都是其代表。画像镜纹饰美观,其花纹题材多是历史人物,具有鲜明的江南本地特征。如伍子胥镜,镜面分为四个部分。这四部分镜面合起来讲述了越王勾践与大臣范蠡密谋以两名绝色越女贿赂吴国权臣伯嚭,吴王夫差不听伍子胥的忠言,伍子胥愤而自刎的历史故事。具体而言,第一部分描绘的是勾践和范蠡私下密谋的情景;第二部分画了两个绝色越女,她们一袭长裙,飘飘欲仙;第三部分刻画的是坐在大帐之中踌躇满志、悠然自得的吴王夫差;第四部分描绘的是忠臣伍子胥怒发冲冠、虎目圆睁、紧

① 范晔:《后汉书》,中华书局1982年版,第2821页。
② 同上书,第2822页。
③ 李昉:《太平御览》,中华书局1998年版,第3617页。
④ 王志邦:《六朝江东史论》,中国青年出版社1989年版,第213页。

咬牙关，他手拿长剑置于项下以死相谏。神兽镜的纹饰多为神话人物和动物，如玉皇大帝、东王公、西王母、飞龙、猛虎之类。车马镜大多描绘的是骏马拉车奔驰的情景。会稽的铜镜铸造业有官营和私营两种。孙吴不但用船运载铜镜到日本，而且还有不少会稽工匠东渡赴日。这些工匠把会稽的铜镜制造技术传到日本，影响了日本铜镜的制作风格。他们融合神兽镜和画像镜的特点，在日本铸造出了三角缘神兽镜，该镜的主要特色还是神兽镜。近年来在日本发现了很多中国的神兽镜、车马镜和画像镜，这些镜子的纹饰、形制均和会稽铜镜相同，而且上面还有纪年铭文，如"黄初四年""赤乌元年""赤乌七年"等。有的镜子上面的铭文直接写着会稽制造，如"会稽师鲍作明镜""会稽山阴作师鲍唐"等，足见会稽铜镜在日本之畅销和受欢迎的程度。

四　与扶南的交往

扶南就是今天的柬埔寨，其地理位置优越，居于中国和印度两大文明古国之间，是中印两国进行经济文化交流的桥梁。西方的商人从海上来中国，扶南是必经之地。扶南凭借其地理优势与中国和印度进行贸易往来，壮大了自己的经济实力。同时又借鉴吸收了中印两国文化中对自己有用的部分。这样，扶南的势力迅速发展壮大。鼎盛时期，其领土范围包括今天的缅甸、老挝、泰国、越南及马来半岛的一部分，扼东西方海上交通的咽喉。

因为扶南临近中国，所以中国与扶南很早就有了经济文化联系。据史料记载，在东汉章帝元和元年（84），扶南就派遣使者赠送给东汉朝廷一头犀牛和一只漂亮的白雉。孙吴立国没多久，扶南就派遣使者向孙权赠送了名贵的琉璃，表达了建立双边友好关系的诚意。此后，扶南又多次向孙吴赠送贵重的礼品。赤乌六年（243）十二月，"扶南王范旃遣使献乐人及方物"[①]，这更是扶南和孙吴关系发展史上的里程碑。在当时的东南亚，扶南乐大名鼎鼎，集各国音乐之大成。扶南献乐使孙权喜出望外，他当即诏令手下大臣在京城建业"置舍以教宫人"[②]。扶南的音乐家住在该署，专门指导孙吴的宫女学习扶南乐。这些宫女将江南音乐与扶南乐相结合，创造出了更加悦耳动听的宫廷音乐。这实为中国和扶南音乐交流史上的一段佳话。当时扶南和孙吴的交往非常频繁，扶南的物产吉贝、玳瑁、珊瑚、沉木香、鹦鹉、贝齿、翡翠、孔雀等大量输入孙吴，孙吴的特产如丝绸、瓷器等也为扶南百姓所喜爱。

扶南的造船业和航海业在当时的东南亚首屈一指，其造的船运载量大，抗风能力特强。扶南船在形制上深受中国和印度文化的影响。扶南使者来中国，通常走海路，乘船直达。

---

① 王钦若：《册府元龟》，中华书局1994年版，第11379—11380页。

② 张敦颐：《六朝事迹编类》，南京出版社1989年版，第66页。

　　为了加强与扶南的政治联系，为了更好地与扶南进行经济文化交流，为了对扶南的频频来访表示谢意，公元244年，孙权派遣孙吴重臣中郎康泰、宣化从事朱应出使扶南，南宣国化。这是中国第一次派遣专使对扶南进行正式访问。康泰和朱应途经江浙，到达扶南。《梁书》记载了他们出使的情况："海南诸国，大抵在交州南及西南大海洲上，相去近者三五千里，远者二三万里，其西与西域诸国接。汉元鼎中，遣伏波将军路博德开百越，置日南郡。其徼外诸国，自武帝以来皆朝贡。后汉桓帝世，大秦、天竺皆由此道遣使贡献。及吴孙权时，遣宣化从事朱应、中郎康泰通焉。其所经及传闻，则有百数十国，因立记传。"①

　　康泰和朱应在扶南受到极为隆重的欢迎，国王范寻亲自接见了他们。他们在扶南居住了八年之久，直到公元252年才回国。在这八年的时间里，康泰和朱应游历扶南各地，考察扶南各方面的情况。他们了解到"从加那调州乘大舶船，张七帆，时风一月余日，乃入大秦国也"②。

　　孙吴时扶南国王范旃派遣亲人苏物出使印度，印度国王命陈、宋二人为使者赠送给范旃四匹月支马。陈、宋等到扶南时遇到康泰，他向他们详细询问了印度的风土人情。陈、宋二人说印度是"佛道所兴国也。人民敦庬，土地饶沃。其王号茂论。所都城郭，水泉分流，绕于渠堑，下注大江。其宫殿皆雕文镂刻，街曲市里，屋舍楼观，钟鼓音乐，服饰香华，水陆通流，百贾交会，奇玩珍玮，恣心所欲。左右嘉维、舍卫、叶波等十六大国，去天竺或二三千里，共尊奉之，以为在天地之中也"③。由此可见，当时的印度不但交通发达、商业兴旺，而且国力强盛，威震四邻。康泰与印度使者的"接触和交往不仅增进了中国同扶南、印度等国的友谊，而且大大丰富了中国使者关于扶南和东南亚、南亚各国的知识，使他们积累了有关这些方面的大量资料"④。

　　康泰和朱应对扶南的移风易俗也起了一定的作用。他们在扶南时，看到扶南的男子赤身裸体，妇女仅仅穿着贯头，就对国王范寻说："国中实佳，但人亵露可怪耳。"⑤范寻一听，觉得二人所说有一定道理，于是就命令国内男子穿干缦（即筒裙）。做干缦的原料，一般人用锦，贫穷之家也可以用布代替。康泰和朱应的建议改变了扶南人赤身裸体的习俗，使他们向文明社会迈进了一大步。

　　康泰和朱应出使扶南，获得了许多关于扶南和东南亚及南亚其他国家的第一手翔实的资料，这些资料包括政治、地理、物产、农业、商业、风俗、文艺、语言、文字、货币、国王、宗教、交通、造船、外交、法律、民族、社会发展、经济制度

①　姚思廉：《梁书》，中华书局1983年版，第783页。
②　黄时鉴：《解说插图中西关系史年表》，浙江人民出版社1994年版，第93页。
③　张星烺：《中西交通史料汇编》，中华书局2003年版，第1867页。
④　陈显泗：《柬埔寨两千年史》，中州古籍出版社1990年版，第137页。
⑤　李延寿：《南史》，中华书局1983年版，第1953页。

等许多方面。回国以后，康泰撰写了《吴时外国传》，朱应撰写了《扶南异物志》。这两本书语言简练生动，记事丰赡准确，是我国最早的关于南海诸国情况的专著。它们保存了大量珍贵的史料，是后人研究古代柬埔寨历史和中西关系史的重要文献，堪与古希腊地理学家托勒密的经典著作《地理志》相媲美。在这两本书里，记载了当时所知的印度恒河的情况。"恒水之源，乃极西北，出昆仑山中，有五大源，诸水分流，皆由此五大源。枝扈黎大江出山西北流，东南注大海。枝扈黎，即恒水也。"①印度的国家状况及当时扶南与印度的关系在这两本书中也有所反映。"昔范旃时，有嘾杨国人家翔梨，尝从其本国到天竺，辗转流贾至扶南，为旃说天竺土俗，道法流通，金宝委积，山川饶沃，恣其所欲，左右大国，世尊重之。旃问云：今去何时可到，几年可回？梨言：天竺去此，可三万余里，往还可三年逾。及行，四年方返，以为天地之中也。"② 不幸的是，这两本书在唐朝以后佚失。因为这两本书的史料价值很高，所以它们经常被其他书引用，如《水经注》《史记正义》《史记索隐》《北堂书钞》《艺文类聚》《初学记》《通典》《太平御览》《文选注》《事类赋》等。因而，这两本书的主要内容从而得以保存下来，为《南齐书》《梁书》《南史》等编纂《扶南传》提供了可靠依据。与康泰和朱应同时代的万震及比他们稍晚的郭义恭在各自的著作《南州异物志》《广志》里也引用了《吴时外国传》和《扶南异物志》的一些内容。

无论是在国内还是在国外，《吴时外国传》和《扶南异物志》都受到了高度的评价。柬埔寨的历史学家在编写柬埔寨历史时不参考这两本书就没办法写下去。柬埔寨国家元首西哈努克亲王不止一次在公开场合称赞这两本书。他说："根据中国的使节康泰和朱应的记载（245—250），从高棉人开始建立有组织的国家，也就是从公元1世纪起。"③ 法国学者伯希和（Paul Pelliot）、英国学者霍尔（Hall）也高度评价这两本书的史料价值。伯希和在《扶南考》中认为只有参考中国的古籍，人们才能知道柬埔寨的过去，而"中国史家关于此国古史之记载，多采自此种撰述"④。霍尔在其著作《东南亚史》中说：如果没有康泰和朱应的著作，人们就根本无从了解柬埔寨早期的历史。⑤

根据《南州异物志》《水经注》《北堂书钞》等的引文，可以了解今天的东南亚、南亚和西亚一些国家古代时的部分情况。学者对书中的古地名、古国名进行了考证，"其中，自典逊/顿逊陆行800里至句雅，有学者考证是通过马来半岛中腰地峡的记录；从隐章/笐冲航行三四万里至斯调，有学者考证认为是从麦加东航到斯里兰卡南部的报道，这些都是汉文典籍中前所未有者"⑥。

康泰和朱应不但出色地完成了出使扶南的任务，而且为后人留下了珍贵的历史资

① 郦道元：《水经注》，浙江古籍出版社2001年版，第4页。
② 同上书，第7页。
③ 陈显泗：《柬埔寨两千年史》，中州古籍出版社1990年版，第144页。
④ 冯承钧：《西域南海史地考证译丛七编》，中华书局1957年版，第92—93页。
⑤ ［英］霍尔：《东南亚史》，商务印书馆1982年版，第46—47页。
⑥ 黄时鉴：《解说插图中西关系史年表》，浙江人民出版社1994年版，第93页。

料。在中国历史上，他们的地位堪与张骞、班超和甘英相媲美。张骞、班超、甘英是中国通向西域的开拓者，康泰、朱应则是中国首通南海的先驱。

孙吴与海丝沿线各国的经济文化交流远远超越前代。它不但继承了两汉时期的成果，而且也为后来东晋南朝与海丝沿线各国经济文化交流的进一步发展开辟了宽广的道路。

（作者：刘亚轩，河南牧业经济学院旅游管理系副教授）

文化线路："海上丝绸之路:泉州史迹"可持续利用之维[*]

骆文伟

摘　要：文化线路作为一种全新的遗产概念，为"海上丝绸之路：泉州史迹"遗产保护带来了新理念和重要的启示，"海上丝绸之路：泉州史迹"遗产保护应坚持"保护第一、合理开发"，树立"整体性"理念，唤醒公众参与意识，建构共生理念等原则。

关键词：文化线路；世界文化遗产；"海上丝绸之路：泉州史迹"；可持续利用

1993 年桑地亚哥·德·卡姆波斯特拉朝圣路（santiago de Compostela）的西班牙部分被列入《世界遗产名录》。与此同时，一种全新的遗产保护概念——"文化线路"（Cultural Routes or Cultural Itinerary）走进世界遗产领域。自 1998 年国际古迹遗址理事会（ICOMOS）[①] 成立文化线路科学委员会（CIIC）[②]，通过了《CIIC 章程》等一系列文件；到 2003 年世界遗产委员会《行动指南》给予"文化线路"明确的定义；再到 2005 年 ICOMOS 第 15 届大会形成《文化线路宪章（草案）》，文化线路迅速成为近年来世界遗产保护界关注的热点。

一　文化线路的定义、特征及发展趋势

2003 年 ICOMOS 提交给世界遗产委员会《行动指南》修订计划的讨论稿里，把文化线路定义为："文化线路是一种陆地道路、水道或者混合类型的通道，其形态特征的定型和形成基于它自身具体的和历史的动态发展和功能演变；它代表了人们的迁徙和

---

　*　**基金项目**：国家社科基金一般项目（13BGL085）；泉州市社科规划重点项目（2012Z03）。

　①　国际古迹遗址理事会（International Council on Monuments and Sites）是世界遗产委员会的主要咨询机构，简称 ICOMOS。

　②　CIIC（The ICOMOS International Scientific Committee on Cultural Routes）是国际古迹理事会文化线路科技委员英文简称。

流动,代表了一定时间内国家和地区内部或国家和地区之间人们的交往,代表了多维度的商品、思想、知识和价值的互惠和持续不断的交流;并代表了因此产生的文化在时间和空间上的交流与相互滋养,这些滋养长期以来通过物质和非物质遗产不断地得到体现。"①

这个定义概括了文化线路的如下几个特征:首先,它的本质是与一定历史时间相联系的人类交往和迁移的路线。它包括一切构成该路线的内容:城镇、村庄、建筑、闸门、码头、驿站、桥梁等文化元素,还有山脉、陆地、河流、植被等和路线紧密联系的自然元素。其次,作为一种线形文化景观,它的尺度是多种多样的:可以是国际的,也可以是国内的,可以是地区间的,也可以是地区内部的;可以是一个文化区域内部的,也可以是不同文化区域间的。最后,它的价值构成是多元的、多层次的:既有作为线路整体的文化价值,又有承载该线路的自然地本身作为山地、平原、河谷等生态系统拥有的生态价值;不仅包括分布在其内部的建筑和其他单体遗产自身的价值,还包括非物质文化遗产所蕴含的价值。②

文化线路的内涵和外延进一步拓展,体现出世界文化遗产研究和保护朝以下趋向发展:遗产规模由点状向线状和面状发展,保护对象由遗产本体扩展到周边环境、视线走廊;遗产类型由静态同时向动态和活态发展;③ 由重视帝王将相伟绩与宫廷遗产同时向民间遗产发展;由重视城市遗产向同时重视乡镇、农村遗产发展;④ 在强调文化内涵的同时也强调经济价值和自然生态系统的平衡能力;⑤ 由重视历史价值向同时重视现实价值发展;由重视纯文化意义遗产向同时重视反映人地和谐关系复合遗产发展;⑥ 由单一文化向强调跨国界或跨地区的交流和多维对话,突出文化多样性发展;利益主体由重视国家意志向同时重视公众参与态度、行为发展;⑦ 遗产申报由地区独立申报同时向跨区、跨国联合申报发展。⑧

二　"海上丝绸之路:泉州史迹"遗产资源概况和特征

我国是历史悠久的文明古国,中华文明五千年传承经久不衰,拥有十分丰富的文

① 1994. CIIC. 3 rd Draft Annotated Revised Operational Guidelines for the Imp lementation of the World Heritage Convention. Madrid, Spain, 2003.

② 李伟等:《世界文化遗产保护的新动向——文化线路》,《城市问题》2005 年第 4 期。

③ 徐嵩龄:《第三国策:论中国文化自然遗产的保护》,科学出版社 2005 年版,第 34 页。

④ 刘小方:《文化线路遗产——旅游的跨文化之路》,《中国西部》旅游刊(杂志)2013 年第 1 期。

⑤ 王志芳等:《遗产廊道——美国历史文化遗产保护中一种较新的方法》,《中国园林》2001 年第 5 期。

⑥ 1994. CIIC. 3 rd Draft Annotated Revised Operational Guidelines for the Imp lementation of the World Heritage Convention. Madrid, Spain, 2003.

⑦ Gayle McPherson. Public memories and private tastes: The shifting definitions of museums and their visitors in the UK. Museum Management and Curatorship, 2006, 21 (1).

⑧ 刘睿文:《多国联合申报世界文化遗产模式的引入》,《经济地理》2005 年第 3 期。

化线路遗产资源,[①] 其中以丝绸之路最引人注目, 在地区乃至世界经济文化的交流中占有重要的地位。海上丝绸之路 (Maritime Silk Route),[②] 是相对陆上丝绸之路而言的, 指古代中国与世界其他地区进行海外贸易的海上交通路线。通过此路将古代中国的丝绸、茶叶、陶瓷、铁器等物产销往欧洲和亚非其他国家, 而欧洲商人则通过此路将香料、药材、宝石、毛织品、象牙等带到中国 (如宋元时期泉州海外交通图[③]所示)。海上丝绸之路是连接东西方重要的海上通道, 也是一条沟通人类物质文明和精神文明的对话之路。

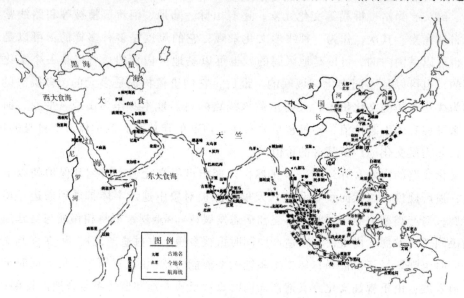

图 1　宋元时期泉州海外交通

　　泉州是"海上丝绸之路"的起点, 中西文化长期在这里交流汇聚, 遗留下大量罕见的海上丝绸之路文物古迹和辉耀古今的文化遗存, 泉州市仅全国重点文物保护单位就达 32 处。根据港口地理、主题与历史的关系, 这些史迹大体可分为: 航海与通商贸易、城市本身的历史、宗教与多元文化三大类。同时, 泉州也是闽南文化主要发祥地和闽南文化遗产的富集区, 具有闽南文化、中原文化、迁徙文化、海洋文化等文化特征, 拥有包括方言、口传、宗教、武术、医药、饮食、民俗、音乐、戏剧、美术、习俗、建筑和传统技艺等在内的大量优质非物质文化遗产。泉州现拥有南音、水密隔舱海船制造技术、传统木结构营造技艺、妈祖信俗 4 个世界非物质文化遗产项目, 31 个国家非物质文化遗产项目。这些海丝文化遗产真实记录了曾被誉为"东方第一大港"

　　① 截至 2015 年 5 月, 被列入国家文化遗产的文化线路有丝绸之路、北京中轴线、大运河、蜀道、灵渠 5 处, 潜在文化线路遗产主要有: 茶马古道、秦直道、三峡古栈道、豫晋"朝拜之路"、徽杭古道、藏彝走廊、北京大河、川黔驿道、浙东唐诗之路、滇越铁路、长征线路等。我国现拥有 47 项世界遗产, 但只有"丝绸之路: 长安—天山廊道路网""中国大运河"两项世界文化线路遗产。

　　② 海上丝绸之路是由日本学者三杉隆敏在他 1967 年出版的《探索海上丝绸之路》的专著中初次提及, 这个概念如今已被学术界所普遍接受。

　　③ 图片来自泉州海外交通史博物馆, 制图: 刘梅。

的刺桐港原貌，呈现出种类齐全、强聚分布、内容丰富、保存完整、时间跨度大等特征，它们从不同侧面展示了中国东南沿海经济、文化、社会的发展和变化，以及海上丝绸之路全盛时期人类文明交流的轨迹，见证了世界历史上多元文化和平共处、互相交融、共同发展的辉煌历程。

三　文化线路对"海上丝绸之路：泉州史迹"可持续利用的启示

"文化线路"无论是作为重新审视人类遗产的新视野和新思维，抑或是作为文化遗产保护的新类型和新方法，对照文化线路的定义、特征、内涵、倡导的中心目标以及真实性的标准，对"海上丝绸之路：泉州史迹"遗产保护的理论和实践都带来十分重要的启示。

（一）树立"整体性"理念

"文化线路"历史悠久、体量庞大，具有跨文化、多维度、大尺度、生态多样性等特性，这就要求我们从多维视野来重新审视文化遗产，明确其多维价值及整体价值。对这些在空间、时间、类型维度上相互联系的文化遗产进行保护，应倡导"整体性"和"区域性"理念。

首先，遗产保护运动应从对单体文物的保护，发展到保护成片的城镇、村落、街区景观整体乃至包含独特文化资源的线性景观。以"海上丝绸之路：泉州史迹"为纽带实施的文化线路保护，将有效扩大遗产的保护范围，能极大地推动区域遗产的保护。要加大对老城区、古街区、古瓷窑、水下文物的保护和发掘，通过对分散的文物和遗址进行文化线路多元价值评析，讲述各文化遗存与"海上丝绸之路"商贸往来的关联，以论证古刺桐港和"海上丝绸之路"的相互作用和相互影响，在此基础之上形成泉州海丝遗产的完整形象。

其次，丝绸之路是省、部、全国乃至国际上的联合，必须建立起区域间乃至国际协同创新机制。"海上丝绸之路"是一条跨越上万公里海上线路，仅仅在国内部分就有数千公里，目前进入国家遗产名单的城市就有九个[①]，也没有哪一个城市可以完成单独申报。在申遗过程中，如果有一个城市或一个点出现问题，那么整个项目就要面临失败，因此必须保证不出现城市短板。要发挥泉州在海丝城市联盟的排头兵作用，争取在国家文物局指导下，建立专门的机构，统筹中国"海上丝绸之路"九个城市遗产立法、保护、利用、研究和联合申遗工作，搭建政府、文物管理部门、博物馆"三位一体"的运作平台，建立信息共享、政策互通、人才共育、品牌共塑、遗产联展等联动协作机制，以保证各申遗城市能够"齐头并进"，努力做好各地海丝史迹的整合以及海丝线路的时空衔接，加强泉州与东南亚、南亚、西亚、东亚等国家海丝城市协同联动，

---

① 在最新公布的《中国世界文化遗产预备名单》（2012 年 11 月更新）中，共有福建泉州，浙江宁波，广东广州，江苏南京、扬州、山东蓬莱，广西北海，福建漳州、福州 9 个城市进入"海上丝绸之路"国家文化遗产名单。

构筑起一个新的、完整的国家性海丝文化遗产保护网络。除此，在国家文物局和联合国申遗职能部门的支持下，尽早启动"海上丝绸之路"申报世界遗产国际协商会，借鉴"丝绸之路：长安—天山廊道路网"跨国联合申遗的成功经验，拓展申报"海上丝绸之路"文化线路遗产，争取早日进入《世界遗产名录》。

（二）坚持"保护第一、合理开发"

"海上丝绸之路：泉州史迹"的遗产保护是泉州遗产工作的重心。首先，要严格对照文化线路的内涵和特征，始终坚持以"保护第一、合理开放"和"社会文化效益与经济效益并重"的基本原则，正确处理好保护与开发的关系，真正实现保护—利用—再保护的良性循环。

首先，应重点做好以下几项保护工作：1. 除重点保护好已公布的国家、省、市三级文物保护单位外，还必须保护好虽未定级但经过评析确有遗产价值的古建筑、历史文化街区、历史遗址遗迹等，还应抢救性保护好已被损害的文物古迹遗存和在城市建设中拆除的古民居建筑构件。2. 整体保护好老城区中的整体格局和历史风貌。这包括：（1）"鲤鱼城"的平面形状、方位、轴线以及与之相关联的棋盘式路网道，还有护城河和破腹沟两大自然水系；（2）传统民居"红砖白石双坡顶、出砖入石燕尾脊"等营造技艺；（3）骑楼及中西合璧古民居；（4）遍布于城区中的刺桐树和其他各种古树名木。① 3. 严格按照"修旧如旧"原则来整治遗产地及周边环境。如规划建设好德济门遗址公园、锡兰王子陵园遗址、五里桥、洛阳桥中国名桥主题公园、磁灶窑址泉州外销瓷文化公园、法石村"海上丝绸之路"文化旅游街等一批精品景区。4. 积极申报泉州北管、泉州拍胸舞、梨园戏、泉州提线木偶戏、晋江布袋木偶戏、高甲戏、惠安石雕、泉州花灯、惠安女服饰、德化瓷烧制技艺和法属波利尼西亚联合申报"南岛语族迁徙"等为世界非物质文化遗产。5. 对于泉州海丝文化线路的历史记载、有关人员组成、旅行证件、文献以及包括民俗、民风、戏曲在内的非物质遗产等方面资料，都应统一进行整理。6. 重点建设好泉州海交馆综合展、磁灶窑址泉州外销陶瓷展、泉州博物馆"世界多元文化展示中心"等一批精品展览馆，同时要通过加强博物馆、档案馆建设，丰富海丝历史文化展示体系和展示功能。

其次，文化线路自身就是天然的"旅游线路"，其构成线路资源内容丰富、类型多样、特征鲜明，具有多功能性，众多线性特征造就了文化线路不可多得的遗产旅游优势和开发价值。其旅游功能正因它以遗产保护为目的的特性，使以其为基点进行的旅游开发都将着力于遗产的可持续性，这将有利于遗产保护与旅游发展的共赢。自泉州启动海丝旅游专项以来，泉州海丝遗产旅游虽得到一定的发展，各遗产地旅游发展水平也不尽相同，但总体上海丝旅游条块分割严重，旅游开发层次较低，旅游的可进入性较弱，旅游市场开发很不理想。为此，应树立区域旅游合作理念，实

---

① 何振良、庄小波：《泉州老城区文化遗产现状调查与保护对策研究》，《泉州学林》2009 年第 2 期。

施旅游资源统一管理,探索旅游资源专业化、市场化运作的新举措,精心打造海丝旅游品牌。

最后,文化线路同样把历史文化内涵放在首位,但相对于文化遗产,文化线路同时也强调经济价值和自然生态系统的平衡能力。因此,泉州海丝遗产工作还应坚持"社会文化效益与经济效益并重"的原则,实现遗产资源保护和开发对地区经济、社会、文化的综合效益和长远效应。

（三）唤醒公众参与意识

世界遗产体现着"一个国家（地区）的意识形态渊源",换言之,遗产是一个国家或一个地区的一国、一地区的"文化身份"象征。厘清自己的意识形态渊源,确认自身的文化身份,才能在缤纷的世界、地方文化、政治舞台上鲜明地树立起自己的形象。文化线路倡导的中心目标就是要借助保护和申报世界遗产这样的机制唤起社会公众对遗产的热爱和关注。[1] 文化线路突出并培育社区的参与意识,把社会公众对建立文化线路的意愿作为辨别文化线路真实性标准之一。当前在泉州,"海上丝绸之路"申报世界遗产已家喻户晓,但是社会各界尤其是公众,缺乏对世界遗产内涵的准确理解,对文物及其保护的意义认识不到位,社区公众参与保护的意识淡薄。要利用各种新闻媒体系统地、分系列地开展遗产资源的普及宣传,通过举办"海上丝绸之路"旅游文化节、"东亚文化之都"泉州活动年、世界闽南文化节、元宵踩街、海洋文化节、中国遗产日宣传等重大节庆活动,唤醒人们对海丝线路遗产的认同感,唤醒全民参与保护的意识,在外围形成严密的"保护带"。要通过制定吸纳社会资金的优惠政策和措施,建立完善的遗产保护投入机制,建立起遗产保护专项基金和非物质文化遗产保护中心,重点用于国家、省级风景名胜区规划、文物古迹和非物质文化遗产抢救保护。

（四）建构共生理念[2]

共生是指共生单元之间在一定的共生环境中按某种共生模式形成的相互协调、共存共赢的关系。一般而言,共生由共生单元、共生模式和共生环境三个要素构成。[3] 在遗产区域建构共生理念,符合文化线路遗产的特征要求。

首先,要实现宗教和文化的多元共生。中世纪刺桐港繁荣兴盛,商人、旅行家、僧侣及各界各业的外国人会集于此,带来了佛教、伊斯兰教、基督教、印度教、摩尼教和犹太教等文化,并和中国本土的儒教、道教和民间信俗相互辉映、相互融合,共同缔造了泉州宗教文化多元并存的局面。由于时过境迁,我们已经很难对泉州历史上的各个宗教文化的历史脉络作出精确无误的复原和现况定位。但是,我们还是可以借

① 李伟等:《世界文化遗产保护的新动向——文化线路》,《城市问题》2005年第4期。
② "共生"（Symbiosis）一词来源于希腊语,最早缘于生物学,由德国真菌学家德贝里（AntondeBary）在1879年提出,意指"不同种属的生物按某种物质联系共同生活"。20世纪50年代以后,共生方法开始应用于社会领域。
③ 张健华等:《闽台旅游合作的共生模式研究》,《福建论坛》2008年第3期。

助历史文献和田野调研资料，从历史的视野重温泉州多元宗教共存现象，对它们的历史与现况进行纵向考述和横向比较。随着时间的推演、磨合及对话，它们彼此尊重、求同存异，进而不断融合、相互合作，从而为人类福祉做出贡献。

其次，要实现城市现代化与历史文化遗产的共生。随着泉州经济飞速发展，城市化进程不断加快，泉州海丝文化遗产保护与城乡建设之间的矛盾日益突出。20 世纪 90年代以来，泉州老城区在全国"旧城改造"的热潮中"全面开花"，引发了一场对老城区的"建设性破坏"。文化被誉为"经济发展的原动力"，城市历史文化遗产不仅是城市发展的独特见证，同时也是城市促进地方经济、社会均衡和谐发展的重要资源。根据我国现行的法律政策，可以对历史文化遗产实行分层次保护，并根据不同特点采取不同方式。① 第一个层次是城市单体文物，主要包括古建筑、古墓葬、古遗址、石刻、名人故居和近现代有纪念意义的建筑物等，要遵循不改变文物原状的原则，保存历史的原貌和真迹。第二个层次是具有传统风貌的历史街区，如中山路、西街、旧馆驿、井亭巷、金鱼巷、聚宝街、青龙巷、万寿路、伍堡街等，要保存历史的真实性和完整性。第三个层次是历史文化名城，包括老城区的格局旧貌、平面形状、方位、轴线以及与之相关联的道路骨架、河网水系、古城楼等，不仅要保护城市的文物古迹和历史地段，还要保护和延续古城的格局和历史风貌。

最后，要实现文化遗存、自然环境、非物质文化遗产的共生。在我国，文化线路往往是文化、自然、非物质三位一体的大型遗产，自然环境在文化线路的历史形成中起着举足轻重的作用，在精神塑造和民族性格形成过程中起到限定和约束作用，众多民族千百年来保留下的非物质文化遗产也为文化线路增添了无穷的韵味。文化线路以线路作为纽带，把线路及其构成部分作为整体资源进行保护，既保护文化遗产自身，也保护其赖以生存的环境，又要保护遗留下来的非物质遗产元素。要注意避免和克服我国遗产保护中长期存在的两种不平衡倾向：一是"重文化遗产轻自然遗产"，二是"重物质文化遗产轻非物质文化遗产"。要把具有广泛性、普遍意义的各类遗产纳入保护体系中。因此，"海上丝绸之路：泉州史迹"文化线路保护应尽可能涵盖：（1）文化遗产元素，即前文提及的航海与通商贸易，城市本身的历史、宗教与多元文化等三大类史迹；（2）自然遗产元素，即彰显出人类开拓进取精神的海丝文化线路的发源地、传播中的具体场所、发生重要影响地点的地形地貌、自然景色；（3）非物质遗产元素，包括无形的语言、音乐、习俗、手工艺制作以及人们的生活方式和习俗。

除此，泉州海丝遗产保护还应该实现生活与遗产、传统与现代、人与自然、人与遗产和谐共生的思想理念，在更大的空间范围和最广的地域范围来保护和延续历史文化脉络，更全面、更立体地展示城市的历史文化发展轨迹，在继承历史文化传统的基

① 何振良、庄小波：《泉州老城区文化遗产现状调查与保护对策研究》，《泉州学林》2009 年第 2 期。

础上,形成古代文明与现代文明的交相辉映,人文资源与自然资源的相互依托。

世界遗产的保护和申报既是申报地梳理、完备、健全、提升形象的过程,也是自觉接受国际规则监督的过程。借鉴文化线路这一文化、自然与非物质遗产保护并举的理念和方法,对于"海上丝绸之路:泉州史迹"遗产保护和申报无疑具有十分重要的意义。我们坚信,只要精心保护,基础工作做扎实了,"海上丝绸之路:泉州史迹"终能昂首进入《世界遗产名录》。

(作者:骆文伟,华侨大学通识教育学院副教授)

南音与昆曲归韵区别管窥

——兼谈南音咬字之"改良"

马晓霓

摘　要：一般而言，"字清"（即咬字清楚）是南音和昆曲曲唱共同的基本要求，但是，在具体的曲唱实践中，泉腔南音在部分字音的归韵方式上却明显有别于昆曲。其集中体现在南音的传统唱法，凡是遇到包含两个或两个以上元音的唱字，多数情况下将第一个元音与其他元音隔得远远地来唱（这恰恰是昆曲曲唱的大忌），这样就很容易出现所谓的"咬字不清"。事实上，泉腔南音中的"咬字不清"恰恰是集中展现其从容、舒缓、婉转等声乐美学特点的重要方式之一，具有珍贵的民族声乐史料价值和独特的闽南地域文化特色，理应予以保留和发扬。从这个意义上讲，20世纪80年代以来一些专家呼吁采用我国民族声乐理论（实为昆曲曲唱理论）来"革新"或"改良"南音曲唱以达到"咬字清楚、出腔圆润"的意见，应该得到理性的回应。

关键词：南音；昆曲；归韵；咬字；曲唱

在传统戏曲（或歌曲）的演唱实践中，汉字归韵方式是否"科学"，常常决定着"咬字"是否清楚，而"字清"（即咬字清楚）正是传统戏曲（或歌曲）演唱最为基本的要求。清代著名曲唱理论家徐大椿就曾如此论述"归韵"之精要：

> 四声四呼清，则出口之字面已正，则不知归韵之法，则引长之字面，仍与箫管同，故尤以归韵为第一。归韵之法如何？如东钟字，则使其声出喉中，气从上腭鼻窍中过，令其声半入鼻中，半出口外，则东钟归韵矣。江阳，则声从两颐中出，舌根用力，渐开其口，使其声朗朗如叩金器，则江阳归韵矣。支思，则声从齿缝中出，而收细其喉，徐放其气，切勿令上下齿牙相远，则支思归韵矣。能归韵，则虽十转百转，而本音始终一线，听者即从出字之后，骤聆其音，亦凿凿然知为某字也。况字真则义理切实，所谈何事，所说何人，悲欢喜怒，神情毕出；若字不清，则音调虽和，而动人不易，譬如禽兽之悲鸣喜舞，虽情有可相通，终与人类不能亲切相感也。

　　从上面的引文中我们不难看出，徐大椿在强调"归韵"的重要地位的基础上，主要结合实践和实例从曲唱的技术层面对其进行了具体论证。而本文则主要从明代度曲大家沈宠绥《度曲须知》中详察、"刻算"的"磨腔时刻"（详见下文）入手，结合曲唱过程中字头、腹、尾之所需时间的长短，来考察南音和昆曲在归韵方面的一些潜在区别，并借以发现其背后隐含的文化审美意义。

一

　　在全面讨论二者的归韵区别之前，有必要对学术界关于南音与昆曲曲唱关系的主流看法略作综述。就笔者目力之所及，学术界在论述南音与昆曲曲唱关系的时候，更多关注的是二者之"近""同"或"受影响"。如清末南曲研究大家林霁秋先生在《泉南指谱重编》（礼部）中就曾笼统而言："泉南词曲，于昆腔为近，宫商叶律，节奏雍容，间有抑郁凄凉之调，绝无噍杀戳鄙之声。"又如台湾著名学者曾永义先生认为："今日昆曲咬字运腔，多用反切吐出，而南管的歌唱同样注意这种'分析字音'的唱法，其一声四节正与元曲相合，其圆融精练虽不如昆曲，而其顿挫质朴则显示其未如昆曲之艺术加工，保存的是南曲唱法更原始的面貌。"又如蔡铁民先生指出："明末以后，各地地方剧种相继涌现，昆腔、弋阳腔的戏班一度到闽南演出，小梨园剧目和唱腔颇受它们的影响，如……'睇灯'一出，五娘同益春游赏鳌山，内唱'高高山上一庙堂'一段，是用泉州官音（即文读）演唱的，近似昆曲腔调。"而傅谨先生更是从戏曲形态学的宏观视野指出："如果我们用戏曲形态学意义上的'大戏'和'小戏'这样的范畴区分各剧种（戏曲艺术向来把那些晚近由歌舞、说唱演变而来，音乐比较简单、表演尚未规范的剧种称为'小戏'），那简直可以说，几乎所有'大戏'都有昆曲，都受昆曲直接或间接影响，而且都包含一部分昆曲剧目。"以此方之，作为"大戏"的梨园戏（台湾地区称"南管戏"）自然不能例外了。

　　当然，更多学者指出南音与昆曲在音乐形态方面之"同"（因与二者之曲唱亦有不可分割的关系，故略作综述）。如王耀华、刘春曙先生指出："在南音的腔句结构中……上句由末'撩'往拍位的延续称为'坐撩'，这种现象出现在许多曲牌中。同时，这种节奏类型在我国其他古老乐种（如昆曲、西安鼓乐等）的腔句结构中也普遍存在。昆曲中称之为'过板'，西安鼓乐叫它'掐拍'。""同属曲牌体的昆曲，其腔韵除在韵句结构部位出现之外，还对曲牌中某句某字要用主腔亦有一定的规式。""在昆腔或赣剧【弋阳腔】、【青阳腔】的各腔系（曲牌类别）中，都有共同性的腔韵。"孙星群先生也谈道："福建南音'指'有首（或叫章，或叫阕）、牌、句等部分，它和昆曲的结构一样。昆曲是由小到大，联句成牌，联牌成章（成首、成阕），联章（首、阕）成套。""这种只有正曲与尾声的结构在昆曲中亦不乏其例，如《千钟禄·惨睹》就是由《倾杯玉芙蓉》《刷子芙蓉》《锦芙蓉》《雁芙蓉》《小桃映芙蓉》《普天芙蓉》

《朱奴插芙蓉》等七支曲子加［尾声］组成的。昆曲中的比较自由，福建南音中的也比较自由。”“昆曲的‘三句十二板’与福建南音‘指’套中的‘剖腹慢’尾声有点类似，都是正板中突然放散，然后又入正板结束。”

事实上，南音与昆曲在音乐形态方面的相“异”之处更是显而易见的（否则南音和昆曲就“混同”了，这怎么可能呢）。如台湾民族音乐学者王樱芬先生在介绍《共君断约》等南音名曲时就指出：“这类乐曲大多属于循环体结构（strophic form），中国音乐术语称之为‘滚遍’或‘滚唱’，而非如昆曲等曲牌音乐的 through-composed 之结构……”我们再来看看她记述的乐界人士李拔峰先生用【昆腔寡】（与昆曲关系最为密切的南音曲牌）创作南音的一则往事：

> 李拔峰曾以【昆腔寡】为宜兰轩辕南管古乐学会创作《黄龙山颂》一曲（李拔峰未刊），但与南管传统曲目似乎差异颇大，且并未收入南管曲簿，不过其创作也仍是以传统门头进行。

由此管见，即使以昆曲风格的南音传统牌名【昆腔寡】创作的《黄龙山颂》都与南管传统曲目差异很大，而何况用昆曲自身的曲牌去创作“南音”呢?!

二

方内皆知，我国古代南北曲的演唱都极注重语言旋律与音乐旋律的密切配合。元人燕南芝菴《唱论》在论元曲时就已明确指出：“歌之节奏：停声，待拍，偷吹，拽棒，字真，句笃，依腔，贴调。凡歌一声，声有四节：起末，过度，揾簪，擸落。”元人周德清《中原音韵·作词起例》中也这样说：“逐一字调平、上、去、入，必须极力念之，悉如今之搬演南宋戏文唱念声腔。”而明代“曲圣”魏良辅《曲律》中更是明确提出：“曲有三绝：字清为一绝；腔纯为二绝；板正为三绝。”将昆曲曲唱中的“字清”放在首位。

我们知道，魏良辅改革的“昆曲”，其舞台语音已排除了正宗的苏州方音，而选定了由南、北声韵结合的“苏州—中州音”。其曲唱已非常讲究“依字声行腔”，即以字声、字韵决定曲唱腔格，以求四声之中正得宜。至于昆曲曲唱吐字的“磨腔”时刻，明代著名学者沈宠绥（学界公认的“昆曲新腔”之“知音”者）更是进行了精准“刻算”，他在《度曲须知·字头辨解》中曾如此形象地谈道：

> 予尝刻算磨腔时候，尾音十居五六，腹音十有二三，若字头之音，则十且不能及一。盖以腔之悠扬转折，全用尾音，故其为候较多；显出字面，仅用腹音，故其时少促；至字端一点锋芒，见乎隐，显乎微，为时曾不容瞬，使心浮气满

者听之，几莫辨其有无，则字头者，宁与字疣同语哉。……音本生成，非关做作，有心去之即非，有心存之亦非；善唱则口角轻圆，而字头为功不少，不善唱则吐音庞杂，字疣着累偏多……

从以上论述不难看出：要将字咬清楚，主要依靠腹音（多指韵母的唱音），正所谓"显出字面，仅用腹音"，占每字磨腔时刻的 20%—30%，时间不宜过长；而尾音的磨腔时刻则达到 50%—60%，以体现昆曲之"悠扬转折"；字头的磨腔时刻则连 10% 都不到，那些心浮气满者听起来甚至会"几莫辨其有无"。这里显然对昆曲的曲唱规律进行了颇具实践指导意义的"科学"总结。沈宠绥在《度曲须知》上卷"字母堪删"一节还如此举例说明字头、腹、尾的切音方式："如东字之头为多音，腹为翁音，而多翁两字，非即东字之切乎？萧字之头为西音，腹为鏖音，而西鏖两字，非即萧字之切乎？翁本收鼻，鏖本收呜，则举一腹音，尾音自寓，然恐浅人犹有未察，不若以头、腹、尾三音共切一字，更为圆稳找捷。试以'西鏖呜'三字连诵口中，则听者但闻徐吟一萧字；又以'几哀噎'三字连诵口中，则听者但闻徐吟一皆字……"对昆曲字音的切法进行了更具体的阐释。

需要辨析的是，清代王德晖、徐沅澂《顾误录》"头腹尾论"一节中虽然强调了尾（韵）的重要性（"韵居其殿，最为重要"），但实际上还是沿袭了沈宠绥的说法。试看其相关论述："计算磨腔时刻，尾音十居五六，腹音十有二三，若字头之音，则十且不能及一。盖以腔之悠扬，全用尾音，故为候较多，显出字面，仅用腹音，故为时稍促。至于字头，乃几微之端，发于字母，为时曾不容瞬，于萧字则似西音，于江字则似几音，于尤字则似衣音，即字头也。由字头轻轻发音，渐转字腹，徐归字尾。其间运化，既贵轻圆，尤须熨帖，腔裹字则肉多，字矫腔则骨胜，务期停匀适听为妙。"显然又一次强调乃至重复说明了腹音在"字清"方面的决定意义。

那么，泉腔南音与昆曲的归韵方式是否相同呢？因为二者都严格遵守或基本遵守"字清"的曲唱原则，所以在绝大多数情况下是相同的。但在一些字的曲唱方面，则与上述原则大不相同。二者最突出的区别在于：南音的传统唱法，凡是遇到包含两个或两个以上元音的唱字，多数情况下将第一个元音与其他元音隔得远远地来唱，而这恰恰是昆曲曲唱的大忌。如此一来，南音曲唱就会出现"咬字不清"的现象，如唱"关"，听起来如"咕"；唱"城"，听起来似"西"。最典型如《山险峻》，其开头三字一直是这样切音的：

唱词：	山	险	峻
切音：	私吁～……啊～	喜……啊俺	朱……祸恩
	su～………a～	hi………am	zu……êng

很显然，这样的归韵方式让人听起来差不多就是声母和第一个元音组成的单字的发音了，因为与第二个元音间隔的时间实在太长了（达到十几拍以上者并不鲜见）。

当然，需要指出的是，并不是所有包含两个元音以上的唱词都需要隔得远远地来唱。比如《山险峻》中"雁门关"的"关"，根据需要有时将"u"和"an"隔得远远地来唱，有时则不需要，恰与昆曲归韵方式类同。

而且，在演唱包含两个元音（或半元音）以上的唱词时，有些单字［如移（yi）、污（wu）等］发音时口腔保持着一种形态，虽然声调的高低作了升降变化，但客观上不存在"咬字不清"的问题。第一个元音的口形比后一个元音大，可响度比后一个元音高［如爱（ai`）、找（zau´）、海（hai）、抱（pau）等］的单字，也不存在"咬字不清"的问题。

而我们所说的"咬字不清"的现象大多出现在第一个元音的口形都比后一个元音小，可响度比后一个元音差的单字中［如哇（wa）、遮（jia）、配（pue`）、野（ya）、飘（piau）、歪（wai）、跳（tiau`）、怀（huai˘）等］。不难看出，这种情况多以介母元音"i""u"为第一个元音。由于这类单字在闽南方言中普遍存在，因而南音曲唱中所谓"咬字不清"的问题确实存在，这也是 20 世纪 80 年代一些学者力主"革新"或"改良"南音唱法的现实原因。

三

20 世纪 80 年代初，王振权先生在《南曲的咬字问题》一文中就多次明确提出："所有第一个元音比后一个元音口形小，可响度较差的唱词，唱起来都有毛病。""南曲传统唱法将第一个元音拉长，将后面的元音退后而缩短，便造成了咬字不清楚、出腔不圆润的毛病。""南曲传统唱法将第一个元音尽量拉长，将后面的其他元音和辅音尽量退后，并且缩短到几乎完全合一，这便……咬字不清楚，出腔不圆润。"并提出相关的"革新"措施。

稍后，孙树文先生在《也谈南曲的咬字问题——并与王振权同志商榷》一文中则认为："南曲的咬字，还不是一个革新问题，而只是一个需要纠正的问题。我认为南曲的咬字应根据我国民族声乐传统理论，加以纠正，遇到唱字有韵头（字颈）i 或 u 的字拖腔时，应把 i 或 u 稍加延长（即十有二三），随着口中气流渐渐张口，刚劲地把后面的韵母（腹音）送出延长即可。""南曲的咬字，如遇有介母（i 或 u）的字音，需要把介母延长全音的十有二三的时间，然后将腹音放出延长，方合歌唱艺术的要求。"明眼人一看便知，孙先生实际上在这里主张用昆曲曲唱理论来"改良"南音的传统唱法。

确实，将这些字咬清楚在南音曲唱实践中并非难事，只要将第一个介母元音 i 或 u 的磨腔时刻缩短到如昆曲唱法那样的"十之二三"就行了。可是我们知道，南音在曲唱上要求的是尽量口形细小、发声微弱的咬字方法。如果像昆曲那样唱的话，尾音的节拍必然大大拉长，而尾音（如 a、o）恰恰是口形较大可响度较好的元音，整体听起来显然过于响亮而与南音本身更加内敛、轻柔的声乐美学特点相违背。相反，像传统南音那样唱将使响度相对较差、口形相对较小的元音拉长，就必然使该字的乐音在整体上有所收敛而无以张扬，而在归韵（尾）时根据需要将口形有所增大或缩小，声音有所响亮或有所消减，并相对直接地顺延至下一个唱词或乐段，这正是南音的归韵方式大大不同于其他一些民族音乐的地方，具有独特的声乐美感。

可见，泉腔南音中的"咬字不清"恰恰是集中展现其内敛、从容、舒缓、婉转等声乐美学特点的重要方式之一。这一珍贵的具有民族声乐史料价值和独特的闽南地域文化特色的归韵方式，理应予以重视、保护和发扬，而不应贸然采取"以他山之石攻玉"的粗暴方法来轻视、"革新"或"改良"。从这个意义上讲，20 世纪 80 年代以来一些专家呼吁采用我国民族声乐理论（实为昆曲曲唱理论）来"革新"或"改良"南音曲唱以达到所谓"咬字清楚、出腔圆润"的意见，实应得到理性的回应。

另需补充的是，虽然昆曲被今世诸多学者视为中华民族最优秀的文艺典范，但实际上魏良辅等人在改革昆山腔的过程中仍出现"但正目前字眼，不审词谱为何事"等不足，所以沈宠绥对其才有"固时调功魁，亦叛古戎首矣"之类的尖锐批评。越来越多的史料发现和深入研究证明：泉腔南音保留了比昆曲更为古老的唱法，其凄美、婉转的唱腔艺术和典雅、深邃的文学情趣，足以成为中华民族最具象征意义的艺术典范。著名民族音乐学家洛地先生就曾如此感慨："在我国（包括台湾地区），任何地方的'文化'都在'华夏文化'范围之内，华夏各地、各类、各种古今文化汇集而为'华夏文化'，绝对没有在'华夏文化'（即通常所说'民族文化'）之外的'地方文化'。因此，只有'民族文化在某地的体现'，绝对没有游离于'民族文化'（之外）的'地方文化'。应当取'民族文化在某地的体现'以为说更为妥当。"此非谓泉腔南音而何?!

（作者：马晓霓，中国艺术研究院在站博士后，泉州师范学院南音学院副教授）

国际社会对 21 世纪海上丝绸之路的认知

——以印度与东盟为例

毛彬彬

摘　要：建设 21 世纪海上丝绸之路，是新形势下进一步深化国内改革、谋求外部和平发展的大战略，迅速引起了国际社会特别是印度与东盟的深切关注。对此，印度小心谨慎终未加入，东盟支持之下亦存担忧。在美国"再平衡"战略压力下，印度与东盟对 21 世纪海上丝绸之路的认知显得尤为重要。积极处理好中国同印度与东盟各国的关系，增强互信，是推进新海上丝绸之路战略顺利实施的重要保证。

关键词：中国；印度；东盟；海上丝绸之路

海上丝绸之路，作为古代中国同世界其他地区进行经济文化交流通道的历史源远流长。其最初的作用只是在经济上互通有无，进行商品交换；后来突破了经济范畴，发展为与政治、外交、宗教、文化、艺术乃至人民生活都密切关系，并且带来了深远的影响。[1] 21 世纪海上丝绸之路，作为中国大战略的重要组成部分，一方面着手恢复中国同古代海上丝绸之路各国的友谊，另一方面又携手各国互联互通，共促经济发展，增添了新的时代内容，对当下中外经济的合作交流与和平发展有重要意义。学界对 21 世纪海上丝绸之路的研究更多的是从经济、文化等方面来肯定其价值，或是在政治方面提供一些战略思考以及各省如何建设性参与海上丝绸之路的意见，而对于新海上丝绸之路所引起的地区反映问题未能予以全面及深入研究，[2] 本文试从中国崛起和美国战

---

① 陈炎：《海上丝绸之路与中外文化交流》，北京大学出版社 2002 年版，第 52 页。

② 吕余生：《深化中国—东盟合作，共同建设 21 世纪海上丝绸之路》，《学术论坛》2013 年第 12 期；肖琳：《海陆统筹共进，构建"一带一路"》，《太平洋学报》2014 年第 2 期；刘赐贵：《发展海洋合作伙伴关系，推进 21 世纪海上丝绸之路建设的若干思考》，《国际问题研究》2014 年第 4 期；袁新涛：《"一带一路"建设的国家战略分析》，《理论月刊》2014 年第 11 期；吴崇伯：《福建构建 21 世纪海上丝绸之路战略的优势、挑战与对策》，《亚太经济》2014 年第 6 期；周春霞：《广东：建设海上丝绸之路"桥头堡"》，《开放导报》2014 年第 5 期；胡建华：《广西参与"一路一带"建设对策探究》，《开放导报》2014 年第 5 期。但国内学术界鲜有讨论 21 世纪海上丝绸之路所引起地区反应的学术文章和专著，最具代性的就是许娟、卫灵《印度对 21 世纪"海上丝绸之路"倡议的认知》，《南亚研究季刊》2014 年第 3 期；胡志勇《印度的"印度洋战略"对中国海上丝绸之路建设的影响》，《南亚研究季刊》2014 年第 4 期。

略再平衡的视角，分析印度与东盟对 21 世纪海上丝绸之路的认知与可能的反应。

一　中国崛起与美国"再平衡"战略背景下的海上丝绸之路

中国的崛起，特别是经济快速发展对能源的巨大需求，使中国对海洋的依赖与日俱增。2013 年，中国石油消费量 5.1 亿吨，同比增长 3.8%，占世界石油销量的 12.1%，仅次于美国，居世界第二位。[①] 能源在国家安全中的特殊地位使中国的国家安全越来越依赖于航线的安全保护，南海与印度洋对中国的影响也愈加明显。作为中国的"海上生命线"，几乎 85% 的中国进口都经由马六甲海峡，而能源就占了进口的 80%，[②] 极大地影响着中国能源供应以及贸易的安全。中国在海上的首要目标就是保证能源安全以维持经济发展和实力增长，新海上丝绸之路战略，顺应了中国崛起对能源供应的要求，有助于海上航线的保护。

中国崛起背景下中国同周边各国不断升级的领土争端问题以及东南亚、南亚地区独特的地缘政治，使此处沿线各国对中国普遍存在信任赤字。作为印度洋地区主导性大国的印度，一向将印度洋视为自家后院，更视其他国家在印度洋的存在是对印度的威胁。在脆弱的地缘政治的影响下，21 世纪海上丝绸之路战略被看作中国在印度洋影响力的上升。虽然中国东盟关系进展迅速，但东盟一些国家特别是越南和菲律宾，鉴于中国的军事现代化与在南海的强硬姿态，[③] 仍视中国为一个威胁。总体看来，中国与印度以及东盟国家的政治互信存在极大不足，有必要缓和一下紧张的双边关系，新海上丝绸之路战略，致力于增强双边互信，符合当下中国努力改善双边关系的需要。海外广大华侨华人的存在，有助于公共外交的发起以推进双边关系的进一步发展，他们是海上丝绸之路建设可以依靠的重要群体。

美国重返亚太及其"再平衡"战略使中国崛起的外部环境变得更为复杂，美国在马六甲海峡的强大存在也成为海上丝绸之路建设的一大障碍。美国一直把中国在东南亚日益增强的影响看作对美国重返亚太的回应，[④] 所以重返亚太以来，"再平衡"战略政治上依靠亚太同盟的同时拉拢中国周边国家。美国立足东南亚，还拉拢印度制衡中国，正如美国《国防战略指针》所表示："美国将与印度建立长期战略合作关系，支持印度成为地区经济之锚和更广阔印度洋地区的安全提供者。"[⑤] "再平衡"战略在经济

---

① 《我国石油消费量居世界第二，成国际能源市场重要稳定增长因素》，人民网，http://sh.people.com.cn/n/2014/1120/c134768-22965684.html（2014 年 11 月 20 日）[2015 年 3 月 15 日]。

② Justyna Szczudlik-Tatar. China's New Silk Road Diplomacy. PISM Policy Paper, Dec. 2013.

③ 2013 年，中国在钓鱼岛问题与仁爱礁问题上同日本、菲律宾强硬对抗，并不断加强军事存在，中国政府还于 11 月宣布划设东海防空识别区，这都加剧了周边国家的不安。

④ Szczudlik-Tatar. China's Response to the United States' Asia-Pacific Strategy. PISM Policy Paper, Oct. 2012.

⑤ Sustaining U. S. Global Leadership: Priorities for 21st Century Defense. U. S. Department of Defense, January 2012. 转引自曹筱阳《美国"印太"海上安全战略部署及其影响》，《现代国际关系》2014 年第 8 期。

上的政策就是借助"跨太平洋伙伴关系协定"（TPP）①，美国此举的目的除了增加美国的经济利益以外，还希望在亚太地区建立起自由市场主导规则，以此制约由中国的发展模式所带来的竞争，从而维护其霸权地位和在亚太地区的影响力。② 2014 年 5 月，美国总统奥巴马在西点军校的演讲更是强调美国政府对外政策的目标是要通过维护国际准则以及加强同地区盟国的合作，维持美国在全球的领导地位。③

在美国看来，21 世纪海上丝绸之路战略最初是中国专门针对"与东盟关系"而向东盟各国递上的橄榄枝，④ 是中国作为一个崛起的全球大国利用自己的经济优势来保证对外政策目标实现的有效途径，是中国的"马歇尔计划"⑤。美国认为，中国通过资金投入与建立亚洲基础设施投资银行（AIIB）等方式使中国海上丝绸之路同丝绸之路经济带一起扩大了中国的影响，展示了中国柔软形象的一面，增加了中国的地区的影响力，是对美国"再平衡"战略的有力回应。美国著名战略研究专家詹姆斯·霍姆斯（James Holmes）从文化软实力的视角分析，"'郑和'为中国海上丝绸之路添加了历史文化因素，中国通过运用'郑和'这一历史遗产发起海上外交，实现了海洋软实力的运用，是利用往昔为当下政治目标服务"⑥。《华尔街日报》更是直指中国发起新丝绸之路外交是视自己为亚洲新秩序的中心。⑦ 美国还臆测 21 世纪海上丝绸之路会将现存的"珍珠串"⑧ 连接起来，连通中国在太平洋和印度洋的海上基础设施网络，中国的海上力量将进一步向西拓展。⑨ 无论是"马歇尔计划"，还是"珍珠串"战略，都深深植根于美国现实主义政治，是对抹黑中国，宣扬"中国威胁论"的一贯立场与坚持，在他们看来，中美之间更像是陷入了一种"零和博弈"。究其原因，美国作为全球唯一的超级大国，其全球战略是维护其霸权地位不受挑战，保持以美国为中心的世界秩序。而这一目标的实现首先要保证其在亚太地区处于支配地位。⑩

① "跨太平洋伙伴关系协定"（TPP），是美国主导的，共有 12 个国家参与谈判的一项多边自由贸易协议，是美国"重返亚太"战略的重要组成部分，有意设置高门槛限制中国加入。

② 谢来辉、李天国：《印度与"跨太平洋伙伴关系协定（TPP）：机遇与挑战"》，《印度洋地区发展报告（2014）》，社会科学文献出版社 2014 年版。

③ Anthony H. Cordesman. Chinese Strategy and Military Power in 2014. Report of the CSIS Burke Chair in Strategy, November, 2014.

④ Ibid. .

⑤ Shannon Tiezzi. The New Silk Road：China's Marshall Plan? The Diplomat, Nov. 6, 2014.

⑥ James R. Holmes. "Soft Power" at Sea：Zheng He and China's Maritime Diplomacy. Virginia Review of Asian Studies, 2007.

⑦ Jeremy Page. China Sees Itself at Center of New Asian Order. The Wall Street Journal, Nov. 9, 2014. http：//online. wsj. com/articles/chinas-new-trade-routes-center-it-on-geopolitical-map-1415559.

⑧ "珍珠串"战略一词最早出现在 2004 年美国汉密尔顿公司撰写的内部报告《亚洲能源的未来》中，该报告指出中国正在建设一支远洋海军以保护海上通道，并"正在从中东到南海的海上通道沿线建立战略关系，从而显示出保卫其能源利益和实现广泛安全目标的一种防御和进攻态势"，从 2006 年起，美国开始高度关注所谓的"珍珠串"战略并进行了系统的研究。但中国从未承认过美国所谓的"珍珠链"。

⑨ Shannon Tiezzi. he Maritime Silk Road Vs. the String of Pearls. The Diplomat. February 13, 2014.

⑩ 朱翠萍：《印—太平洋地区战略竞争与多变关系》，《印度洋地区发展报告（2014）》，社会科学文献出版社 2014 年版。

中国的崛起加剧了美国对中国的提防与遏制。所以，在美国"再平衡"战略压力下，印度与东盟的认知与反应对于建设新海上丝绸之路则显得更为重要。特别是美国"珍珠串"战略的提法在视自己被包围的印度拥有很大的市场，这使中印两国互信的基础更加脆弱。美国重返东南亚，东盟继续推行"大国平衡"，增加了新海上丝绸之路建设的复杂性。

二　印度与东盟对新海上丝绸之路的认知

印度国内对于中国的海上丝绸之路的反应不一，甚至颇有分歧。根据印度国防研究分析所（IDSA）[①] 的研究报告，一部分研究人士认为这不仅是中国力图通过贸易、港口和大陆桥与东盟建立经贸关系以消除近段时间海上周边外围对中国海上强硬行为紧张状态的努力，也是打破美国"再平衡"战略，抗衡美国以及加强中国对印度洋周边沿海国家影响的行为，[②] 印度的法裔历史学家克劳德·阿尔皮（Claude Arpi）也认为，中国新海上丝绸之路将加深中国与东南亚、印度洋地区国家的经济与海洋联系，是中国缓和自身日益增长的军事与海洋力量所带来的系列争端与周边国家焦虑的姿态。[③]

印度新自由主义派则对中国海上丝绸之路建设给予极大的肯定。在他们看来，中国的海上丝绸之路战略顺应了全球化的趋势，有利于更大规模的双边合作，并指出印度的政策制定者在评估新海上丝绸之路问题上不应过分关注对印度安全的考虑，但强调印度应该在新海上丝绸之路建设的重大决策方面发挥真正的作用。[④] 他们对印度是否能利用中国的新海上丝绸之路建设来服务印度表示支持，认为中国的海上丝绸之路建设可以补足印度自身所缺乏的海上基础设施和技术缺陷，以开发那些对印度经济持续发展起关键作用的近海海洋有机以及矿产油气资源。而这也是当下印度政府所热衷的，应谨慎地把握好机会，[⑤] 充分利用与中国关系的升温，推进两国在基础设施的连通、工业投资、贸易、能源合作以及环境保护等方面的合作。[⑥] 但印度战略分析家对此则表现得小心翼翼。他们认为，中国邀请印度加入海上丝绸之路使印度陷入了一种选择困境：选择美日即站在了中国的对立面，同时给了加入海上丝绸之路的印度周边小国利用中

---

① 印度国防研究分析所（IDSA）隶属印度国防部，是印度最主要的研究战略与安全问题的智库，最重要的研究对象是南亚和中国。特别强调"政策研究"，经常承接国防部、外交部、内政部和国家安全委员会的课题，并配合政府出台重大研究报告。

② Zorawar Daulet Singh. ndian Perceptions of China's Maritime Silk Road Idea, Journal of Defence Studies, 2014.

③ John C. K. Daly. China Focuses on its Maritime Silk Road. Making Wave, July, 2014.

④ Zorawar Daulet Singh. Indian Perceptions of China's Maritime Silk Road Idea. Journal of Defence Studies, 2014.

⑤ Vijay Sakhuja. Maritime Silk Road: Can India Leverage It? September 1, 2014. http: //www. ipcs. org/article/navy/maritime-silk-road-can-india-leverage-it-4635. html.

⑥ Rajiv Theodore, China's new "Silk Roads" —an opportunity, more than a threat for India The American Barzaar, September 5, 2014.

印之间的不信任与印度讨价还价的机会，这对印度主导该地区是严重的阻滞。而且，印度的海权倡导者"马汉们"从中国对西亚与非洲资源的高度依赖视角分析，更是担忧中国利用海上丝绸之路进行海权扩张，进而建立在印度洋的永久存在，[①] 这就使印度陷入了一种矛盾心理，既希望借助美国来牵制中国，又希望追求一贯独立自主的作风而不受美国的控制。

事实上，印度所担忧的不仅仅是中国的崛起与中国海军实力的提升，更是对中国同其他国家在印度洋地区的合作担忧。印度非常关注中国在巴基斯坦、斯里兰卡、缅甸、孟加拉国和马尔代夫的战略"基地"，担忧中国在印度洋的扩张。对于印度来说，"珍珠串"战略不再只存在于观念领域，而是已经变成了现实。[②] "珍珠串"战略，无疑是被印度放大了的印度洋的中国因素，但不可否认，许多印度人选择相信这是中国在海上对印度的"围堵"。

东盟多国对 21 世纪海上丝绸之路建设表示欢迎与支持。东盟秘书处公共事务主任李键雄说："东盟国家普遍期待中国能够加大对本地区的投资力度，特别是利用自身在基础设施方面的经验与技术，为加强本地区互联互通发挥更大作用，这也是中国提出筹建亚洲基础设施投资银行受到东盟欢迎的原因。"[③] 东盟事务发展委员会主席李丹尼也表示："东盟欢迎中国海上丝绸之路提议并希望加强在各领域同中国的合作。"[④] 印度尼西亚、马来西亚等国家纷纷表示支持，连一向谨慎处理与中国关系的新加坡，也在习近平总书记访问印度前积极响应支持中国的新海上丝绸之路。

虽然新海上丝绸之路战略取得了东盟的广泛肯定，但东盟学者、政府官员对此亦存在某种担忧。新加坡总理李显龙对中国提出建设"21 世纪海上丝绸之路"的战略构想表示欢迎，认为此战略概念能促进连通性和创造经济带，有利于本区域发展，但同时强调，希望与包括美国、欧盟和日本在内的其他国家和地区加强合作[⑤]。透视新加坡对中国海上丝绸之路背后中国"动机"的隐形担忧也可以看出，东盟绝大多数国家也对中国崛起的不确定性都抱有一种敬畏与担忧，特别是那些与中国存在领土纠纷的国家更是如此。

2014 年皮尤研究中心[⑥]（Pew Research Center）发布的全球态度调查报告显示，有

　① Zorawar Daulet Singh. ndian Perceptions of China's Maritime Silk Road Idea. Journal of Defence Studies, 2014, pp. 136 – 137.

　② Claude Arpi. Xi Jinping's new Silk Road-India needs to be wary. Niti Central, September 1, 2014.

　③ 《东盟国家欢迎 21 世纪海上丝绸之路倡议》，中国政府网，http：//www.gov.cn/xinwen/2014-08/15/content_2734959.htm（2014 年 8 月 15 日）[2014 年 10 月 2 日]。

　④ ASEAN welcomes China's new Maritime Silk Road initiatives. 人民网（英文版），August 15, 2014. http：//en.people.cn/n/2014/0815/c90883-8770343.html#.

　⑤ 《"21 世纪海上丝绸之路"有利于本区域发展》，联合早报网，http：//www.zaobao.com/realtime/singapore/story20140911-387780（2014 年 9 月 11 日）[2014 年 10 月 3 日]。

　⑥ 皮尤研究中心，是美国一个独立的、无倾向性的民调机构，对那些影响美国乃至世界的问题、态度与潮流提供信息资料。

66% 的印度尼西亚受访者表示对中国有好感，泰国和马来西亚的受访民众对中国表示好感的比重更是达到了 72% 和 74%①。但即便是喜好中国的东盟国家，对中国也并非完全信任。皮尤研究中心调查报告显示绝大多数东盟国家对于与中国的领土争端问题相当敏感，数据显示占泰国 50%、印度尼西亚 52%、马来西亚 66% 的受访人群对此表示极大关注，而越南和菲律宾对此的关注比重甚至达到了 84% 和 93%，甚至有 74% 的越南受访者和 58% 的菲律宾民众认为中国是他们最大的威胁。② 菲律宾更是赤裸裸地攻击中国的海上丝绸之路战略是要重建中国主导东南亚地区的秩序。③ 东盟各国对于与中国领土争端的高关注度，加之中国崛起大背景下经济发展强劲势头和在领土争端上的强硬姿态，难免让东盟对中国感到担忧。因此，有学者指出，"中国此举本质是寻求缓解地区冲突，增强信任，但是由于多种原因，信任之路任重道远"④，又如新加坡国立大学特级教授王赓武所保留的意见，海上丝绸之路建设，"接下来还要看多国反应如何"⑤，也从侧面反映了东盟对合作前景的担忧。

三　印度与东盟认知的特点与异同

（一）认知原因的统一性与多样性

从统一性来说，与国际社会对中国崛起的反应一样，印度与东盟之所以对新海上丝绸之路心存疑虑，就是中国日益崛起的实力以及偶尔强势的举措导致国际社会对中国崛起的不确定性后果念兹在兹。⑥ 对中国崛起不确定性的担忧使中国与印度、东盟之间的安全困境特别突出。对新海上丝绸之路战略的认知，更是对中国背后"动机"的认知。

从多样性来说，印度与东盟认知原因的侧重点各有不同。印度之所以迟迟没有加入 21 世纪海上丝绸之路，本质上源于中印双方互不信任。从经济角度讲，这种不信任要归结于中印之间贸易的不平衡以及两国对于能源供应的竞争。从安全角度讲，中印关系的信任赤字则主要来自中印边界冲突、中国在印度洋的活动、中巴关系、西藏问题等。特别是中国越来越频繁地进入印度洋，不仅在投资与港口基础设施建设方面发

---

① Pew Research Global Attitudes Project. Global Opposition to U. S. Surveillance and Drones, but Limited Harm to America's Image. July 14, 2014. http: //www. pewglobal. org/2014/07/14/global-opposition-to-u-s-surveillance-and-drones-but-limited-harm-to-americas-image/.

② Ibid. .

③ Rajeev Ranjan Chaturvedy. New Maritime Silk Road: Converging Interests and Regional Responses. ISAS Working Paper, October 8, 2014.

④ Shashi Tharoor. China's Silk Road Revival—and the Fears It Stirs—Are Deeply Rooted in the Country's History. The World Post, Oct. 14, 2014, http: //www. huffingtonpost. com/shashi-tharoor/chinas-silk-road-revival-history_ b_ 5983456. html.

⑤ 打造新海上丝绸之路是明智之举，新华网，http: //news. xinhuanet. com/fortune/2014-09/16/c_ 1112506808. htm（2014 年 9 月 16 日）[2014 年 9 月 28 日]。

⑥ Avery Goldstein. Rising to the Challenge: China's Grand Strategy and International Security Stanford University Press, 2005. 转引自喻长森《亚太国家对中国崛起的认知与反应》，时事出版社 2013 年版。

挥了巨大作用，如斯里兰卡的科伦坡港、汉班托特港和巴基斯坦的瓜达尔港以及孟加拉国的吉大港，而且还对海上丝绸之路沿线各国发起海上外交，并得到斯里兰卡、马尔代夫等国的大力支持，都加剧了印度的不安。在中印领土争端的问题上，印度也有72%的受访民众对此表示深切关注。① 对于印度来说，如果21世纪海上丝绸之路建设最后成为现实，其最强大和最重要的优势便是中国对印度周围的南亚区域合作联盟国家加大影响，② 而这正是印度不愿意看到的。中印双方相互毗邻以及受历史恩怨的影响，再加上双方共同崛起，使中印之间的安全困境非常突出，进而使印度对21世纪海上丝绸之路战略表现得更为小心、谨慎。

东盟自成立以来，长期受到冷战大背景的影响，从意识形态差异、华侨华人因素甚至领导人因素变化都使得东盟对中国的认知比较复杂。随着冷战阴霾的逐渐散去，中国与东盟一些国家的领土纠纷又甚嚣尘上并且呈现愈演愈烈的趋势。面对中国经济的强势发展与中国国力的崛起，加上南海的领土争端问题上中国态度的强硬，都极大地影响了东盟对新海上丝绸之路战略的认知。有研究人士分析："中国是东盟的近邻，又是一个大国，更不用说它的不断增长的经济实力、政治影响力和军事能力。生活在它的阴影下的弱小国家很自然地视中国为威胁，至少是一个潜在的威胁。"③ 越南、菲律宾由于其强烈的民族主义，在处理与中国的关系时也表现更为强硬。在国家安全与巨大的经济利益诱惑下，东盟国家普遍陷入一种趋向与畏惧的双重心理。

（二）认知结果的相似性与差异性

第一，中国崛起的不确定性因素的存在，使印度与东盟都对中国的"动机"表示担忧，认为新海上丝绸之路战略包含复杂的中国"动机"，也都选择保持小心、谨慎的姿态。但就表现差异看，印度认为中国经济的快速发展并不会对印度经济发展起到多大的积极作用，有46%的印度受访民众认为中国经济发展会对印度经济不利，④ 而东盟国家在面对中国21世纪海上丝绸之路战略时表现出欢迎与期待，更愿意在中国提供的巨大经济利益面前选择搭乘中国快速发展的便车以受益。

第二，印度与东盟内部以及官方对于新海上丝绸战略的认知也表现出极大的差异。印度国内不同派别对于新海上丝绸之路持不同观点，或支持印度加入新海上丝绸之路，或建议印度保持小心。同样，在东盟各成员国之间也并没有达成一致认知，越南、菲律宾对中国的新海上丝绸之路战略反应消极甚至抵触。印度官方虽给予新海上丝绸之

---

① Pew Research Global Attitudes Project. ndians Reflect on Their Country & the World. March 31, 2014. http: // www. pewglobal. org/2014/03/31/indians-reflect-on-their-country-the-world/.

② 维诺德·赛格尔：《中印共同建设21世纪海上丝绸之路》，《东南亚纵横》2014年第10期。

③ Alien S. Baviera. China's Relations with Southeast Asia: Political Security and Economic Interest. PASCN Discussion Paper. http: //hilo. hawaii. edu/uhh/faculty/tamvu/documents/Baviera. pdf. 转引自喻常森《东盟国家对中国崛起的认知与政策反应》，《当代亚太》2013年第3期。

④ Pew Research Global Attitudes Project. Global Opposition to U. S. Surveillance and Drones, but Limited Harm to America's Image. July 14, 2014. http: //www. pewglobal. org/2014/07/14/global-opposition-to-u-s-surveillance-and-drones-but-limited-harm-to-americas-image/.

路以肯定却未加入，东盟官方则表示极大支持。

四 印度与东盟可能的政策反应

在 2014 年 2 月 10—12 日举行的中印边界问题 17 轮会谈上，中国代表杨洁篪发起了愿与印度共建海上丝绸之路的邀请，印度代表梅农对新海上丝绸之路也做出了积极评价，印度国内也对中方的邀请进行了激烈讨论。鉴于对中国"动机"的不确定，印度甚至还召开了"关于中国现身印度洋的国际会议"[①]（International Conference on China in the Indian Ocean Region），而后，印度一直迟迟没有加入。

虽然印度迟迟没有接受关于中印共同建设海上丝绸之路的邀请，但透视印度外交可以发现，莫迪在短短的几个月时间里，要么是不辞辛劳飞行万里，要么是频频邀请一些国家的领导人访印，自然有其深刻考虑。[②] 2014 年 6 月，莫迪访问了不丹，随后又在 8 月访问尼泊尔，并在 2015 年 3 月访问了斯里兰卡，可以看出印度在不断施加其对南亚周边小国的影响。此外，莫迪政府还提出增加国防开支，提升海军能力，加强与美国的战略伙伴关系。[③] 2014 年 8 月，美国国防部部长哈格尔访印，莫迪随后于 9 月访美，以期升级印度的武器系统，提升国防能力，推进两国防务合作。不仅如此，印度还积极推行"东进"战略，加强同美国亚太同盟以及部分东盟国家，特别是加强同与中国关系紧张的越南和菲律宾的关系，以平衡中国在亚太地区的影响。2014 年 9 月，莫迪访日，寻求防务合作；2014 年 10 月，印度同意向越南出售潜艇，两国还讨论了印度是否出售布拉莫斯巡航导弹的问题。[④]

"不结盟"一直是印度坚持的外交政策。从莫迪政府以上的行为来看，印度既加强向美国靠拢又坚持独立自主，一方面加强同东盟关系，另一方面又拉拢印度洋周边小国，从本质上看，印度意欲在复杂的大国关系中寻求一个平衡点，力图为印度赢得良好的外部环境，也反映出印度从传统安全出发，表现出对中国深深的不信任。透视印度国内各派别的争论、国际会议讨论、莫迪政府是否加入新海上丝绸之路的迟疑反应及其多边外交的发起，可以确认印度在短时期内可能不会加入新海上丝绸之路。但无论印度是否加入，中国都应立足当下，积极经营好新海上丝绸之路建设。东盟多国对于新海上丝绸之路的发起表示极大的支持，特别是在经济合作、基础设施建设方面，

---

① 此次会议由印度奥斯马尼亚大学印度洋研究中心组织，于 2014 年 11 月 13—14 日在印度的海得拉巴（Hyderabad）召开，邀请函中更是把 21 世纪海上丝绸之路说成中国进行基础设施建设的保护伞，是中国运用软实力甚至是武力来满足经济发展所必需的能源需求的战略。

② 马加力：《透视"莫迪外交"》，《世界知识》2014 年第 20 期。

③ Agence France-Presse. India Increases Defense Spending, Invites Foreign Investment Defense News, July 10, 2014. http：//www.defensenews.com/article/20140710/DEFREG03/307100029/India-Increases-Defense-Spending-Invites-ForeignInvestment.

④ Sanjeev Miglani. India to Supply Vietnam with Naval Vessels amid China Disputes. Reuters, October 28, 2014. http：//in.reuters.com/article/2014/10/28/india-vietnam-idINKBN0IH0L020141028.

东盟更是表现出浓厚的兴趣。东盟 10 国意向全部加入,[①] 并全力协助设立由中国主导的亚洲基础设施投资银行。中国东盟共建海上丝绸之路,将领土争端置于合作共赢之下,对于中国—东盟关系的改善有极为重要的意义。中国目前已成为东盟第一大贸易伙伴国,双方在经贸领域、金融合作等方面存在很大的互补性,东盟各国也渴望与中国进行相关的投资合作。从长期看,经济上的合作仍是中国东盟关系发展的主流,新海上丝绸之路的建设将进一步加深中国与东盟经贸的联结,但领土争端问题仍然是阻碍中国和东盟关系发展的最大障碍。传统安全视角下,美国重返亚太以及东盟一贯的"大国平衡"原则,东盟仍将继续同时保持与美、日、中、印等大国的接触,在经济上关注新海上丝绸之路利己性的同时力求政治上的独善其身。

五　中国的对策

政治互信决定合作命运。鉴于印度与东盟对新海上丝绸之路战略的认知,如何消除国际社会对中国的疑虑,促成互信合作显得尤为重要。中国应澄清立意,加强对话,妥善解决领土纠纷问题,发起公共外交,增强双边政治互信,进而为新海上丝绸之路的建设乃至中国崛起营造更为良好的外部环境。

（一）加强对话,释问答疑,平等对待周边邻国

首先,要寻求同美、印以及东盟国家的安全对话,缓和紧张与冲突局势,努力推进亚太地区的和平与稳定。可以通过 APEC 峰会、中国东盟论坛等平台,保持对话协商,传达中国声音,让世界了解中国,而不是在"中国威胁论"的道路上越走越远。特别是在与美国关系上,中国更应该寻求同美国的利益共同点,加强合作,而不是在"零和博弈"模式下越走越远。对于周边各国,中国还应该放下大国执念,摆正心态,切实做到以平等的姿态对待周边邻国,以免陷入孤立境地。

（二）妥善处理领土纠纷,不要让历史遗留问题影响合作

针对因领土纠纷而造成的中国在邻国民众心中的负面形象,[②] 中国政府更应该以积极的姿态处理同印度以及东南亚各国的领土纷争,在不放弃主权的前提下,淡化主权色彩,努力推进"搁置争议,共同开发"。印度战略家拉贾·莫汉（C. Raja Mohan）也强调,中国应该同印度解决好边界问题,促成中印竞争关系变为合作而非竞争。[③] 2015年 3 月 23 日至 24 日,中印双方代表杨洁篪与多瓦尔在新德里举行中印边界问题特别代

---

① 《57 国成亚投行意向创始成员国》,人民网,http：//world. people. com. cn/n/2015/0416/c1002-26851897. html（2015 年 4 月 16 日）［2015 年 4 月 26 日］。

② 根据 2014 年皮尤研究报告显示,受访的 70% 的印度国民认为中印领土争端问题比较严重,56% 的民众认为中国是印度的主要威胁,甚至还有 56% 的印度国民表示他们的国家应该受到更多尊重。绝大多数东盟国家对与中国的领土纠纷高度关注,甚至有 74% 的越南受访者和 58% 的菲律宾民众因此而认定中国是他们最大的威胁。

③ C. Raja Mohan, Samudra Manthan. Sino-Indian Rivalry in the Indian Pacific. Carnegie Endowment for International Peace, 2012.

表第 18 次会晤，一方面显示出中印政府在推动边界问题解决的积极努力，也反映出在双方互信不足的背景下解决领土纠纷的迫切性。中国还应根据印度民众心理需求，给予印度更多的尊重，无论印度是否加入，都要经营好当下海上丝绸之路的建设。

中国东盟关系的最大的障碍就是南中国海的领土争端，美国也认为，中国在南海等问题上日益强势的立场也会加强东南亚国家的不安。[①] 因此需要"谨慎处理中国与东盟成员国的领海和岛屿争端，在维护主权的同时照顾争端方的利益诉求，避免在外交领域形成单边主义形象"[②]。

（三）不断增强软实力，开展公共外交

印度与东盟对中国的信任赤字，不利于中国国家形象的良好塑造，必然成为双边关系进一步深化的障碍。因此要充分发挥媒体作用，做好舆论工作，掌握对外话语权，宣传中国形象，这也是对外应用软实力的必然要求。再者，要努力通过华侨华人推进公共外交，通过人文交流合作宣传中国政策，消除误解分歧，在双边互动中提高中国形象。

但在中国崛起的大背景下，一方面要发挥东南亚华人个人和团体的有益影响，另一方面也要在中国国际地位不断提高的背景下，认真谨慎地处理其与海外华人之间的关系。[③] 必须要考虑和照顾华侨华人所在国的利益，否则华侨华人的因素可能起到相反的作用，成为"中国威胁论"新的诠释，进而使东南亚各国政府产生新的恐惧，从而使双方本就脆弱的政治互信受到削弱。

（四）利及周边，做一个负责任的大国

新海上丝绸之路，致力于与沿线各国互联互通、互利共赢、和平合作、开放包容，应对邻国的质疑与担忧，中国更应该以实际行动做一个负责任的大国，消除邻国疑虑。鉴于东盟国家注重在经济上搭中国崛起的"便车"，中国应该承担更多责任，特别是在海上丝绸之路的建设过程中让沿线各国分享中国崛起的红利，以增强各国对中国真诚和负责任的好感。

（作者：毛彬彬，厦门大学人文学院硕士研究生）

---

① 龚婷：《"一带一路"：美国对中国周边外交构想的解读》，孙哲主编《中美外交：管控分歧与发展合作》，时事出版社 2014 年版。
② 陈遥：《中国—东盟政治互信：现状问题与模式选择》，《东南亚研究》2014 年第 4 期。
③ 刘宏：《海外华人与崛起的中国：历史性、国家与国际关系》，《开放时代》2010 年第 8 期。

海上丝绸之路对宋代铜钱外流的影响

——以东南亚诸国为考察对象

任志宏

摘　要：宋代"海上丝绸之路"发达，海外贸易繁盛，规模巨大，进出口货物种类极多。随之而来的一个问题就是铜钱外流相当严重。铜钱外流的一个很重要的流向便是东南亚各国。沿着"海上丝绸之路"，外流的宋钱凭借着精良的工艺、稳定的成色和宋代中国发达的经济，在某种程度上充当了国际货币的角色，对东南亚地区的社会、经济产生了很大的影响。

关键词：宋代；海上丝绸之路；海外贸易；铜钱；货币

"海上丝绸之路"作为中国古代对外贸易的重要通道，在秦汉时代就已经出现，及至宋时，已臻于鼎盛。宋代由于北方少数民族政权崛起，传统的陆上"丝绸之路"贸易通道阻塞，加之西北陆路遥远难走，存在较多安全问题，宋王朝不得不将目光转向海洋，大力发展海外贸易。因此，宋代是我国海外贸易发展最为迅速的时期。东南亚地处东西海路交通枢纽，自古以来就在国际贸易中占有十分重要的地位。这一地区的国家社会和经济与"海上丝绸之路"有着较为密切的关系。一方面，东南亚国家为海上丝绸之路的开辟和繁荣做出了重要贡献；另一方面，"海上丝绸之路"的发展又对东南亚地区的国家社会历史发展产生了巨大的影响。随着"海上丝绸之路"的发展和宋代海外贸易的逐渐兴盛，宋代中国与东南亚地区的联系日益紧密，尤其是做工精良、成色稳定、信誉度高的宋朝铜钱，大量流向经济不甚发达的东南亚诸国，或充当主要流通货币，或充当辅币，在南海地区一定程度上扮演了国际货币的角色，对当时整个东南亚地区的经济、社会都产生了巨大且深远的影响。

一　宋代经济及"海上丝绸之路"的发展

宋代的造船业在唐代的基础上获得了迅猛发展，吉州、温州、楚州等地都建有造船厂，且造船数量很大，宋太宗至道末年（997）"诸州岁造运船三千二百三十七艘"①。造

---

① （元）脱脱等：《宋史》卷175"食货上三（漕运）"，中华书局1985年版，第4252页。

船技术在宋代也有了很大的进步，已经可以造出载重万石以上的大船。大量性能优良的船只为进行海外贸易提供了必要的交通工具。也是在这一时期，指南针开始作为导航工具应用于航海，为远洋航行提供了航海技术支持。这些客观条件都为宋代海外贸易的迅速发展提供了有力支持，"海上丝绸之路"逐渐繁盛起来。

开宝四年（971），宋朝攻占广州，当年便"初置市舶司于广州，以知州潘美、尹崇珂并兼使，通判谢玭兼判官"[①]。后来为加强对往来中国与海外的商船进行管理和对进出口货物进行抽解和征税，先后在泉州、明州、杭州等八地设置市舶司。当时，世界上同宋朝建立海外贸易关系的有多达数十个国家和地区，海外贸易路线东至朝鲜、日本，南至东南亚，西至阿拉伯、非洲东海岸的许多地区。宋朝通过海外贸易所获得的收入日益增多，在其年收入中所占比重也日渐增加。北宋"皇祐中，总岁入象犀、珠玉、香药之类，其数五十三万有余。至治平中，又增十万"。"至绍兴末，三舶司……岁得息钱二百万缗"[②]，约占当时全年财政收入的百分之六。为了更好地发展与海上国家的贸易往来，增加财政收入，宋朝统治者竭力兴办市舶，尤其是南宋，因其"国土日蹙，一切倚办海舶"[③]。

至两宋时期，海上交通线路已经基本打通，人们已经比较熟知通往东亚、东南亚、南亚、西亚乃至非洲的各条航路，对外联系的主要通道已由以往的陆上"丝绸之路"，逐渐转向"海上丝绸之路"，海上交通和贸易已经取代了原有的陆路交通成为中外经济和文化交流的主要渠道。

在"海上丝绸之路"的贸易中，从国外输入宋代中国的商品主要是香料、珍珠、玛瑙、象牙、犀角、珊瑚、玳瑁、矿产（水银、硫黄等）、染料和木材等几大类，以供上层社会享用之奢侈品为主。宋朝输出的主要有丝麻制品、陶瓷器、铜铁器具、金银饰品、漆器、茶叶等四大类商品（见下表）。

宋代出口商品分类[④]

类别	品名
手工业制品	瓷器、陶器、纺绸、布帛、书籍、漆器等
金属制品	铜器、铜钱、金银、铅、锡等
工艺品	玩具、乐器、伞、梳、扇等
农副产品	茶、糖、酒、果脯、米、盐、药材等

我们可以看到上表金属制品一栏的商品名称中有铜钱一项，但其实宋代始终是禁止民间商人在海外贸易中经营铜钱，甚至是使用铜钱的。只有在北宋前期刚开展海外

① （宋）李焘撰：《续资治通鉴长编》卷12"开宝四年五月壬申"，上海师大古籍所、华东师大古籍所点校，中华书局2004年版，第266页。

② （宋）李心传撰：《建炎以来朝野杂记》，徐规点校，中华书局2000年版，第330页。

③ （清）顾炎武：《天下郡国利病书》卷120"海外诸番"，上海图书集成印书局1901年版，第53页。

④ 黄纯艳：《宋代海外贸易》，社会科学文献出版社2003年版，第35页。

贸易的时候，尚允许使用铜钱进行交易，后来很快取消。此表中的铜钱应当还包括当时的朝贡体系下，宋王朝通过"回赐"等官方方式赠予海外诸国的铜钱。

然海外贸易通常交易量巨大，对硬通货有着大量需求，这导致参与贸易国家的货币逐渐进入国际市场流通领域，因而东南亚周边不少国家有兼用外国钱币的习惯，尤其是宋代铜钱，铸造精美、成色稳定且价值平稳，更是深受东南亚诸国的青睐，一经流入便迅速被其国内市场接纳。

二　"海上丝绸之路"对铜钱外流的影响

"海上丝绸之路"的兴盛促进了海外贸易的增长，海外贸易的增长促进了宋朝与东南亚地区各国经济、文化的交往，从而进一步促进了宋朝经济的发展。但海外贸易也带来了一个严重的后果，这便是随着宋朝同"海上丝绸之路"沿途各国交往的日趋频繁，宋钱也开始通过各种渠道，沿着"海上丝绸之路"流向东南亚各个国家。

宋代从太祖立国之初便颁布禁令，限制铜钱外流："铜钱阑出江南、塞外及南蕃诸国，差定其法，至二贯者徙一年，五贯以上弃市，募告者赏之。"[①] 之后淳化、庆历、嘉祐、熙宁、元丰年间又屡次重申禁令。宋室南渡后，铜钱外销禁令更严，绍兴三十年规定透漏铜钱五贯者处死罪。同时在市舶司加强对铜钱出海的稽查，对出海贸易的商人携带的铜钱数限制在五百文以内。但是上述种种措施都没能阻止铜钱向海外各国的流出。"边关重车而出，海舶饱载而回。"[②]"海舶飞运……而铜钱之泄尤甚。"[③] 这是当时宋人记录下的铜钱外流的情景。据《宋史·外国传》记载，当时有 29 个国家得到过宋朝官方回赐的铜钱，至于通过走私等手段获得的更是不可计数。

1. 原因

有需求才会有市场，两宋时期铜钱之所以大量并持续不断地外流，宋钱在境外国家的广泛行用导致的大量需求是其根本原因。两宋时期，随着海外贸易的繁荣，中国对产于东南亚的香料、珍珠、玛瑙、象牙、犀角、珊瑚、玳瑁、矿产（水银、硫黄等）、染料和木材等需求大大增加，带动了该地区的商品经济发展，导致其国内货币需求量不断增加，但受制于本国的生产力及铸造水平所限，铸造的钱币数量既少，质量又差。"阇婆、苏吉丹的铸币质大而笨拙，真腊的称量铅币又显粗陋"[④]，难以满足商品流通的需要。与之相较，宋钱不仅铸造精美且成色稳定，发行量大且信誉良好，面额小且灵活易用，无疑比本国铸币更适合在其国内市场中流通使用。所以各国纷纷引进宋钱作为本国主要货币或辅币使用。

①　（元）脱脱等：《宋史》卷180 "食货下二（钱币）"，中华书局 1985 年版，第 4375 页。
②　同上书，第 4384 页。
③　（元）脱脱等：《宋史》卷186 "食货下八（互市舶法）"，中华书局 1985 年版，第 4566 页。
④　黄纯艳：《略论宋朝铜钱在海外诸国的行用》，《中州学刊》1997 年第 6 期。

另外，宋代商品经济高度发展，铜钱作为一般商品的等价物以及特殊商品，据有特别重要的地位。"夫百货所聚，必有一物主之。金玉重宝也，滞于流布，粟帛要用也，滥于湿薄，权轻重而利交易者，其唯钱乎？"① 王禹偁写出了铜钱在社会商品经济流通中的重要作用。商品经济的发达使社会对货币的需求量也大大增加，达到"每一交易，动辄千万，骇人闻见"② 的程度。据《宋史·食货下八》及《宋会要辑稿·食货》所载，北宋在至道年间（995—997）商税收入为 400 万贯，元禧五年（1024）为 804 万贯，皇佑年间（1049—1054）为 786 万余贯，治平中（1064—1067）为 846 万贯，熙宁十年（1077）为 641 万余贯。我们取上述五个数字的平均值为 650 万贯，其时商税税率为 10%，③ 可以算出其年平均商品贸易额约为 6500 万贯，则其所需年货币流通量至少在 650 万贯以上。为满足社会经济对货币流通数量的需求，宋朝历代统治者皆大量铸造发行铜钱。北宋初年至天圣年间（960—1032），铜钱的年铸造额在 100 万贯左右，至熙宁末年（1077），增至 373 万贯，元丰年间（1078—1085）更是达到 506 万贯。南宋由于国土大幅减少，丧失了大量的矿业资源，因此年铸币量比北宋大大减少，但每年也仍在 10 万贯以上。绍兴三年（1133），年铸币量 12 万—13 万贯，绍兴二十六年（1157），则有 22 万贯。大量铜钱的铸造及发行，在满足国内商品经济发展和流通需要，暂时性缓解"钱荒"④ 的同时，也在客观上为铜钱流向境外提供了前提条件。

此外，中国自秦始皇统一币制以来，历朝历代都十分注重建立和完善货币体制。到了宋代，随着商品经济的发展，货币体制日渐完善。政府在货币的铸造、发行、流通等环节的宏观调控能力大大增强。宋代政府出于朴素的金融意识，本能地对铜钱的流通、铸造等制定了极其严格的规定与要求，保证了宋钱币值稳定和信用良好，这是宋钱流向这些国家的根本原因。

2. 途径

宋钱外流的途径从大的方面来分，有陆路和海路两种。陆路主要是从边关军州向北和西北流入辽和西夏以及后来的金。不在本文讨论范围之内，故此不多做说明。海路则主要是通过"海上丝绸之路"各港口的海外贸易渠道流入境外。

宋朝商品货币经济高度发展，手工业生产、商业贸易均呈现出空前的繁荣景象。纺织、制瓷、造船都有了极大发展。随着手工业的大发展，宋朝的商业贸易越发繁荣

---

① 王禹偁：《小畜集》卷 17 "江州广宁监记"，《四库全书》（集部别集类）1086 卷，古籍出版社 2003 年版，第 163 页。

② 此处"千万"指千万钱，而非千万贯。因宋代一贯合钱千文，时人亦习惯将"一贯"唤作"千钱"，概因如此听起来数量较大。如宋太祖在赏赐曹彬之时便曾赐钱"二十万"，其实不过二百贯。

③ 漆侠：《宋代经济史》，上海人民出版社 1987 年版，第 994 页。

④ 钱荒是指封建社会货币经济发展过程中，流通中货币相对不足而引起的一种货币危机。该词属专有名词，产生于宋代。

起来，表现在海外贸易方面，开宝"四年，置市舶司于广州，后又于杭、明州置司"①。当时通过"海上丝绸之路"同宋朝有贸易往来的国家和地区多达五六十个，从海外运入宋朝的货物超过四百种，广州、泉州、明州等八大市舶司是当时进行海外贸易的主要口岸，是国际性的港口。从广州、泉州港口出发，可到达东南亚、南亚、西亚诸国；由钦州、廉州港口出发可到交趾②；由廉州港口可自交趾通东南亚和西方各国。"自置市舶于浙、于闽、于广，舶商往来，钱宝所由以泄。"③ 由此可见，海外贸易渠道是宋钱流出境外的主要途径。

再仔细划分，宋钱通过"海上丝绸之路"外流的具体途径主要有两种。

一是海外贸易。宋朝前期通过贸易造成了一定数量的铜钱外流。市舶司建立之初，宋朝"以金银、缗钱、铅锡、杂色帛、瓷器……等物"④ 与蕃商交易。及至"南渡，三路舶司岁入固不少，然金银铜铁，海舶飞运，所失良多，而铜钱之泄尤甚"⑤。《宋会要辑稿》记述南宋宁宗嘉定十五年（1222）时的情景说：

> 国家置舶于泉、广，招徕岛夷，阜通货贿，彼之阙者，如瓷器若醴之属，皆
> 所愿得，故以吾无用之物，易彼有用之货，犹未见其大害也。今积习既熟，来往
> 频繁，金银铜钱，铜器之类，皆以充斥外国。

根据考古发掘资料显示，但凡与中国有贸易往来的国家和地区，甚至远在西亚，都发现过中国钱币。1827年新加坡掘出的铜钱多数为宋钱。1860年爪哇掘得中国铜钱三十枚，过半都是宋钱，甚至南亚地区和远在印度洋西岸的非洲等地也发现了宋钱。可见宋钱通过"海上丝绸之路"外流范围之广。

二则是走私。在海外贸易活动中，宋朝政府作为官方，是贸易活动的管理者，可以通过行政手段建立法规禁令等来限制贸易活动中的铜钱外流，因而贸易中的铜钱外流较能受到政府的控制。而走私，是宋朝铜钱外流最大也是最重要的方式，行政手段对此无能为力。

海外贸易的兴盛促进了宋朝和海外的经济联系，宋钱开始在东亚和东南亚地区行使一定限度上的国际货币职能。宋钱在境外购买力大于境内，以宋钱交易或者倒卖宋钱均可获取高额利润。于是在利益的推动下，"商舶利倍徙之获，往往冒禁，潜载铜钱博换"。"潜载"即偷偷装载，也就是走私。"福建之钱，聚而泄于泉之番舶，广东之钱

---

① （元）脱脱等：《宋史》卷186"食货下八（互市舶法）"，中华书局1985年版，第4558页。
② 交趾因其归属问题，北宋前期与其一直处于对立状态，故而宋朝从未将交趾纳入市舶贸易体系当中，而是在陆路边境与其展开互市。熙宁战争后，宋朝放弃了统一交趾的意图，两国贸易恢复正常，遂开放钦州、廉州两港口，后又增开邕州，至此方可通过海路与其进行贸易。
③ （元）脱脱等：《宋史》卷180"食货下二（钱币）"，中华书局1985年版，第4396页。
④ （元）脱脱等：《宋史》卷186"食货下八（互市舶法）"，中华书局1985年版，第4558页。
⑤ 同上书，第4566页。

聚而泄于广之番舶。"① 淳祐四年，右谏议大夫刘晋之言说："巨家停积，犹可以发泄，铜器钣销，犹可以遏止，唯一入海舟，往来不返。"② 宋朝政府虽然屡次下令严禁铜钱出境，但是大量的外国和本国商人往来于各处市舶司通商口岸，不计其数的海船穿梭于连通各口岸和海外的海路之上，宋朝政府根本无法检查进出商船，甚至许多宋朝政府官员和机构也在进行走私活动。如绍兴末年（1162）"泉、广二舶司及西、南二泉司，遣舟回易，悉载金钱"③。说的便是泉州、广州两处的市舶司等具有官方背景的铜钱走私活动。在东南亚各国巨大的市场吸引下，在高额利润的驱动下，宋钱便如决堤之水般冲破宋朝的条条禁令，通过海上贸易的通道汹涌流入海外各国。

三 宋代铜钱流入对东南亚的影响

铜钱属于金属货币，价值低且重量大，并不适合作为大宗贸易的直接支付手段。尤其是宋代海外贸易规模巨大，一船货物的价值往往动辄数十万贯，如果用铜钱结算需几只船装运，显然是极为不便的。可见铜钱并非当时海外贸易中理想的支付手段。况且宋朝例行钱禁，严格控制铜钱流往他国。但无论是禁令也好，控制也罢，我们从古人的文献记载和现在的考古发现中都能看到一个无可辩驳的事实，那就是数量极大的铜钱流向海外，且源源不绝。其实中原王朝铜钱向周边少数民族地区及海外诸国外流的现象自古有之，然则规模有限，并未对中原王朝产生大的影响。及至两宋，铜钱外流现象格外严重，规模、影响远超前代。

宋朝铜钱外流的范围十分广泛。究其流向，不外两个方向，其一是周边少数民族政权地区，主要是北方及西北地区；其二便是海外诸国，包括日本、高丽，以及交趾、三佛齐、阇婆、真腊等东南亚诸国，即所谓"两蕃、南海，岁来贸易，有去无还"④。"南海"即代指东南亚诸国。东南亚地区作为宋代海外贸易的主要贸易对象，"凡大食、古逻、阇婆、占城、勃泥、麻逸、三佛齐诸蕃并通货易，以金银、缗钱、铅锡、杂色帛、瓷器，市香药、犀象、珊瑚、琥珀、珠琲、镔铁、玳瑁、玛瑙、砗磲、水精、蕃布、乌樠、苏木等物"⑤。故而也是宋钱大量流入的地区。

1. 交趾

交趾虽地处东南亚，其地位却与其他东南亚国家不同。历史上交趾曾是中国的一部分，即便在北宋前期，中国仍未放弃统一交趾将其收回中原王朝版图的努力。故而

---

① （宋）包恢：《敝帚稿略》卷1"禁铜钱申省状"，《文渊阁四库全书》本第1178册，上海古籍出版社2003年版，第714页。

② （元）脱脱等：《宋史》卷180"食货下二（钱币）"，中华书局1985年版，第4399页。

③ 同上书，第4396页。

④ （宋）李焘撰：《续资治通鉴长编》卷85"真宗大中祥符八年十一月己巳"，上海师大古籍所、华东师大古籍所点校，中华书局2004年版，第1956页。

⑤ （元）脱脱等：《宋史》卷186"食货下八（互市舶法）"，中华书局1985年版，第4558页。

交趾深受中国政治经济制度和文化传统影响，属于中华文化辐射圈之内。其货币制度也效法中国，与宋朝一样以铜钱为本位货币，且钱币形制及铸造工艺均与中国一致。然而，交趾自铸铜钱在数量和质量上存在严重不足，无法满足国内的流通需求，急需优质铜钱注入。交趾商人每到钦州等地，在与宋朝商人用铜钱进行贸易时，"必以小平钱为约"。交趾国内甚至规定"小平钱许入不许出"。绍兴三年（1133），监察御史、广南东西路宣谕明橐奏称：

> 又闻邕、钦、廉三州，与交趾海道相连，逐年规利之徒，贸易金香，必以小平钱为约，而又下令其国，小平钱许入而不许出，若不申严禁止，其害甚大。欲乞自今二广边郡透漏生口铜钱，应帅臣监司守倅巡捕当职官失觉察者，比犯人减一等坐罪。庶几检察加严，上下循守。诏户、刑部立法，其后二部请故纵生口及透漏铜钱过界者，巡捕官减罪人二等，失察生口又减三等，镇寨官县令知通监司帅臣失察者，抵罪有差。从之。①

可见当时从邕、钦、廉三州流入交趾的铜钱其数不少，以至于宋朝政府不得不对此专门制定法规禁令，试图杜绝或减少此类现象的发生。除所谓的华夷之别外，颁布铜钱禁令的主要原因是怕扰乱宋朝的货币市场。但是从后来的实际效果来看，并没有起到什么作用。依然有不少来自宋朝的铜钱流入其国内，直接作主要流通货币使用。

宋朝初年，虽然尚未放弃统一交趾的目标，然作为名义上的"藩属"，宋朝也经常赏赐铜钱给交趾。大中祥符三年（1010）二月，"制授权静海军留后李公蕴特进、检校太傅、安南都护、静海军节度观察处置等使、交趾郡王……特赐推诚顺化功臣，仍赐……器币"②。大中祥符五年（1012）十一月，"以圣祖降，制加公蕴开府仪同三司……赐器币"③。这也是宋钱流入交趾的一个渠道。

越南境内的多处考古发现均出土了大量的宋钱。1899 年在河内发现的况赛场宝藏两个陶罐中，共计藏有 2.3 万多枚古钱币。其中中国古钱 22925 枚，而北宋钱币就有20618 枚，约占此次发现的中国钱币的 89% 以上。1991 年 12 月，越南右龚县发现古钱币 10 公斤，其中宋钱有宋元、太平、淳化、至道、咸平、祥符、天禧、天圣、皇宋、景祐、明道、至和、嘉祐、治平、熙宁、元丰、元符、绍圣、元符、大观等通宝或元宝。④ 这批出土的中国古钱中以宋钱为主，数量多且种类丰富，基本上涵盖了两宋时期铸造的各种年号的铜钱。1991 年 12 月 29 日，越南西贡呼出村，一块旱地里出土数10 公斤古钱币，中有北宋钱。1992 年，越南同模县金街出土的古钱币中，有大量中国

①　（宋）李心传：《建炎以来系年要录》卷69 "绍兴三年十月戊戌条"，上海古籍出版社1992年版，第7页。
②　（清）徐松：《宋会要辑稿》"蕃夷四之二九"，北平图书馆影印1957年版，第7728页。
③　（清）徐松：《宋会要辑稿》"蕃夷四之三〇"，北平图书馆影印1957年版，第7728页。
④　黄启善：《试论中越两国古代钱币的交流与商贸活动》，《广西金融研究》2005年增刊二。

两宋时期的小平钱。从这些钱币出土的情况可以看到宋钱外流交趾的数量之巨。这些考古发现作为实证，印证了文献记载中关于大量宋钱流入交趾并在其国中广泛流通使用的史实。

2. 东南亚诸国

除交趾外，其他流入宋钱的东南亚诸国包括占城（今越南归化）、真腊（今柬埔寨）、三佛齐（今苏门答腊岛东南）、阇婆（今爪哇）、蒲端（今菲律宾群岛南端）等几个国家。

东南亚地处东西方海上交通的交汇处，又是国际贸易产品的供给地，中国、西亚、阿拉伯等地商人在此汇聚，大宗的香料、药材、犀角象牙等贵重产品在此交易，大量使用金银等贵金属进行结算。故而与日本、高丽等中华文化圈国家不同，东南亚沿海诸国实行的是金银本位货币制度。但是"珠玉金银，其价重大，不适小用，惟泉布之作，百王不易之道也"①。此言之于宋朝，未免过于绝对，但是用来形容东南亚诸国却是相当贴切。在东南亚各国，金银不仅作为交换手段，而且作为支付手段和社会财富的一般体现物。阇婆"剪银叶为钱博易"②，三佛齐"土俗以金银贸易诸物"③，占城"互市无缗钱，止用金银较量锱铢"④。这些国家的贡赋、婚聘礼物等皆以金银支付，阇婆国的罪犯还可用金赎罪，充分体现了作为本位币的金银的财富象征意义。

东南亚各国虽然海外贸易繁盛，但是受制于当时的生产力水平，很多香料、药材等主要贸易产品也是通过较为原始的手段获得的。在这段时期"古老经济的基本貌相依然存在着，东南亚大约90%的人民住在农村地区，粮食生产的传统方法与许多传统手工业在他们之中仍然残存，许多散处的落后民族群仍然是采集者"⑤。这种差异造成了各国繁荣的海外贸易与其本国的社会生产生活的脱节。适合大宗商品交易的金银本位货币制度，在面对国内小额的民间生活交易时，便显得十分不适应，无法满足人们日常生活中的需要。为了应对这一局面，东南亚诸国也曾采取过措施，史载阇婆国"以铜银输锡杂铸为钱"。但是这种合金钱币其价值相对于国内的日常交换使用仍然显得过大，依然不能满足国内市场日常生活交易需求。铜钱在当时的条件下比金银更能够发挥价值尺度的作用，而其国内又无法铸造发行能满足国内流通需求的钱币，因此其货币体系中便出现了一块空白。随着海外贸易的加深，制作精良、成色稳定、价值统一且信誉良好的宋钱开始出现在东南亚国家的货币市场，其一经流入便迅速解决了东南亚各国因缺乏相适应的流通货币而导致的市场梗阻不畅。以致"南洋一带，宋钱之散布更多，久而久之遂成彼地之通货"。宋钱在这些地区主要充当辅币，在各国国内

---

① （宋）李觏：《直讲李先生文集》卷16"富国策第八"，中华书局1981年版，第145页。
② （元）脱脱等：《宋史》卷489"外国五（阇婆）"，中华书局1985年版，第14091页。
③ （元）脱脱等：《宋史》卷489"外国五（三佛齐）"，中华书局1985年版，第14088页。
④ （元）脱脱等：《宋史》卷489"外国五（占城）"，中华书局1985年版，第14078页。
⑤ ［英］D. G. E. 霍尔（Hall）：《东南亚洲史》，张奕善译，（台湾）编译馆1982年版，第277页。

市场上流通，弥补了诸国货币体系的不足。于是"海外东南诸番国无一不贪好（宋钱）"，"入蕃者非铜钱不往，而蕃货亦非铜钱不售"①，大量铜钱源源流向东南亚诸国。

四　结语

宋钱流向东南亚地区是一种受市场自身需求推动的自发行为，不是政府主导的主动性的经济交往活动，因此具有极大的制约性和不对等性。"海上丝绸之路"繁荣的海外贸易和发达的海上交通，从客观上为铜钱外流提供了渠道，大量的宋钱从中国流向东南亚诸国，或成为其国内的主要流通货币，如交趾；或作为辅币填补了市场流通的空白，疏通了国内因为货币体系的不足而产生的市场阻塞，如阇婆等；加强了中国与东南亚地区国家的经济联系，稳定了东南亚各国的货币体系和市场秩序，便利了社会生活，产生了正面的积极作用。"钱本中国宝货，今乃与四夷共用"②，宋钱通过"海上丝绸之路"的传播，在东南亚地区扮演了国际货币的角色。但是对于宋代中国来讲，大量铜钱的外流却产生了相当大的负面效应。宋代时商品经济已经相当发达，需要大量充足的货币来充当流动媒介，保持经济和社会的运转。由于中国本身铜矿较少，虽然自立国之初便开始年年增铸钱币，却始终无法满足社会经济活动对流通货币的需求，一直处于"钱荒"之中。铜钱大量流往海外，使宋朝原本就存在的"钱荒"加剧，造成了社会流通中的铜钱供给不足，"铁钱""交子"等其他材质货币的出现正是这一情况的写照。铜钱的外流进一步加深了这一货币危机，严重制约了宋朝的经济发展。宋朝政府虽然采取了种种手段和措施来试图解决这个问题，却是治标不治本，终宋一代也未能解决。

总体来说，通过这一时期繁荣的"海上丝绸之路"，宋代铜钱向东南亚国家的大量流入，加强了中国与东南亚各国之间的经济联系，形成了有别于西方的东方货币体系，是中国与东南亚各国自古以来经济文化友好交往的见证。加深了中华传统文化在该地区的影响，对东南亚地区的经济、文化发展发挥了重要的作用。

（作者：任志宏，上海中国航海博物馆馆员）

---

① （清）徐松：《宋会要辑稿》卷165"刑法二"，北平图书馆影印1957年版，第6567页。
② （元）脱脱等：《宋史》卷180"食货下二（钱币）"，中华书局1985年版，第4384页。

云计算环境下闽台族谱
信息资源共享模式研究

陈彬强　蔡晓君

摘　要：闽台有割不断的血缘关系，族谱是维系闽台家族文化关系的重要纽带。文章通过分析闽台族谱概况和闽台族谱信息资源建设现状，提出闽台族谱信息资源共享云服务模式的总体设计思路和实现方案，并从基本原则、基础架构、资源整合、服务标准等方面入手给出了闽台族谱信息资源共享云服务建设的具体路径和方法。

关键词：云计算；闽台族谱；信息资源共享

闽台有割不断的血缘关系，族谱是维系闽台家族文化关系的重要纽带，是两地全民性的活的记忆，是文化认同的重要标志。利用先进的云计算技术，实现闽台族谱信息资源的共建共享，有利于做大做强闽台族谱文化，推动闽台族谱对接，吸引更多台湾民众来闽寻根谒祖，将福建建设成两岸族谱史料收藏中心、学术研究中心和信息资源中心，以实现《福建省"十一五"规划纲要》提出的促进台湾民众对"根""祖""脉"的认同目标，为实现祖国的和平统一大业服务。[①]

一　闽台族谱概况

族谱是记载一姓世系和先人事迹的典籍，属珍贵的民间文献资料，与正史、方志并称为中国历史大厦的三大支柱。从民间层面来讲，其编修的数量最多、持续时间最长，对基层社会的影响也最大。闽台族谱是记载闽台血亲关系的谱牒文献资料，在闽台民间家族组织的静态结构中，占有极为重要的地位，是家族组织强调血缘关系的另一项重要措施，它的修撰为闽台家族组织活动建立了档案材料。[②] 闽台的族谱源流，见证了闽台历史渊源和闽台区域社会发展轨迹。

闽台两地一衣带水，关系极为密切，台湾历史上曾经历过几次汉族移民浪潮，其

---

① 袁洪斌、姜洁：《打好客家族谱文化这张牌》，《政协天地》2010 年第 6 期。

② 苏黎明：《家族缘：闽南与台湾》，厦门大学出版社 2011 年版，第 124 页。

中以福建人居多，广东人其次。而在福建移民当中，又以闽南人最多。据 1979 年台湾公布的统计数据，当时台湾的 1700 多万人口当中，80% 祖籍在福建，其中泉州占44.8%，漳州占 35%。① 台湾主要的 100 个姓氏大部分在福建都能找到其祖籍地，如人口最多的陈姓和林姓大多来自福建的福州、漳州，两者合计约占台湾总人口的 19%，"陈林半天下"的福建民谣在台湾也广为流传。从某种意义上说，台湾的开发史基本上就是一部福建人民的移民史。

在闽台渊源关系中，很重要的一环便是族谱。明清以来，福建各地盛行修谱之风，不仅家族有谱，各房分支也有谱，且随着人口的变化而定期续修，成为一项制度化的家族事业。② 修谱的意义不仅在于歌颂祖先功绩，宣扬伦理道德，施行家族教化，还在于保证家族血缘关系的准确性，所以必须"溯其源流，究其根本，别长幼之分，明亲疏之辨"，对于萍踪于外境外省者，也要尽量予以稽录，以达到饮水思源、敬祖睦族、丕振家风的目的。③ 在此思想指导下，福建各家族编修族谱或续修族谱时，也不忘将赴台定居的同族后裔子孙登载入谱，仍视之为家族成员。当祖地修谱时，也会派宗亲前往台湾，抄录在台宗亲的情况，或者是台湾的宗亲派出代表，把在台宗亲的资料送回祖家，同祖家宗亲协力修谱。在两岸互通的情况下，闽台宗亲共同修谱的现象非常普遍，成为两岸文化交流的一项重要内容。

作为根植于宗法社会之上的闽台族谱，蕴藏着人口学、历史学、社会学、民俗学、经济学等多方面的价值，是一笔难得的民族文化遗产。④ 更为重要的是，族谱为台湾同胞寻根认祖提供了最为可靠的文献依据。改革开放以来，许多渡台的族裔，正是通过族谱找到了自己的祖籍地。特别是近年来，随着"海峡百姓论坛·闽台宗亲族谱对接"活动和漳台族谱对接网的开发建设，两岸已有近百个姓氏同胞频频组团互访，上百万台湾同胞、海外侨胞到大陆寻根谒祖，充分彰显了两岸是共同家园，两岸同胞是血脉相连的命运共同体。闽台族谱的对接交流，将使两岸同胞交流更密切，感情更融洽，合作更深化，为增进两岸同胞情谊，促进两岸和平发展发挥了独特的作用。⑤

二　闽台族谱信息资源建设现状

现存的闽台族谱，多为私家收藏或存于家族宗祠，也散见于各地图书馆、博物馆、档案馆，是一份极为珍贵的地方文献，尤其是对研究闽台姓氏亲缘，有着特殊的意义。经过多年的努力搜集，目前福建省图书馆存有 100 多种不同版本的族谱，特别是闽台

① 林震明：《族谱与闽台文化交流》，《闽西职业大学学报》2001 年第 3 期。
② 陈名实、陈晖莉：《福建谱牒文化调查研究》，《泉州师范学院学报》2009 年第 1 期。
③ 林霞蔚、南靖：《麟野林氏重修族谱》，续修抄本 1945 年版，第 3 页。
④ 黄琦珺：《族谱文献价值探析》，《图书馆论坛》2009 年第 5 期。
⑤ 贾庆林：《扩大两岸民间交流　促进两岸合作发展——在首届海峡论坛上的致辞》，《两岸关系》2009年第 6 期。

的主要姓氏、名门望族之谱牒，该馆已基本做到一姓至少一种谱，最多者达到一姓六十多种谱。这部分谱牒包含了丰富的台胞祖脉信息，具有独特的使用价值，曾应邀到台湾巡展过，引起了台湾同胞的强烈反响。经过数字化开发建设，福建省图书馆已建成"馆藏家谱书目数据库"，收录有近千条馆藏家谱目录提要，以及"联合家谱书目数据库"，收录约三千条数据，并已陆续开始实现家谱的全文电子化工作。

而在台胞主要祖籍地的闽南地区，厦、漳、泉三地的公共图书馆和高校图书馆早已意识到闽台族谱的重要性，并率先进行族谱的数字化工作。如泉州市图书馆开发的"馆藏姓氏谱牒库"，按姓氏分类提供书目信息近千条，并有部分族谱电子全文；晋江市图书馆经过十余年的努力，共收集晋江及周边县市的部分族谱共 77 个姓、680 种，计 1065 册，将其进行数字化全文扫描，建设成"晋江谱牒全文数据库"，支持题名、姓氏、祖籍、作者、出版时间等字段的检索，为闽台族谱的搜集整理和学术研究提供了重要的信息支持。此外，中国闽台缘博物馆、泉州海外交通史博物馆、泉州市博物馆、泉州华侨历史博物馆、泉州市档案馆、厦门市博物馆、漳州市博物馆等多家文化机构，也注意通过购买、捐赠等渠道加大闽台族谱文献的搜考力度，并已启动数字化建库工作。[①] 其中建设最好、功能最完善、效果最直接的当属"漳台族谱对接网"。该网站以"两岸同根，漳台一家"为主题，在完成全市 1 万余个自然村的田野调查基础之上，抓住"肇基祖""堂号""人物""文物"等要点，收集涉台族谱 1200 多部，提供在线族谱阅览、漳台对谱联宗、网上族谱展览、漳台姓氏文化、两岸联宗动态等一系列信息服务，实现漳台神明、族谱、地名等的网上多点对接。截至目前，已有累计53 万多人次登录漳台族谱对接网，开展族谱对接查询，为两岸同胞实现联宗对谱、寻根问祖提供了一个便捷高效的服务平台。

尽管福建在闽台族谱的信息资源建设上取得了一定成绩，但也存在不少问题，其中很重要的一点是未能有效整合全省范围内各图书馆、博物馆、档案馆的族谱文献资源。各馆行政上互不隶属，且为了加强自身"特色服务"，在缺乏统一协调管理的情况下，很多地区甚至同一区域内各馆争相开发族谱资源，造成重复建设现象严重、综合利用率低下等诸多问题，不能很好地为闽台关系发展服务。云计算技术的引入能够较好地解决这一问题。云计算具有投资成本低、存储能力强、安全性能好、维护效率优、共享程度高等优势，将其应用到闽台族谱信息资源建设，可以有效整合各方的文献信息、财政经费、技术人才力量，避免重复建设，真正做到区域内闽台族谱信息资源的共建共享。

三 云计算环境下闽台族谱信息资源共享模式的构建

从云计算技术的应用层面来讲，闽台族谱信息资源共享模式的构建，可以采用虚

---

① 陈彬强：《闽南与台湾族谱文献资源建设和利用》，《国家图书馆学刊》2013 年第 3 期。

拟化技术和分布处理技术，在中心馆建立云计算中心，遵循软硬件资源、人力资源和信息资源共享原则，选择性地购置少量软硬件设施来组织、整合或获取云平台上运行的信息资源。[①] 通过区域合作共建共享机制，有利于发挥中心馆优势，灵活调度各成员馆的资源，使区域内的用户都可以分享资源平台提供的检索入口，实现一站式服务，从而大幅降低管理成本，有效满足广大用户的信息需求。[②]

（一）总体设计思路

闽台族谱信息资源共享云服务模式的总体设计思路是由省一级文化部门建立云计算中心，地方各级图书馆、博物馆、档案馆为基础成员，利用虚拟化技术，将多个地区甚至同一区域内各机构的族谱资源进行整合，构建一个资源丰富、信息共享的云服务模式。云计算中心提供硬件、软件、应用等资源，统一规划建设共享服务，基础成员馆和用户无论何时何地，只需要利用终端接入互联网，即可通过统一的闽台族谱信息资源共享平台，访问和获取所有存入"云"端的族谱信息资源。地方各级图书馆、博物馆、档案馆等在享受云服务的同时，将自己建设的族谱资源上传"云"端，各馆不再需要组建专业的维护人员，云计算中心承担闽台族谱信息资源共享云服务的建设、运营、维护及管理工作，实现了真正意义上的融合和一体化运行。闽台族谱信息资源共享云服务模式如图1所示。

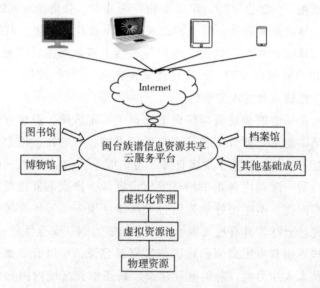

图1　闽台族谱信息资源共享云服务模式

（二）实现方案

基础成员馆、宗氏家族及科研人员将收藏的闽台族谱信息资源（如族谱、图像、音频、视频等）上传至服务器。系统按照一定的标准和规则，对闽台族谱信息资源的

① 高青：《公共图书馆应用云计算技术的策略研究》，《图书馆理论与实践》2010年第8期。
② 李明、武翔宇：《基于云的太原文化共享支中心服务模式构建》，《国家图书馆学刊》2012年第6期。

内容及特点进行分类、整理，形成统一标准的族谱信息资源单元。标准化的族谱资源与原有资料库里的数据进行比较分析，利用集群服务器的高速运算能力，筛选出重复的数据，并将其剔除或修改，形成统一的族谱目录。在云计算环境下，族谱信息资源以分布式的形式进行存储，无论是大容量的视频文件，还是大批量的零散文件，都可以安全存储。所有这些计算、存储对用户来说都是透明的，用户只需通过客户终端连接云服务平台，进行一站式检索，获取数据库资源和相应的服务，不需要了解底层物理资源架构、资源分配。云计算技术的引入，使云服务的使用者也可以成为资源提供者，从而实现信息资源的共建共享。具体实现方案如图2所示。

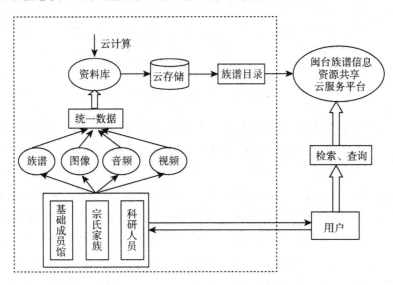

图2　闽台族谱信息资源共享云服务的实现方案

（三）云服务建设

1. 基本原则

为了加强闽台族谱信息资源的共建共享和统一管理，降低族谱资源建设运营成本，闽台族谱云计算中心应从服务的角度确定建设原则：

（1）标准化：规范资源的使用，对操作系统、数据软件、中间软件的种类和版本进行标准化处理。

（2）虚拟化：消除物理边界，根据需求把物理设备灵活转化成资源单元进行动态分配，虚拟化的资源不受物理设备升级和地理位置变动的影响。

（3）扩展化：可动态调整和扩展资源，满足不断增长的用户群需求。

（4）自动化：对物理资源和虚拟化资源实现自动化部署、调度和迁移。

2. 基础架构

闽台族谱信息资源共享云服务的基础架构主要由基础设施层、平台服务层、应用服务层构成，如图3所示。

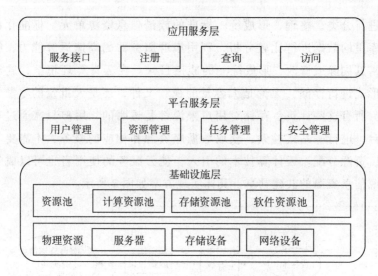

图3　闽台族谱信息资源云服务的基础架构

基础设施层包括物理资源和资源池。物理资源提供闽台族谱信息资源建设所需的服务器存储、网络及其他基础设备。资源池是将物理资源进行整合，经过池化管理和自动化部署，将异构的闽台族谱资源整合成相同的资源池，如计算资源池、存储资源池、软件资源池等的过程。基础设施层引入虚拟化技术，借助于 Xen、KVM、VMware等虚拟化工具，可以提供可靠性能高、可定制性能强、规模可扩展的基础设施层服务。① 由于各成员馆已积累了丰富的信息资源，根据信息来源的不同方式，资源池上的存储云可划分为三种，即公有云、私有云和第三方云。公有云上的信息资源为一些不涉及版权问题或可开放获取的族谱信息资源；私有云上的信息资源为涉及版权问题，无法开放获取，只为特定用户群提供服务的族谱信息资源；第三方云上的信息资源为各馆开发的具有商业性质的族谱信息资源，只为付费用户提供服务。

平台服务层是在基础设施层上建立统一的平台化系统软件用以支撑服务，主要是对云计算资源的管理，以及对不同的应用任务进行调度。它由用户管理、资源管理、任务管理、安全管理等组成。该层是闽台族谱信息资源共享云服务实现的重要组成部分，可根据用户需求随时定制功能及进行相应的扩展，促使资源高效安全运行。

应用服务层是整个基础架构的最上层，是闽台族谱信息资源共享的实现层。该层主要为闽台族谱信息资源共享提供平台，它由服务接口、注册、查询、访问等功能组成，是整个闽台族谱对外提供的终端服务。一般情况下，云服务平台由一组软件构成，可以在云中使用，提供的基本服务包括统一认证服务、联合资源检索服务、数据服务、知识服务、数字对象存储和下载服务、元数据联合编目服务、全局资源调度服务等。② 用户通过个人电脑、手机等通信设备，可直接登录云数据平台。平台提供授权口令及

---

① 罗军舟等:《云计算：体系架构与关键技术》,《通信学报》2011 年第 7 期。
② 张萧:《云计算环境下信息资源共享模式研究》,《情报科学》2010 年第 10 期。

授权级别信息,用户只需单次统一检索,即可获取云上的资源。各成员馆也可通过访问层将建设的族谱信息资源直接存入"云"中,不需要再配置服务器等硬件设备,这就大大降低了管理成本,有效节约了人力、物力、财力,真正实现了信息资源的共建共享。

3. 资源整合

建设闽台族谱信息资源共享云服务的一项重要任务是对资源进行整合,利用虚拟化技术,构建虚拟资源池,为闽台族谱平台提供各类服务。通过虚拟化技术,将应用系统的不同层面(硬件、软件、数据、网络存储等)隔离起来,打破服务器、存储、网络数据和应用等物理设备之间的划分,实现架构动态化,集中管理和动态使用物理资源及虚拟资源,以提高系统结构的弹性和灵活性,达到降低成本、改进服务、减少管理风险的目标。[1]

云计算中心在每台服务器上安装配置虚拟机管理软件,一台服务器虚拟成多台相互隔离的虚拟服务器,CPU、内存、磁盘、I/O 等硬件成为可动态管理的"资源池",每台虚拟服务器在功能、性能和操作方式上,等同于传统的物理服务器,提高了资源的利用率,增加了计算资源对云服务应用变化的适应力。

存储虚拟化屏蔽了存储设备的多样性和复杂性,将不同厂家、不同类型的存储系统进行统一管理。未来新增或原来各机构使用过的存储设备,通过支持异构存储虚拟化的设备实现存储资源的大整合,建立云存储资源池,统一提供存储服务。基础成员馆不再需要考虑自己的资源存储在哪些设备上,数据是否会丢失,虚拟化存储设备可以进行端到端的数据复制,对数据进行备份。[2]

网络虚拟化提供了快速配置和灵活的可扩展性,新增加的族谱云服务在部署时不必再像传统服务器连接网络那样需要进行大量的电缆连接并进行配置工作,而用户的体验却和独享专用物理网络一样。同时,将多台核心交换机通过虚拟化技术融合为一台,当集群中的一些小设备发生故障时,整个云服务不会有任何影响,增加了网络的安全性。

(四)云服务标准

闽台族谱信息资源共享云服务的建设是一项复杂的系统工程,融合了不同的资源、不同的技术,在建设时需要制定统一的标准,以减少共享障碍。

(1)基础架构标准化。针对架构的各个层面进行梳理和标准化设计,制定服务器、存储及网络等各种资源虚拟化的规范标准,使云计算中心的架构可以根据服务的需要快速调整、迁移,减少改造成本;虚拟资源池的应用开发接口也需进行规范化,有助于对上层应用的开发部署提供更好的支撑。

(2)数据资源标准化。由于族谱信息资源的数据结构不同,需要严格要求数据格式,进行标准化的封装处理,形成统一标准的信息资源单元,实现最大范围的信息资源共享。可参考使用都柏林核心元数据集(DCMES)标准,建立一套统一的描述网络

①　李天目:《云计算技术架构与实践》,清华大学出版社 2014 年版,第 56 页。
②　董其军:《网络存储技术及其在数字图书馆资源存储系统的应用研究》,《现代情报》2003 年第 8 期。

电子文献的方法，以便网上信息的录入和检索。此外，由于有些族谱涉及版权和隐私问题，部分数据未能完全实现共享，因此需要设置一定的使用权限。省级文化部门应主导规划，协同各基础成员馆，共同制定族谱资信息源的共享使用权限。

四　结语

云计算作为一种新型的计算模式日益受到业界的广泛关注和应用，在云计算环境下实现福建区域内闽台族谱信息资源的共建共享，无疑将有力地促进闽台文化的交流合作。不过，这仅是跨出基础性工作的第一步。我国台湾地区现藏有相关家谱6000余种，1.5万多册，拥有庞大的族谱数据资源，但在此基础上的闽台合作共建几乎处于空白阶段。因此，还需要加强同台湾地区开展族谱交流合作，尽快达成共识，携手共建族谱资源云计算中心，统筹闽台各地的文化机构，实现真正意义上的闽台族谱信息资源共建共享。

（作者：陈彬强，泉州师范学院图书馆馆员。蔡晓君，泉州师范学院图书馆助理实验师）

试析妈祖文化中的工商文明因子

施志杨

摘　要：妈祖文化是中国商人广为信仰的传统文化。它在当今仍有着促进中国进入工商文明社会的作用。妈祖文化与商人的关系源远流长，妈祖文化诞生在重商之地兴化，妈祖文化传播最有力的使者是商人，商人自身也从对它的信仰里得到了现实利益和精神寄托。这种种因素使妈祖文化从诞生起就蕴含着工商文明的因子。而中国历朝历代的统治者，在弘扬和塑造妈祖文化上，有不少官方意志的体现，这在很大程度上抑制了妈祖文化工商文明因子的生长。

关键词：妈祖文化；传统文化；商人；工商文明；官方意志

一　妈祖文化对中国社会转型进入工商文明社会的作用

中国社会从传统社会向现代工商文明社会转型的过程比较艰辛，主要难在观念的转型上，中华民族深受儒家学说影响，吏官文化浓重，重农思想根深蒂固。对于商业，多少存有漠然的态度，商业为"末"业的思想已延续千年。要想让中国顺利转型进入工商文明社会，如果能从中国的传统文化中寻找到工商文明的因子，无疑将对世人的观念产生冲击，而同时又能继续发扬传统的文化，不至于使其在现代社会中逐渐僵化而变成历史的标本。

西方作为世界工商文明的发源地，也经历过传统社会向现代社会的转型，同样也有一个观念调整更新的过程。马克斯·韦伯探索资本主义精神的文化内涵，他把新教伦理注入资本主义精神，将信仰精神与物质生产结合起来，工商文明与新教伦理结合起来，他的思想为西方商人找到了一个精神支柱，为他们的存在找到一个形而上的肯定。商业在西方的发展名正言顺，因为经商是上帝赋予他们的"天职"①，商人在西方也一直处于社会的主导地位。同时，也解释了资本主义为什么在欧洲发生，而不是世

---

① 马克斯·韦伯：《韦伯作品集ⅩⅡ：新教伦理与资本主义精神》，康乐、简美惠译，广西师范大学出版社2007年版，第52—54页。

界其他地方。韦伯也研究过中国的宗教，同时分析中国为什么没有发展出资本主义。他把这归结于儒家文化的制约和中国强大的官僚体制的桎梏。① 中国的商人缺乏对文化的主导力，他们在中国社会里处于从属地位，就是说中国没有为商人立身的思想理论，这也导致商人群体在中国处于一种飘零的状态，没有立身的定力，他们没有根，没有魂，没有安全感，他们不知道经商的真正使命是什么，他们没有真正确信的经商的意义，他们的自卑感比较强，甚至中国的农民在社会心理上都强于商人，虽然他们拥有的财富没有商人多，这是对商人群体的一种伤害，也不利于商业持续发展，更不可能使中国进入工商业文明的社会。

妈祖文化作为有着海洋文化性质的中国传统文化，与内倾型大陆化的儒家文化在内涵上有着很大的不同。固然，在中国起主导作用的是儒家文化，但这并不影响妈祖文化大规模的传播。妈祖文化的传播推广有千年的历史，影响深远。据《世界妈祖庙大全》提供的最新数字，目前全世界已有妈祖庙近 5000 座，信奉者近 2 亿人。妈祖文化传播之广、影响之大、信仰人数之多，与商人有着极其深远的历史渊源。在商人群体中，影响力不亚于儒家文化，相对于徽商、晋商受儒家影响较深②，妈祖文化在福建沿海地区的商人中影响更甚。海内外的中国商人对妈祖文化心有所念。妈祖文化具有一种强大的吸引力。商人如此大规模地信仰妈祖文化，这背后有很强的现实诉求，有着商人自身身份认同的需求，商人需要找到一个精神偶像，从文化层面上给予自己存在的意义，同时为自己的存在找到一个安全的依托。经过长期的历史沉淀，妈祖文化自身也不断地被注入了商人的意识。在妈祖文化中寻找工商文明的因子，无疑会对中国进入工商业文明社会产生文化层面上的推动作用。

二　妈祖文化与商人关系的源远流长，使工商文明的因子与其有天然的亲缘

妈祖文化为什么和商人的关系源远流长？这还得从妈祖林默娘说起。妈祖是人们对"海上女神"的褒称。妈祖姓林名默。关于她的生平，说法不一，一曰其为唐天宝年间生人，另说她生于宋建隆年间，但有一点确定无疑：妈祖是人，而且是一位普通的渔家姑娘。据宋代相关史料记载，林默出生在福建省莆田市湄洲湾畔一个美丽的小渔村——贤良港。林姓是福建望族之一。闽林始祖林禄，在晋永嘉元年（307）以黄门侍郎之职随琅琊王司马睿渡江镇建业（今南京市）。妈祖的高祖林圉，五代时于闽地为官。曾祖林保吉，仕后周，显德元年（954）任统军兵马使，由于天下纷乱，遂弃官归隐。祖父名孚，官福建总管。妈祖的父亲林愿（一说名惟悫），宋初官都巡检，母亲王

---

① 马克斯·韦伯：《韦伯作品集 V：中国的宗教　宗教与世界》，康乐、简美惠译，广西师范大学出版社 2004 年版，第 207—213 页。

② 清渠：《徽商的儒道》，北京工业大学出版社 2014 年版；郭三娟：《晋商五百年·崇儒重教》，山西教育出版社 2014 年版。

氏，生一男（名洪毅）六女。妈祖为家中最小。可以看出妈祖出生在官宦人家，在身世方面，与商家没有什么关系。

而林默遇难后被神化为妈祖的过程，则与商人有着莫大的关系，可以说对于林默的神化及妈祖文化的兴起，商人居功至伟。北宋年间，福建沿海商贸发达，海运繁忙，商人的足迹遍及我国东南沿海各省和东南亚各国。当时交通工具简陋，海船都是小木帆船，缺乏机械动力，借助风力航行海上多有不测，海难频频发生。而熟悉海洋气候变化、能预测航海吉凶的妈祖，自然备受百姓尊敬。故林默失踪之后，海商仍然祈求她在天之灵保佑商船平安渡海。其中，莆田商人在莆田平海湾（现平海镇）创建了一座专门祭祀妈祖的庙宇，俗称"通灵神女祠"，这是世界上第一座奉祀妈祖分灵的宫庙。神女祠初建时还只是一座小庙，但传说其非常灵验，香火旺盛，七百年后清靖海侯施琅奏请朝廷诏封其为"平海天后宫"，并进行扩建，整个庙宇拥有明暗立柱共 108 根，廊沿压石也有 108 条，而宫前"师泉井"也是用 108 块石头砌成。宫内存有《师泉井记》和《平海天后庙重修碑记》等古碑刻。平海天后宫是继湄洲岛之后，宋代兴化境内最早修建的妈祖庙，被列为全国首批涉台文物保护单位。

兴化商人纷纷慷慨解囊，在圣墩（今涵江区洋尾村）创建神女祠。据宋代兴化名人廖鹏飞记载："圣墩去屿几百里，元祐丙寅岁，墩上常有光气夜现，乡人莫知为何祥。有渔者就视，乃枯槎，置其家，翌日自还故处。当夕遍梦墩旁之民曰：'我湄洲神女，其枯槎实所凭，宜馆我于墩上。'父老异之，因为立庙，号曰圣墩。"[1] 史书也记载：宣和四年（1122），圣墩"岁旱则祷之，疠降则祷之，海寇盘亘则祷之，其应如响。故商舶尤借以指南，得吉卜而济，虽怒涛汹涌，舟亦无恙。宁江人洪伯通尝泛舟以行，中途遇风，舟几覆没。伯通号呼祝之，言未脱口而风息。还其家，高大其像，则筑一灵于旧庙西以妥之"[2]。妈祖文化的最早信仰者是商人，商人也是最早把妈祖文化传播开来的人，他们也是最得力的弘扬者。

三　妈祖文化的诞生地兴化是个重商之地，使其一开始就有着工商文明的内涵

兴化人，自古就有商贾秉性，有着悠久的从商习俗。莆田"其为治生，近海鱼盐，近山稼，下里少田地则为商贾；终岁勤勤，不敢休息"[3]，"莆在南宋时即有不少游商海贾牟利于他郡外藩者"[4]。出海经商，是兴化商人的一条出路，信仰"海上女神"妈祖对他们来说有着天然的心理需求。关于兴化的重商文化，明代《莆田市志》里也有相关记载：境内城乡自明代起就有许多人从事商业和各种服务行业。除本地商业外，大

---

① （宋）廖鹏飞：《圣墩神女祠碑刻》。
② （宋）廖鹏飞：《圣墩祖庙重建顺济庙记》。
③ （弘治）《兴化府志》卷十五《风俗志》。
④ 朱维幹：《莆田县简志》，方志出版社 2005 年版，第 276 页。

部分将兴化桂圆和白砂糖等商品运到境外各地经营，足迹遍及江浙等省及东南亚各国。① "吾莆商人足迹颇远，所以出外经商者，自有其不得不然之故……必也人浮于地，而又有交通之便，如北则梧塘、渭庄、梧梓、九峰，南则斗南、梅湖、塔林、吉蓼，则其人多漂泊。"② 诸如此类与兴化商贾有关的记录不止于此。其实，不单兴化人如此，具有商贾秉性是福建人的共性。当然福建这个地方没有和传统割裂，首先也是重农的，也希望家中子弟能够读书考取功名，但不同处在于，这个地方不因封建传统而"抑商"。福建"始终活跃着规模庞大的商人队伍，推动了福建经济的发展。闽人善贾与闽越人习俗有关，正如唐人独孤及称：'闽越旧风，机巧剽轻，资货广利，与巴蜀埒富。余善之遗俗。'"③ 万历年间曾任福建巡抚的许孚远对福建地区有这样的描述："东南滨海之地的居民，以贩海为生，已有悠久的历史，而福建尤为如此。福建的福、兴、漳、泉等地，背山面海，田地不足耕作，不航海贸易就无以助衣食。此地人民不惧波涛而且轻生死，这也是此地的习俗……海禁未通之前，商民私贩为业，吴越之地的豪民，以此为渊，羽翼庇护，历时已久矣……"④ 许孚远这段对福建的定位，是有时代背景的，当时明朝实行海禁政策，但还是无法止住闽人的经商活动，他因而有此番感慨，了解到闽人经商是其传统习俗，是无法禁绝的。值得注意的是，这段话里提到了福州、兴化、漳州、泉州，其中，尤属兴化的土地面积最为狭小，人口密度大，"兴化平原之人口密度，每方公里或在一千以上。以视晋江之五一五点五、惠安之三九七点七，有过之而无不及"⑤。当然，福、兴、漳、泉等地都有重商习俗，以此判断兴化人更为重商，其实无多大意义，但可以反映出在如此严峻的生存条件下，兴化人在心理上会更强烈地视经商为其人生之出路。

可以说，从重商这个角度看，福建地区的发展与中国社会整体的发展是有点儿不大一样。中国社会长期处于农耕文明，整体文化是内向型的，趋于稳定保守，"中国精耕细作所造成的社会力，这一社会力是亲缘的地著团体，在长久的帝国结构上，上述团体的稳定极强，自我调节的能力也很强"⑥；而闽地在海洋边，与农耕文明相对的海洋文明的特质会多些，开放心态和开拓能力要强于内陆，民风相对外向。再加上一些客观因素，比如山多地少，用来耕种的土地能养活的人有限，"精耕细作"的空间有限，迫于生计，经商往往成为包括兴化人在内的很多闽人的选择。对"资本主义精神"给出深刻定义的马克斯·韦伯在《中国的宗教》中曾这样评价中国人的气质：儒教有利于大众的驯服与君子的尊严身份，然而因此而塑成的生活态度及其呈现的样式，却

---

① 《莆田市志》，方志出版社 2000 年版，第 1315 页。
② 朱维幹：《莆田县简志》，方志出版社 2005 年版，第 288 页。
③ 何锦山：《闽文化概论》，北京大学出版社 1996 年版，第 262—263 页。
④ 张海鹏、张海瀛：《中国十大商帮》，黄山书社 1993 年版，第 283 页；王日根、陈支平：《福建商帮》，中华书局 1995 年版，第 42 页。
⑤ 朱维幹：《莆田县简志》，方志出版社 2005 年版，第 279 页。
⑥ 许倬云：《中国古代文化的特质》，北京大学出版社 2013 年版，第 26 页。

必然保持着本质上消极的特质。[①] 韦伯对中国人气质的概括，无疑体现了他很强的洞察力，值得我们对此进一步思考，但若把"消极的特质"放在兴化人身上，是不恰当的，起码有失偏颇。在独特的地理环境里，兴化人反而被塑造出了积极向外开拓的商贾秉性。

妈祖文化起源于兴化这个有着重商习俗的地方，有其偶然性，却也因此与商人结下了千年的机缘。兴化商人也成为传播妈祖文化的使者。妈祖文化诞生在此地，使它一开始就有工商文明的内涵。这也使后世一提到妈祖文化，就自然而然地联想到四处漂泊闯荡、四海为家的商人。

四 官方对妈祖文化的追捧实则抑制了其与工商文明更深入的融合

妈祖文化在民间的广泛影响，让官方不得不对它重视起来，这也使妈祖文化的内涵得到了升华和广泛的传播，对妈祖文化的界定权逐渐掌握在官方手里。官方控制民间的信仰，无疑是为了更好地维护它的统治。而商人群体也是其统治的对象，在商人群体中广为信仰的妈祖文化被官方控制了，商人的意志对妈祖文化的影响力随之下降。

官方大力推动妈祖文化传播，耗费人力、物力为妈祖建各种寺庙，举行祭祀大典，这些在客观上都推动了妈祖文化的普及传播。据史料记载：从北宋宣和五年（1123）直至清同治十一年（1872），共有 14 个皇帝先后敕封妈祖达 37 次，从"夫人""天妃""天后"到"天上圣母"，直到无以复加的地步，封号最长达 64 个字。在官方的积极介入下，妈祖从地方信仰发展成为全国性信俗。

按理说，应该为官方或者说朝廷的这些积极举动唱赞歌，但官方之所以这么做，是为了维护自身的统治，人心是容易受来自民间的各种信仰的影响的，朝廷不介入是会有社会隐患的。在朝廷看来，妈祖的形象很亲民，她出身官宦之家，利用好，控制住，再加以对自己有利的改造，难免充斥官方的意志。比如，明代的郑和下西洋，这是官方的运作，他们搬出了妈祖作为远航的保护神[②]；比如清代的施琅收复台湾，朝廷也抬出妈祖来鼓舞士气，最后收复了台湾。[③] 这是中国历朝历代当权者的选择，他们的选择无疑是有头脑的。妈祖在各方看来都是宝，人们都想寻求她的庇护，但这一具有海洋文化性质的传统文化，被官方控制起来，按照他们的方式去宣扬，无疑会削弱它与工商文明的结合。商人信仰的妈祖是朝廷改造后的妈祖，这里面的文化内涵难免会类似儒家文化。

笔者认为妈祖文化的价值在于能给商人立心，起码从历史上来看，商人从妈祖文

---

① 马克斯·韦伯：《韦伯作品集 V：中国的宗教　宗教与世界》，康乐、简美惠译，广西师范大学出版社 2004 年版，第 318 页。

② 福建水运史志编审委员会编：《福建航运史》，人民交通出版社 1994 年版，第 138—139 页。

③ 蔡天新：《莆田发展史》，中央文献出版社 2014 年版，第 228 页。

化中寻找安全感，寻找归宿感，他们为妈祖建了很多庙，供奉她。这都是历史事实，商人要继续走这条信仰之路。但官方一介入，他们对妈祖文化的塑造力就大大减弱了，本来妈祖文化诞生在兴化这重商之地，也为当地以及其他地方的商人所接受并信仰。如果设想朝廷没有大力介入这一民间信仰，而是由商人自己去将其发扬光大，这一文化中的工商文明会不断累积，但可惜，中国商人现在所接受的妈祖文化有着浓厚官方意志的信仰，商人只是被动接受着，而对这一文化的自我定义、自我解说的话语权没了，起码可以说少了很多。

五　小结

妈祖文化，在中国是广受信仰的中国传统文化，尤其是在商人群体中，备受推崇和弘扬。中国目前处于关键的转折期，由传统社会向现代工商文明社会转型，中国商人在这其中的推动力尤为重要，而受中国商人推崇的妈祖文化，所起到的精神导引作用是极具价值的。妈祖文化从一诞生就与商人、商文明相遇，它诞生在海洋边，有着海洋文化的底蕴，开拓进取，开放包容，都是商人要发展应具备的品质；它诞生在兴化这个重商之地，商人对妈祖文化有着天然的亲近感，兴化商人是它传播的第一推手。妈祖文化的内涵有着工商文明的因子，虽然这个因子在中国一直没有开花结果，这主要还是因为官方意志对妈祖文化的介入。这在当代要重新反思，官方对信仰的传播固然有其正面意义，但官方操纵并赋予信仰过多的来自官方的解释，这无疑会让文化沦为统治阶级的工具。现在大力弘扬妈祖文化，中国商人群体要积极主动地把自身的现代工商理念与妈祖文化融合，而这与中国社会转型其实是同步的，商人的持续发展是需要文化引导支撑的，而妈祖文化因其历史的缘故，与商人有着亲缘，当代商人没有理由不去赋予它更多的现代内涵，同时也可以提升自身的文明素养。不过，这篇论文的内容还过于单薄，在对妈祖文化中的工商文明因子的挖掘上还很浅，这个主题还需不断探讨。

（作者：施志杨，福建师范大学社会历史学院博士研究生）

过去的未来:古今海上丝绸之路与闽南戏曲侨易之路[*]

王 伟 陈思扬

摘 要:闽南戏曲侨易之路是古今海上丝绸之路的文化历史显影与重要现实构成。经纬交织、时空扩易的闽南戏曲活动,承载着闽南族群在地化、处身性的民间记忆,有别于在选择性过滤机制作用下的主流宏大叙述,起着重述历史记忆与抵抗时间遗忘的特殊作用。闽南戏曲作为闽南族群重要的精神家园与情感归宿,其在海内外的跨界传播并非与现实无涉的文化位移与时空漫游,而是深切表征海内外闽南人共有的观念形态结构与审美体验方式,其不仅成为闽南族群在全球本土化的时代语境中建构身份认同的路径之一,而且参与了“海上丝绸之路文化圈”的历史性建构。

关键词:侨易学;文化互鉴;原乡情结;海丝文化圈

一 变创渐常:闽南戏曲的历史记忆

笔者在 2015 年 2 月 11—12 日于泉州召开的“21 世纪海上丝绸之路国际研讨会”的圆桌会议“海上丝绸之路:价值理念与时代内涵”上,以闽南戏曲在东亚、东南亚等地的传播为切入点,具体论述了建设 21 世纪海上丝绸之路与闽南戏曲海内外传播的繁复关系,并且将问题顺势扩展到海丝人文交流问题特别是闽南文化“走出去”这一时代课题的深层探讨。笔者认为,古老常新、与时俱化的闽南戏曲,并非如某些学者依据经验、先入为主的理解那样,只是偏居华夏东南一隅、地处文化版图边缘的民俗曲艺;事实或许恰好相反,“内容通俗化、形式大众化、流传俗行化”^① 的闽南戏曲,在古代就通过海上丝绸之路,不仅极其顺利地“走出去”,而且颇为成功地“走进去”,形成至今依然具有广泛而深远影响的“闽南戏曲文化圈”,充分体现闽南文化

———————

* **基金项目**:2011 年度国家社科基金一般项目（11BZW107）;中国博士后科学基金第 57 批面上资助项目（2015M570554）;2015 年福建省中青年教师教育科研项目（JAS150472）;泉州市社会科学规划项目 2015 年第二期课题（2015E13）;国家级大学生创新创业训练计划项目（201410399009）。

① 林一:《中国戏曲的跨文化传播》,中国传媒大学出版社 2009 年版,第 9 页。

的生命力与灵活性。职是之故，闽南戏曲早已超越原型层面的娱情遣兴、放松休闲，也跳出审美层面的悦耳悦目、悦心悦意、悦志悦神，凝聚着海内外闽南人共有的文化记忆。

根据法国著名社会心理学家莫里斯·哈布瓦赫（Maurice Halbwachs）在《论集体记忆》中的观点，集体记忆与文化记忆背后显影的乃是文化身份的认同问题。具体言之，闽南戏曲与文化记忆的互动关系，至少表现在如下三个方面。第一，闽南戏曲在场域流转与文化侨易中分叉延伸，因势而化、与时而化，经历多重质变，但依然与民间信仰、人生礼俗、岁时节庆等民俗活动存有天然的互动关系，在原型层面真切体现了海内外闽南族群特有的日常生活经验与情感心理结构。第二，闽南戏曲作为颇"接地气"的世俗镜像又超越现实的造梦工程，深刻反映了海内外闽南族群日常伦理道德与价值评判标准。第三，曾经深入人心、大放异彩的闽南戏曲，还一度是闽南族群组织社会公共生活的主要方式，如盐入水般地深深嵌入当地民众的日常生活，使之在"故乡"与"他乡"、个体与社群、中心与边缘等诸多二元对立的张力结构中安顿下来。总而言之，闽南戏曲发自乡土沃野、扎根民间土壤、服务庶民需求，与生俱来地承载着个体化、处身性、素朴性之杂语共生、众声喧哗的民间记忆，使其有别于本质主义宏大修辞的平板化、整一化，于不期然间起着抚慰精神创伤、抵抗群体遗忘、重述文化记忆的重要作用。

正所谓，"因侨而易"。下文便在文化侨易的阐释视阈下，结合前人文献记录与研究成果，遵循从专业知识进入公共领域的论述思路，从同步逆反、双向生成的两个维度论述闽南戏曲生生感应的侨易现象，以期既呈现闽南戏曲如何伴随着古代海上丝绸之路，传播海外、走向世界，又揭示域外戏剧如何走进闽南、融入闽南，以及二者如何相互借鉴、和谐发展，共同起着"组织民众参与公共生活、建构新式观念形态"[①] 的现实功能。

二　文化环流：闽南戏曲的海内外传播

尽管囿于年代久远、材料有限等诸多原因，福建戏曲（一度成为闽南戏曲的别名之一）海外传播的最初时间节点已然不可考，但是根据现存史料而追根溯源，可以推测至少远在明清时期，福建戏曲（闽南戏曲）就在琉球、泰国、印度尼西亚等地广泛传播。例如，国内知名戏曲学者、福建师范大学王汉民先生在其扛鼎之作《福建戏曲海外传播研究》一书中就以明代莆田人姚旅在《露书·风篇中》、清人汪楫《使琉球杂录》（1683）关于琉球等地的演戏记录等厚重翔实之史料，令人信服地指陈："福建戏曲海外传播的历史比较悠久，从现存的记载来看，明万历年间已有福建戏班到琉球及

东南亚等地演出。"① 无独有偶,著名比较戏剧学专家、厦门大学人文学院院长周宁教授在其主编的三卷本《东南亚华语戏剧史》中亦意味深长地指出:"在爪哇从 1603 年至 1783 年,华商酬神作戏的活动从未间断过,而且当地的华人富豪或赌场大亨还延聘漳、泉两州乐工、优人,教导自己蓄养的婢女(爪哇人)歌舞,日日演戏以娱嘉宾。"② 泉州地方戏曲史家郑国权老先生更是在《泉州戏曲远播海外》一文中,运用庞大深远的历史视野,细密爬梳卷帙浩繁的明清闽南戏文刊本,说明闽南戏文刊本如何经由来华商人或者众多游历者之手而漂洋过海流播于菲律宾、印度尼西亚群岛,进而辗转到欧洲大陆。在其看来,流传海外之戏文刊本的典型代表就有,"收藏于英国牛津大学图书馆,福建建阳新安堂于明嘉靖丙寅(1566)出版的《重刊五色潮泉插科增入诗词北曲勾栏荔镜记戏文》";"收藏于英国剑桥大学图书馆,福建瀚海书林于明万历(1604)出版的《新刻增补戏队锦曲大全满天春》二卷";"收藏于德国萨克森州立图书馆,福建瀚海书林景宸和霞漳洪氏于明万历间出版的《精选时尚新锦曲摘队》一卷"③;等等。

海上丝绸之路与闽南戏曲的侨易经验这一课题,绝非当代闽地学者自娱自乐的自说自话,其亦如巨大的磁石吸附着西方汉学家的目光。概而言之,在这些汉学家的眼中,镶嵌在古代海上丝绸之路与现代地理大发现之框架中的"闽南戏剧"与"戏剧闽南",不仅仅是一个清楚明晰的艺术地理学范畴,而且是一种既遥远又迫近之文明形式的生动隐喻,代表着一种与欧洲民族国家艺术相互对照的审美形态,一种从"无历史状况"向"历史状态"的文化过渡形式。例如,泉州人民的老朋友、英国牛津大学荣誉中文讲座教授龙彼得(Pier van der Loon)先生,就数十年如一日地爬梳尘封于历史深处的信札、日记等文献资料,让"被遗忘的文献"浮出历史地平线而重见天日。他在《古代闽南戏曲与弦管》一文中辟有一节"1589—1791 在海外的演出",通过"东南亚和台湾的福建移民的记述"④,多维阐述大航海时代闽南戏曲的演出状况及西方殖民者对闽南戏曲的早期认知与纠结态度。特别值得一提的是,作为"闯入者"的西方汉学家,在他异性的学术视域下,更加关注外来元素如何深刻改写闽南戏曲的原有面貌,以致先于本土学者指出南音这一"中国音乐历史的活化石"⑤ 的形成,其实不无悖谬地受到来自遥远中东地区音乐形式的巨大影响。比如,现任教于福州大学的当代著名法籍汉学家施舟人(Kristofer Schipper)先生在《海上丝绸之路与南音》一文中,就基于比较文学法国学派实证主义影响研究的学术范式,耐人寻味地强调南音(即"弦管""南管")这一让泉州(古代海上丝绸之路的重要起点之一)引以为豪的古老音

① 王汉民:《福建戏曲海外传播研究》,中国社会科学出版社 2011 年版,第 6 页。

② 周宁:《东南亚华语戏剧史》,厦门大学出版社 2007 年版,第 804 页。

③ 郑国权:《泉州戏曲远播海外》,《泉州晚报》2002 年 6 月 8 日。

④ 〔荷〕龙彼得:《明代戏曲弦管选集》,中国戏剧出版社 2003 年版,第 21 页。

⑤ 俞建芬:《中华民族音乐的活化石——福建南音》,《音乐探索》2004 年第 3 期。

乐，在诸多维度受到波斯文化的遥远影响，可以将之认定为中外音乐传统的交流结晶。他在细致刻画南音所受外来影响的"痕迹"的时候，特别以《陈三五娘》这一界标性的梨园经典为例，立体论述"南音不是作为一种中国职业音乐家演奏的音乐而产生的，而是由包含很多阿拉伯商人在内的泉州商业阶层精英发展起来的这一事实。在南音曲目中占主导地位的陈三五娘故事中有许多非中国式特征"[①]。

　　总而言之，闽南戏曲并非通常意义上的地方化、民间性的一般戏剧，其依循海上丝绸之路向域外传播，并且深深嵌入华裔族群甚至当地土著的休闲活动甚或日常生存中，最终形成闽南—"东洋"—"西洋"（这一概念约等于郑和下西洋的"西洋"，实质是以"南洋"为主体进而延伸到中东、北非等广大地区的地缘政治学名词）之间的戏剧关系网络，有力地支撑了"闽南海丝文化圈"的形成和发展。由之而来，闽南戏曲"既是建构公共记忆的重要媒介，本身亦构成历史记忆之所在"[②]，其在不经意间联系着"多元、开放、跨界、混杂"这些极具后现代症候意味的关键词，成为国际移民艺术的图腾符号，直指广义全球本土化语境中的侨易问题。

三　开放心灵：闽南戏曲的现代性经验

　　有道是，"过去的未来，未来的过去"。闽南戏曲的辉煌岁月或许已然随风而去，但是历史形成的"闽南海丝文化圈"延续及今，并在注入面向未来之新的质素后，重新焕发勃勃生机。本课题组认为，在传统性、现代性与后现代性的多重变奏中，在全球化与本土化相互激荡的"后舞台情境"下，闽南戏曲作为流淌在海内外闽南人血脉当中的民族 DNA，依旧在海内外闽南族群的日常生活中扮演着重要角色，继续传承并且发展着海内外闽南人共有的文化记忆。例如，20 世纪 50 年代，闽南戏曲以其新的媒介表现形式——闽南语戏曲电影，在新加坡、马来西亚等地的一度流行，余响犹在，这既是另类现代性的又一体现，亦是戏曲侨易的最好例证。在笔者看来，这一耐人寻味的文化侨易经验至少说明以下三点。

　　其一，在海外生活和打拼发展的闽南人是闽南戏曲海外传播的重要支撑。离乡背井、为数众多的闽南籍华人华侨，构成闽南戏曲在东南亚地区的主要观众群，前者为后者的海外传播提供强有力的市场支撑，悄然构造并不断完善闽南戏曲及其影像作品的公共观演的生态系统。在当代媒体的主流叙事当中，富有雄强进取之开拓冲动与冒险精神的闽南族群，以"下南洋"过番谋生的勇敢之举，而与境内浩浩荡荡的"闯关东"、源远流长的"走西口"并称中华移民史的三大壮举。根据福建省地方志编纂委员会出版的《福建省志·华侨志》的记载："到鸦片战争爆发前夕，整个东南亚地区华侨

---

　　① ［法］施舟人：《海上丝绸之路与南音》，《闽南文化研究——第二届闽南文化研讨会论文集》（下），海峡文艺出版社 2003 年版，第 1319—1320 页。

　　② 王伟：《闽南地方传统戏曲的现代性经验》，《南方论刊》2014 年 9 月。

总数已达 100 万人以上,除暹罗、真腊、安南外,以祖籍福建的华侨占多数。"① 另据厦门大学历史系戴一峰教授在《近代福建华侨出入国规模及其发展变化》中的大体估算,"自 1845—1949 的百余年间,经厦门移居海外的闽南华侨总数高达 120 万,而95% 的闽南华侨分布在东南亚的新马、印度尼西亚和菲律宾等地"②。时至今日,在海外生存与发展的闽南籍华人已达 2000 万人之巨,毫无疑问,遍布五洲、数量庞大的这一群体,一方面构成了"新世纪我国联系海外、重塑'海上丝路'的一支重要力量"③;另一方面也为"世界拥抱闽南戏曲"与"闽南戏曲走向世界"奠定坚实而又牢靠的人口基础。

其二,闽南戏曲漂洋过海而来,并在当地落地生根、开枝散叶,联系着海内外华侨华人的离散经验与现代性乡愁。识者只需检视这一时段东南亚主流报刊媒体所刊登的演戏评论与映演广告,不难发现充斥其间的故土情思,其用意不言自明。仅以新加坡、马来西亚主流华文媒体《南洋商报》所刊登的戏班广告与闽南戏曲电影广告为例,其间弥漫着铺天盖地却又直截了当的情感攻势。诸如"闽南侨胞喜讯","听自己的方言,看故乡的风趣","听家乡话,看家乡戏,备感亲切有味","福建侨胞不可错过","福建侨胞看过来"④ 此类等等不一而足。不唯如此,情感经济学背后关涉更为深广也更为根本的美学动因,即千千万万海外游子念兹在兹的文化乡愁。全球化语境所带来的身份迷茫与现代性焦虑,使漂泊海外的闽南族群殷切期盼经由公共空间的观演仪式,直面历史的痛楚与创伤的印痕,言说内心腹地的怀乡之情与故土之思。众所周知,舞台上或者光影间的闽南戏曲,其情感结构丰盈厚重而又重重纠结,大都以"重乡崇祖的思维观、爱拼敢赢的气质观、重义求利的价值观、山海交融的行为观"⑤ 来追溯历史,以"凝重深沉的时代悲怆和强烈浓郁的言志旨趣"⑥ 切入审美时空,在去国怀乡、感时忧国的文化乡愁氛围中建构闽南族群若隐若现的精神家园,满足当地华侨华人对公平正义的焦灼呼号和国族身份的认同想象。

其三,有道是"打铁还须自身硬",闽南戏曲之所以能够成功地"走出去",除了前面所说的文化生态,其调动观众情绪的艺术能量与被观众普遍认可的美感品质,也是不可否认的重要因素。包裹着闽南风味外壳的闽南戏曲及其影像文本,以"始终萦绕在记忆之中,向记忆追索或追索着记忆",将日渐淡出现代生活却又挥之不去的乡土情怀,投射在舞台上、显影在银幕中,从而使历史缺席的传统情愫,变成现世在场的审美意象。这种将观演主体的审美体验有机嵌入返本开新的道德神话,于纵横交错、

---

① 福建省地方志编纂委员会:《福建省志·华侨志》,福建人民出版社 1992 年版,第 13 页。

② 戴一峰:《近代福建华侨出入国规模及其发展变化》,《华侨华人历史研究》1988 年第 3 期。

③ 林华东:《"海上丝路"的影响与启示》,《人民日报》2014 年 10 月 19 日。

④ 郭崇江:《试论 20 世纪 50 年代厦语片在新马地区的发展——以〈南洋商报〉(1953—1959) 为中心》,《当代电影》2012 年第 3 期。

⑤ 林华东:《闽南文化:闽南族群的精神家园》,厦门大学出版社 2013 年版,第 1 页。

⑥ 王伟:《台湾电影的现代性书写》,《集美大学学报》2011 年第 3 期。

凌乱裂解的现实情感缝隙之中，模塑或曰重建华人社群所分有、所共享的情感记忆。有鉴于闽南戏曲之现实与历史桴鼓相应的文化品性，及其与海外民众之审美期待视域的间性融合，使观众能够在物我齐一、情理交融的接受过程中，不知不觉地将似已沉沦、想象之中的闽南文化的本体苦恋，悄然固化为一种"物恋"的美学形式。是以，无论是沉湎于前现代儒家文化之识见不多的草根阶层，抑或是浸润启蒙现代性欧风美雨的后起精英群落，果不其然地都被戏文的编码者纳入重返故土的造梦工程之中而难以自拔。君不见，曾几何时，在《因送哥嫂》《岭路斜崎》之动人心弦、百转千回的音乐声中，不少人的眼睛都红润潮湿以至视线模糊。

四　时间划痕：闽南戏曲的跨界侨易

2015 年 7 月 17 日，国务院办公厅印发《关于支持戏曲传承发展的若干政策》，以强有力的政策支持力度，"振兴我国戏曲艺术"。不言而喻，值此今日语境，我们借助侨易概念来"戏史互证"，绝对不是为了发见今思古的凌空幽情，而是为了在洗尽矫情与自恋的幽幽感伤之后，更好地思考现状与解决问题，创造性地发挥闽南戏曲艺术在建设海内外闽南族群共有精神家园中的特殊作用。根据笔者所在课题组此前所做的调研，当下闽南戏曲的海外传播，或者推而广之到闽南文化的对外交流，存在着"五多五少"的现象，在一定程度上影响着对外传播的整体效果。

第一，作为各式活动的配套环节的多，民间基层自发组织、自主推动的少。根据从国家到地方主流媒体的报道，口耳相传的街谈巷议与七嘴八舌的网络评论，似乎给人一种先入为主的固定成见，很多时候，不少地方的剧团班社的海外演出，与更多依赖民间管道相邀"请戏"的历史传统有所不同，似乎都是由地方文化部门自上而下地主导力推，很少由民间力量自下而上地推动促进。事实上，这种地方宣传部门、文教机构主推下的交流活动，往往赋予戏曲传播更多经济考量与社会意涵，使之在"文化搭台、某某唱戏"的喧嚣声浪之中，逐渐失去了原汁原味、生动活泼的观演体验，在某种程度上改写了剧种本身的草根本性与古典韵味。

第二，迎合性的单向传播多，交互性的双向互动少。有些时候缺乏应有的艺术自信、美学自信、文化自信，体现为一厢情愿式的"以他为主"的表达方式，刻意营造另类的戏曲美学风格与神秘的东方艺术情调，迎合某些西方人士之于古代的观看方式，以及关于异域的浪漫想象。特别值得思考的是，有的地方一有全国性或者国际性的展会活动，总是急不可耐而又不可思议地试图向远道而来的来宾，展示推介一些日常生活并不常见同时又俗不可耐的民俗曲艺。这些颇具感官刺激的节目，乍看上去似乎很有区域特色，但是将之作为向全国乃至全球推广的地方意象代表，恐怕难以让人心悦诚服。始料可及的是，当其在他人目光的凝视当中进行自我流放，有意无意地放弃了与主体生命体验相关的可能表述，亦同时放逐了将闽南（"东方"中的一隅）的艺术景观有机嵌入世界（实为"西方"）文化画卷之中的美学切口。质而言之，尽管其在文化间性语境中试图操作的正是闽南与世界的对话、东方与西方的对接，但其所刻意营造之一道道滞重绚丽的闽南曲艺景观，只能沦为西方（常以"世界"为假面）线性视域宰制下之难以嵌入的一块块文化拼版，苍白而又无力。

第三，间断性开展的多，持续性进行的少；表象热闹的多，深层"发酵"的少。尽管很多活动在开展之时锣鼓喧天、声势浩大，围观者多、应和者众，却点到即止、人走茶歇，都是因时、因势、因地，间歇式地举办，很少有持续性的长时间开展。根据近年来各式艺术节、文化节的举办经验，作为节庆配套环节而同期举办的相关戏曲展演，其时可谓人山人海、旌旗飘扬，甚至往往一票难求，真的非常热闹。可惜的是，还是变成一阵风，风过之时，可谓风行草偃，但是等风过后，又是风平浪静、水波不兴，真正在群众心中驻留而产生深层次长远影响的，恐怕还是比较少有。

第四，一般化的多，有针对性的少。很多时候，闽南戏曲的传播理念与营销实践，还是不可思议地停留在传统意义上的"大众传播"上，尚未走向精准有效的"分众传播"，没有针对戏曲受众所属的不同的族群、年龄段、教育水平、社会阶层进行市场细分、精准定位，遑论因势利导地采用不同的影响策略。

第五，局部的、分散性的、重复性的活动多，整体合作、协同创新的少。尽管一年到头，类似的戏曲"走出去"与"走下去"的各式活动络绎不绝，但其往往是"闽南人个个猛"的情结使然，各搞各家、各自为政，没有相互托举、互相帮衬，更谈不上形成聚集的规模效应。很多活动分散发生、无序进行，缺乏宏观层面的整体性规划，出现力道相互抵消甚至不免互相拆台，没有形成合力与补台意识，导致事倍功半、内耗空转。另外，不少活动的模式单一、因袭重复，失去新意、草草收场。

有鉴于此，课题组在全球本土化的新形势下针对闽南戏曲的海外传播及其当代发展，给出如下几点建议。首先，要固本强基、开拓创新。所谓"基"，并非意指闽南戏曲一板一眼的外在躯壳，而是指其生生不息的内在魂魄，其联系的是海内外闽南人所共有的文化记忆。所谓创新，指的是戏曲活动要与时俱进，因时、因地、因势而发展变化、推陈出新，不能墨守成规、抱残守缺，即使是传承下来的文化瑰宝，也要注重适应新形势、新媒体、新需求，进行自成风格的现代性转换。一言以蔽之，闽南戏曲在互缘共生的海丝文化圈中的复兴与传播有赖于其传承创新，是以，必须改变厚古薄今的崇古思维与壁垒森严的门派之见，借由"理""势""物"之间的碰撞磨合，真正让闽南戏曲"活起来、传下去、出精品、出名家"，彻底扭转"老演老戏、老戏老演"的僵化局面，促进其在跨文化的对话交往中更好地"走出去"与"走进去"。

其次，要均衡兼顾，重点突出。所谓均衡，意味着要在认真调研不同职业、社群、年龄层、教育背景的差异之后，在重排具有较好口碑的经典"老戏"的同时，尽可能地推出不同剧目，以适应不同受众群体的不同需要，而不是寄希望于一出剧目吃遍天下、老少通吃。既要考虑老一辈戏迷的既有感受，更要关注年轻一代的新近需求；既要照顾掌握话语权之社会精英的审美理想，更要贴近最大消费群体之百姓的文化诉求。唯其如此，才不会坐吃山空或者"捧着金饭碗要饭"，戏曲传播之树才能常青，戏曲交流之花才能常开不败。事实上，颇有眼光的台湾戏曲同仁在这点已经走在前面。例如，成立于1993年的台湾知名梨园剧团"江之翠剧场"，一方面从"不变"的传统中寻觅"可变"的商业契机与审美潜能，另一方面从"可变"的当代转换中延续"不可变"的精神传统。据有关媒体报道，"其所排剧目《孤栖阁》中，吸纳了贵州傩戏中的人偶面具元素；重排梨园戏经典剧目《朱文走鬼》时，又融进了日本舞蹈元素。《一纸相思》则将南管的音乐和唱腔、被放慢的闽南梨园戏身段、源于偶戏的面具造型、多媒体的舞台布景融合在一起"①。显而易见，其根据因人而异、不断变化的审美风尚，倡导"融合创新"、另辟苍穹，而在艺术与商业两个维度大获成功，屡获殊荣进而走向全球市场，值得苦苦寻求突围之道的大陆同行借鉴。

再次，要加强互动，形成合力。闽南有句俗语，叫作"亲戚常走才能亲"。在实质层面加强互动显然很有必要，不能只来不去，也不能只去不来，要既来又去，常来常去，双向互动，立体交流。推动闽南戏曲为代表的民俗曲艺在"一带一路"沿线国家与地区的传播，进而构建海内外一体共生的"文化闽南"，自然不能只靠地方的一腔热情、鼓吹呐喊，更不能只依托地方捉襟见肘、自顾不暇的有限资源，而是应该借力使力地充分调动起海内外华侨华人，特别是闽籍华侨华人的热情与资源，携起手来，共同推进闽南戏曲乃至闽南文化循着"21世纪海上丝绸之路"重新登临世界舞台以"表演闽南"与"演出中华"。

最后也是最为关键的是，要整合资源，统筹协调。若希冀借用戏曲文化符号讲好当下闽南故事，在闽南故事中融入世界眼光，实现向世界传播闽南戏曲"好声音"，显然需要持续并且庞大的资源作为支撑。毋庸置疑的是，"好钢要用在刀刃上"，资源是稀缺的，资源是珍贵的，"真金白银"的有限资源如何分配，才能以最低的消耗达到最大化的合理运用，这就要求各个参与主体，要有整体观念、大局观瞻、长远意识，抛弃一己的、局部的、短期的利益，对现有的零散资源进行有效整合，协调好各个方面的诉求与利益，做到劲往一处使，心往一处用，实现以世界能够理解的叙述方式讲述我们的"一样"与"不一样"。

五　致谢语

本研究承蒙2011年度国家社科基金一般项目（11BZW107），中国博士后科学基金第57批面上资助项目（2015M570554），2015年福建省中青年教师教育科研项目（JAS150472），泉州市社会科学规划项目2015年第二期课题（2015E13），2014年国家

① 陈梦婕、林娟：《两岸梨园戏：固本与创新》，《福建日报》2015年第6期。

级大学生创新创业训练计划项目（201410399009）资助，依托平台为中国社会科学院文化研究中心闽南文化研究基地。

（作者：王伟，泉州师范学院文学与传播学院副教授；陈思扬，泉州师范学院文学与传播学院汉语言文学专业学生）

21 世纪海上丝绸之路与建设福建省海洋经济强省研究[*]

杨诗源

摘　要：为了有效地助推经济的发展，我国加大了 21 世纪海上丝绸之路的建设力度，充分肯定了海上丝绸之路的重要地位。对此，作为沿海省份的福建，应以海上丝绸之路为新的发展征程，充分利用各种有利的海洋资源优势，向海洋经济强省目标发展。在此背景下，文章进行了海上丝绸之路与建设福建省海洋经济强省研究，认为海上丝绸之路有利于福建省海上对外贸易和海上渔业经济的发展，有利于开放型海洋经济发展水平的提升和本土企业的跨国发展，并提出从政策扶持、人才培养、对外合作、专业化组织引导等方面的针对性策略，促进福建省更好地抓住海上丝绸之路的优先发展机遇，推动海洋经济的发展，建设海洋经济强省。

关键词：海上丝绸之路；海洋经济；策略；福建省

一　问题的提出

经济全球化的不断发展为我国经济的发展注入了源源不断的动力，尤其是在我国改革开放总方针的指导下，沿海城市成为对外开放的主力军。海上丝绸之路是指通过海洋运输来实现贸易往来的交易路线，该路线是对陆路贸易的一种有效延伸。海上丝绸之路最早源于我国秦汉时期，在三国时期得到一定发展，在明朝最为繁盛，尤其是郑和下西洋，有力地推动了海上丝绸之路的开通，为我国与世界各国贸易往来发挥了重要的作用。随着我国改革开放力度的不断加大以及为了有效地助推我国经济发展，我国加大了 21 世纪海上丝绸之路的建设力度，充分肯定了海上丝绸之路的重要地位。在 2013 年 11 月召开的十八届三中全会上，通过了《中共中央关于全面深化改革若干重大问题的决定》，该决定指出加快延边开放步伐，加快同周边国家和区域基础设施互联互通建设，推进丝绸之路经济带、海上丝绸之路建设，形成全方位开放新格局。从

---

　*　**基金项目**：泉州市社会科学规划一般项目（2015D06）；泉州师范学院青年骨干教师基金。

这些政策中，可以反映出我国对加快海上丝绸之路的建设力度，体现出海上通道已成为社会经济发展的有机组成部分。对此，作为沿海省份的福建，应抢抓机遇，利用海上丝绸之路的优势发展海洋经济，力争成为海洋经济强省。

二　21 世纪海上丝绸之路建设对福建省海洋经济发展的促进作用

福建省海峡蓝色经济试验区发展规划和海洋经济发展试点总体方案指出，力争到2015 年全省海洋生产总值达到 7300 亿元，近岸海域清洁、较清洁水面达 65% 以上，提高海洋开发、控制、综合管理能力，着力推进体制机制创新，积极探索海洋经济发展的新思路、新模式、新方法，推动海洋经济发展试点取得明显成效，努力把福建海峡蓝色经济试验区建设成为具有较强竞争力的海洋经济科学发展示范区，从而实现海洋经济强省的目标。[①] 从中可以反映出福建省对加快海洋经济发展的坚定决心。而海上丝绸之路不仅为我国打通了另一条对外贸易的海上通道，也为福建省建设海洋经济强省带来了新的契机，还为加强对外贸易注入了强劲的发展动力。[②] 海上丝绸之路建设对福建省海洋经济发展的重要性如下。

（一）促进福建省海上对外贸易的发展

海上丝绸之路，为福建省对外贸易往来开辟了另一条海上国际运输通道，构建"海丝之路"对外贸易国际性平台，促进货物自由贸易和要素自由流动，加快福建省与东北亚、东南亚、南亚、西亚和东非沿海各国的合作与交流，与更多的国家和地区建立海洋贸易合作伙伴关系，学习借鉴国外更多先进管理经验、引进先进技术等，有效地提升对外商品、服务和技术贸易的额度与效率，拓展海上对外贸易的深度和广度，提升福建省海洋经济发展的整体速度。

（二）助力福建省海洋渔业经济的发展

在海上丝绸之路的带动下，福建省可以充分地利用海洋资源，加大海洋渔业经济的发展，联合国外力量共同开发海洋渔业资源，大力发展远洋渔业，组建跨区域现代化远洋捕捞船队，建成一批境外远洋渔业生产基地、冷藏加工基地和服务保障平台，推动福建省海洋渔业经济发展。相比陆地渔业经济而言，海洋有着丰富的渔业资源，对于福建省海洋渔业经济发展而言，将会带来源源不断的发展动力。[③]

（三）提升开放型海洋经济的发展水平

借海上丝绸之路建设，加强福建省海洋国际合作与区域合作，拓展对外对内开放的广度与深度。一是积极引导和鼓励境外的资金、人才、技术等生产要素投向海洋资源

---

① 《福建发力海洋经济，奏响"蓝色畅想曲"》，http://news.xinhuanet.com/fortune/2012-06/07/c_ 11214
5781.htm.

② 何秀玲：《推动福建省海洋经济科学发展研究》，《亚太经济》2013 年第 11 期。

③ 胡守贤：《浅析福建海洋强省发展战略》，《科技信息》2011 年第 6 期。

深度开发、海洋新兴产业和现代海洋服务业等领域，规划建设一批海洋新兴产业国际合作园区，营造福建海洋经济对外合作的良好环境；二是积极推动区域联合开发海洋矿产资源或参与境外海洋资源开发利用，将福建省建成国家进口能源资源储备基地；三是大力开拓利用海外市场，建设一批出口渔业产品质量安全示范项目和园区，扩大航运、养殖、修造船等劳务技术输出；四是加快建立现代航运服务体系，利用海上丝绸之路开辟新的国际航线，推进厦门港、福州港、泉州港的国际航运发展综合试验区建设。

（四）助推福建省内企业向跨国企业发展壮大

随着国内市场竞争的不断加剧，国外市场为福建省内企业提供了广阔的发展空间。福建省应充分发挥海上丝绸之路优势，鼓励沿海企业实施"走出去"战略，建立境外生产、营销和服务网络，促进互补资源的跨区流动，畅通渠道，将企业的业务延伸到国外，推动省内企业向跨国企业方向发展壮大。此外，在推动省内企业向跨国企业方向发展过程中，还可以有效地吸收一些国外的优秀经验，为福建省带来更为充足的国外资源，拓宽国外市场，为福建省经济的发展注入新的活力，为福建省海洋经济建设营造良好的发展环境。

（五）推进福建省港口的转型升级

借助国家建设21世纪海上丝绸之路的战略机遇，福建省将对港航枢纽设施进行全方位的布局建设，包括陆海空通道、港口、码头泊位的规划和建设；对于引进国内国际有实力的港航企业作为战略投资合作伙伴，拓展空港与海港建设，打通海陆空内联外引通道，推进港口的腹地建设，增强港口的辐射能力，打造海陆空铁联运，从而推进福建省港口的转型升级，立足于海西经济区，打造良好的基础设施，将福建打造成为内地对外开放和经贸往来的海陆空出海通道。

（六）构建福建省海洋蓝色通道

建设21世纪海上丝绸之路，有利于深化海洋合作，发展海洋新兴产业、现代海洋服务业和现代海洋渔业。同时，对于发展远洋捕捞，加快建设东盟远洋渔船检测中心、"中国—东盟海洋经济合作中心""福建境外海洋渔业综合基地"、中非渔业合作（琅岐）基地和福州东盟海洋产业园等具有重要的现实意义，做大做强福州海峡水产交易市场、东盟海产品交易所，加快构建福建省海洋蓝色通道。

三　福建省利用21世纪海上丝绸之路建设海洋经济强省的策略

（一）制定适合海洋产业发展的相关政策

扶持政策的出台可以为海洋经济建设提供良好的政治环境，进而推动海洋经济建设快速发展。在利用海上丝绸之路建设海洋经济强省方面，可以通过制定符合海上丝绸之路建设海洋经济的扶持政策，从政策引导角度为海洋经济建设提供发展动力。

一是制定相应的海洋经济发展税收优惠政策。在海上丝绸之路海洋经济强省建设方面，福建省政府可以制定相应的海洋经济发展税收优惠政策，对来福建投资的国内外企业给予相应的税收优惠，降低这些企业在开发海洋产业方面的经营成本，从而帮助这些企业将更多的资金运用到产业发展当中，共同助推福建海洋经济的发展。①

二是制定促进海洋经济发展的资源支持政策。经过多年的发展，福建省在海洋经济发展方面有了一定的基础，在人力、物力等资源方面都有着一定的优势。在推动海洋经济发展方面，福建省可以为来本地投资海洋产业的企业提供相应的资源政策，借助福建本地的各种资源以及政府力量，为这些企业开展海洋业务提供相应的人力、物力支持，从而推动福建省在海洋产业领域的发展。

三是制定加强海洋经济发展的企业互助政策。在福建省海洋经济建设方面，不同的企业，由于发展规模与资金实力不同，其在海洋产业方面的发展往往存在着一定的困难，海洋经济建设也会受到相应的影响。针对这些问题，福建省可以出台相应的海洋经济发展的企业互助政策，将大型企业与小型企业进行合理组合，协同发展，形成互助发展的局面。并制定相应的奖励政策，对在互助中取得明显成效的企业，给予相应的奖励，并将其中的优秀经验进行推广，从整体上提高福建省海洋经济建设实力。

(二) 加大对海洋经济发展领域人才的培养力度

我国尽管在海洋经济发展领域进行了多年的探索，但是相比陆地经济发展而言，海洋经济发展领域仍然较为薄弱，尤其是在人才建设方面，还存在着非常大的提升空间。由此，在利用海上丝绸之路建设海洋经济强省方面，福建省可以通过加大对海洋经济发展领域人才的培养力度，进而为海洋经济的发展奠定人才基础。福建省可以采取如下措施。

一是成立海洋人才培养基地，为海洋经济发展提供人才保障。福建省可以利用政府和当地高等院校的力量，共同成立海洋人才培养基地，从全国各大高校招收有志于从事海洋经济发展研究的学生，并采用免费培养的方式，通过技能培训与理论知识培训的形式，培养更多的海洋专业性人才，为福建省海洋经济产业的发展输送源源不断的人才，进而推动海洋经济发展。②

二是成立海洋专业性社会培训机构。在福建省政府的主导下，利用福建省内海洋领域的企业与高等院校的力量，成立海洋专业性社会培训机构。由这一类型的社会培训机构为有志于海洋产业建设的青年提供相应的培训，包括海洋领域的相关知识、对外交往技能等，同时还可以为一些规模较小的涉及海洋业务的企业员工提供相应的培训，以提高海洋领域企业工作人员的业务能力，促进福建省海洋经济发展的竞争实力的提升，带动海洋经济发展。③

---

① 张开城：《21 世纪海上丝绸之路建设的广东响应》，《南方论刊》2014 年第 7 期。
② 林泓：《经济转型升级背景下福建省海洋文化产业发展研究》，《台湾农业探索》2014 年第 4 期。
③ 苏文菁、薛历美：《福建省海洋经济发展现状与若干模式研究——兼论海洋文化在建设海洋经济中的重要作用》，《福建广播电视大学学报》2013 年第 4 期。

三是定期选派海洋建设的骨干人才到国外进修学习。福建省每年在全省范围内选出一定数量的海洋建设工作人员，分别安排到美国、德国、日本等国家进行学习深造，从而学习国外在海洋经济建设方面的优秀经验，将这些优秀经验运用到福建省海洋经济建设方面，为福建省海洋经济建设提供充足的人才资源。①

（三）构建省内与海洋周边国家之间的合作平台

在经济全球化发展的大环境中，福建省应抓住重建海上丝绸之路的机遇，与海洋周边国家深化交流合作，进而寻求建设海洋经济强省的发展路径。由此，福建省应着力构建省内与海洋周边国家的国际性合作平台，促进海洋经济发展的对外交流与合作。

一是成立涉外海洋合作组织，通过组织的方式推动省内与海洋周边国家的合作。福建省可以利用民间力量，在众多的海洋类企业中选出具有代表性的企业，成立涉外海洋合作组织。由涉外海洋合作组织负责内外联络事宜，包括与海洋周边国家的企业建立合作关系，并将相关的需求信息及时反馈给省内海洋类企业，为省内海洋类企业开展涉外业务提供相应的帮助与指导。② 与此同时，涉外组织在强化与周边国家相关企业进行合作与交流时，将省内的海洋类企业推荐给这些国家的相关企业，促进省内企业与海洋周边国家相关企业之间的合作，进而为二者的合作搭建良好的合作平台。

二是构建网络合作平台，积极发展国际电子商务，并在海洋周边国家成立分部，促进省内与海洋周边国家之间的合作。为了有效地节省省内与海洋周边国家交流与合作的成本，提高合作的实效性，福建省可以通过构建网络合作平台的方式，利用现代网络技术，为省内与海洋周边国家提供合作平台。在这一方面，福建省可以构建国际电子商务网络合作平台，专门以海洋经济发展为重点，发布省内与海洋周边国家的相关信息，包括企业信息、招商引资信息、供需信息等，并在海洋周边国家成立分部，通过网络合作平台加快省内与海洋周边国家的合作。

（四）提升福建省海洋经济建设的影响力

随着世界各国对海洋领域的关注，海洋经济发展方面的竞争也会不断加大。针对这种竞争局面，福建省在海洋经济发展方面，可以通过扩大宣传范围的方式，提高海洋经济建设的影响力，赢得海洋经济的发展。针对这一点，福建省可以采取如下措施。

一是构建海上丝绸之路公共资源宣传平台，扩大宣传范围。福建省可以利用各种有效资源，构建海上丝绸之路公共资源宣传平台，如福建省海上丝绸之路文化网站、福建省海上丝绸之路经济建设展示窗等。通过这些公共资源宣传平台，重点宣传福建省在利用海上丝绸之路建设海洋经济强省方面的精神风貌，展现福建海洋经济的发展特色等，以此来更好地吸引国内外的投资者参与福建省海洋经济建设。

---

① 王开明：《福建建设海洋经济强省的战略思考》，《福建经济管理干部学院学报》2006 年第 2 期。
② 王人尚：《福建海洋文化资源开发研究》，福建农林大学，硕士学位论文，2013 年。

二是开展种类多样的海上丝绸之路活动，提高福建省海洋经济建设的影响力。在扩大宣传范围方面，福建省可以通过开展种类多样的海上丝绸之路活动来实现宣传的目的，如大型文艺会演、海上丝绸之路寻梦联谊活动、海上丝绸之路征文活动、海上丝绸之路微电影大赛等。通过这些种类多样的海上丝绸之路宣传活动，更好地展现出福建省建设海洋经济强省的特色，吸引国内国外更多企业家、投资者的关注，进而更好地提高福建省海洋经济建设的影响力，充分利用这些群体的力量为建设福建海洋经济强省添砖加瓦。

（五）增强福建省海洋经济发展机构的专业化

海洋经济建设并不是短时间就能够实现的，需要建立在长远的战略规划基础之上，步步为营，进而实现最终的发展。在利用海上丝绸之路建设海洋经济强省方面，福建省可以通过成立海洋经济发展组织的方式，为海洋经济发展提供专业化指导，推动福建省海洋经济建设的长远发展。福建省应由政府牵头联合高等院校和大中型企业成立专业的海洋经济发展组织机构，由这一组织机构专门负责从战略规划的角度开展海洋经济发展的研究，并针对福建省在海洋经济方面各个时期的建设情况，推出有针对性的发展项目，为海洋经济发展提供专业化的指导以及可以执行的发展项目，从而推动福建省海洋经济发展向战略化发展转变。在海洋经济发展组织机构的日常运营中，福建省政府持续加大投资力度，从多个方面进行引导，发挥海洋经济发展组织机构的作用，使之不仅能够有效地执行政府在海洋经济发展方面的相关政策措施，还能够充分地集合各种社会力量，共同为福建省海洋经济建设建言献策，共同打造福建海洋经济强省。

四　结语

21 世纪海上丝绸之路建设为深化我国改革开放奠定了坚实的基础。在新形势下，福建省应以海上丝绸之路为新的发展征程，充分利用各种有利的海洋资源优势，向海洋经济强省目标发展。由此，本文探讨了以海上丝绸之路与建设福建省海洋经济强省的相关问题，认为海上丝绸之路有利于福建省海上对外贸易的发展、海上渔业经济的发展、开放型海洋经济发展水平的提升和本土企业的跨国发展，提出福建省可以从政策扶持、人才培养、对外合作、专业化组织引导等方面采取有针对性的策略，更好地抓住海上丝绸之路建设所带来的发展机遇，推动海洋经济发展，从而更好地带动福建省整体经济发展、繁荣与稳定，从而为中国梦的实现贡献力量。

（作者：杨诗源，泉州师范学院资源与环境科学学院讲师）

中国古代海上丝绸之路兴衰的
政治影响因素

尹　烨

摘　要：海上丝绸之路既是中外间海上交通路线，也是一种复杂的经济、社会现象，因而决定和影响它的因素也是纷繁复杂的，本文试就影响中国古代海上丝绸之路发展、兴衰的政治因素进行归纳并分析。

关键词：海上丝绸之路；兴衰；政治因素

引　言

"海上丝绸之路"就是以丝绸贸易为象征的、在中国古代曾长期存在的、中外之间的海上交通线以及与之相伴随的经济贸易关系。[①] 古代海上丝绸之路曾对世界经济、文化的发展做出卓越贡献，促进了人类社会的繁荣与进步。通过这条海路，中国输出的货物主要包括丝绸、陶瓷、茶叶、纸张和各种日用品，输入中国的货物主要有香药、宝货等；通过这条海路，中国的火药、指南针、印刷术及其他发明传往各地，推动了人类社会的进程；也是通过这条海路，中国特有的思想文化传播到各国，海外诸国的生产技术和各种思想文化，不断传入中国。古代海上丝绸之路作为中外间的海上交通路线和一种对外贸易关系，其发展、兴衰势必受到多方面因素的影响，其中政治力量的作用尤为关键。它的发展之所以在不同历史时期呈现出不同特征，比如汉代是海丝开辟的时代，魏晋南北朝海丝持续发展，隋唐时期海丝蓬勃发展，宋元时期为其空前繁荣期，明代是其由盛转衰期，清代海丝停滞与逐渐衰落……无不与当时国内外政治环境，统治者的理念、态度等政治因素密切相关。笔者于本文梳理、归纳了影响中国古代海上丝绸之路兴衰的几点政治因素，希望通过这一整理工作，对当代中国海上丝绸之路的研究、建设起到一定借鉴作用。

在自给自足的自然经济占绝对优势的历史条件下，中国封建统治阶级的思想、态度以及基于此而制定的对外贸易制度、政策和所设置的官方机构等，对某一时期海外

---

① 赵春晨：《关于"海上丝绸之路"概念及其历史下限的思考》，《学术研究》2002年第7期。

贸易的兴衰有着重大影响。比如，宋元时期海上丝绸之路空前繁荣的一个重要因素就是统治阶级实行积极发展海外贸易的政策。而明朝政府实行"海禁"政策，则使海丝贸易由盛转衰。我们知道，任何社会意识的产生总是来源于一定的社会历史条件并根源于一定的社会经济基础。那么，统治者对海外贸易的态度以及相关策略的制定实施也同样受到以下几种情形的影响。

一　统治者自身的思想政治理念在一定程度上左右着海上丝绸之路的发展

唐代政权对海外贸易极为重视。唐太宗奉行开明的对外政策，对"远夷"不歧视。他曾说："自古皆贵中华，贱'夷''狄'，朕独爱之如一，故其种落皆依朕如父母。"这种政策使大批胡商从陆路或海路来到中国，他们可以与中国人通婚，也可以长期居住在中国。唐朝有少数民族官员，甚至有相当数量的外国官员。如此开放的对外政策，使唐朝的海上贸易更加频繁，中国的丝绸和其他工艺品换来了玻璃、水晶、象牙等奢侈品；又从国外进口来生产需要的马匹、牛、羊等牲畜。

明太祖朱元璋是中国历史上唯一一位出身赤贫的皇帝，有着朴素的政治理念。他的政治理想是建立一个"鸡犬之声相闻，老死不相往来"的简朴的农业社会。如有可能，甚至想废除货币和商品交易。他在军队中实行卫所制，官兵自耕自食，亦兵亦农。因此不难想象，明朝著名的"海禁"政策与他这种治国理念也是分不开的。

二　国内外政治形势是统治者制定相应海外贸易策略的重要依据

北宋与辽对峙期间，因高丽与辽接境，宋政府担心商人到高丽贸易可能会把一些禁运的物资卖给辽朝，一度禁止商贾泛海去高丽。到了宋神宗时，两国恢复了友好关系，宋政府于元丰二年（1079）正式颁布法令允许商人去高丽经商。南宋与金对峙时期，宋政府担心高丽与金互通消息，帮助金朝由海上奔袭南宋都城所在的两浙路，两个政权间的关系一度疏远。后来南宋与高丽恢复了政府间的密切关系，海上贸易往来也更加频繁。

明嘉靖二年（1523），宁波发生了史称为"争贡之役"（1523—1524）的事件。两起日本贡使相继到达宁波，因礼仪问题发生械斗，在宁波、绍兴等地烧杀抢掠，东南沿海为之大震。此事件后，明政府不仅革罢了福建、浙江市舶司，还派人巡视海防并屡下海禁之诏。嘉靖三年（1524）四月，明廷规定福建沿海居民"凡番夷贡船官未报视，而先迎贩私货者"，"私代番夷收买禁物者"，"揽（揽）造违式海船私鬻番夷者"①，均要论罪，并张榜晓谕浙江、广东一体执行。嘉靖四年（1525）八月，兵部下

---

① 《明世宗实录》卷 38 "嘉靖三年四月壬寅"，第 956—957 页。

令浙、福二省查禁双桅海船，"但双桅者即捕之"①。嘉靖八年（1529）十二月，"出给榜文，禁沿海居民毋得私充牙行，居积番货……违者，一体重治"②。嘉靖十二年（1533）九月又重申，浙、福、两广"一切违禁大船，尽数毁之。自后沿海军民私与市贼，其邻舍不举者，连坐"③。这说明争贡之役后，明廷强化了"海禁"政策，加强防范百姓与外番的往来。

三　中国古代对外贸易有"突出封建政治，外交与外贸合一"的特征

扩大政治声望，抚服四夷之心，不计较物质利益，是对外贸易中占据统治地位的政策思想。古代海丝贸易也同样实施经济服从政治、外贸服从外交的原则，以使其他民族政治上服从甚至归属中国。

隋唐王朝国力强盛、经济文化高度发展，由此带来的对外政治影响的扩大，对这一时期海外贸易的发展起到了一定的刺激和促进作用。中国周围许多国家都同隋唐王朝建立了政治友好关系，比如东南亚诸多国家，如林邑（今越南中南部）、真腊（今柬埔寨）、骠国（今缅甸），以及马来半岛、南亚和西南亚的很多国家。而这些国家和中国的往来，多数要靠海上通道，这样一来势必对海丝发展产生重要影响。因此说，海外贸易的开展皆是以强大国家力量为后盾的，同时又是与外交、政治、军事、经济相结合的活动。

封建朝廷历来讲究"天朝恩泽"，有"天朝无物不有"的经济自大思想，这使中国历代封建王朝同外国进行朝贡贸易时，偏好于将中国的"赐"大于外国的"贡"。如宋王朝以"交聘"形式同海外国家进行交易，不少国家以朝贡名义来宋，"往往皆射利于中国也"。宋政权出于政治考虑，不仅免税优待各国"贡物"，还赠其价值高于贡品的物品。宋神宗熙宁六年（1073）"大食俞卢和地国贡乳香等"，宋政府按照广州时价回赠钱两千九百贯，并额外加银两千两。

明朱棣派郑和七次出使西洋的原因之一就是加强与海外诸国的联系，扩大明朝的政治影响。而郑和船队在进行贸易活动的同时，实际又充当着外交代表团的角色。从随同郑和出海的人员对郑和船队航行经历的相关记载中，可以了解到，他们每到一地，首先与当地领袖人物建立联系，然后开展贸易活动。比如，中国船队到阿丹国，"国王即谕其国人，但有珍宝许令卖易"。也就是说，其国事访问和商务活动紧密结合在一起，既是一种政治联系，也存在一种由官方进行的贸易关系。

---

① 《明世宗实录》卷 54 "嘉靖四年八月甲辰"，第 1333 页。
② 同上。
③ 《明世宗实录》卷 154 "嘉靖十二年九月辛亥"，第 3488—3489 页。

四　古代中国占统治地位的另一种对外贸易政策思想是出于统治阶级自身奢侈生活的需要，贸易所得主要用于满足统治者的生活所需

明朝时候，当政者主张进口"美玉明珠，孔翠犀象，大宛之马，西旅之獒"等珍奇物品以满足"中国（实为统治阶级）之所好"。永乐帝本人就是奢侈生活方式的追求者。而郑和出使西洋每到一处，都了解各国的物产，并有目的地用以物易物的方式同这些国家进行贸易。从船队带回来的物品中可以看出，除了一些药材外，更多是奢侈品和观赏物，如珍宝、香料、珍禽异兽等。这反映了别国官方赠予郑和船队的物品以及船队所进行的贸易，主要是为封建帝王和官僚贵族服务的。清朝进口的商品中，也有相当一部分是供统治阶级享受的奢侈品和高级消费品，如宝石、香料、首饰、戒指、高级毛织品、鱼翅、燕窝之类。

五　"重农抑商"的传统思想影响海外贸易政策的制定实施

"重农抑商"是贯穿中国整个封建社会的重要思想政策，用以维护封建专制主义统治。统治阶级把农商关系视为本末关系甚至对立关系。"农"，包括小农及以小农为基础的农业经济，"重农"目的是稳定国家兵源、财源（赋税）与社会经济基础；"商"，指的是商品经济与资本市场，"抑商"含有防止政权对立面或异己力量出现的根本目的。

明代海丝贸易就突出体现了其"重农抑商"的色彩，即"海禁政策"。一方面，明统治者继承了种种"抑商"的传统思想；另一方面，私人海上贸易的迅速发展导致新的社会经济关系产生，这势必给封建专制政权带来一定威胁，于是明世宗决计实行严厉的"海禁"，禁止私人进行海上贸易。

清朝与"重农抑商"相适应的对外政策是闭关锁国，对外贸易方面则继承了明代的海禁政策。乾隆二十二年（1757），清廷为防范西方殖民者骚扰中国沿海地区，关闭了江海、浙海、闽海三个口岸，限定广州为唯一对外通商口岸，并且对丝绸、茶叶等传统产品的出口量，严格加以控制，直至宣宗道光二十年（1840）鸦片战争时止。

六　中央集权的外贸管理机构是皇权意志的体现，也是贯彻封建政府对海外贸易政策的重要保证

商品经济的发展带动了海外贸易地位的上升，唐初统治者建置了管理对外贸易的职能机构市舶司，由中央委派专职官员负责掌管水路贸易，开始将市舶收入纳入政府财政（唐以前的统治者认为"不必仰其赋入，以益中国"）。市舶司的主要职能，一是接待外商，颁发凭引，监督和管理中外商人的贸易活动和船舶的进出港口；二是对进口货物分类征收实物税；三是处置舶货。宋、元、明时期，这一机构相沿并不断发展，体现了中央政府对海外贸易的集权管治。

南宋因只存半壁江山，其财政收入来源大为减少。政府的开支却十分庞大：对金战争的费用、皇室奢靡生活等。政府出于增加财政收入的考虑，就更加把发展海外贸易视作维持财政收入的重要手段。宋高宗曾说："市舶之利最厚，若措施得宜，所得动以百万计。""市舶之利，颇助国用，宜循旧法，以招徕远人，阜通货贿。"

七　中国古代对外贸易法律制度集中反映了统治阶级对进出口商品的统制管理

中国古代政府除有一套管理机构，还有一系列管理制度，用以规范对外贸易。

在进出口商品结构上，政府进行严格统制。为满足统治阶级的奢侈需求，政府对许多商品采取了"禁榷"（注：禁榷制度，是指国家垄断盐、铁等重要商品的生产和经销，禁止民间私相交易）的专卖制度。汉唐以来的这一制度在宋代得到了进一步发展，农业税渐居次要地位，而禁榷获利和商税渐成财政收入的主体。在宋代300多种进口商品中，政府禁榷的占一半以上，除传统的盐、茶和酒外，还有矾、香药、铁、石炭（煤）及醋等。

明代的勘合贸易制度，实质上是一种商品进出口的许可证制度。"勘"即"核对"，"合"为"相同"，"勘合"就是证书。简言之就是将两半文书合在一起，通过对其印识字号与内容的比较、勘验，从而辨别真伪、防止欺诈。凡是得到明政府认可的国家，均发给"勘合"。也就是说，各国只有以进贡的名义方能允许进入中国交易，否则，一律禁止、阻回。持有"勘合"前来中国的海船，都带有"贡品"和其他货物。勘合制度是为配合明朝贡贸易而实行的，是明朝中央专制制度的集中体现。

八　结语

纵观整个中国古代历史，海上丝绸之路作为交通路线和一种对外贸易关系，总体而言是呈发展趋势的。即便是在清代闭关锁国和厉行"海禁"期间，也未能完全隔绝中外海上贸易。海上丝绸之路对于中国古代的政治、经济、文化、科技、教育等各方面都有发展促进作用；同时也推动了世界文明的进步。古代既已如此，当代研究、建设海上丝绸之路，更是一项有百利而无一害的伟大事业。正如中国航海学会理事长徐祖远在第五届中国国际航运文化节上讲的那样，"建设海上丝绸之路，在一定意义上，有利于重建世界秩序"。

参考文献：

[1] 李舒瑾：《中国近代外贸思想研究》，河南大学出版社 2001 年版。

[2] 陈高华、吴泰、郭松义：《海上丝绸之路》，海洋出版社 1991 年版。

［3］孙毅夫主编：《陆上与海上丝绸之路》，中国画报出版公司1989年版。

［4］白海军：《海盗帝国》，中国友谊出版公司2007年版。

［5］广州市国家历史文化名城发展中心、广州历史文化名城研究会、广州古都学会编：《论广州与海上丝绸之路》，中山大学出版社1993年版。

［6］万钧：《唐太宗》，学习生活出版社1955年版。

［7］芳子、王刚编：《你可能不知道的1000个历史细节》（明代卷），时代文艺出版社2009年版。

［8］杨金森、范中义：《中国海防史》（上），海洋出版社2005年版。

（作者：尹烨，福建省图书馆馆员）

浅析"海丝"文化对泉州民间舞蹈的影响

原　雪　叶晓丽

摘　要：泉州作为古代东方大港，是海上丝绸之路的起点。并从唐宋开始一直对外进行着频繁的经济文化贸易与交流，为泉州民间舞蹈的发展起到了重要的作用。本文主要分析和探究海上丝绸之路所带来的文化对泉州民间舞蹈的影响。同时推动泉州民间舞蹈进一步向前发展，并使今后对其进行更深层次的研究提供一定的理论基础，促使泉州民间舞蹈的发展呈现出更加多姿多彩、绚丽缤纷的景象。

关键词："海丝"文化；泉州民间舞蹈；海上丝绸之路；宗教思想

一　21世纪海上丝绸之路的时代背景

历史悠久的海上丝绸之路，自从秦汉时期开通以来，始终是沟通东西方经济文化交流的重要桥梁，而东南亚地区自古就是海上丝绸之路的重要枢纽和组成部分。海上丝绸之路不仅在当今经济全球化的时代背景下发出耀眼的光芒，更为中国精神文化的对外交流做出了重要的贡献。

"21世纪是海洋的世纪"，我国作为一个濒海大国，必须关注海洋，利用海洋，了解海洋，通过海上丝绸之路进一步发展与壮大我国的政治、经济以及文化艺术等各个领域。而海上丝绸之路这一重要桥梁是我国实现伟大复兴和国家富强的重要一步，具有十分重要的战略意义。

中国是一个背山、面海的国家，从古至今的历史变迁证明，国家的强盛兴衰与其海洋事业的发展有着密切的联系。自我国秦汉时期的强盛，直到唐朝的空前繁荣，至宋元的欣欣向荣，到后期明清时的"海禁"，各个时期都反映出海洋对一个国家发展的重要性，以及其对历史发展的重要影响。

福建泉州作为海上丝路的起点，文化源远流长，经济贸易与艺术发展都受到了海上丝绸之路的影响。在当今的时代背景下，泉州的经济发展以及艺术交流得到了更宽广的发展舞台，也将进一步受到海上丝绸之路的影响。

二 海上丝绸之路以及文化的形成

"丝绸之路"一名的提出，首推德国地理和地质学家李希霍芬（Ferdinand von Richthofen，1833—1905），他在对中国进行多次调查与考察后，在其所著《中国》（三卷）中提出此名。丝绸之路是古时候中国同外国所有经济商贸以及文化交流通道的统称。而古时的对外经济交往的通道实际上不止一条。除了早期的陆上交通以外，还有一条经过海路到达西方的路线，即经过中国海域和印度洋一直到非洲所走的航道，这就是所谓的"海上丝绸之路"。海上丝绸之路除了向西方运送丝绸之外，同时包含了瓷器、茶叶等出口货物，所以把它称为"海上丝瓷之路"[①]。中国借助海上丝路与世界各族之间建立了良好的海上往来，同时加强了东西方的友谊。推进了东西方文化的交流，从而对世界文明的发展起到了推进作用。

在海上丝绸之路形成的过程中，伴随着丝绸、瓷器、茶叶等的经济贸易往来，艺术文化、精神交流也随之越来越频繁。外国传教士随着商船来到泉州进行传教，外国的民俗文化也随着商人的到来与泉州本地民间习俗融合，异域的精神文化、宗教信仰以及艺术等都对泉州的民间舞蹈产生了潜移默化的影响，使泉州民间舞蹈中融合了海上丝路的多元文化。

三 海上丝绸之路中的多元文化在泉州民间的集中体现

泉州在古时候被叫作"刺桐"，由于在海上丝绸之路中有着重要的地位，与西方经济贸易往来密切，同时思想文化交流极其频繁，因此是海上丝绸之路的起点。从而在沟通东西方文化中起到了重要的推动作用。

（一）多元的"海丝"文化在泉州相互包容、和谐共存

1. 多元宗教文化

在古代泉州已成为中国较大的进行对外贸易的港口，世界各地商人聚集于此，"市井十洲人"就是当时的真实写照。宋元的 400 年间，这里有多座伊斯兰教清真寺、三座天主教堂、多座印度教寺院和佛教寺院。多种宗教文化与泉州本土思想和平共存，融为一体。比如福建最大的佛教寺庙——泉州开元寺，我国最古老、最完好的伊斯兰教圣迹——泉州灵山圣墓、清净寺，泉州摩尼

图 1　泉州开元寺

---

① 张伟疆：《海上丝绸之路在南海区域文化中的传播》，《青年文学家》2013 年第 19 期。

教草庵，泉州天主教堂，泉州基督教泉南堂，泉州开元寺古印度婆罗门教石柱等。这些都说明了泉州多元宗教文化的和谐共存。

图2　泉州圣墓

图3　泉州清净寺

图4　泉州摩尼教草庵

图5　泉州天主教堂

图6　泉州基督教泉南堂

图7　泉州开元寺古印度婆罗门教石柱

2. 多元精神文化

泉州文化为农耕文化,其最显著的特点就是对于土地的依赖。人们生活的全部都依靠土地耕种,失去耕地相当于失去了全部。而随着海上丝绸之路的发展、海上交通、海外贸易的进行,"海丝"带来的海洋精神文化也在泉州落地生根。泉州人在思想观念上有了新的飞跃。舍弃重农轻商的传统思想,向海外寻求谋生之道的重商精神,成为泉州文化的一个重要特征。因此,在海外谋生形成的冒险精神、爱拼才会赢的"海丝"精神在泉州民间舞蹈中得到了充分的体现。就像"拍胸舞"中人们用手、肘击打着身体,表达和承载着泉州汉子的洒脱、拼搏、敢于冒险的海洋精神。

(二) 外来宗教与本土思想在文化上的统一

泉州文化从古至今一直表现出求同存异、兼容并蓄的特点。其为较早沟通东西方贸易的港口,提倡外来商人在本地定居,同时与外传宗教和商贸和平共处,秉承开放包容的态度。除了佛、道与本土民间信仰外,各方传教士也随商人涌入泉州建寺传教,相继传入的宗教有伊斯兰教、基督教、婆罗门教、天主教、摩尼教等,泉州因此有"宗教博物馆"之称。泉州人民对各种宗教持兼容并蓄的态度,往往把佛教、道教等视为中国的"佛",而把婆罗门教、摩尼教等外来宗教称为"番佛"[①]。

泉州李光缙于明万历三十五年 (1607),为解析伊斯兰教而撰写了《重修清净寺募缘疏》"敬事天,又没有抛弃其祖先",似中国"儒者之慎修,可沐浴以事上帝,抑或同墨子之薄□,亦封树而掩其亲"。在道、儒与佛、伊斯兰教之间寻找连接点。于是,在为重修清净寺而撰写的《重修清净寺碑记》中应用道教的"太极""两仪""四象""八卦""乾元""天门"等象征之外,并与众教进行了比较,其结论"儒道如日中天,释道如月照地,余谓净教亦然"[②],恰恰证实了泉州与海上丝绸之路多方文化的融合,以儒家文化来诠释道教、佛教和伊斯兰教的事例。这充分证实了外来文化及宗教与中国本土宗教思想的融合。泉州民间舞蹈也因此受到了多种文化融合而带来的影响,往往一个舞蹈中同时包含了多种文化因素,呈现出多样的艺术特征。

吴幼雄先生在其《泉州"海丝"多元文化研究回顾及内涵与启示》中提到,元代意大利天主教神父安德烈·佩鲁亚斯,创建和住持过泉州一座天主教堂,在他写给意大利排奴几亚主教的信中说:"在泉州,天下各国人民,各种宗教,皆依其信仰,自由居住。"我们可以看出他这段话中包含的两层意思:其一,表明了元代时,世界各地的文化、宗教信仰都可以在泉州传播与交融。元代时的泉州将不同地域的文化在本地的传播交流看作正常的经济文化交流现象。这种开阔的胸怀,使外国传教士在泉州可以自由生活以及进行宗教传播。从而使泉州民间舞蹈不仅受到本地宗教熏陶,更受到了众多海外宗教文化的影响,"海丝"的多元宗教文化在泉州民间舞蹈中得到了更充分的

①　陈燕玲:《闽南文化概要》,厦门大学出版社 2013 年版。

②　吴幼雄:《泉州"海丝"多元文化研究回顾及内涵与启示》,选自《闽南文化研究》,中央文献出版社 2003 年版。

体现。其二，"凡为宗教，皆可救护于人"可以看出元代的泉州是允许不同的宗教进行传播的。"凡为宗教，皆可救护人民"之意，其实是源于儒家之道的"法无内外，万善同归；教有浅深，殊途共致"思想的体系。① 这点突出体现了"海丝"文化与本地文化的交流与融合。中国传统儒、道教与外来宗教信仰相互渗透，因此在泉州民间舞蹈中出现了多种多样的文化特征。

四　泉州民间舞蹈受"海丝"多元文化的影响

（一）泉州民间舞蹈受外来宗教影响，保留域外文化遗迹

1. "嗦啰莲"源于印度佛教的平安赞语

《嗦啰莲》又叫《采莲》，流传于泉州城区、晋江一带。泉州民间旧俗，农历五月初一至初五端午日，各地街市、乡村都要举行"采莲"。泉州"采莲"含有除污保境、平安祈福的意思。之所以叫"嗦啰莲"，主要由于"采莲"中从头至尾人们会频繁地颂唱"嗦啰莲"，通过"嗦啰哩嗦啰"这句褒语歌词，从而为"采莲"的人家进行除邪祈福、护境求安的活动。据相关资料记载，这句"嗦啰莲"源于佛教平安赞语中的"鲁流卢楼"②。

"嗦啰莲"演出阵势庞大，主角有旗手、铺兵、花婆以及配角，一个角色常由多名演员同时进行表演。"嗦啰莲"一般严格分"铺境"和"角落"进行，整个过程为演员抬着"嗦啰莲"龙王头，沿路吹吹打打，由采莲旗领头，将龙王头放在人家的佛龛上，之后点燃香烛并唱《嗦啰莲》歌即采莲歌，之后"采莲队"把随身带的吉祥物"小嗦啰莲头"送给人家，而人家则把准备好的红包和酒等作为回赠。正如乾隆朝《泉州府志》记载："五月初一采莲，城中神庙及乡村中人，皆以木刻龙王头击鼓迎于人家，咏歌谣，劳以钱或酒米。"③

蔡湘江先生在《论闽南民间舞蹈的多源性特征》中写道：依据香港著名历史学家饶宗颐先生研究，"嗦啰莲"三字最早来自印度梵文。敦煌写本唐代沙门定惠译注的《悉昙颂》序文记载了鸠摩罗什的《通韵》，将含有"佛、法、僧、对法"四义的梵文"四流母"音译为"鲁流卢楼"④；在他的弟子慧严译制的《大般涅盘经》及在唐玄奘的译著里，也都将以上四母译作"鲁流卢楼"；如唐代人作佛教赞语时已频繁使用这四个字作为赞颂曲调的和声，如定惠《悉昙颂》的"鲁流卢楼现练现，鲁流卢楼向浪奘"，宋普济《五灯会元》载北宋禅家诸祖师，如泉州柯氏子岩头禅师、泉州南安曹氏

---

① 吴幼雄：《泉州"海丝"多元文化研究回顾及内涵与启示》，选自《闽南文化研究》，中央文献出版社2003年版。

② 蔡湘江：《论闽南民间舞蹈的多源性特征》，《东南学术》2005年第3期。

③ 魏振东：《采莲探源》，《河北建筑科技学院学报》（社会科学版）第23卷第1期。

④ 陈向群、杨丽芳：《闽南民间宗教舞蹈及其文化生态保护》，《泉州师范学院学报》2013年第5期。

子雪峰禅师等,堂中讲法皆附曲进行说教,其所唱的"啰哩啰啰"就是由"鲁流卢楼"演变而来。中国道教经典《道藏》收录宋金时期全真教诸大师倚声传道的作品,都常见使用"啰哩凌",如全真教祖师王喆《王重阳全真集》收《捣练子》十二首,末句都为"啰哩凌,啰哩凌"①。因此我们可以推断泉州民间舞蹈"嗦啰莲"始源自宗教,受到佛教影响很大。

2. 泉州民间戏曲舞蹈也受到了诸多宗教思想的影响

泉州民间舞蹈中包含着大量的丰富多彩的戏曲舞蹈,其中木偶戏曲舞蹈、梨园戏曲舞蹈、打城戏曲舞蹈都在一定程度上受到了印度佛教的影响。

始发于秦汉时期的泉州提线木偶戏,古时称作悬丝傀儡。据历史资料记载,木偶戏于唐末之前已在泉州一带广泛流传。木偶戏传统剧目中保留着众多"古河洛语"与闽南方言的语汇及古读音②;戏曲舞蹈的剧目与宗教的关系密切,最具代表性的如取之于佛经的《目连救母》,其取自于《佛说盂兰盆经》《经律异相》《撰集缘经》《杂譬喻经》。③许多戏曲舞蹈中都有目连戏,如泉州木偶目连戏、打城目连戏等。由此可推断,木偶戏、打城戏在唐宋年间受到印度佛教影响,在剧目、音乐、表演上存在很多吸收借鉴外来宗教的影子。

梨园戏发祥于宋元时期的泉州一带,已有 800 余年的历史,因此被称为"古南戏活化石"。"观音手"是梨园戏的基本手型之一,它就受到了印度佛教的部分影响,并在梨园戏基本姿态"手、眼、身、步"中得到了充分体现。在泉州流传的各种地方剧种中,像泉州木偶戏、梨园戏、莆仙戏等在表演中也存在"啰哩莲",即印度佛教的平安赞语。泉州梨园戏、木偶戏中,常有请戏神相公爷"踏棚"唱"唠哩莲"祈平安的表演戏俗。正如黄锡钧先生在《泉州提线木偶戏神相公爷》中写道:泉州提线木偶戏演出前,必先请出戏神相公爷"踏棚",表演"大出苏",包括念、舞、曲等。其中"大栾旦"曲子等则是"唠哩莲、哩唠莲"颠来倒去地反复咏唱。明代汤显祖《宜黄县戏神清源师庙记》亦载:"子弟开呵,时一醪之,唱唠哩莲而已。"④

其次,泉州打城戏曲舞蹈本源于道教,受到了印度佛教等的影响。宋元年间,各国宗教在泉州进行传播,相互融合,也使道、佛等本土宗教与外来宗教在教义上有了一定的融合,打城戏曲舞蹈在此基础上发展起来。打城戏亦称法事戏,源于僧、道做法事时的打城仪式。⑤泉州自唐代开始,于固定佛期派僧徒到民间进行佛事活动,宣传教义,这一宗教活动沿袭至清代,演变为在和尚和道士打醮拜忏之后,做各种文艺表

---

① 蔡湘江:《论闽南民间舞蹈的多源性特征》,《东南学术》2005 年第 3 期。

② 黄益军、王纯婷:《非物质文化遗产的保护性旅游开发——以泉州提线木偶戏为例》,《宜宾学院学报》2012 年第 3 期。

③ 周菁葆:《丝绸之路与西域佛教戏剧研究》,《丝绸之路》2012 年第 4 期。

④ 蔡湘江:《论闽南民间舞蹈的多源性特征》,《东南学术》2005 年第 3 期。

⑤ 陈雅谦、谢英:《闽南古代宗教戏曲与鬼神信仰的因缘——兼及与鬼神信仰相关联的戏仪交错融合、僧道表演者诸现象》,《福建教育学院学报》2011 年第 1 期。

演。如由道士表演的《天堂城》，内容为芭蕉大王巡视枉死城，超拔冤魂；由和尚表演的《地下城》，内容为地藏王破开枉死城，分辨善恶。① 至清中叶，这类表演发展为完整的戏曲形式，多取佛经故事和道教故事来编演剧目。

从以上可以看出，泉州戏曲舞蹈中受到了宗教思想的影响，包含了佛教、道教以及外传宗教等宗教文化，深受其教化作用，从而表明了泉州从古至今对外来宗教包容、吸收、融合，兼收并蓄的态度。

（二）"海丝"带来的民俗文化同样对泉州舞蹈产生了一定影响

泉州民间舞蹈"跳火群"就受到了来自伊朗民俗"祝火"的影响。

《跳火群》是泉州沿海各县市普遍流传的一种民间舞蹈。表演时众多舞者手拉手围着火堆或火盆，来回交替从火堆上跳过，并且伴随着嬉戏及舞蹈，使现场气氛活泼热烈。该舞蹈亦出自本地的民间习俗。在每年的除夕夜团聚之时，老老少少便一起来到门外的空地处，用干草叶、树枝等点燃火堆，家中男性逐次从熊熊火堆上跳过；幼小的孩子，则由大人抱起一次次从火堆跃过；年迈的老人，则由人搀扶从火堆旁跨过。舞者于火边起舞，围成圈从火上跨过，一般先由外往内，然后由内往外，接着由西向东，再由东向西跳，边跳边唱歌谣。在我国存在很多此类的民俗活动，但泉州在节日中"跳火群"的民间习俗舞蹈与伊朗民俗"祝火"在内容、含义及形态上都是相同的。

伊朗在古时候被称作波斯，在唐宋期间就与泉州有着密切的经济文化往来。波斯的风俗则是在除夕夜时每家每户把草木燃起进行"祝火"活动，大家互相牵手从火堆上跃过，用此象征免除灾祸和祈迎福运。泉州民间舞蹈"跳火群"与波斯的"祝火"活动之间有着诸多相似之处，皆由于唐宋年间泉州与外来各国的经济贸易往来，以及与各国宗教、文化、习俗的频繁交流与融合有很大关联，影响了泉州民间的舞蹈活动的发展轨迹。

（三）"海上丝路"的精神对泉州当地舞蹈也产生了深刻的影响

随着宋元海上丝绸之路的形成和发展，泉州与外来国家的经济贸易往来变得更加频繁，"海丝"带来的精神文化也在泉州落地生根。同时泉州人世代靠山靠海而居，勇于探索，不畏艰难，吃苦耐劳，对海洋有着无比的依恋，久而久之，从中形成了勇于冒险、爱拼才会赢的"海洋"精神。而"海丝"文化中的精神内涵也完全展现于泉州当地舞蹈当中。

旧时由于生活所需，泉州人都水性极好并擅长在水路行船，就如水蛇一般，在水下矫健敏捷且灵活机动，于是就对蛇产生了敬畏与崇尚的心理，就等同于汉族人对龙的崇敬。换言之，蛇是海洋精神的缩影，目前仍被泉州人供奉着。泉州民间的"拍胸舞"里，表演者赤裸上身，并且用形似蛇的饰品装饰头部，即用稻草与红色布条缠绕

　　① 骆婧：《从〈目连救母〉看仪式戏剧的衍生与发展——以闽南打城戏为中心》，《福建师范大学学报》（哲学社会科学版）2013 年第 3 期。

编织在一起；而且从舞蹈的形态上来说，也包含了以"蛇"为主的海洋内涵，以及"海丝"精神的表达。比如，在表演时会仿照蛇的弯曲体态以及蛇躯体横摆的律动等。[①]

泉州惠安女的舞蹈也受到了"海丝"文化和海洋精神的影响。人们习惯把女性喻为水，因为女人的体态、思想都如同水一般细腻。而惠安女人却有着磐石般的强韧与男人般的沉着。惠女的精神气质是对泉州人民勇于拼搏精神的最有力阐释，是海洋文化的一个重要组成部分。按照风俗，惠安女要承担家庭的大多数压力，柔弱的惠安女要搬起比自己重五六倍的石头修筑海塘，让出海的丈夫有个安全的港湾。久而久之，惠安女因她们的勤劳朴素为世界所熟知，成为勤劳的代名词。惠安女舞蹈把惠安女的日常劳动动作转变为舞蹈动作，例如挥汗如雨、扛石筑堤、与海浪搏击等动作。惠安女舞蹈充分展现出了爱拼敢赢、吃苦耐劳、面对海洋奋力拼搏的海洋文化和"海丝"精神。

由此可见，泉州人民对大海的情感之深，以致在他们的民间文化以及民间歌舞中都能找到"海丝"精神的踪影。

五 结束语

综上所述，泉州作为古代"海上丝绸之路"的起点，自宋元至今，与世界各国流传而来的宗教信仰、民间习俗、"海丝"文化以及海洋精神和平共处于一个6万平方公里的城市之中，给经济发展氛围异常浓烈的泉州，注入了许多不同的"海丝"文化。在这种环境之下，泉州民间舞蹈的发展愈发呈现出欣欣向荣、蓬勃向上的特点。同时与域外宗教文化亲密交融、共荣共赢，使泉州民间舞蹈在今天大放异彩，并具有十分浓郁的地方特色。而这种海纳百川的宽容态度，也让泉州成为海上丝绸之路的文化一体多元的典范。

（作者：原雪，泉州师范学院音乐与舞蹈学院硕士研究生；叶晓丽，泉州师范学院音乐与舞蹈学院副教授）

---

① 黄明珠：《闽南拍胸舞中"打七响"动作的民俗文化表现特征》，《贵州大学学报》（艺术版）2012年第1期。

顺、康年间泉州诗坛风貌初探*

翟　勇

摘　要：顺、康年间闽南泉州诗坛崛起，涌现出一大批具有全国性影响的诗人、诗社，开始与闽中福州诗坛并驾齐驱。其中以晋江回族诗人丁炜、施世纶为代表描写自然景象的清绮诗风，丰富了王士祯"神韵"派的内涵与外延；安溪李光地位极人臣，虽然不以诗文名世，但是仍不失为康熙朝理学诗的重要代表，强调诗之纲常伦理的道德教化作用。另外，郑成功父子以及王忠孝、卢若腾、沈佺期等泉州籍"海外几社"重要成员"悲宕激壮"的爱国诗风进一步丰富了泉州诗坛的风格，一些典故、意象的运用甚至影响了台湾文学两百多年。

关键词：顺、康年间；泉州；诗坛

作为闽台文学重要组成部分的泉州①文学渐渐成为近年来文学研究的热点。陈庆元先生的《福建文学发展史》、朱水涌先生的《闽南文学》等大作都用了较多笔墨梳理了顺、康年间泉州文学状貌，为我们的进一步研究打下了坚实基础。然而上述先生的大作多从宏观角度把握明清以来泉州文学的发展与流变，一些具体而微的问题论述尚不充分，尤其是对顺、康时期泉州文学与台湾文学关系等问题的研究用力明显不足。顺、康时期的泉州诗坛一反同时期福州诗坛的衰飒，呈现出蓬勃的生机。晋江陈埭回族诗人丁炜、施世纶以清绮之诗享誉全国，安溪李光地虽然"所长在于理学、经术，文章非所究心。然即以文章而论，亦大抵宏深肃括，不雕琢而自工"②。另外，郑成功父子以及王忠孝、卢若腾、沈佺期等海外几社重要成员"悲宕激壮"的爱国诗风进一步丰富了泉州文学的风格。

---

*　**基金项目**：福建省 2014 年社科青年博士项目"万历至康熙年间闽台诗学宗尚研究"，课题号：2014C006。
①　明清时期的泉州包括现在泉州市、厦门市二地，文中"泉州"为明清泉州府所治区域。
②　纪昀：《四库全书总目提要》卷一百七十三"集部二十六·别集类二十六"，海南出版社 1999 年版，第917 页。

一 二郑与"悲宕激壮"的遗民诗风

如果说沈光文为台湾文学史上第一人,那么以郑氏父子为核心,王忠孝、沈佺期、卢若腾等人为重要羽翼的泉州诗人群体则共同开创了台湾文学史上的第一次繁荣。

民族英雄郑成功虽不以诗名,《延平二王遗集》中也仅存诗数首,但是每首诗字里行间自然透出的英雄气概与昂扬气魄确有盛唐诗之雄浑气象,实属上乘之作,如《出师讨满夷自瓜洲至金陵》:"缟素临江誓灭胡,雄师十万气吞吴。试看天堑投鞭渡,不信中原不姓朱。"① 此诗作于顺治十六年(1659),当时郑成功亲率十万大军与另一抗清名将张煌言会师于长江,连破瓜洲、镇江、仪征等地,合围南京,声势大振。出征前郑成功先以"先吉服祭太祖,次以缟服祭先帝"②,江边缟素誓师,是何等壮怀激烈!"灭""吞"二字显示出英雄的自信与豪情。尤其末句"不信中原不姓朱",其志在必得与视死如归之精神气度喷薄而出,令读者为之动容。郑成功另一首《复台》诗更是把英雄精忠报国、誓死不渝的赤胆忠心在字里行间展现得淋漓尽致。

> 开辟荆榛逐荷夷,十年始克复先基。田横尚有三千客,茹苦间关不忍离。③

台湾自古为中华民族固有领土,荷兰殖民者趁大明衰疲,乘虚霸占。郑成功亲率两万水军,经浴血奋战,把侵略者赶出宝岛台湾,既收复国土,又开辟了反清复明之根据地,本应喜。然而在大陆军事的失利,复明大业的遥遥无期,亦忧。但是面对困境,英雄没有徒自哀叹,以田横自喻,表明了自己坚贞不二、忠于故朝之气节,以及复国中兴之决心。此境、此功、此品,确令后人崇敬。

《延平二王遗集》载录郑成功嗣子郑经的《痛孝陵沦陷》《满酋使来,有不登岸、不易服之说,愤而赋之》等诗,同样表现出高度的民族气节。另外近年来证实为郑经诗集的《东壁楼集》中"充满了痛明反清,待时恢复的志概","透露了郑经在台湾谋求聚养待时,复仇雪耻,驱逐满清,澄清天下,救民水火的一贯志向"④。如《悲中原未复》七律诗云:

> 胡虏腥尘遍九州,忠臣义士怀悲愁。既无博浪子房击,须效中流祖逖舟。
> 故国山河尽变色,旧京宫阙化成丘。复仇雪耻知何日,不斩楼兰誓不休。⑤

---

① 郑成功:《延平二王遗集》,《玄览堂丛书续集》(第120册),中央图书馆影印本1947年版,第3页。
② 计六奇:《明季南略》,《台湾文献丛刊》(第148种),台湾银行经济研究室1963年版,第330页。
③ 郑成功:《延平二王遗集》,《玄览堂丛书续集》(第120册),中央图书馆影印本1947年版,第3页。
④ 朱鸿林:《郑经的诗集和诗歌》,《明史研究》第四辑,黄山书社1994年版,第214页。
⑤ 郑经:《东壁楼集》卷四,永历二十八年刻本,第4—5页。

再如《和康甫应天讨虏大海出师》写道:

　　薄出西征驾战舟,长歌击楫济中流。国家元运今朝复,胡虏妖氛一旦收。
　　万姓欢呼恢汉室,孤臣喜得见神州。十年遵养因时动,壮士何辞栉沐秋。①

　　前一首诗为中原沦陷、百姓困苦而忧愤。虽然自己帐下没有张良一样的谋士,但是仍要如祖逖一样奋勇击敌,恢复故国疆土。末句"不斩楼兰誓不休"借用王昌龄《从军行四》末句"不斩楼兰誓不还",但化用十分妥帖,与乃父"不信中原不姓朱"有异曲同工之妙,显示出自己恢复中原的信心与倔强。后一首诗情感热烈,想象胜利后的太平与喜悦,更添战前之士气。另外,两首诗都采用了祖逖"中流击楫"的典故。西晋末年祖逖率亲党南移,后自请北伐苻秦,率部渡江,"中流击楫而誓曰:'祖逖不能清中原而复济者,有如大江!'辞色壮烈"②。田横与祖逖的事迹也成为台湾文坛之后最常见的典故,郑经之诗在这方面对台湾文学的影响亦不容忽视。

　　郑成功据守厦门、金门等东南岛屿之时,"盛以恢复自任,宾礼遗臣",因而一些不愿意臣服清廷的王室贵族与爱国志士纷纷来投,齐聚麾下,如宁靖王朱术桂、几社巨子徐孚远以及曹从龙、陈士京等其他"海外几社"核心成员,一时"海上衣冠云集"③。这些人在为抗清复明出谋划策之余留下了大量"悲宕激壮"的诗作,其中影响最大、成就最高者当属金门诗人卢若腾。

　　卢若腾(1660—1664),字闲之,又字海运,号牧洲,晚年号"留庵",崇祯十三年(1640)进士。隆武帝时任兵部尚书,隆武帝败归金门,为郑成功所礼遇。康熙三年(1664),卢若腾赴台投郑经,在澎湖旧病复发身亡。卢若腾是闽南著名政治文学团体"海外几社"六子之一,著有《岛噫诗》《岛居随录》《留庵文集》等。

　　《岛噫诗》为诗人避居浯洲岛即金门岛时所作。"噫"者为何? 诗人族弟君常云:"风者天地之噫气,诗者人心之噫气。年来区区之心未由自遣,一番噫气,只增一番狂病耳,录之以志所遭之不幸,未暇论工拙也。"④ 卢序其诗,引用这段话,以为"斯言也,若无意于诗,而直探诗之本原者"。卢若腾《〈岛噫诗〉小引》亦云:"岛居以来,虽屡有感触吟咏,未尝作诗观,未尝作工诗想;如痛者之呻、哀者之哭,噫气而已。"⑤换句话说,《岛噫诗》非诗人有意之作,而是借以将胸中的哀痛愤怨之气一吐为快的手段,诗之工拙自不在乎。卢若腾的诗中饱含对兴复中原的殷切期盼:"近得滇南信,王师新奋鏖;逐北出黔、楚,克期荡腥臊。气运渐光昌,威福自上操;行当核名实,屈

---

①　郑经:《东壁楼集》卷四,永历二十八年刻本,第 28 页。

②　李贽:《藏书》卷三十"名臣传·直节名臣·祖逖",中华书局 1959 年版,第 495 页。

③　翁洲老民:《海东逸史》卷八"陈士京",《上海历史研究资料丛书》,上海书店出版社 1982 年版,第 128 页。

④　卢若腾:《岛噫诗校释》,吴岛校释,台湾古籍出版社 2003 年版,第 24—25 页。

⑤　同上书,第 1 页。

伸变所遭。"① 《光绪金门志》卷十评价卢若腾此类诗云："至于身世感遇、忧愁愤懑之什，皆根于血性注洒。"② 另外清军的残暴对普通百姓造成的苦难他在诗中也有极其真切的痛斥，如《田妇泣》为今人再现一个无赖兵痞盘剥百姓之形象："兵妇群行掠蔬谷，田妇泣诉遭挞伤；更诬田妇相剥夺，责偿簪珥及衣裳。薄资估尽未肯去，趣具鸡黍进酒浆。"③ 卢若腾的诗不仅鞭挞清军，更难能可贵的是对郑成功部队军纪不严给百姓带来的灾难亦能直言不讳。《甘蔗谣》云："岂料悍卒百十群，嗜甘不恤他人苦。拔剑砍蔗如刈草，主人有言更触怒；翻加谗蔑恣株连，拘系搒掠命如缕。"④ 将士借用百姓房屋，不言答谢，反而据为己有："本言借半暂居停，转瞬主人被驱逐。"更有甚者，或"将主屋向人鬻"，或拆主屋石木为料，给自己另建新房，那么如此兵卒与清兵何异："人言胡虏如长蛇，岂知恶客为短蝮！""义师"的种种不义之行为，诗人借一老乞翁之口加以指责："义师与狂虏，抄掠每更番。一掠无衣谷，再掠无鸡豕；甚至焚室宇，岂但毁篱藩。时俘男女去，索贿赌惊魂；倍息贷富户，减价鬻田园。"⑤ 面对如此军纪败坏之"义师"，诗人为国家计、为苍生计，劝谏道：

　　　骄兵如骄子，虽养不可用。古之名将善用兵，甘苦皆与士卒共。假令识甘不识苦，将恩虽厚兵意纵；兵心屡纵不复收，肺肠蛇蝎貌貔貅。嚼我膏血堪醉饱，焉用舍死敌是求！⑥

　　今人赞曰："所咏颇足反映明郑时代戎马倥偬之社会状况，可作史料读，亦可作文学作品读。"⑦ 诚为是言。

　　二郑帐下的重要谋臣王忠孝虽然不以诗名世，存诗量也较少，但是一些篇章字字真情，读来令人动容。王忠孝（1593—1667），字长儒，号愧两，惠安人。崇祯元年（1628）进士，授户部主事，隆武帝时擢光禄寺少卿。郑成功起兵后，投奔郑氏，对军政大事多所赞画，备受推重，在抗清复台中，出力甚多。王忠孝诗一方面控诉崇祯阉党的罪行，如《缇骑》《谪戍》等；另一方面表达了大明江山破碎所带来的悲痛之情以及"义不帝秦"的赤胆忠心："遍地胡骑未肯休，依栖荒岛叹浪游。千层波浪映渔火，满目风霜冷貂裘。义不帝秦谁远蹈，心甘忘汉岂同仇。岁除莫溯从前事，新唱明朝复旦筹。"⑧ 另外，"海外几社"六子之一的沈佺期也是当时的重要诗人。沈佺期

　　① 卢若腾：《岛噫诗校释》，吴岛校释，台湾古籍出版社 2003 年版，第 276 页。
　　② 林焜熿纂辑，子豪续修：《金门志》卷十"人物列传二·宦绩·卢若腾"，《台湾文献丛刊第 80 种》，台湾银行经济研究室 1963 年版，第 264 页。
　　③ 卢若腾：《岛噫诗校释》，吴岛校释，台湾古籍出版社 2003 年版，第 364 页。
　　④ 同上书，第 379 页。
　　⑤ 翁洲老民：《海东逸史》卷八"陈士京"，《上海历史研究资料丛书》，上海书店 1982 年版，第 358 页。
　　⑥ 卢若腾：《岛噫诗校释》，吴岛校释，台湾古籍出版社 2003 年版，第 267 页。
　　⑦ 陈峰：《厦门古籍序跋汇编》，《厦门文献丛书》，厦门大学出版社 2009 年版，第 337 页。
　　⑧ 王忠孝：《惠安王忠孝公全集》，《台湾文献汇刊》第 1 辑第 5 册，九州出版社 2004 年版，第 396 页。

(1607—1682)，字云佑，号鹤斋，南安人。崇祯十六年（1643）进士。明亡后，起兵抗清，兵败投奔郑成功，后到台湾居住二十余年。对于沈佺期今人对其文学关注极少，很大原因当是存诗数量稀少。但是从其现存诗来看，清新淡雅的自然风光描画出现在战火纷飞、山河破碎之时，为悲痛的大块阴暗色调涂抹了一丝亮丽色彩，如《潘山市》其二："机尽随鸥尚未闲，驹阴不肯驻衰颜。相将醉醒消人事，剩得风流在世间。霞绚云蒸妆淡水，花殷鸟傲静空山。此时春色又无赖，一曲渔歌一棹湾。"① 此诗作于诗人隐居泉州城西潘山之时，相对清闲而无聊的时光在春色的撩拨下化作一首归隐之思。

二　丁炜与清绮诗风的兴起

泉州自嘉靖、万历以来，描写个人闲适生活与自然风光，追求清新闲淡风格的诗风颇受文人青睐，如以黄吾野、黄凤翔、周良寅等为核心成员的"清溪诗社"即为此种诗风之代表。天启、崇祯年间，同安池显方畅游八闽山水，留下大量雅丽冲和之诗，并且把题材从山林扩大到海洋。顺治到康熙前期近50年的时间里，在丁炜、施世纶等人笔下的清绮诗风不再局促于泉州一隅，开始汇入文化的集中地京城，成为此时王士禛所主导"神韵"诗风的重要支流。

丁炜（1627—1696），字瞻汝，号雁水，泉州晋江陈埭人，回族。顺治十二年（1655），定远大将军济度取漳州，朝廷诏许自行选拔府县官吏，丁炜应试，授漳平县教谕，嗣改鲁山县丞，后升直隶献县知县，历官江西赣南道、湖北按察使。著有《问山诗集》《问山文集》《紫云词》等。

丁炜名列清初享誉海内外的"金台十子"之一，正如马大勇在《清初金台诗群研究》一文中所述："这一批十人则是继贰臣诗界瓦解、第一代台阁诗人群也衰落后最称'有声'的后起之秀中尤其'英拔'者。"② 丁炜任职京城时间仅一年余，却能够迅速在藏龙卧虎的京师声名鹊起，这虽然脱不开王士禛之引誉，但更与自身的诗歌成就密不可分。康熙初年，诗坛宗唐崇宋相争的审美追求开始减弱，诗歌创作开始以题材的不同来确定感情基调以及学习的对象，正如康熙朝重要文人沈荃所云："今谈诗家人人殊，言唐言宋，宗尚各异，为正为变，派别流分，譬黑白之不相为，南辕北辙之分途而骛也。余窃以为不然。诗生于情，情缘于境，境之所会不一，则声情随之。故朝庙之诗，噌吰而庄雅，猗那穆清诸什是也。山林之诗，萧放而闲止，衡门独寤之歌是也。"③ 丁炜作为闽地"尤异之士逸出其间者"与"清初拔逸闽派之人"，其诗歌理论

---

① 陈国仕辑录：《丰州集稿》卷之三"诗·近体"，南安县志编纂委员会1992年版，第130页。
② 马大勇：《汪懋麟、曹贞吉、曹禾合论——兼谈"金台十子"的异名问题》，选自《中国诗学》第十辑，人民文学出版社2004年版，第146页。
③ 丁炜：《问山诗集》，《回族文献丛刊》（六），上海古籍出版社2008年版，第2445页。

主张与创作与有明一代闽派已有很大不同。明代以林鸿、高棅为代表的闽派主张诗学盛唐，多作七律，但最终往往流于机械的模仿。丁炜论诗则明确反对模仿："声诗之病也，无才者知守成法，乃多至于模仿规袭，陈陈生厌。"①（《罗珂雪耐耕堂诗文集序》）在此基础上，丁炜强调诗"贵新而不贵袭，贵独造而不贵依傍"②（《于畏之西江草诗序》）。唐诗作为诗歌史上的高峰，当然亦是丁炜汲取养料的重要来源，但是丁炜重视学唐的同时，对汉魏亦同样重视，并将汉魏与三唐并称："《诗三百》而后，由汉魏迄三唐，作者代兴，美备亦略可睹矣。"③（《春晖堂诗序》）"诗当取材汉魏而以三唐为宗。"④（《于畏之西江草诗序》）批评时人学杜只学其"气之豪壮，词之悲切，意之率直"，而不知道杜甫诗宪章汉魏，取材六朝，为集大成者。莆田林公韫学诗从六朝入手，进而学杜，融会贯通的做法丁炜十分欣赏："予观献十（林公韫）全集，亦有入曹、刘，茹颜、谢，杂徐、庾，该沈、宋者，以此立言，何虑不杜若哉！盖杜实总诸家，能于诸家淹贯融通，此则善于学杜者耳。"⑤（《林献十樗楼诗集序》）在《问山诗集》中，丁炜学习汉魏六朝诗歌之处不胜枚举，如拟《古诗十九首·月夜舟泊》中"澄江霁凉月，素练飘流光"化用谢朓"澄江静如练"名句等。具体到学唐，丁炜兼顾诸期，而与中晚为近："近体宜宗初唐，而善通初唐者，惟大历钱郎诸公，彼其用意设辞，率从新巧，特与本体无伤为可贵耳。"⑥（《罗珂雪耐耕堂诗文集序》）具体到丁炜，"拟古则登建安之堂奥，近体则扬大历之飚流。闲居述怀则韦、陶方驾，扈从应制则燕、许分镳"⑦。然而在众多题材风格中，丁炜描写闲居生活，采用自然景物题材，达到"丽而则，清而腴"的诗歌则最为时人称道。余国柱评曰："退食之余，得时相往复，耳热酒酣，抚今追旧，或寻道士之桃花，或折春明之杨柳，挹西爽则风开闾阖，听晓漏则履曳河桥，雁水莫不有诗以纪其事。"⑧ 宋琬《问山诗集序》亦云："既而读其所为诗，冲容闲雅，清新幽异，飒飒乎何其丽以则也！"⑨ 当时渐执诗坛牛耳者王士禛所赞诗句亦多冲容淡雅的景物描写："其五言佳句颇多。如'青山秋后梦，黄叶雨中诗'，'莺啼残梦后，花生独吟时'，'花柳看憔悴，江山待拔除'皆可吟讽。"⑩ 丁炜在《问山诗集自序》中告知缘由云："曩滞鲁阳，其时身之所履，目之所遇，非麋鹿木石与居，则畸士田夫与处，惟有户外青山差堪共语，因成《问山》一帙。"⑪ 丁炜此

① 丁炜：《问山文集》卷一，《清代诗文集汇编》，上海古籍出版社 2010 年版，第 480 页。

② 同上书，第 489 页。

③ 同上书，第 484 页。

④ 同上书，第 489 页。

⑤ 同上书，第 495 页。

⑥ 同上书，第 480 页。

⑦ 同上书，第 2446 页。

⑧ 丁炜：《问山诗集》，《回族文献丛刊》（六），上海古籍出版社 2008 年版，第 2449 页。

⑨ 同上书，第 2451 页。

⑩ 王士禛：《渔洋诗话》，《清诗话》，上海古籍出版社 1963 年版，第 217 页。

⑪ 丁炜：《问山诗集》，《回族文献丛刊》（六），上海古籍出版社 2008 年版，第 2463 页。

类题材诗歌没有一味追求盛唐山水田园诗的明雅静丽，而是学习中晚唐以刘长卿、许浑、贾岛为代表的旷逸闲适诗风。徐世昌《晚晴簃诗汇》即明确指出："（丁炜）拟之刘文房（长卿）、许丁卯（浑）。"① 前贤在评价丁炜诗歌时也多次指出其学习大历诗风与许浑之处，如《舟泊天津》，王士禛评其"宛然大历十才子"②，《奉怀张壶阳台州观察》，叶丙霞云："置大历集中无辨。"③ 至于与晚唐许浑诗境相类的更是指不胜屈，如《长沙拜蔡江门先生祠》，吴蔼次云："诸作风格大致俱似丁卯"④，《南康阻浅用许丁卯韵》，王士禛曰："宛然丁卯风调矣。"⑤ 《使院夜坐》中颔联"桐阴转处月当枕，竹露下时风满槛"，"亦是丁卯"⑥。《贾岛峪》，沈德潜评曰："通体点化长江诗，便不浮泛。"⑦ 丁炜在汲取前贤诗歌营养的同时，在消散闲淡中又透露出一丝清绮，如《春事》：

> 春事真无赖，偷闲懒最宜。莺啼残梦后，花发独吟时。
> 茗碗微风度，琴寐晓日移。悠然身世外，匡坐自支颐。⑧

林昌彝《论诗一百又五首》评价丁炜曰："短句长言尽人情，独吟花发妙天成。梅花春色诗中境，别有幽香入梦清。"⑨ 此评恰为《春事》一诗最好注评。清新淡雅的语言，描画了诗人恬淡的生活状态，诗境中自然透露出春的欣欣向荣与人的倦懒。虽然全诗"春""莺""梦""花""茗"等亮丽字眼频现，但绮而不艳。

再如《忆家园梅花》：

> 回首家园忆岁时，琼姿鹤影共离·离。江亭立雪肌应瘦，月榭浮香梦每迟。
> 是处相思频弄笛，何人索笑独题诗。裁书好寄闽南道，珍重春寒护北枝。⑩

王士禛盛赞颈联："五六则几于老杜之'幸不折来伤岁暮，若为看去乱春愁'矣。"⑪ 林昌彝云："家香海谓：澹汝诗有一种幽香之气，袭人梦寐。"⑫ 颔联可当此评。

施世纶（1659—1722），字文贤，号浔江，晋江龙湖衙口人。为靖海侯施琅次子，

① 徐世昌：《晚晴簃诗汇》，中华书局 1990 年版，第 2170、2171 页。
② 丁炜：《问山诗集》，《回族文献丛刊》（六），上海古籍出版社 2008 年版，第 2553 页。
③ 同上书，第 2618 页。
④ 同上书，第 2640 页。
⑤ 同上书，第 2617 页。
⑥ 同上。
⑦ 沈德潜编选，吴雪涛、陈旭霞点校：《清诗别裁集》卷十三"丁炜"，岳麓书社 1998 年版，第 399 页。
⑧ 丁炜：《问山诗集》，《回族文献丛刊》（六），上海古籍出版社 2008 年版，第 2528 页。
⑨ 林昌彝：《海天琴思录》，王镇远、林虞生标点，上海古籍出版社 1989 年版，第 464 页。
⑩ 丁炜：《问山诗集》，《回族文献丛刊》（六），上海古籍出版社 2008 年版，第 2574 页。
⑪ 同上书，第 2574 页。
⑫ 林昌彝：《海天琴思录》，王镇远、林虞生标点，上海古籍出版社 1989 年版，第 464 页。

以荫官泰州知州，官终漕运总督，有《南堂诗抄》十二卷。张维屏《国朝诗人徵略》曾评价施世纶诗曰："先生吏才强干，而诗情乃婉丽如此。"如"爱山移舫时，隔水问花多"；"竹间吟罢风能和，花底梦归身觉香"；"惟有多情双燕子，朝来犹是异香泥"。①《莲坡诗话》更是赞曰："《南堂诗钞》二十卷，如璞玉辉春，玭珠浴月，琅然可诵。尤工五言诗，中有'爱山移航对，隔水问花多'；'岸火潜鱼跃，沙更宿鸟飞'；'看云生洞产，听雨过经楼'；'孤城侵海角，铜柱出天涯'；'飞花悬隙网，行雀上空阶'；'风尘虽近市，心迹喜多闲'；'海气连吴越，秋声入鼓鼙'；'水气凉疑雨，松声泻似涛'等警句。拟之姚少监、郑都官，当不愧也。"②另外，同安阮旻锡"顾其为诗，冲微澹远，一以正始为宗，无凌厉激亢之音"③。阮旻锡（1627—1707），字畴生，同安人。为诗讲求自然冲淡，言必称情，当时遗民诗人赵唯一评价其诗曰："近体诗整洁工炼，绝雕镂之迹，至其风趣悠长，声情畅美。"④如《前题》："凿开云壑架精蓝，数曲幽溪客共探。孤月夜悬双石壁，千林秋啸一茅庵。余生拟向闲中老，往事都从梦里参。遍与名山期后约，浮名从此更休贪。"⑤另外同安人林霍为诗亦"如空山发翠，馨香不绝，别留神韵于笔墨之外"⑥。

三 李光地与理学诗的开启

何谓"理学诗"？古今不同学者对其有着不同的看法与答案。但是大体可以划分为两类：第一种观点着眼于诗的内容，认为理学诗是表达理学思想的诗。明代沈懋孝直言："理学诗全谈道理。"⑦许总认为："理学家们亦皆喜好作诗，而且往往以诗的形式阐述义理，发表学术见解和主张。"⑧第二种观点重点关注诗之风格，认为理学诗不局限于谈论理学义理，往往在诗中展现诗人的性情、趣味，但带有明显的理学特色。近人梁昆云："举凡文学政治，无不有理学思想为其背影。"⑨客观而言，如果仅着眼于前者，理学诗则丧失了为诗的本质，成为徒具诗之形式的理学说教。但是如果过度强调风格、趣味，又不能称之为"理学"诗。所以笔者认为理学诗正如孙锐所概括："理学诗是指表达理学思想或表现理学风味的诗。……特点是：（一）重视吟咏性情，抒发乐的情感，并间接阐明义理；（二）相对轻视修辞技巧；（三）不排斥议论，但也不主张

① 张维屏：《国朝诗人徵略》（初编）卷二十三"施世纶"，中山大学出版社2004年版，第362页。
② 郑方坤：《全闽诗话》，《续修四库全书·集部》（第1702册），上海古籍出版社2002年版，第321—322页。
③ 陈峰：《厦门古籍序跋汇编》，《厦门文献丛书》，厦门大学出版社2009年版，第371页。
④ 陈棨仁、龚显曾辑：《温陵诗纪》卷二，光绪木活字本。
⑤ 周凯纂辑：《厦门志》卷九"艺文略"，《台湾文献丛刊》（第95种），台湾银行经济研究室1961年版，第200页。
⑥ 陈支平、徐泓编：《闽南文化百科全书·文学卷》，福建人民出版社2009年版，第96页。
⑦ 长水沈先生洛诵编：《长水先生文抄》，明万历刻本，第71页。
⑧ 许总：《宋明理学与中国文学》，百花洲文艺出版社1999年版，第209页。
⑨ 梁昆：《宋诗派别论》，商务印书馆1938年版，第159页。

单纯以议论为诗。"①

李光地为清初康熙朝硕儒，虽然不以诗名世，但是"理学以一种知识信仰的辐射，渗入诗中，遂有了儒者的理学诗"②。李光地（1642—1718），字晋卿，号厚庵，安溪湖头人。康熙九年（1670）进士，由翰林院编修累官至直隶巡抚、吏部尚书、文渊阁大学士。著有《周易通论》《周易观象》《古乐经传》《韵书》《榕村语录》《榕村续语录》等。

康熙时期国家渐趋于安定，为进一步维护政治稳定，控制反清思想。康熙皇帝一方面大兴文字狱，另一方面大力提倡程朱理学，强调"空言无益"，只有"行事与道理相符合"才是真理学。实质上就是要求对程朱理学的身体力行，实践君君、臣臣、父父、子子的道德规范。作为康熙重臣的李光地，积极配合宣扬程朱理学，自言治学"仰体皇上之学也，近不敢背于程朱，远不敢违于孔孟。诵师说而守章句，佩服儒者，摒除异端"③。此种思想具化到论文论诗上，李光地强调诗文本于"六经"，以达到"志高""情厚"为宗旨："天下之道尽于六经，六经之道尽于四书，四书之道全在吾心。……夫子所留下的书，万理具足，任人苦思力索，得个好道理。""诗之格历代屡变，然语其至者则不离乎《虞书》言志、《庄子》道性情之说。苟其志高矣，性情厚矣，虽不能诗，固所谓风雅之宗也。"④ 大诗人曹植、陶渊明、杜甫等人之所以名垂千古，正在于诗中表现了"忠孝""节义"之志与"慷慨缠绵"之情："汉魏以降，陈思、靖节之诗，独邵千古者，所处皆不逢，而二子者志甚高，性情甚厚，忠孝发于中，节义形于外，慷慨缠绵而不可遏。故其超迈之气，淳古之质，非夫搜华摘卉者所可庶几。在唐则曲江、杜陵，由此其选也。"⑤ "而所谓的'志高'，在李光地看来就是儒家历来所推崇的'忠孝''节义'，所谓的'情厚'，也就是由'忠孝''节义'而激发的'慷慨缠绵而不可遏'的情感。李光地把'忠孝''节义'作为诗歌要表达的志意的内容，正是符合他作为理学家的思想。"⑥

清代的理学家较之宋明，学问更加广博，更加强调知识结构的多样化与层次的丰富性。李光地强调为诗的知识储备不能仅仅限于文学作品，对经史亦要熟稔，唯此为诗方成大家：

　　近人作诗只读诗，所以不能大家。前人不独识见、人品、性情高于后人，其于经史工夫深矣，不尔没的说，终身只描情景不成？问今之诗家。曰："诗要通事

① 孙锐：《从邵康节、陈白沙之诗与诗论看宋明理学诗的特点》，《现代哲学》2013 年第 1 期。
② 郭万金、段进莉：《宋明理学诗辨微》，《江西师范大学学报》2008 年第 2 期。
③ 李光地：《榕村集》，文渊阁四库全书本，第 669 页。
④ 同上书，第 694 页。
⑤ 同上书，第 694—695 页。
⑥ 陈石怀：《李光地的诗歌创作主张》，杨国桢、李天乙主编《李光地研究》，厦门大学出版社 1993 年版，第 318 页。

理，一点事理不知道，焉得好？纵好，亦只做几首送行、上寿、咏景物的诗而止。试看杜工部他们，一肚皮性情，不消许多道理，事体了然在那里……"①

李光地的理学诗既有以诗说理之作，又有极富理趣之作。前者大多为对理学思想的阐发或经国之用的思考，艺术成就较低，如《友人读参同契》：

> 异迹多推汉，皇家亦已东。修来成九百，悟处得三同。术法参元秘，声诗入古桐。
> 谈经诸圣后，厕籍列仙中。霄宇惊篱鹭，水天限夏虫。由来龙善变，自昔凤高翀。
> 历劫惟金在，单传是火攻。神山青未了，白日去何穷。凝息含元气，嘘吁满大风。
> 冥观禽化水，坐惜鸟贪笼。结志思骑鹤，驰心又送鸿。羡君无退转，早晚上衡嵩。②

李光地一些诗能够突破理学说教，在咏物中包孕哲思，值得今人重视，如《兰》：

> 楚泽当年九畹滋，修森未比建溪奇。空山行迹幽无侣，长路香风恻不知。
> 一出林来常味灭，几经盆种奈根移。同心何处通言语，折与怀人赠数枝。③

空谷幽兰高洁孤傲，能够直面风雨的洗礼与独处荒原的寂寥。然而一经人之栽培，冰清玉洁之体被人性的媚俗所污染，高冷之气渐失。全诗以兰为介质，暗喻人之性情与社会世态之间的矛盾，虽然为说理之诗，但是不流于说教，可谓理学诗之上品。

李光地所作《中秋催月》以月暗喻社会之清净，令人击节赞赏：

> 微出潮头影已新，闲庭延望早通神。一年佳赏长如许，此夜清光别有真。
> 萧飒雨余堪濯魄，朦胧云际便翻身。桂花欲伴黄花发，寄语幽宫净扫尘。④

中秋赏月之诗常作思乡怀人之题，此诗看似全写月光之皎洁、幽明，但是作者巧妙地把月光比拟为扫除人间妖氛的利器，比兴巧妙，又毫不做作，做到如盐入水了无痕迹之妙，实属不易。

闽南作为朱熹过化之地，自古号称海滨邹鲁，一批理学家的诗文创作亦值得一读，

---

① 李光地：《榕村语录续集》，《四库未收书辑刊·子部4辑》（第21册），北京出版社1998年版，第194页。
② 李光地：《榕村集》，文渊阁四库全书本，第1015页。
③ 同上书，第1014页。
④ 同上书，第1020页。

如纪许国。纪许国（生卒年不详），字石青，同安人。崇祯十五年（1642）举人。著有《书浩堂诗文集》《名山集》等。纪许国的文章常常通过生动形象地摹物写景阐发哲理玄思，探究天人之际、性命之学。诗歌也往往借景喻理，如《登云顶岩》："十载劳予梦，才为两日游。多因尘世累，动令此心愁。触袂云光满，黏天海气浮。空香飘不息，别是一山幽。"①

四　结语

有明一代八闽文学以闽中福州文学为代表，泉州文学无论是诗人质量、数量，还是影响，都不能与福州匹敌。明嘉靖、万历时期，随着王慎中、李贽等大家的出现，泉州文学开始进入一个发展的快车道。时至清顺治、康熙时，泉州文学不仅开始与福州文学并驾齐驱，甚至大有超越之势，并形成具有包容性、开拓性、多样性的海洋文化特色。然而令人略感遗憾的是，今人对顺、康时代泉州文学的研究仍只是零星的个案研究，缺乏全面、系统研究。至于此一时期泉州文学兴盛的原因，今人更是未做讨论。鉴于此，笔者不揣浅陋，书成此篇，权当抛砖之用。

（作者：翟勇，泉州师范学院文学与传播学院副教授）

---

① 周凯纂辑：《厦门志》卷九"艺文略"，《台湾文献丛刊》（第95种），台湾银行经济研究室1961年版，第197页。

"民间开发澎湖第一人"施肩吾的形象建构

——兼论泉州海上航运发展与澎湖的开发

张遂新

摘　要：唐代诗人施肩吾以"民间开发澎湖第一人"著称，但这一形象其实是历经长期建构而形成的。两宋之际，施肩吾的形象首先为道家所利用，被塑造成"得道真人"。随后他的一首想象"岛夷"风土的小诗被收录于地理志书中，经过辗转传抄，被误解为描写澎湖风光的作品，人们开始认为施肩吾曾经到过澎湖。近代连横在《台湾通史》中更发挥想象，提出施肩吾曾经举族迁居澎湖的说法，经过后人不断演绎和诠释，施肩吾开发澎湖的故事逐渐丰满起来。事实上，澎湖的开发是南宋时期泉州海上航运发展的产物，福建沿海先民才是真正的"民间开发澎湖第一人"。

关键词：施肩吾；澎湖；《岛夷行》；三十六岛；泉州

唐代诗人施肩吾在当今的道教史和两岸关系史上都占据着十分重要的地位，作为"华阳真人"的施肩吾被认为是古代著名的内丹家，名下有多部道教著作，此外他更因一首诗作《岛夷行》阴差阳错地化身为"民间开发澎湖第一人"而备受推崇。

然而一直以来对施肩吾多重身份的质疑也不绝于耳，早在南宋时期陈振孙就提出历史上或许曾经存在两个"施肩吾"的看法[①]，时至今日，仍有不少学者以"唐施肩吾"和"宋施肩吾"的区分方式来解决史籍中关于施肩吾记载的种种矛盾，其实这个"宋施肩吾"不一定真实存在，他更像是宋代道家以施肩吾为蓝本演绎神仙故事时所形成的虚像。

关于施肩吾是否到过澎湖的问题也是学界长期争议的焦点，但持否定立场的学者始终没能给出有说服力的证据，他们也提出过各式各样的假说，如有人认为《岛夷行》一诗写到"采珠"，因此该诗所描绘的是合浦风貌[②]，其实产珠之地何止合浦一处，这样的论证无疑是站不住脚的；也有人以施肩吾曾活动于彭蠡湖一带，而"彭湖"与

---

① 陈振孙：《直斋书录解题》卷 12（神仙类·《西山群仙会真记》五卷条），清文渊阁四库全书本。

② 藤田丰八：《岛夷志略校注》（澎湖条），《雪堂丛刻》1914 年第 10 期。

"彭蠡湖"时常混称，据此认定该诗是写"彭蠡湖"而非"彭湖"①，且不说"彭湖"并非诗作原题，仅诗中"咸水"一词就足以否定彭蠡湖之说；还有人提出明清学者将作为泛称的"岛夷"误解为实指的"澎湖"是造成讹传的原因，但还是没有说清楚版本流变的来龙去脉。②

为了彻底厘清真相，笔者从施肩吾本人、《岛夷行》本身及版本流传情况入手，探究"施肩吾开发澎湖"的故事在传播扭曲效应下一步步被建构起来的过程。

一　真假施肩吾——宋代道家对施肩吾的形象塑造

> 知君本是烟霞客，被荐因来城阙间。世业偏临七里濑，仙游多在四明山。早闻诗句传人徧，新得科名到处闲。惆怅灞亭相送去，云中琪树不同攀。
>
> ——唐·张籍《送施肩吾东归》③
>
> 施肩吾，元和十年及第，以洪州之西山，乃十二真君羽化之地，灵迹具存，慕其真风，高蹈于此，常赋《闲居遣兴诗》一百韵，大行于世。
>
> ——五代·王定保《唐摭言》④

以上两则材料是现存关于施肩吾生平的最早记载，由此我们可以大致勾勒出施肩吾的人生经历：施肩吾世居七里濑⑤附近，早年纵情山野，颇富诗名，元和年间进士及第后却并未任官，而是复归江湖，隐居于洪州（今江西南昌）西山修道。

关于他的作品及著作，除《唐摭言》中提到的《闲居遣兴诗》以外，《法藏碎金录》称，"唐中岳隐士栖真子施肩吾作《三住铭》及《灵响词》"⑥；《新唐书》也提到了他的《辨疑论》和《施肩吾诗集》⑦。北宋徽宗政和年间黄伯思在《跋〈施真人集〉后》一文中记载，"右唐施肩吾集其诗，无虑五百篇，有肩吾自叙冠焉……今合为一集，以杂笔三篇附于后"，又云"观其《三住铭》论气神形之指甚微，真得道者之言"。⑧ 由此可见，这部《施真人集》应该就是《新唐书》中所称的《施肩吾诗集》，而《闲居遣兴诗》一百韵自然也在其中，至于另附的"杂笔三篇"，《三住铭》必为其一，另两篇很可能就是前面所提到的《灵响词》和《辨疑论》了。因此尽管《施真人

---

① 梁嘉彬：《唐施肩吾事迹及〈岛夷行〉诗考证》，《大陆杂志》（台北）1959 年第 11 期。
② 卢履范：《"台澎第一诗人"之讹》，《文史杂志》1988 年第 6 期。
③ 张籍：《张司业诗集》（卷4），明刊本。
④ 王定保：《唐摭言》（卷8及第后隐居），清《文渊阁四库全书》本。
⑤ 七里濑位于浙江桐庐，因南朝谢灵运诗作《七里濑》而闻名。据后人考证，施肩吾籍贯为睦州分水，即今桐庐县分水镇。
⑥ 晁迥：《法藏碎金录》（卷9），清《文渊阁四库全书》本。
⑦ 《新唐书·艺文志》，中华书局 1975 年版，第 1523、1612 页。
⑧ 黄伯思：《东观余论》（卷下），清《文渊阁四库全书》本。

集》今已散佚，但可以推测它就是北宋末叶所能见到的施肩吾所有重要作品的合集，即使偶有缺漏，也无关大体。

《施真人集》问世于宋徽宗狂热痴迷道教的年代。宋政和七年（1117）四月，就在黄伯思将《施肩吾诗集》整理为《施真人集》的半年多前，宋徽宗刚自诩为"上帝元子""神霄帝君"，并授意道箓院册封他"教主道君皇帝"，此外他重用道士、大修宫观的事迹更是不胜枚举。① 在皇帝的亲身提倡下，道教在徽宗年间得到了空前的发展，此时《施肩吾诗集》以《施真人集》的名头重新问世，很难说不是这股崇道风气影响下的产物。

在道风吹拂下，施肩吾在两宋之际逐渐从"诗人"被抬高到了"真人"的地位，不断有道教经典开始以"施肩吾"的名义出现。南宋初年的《集仙传》云："吕岩之后有施肩吾，撰《会真记》。"② 施肩吾由此堂而皇之地以"吕岩之后"的身份被纳入了道家话语系统中，而《会真记》在《郡斋读书志》中被称为《群仙会真记》，晁公武介绍道：是书"言炼养形气，补毓精神，成内丹之法，凡二十五篇"③。由此可知这部书规模之大绝非《施真人集》中"杂笔三篇"所能涵盖，应是一部前所未见的道教著作。《郡斋读书志》中施肩吾名下的著作有二，除《群仙会真记》外还有一部《西山集》，这部书由施肩吾"辑其所著，自为之序"④，可见就是前面提到的《施肩吾诗集》或《施真人集》。

而后在陈振孙的《直斋书录解题》中，"施肩吾"名下的著作更增添为四部，除《群仙会真记》（此处作《西山群仙会真记》）和《西山集》外，还有《钟吕传道记》及《华阳真人秘诀》，前者为"施肩吾撰，叙钟离权云房、吕岩洞宾传授论议"⑤，看来此时的施肩吾已经明确取得了"钟吕弟子"的身份，而后者只是"称施肩吾"⑥，可见陈振孙对该书的作者尚不肯定。唐代诗人施肩吾的著作在两宋之际忽然大量涌现，这着实令学者有些摸不着头脑，如陈振孙就怀疑名叫"施肩吾"的人其实有两个，"唐有施肩吾，能诗，元和中进士也，而曾慥《集仙传》称吕岩之后有施肩吾者，撰《会真记》，盖别是一人也"⑦。在后世学界"两个施肩吾"的主张长期盛行，很多学者都断定"唐代诗人施肩吾之后，的确另有一人名叫施肩吾"⑧。

事实上，"施肩吾"并非常见的姓名，出现重名的机会不大，何况"两个施肩吾"生活年代接近，且皆在道教领域有所建树，这样重名的可能性就更小了。较说得通的

---

① 陈邦瞻：《宋史纪事本末》（卷11 道教之崇），中华书局1977年版。
② 陈振孙：《直斋书录解题》（卷12 神仙类・《西山群仙会真记》五卷条），清文渊阁四库全书本。
③ 晁公武：《郡斋读书志》（卷3下神仙类・《群仙会真记》五卷条），清文渊阁四库全书本。
④ 晁公武：《郡斋读书志》（卷4中别集类中・施肩吾《西山集》五卷条），清文渊阁四库全书本。
⑤ 陈振孙：《直斋书录解题》（卷12 神仙类・《钟吕传道记》三卷条），清文渊阁四库全书本。
⑥ 陈振孙：《直斋书录解题》（卷12 神仙类・《华阳真人秘诀》一卷条），清文渊阁四库全书本。
⑦ 陈振孙：《直斋书录解题》（卷12 神仙类・《西山群仙会真记》五卷条），清文渊阁四库全书本。
⑧ 詹飘飘：《唐代诗人施肩吾的生平与诗歌研究》，硕士学位论文，宁波大学，2012年。

情况应当是，"施肩吾"只有一人，他生活在唐代中后期，"有诗名，元和中举进士，退隐洪州西山，终身不仕"①。两宋之际"道教热"兴起以后，道家方士将这样一位仙风道骨的前代人物重新挖掘，作为演绎神仙故事的理想素材。一时间，"吕洞宾弟子""华阳真人"等名衔都被安在施肩吾头上，托名"施肩吾"的道教著作也纷纷问世。大约从宋元之际开始，从金榜题名到名列仙班的传奇经历已经成为道家话语对施肩吾生平的经典叙述，如元初道士赵道一在《历世真仙体道通鉴》中就称：

> 施君名肩吾，字希圣，号华阳，睦之分水人，世家严陵七里濑，少举进士，习《礼记》，有能诗声，趣尚烟霞，慕神仙轻举之学。唐宪宗元和十五年登进士第，主文太常卿李建，赋《大羹不和》，诗《早春残雪》，一榜如姚康、元晦后皆颇以诗文显，君独不仕，张司业籍赠之诗云："虽得空名不着身"，又送《东归》诗，有"折得高名到处闲"之句，故希圣诗自谓元和进士，长庆隐沦者，盖登科之明年改元长庆，希圣遂远引不复来。文宗太和中，乃自严陵入西山访道，栖静真矣。初，希圣遇旌阳，授以五种内丹诀及外丹神方，后再遇吕洞宾，传授内炼金液还丹大道，于是终隐西山。②

这样一位杂糅了"诗人"和"真人"、"进士"和"道士"的奇异人物便是宋代道家所塑造的施肩吾形象。然而，施肩吾的形象建构不止于此，宋元以后，他的一首小诗又阴错阳差地引起了另一桩历史公案。

二　犀角烛怪——《岛夷行》诗作的意象探析

> 腥臊海边多鬼市，岛夷居处无乡里。黑皮年少学采珠，手把生犀照咸水。
>
> ——唐·施肩吾《岛夷行》

这首小诗看似简单，影响力却一点也不小，学界长期以来围绕这首诗对施肩吾是否到过澎湖展开了激烈的论辩，现在我们暂且将争议搁置一边，先对诗作内容进行一番简要的分析。

《岛夷行》一诗目前所知最早见于南宋洪迈选编的《万首唐人绝句》一书中，列在"施肩吾"名下，此外并无任何关于诗作背景的介绍。③由于《施肩吾诗集》（《施真人集》《西山集》）今已亡佚，更不排除有未收入诗集的散篇，因此我们无法断定该诗是

---

① 李贤：《大明一统志》（卷41 严州府·名宦·施肩吾），清文渊阁四库全书本。
② 赵道一：《历世真仙体道通鉴》（卷45 施肩吾），明正统道藏本。
③ 洪迈：《万首唐人绝句》（卷33 七言一百首），清文渊阁四库全书本。

施肩吾原作还是宋人伪作。然而通过前文讨论可知，宋人假托施肩吾多是出于宗教目的，这样一首与道教义理关联不大的诗似无伪造的必要。此外施肩吾的诗作以"奇丽"①著称，且从现存作品来看，施肩吾作诗好用仄韵，尤其是符合黏对规则的"仄韵七绝"占了不小的比重，这在唐代诗人中可谓独树一帜，而《岛夷行》一诗内容确实堪称"奇丽"，"仄韵七绝"格式也十分严整，从内容到形式都具备了施肩吾诗作的特点，因此本诗为施肩吾原作的可能性较大。

"岛夷"一词最早大约出现在战国时期，《尚书·禹贡》中就有"岛夷卉服"的说法②，伪孔安国传，"南海岛夷草服葛越"，孔颖达疏："岛夷是南海岛上之夷也。"③古代汉人眼里的"岛夷"就是一些居住在海上，结草为衣的奇异人群。在实际语境中，"岛夷"往往并不特指南海岛屿上的居民，如《魏书》就以"岛夷"蔑称南朝，"标榜南国桓刘诸族咸曰岛夷，是则江东西尽为卉服之地"④，唐代也有"闽越之间，岛夷斯杂"⑤等语，可见古人将"岛夷"作为对整个东南沿海一带未开化民族的泛称。

诗歌首句所称的"海边多鬼市"又见于北宋初年郑熊的《番禺杂记》："海边时有鬼市，半夜而合，鸡鸣而散，人从之多得异物。"⑥"鬼市"传说的原型今天已难以考订，从描述上看像是外洋商人（"番鬼"）暗中进行的走私贸易，又或许只是海市蜃楼的幻影⑦，但无论如何，经过辗转流传的"鬼市"奇谈已经融入了中原汉人对于海外的"异域想象"。诗歌次句以"无乡里"与首句的"多鬼市"对应，进一步渲染了海上荒陬的人迹罕至。随后，镜头从场景切换到人物，特写了一位练习采珠的黑皮肤"岛夷"少年。然而少年"手把生犀照咸水"的作业过程却令人有些匪夷所思，生犀自古就是价值连城的名贵贡品，一个初学采珠的"岛夷"少年如何用得起如此奢侈的照明方式呢？其实这里的"生犀照水"另有所本，《晋书·温峤传》中记载，温峤"至牛渚矶，水深不可测，世云其下多怪物，峤遂毁犀角而照之，须臾见水族覆火，奇形异状，或乘马车着赤衣者，峤其夜梦人谓己曰：与君幽明道别，何意相照也，意甚恶之"，后世因有"犀照牛渚""犀角烛怪"等说法。由此可见，"生犀照水"并非真实的劳动场面，而是以一则荒诞典故将全诗营造的幽暗诡异氛围推向极致。

综上所述，《岛夷行》描绘了这样一幕天马行空的幻想场景：在一个黑黢黢的夜晚，人迹罕至的海滨荒滩上，四下里弥漫着大海腥咸的气息，偶尔可以看到一些结草为衣、名唤"岛夷"的奇异人群在浪涛间出没，其中一名全身漆黑的"岛夷"少年正

① 计有功：《唐诗纪事》（卷41施肩吾），清《文渊阁四库全书》本。
② 今本《尚书·禹贡》另有"岛夷皮服"之说，据考证为"鸟夷皮服"之误。
③ 《尚书注疏》（卷5），清《文渊阁四库全书》本。
④ 刘知几：《史通》（卷5内篇·补注），清《文渊阁四库全书》本。
⑤ 授王潮威武军节度使制：《文苑英华》（卷457制卷十·节镇六），清文渊阁四库全书本。
⑥ 曾慥：《类说》（卷4·《番禺杂记》·鬼市），清文渊阁四库全书本。
⑦ 明人彭大翼称："沈存中《笔谈》：'登州海中时有云气，如宫室、台观、城堞、人物、车马、冠盖之状，谓之海市，或谓蛟蜃之气。'又名蜃楼，又名鬼市，浙人谓之海变。"《山堂肆考》（卷223鳞虫·蜃·气成楼台），清文渊阁四库全书本。

在学习采珠，准备拿到"鬼市"上去贩卖，只见他手持点燃的犀牛角探到水面，波光摇曳下，深不可测的水底似有怪物涌动，随着海潮起伏幻化出各种影像……因此，《岛夷行》诗中的种种意象皆非作者亲历所见，他并不是在描绘浪漫唯美的海岛风情画，更非歌颂劳动人民的勤劳勇敢，表达"对'岛夷'的热爱和敬佩的激情"①。事实上，这是一首体现着中原汉人对"海外"地区"异域想象"的"志怪诗"。

三　"三十六岛"迷踪——宋元以后"三十六岛"的指代变迁

《岛夷行》一诗自从被《万首唐人绝句》收录以后得到了广泛传抄，南宋后期王象之在《舆地纪胜》中亦引用此诗，兹将该段原文完整抄录如下（括号中为原文注解）：

> 泉在七闽之中。民淳讼简，素号易治（王詹事《止讼文》）。绕城植桐，故曰桐城（泉州初筑城日，绕城植刺桐，故谓之桐城）。环岛三十六（自泉晋江东出海间，舟行三日抵彭湖屿，在巨浸中，—————，施肩吾诗云：腥臊海边多鬼市，岛夷居处无乡里，黑皮年少学采珠，手把生犀照咸水），泉之外府（见上）。槟榔代茶（所以消瘴），泉人乐道（唐姜公辅以迁谪至，韩魏公生于州治，汪内相生于县丞廨舍，陈忠肃公瓘两随侍来守郡，此泉人所乐道者）。②

这里"环岛三十六"主语为泉州，指泉州被海外三十六个"岛屿"环列，它们被认为是"泉之外府"，即泉州府在大陆以外的"属地"。此文之前也有"泉距京师五十有四驿，连海外之国三十有六岛"的记载，并注明引自北宋宣和二年（1120）泉州知州陆藻所撰的《修城记》，亦可作为旁证。《淮南子·坠形训》有"凡海外三十六国"的记载，陆藻"连海外之国三十有六岛"之说应是在此基础上结合泉州地理环境所进行的发挥，以强调泉州扼中国海上交通之冲要地位，并非实指，而王象之泉州"环岛三十六"的印象正是得自陆说，自然也不可能将"三十六岛"一一交代清楚了。

因此在"环岛三十六"下的注解里，王象之才仅选择了他所理解的"三十六岛"中时人已开始有所了解的"彭湖屿"一岛详加叙述，而他在这段注解中引用施肩吾《岛夷行》一诗也是意在反映这些作为"岛夷居处"的"三十六岛"总体风貌，并非认定该诗是专为"彭湖屿"所作，否则就没有必要在诗前特地加上"环岛三十六"的字眼了（注解中"—————"的作用大致相当于现在字典中的"～"，用于替代所要解释的正文部分，五条短线即与正文"环岛三十六"五个字逐一对应）。

另外值得注意的是，作者在此并未将诗题《岛夷行》标出，仅含糊地称为"施肩吾诗"，后人在传抄过程中误冠诗题，这使"施肩吾到过澎湖"的误解更加根深蒂固，

---

① 熊俊：《关于唐诗〈岛夷行〉的探讨》，《台湾研究》2001 年第 2 期。
② 王象之：《舆地纪胜》（卷 130·福建路·泉州·风俗形胜），宋抄本。

此为后话。

随后祝穆在《方舆胜览》泉州部分大量抄录《舆地纪胜》的记载，包括对"环岛三十六"的注释也基本摘自《舆地纪胜》，仅做了简单的更动（括号中为原文注解）：

> 环岛三十六（泉之晋江东出海间，舟行三日抵彭湖屿，在巨浸中云云〇施肩吾诗：腥臊海边多鬼市，岛夷居处无乡里，黑皮年少学采珠，手把生犀照咸水）。①

祝穆在注解中省去了"环岛三十六"的字眼，但在前句末尾加上了"云云〇"，表示将前后两句意思隔断，因此"施肩吾诗"所解释的依然是正文中的"环岛三十六"，而非"彭湖屿"。

从南宋到元代正是泉州海上贸易蓬勃发展的时期，随着新航路的不断开辟，人们对泉州外海地理状况的认识日益清晰，"三十六岛"的传统说法也就逐渐过时了。而另一方面，越来越多的人到过澎湖，了解到"彭湖屿"才是由列岛组成，因此在阅读《舆地纪胜》和《方舆胜览》时不明就里，开始误解"环岛三十六"所指的是"彭湖屿"。

如元人屠性在《送人赴彭湖巡检》一诗中就有"三十六岛绕彭湖"的句子②，显系出"环岛三十六"之说，而屠性却将其当作对澎湖列岛地理状况的描述。

在元代以后各种地理志书的传抄过程中，"环岛三十六"已经明确被列为"彭湖"的地理特征，施肩吾的诗也就随之变成了描写澎湖列岛风貌的作品。

如明天顺年间李贤在《大明一统志》中记载（括号中为原文注解）：

> 彭湖屿（自府城东出海舟行三日抵彭湖屿，在巨浸中，环岛三十六，施肩吾诗云：腥臊海边多鬼市，岛夷居处无乡里，黑皮年少学采珠，手把生犀照咸水）。③

弘治年间陈道在《八闽通志》中记载（括号中为原文注解）：

> 彭湖屿（出海门舟行三日始至，屹立巨浸之中，环岛三十六，民居苦茅为舍，皆业耕鱼，施肩吾诗：腥臊海边多鬼市，岛夷居处无乡里，黑皮年少学采珠，手把生犀照咸水。国朝洪武间，徙其民于近郭，其地遂墟，上二屿俱府城东）。④

万历年间陈懋仁在《泉南杂志》中记载：

---

①　祝穆：《方舆胜览》（卷12泉州），清《文渊阁四库全书》本。
②　顾瑛：《草堂雅集》（卷13），清《文渊阁四库全书》本。
③　李贤：《明一统志》（卷75泉州府·山川），清《文渊阁四库全书》本。
④　陈道：《八闽通志》（卷7地理·山川·泉州府），明弘治刻本。

《泉郡志》云：东出海门舟行二日程曰彭湖屿，在巨浸中，环岛三十六，如排
衙然，昔人多侨寓其上，苫茅为庐，推年大者为长，不蓄妻女，耕渔为业，牧牛
羊散食山谷间，各刻耳为记，讼者取决于晋江县，城外贸易，岁数十艘，为泉之
外府，后屡以倭患墟其地，或云抗于县官故墟之，今乡落屋址尚存。唐施肩吾
《岛夷行》云：腥臊海边多鬼市，岛夷居处无乡里，黑皮年少学采珠，手把生犀照
咸水。即其处也，今彭湖已设游兵汛守焉。①

　　上述诸书尽管对澎湖自然和人文风貌的描绘越来越详细，但以"环岛三十六"和
"施肩吾诗"来形容澎湖列岛的做法却一直传承下来。此外应当说明的是，元代以后仍
有个别文献继续以"三十六岛"统称"岛夷"所居的海外地域，如嘉靖《浙江通志》
就称在海盗王直谋逆时，"三十六岛之夷皆其指使"②。万历年间沈铁在《上南抚台移
檄暹逻宣谕红裔书》中也提到，"暹逻岛酋长称雄三十六岛"③，此外"三十六岛"也
经常用以描述琉球群岛的地理状况。然而在绝大多数情况下"三十六岛"所指都是澎
湖列岛。

　　有清一代，澎湖得到了大规模的开发，时人对澎湖的认识也进一步加深，开始发现
"三十六岛"的说法并不符合澎湖的实际情况。如胡建伟在《澎湖纪略》中云："《海防
志》谓澎湖三十六岛如排卫，此亦举略其概而已，盖不止此也，今以考之，实五十有五
焉。"④ 林豪在《澎湖厅志稿》中亦称澎湖"为屿四十有九"，并附"前人称三十六屿，
《纪略》云五十五屿，富阳周凯定为四十九屿"之说⑤。可惜他们均未对"三十六岛"
说法的来源进行详细考订，是以"三十六岛"指澎湖的误解也就长期延续下来。

四　海外桃源开辟记——近代"施肩吾开发澎湖"故事的形成

　　元代以后，随着"三十六岛"成为澎湖的代称，"施肩吾诗"也就连带被当作描写
澎湖的作品。由于王象之在《舆地纪胜》中没有明言"施肩吾诗"的题目，后世辗转
传抄，也大多未作深究，仍以"施肩吾诗"称之。到了明朝末年，梁兆阳在《海澄县
志》中径自将该诗冠名《彭湖》⑥，从此《岛夷行》的原名反而被逐渐淡忘，人们更加
坚信"施肩吾诗"所描绘的就是澎湖风光了。

　　清康熙年间，杜臻《台湾澎湖纪略》、高拱乾《台湾府志》、陈文达《台湾县志》

①　陈懋仁：《泉南杂志》（卷上），《泉南杂志及其他一种》，商务印书馆 1936 年版，第 17 页。
②　胡宗宪：（嘉靖）《浙江通志》（卷 60 经武志第 4），明嘉靖四十年刊本。
③　秦炯：（康熙）《诏安县志》（卷 12 艺文志），清同治十三年刻本。
④　胡建伟：《澎湖纪略》（卷 2 地理纪·岛屿），《台湾文献丛刊》（第 109 种），台湾经济银行研究室 1961 年
版，第 26 页。
⑤　林豪：（光绪）《澎湖厅志稿》（卷 2 规制·建制沿革），清抄本。
⑥　梁兆阳：（崇祯）《海澄县志》（卷 16 艺文志），明崇祯六年刻本。

等书皆效仿《海澄县志》，将"施肩吾诗"定名为《彭湖》（或《澎湖》），其中杜臻更在诗后补充道，"盖亦尝有至焉者"①，猜测施肩吾本人曾经踏足澎湖。乾隆初年，《重修台湾府志》的编者范咸大约觉得诗名《澎湖》不够文雅，又自作主张将题目改为《题澎湖屿》，这一做法也为后世广泛采用。既然已经"题"诗于此，那么施肩吾到过澎湖一事似乎就更加"确凿无疑"了。（参见下表）

清代典籍对"施肩吾诗"的称谓

《彭湖》（《澎湖》）	《岛夷行》	《澎湖屿》	《题澎湖屿》	"施肩吾诗"
1. 杜臻《澎湖台湾纪略》 2. 高拱乾（康熙）《台湾府志》卷10 3. 陈文达（康熙）《台湾县志》卷10	1. 曹寅《全唐诗》卷494 2. 郑方坤《全闽诗话》卷1	1. 周于仁（乾隆）《澎湖志略》 2. 郝玉麟（乾隆）《福建通志》卷78 3. 王瑛曾（乾隆）《重修凤山县志》卷12下	1. 范咸（乾隆）《重修台湾府志》卷23 2. 胡建伟（乾隆）《澎湖纪略》卷12 3. 文仪（乾隆）《续修台湾府志》卷23 4. 谢金銮（嘉庆）《续修台湾县志》卷8 5. 林豪（光绪）《澎湖厅志（稿）》卷14（15）	1. 翟灏《通俗编》卷19 2. 王必昌（乾隆）《重修台湾县志》卷2

而到了民国时期，中国台湾学者连横在其皇皇巨著《台湾通史》的《开辟记》中更对施肩吾到过澎湖之说续加发挥，宣称：

> 及唐中叶，施肩吾始率其族迁居澎湖。肩吾汾水人，元和中举进士，隐居不仕，有诗行世。其《题澎湖》一诗，鬼市盐水，足写当时之景象。而终唐之世，竟无与台湾交涉也。②

"始率其族迁居澎湖"的说法颇有《桃花源记》里"率妻子邑人来此绝境"的意味，当然也同属游根之谈。尽管如此，随着《台湾通史》一书在国内取得广泛反响，施肩吾"民间开发澎湖第一人"的"历史地位"从此奠定。由于澎湖亦可视为台湾的附属岛屿，因此也有人将施肩吾进一步奉为"民间开发台湾第一人"。尤其在两岸长期分隔的情况下，"施肩吾开发澎湖"一事更被赋予了民族感情，成为追溯两岸历史联系的重要一环。

到了当代，许多学者纷纷发挥想象，将"施肩吾开发澎湖"的故事演绎出各种版本。仅关于施肩吾赴澎湖的原因就众说纷纭，可谓洋洋大观，笔者略举数例如下。

（1）知识分子不爱做官爱劳动说。施肩吾是唐代的知识分子，元和年间（806—820）的进士，他不愿在宦海中浮沉，无意做官，率领施氏族人渡海到澎湖从事劳动

---

① 杜臻：《澎湖台湾纪略》，《台湾文献丛刊》（第104种），台湾经济银行研究室1961年版，第1页。
② 连横：《台湾通史》，商务印书馆2010年版，第8页。

生活。①

（2）知名道士躲避宗教迫害说。施肩吾自号栖真子，当时在道教徒中是一个颇有影响的知名人物，道教徒称他为华阳真人……施肩吾在道士遭流放的政治压力下，离开洪州西山，他率领族人渡过了海峡，抵达澎湖。②

（3）厌倦世事纷扰隐遁修仙说。施肩吾一生，几经重大转折，亦官亦道，晚年渡海定居澎湖是其人生旅程的亮点。他的定居澎湖，因素很多，除了国内战争频繁，朝廷宦官朋党斗争激烈，阶级矛盾深化，苛捐杂税繁重，人民生活不得安宁等客观因素外，主导因素却是道教神仙思想。③

（4）厌倦修仙立志开发边疆说。到了晚年，他终于感悟到学道无益于世道人心，修仙非士大夫所宜为，于是立下宏愿，率族人渡海到澎湖定居。他把大陆的先进生产方式和农业生产技术也带到了那里，与当地人一起参加生产劳动，开发宝岛。④

于是，唐代诗人兼道教爱好者施肩吾在继被宋代道家"修成真人"以后，又于明清典籍中漂洋过海，至近代终成"民间开发澎湖第一人"。施肩吾史海漂流的奇幻经历，固然有鲁鱼亥豕的偶然因素，但更与历代社会风气的推波助澜密不可分，两宋之际道教风靡一时，宋元时期泉州海外贸易蔚然成风，以及近代两岸分治下国人民族感情奔涌激荡，无一不塑造和改写着施肩吾的传奇故事。若假以时日，施肩吾或许还会进一步化身为"开澎圣王"，像天后妈祖、国姓爷、开漳圣王、广泽尊王他们那样被请进庙宇，庇佑一方百姓，从故事发展的趋势来看，这也并非异想天开吧！

五　梯航通九译之重——泉州海上航运发展与澎湖的开发

令人遗憾的是，随着"施肩吾开发澎湖"的传说被证伪，唐代已有大陆居民到澎湖从事开发的唯一证据似乎已经被推翻了，从目前的史料来看，大陆先民开发澎湖之始只能上溯到南宋初期。据楼钥《汪大猷行状》载："乾道七年（1171）四月起知泉州，到郡……郡实濒海，中有沙洲数万亩，号平湖，忽为岛夷毗舍耶奄至，尽刈所种，他日又登海岸杀略，擒四百余人……"周必大《汪大猷神道碑》载："乾道七年……四月起知泉州，海中大洲号平湖，邦人就植粟、麦、麻。"而真德秀《申枢密院措置沿海事宜状》载："初乾道间，毗舍耶国入寇杀害居民，遂置寨于此……一日一夜可至澎湖，澎湖之人遇夜不敢举烟，以为流求国望见，必来作过。"此外"平""澎"音近，

---

① 王芸生：《台湾史话》，中国青年出版社 1955 年版，第 8 页。

② 刘美崧：《从施肩吾的〈岛夷行〉谈到台湾、澎湖群岛与祖国大陆的关系》，《湘潭师范学院学报》1983 年第 3 期。

③ 《开发澎湖的先驱者施肩吾》，富阳市人民政府门户网站，http：//www.fuyang.gov.cn/2004/09/21/124451.shtml，2004 年 9 月 21 日。

④ 《开发澎湖先驱者施肩吾》，桐庐县人民政府门户网站，http：//www.tonglu.gov.cn/issue/root/sub/xzfdaj_ xzfdaj/xzfdaj_ xzfdaj_ tlmr/20091014/40288abc245293fe0124533be318063d/index.shtml，2009 年 10 月 14 日。

学界基本已经认定南宋初年所称之"平湖"即澎湖，因此南宋初期有大陆居民到"平湖"开垦的记载才是"民间开发澎湖"的最早证据。

而南宋初年正是泉州海上贸易步入兴盛的时间。北宋元祐二年（1087），泉州市舶司的设置标志着泉州正式成为中国海上贸易的门户，随后的几百年间泉州港迎来了空前的繁荣，逐渐超越明州（宁波）、广州，成为中国第一大港。东西洋的商货在泉州汇聚，中国的丝绸、瓷器、铜钱也在此装船，发往世界各地。海上贸易的发展极大地促进了航海知识和造船技术的提升，距离泉州不远的"海中大洲"澎湖自然很快为沿海百姓所知晓，造船技术的进步更使横渡海峡抵达澎湖的航程即使对于普通渔民来说也不再遥不可及。

由此看来，澎湖的开发实拜海上航运发展之赐。事实上，开发澎湖的壮举也绝不是某些文人骚客悠游山水，或是隐逸高士求仙访道就能够完成的，那些英勇无畏的沿海百姓，付出了无数生命的代价，终于征服了狂暴的海洋，将海上荒陬化作人间乐土，他们才是真正的"民间开发澎湖第一人"。

（作者：张遂新，厦门大学台湾研究院博士研究生）

泉州建设闽南海丝文化信息
资源中心的思考*

蔡晓君　陈彬强

摘　要：闽南文化是海丝文化的杰出代表，泉州则是海上丝绸之路的重要起点，也是闽南文化的富集区和核心区，泉州建设闽南海丝文化信息资源中心具有重要的意义和价值。文章分别从建设海上丝绸之路信息资源数据库和闽南海丝文化嵌入式学科服务平台两方面提出了建设闽南海丝文化信息资源中心的措施。

关键词：海上丝绸之路；闽南；信息资源建设；价值链

一　建设背景和意义

2013 年 10 月 3 日，中国国家主席习近平在印度尼西亚国会发表演讲，提出建设中国—东盟 21 世纪海上丝绸之路的宏伟蓝图，重启海丝经济圈战略，这条连接亚欧非经济圈的世界最长经济走廊和最具发展潜力的经济合作带开始进入务实合作、全面推进的新阶段。2014 年，中央财经领导小组第八次会议将其列入会议主要议题，研究丝路规划、发起建立亚洲基础设施投资银行和设立丝路基金，为"一带一路"建设谋篇布局。在 2014 年 11 月举行的 APEC 领导人会议上，"一带一路"再次成为国际社会的焦点。中国现在重提海上丝绸之路，意在传承、发扬古代海上丝绸之路精神，诚心诚意对待沿线国家，不干涉他国内政，不控制他国经济，平等贸易、互惠互利，谋求共同发展。[①]

而作为建设 21 世纪海上丝绸之路桥头堡的福建闽南地区，自古以来即是海上丝绸之路的重要起点，也是闽南文化的发祥地，其源远流长而又与时俱进的闽南文化，蕴含着极为丰富的海洋元素，是海洋文化的杰出代表，就海丝文化内在层面的基础性研究而言，其体现为对闽南文化核心价值（如闽台渊源、海洋性格等问题）的深入揭示。因此，21 世纪海上丝绸之路不仅是促进东西方经济交流的重要桥梁，也是进一步推动

* **基金项目：**本文系 2015 年泉州市科技计划重大项目："闽南海丝文化信息资源服务平台建设（一期）"和中国社会科学院文化研究中心闽南文化研究基地科研成果之一。

[①] 《"一带一路"，APEC 涌动新机遇》，《人民日报》2014 年 11 月 8 日。

中国与沿线国家人文和科技交流的载体。"海丝经济圈"战略的历史性重启，势必落脚到海丝文化的整合研究与系统呈现上来。在此背景下，无论是政府决策部门还是学术界都急需一个能为海丝国家战略和学术研究提供文献支持与参考咨询服务的信息资源中心。

通过"闽南海丝文化信息资源中心"的开发建设，有利于加强泉州作为海上丝绸之路起点、21 世纪海上丝绸之路先行区的地位，助力泉州打造成 21 世纪海上丝绸之路信息中心、学术中心和智库中心，推动泉州同海丝沿线各国深化多元贸易往来、推进海洋经济开发合作、密切文化艺术交流，重现"市井十洲人"的盛况，共创海上丝绸之路的新辉煌。资源中心的开发建设还将为海上丝绸之路史迹申报世界文化遗产提供信息支持和文献保障。此外，通过对文字、数据、图形、图像、动画、声音等多种媒体信息进行综合处理，提炼出信息有效传播的时间、空间，还可实现闽南海丝文化的数字传播与民众普及宣传，促进泉州国际化城市形象的提升和市民整体素质的提高，为泉州建设 21 世纪海上丝绸之路先行区增加软实力。

二 现状分析

到目前为止，国内外尚未对海丝资源进行整体开发建设，未能有效满足政府和学术层面的双重需求。据目前所知，相关的门户网站或数据库建设仅有厦门大学文学院于 2014 年开发的"海上丝绸之路学术研究网"。该网站设置了海丝动态、海丝文献、海丝研究、海丝遗珍、关注海丝等几个栏目，主要是收集厦大文学院所藏的海丝文献及图片数据，但功能单一，信息量小，每个栏目的信息量不超过 100 条，信息总量不超过 500 条，用户通过该网站很难对海丝学术研究概貌有全面的认识，更遑论提供参考咨询服务。

随着"一带一路"国家战略进入实施阶段，为其提供文献支持和智库服务的信息保障工程也提上了日程。2015 年 2 月，"丝路书香工程"的重要组成部分——中英文丝路文化数据库多国合作项目在明斯克国际书展中国主宾国展区启动。① 该项目立足于民心相通、知识共享和文化融合，以期为丝绸之路经济带建设奠定民意基础、文化基础和知识基础。因此，"闽南海丝文化信息资源中心"的开发建设也迫在眉睫，急需尽快启动，为福建乃至中国同海上丝绸之路沿线国家在历史文化、学术发展、投资建设、经济贸易、科学技术等诸多领域的合作提供信息支持和参考咨询服务。考虑到作为首批"东亚文化之都"的泉州，是海上丝绸之路的重要起点，也是闽南文化的核心区和富集区，因此，由泉州来承担"闽南海丝文化信息资源中心"的开发建设既是新形势发展的需要，也是泉州作为建设 21 世纪海上丝绸之路先行区所应担当的历史责任。

---

① 李子木、左志红：《中英文丝路文化数据库多国合作项目启动》，《中国新闻出版报》2015 年 2 月 13 日。

三　建设方案

(一)"海上丝绸之路信息资源数据库"

"闽南海丝文化信息资源中心"开发建设的首要任务是建成以闽南海丝文化为主体,包含海丝研究文献数据库、艺术文化与考古文物数据库、海丝国家国情数据库和海丝国家社会经济发展信息数据库等四大子库的"海上丝绸之路信息资源数据库",为海上丝绸之路学术研究、各级政府决策咨询和优秀公众文化传播提供一站式服务,彰显泉州作为海上丝绸之路起点的信息中心、学术中心和智库中心地位。具体如下:

(1) 海丝研究文献数据库:以泉州为基点,以闽南为核心区域,收集、整理海内外涉及海上丝绸之路的各种文献资源,收录的内容包括各种史料、方志、文史资料、民俗资料、族谱、碑刻、铭文、档案等,以及各种研究论著。收录的文献分为古代历史文献和现代研究文献两部分,涵盖政治、经济、语言、文学、历史、宗教、民俗、科技及综合等各大门类。文献类型包括图书、期刊论文、学位论文和会议论文、报刊、地图、年鉴、科研项目等。语种包括中文和外文。通过研究文献数据库的建设,厘清闽南海丝文化的历史脉络、海外流播、多元现状及借此传递的中国形象等诸多问题,为海上丝绸之路学术研究的持续深入开展打好文献基础。

(2) 艺术文化与考古文物数据库:基于泉州海外交通史博物馆的馆藏和研究,将海上丝绸之路场域的相关艺术文化作品与考古文献进行统一的分片数字化加工整理,建成艺术文化与考古文物数据库,供海上丝绸之路学者在全世界范围内使用,弥补目前海上丝绸之路学研究存在的巨大文献缺环。该数据库的开发建设,将为海上丝绸之路研究专家学者提供最新的考古成果与最丰富的海丝文化艺术作品,使专家学者得以运用"二重证据法",将这些艺术作品、考古成果与相关文献记载相互印证,解决海上丝绸之路学史上的一些重要问题。

(3) 海丝国家国情数据库:将与泉州乃至与福建省、我国有密切交往的海丝沿线各国国情信息进行整体的搜集、归类、整理,建成海丝国家国情数据库,为政府决策部门提供信息参考。搜集的主要内容包括:人口数量、领土面积、政治状况、社会发展水平、文化传统、教育状况等基本国情信息点。通过数据库提供的海丝沿线国家国情信息,可以帮助政府部门和企事业单位与这些国家交往时减少矛盾与误解,增加沟通和交流,从而达到共同合作、共同发展、共同进步的目标。

(4) 海丝国家社会经济发展信息数据库:主要搜集海丝沿线国家社会经济发展各领域的信息,包括国家宏观经济数据、财政运行状况,以及贸易、金融、旅游、交通等各行各业的资讯和投资信息,为推动泉州同海丝沿线各国深化多元贸易往来,推进海洋经济开发、密切文化创意产业合作,重现"市井十洲人"的盛况,共创海上丝绸之路的新辉煌提供深层次信息服务。

（二）闽南海丝文化嵌入式学科服务

闽南海丝文化嵌入式学科服务是以"海上丝绸之路信息资源数据库"的信息资源为支撑，将用户学科服务需求与图书馆虚拟环境、软环境的服务需求统一，以"嵌入"学科服务的方式动态展现，为闽南海丝文化科研信息体系提供专属服务。[1] 闽南海丝文化嵌入式学科服务作为一种新的服务模式和服务机制，以用户为中心，以提升用户信息获取与利用能力为目标，以学科馆员服务为基本模式，依靠图书馆文献信息平台，为专家学者和政府决策人员构建一个适应其个性化信息需求的信息保障环境。[2] 具体实现步骤如下。

（1）依托"海上丝绸之路信息资源数据库"，采用基于 Drupal 开源内容管理框架（CMF），结合 PHP 技术和 MySQL 数据库开发技术，研发闽南海丝文化嵌入式科研服务平台和学科导航工具，建设闽南海丝文化学科信息门户网站系统，为嵌入式学科馆员服务提供技术平台，实现为用户提供涵盖查找图书、期刊、报纸、专利、数据库、学科网络资源等各类型文献的学科指南，同时提供制作个性化网站、嵌入教育视频、博客、截屏、进行 RSS 订阅、使用标签、社会网址收藏等各种服务。

（2）培养高素质的闽南海丝文化学科馆员。通过专业培训、参观学习、人才引进、组织培养等方式提高学科馆员的业务能力，建设闽南海丝文化嵌入式学科馆员服务团队。

（3）以向用户提供嵌入式学科馆员服务为最终目的，将用户的闽南海丝文化学科服务需求与图书馆虚拟环境、软环境的服务需求统一，并以嵌入的方式动态展现，设计开发具有热点跟进、会议追踪、分类导航、专家推介、文献推送、情报分析、数据解析、引证跟踪、决策咨询等功能的闽南海丝文化嵌入式科研服务平台[3]，为海上丝绸之路研究的专家学者和各级政府提供智力支持和决策依据。

四 实现方案

（1）在系统规划与分析基础之上进行系统的总体结构设计，针对"海上丝绸之路信息资源数据库"的设计目标，充分考虑数据的完整性、安全性、可用性、灵活性和开放性的要求，体现出可扩展性、可管理性等特点，采用基于 Drupal 开源内容管理框架（CMF），结合 PHP 技术和 MySQL 数据库开发技术，开发具有浏览、检索、添加和维护功能的海上丝绸之路信息资源数据库系统。

（2）按照信息资源获取的渠道和方式，建立检索词表、确定检索途径，根据不同的信息类型、信息来源进行数据批量采集，通过数据分析进行内容筛选。

（3）规范信息资源的数据标准，按照标准 MARC 格式，采用统一的分类主题标引

---

① 王雪：《嵌入科研过程的学科服务模式实证研究》，《情报理论与实践》2014 年第 12 期。

② 钟永恒等：《基于学科的所级文献信息服务模式构建》，《图书情报工作》2010 年第 5 期。

③ 邓小茹、陈颖瑜：《中国科学院国家科学图书馆服务平台特点探析》，《图书馆建设》2008 年第 11 期。

以及统一的著录格式，对采集的信息进行数据加工和分类标引，完成信息资源的录入与专题聚合。

（4）利用数据库添加、维护功能，持续更新、维护数据库，实现实时信息的快速录入，及时掌握海丝学术研究和海丝各国国情、经贸形势的发展动态，主动服务学术机构和政府部门，做好宣传推广工作，促进闽南海丝文化的数字化传播和大众化传承普及。

（5）依托"海上丝绸之路信息资源数据库"，嵌入闽南海丝文化学科服务平台，开展闽南海丝文化学科服务。以提升用户信息获取与利用能力为目标，以学科化、专题化的高层次服务为基本模式，依靠图书馆文献信息平台，为政府决策人员和海上丝绸之路学术研究的专家学者构建一个适应其个性化信息需求的信息保障环境。平台的建设主要包括：①闽南海丝文化信息门户建设：闽南海丝文化信息收集、组织、索引；信息门户定制开发；闽南海丝文化信息录入、整理、加工；②闽南海丝文化学科导航服务系统建设：包括学科导航服务内容收集、整理；学科导航服务工具定制、开发、测试；用户体验；③闽南海丝文化学科馆员服务团队建设：闽南海丝文化嵌入式学科馆员服务团队报名、进修、培训；团队管理制度；团队服务细则；④闽南海丝文化嵌入式科研服务平台建设：闽南海丝文化专家、课题征集、定制；闽南海丝文化嵌入式学科服务平台测试；服务平台宣传推广；后续开发、扩展；⑤闽南海丝文化嵌入式科研服务。

五　闽南海丝文化信息资源中心的成果模型

闽南海丝文化信息资源中心的成果模型由核心层、支撑层和保障层三个层级组成（如模型图所示）。模型的整体目标为：将泉州打造成21世纪海上丝绸之路信息资源中心，掌握闽南地区海丝文化信息的话语权，为海丝国家战略决策、学术研究和文化传播提供知识支持。

（1）核心层的目标：信息资源受众通过信息资源中心平台，实现知识的有效加工和使用，形成以受众知识需求为目标导向的价值链。价值链包括学术研究、政府决策和文化传播价值链。

（2）支撑层的目标：为核心层提供基础服务，包括海丝文化信息的数据库数据集群，知识的获取、加工和可识别处理等；嵌入式学科服务模式及平台，提供馆员式服务；各类专家系统和政府战略决策研究等学术、行业会议咨询服务。

（3）保障层的目标：为信息资源中心的建设和运营提供软硬件保障，包括政府的公共性政策、经济性公共资源的投入；计算机网络等信息化建设保障；海丝文化应用研究；海丝研究组织协会。

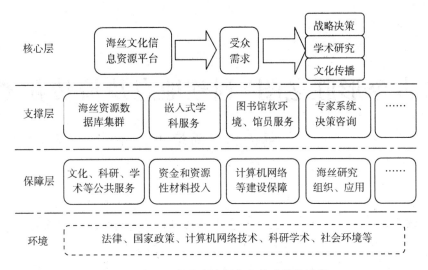

图 1 海丝文化信息资源中心的成果模型图

六 结语

闽南海丝文化信息资源中心的建设，具有很强的实用价值：一方面通过对闽南海丝文化数据进行收集和分析，寻找隐藏在其后的海丝文化模式、趋势和相关性，揭示海丝文化的发展规律及其可能的产业应用前景，推动闽南海丝文化创意产业的跨越式发展，提升泉州海丝文化软实力，为对外文化交流和相关领域学术研究，以及泉州同海丝沿线各国深化多元贸易往来、推进海洋经济开发合作提供数据支撑，为泉州海丝文化"走出去"战略提供决策咨询；另一方面能够借由对数据的及时抓取和定期更新，以动态性提升可靠性，并逐步扩大和完善使用功能，为建设"一带一路"提供决策参考，促进"文都"建设，推动祖国和平统一大业。因此，泉州应抓住我国建设"一带一路"的机遇，尽快将"闽南海丝文化信息资源中心"的开发建设提上议程，为我国的海丝国家战略和学术研究提供文献支持与参考咨询服务。

（作者：蔡晓君，泉州师范学院图书馆助理实验师；陈彬强，泉州师范学院图书馆馆员）

《古今形胜之图》刊刻地点及流传新考

董玉林　周运中

摘　要：厦门市海沧区后井村，史料记载这个村的金沙书院在明嘉靖三十四年（1555）印制过一幅大型地图——《古今形胜之图》。这幅图在1575年到达西班牙马德里，现藏于塞维亚的印度总档案馆。本文在前人研究的基础上，重新考订此图。首先考证此图刊刻地点——金沙书院的位置及其创建过程；其次考订《古今形胜之图》的流传，万历年间前往菲律宾贸易的闽南商人将此图传入马尼拉。据族谱记载，明万历年间后井周氏有迁居菲律宾者，而周氏的迁居路线与地图的传播路线是一致的。正是闽南商人在进行海外贸易活动时将此图带到吕宋，使西班牙人得以了解中华文化，并将信息传播到欧洲。可见，闽南商人在中西文化交流中的重要桥梁作用。

关键词：《古今形胜之图》；金沙书院；闽南商人；马尼拉

今藏于西班牙塞维亚（Sevilla）的印度（Indias）总档案馆中有一幅大型地图——《古今形胜之图》（如图1所示），此图在1575年就到达了西班牙。这幅图是明嘉靖三十四年（1555）在金沙书院印制的，原图在中国已不存，不过明清时期却有摹绘图流传，章潢的《图书编》中的《古今形胜之图》、四库版的《古今天下形胜之图》、吴学俨等编绘于1645年的《地图综要》内附录的《华夷古今形胜图》和中国国家图书馆所藏的《舆图画方》稿本内的清康熙四十年由华士望摹绘的《古今形胜之图》都是同源地图。它们很明显地沿袭了嘉靖版《古今形胜之图》的特点。这幅图沉睡了440年之后，于20世纪初才为学界所发现。西方研究此图的学者专家有：Pablo Pastel[①]、Ettore Ricci[②]、Santiago

---

　①　（65）"Carta inédita del P. M. Riccicon el mapa de la China en 1584"，Razón y Fe：Revita hispano-americana de cultura，tomo Ⅳ，Septiembre-Diciembre 1902，pp. 464 – 477.

　②　Ettore Ricci，"Del valore geografico del Commentarii"；Iconografia ricciana，Onozanze nazionali Al P. Matteo Ricci Apostolo e Geografo della Cina（1610 – 1910）Attie memorie del convegno di geografi-orientalisti tenuten Macerata il 25，26，27 Settembre 1910，Macerata，Premiato Stabilimento Tipograffico，avv-F. Giretti，1911，pp. 176 – 182.

Montero Diáz①、Lothar Knauth②、Carlos Quirino③、John B. Harley and David Woodward④、Marina Alfonso Molay Carlos Martínez Shaw⑤、海野一隆⑥、余定国⑦、鲍晓欧⑧、Vera Dorofeeva-Lichtmann⑨、Richard Joséph Smith（司马富）⑩ 等。东方研究有：日本的中村拓⑪、榎一雄⑫等。中国学术界的研究者最早的当推方豪先生⑬。大陆方面的研究有任金成⑭、曹婉如、郑锡煌⑮、张铠⑯、孙果清⑰、李孝聪⑱、周振鹤⑲、金国平、吴志良⑳、吕理政㉑、黄时

① Santiago Montero Diáz, Aportaciones geograficas del gobernador de Fillipinas Guido Lavezares, Madrid: Impr. del P. de H. De Intendencia e Intervencion Militares, 1933.

② Lothar Knauth, "Gu dyin hsing sheng di tu", Asia. Anuario de Estudios Orientales, no. 1, 1968, pp. 99 – 115 and Lothar Knauth, China, Enigma o Ingorancia?, Mexico: Ediciones Osis S. A., 1982, p. 47.

③ Carlos Quirino, "The Lavezares Map of China (1555)", Philippine Historical Review, vol. 2, no. 1 (1969).

④ John B. Harley and David Woodward, ed., The History of Cartography, Vol. Ⅱ. 2: Cartography in the Traditional East and Southeast Asian Societies, Chicago Press, 1994, color plate1.

⑤ Marina Alfonso Molay Carlos Martínez Shaw, Orienten Palacio: tesoros asiaticos en las colecciones realas espa?olas, Madird: palacio de Oriente, 2003, p. 97.

⑥ 海野一隆:《地图的文化史》, 王妙发译, 新星出版社 2005 年版, 第 7 页。

⑦ [美] 余定国:《中国地图学史》, 姜道章译, 北京大学出版社 2006 年版, 第 34—35 页。

⑧ 鲍晓欧:《西班牙的台湾体验》, 那瓜译,（台湾）南天书局 2008 年版, 第 7 页。

⑨ Vera Dorofeeva-Lichtmann, "A History of a spatial relationship: Kunlun Mountain and the Yellow River source from Chinese cosmography through to Western cartography", Circumscribere, 2012, no. 11, p. 21.

⑩ Richard Joseph Smith, "Mapping China's world: cultural cartography in late imperial times", in Wen-Hsin Yeh, Landscape, Culture, and Power in Chinese Society, Institute of East Asian Studies, University of California, Berkeley, Center for Chinese Studies, 1998, pp. 81 – 83 and Richard J. Smith, "Mapping China's world: cultural cartography in late imperial times", in Mapping China and Managing the World: Culture, Cartography and Cosmology in Late Imperial Times, Routdlege, New York, 2013, pp. 60 – 62.

⑪ Hirosi Nakamura, "Les Cartes du Japon qui servaient de modèle aux cartographes européens au debut des relations de l'Occident avec le Japon", Monumenta Nipponica, Vol. 2, no. 1 (Jan., 1939), pp. 104, 120 – 121, note19.

⑫ 榎一雄:《古今形勝之圖について》,《東洋学報》1976 年第 1—2 期,《榎一雄著作集》, 东洋文库 1977 年版, 第 225—268 页。

⑬ 方豪:《流落于西葡的中国文献》,《学术季刊》1952 年第 2—3 期。

⑭ 任金成:《西班牙藏明刻"古今形胜之图"》,《文献》1983 年第 17 期; 任金成:《流失在国外的一些中国明代地图》,《中国科学技术史》1987 年第 1 期; 任金成:《国外珍藏的一些明代地图》,《文献》1987 年第 3 期。

⑮ 曹婉如、郑锡煌、任金成:《中国与欧洲地图交流的开始》,《自然科学史研究》1984 年第 3 期。

⑯ 张铠:《中国与西班牙关系史》, 大象出版社 2003 年版, 第 186 页。

⑰ 孙果清:《古今形胜之图》,《地图》2006 年第 6 期。

⑱ 李孝聪:《欧洲所藏部分中文古地图的调查与研究》,《国学研究》1995 年第 3 卷, 第 28 页; 李孝聪:《欧洲所藏部分中文古地图叙录》, 国际文化出版公司 1996 年版, 第 33—34 页; 李孝聪:《舆图与图像中国的调查与地图学史领域的汉学交流》,《国际汉学研究通讯》2010 年第 1 期; 李孝聪:《传世 15—17 世纪绘制的中文世界图之蠡测》; 刘迎胜:《〈大明混一图〉与〈混一疆里图〉研究: 中古时代后期东亚的寰宇图与世界地理知识》, 凤凰出版社 2010 年版, 第 175 页。

⑲ 周振鹤:《西洋地图里的中国》, 周敏民《地图中国》, 香港科技大学图书馆, 2003 年, 第 1—8 页。

⑳ 金国平、吴志良:《欧洲首幅中国地图的作者、绘制背景及年代》,《过十字门》, 澳门成人教育学会, 2004 年, 第 310—321 页。

㉑ Lv Li-cheng, La frontera entre dos imperios (《帝国相接之界: 西班牙时期台湾相关文献及图像论文集》), Sevilla: Universitdad de Sevillam, 2006, p. 96 y116, nota 10.

鉴①、王自强②、王逸明③、徐晓望④、梁二平⑤等人的涉及与论述。近期还有李毓中⑥的新研究。

图 1　古今形胜之图

注：在台湾"清华大学"人文社会研究中心主任黄一农院士的主持下，由李毓中教授和赛维亚印地亚斯总档案馆联合实施原尺寸高清复制计划，提供了清晰的图像。

---

①　黄时鉴：《巴尔布达〈中国新图〉的刊本、图形和内容》，《文化杂志》2008 年第 67 期。

②　王自强：《明代舆图综录》，星球出版社 2007 年版，第 6 页。

③　王逸明：《〈古今形胜之图〉的朝鲜部分》，《1609 中国古地图集〈三才图会·地理卷〉导读》，首都师范大学出版社 2009 年版，第 227—228 页。

④　徐晓望：《海沧和月港——葡萄牙人地图上的"Chincheo"》，姚京明、郝雨凡《罗明坚〈中国地图集〉学术研讨会》，第 147 页。徐晓望：《林希元、喻时及金沙书院〈古今形胜之图〉的刊刻》，《福建论坛》（人文社会科学版）2014 年第 3 期。

⑤　梁二平：《第一幅传入西方的中国全图——〈古今形胜之图〉》，《中国古代海洋地图举要》，海洋出版社 2011 年版，第 16—17 页。

⑥　李毓中：《"建构"中国：西班牙人 1574 年所获大明〈古今形胜之图〉研究》，《明代研究》，《中国明代研究学会》2013 年第 21 期。

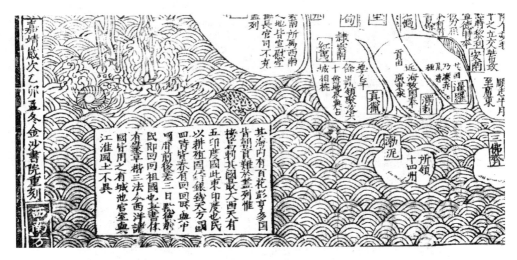

图2　《古今形胜之图》的左下角

一　金沙书院的位置

《古今形胜之图》于"嘉靖岁次乙卯孟冬金沙书院重刻"（参见图2最左边）。那么金沙书院在何地？任金城、孙果清等人认为：这幅《古今形胜之图》是明嘉靖三十四年（1555）十月由福建省龙溪县金沙书院重刻。这是直指金沙书院在龙溪县。[①] 不过，金沙书院究竟在龙溪县何地？这在很长时间都是个疑问。笔者认为要解决这个问题首先要区分明清时期方志上"海沧"和"沙坂"两个地名，唯有如此才能找到沙坂的准确位置。

有学者根据崇祯《海澄县志》中的记"金沙书院在沙坂，今废"[②]，并且此条重见于清乾隆《海澄县志》[③]，就误以为金沙书院在海沧[④]。其认为"沙坂"是海澄县海沧镇附近的一个地名，与海沧镇仅隔一条小河，嘉靖年间的金沙书院是建在当时属于龙溪县的海沧镇。最终得出结论：沙坂应在海沧西侧的林头墩和青礁之间。[⑤]（如图3所示）

笔者认为崇祯《海澄县志》中这条史料非常重要，只是有一些学者没有根据它找到沙坂的位置，也就不可能找到金沙书院的准确位置。现查阅明清时期的漳州图，确实有海沧、沙坂等地名，崇祯《海澄县志》关于这一地区称呼有"海澄一二三都"

---

① 孙果清：《古今形胜之图》，《地图》2006年第6期。

② 梁兆阳修，蔡国桢、张燮等：（崇祯）《海澄县志》，《日本藏中国罕见地方志丛刊》，书目出版社1990年版，第340页。

③ 王作霖：（乾隆）《海澄县志》，清乾隆二十七年刻本，第19页。

④ 徐晓望：《海沧和月港——葡萄牙人地图上的"Chincheo"》，姚京明、郝雨凡《罗明坚〈中国地图集〉学术研究会》。

⑤ 徐晓望：《林希元、喻时及金沙书院〈古今形胜之图〉的刊刻》，《福建论坛》（人文社会科学版）2014年第3期。

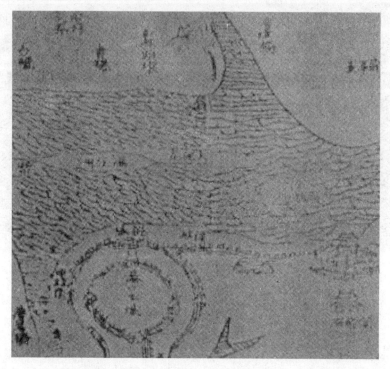

图 3　有学者根据此图断定沙坂在青礁与林头墩之间，即在海沧桥之西

注：笔者认为应在海沧桥之东，即海沧桥与嵩屿之间。

"海澄三都""三都"，如安边馆："在一二三都海沧澳。嘉靖九年创建，至三十七年被贼烧毁，止存地基，今议再建。"据嘉靖《龙溪县志》卷一"地理"记载："（龙溪县）一二三都有苏林社、青礁社、澳头社、登瀛社、嵩屿社、长屿社、郑井社、海沧社、东坑排头社、林东社、马咨社、渡头社、沙坂社、钟林社、石囷社、苏厝社。"此地原为漳州龙溪县的一都、二都、三都所在地，后划归海澄县。另外在二十九都、三十都也有一个沙坂社的地名。笔者认为：实际上沙坂是通名，现在充龙村（属漳州龙海市角美镇）之西十里还有一个沙坂村。也有学者认为金沙书院在这个沙板村①，认为"沙板村原名金沙社，位于角美镇中南部，九龙江下游，东邻石美村西门社，西邻杨厝村丁厝社，南邻菜店村和沧里社，北邻角江路和福龙开发区，村道穿过角江路经过开发区众闽大通道至国道 324 线"②。这是不正确的。虽然他指出了沙板在今后井，但是缺乏具体的考证，显得过于简单，不能令人信服。

笔者认为：金沙书院其实不是在海沧与青礁之间的林墩头附近，而是在海沧、嵩屿之间的沙坂，即今后井村。万历《漳州府志》卷三十《海澄县·舆地》记载："嵩屿渡：泉漳孔道，宋少帝浮舟经此。海沧渡：在沧江桥东，为漳泉通衢之渡。沙坂渡、

---

① 金国平：《关于〈古今形胜之图〉作者的新认识》，《文化杂志》2014 年第 93 期。

② 龙海市地方编纂委员会编：《龙海村社》，中国文联出版社 2007 年版，第 45 页。

新安渡……赤石渡。以上俱在一二三都。""海沧港:疏通石困,内有桥市。今桥之北砌石为埭,已垦田矣。"林魁在《安边馆记》中说道:"金以龙溪月港、海沧、沙坂、嵩屿、长屿,漳浦玄钟、徐渡诸澳,连亘数百里,东际大海,南密诸番。"① 可知海沧和沙坂是紧邻的,它们都是重要的村社、渡口、海澳,并且在海澄一二三都的管辖下。乾隆《海澄县志》记载:海澄一二三都崇隆保下有海沧社,集兴下半保有二十个社,其中包括衙里社、后井社……澳头社、嵩屿社。可知这些保、社都在原海沧澳之东,是位于海沧和嵩屿之间的。如图 4 所示,海澄一二三都图上有金沙汛、海沧汛等地名,金沙汛这个名字应该与金沙书院、金沙周氏有关,它的位置也恰好在嵩屿与海沧之间。与嘉靖《龙溪县志》相比,此时这一地区新出现了"衙里社""后井社"等地名,而沙坂社却消失了,笔者认为:嘉靖、万历年间的沙坂社应该是随着人口的增加而扩大为衙里、后井等社,其位置也就是今天后井村及其周边。

图 4 光绪三年(1877)《漳州府志》所载海澄三都图

崇祯《海澄县志》所说的沙坂全是海沧的这个沙坂,卷首地图上的沙坂在澳头、嵩屿之西(如图 5 所示)。崇祯《海澄县志》卷一《山川》:"衙后山:在沙坂,与许林头、澳头三山并峙,临海,独此居中,上有石尖,周中丞家居于此。"是卷十四《灾祥志》:"(万历)二十七年,沙坂周氏宗祠生红芝,一茎高七寸。"这两条记载非常重要,是确定金沙书院位置的关键,沙坂村有周氏宗祠,正是周中丞周起元家。今后井村有周氏宗祠(如图 6 所示)。2014 年 6 月,笔者到后井村考察,访问老人,获知金沙书院直到 1958 年还在,因为动乱而毁坏,村中的老人小时候都见过有"金沙书院"四字的石刻,而且还知道这块石刻被砸碎砌入海堤,但是现在已经无法找回。现在金沙书院故址已经建起民房,屋主仍然记得金沙书院中轴线的位置。

① 陈瑛、王作霖修,叶廷推、邓来祚纂:(乾隆)《海澄县志》,第 13 页。

图 5　崇祯《海澄县志》记载的沙坂所在位置（墨圈所标为沙坂）

图 6　今后井村周氏宗祠（周运中摄）

二　金沙书院的设立

明嘉靖年间，葡萄牙人到漳州贸易，在海沧、月港一带活动多年，主要定居于海沧。嘉靖二十年（1541），仅居于漳州的葡萄牙商人就达 500 多人。[①] 据平托的《远游记》记载："此事发生在两年后（嘉靖二十三年，1544），葡萄牙人欲重新在一个名叫漳州港口的地方建立了一个村落，做买卖。那个地方亦在中国，位于双屿下方一百里处。当地的商人因为可以得到许多好处，就用重金贿赂了当地官员，让他们对此采取

---

①　[日] 小叶田淳：《中世南岛交通贸易史研究》，东京刀江书院 1941 年版。

默许的态度。大约在两年半的时间内，我们在此和当地人平安无事地做着买卖。"① 也正是此时，漳州沿海人民很多都参与了海外贸易，这使私人海上贸易越来越发达，而朝廷却实行严厉的海禁政策，当地士绅很想恢复宋元时期的对外贸易制度，解除海禁，将林希元请到金沙书院当老师，其实有利用他曾在朝为官的身份对抗当地官府海禁政策之意，因为林希元是一个不折不扣的支持海外贸易的代表。

在金沙书院设立的嘉靖二十六年，以朱纨为代表的"海禁派"主张出兵驱逐葡萄牙人，"嘉靖二十六年，有佛朗机船载货泊浯屿。漳龙溪八九都民及泉之贾人往贸易焉。巡海道至发兵攻夷船而不可止"②。崇祯《海澄县志》卷十四《寇乱》说："（嘉靖）二十六年，有佛郎机夷船载货泊浯屿地方货卖，月港贾人辄往贸易，巡海道柯乔、漳州守卢璧、龙溪令林松发兵攻夷船，不克，而通贩者愈甚。时总督闽浙都御使朱纨厉禁，获通贩者九十余人，遣令旗令牌，行巡海道柯桥、都司卢镗，就校场悉斩之。"③ 而以泉州士大夫林希元为代表的"反海禁派"反对这么做，他认为："佛郎机之攻何谓不当为？夫夷狄之于中国，若侵暴我边疆、杀戮我人民、劫掠我财物，若北之胡、南之越、今闽之山海二寇，则当治兵振旅攻之，不逾时也。若以货物与吾民交易，如甘肃、西宁之马，广东之药材、漆、胡椒、苏木、象牙、诸香料，则不在所禁也。佛郎机之来，皆以具地胡椒、苏木、象牙、苏油、沉、速、檀、乳诸香，与边民交易，其价皆倍于常，故边民乐与为市，未尝侵暴我边疆、杀戮我人民、劫掠我财物。……则佛郎机未尝为盗，且为吾御盗，未尝害我民，且有利于吾民也。无故而欲攻之，何也？"④ 表达了他支持对外贸易的鲜明立场。闽浙两省海滨通番谋利的士绅诬陷朱纨滥杀，为明立下汗马功劳的朱纨，竟在狱中自杀。而以林希元为代表的士绅则能全身而退，由此可见海商的力量之大，而海禁政策完全落空。

明林希元《林次崖文集》卷十《金沙书院记》中说："福建八郡之民，惟漳称难治。漳州七邑之民，惟龙溪称难治……海居之不逞者，或挟舟楫犯风涛，交通岛夷，甚者为盗贼，流毒四方。故漳州难治莫龙溪若也……苏文岛夷，久商吾地，边民争与为市，官府谓夷非通贡，久居于是，非体，遣之弗去，从而攻之，攻之弗胜，反伤吾人，侯与宪臣双华柯公谋曰：杀夷则伤仁，纵夷则伤义，治夷其在仁义之间乎，乃偕至海沧，度机不杀不纵，仁义适中，夷乃解去，时嘉靖某年某月也。憩金沙公馆，见诸生周一阳、陈科选辈肄业于是……诸生咸欣然兴起，岛夷既去，乃即公馆，改为书院，堂庭厢庑，咸拓其旧，梁栋榱桷，易以新材，又增号舍三十楹，由是诸生讲诵有所。五澳之民，远近闻风，咸兴于学……侯名松，字某，别号冬岭，

① ［葡萄牙］平托（F. M. Pinto）：《远游记》，金国平译，纪念葡萄牙发现事业澳门地区委员会、澳门基金会、澳门文化司署、东方葡萄牙学会 1999 年版，第 700 页。

② （明）袁业泗等：（万历）《漳州府志》，厦门大学出版社 2010 年版，第 1—2 页。

③ 梁兆阳修，蔡国桢、张燮等纂：（崇祯）《海澄县志》，《日本藏中国罕见地方志丛刊》，书目出版社 1990 年版。

④ 林希元：《与翁见愚别驾书》，陈子龙辑《明经世文编》，中华书局 1997 年版，第 1673 页。

广之揭阳人。"①

　　林松和柯乔驱逐海沧的"苏文岛夷"，应即葡萄牙人。因为葡萄牙人初到中国，被误以为是苏门答腊人，故名"苏文岛夷"。"澳"是海边弯曲可以停船的地方，多用于地名。文中的"五澳"应该为海沧澳、沙坂澳、嵩屿、长屿、月港等地。林侯是林松，林松应该是巡查沙坂社后，改金沙公馆为金沙书院的。（万历）《漳州府志》："林松，揭阳人，辛丑进士，（嘉靖）二十五年任。作兴学校，清查庙租，升南户部主事。"②林松在嘉靖二十五年任龙溪县令，此时海澄还未设县，"作兴学校"应该是指兴建金沙书院。据（光绪）《漳州府志》卷十一"秩官"载："按《林次崖集》，尝建金沙书院，希元为之记。"因此，可以肯定金沙书院是由龙溪县知县林松在其任内所创立的。这一带民风强悍、尚武轻生，又有"夷人"居住，当地的上层人物很想通过儒学教育改变当地的民风，在此之前，当地已有人谋划建立社学，以传播儒学。朱澜的《海沧社学记》提到嘉靖十六年（1537），当地官员与儒生谋立社学"乃相安边迤东盘石之上废址一坯，负麓面江，气势爽阔，规立学舍，中为讲堂，后为燕室。斋舍旁列，廊庑环绕，凡若干楹。萃子弟之秀者，为延师儒，使朝夕讲肄于其中。侯时一到躬为课，督以相其成。既乃价，许生宝，王生一奇，江生一澜，林生逢春，请澜山中，请记其事。"12

图 7　后井周氏宗祠门前的碑刻

年后，还是这批儒生，又请林希元来设立金沙书院。（光绪）《漳州府志》："按《林次崖集》，尝建金沙书院，希元为之记。"林希元写《金沙书院记》之时，应在嘉靖二十六年的当年，或是此前的某个时刻。由于林希元是该书院的主讲老师，该书院应由林希元管理控制。

三　沙坂周氏的崛起

　　沙坂周氏在明代中期就与官府密切合作，今后井村周氏宗祠门前有旌表周世纲碑，碑文："大明天顺二年岁次戊寅冬十二月吉日，旌义民周世纲，中宪大夫漳州府知府立。"如图 7 所示，碑左末端之"十四"是当代人重新描红时误写。在《龙溪县志》卷十八"人物"中记："周世纲，一二三都海沧人，正统十四年，邓寇攻郡城，世纲运私米四百余石，助官府防守。寇灭有诏，旌表其门，里人为立碑。子朝恩，有父风，

　　① 林希元：《同安林次崖先生文集》，四库全书存目丛书编纂委员会编《四库全书存目丛书》，齐鲁书社1997年版，第18页。

　　② （明）罗青霄修纂：（万历）《漳州府志》，厦门大学出版社2010年版，第454页。

弘治中，屡以家丁擒海寇，功著枌榆。"据（万历）《漳州府志》卷三十"海澄县·规制志"记载："月波亭，在一二三都，乡人周世纲建，成化十八年，知府姜凉修为巡海道公馆。"闽南缺米，周氏居然能出米四百石，还拥有家丁，而且有能力建成月波亭，说明其是地方豪强，沙坂是重要的海澳，他很可能也从事海外贸易。

周起元万历二十八年（1600）乡试第一，次年中进士。周起元的祖父就是金沙书院的创立者周一阳，周一阳因为周起元获赠兵部侍郎。（万历）《漳州府志》卷三十"海澄县·选举"："隆庆二年，周一阳，三都人，由海澄学贡，本学岁贡之始。"（崇祯）《海澄县志》卷八："周一阳，三都人，海澄学二年贡，本学岁贡之始也。儋州学正，累赠兵部侍郎。"卷九："周一阳，三都人，学正，以孙起元赠兵部侍郎。"卷十："周一阳……隆庆初年，新立海澄县，当徙置弟子员。督学蔡国珍语郡守曰：是邑新造，宜得路士，以风励其侪。于是徙学员数，断自一阳为首，其年遂应贡。"周起元为人正直，廉洁奉公，多有建树，但是因为得罪魏忠贤的阉党而削职为民，天启六年（1626）魏忠贤杀东林党高攀龙、周顺昌、缪昌期、黄尊素、李应升、周宗建、周起元，高攀龙在家乡投水自尽，余六人死于狱中。

嘉靖年间又有周玉质平乱殉国，（崇祯）《海澄县志》卷十："周玉质，三都沙板澳人，身长八尺，勇力绝人，嘉靖十二年山寇毒乱漳泉间，官兵讨捕不能制，郡县举玉质率乡兵御之，斩首数百级，贼大溃，玉质奋勇穷追，被伤死焉，事闻有司，资给营葬，乡为建祠。"卷十四"寇乱"也说到沙坂人周玉质。笔者认为他应该是出自沙坂周氏无疑。现在周姓在福建较少，但在海沧确是大姓，且宗族发达，主要集中在今后井、内坑、衙里、石角头村。这里宗族很发达，笔者有幸参加2014年9月在厦门市海沧区后井村举办的"第二届海峡两岸周氏恳亲大会"，地点就在后井周氏宗祠的门口。

此时还有沙坂人陈孔叶、陈孔志，为官府效力，擒斩盗贼、外夷。（崇祯）《海澄县志》卷十："陈孔叶，助官府防守。知书仗义，为众所推，正统十一年饶贼千余，流劫市镇，所至焚杀甚惨。孔叶料其必至月港，遂散家财，倡募义勇，扞木城，树楼棚，为战备。四月十九日，贼果侵九都，孔叶率众与战，自辰至巳，歼其渠魁，众鼓锐径前，复连斩十六人，贼遁去……陈孔志，漳州卫镇抚孔成之兄也，天性孝友，膂力绝人，嘉靖己酉夏，夷船数只，直抵安边馆，劫掠地方，海道柯乔、别驾翁灿，急征孔成，孔成曰：非吾兄不可讫□□□，受命独乘巨舰，当先冲贼，杀获甚众。"

四　地图的作者

有学者认为《古今形胜之图》是由江西学者喻时首次刊刻于信丰北宫，福建学者林希元在月港附近的海沧金沙书院将其重新刊刻。[①] 而据嘉靖本《筹海图编》的"参

① 徐晓望：《林希元、喻时及金沙书院〈古今形胜之图〉的刊刻》，《福建论坛》（人文社会科学版）2014年第3期。

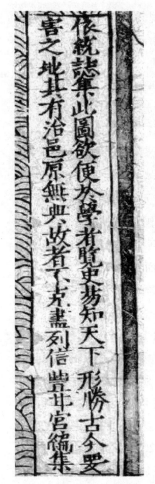

图8　《古今形胜之图》
右下角

过图籍"载：古今形胜图宋学士郑韶，都御使喻时。① 暂且不论喻时是不是现存《古今形胜之图》的作者，这里说到《古今形胜图》的作者还有宋学士郑韶，便值得我们进一步研究。

金国平先生认为作者是甘宫，笔者在此深表认同。《古今形胜图》右下角文字为"依统志集此图，欲便于学者览史，易知天下形胜、古今要害之地，其有治邑、原无典故者，不克尽列，信丰甘宫编集"（如图8所示）。根据这一记载，金国平先生认为前人所说的"信丰北宫"实际上应为"信丰甘宫"。关于甘宫绘制此图是有确切记载的，据敖文祯的《薜荔山房藏稿》卷六"塘湖甘公传"曰："塘湖甘公宫者，信丰人也，字宗奇，其先徙自丹阳，家于邑之东坊，遂为水东著姓。……凡所经历名山大川，关徼险易，随笔从记。足所不到，则必周访而博识之。退而订之往牒，参以时务，作《九边图说》《古今形胜图》。劈画井井，一览而舆图可指诸掌也。"② 这里明确记载甘宫绘有《古今形胜图》，他还作有《九边图说》。那么作者是甘宫应该是确定无疑的。③ 但是，甘宫在刊刻《古今形胜之图》时是否参考了宋学士郑韶、都御使喻时的《古今形胜图》还有待于进一步考证。

五　闽南商人与马尼拉的贸易及地图的流传

明后期福建海澄月港崛起，其成为福建乃至东南沿海出海贸易的重要商港，也是太平洋上丝绸之路的重要始发港，杨国桢教授指出："从海洋史的角度看，开放月港的一百年，漳州崛起为东西方贸易的中心。合法商人利用明朝有限的开放机遇，东出菲律宾，使月港吕宋航路与西班牙的'太平洋航路'接通。"④ 因此为漳泉商民大规模出海经商、移居南洋各国提供了极为有利的条件，闽南商民在海外华人势力中一枝独秀，更是南海贸易中的重要组成力量。

闽南漳州府龙溪县人最早犯禁出海，《明英宗实录》卷四七记载："正统三年（1438）有龙溪县人私往琉球贩货。"卷一五三记："有龙溪县强贼池四海等数百人四处

---

① 郑若曾：《筹海图编》，中华书局2007年版，第973页。
② 敖文祯：《薜荔山房藏稿》，顾廷龙主编《续修四库全书》，上海古籍出版社2002年版，第202页。
③ 金国平：《关于〈古今形胜之图〉作者的新认识》，《文化杂志》2014年第93期。
④ 杨国桢：《明清时期漳潮海域贸易中心的转移》，澳门大学社会科学及人文学院中文系中国文化研究中心编《明清广东海运与海防》，澳门大学出版社2008年版，第179页。

抄掠。"正统八年（1443），浯屿水寨内迁，为龙溪县人出海打开了大门。张燮《东西洋考》卷七"饷税考"说："成弘之际，豪门巨室，间有乘巨舰贸易海外者。"① 嘉靖初年，福建沿海各地形成交通外夷的风潮，以漳州府龙溪县月港、海沧，诏安县梅岭、泉州，南安县安海、同安等地最为突出。② 陈全之在嘉靖十九年（1540）至嘉靖三十年（1551）期间撰写《蓬窗日录》的时候，称"漳之龙溪县海沙（沧）、月港者，夷货毕集，人烟数万"③。"看得东南濒海之地，以贩海为生，其来已久，而闽为甚。闽之福、兴、漳、泉，襟山带海，田不足耕，非市舶无以助衣食。其民恬波涛而轻生死，亦其习使然，而漳为甚。"④ 张燮曾说："盖闽之南为海国，而漳最剧。为海者，大半皆漳人云。"⑤ 龚应卿说："或曰漳濒海僻壤也，地瘠民贫，艰于治生。故乐于商贩，趋货财什一之利，蹈不测之渊。回易于蛮夷之境，岂其所得已哉。盖无以聊生图所以为生业之计者，实其势不得已者也。"⑥ 可见闽南漳州有出海经商传统。这一带东南部有嵩屿、长屿、海门等江中小岛，南侧是九龙江，九龙江之南是月港。这些港口都有船舶从事对外贸易，并且海盗及海商也多来自漳州，据（万历）《海澄县志》"风俗"记载，此地"商人贸迁，多以巨舶，兴贩番货，获厚利。依山务农业，濒海事舟楫。……寇盗出没不时"⑦。这一带本来就是交通外洋的要地，且又能刻印大型地图，据记载，大部分著名的地舆海图均出自福建，有学者指出："我们从现存海内外的明朝刻本地图还发现，明代地图的民间刻印本多出自闽省（福建），这恐怕与福建省从南宋以来刻书业的发达不无关系。此外，福建是中国明朝出海远洋贸易的出发地，一些闽版舆图之绘制也许是为了外销。"⑧ 现藏于牛津大学的一幅明末汉文航海图（牛津航海图）很可能也是出自此地，并且由闽南商人将其带到海外的。

嘉靖四十四年（1565），西班牙的远征军来到菲律宾，并于隆庆五年（1571）攻占马尼拉，作为其经营东方的殖民据点。他们发现每年都有许多中国人（其中又以漳州月港商人为多）和日本人在当地贸易，来自福建的商船，每年有5—12艘之多，他们与往来菲律宾群岛的闽南商人取得了联系，拥有白银的西班牙人抵达菲律宾群岛的消息很快在闽南一带传开，闽南商人到当地贸易的数量越来越多。到吕宋贸易很快在泉州、安海形成一股风气，"自吕宋交易之路通，浮大海趋利，十家而九"⑨。明末对马尼拉的贸易是中国对外贸易中最有利的一部分，"民初贩吕宋，得利数倍，其后贾客从

① （明）张燮著，谢方点校：《东西洋考》，中华书局2000年版，第131页。
② 傅衣凌：《明清时代商人及商业资本》，中华书局2007年版，第103—106页。
③ 陈全之：《蓬窗日录》，上海书店出版社2009年版，第40页。
④ 徐孚远：《疏通海禁疏》，陈子龙辑《明经世文编》，中华书局1997年版，第4333页。
⑤ 张燮：《霏云居续集》，明万历四十年刻本，第6页。
⑥ 龚用卿：《云岗选稿》，《四库全书存目丛书》编纂委员会编《四库全书存目丛书》，齐鲁书社1997年版，第33页。
⑦ （明）罗青霄修纂：（万历）《漳州府志》，厦门大学出版社2010年版，第454页。
⑧ 李孝聪：《舆图与图像中国的调查与地图学史领域的汉学交流》，《国际汉学研究通讯》2010年第1期。
⑨ 李光缙：《景璧集》，江西广陵古籍刻印社1996年版，第2398页。

集，不得厚利，然往着不绝也"①。前往马尼拉贸易的闽南人中，就数漳籍华商最多，因其地距离漳州最近，故贾舶多往。许多商人久居不返，渐至数万。《明史》记载："吕宋居南海中，去漳州甚近……先是闽人以其地近且饶富，商贩者至数万人，往往久居不返，至长子孙。"②（乾隆）《海澄县志》卷十八"寇乱"记载："万历三十一年，吕宋杀华人在其国者二万五千，澄人十之八。"可见，海澄人定居吕宋、从事海外贸易的非常之多。

据李毓中先生的研究，《古今形胜之图》是 1574 年由一艘从中国开往菲律宾的商船带给西班牙人的，菲律宾的西班牙总督贵多·德·拉维萨里斯（Guido de Lavezaris）写给西班牙国王的信中提到这幅图时说："华人如同往常般每年来此贸易，并且受到良好的对待，他们提供我们许多东西，如糖、面粉、大麦、核桃、葡萄干、梨，以及柑橘、丝绸、细瓷、铁与其他一些在他们到来前，我们在此地缺乏的小东西。今年这同一批的华人给了我一张中国海岸的图，因此寄给陛下您。"他又说一名粗通汉语的奥古斯丁会传教士与一些华人翻译帮助将图译为西班牙文，而据李毓中的研究，华人翻译很可能是林必秀、陈辉然。③ 这一批华人必定是闽南人无疑，其中应有一人将这幅地图带到马尼拉。后井村现存光绪木刻本《金沙周氏族谱家乘》，为第三房残存族谱，记载其第一世到第二十世生卒年与葬地，林致平先生整理了族谱记载周氏迁居台湾与东南亚的资料。④ 我们发现万历年间有周仁生迁居台湾，道光年间其已有裔孙百余人，万历年间又有周毓岩迁居吕宋，康熙年间有周党、周天生迁居吕宋，而迁居马来西亚、印度尼西亚、越南则晚到乾隆年间。⑤ 说明金沙周氏最早出洋是去中国台湾与菲律宾，而《古今形胜之图》正是由此路传入菲律宾，族谱所记载的周氏迁居路线与地图的传播路线是吻合的。

孙果清根据西班牙资料介绍："西班牙驻菲律宾的第二任总督基多·拉维查理士（Guidcde Lavezaris），在马尼拉任职期间（1572—1575）得到了这幅《古今形胜之图》。"他于 1574 年 7 月 30 日写给西班牙国王菲利普二世（Felipe Ⅱ）的信中说，他随信同时呈上一幅刻本中国地图，概括地介绍了该图的情况，并把图中的重要地名和说明文字译成西文。这封信和地图直到 1575 年 8 月 15 日才到达马德里。虽然这是一幅相当粗略的中国地图，其质量也远远比不上官府掌握的《广舆图》，但是它是迄今为止所知最早传入欧洲的一幅中国全境图，地图上所载的文化信息使欧洲人对中国有了直观的印象。因此，这幅图在中西交流史上是占有一定地位的。

（作者：董玉林，厦门大学历史系硕士研究生；周运中，厦门大学历史系讲师）

① 何乔远：《闽书》，福建人民出版社 1994 年版。
② （清）张廷玉等：《明史》，中华书局 1974 年版，第 8370 页。
③ 姚京明、郝雨凡：《罗明坚〈中国地图集〉学术研讨会》，2014 年，第 190—208 页。
④ 林致平：《风土海沧·金沙后井》，海沧文化馆 2013 年版，第 64—69 页。
⑤ 姚金洪主编：《海沧区·海沧街道卷》，厦门市海沧区文化馆 2009 年版，第 306—314 页。

略论日据时期泉台两地的人文交流

庄小芳

摘　要：1895 年清政府割让台澎给日本之后，泉台两地自清以来热络的交往虽然一时陷入低谷，但两地的交流往来并未隔绝。相关的档案资料、地方著作、民间文献兼以田野调查、口述访谈等得来的资料表明，内渡泉州的台湾文人与泉州文人交往频繁，有共同的家国情怀，泉州也有不少文人到台湾，对日据时期台湾的教育和传统文化的保存做出了自己的贡献。这种双向互动的交往交流关系对于今后的闽台关系起到承上启下的作用。

关键词：泉州与台湾；日据时期；人文交流

甲午战败，1895 年清政府割让台湾、澎湖列岛给日本，由于种种人为的限制，自明末至清以来，闽台两地热络的人民往来、商贸联系、文化交往虽然一时陷入低谷，但是，无论是两地"一苇可航，朝发夕至"的地理交通情况，还是台湾众多移居者祖籍都是福建的血脉亲缘关系，都无法隔断闽台两地的交流交往。各种史料和地方文献都显示，自 1895 年日本完全占据台湾、澎湖列岛到 1945 年台湾光复五十年的时间里，闽台两地的往来虽然没有办法像有清一代顺畅频繁，但两地之间的交往并未处于完全停滞或隔绝的状态，反而出现了新的交流特征，而这段时间闽台两地的交往交流，无疑又起到一个承前启后的作用，是闽台关系史上十分重要的一环，正是这样虽然困难重重，但事实上并未隔绝的往来，为后来的闽台关系奠定了坚实的基础。

在闽台两地交往的区域中，泉州民众移居台湾的历史悠久，人数众多，是台湾同胞的主要祖籍地，有清一代泉台两地交往甚盛，共同创造了许多商业传奇和人文盛况。日据时期，虽然现实的原因使泉台两地的交流受到阻隔，但由于两地深厚的交往基础，它们之间的交流却从未中断。故本文拟以日据时期泉州与台湾这两地相关的档案资料、地方著作、民间文献、田野调查资料等为基础，选取日据时期泉台两地的人文交往作为侧面，以泉州地区的情况为个案，来阐述日据时期两岸交流的情况，揭示两岸在日据时期交流交往中出现的特征。

一　泉籍士绅对割台的切肤之痛

泉州晋江人施琅将军，在攻克台湾之后，面对朝廷众臣在台湾弃留问题上的意见分歧，决议主留，并上疏全面陈述其意见，描述了台湾的地理及现实情况，指出"台湾一地，虽属外岛，实关四省之要害。勿谓彼中耕种，尤能少资兵食，固当议留；即为不毛荒壤，必藉内地挽运，亦断断乎其不可弃"①，对清廷最终决定统一管理台湾起了决定性作用。施琅将军对于台湾能有如此清醒全面的认识，得益于他作为泉州沿海人对于台湾的熟悉和了解。这种对台湾的了解和认识，也普遍存在于泉州的士绅阶层。甲午战败，清政府决定割台议和，时在京城准备科考的台湾安平县举人汪春源、嘉义县举人罗秀惠、淡水县举人黄宗鼎，联合当时在京为官的户部主事叶题雁、翰林庶吉士李清琦，向朝廷上呈奏折，反对割台。他们在奏书中追溯台湾的历史，分析台湾的重要性，表示"但求朝廷勿弃以予敌，则台地军民必能舍生忘死为国家效命"的决心。虽然这封奏折未能为清政府所接受，也改变不了台湾被割据的事实，但奏折中所表现出来的民族大义以及台湾同胞对祖国的深厚感情，至今读来依然令人唏嘘不已。发起上书的五人，除了三位在京的台湾举人之外，另有两名京官户部主事叶题雁、翰林庶吉士李清琦，他们皆为台湾籍进士身份的泉州人。他们以其在京为官的特殊身份，与三位台湾举人联合上书，体现了对台湾问题的重视和对割台之事的悲愤之情。

叶题雁，字映都，号梅珊，泉州市鲤城区涂门外霞淮村人，以台湾籍贯为光绪六年（1880）进士，先后任户部主事、员外郎、郎中、广东监察道御史等职，光绪三十年（1904）因母丧归籍泉州，隔一年即去世。李清琦，字壁生，号石鹤，光绪八年（1882）以彰化籍中举人，光绪二十年（1894）中甲午恩科张謇榜二甲第105名，选翰林院庶吉士，光绪二十四年（1898）回原籍泉州，曾任泉州清源书院山长。这两位在京为官的泉州士绅，积极与台湾举人联系，筹划发起反对割台的活动，与他们对台湾的深厚感情不无关系，也反映了泉州与台湾深厚的历史文化关系。

除了李清琦、叶题雁等人，当时不管是在京谋职的泉州人，还是在泉州的有识之士，都对此义愤难平，痛感大陆失去东南屏障，如同治癸亥（1863）进士、历官郎中的泉州东街人黄谋烈时年正在京城，也组织同乡上书请愿，其事记载在他的《庸叟自撰圹志》中："迨议和，日人索台湾，使臣许之。予会同乡合疏，留中未下。复单衔请堂官代奏，已书诺。"② 又如泉州晋江人，清光绪庚寅（1890）恩科状元吴鲁，对于割台所可能造成的损失，更是表达了他的忧虑，其文稿中提到："而一二任事之臣，仓皇失措，丧师失律，割地议和。由是鹿耳鲲身之地，悉沦于旃裘腥酪之乡。国家失其藩

---

① 施琅撰，王铎全校注：《靖海纪事》，福建人民出版社1993年版，第123页。
② 黄谋烈：《庸叟自撰圹志》，泉州文管会收藏拓本。

篱，吾闽失其外府。"① 又如吴鲁的儿子吴钟善因意识到台湾的重要战略地位，而对台湾之失更有切肤之痛。他在《东宁诗草自序》中，将台湾历史由来阐述了一番之后，指出："论者以为孤悬海表，山高土肥，最利垦辟，人所争趋，不归民必归番，不归番必归贼，或且启外人揽入之心，惩前车毖后患，筹根本之上计，策固围之良图，又岂料甲午一役，弃等珠厓而使日人不沉一船、不饮一弹，坐收奥壤，雄视一方，沦千年探险凿空之迹，废三朝师武臣力之勤。江浙撤其藩篱，闽粤失其外府。"② 又如清光绪举人、南安人戴希朱写有《伤台湾》一诗："东南屏障委灰尘，谁鼓风波入海滨。髀肉无端供虎口，城门有火及鲲身。雷轰燕市天皆黑，血战台瀛草不春。阁部诸公犹记否，当年一岛费千辛。鹿港鹭门一线通，唇亡齿冷古今同。蓬瀛已历尘埃劫，桑土宜资补葺功。怕听刘琨回马首，空教孙策望鸡笼。何时涤得尘氛尽？海国重清万里风。"③ 进士林骚写有《乡国关心不知忧之从何也作此》一诗："萧条满目起离忧，对此茫茫独吊秋。药贵可怜千室病，米荒无计一餐愁。神龟藏骨终虚置，冻雀伤心只自留。身世颠连谁作梗，东南半壁几时收！"④ 在泉州近代文人的诗集文稿中，台湾被割据前后，以"伤台湾"为主题的诗作屡见不鲜，可见泉州与台湾之间深厚的历史渊源及唇齿相依的密切关系。

二 台湾内渡文士与泉州文士的交游互动

《马关条约》签订，依据条约规定，中国得割让台湾全岛及附属岛屿，包括澎湖列岛给日本。这样的结果造成殖民者要求住在当地的居民变更国籍，改属日本。但又依同条约之规定，居住在台湾的人民在两年内可自由选择居住地，如果在条约批准换文之日起第二年仍居住在台湾，被视为日本国属下臣民。在此规定之下，《马关条约》签订后一年多的时间内，不愿意加入日本国籍的台湾民众就纷纷离台内渡，又由于台湾与闽南特殊的移民关系，这些内渡的民众以厦门为中心，散居泉州、漳州等地，一批祖籍泉州的台湾科举士人、诗人文士也通过厦门口岸，辗转回到故里。比如祖籍晋江永宁西岑的台南进士施士洁、祖籍安溪经岭的新竹贡士陈浚芝、祖籍晋江蚶江的新竹诗人王松、祖籍南安的新竹举人郑家珍等，他们或就此终老泉州不复返台，如陈浚芝等；或在泉州生活一段时间后再返回台湾地区，如林朝崧、王松等；或把家眷安顿在泉州，以泉州为原点活跃在福建各地，如施士洁等；或往返泉台两地，如郑家珍等。

可以说，这批诗人文士，成为日据时期泉台交往的新纽带，一方面，在泉州地方，

① 吴鲁：《正气研斋汇稿》，影印资料。
② 吴钟善：《守砚庵文集》，晋江吴氏桐南书屋藏版。
③ 泉州市诗词学会、泉州学研究所：《泉州千家诗》，海峡文艺出版社 2007 年版，第 327 页。
④ 林骚：《半邨诗集》，重印本，内刊 1986 年版，第 134 页。

这批台湾内渡文士的到来，对泉州地方产生了弥足珍贵的影响，他们与泉州当地士绅文士交流互动，唱和应酬，对当地的文风、文化产生了影响，注入了新鲜的血液；他们参与了地方的一些事务，尤其是教育事务，对地方新式文化教育贡献了自己的力量。另一方面，由于这批在当时台湾社会颇有威望的文士到泉州，泉州成为很多留守台湾的文人前来访友常来常往的地点，也因此为很多泉州文人与台湾文人建立了联络的渠道。以下我们以内渡文士林朝崧、施士洁为个案来说明内渡文士与泉州士绅间的交游互动。

林朝崧，字俊堂，号痴仙，别号今吾，又自号"无闷道人"，为台湾"栎社"著名诗人。在台湾诗坛上，以"痴仙"号闻名。1895 年割台之初，林朝崧即与其家族仓皇内渡，避居泉州，在泉州开始了一段长达 4 年之久的生活。这期间，1897 年上半年，林朝崧曾短暂回台停留数月，之后基于各种原因又回到了泉州，直至 1898 年才由泉州移居到上海。林朝崧在泉州的生活轨迹，主要保留在他的《无闷草堂诗存》中。诗存卷一为乙未年（1895）至庚子年（1900）的作品，这一卷集中收录了林朝崧避居泉州时的诗作。从他的诗作中，我们不难发现，沉浸于诗、酒、乐、禅，内渡后的林朝崧过着中国传统士大夫在乱世之时的隐逸生活。但他在泉州也并非闭门自关，在他的诗作中，我们也可以找到很多记录他与当时泉州文人士绅交流互动的诗作，如《题杨寿若明经（鸿乔）悼亡诗后》二首、《奉赠吴肃堂殿撰鲁》《题资铨侄与其师龚孝廉仲翎（显鹤）赠答诗后》《访龚君赋赠》《赠谢傅为孝廉（贤霖）》二首等。林朝崧《无闷草堂诗存》出版之时，泉州清末著名诗人苏大山为其作了题词，词云："萍花吹梦沈消息，贱子关河走觅食；分作天涯海角人，怨鹤凄猿苦相忆。"① 在这字里行间，我们既可了解到他们的交往情况及深厚情谊，也能感受到两岸文士共同的家国情怀。

施士洁，字应嘉，又字沄舫，号芸况、哲园、楞香行者、鲲海弃甿，晚号耐公或耐道人，别署定慧老人。台南米街人，祖籍泉州晋江永宁西岑。"乙未（1895）之役，士洁痛哭（有诗以'痛哭'为作题）台湾之失，耻为异族之民，挈眷西渡，归泉州晋江县之西岑故里。稍后，参加商会，主办贡燕业务，时往来于福州、厦门间。"② 台湾割据之后很短的时间内，施士洁即先只身内渡，暂住在厦门，等待其眷属从台湾回来之后转回晋江，将家眷安顿在永宁西岑。此后他往返老家与厦门等地，与泉州各界文士往来密切，为大家所敬重。

施士洁与深沪贡生吴淑辉交情深厚，早在施士洁在台湾之时，两人就常唱酬往来，施士洁内渡之后，两人更是惺惺相惜、互赠物品、互相题咏，留下了很多唱和诗，如《咫园赠香珠，叠韵答之》《再叠前韵，以诗、茶具赠答咫园》《咫园以海物相贻，书扇答之》等，吴淑辉逝世后，施士洁更是写下了情真意切的《吴咫园明经祭文》。施士

---

① 林朝崧：《无闷草堂诗存》，《台湾历史文献丛刊》，台湾省文献委员会 1994 年版。
② 施士洁：《后苏龛合集》，《台湾文献史料丛刊》（第二一五种），影印本，人民日报出版社 2009 年版。

洁与苏镜潭、苏大山、吴增、陈綮等人也往来密切，在其文集中多有唱和之作，如
《陈髯僧"五十述感"索和，即次其韵》《龚三诗桥归里养疴，寄诗索和，即次其韵》
《苏菱槎出示其先曾王父鳌石制府"公车得意图"索题，盖制府未第时同安郑泳所绘
也》等。泉州苏镜潭作《悼施士洁》一诗："文心六代称丽都，诗律三唐有正宗。直把
心肝都呕尽，万篇太富一身穷。"① 因准确地概括了施士洁的诗歌风格而为人称道。

内渡文士与泉州士绅的交流互动体现在诸多方面，比如，泉州士绅与内渡文士常
互为诗集文稿写序、题词。如施士洁应吴钟善，即顽陀公子之嘱，作"读吴且园殿撰
《正气研斋遗稿》，即题白华庵主僧装小影，应顽陀公子之属也"，为吴鲁的遗稿作序，
在序言中，施士洁除了赞誉吴鲁在浊世中仍保留气节的精神之外，还对整个国家的现
状发出痛心疾首的呼喊"吁哉禾黍今故宫，鹑首大醉天梦梦！神州陆沈何处干净有寸
土？"② 蔡谷仁为泉州苏镜潭的《东宁百咏》作序，指出其文集："今春二月，出其吟
稿属序，袖中东海磊落不凡，展而诵之，凭吊唏嘘，有今昔兴亡之感……骚人逸士可
以扩见闻而增感慨矣，不独为海客谈瀛之助已也。"③ 泉州举人王冠群为王松的《沧海
遗民剩稿》题词云："绵绵此恨了无期，如此江山如此诗！我亦心伤难卒读，公原天假
以鸣悲。任从东海生桑日，似听西台击竹时！碧可千年双泪血，斯民岂但到今遗！"④
此类诗文不胜枚举。

可以说，当年因割台而内渡泉州的文士还有不少，他们把强烈的台湾情怀带到了
泉州，泉州当地文士与他们交游互动，"在相互的交谊中，其文学观念、创作方法、艺
术风格自然也就风尚相习了"⑤。在这特殊阶段的互动中，内渡文士强烈的爱恨情怀、
直面现实、以诗存史的诗风文风，明显影响了近代泉州文士的诗歌创作。如前面提到
施士洁曾作《泉南新乐府》八首，抨击社会黑暗，而之后泉州贡士吴增作《泉俗激刺
篇》，亦用诗歌的形式，以具体的事例来揭露整个社会的黑暗和民智的闭塞。两者十分
相似。

尤其值得注意的是，这一时期，两地同时出现了大量吟咏郑成功及其相关人物、
相关史迹的诗歌，成为日据时期泉台两地诗人、文士同声相应、同气相求的重要体现。

历史上，泉州源源不断地向台湾移民，泉州的文化也因此被带到台湾，形成较为
单向的文化传播模式，而1895年前后，台湾民众、文士内渡回到泉州，是第一次较为
集中的台湾向泉州的移民，这促成了泉台两地文化的双向交融，颇具意义。他们是日
据时期保持泉台两地密切交流交往的重要媒介。同时，也将浓烈的台湾情结带到泉州，
影响泉州社会普遍形成相较于其他地方更强烈的"泉台一家"意识，并将西学的理念

---

① 厦门大学图书馆编：《厦门轶事》，厦门大学出版社2004年版，第22页。
② 施士洁：《后苏龛合集》，《台湾文献史料丛刊》（第二一五种），影印本，人民日报出版社2009年版。
③ 苏镜潭：《东宁百咏》，陈支平主编《台湾文献汇刊》第四辑（第三册），九州出版社、厦门大学出版社
2004年版，第7页。
④ 王松：《沧海遗民剩稿》，《台湾历史文献丛刊》，台湾省文献委员会1994年版，第55页。
⑤ 黄乃江：《东南坛坫第一家——菽庄吟社研究》，武汉出版社2011年版，第10页。

和饱含爱恨情怀的文风融入当地，他们与时年内渡回泉的众多台湾医生、手工业等群体一起，组成闽台自古至今的交往中具有承上启下作用的重要一链。

三　泉州文士赴台交游情况

肇始于光绪三十三年（1907）左右的菽庄吟社，是以内渡大陆的台湾流寓文士为主导的文学团体，但也广泛吸收了大陆文士，根据黄乃江老师的考证，在当时菽庄吟侣的地域分布上，泉州的吟侣有 124 人，举凡当年泉州较有名望的士绅，如苏大山、龚植、龚显鹤、林骚、苏镜潭、陈曾遒、杨家栋、吴增等人都名列其中，而在最具盛名的"菽庄十八子"中，"施士洁、汪春源、卢文启、卢心启四人均来自清末台湾诗坛，他们代表了内渡大陆的台湾流寓文士；龚显灿、龚显鹏、吴增、庄善望、苏大山、龚植、龚显鹤、龚显禧、施干、庄棣荫十人来自泉州。周殿熏、李禧二人来自厦门，马祖庚来自漳州，他们代表了福建省内吟侣；沈琇莹来自湖南，代表了闽台两省以外吟侣"①。菽庄吟社的泉州吟侣众多，且多为核心人物，正是这个平台，使清末的泉州文士与内渡文士产生了更多的交流互动，泉州的文士，如吴钟善、苏大山、苏镜潭、辜叔如等人也通过这个平台东渡台湾，使日据时期的泉台两地产生了更多文学文化的交融。

吴钟善，晋江钱头村人，状元吴鲁的第四子。小字燕生，又字元甫，号顽陀，又号荷华生，晚年别署守砚庵主、桐南居士。吴钟善为福建乡试光绪二十八年（1902）举人，1918 年，原在泉州家乡从事教育的吴钟善，东渡台湾为林家教习，从 1918 年到 1920 年春回泉，在台期间，除却教书、传播传统国学之外，吴钟善及其长子吴普霖还参与板桥林鹤寿组建的"寄鸿吟社"。寄鸿吟社由林尔嘉从弟林鹤寿于 1918 年 10 月创设于台北板桥别墅，主要成员有林鹤寿、林柏寿、龚亦瘼、陈蓁（髯僧）、苏镜潭、吴钟善及其长子吴普霖。吴钟善在《寄鸿吟社诗稿自序》中写道："戊午以后，寄居东宁者三载，主人林氏富而能文，贤而好客。撰辰卜胜，澡虑延欢，烛醉既酣，琴话方永。晓黛频入，吊旧国之青山；夕蟾娟来，抚古春之红树。人民未改，城郭已非，感慨系之矣，道同于内而气相求，情发于中而声成文，爰立吟社命曰寄鸿。"②可见吴钟善在"寄鸿吟社"的筹建中也发挥创建者的作用，其中的苏镜潭、陈蓁也是泉州人，与吴钟善为密友，他们志同道合，于台湾发扬诗歌传统的同时用诗文来感怀家国之失。

苏菱槎，字镜潭，为光绪举人，他于 1918 年及 1923 年等多次随林小眉（林尔嘉长兄）东游台湾，著有《东宁百咏》，在其《自序》中记载自己的台湾之行云："岁戊午（1918）余始以记室从林君东渡，作汗漫游，举凡山川社稷、宦守宫城台榭、礼乐

---

① 黄乃江：《东南坛坫第一家——菽庄吟社研究》，武汉出版社 2011 年版，第 178 页。
② 吴钟善：《守砚庵文集》，晋江吴氏桐南书屋藏版。

车服器用寓之于目者，唱之于心，辄奋之于心，发为吟咏。"① 这本诗集在当年两岸的文人中引起了很大的反响，当时泉台不少有名望的文人皆为之作序，借诗集感怀台湾被外族奴役之殇。如内渡泉州的台湾文人蔡谷仁作序称自己"余亦东宁一遗民耳"②，又如当年泉州的女诗人陈铁梅为此诗集题词云："低徊纸上望台湾，如此名都弃等闲。长耳干头遗谶在，何时还我旧河山。"③ 表现了泉台文人共同的家国情怀，也是两岸文人交游联络的见证。

苏大山，泉州胭脂巷苏家后代，在泉州地方卓有文名，德高望重。他也曾于1927年到台湾游玩，其所著的《红兰馆诗钞》收有关于台湾的几十首诗，编为《婆娑洋集》，诗中借对台湾各种风物的感怀，表达了对台湾之失的感慨，还有不少诗篇体现了他与台湾文人、诗界的交往活动，如《固园主人招饮归途车中赋此却寄并赠南社诸公》《江山楼即席赠瀛社诸公》，"南社""瀛社"均为日据时期台湾著名的诗社，苏大山在台期间到此参访交游，对于后来由苏大山等人倡建泉州"温陵弢社"有一定的影响。

庄贻华，名棣荫，字贻华，惠安东岭涂厝人，为泉州秀才，是当地有名的才子。他本人为板桥林维源的外甥，应聘到本源彭记当家庭教师，《台湾历史人物小传·明清暨日据时期》"庄贻华"条载："初客厦门鼓浪屿林菽庄氏，与施云舫、许南英、汪杏泉结社吟咏；继受聘于本源彭记，为家庭教师；羁寓台北数十年，功课余暇，即耽诗学，尝与连雅堂、谢雪渔、魏清德等分笺斗巧，相互唱和。其诗有悱恻之情，旷逸之抱，被推为南国骚坛巨擘。"④ 庄贻华与吴钟善一样，在当家庭教师之余，在台湾参与诗社组织，与台湾文人共抒家国情怀。惠安政协文史委主任张国琳先生在其家乡采访时，还发现了一些庄贻华写给连横的诗稿，如《雅堂先生挈眷作西湖之游契阔日久诗以讯之》《夏柳与雅堂绛秋菽庐诸君同作六首》等，可见庄贻华与当年台湾文士的交往情况。

又如辜菽庐，字捷恩，福建惠安县东岭乡山后村人（今隶属净峰镇），为泉州秀才，在当地颇有文名。根据辜菽庐的外孙盛荣宗的回忆：1918年，原在厦门大户人家任教的辜菽庐，应林尔嘉之邀赴台到板桥林家任教。1921年，辜菽庐又受邀到鹿港辜家任教，成为辜振甫的启蒙老师。辜菽庐在台湾辜家当家庭老师22年整，后也是病逝于辜家。⑤

此外，清末民国时期，泉州有不少有名的书画家，虽然不能一一考订他们是否去过台湾，但是他们的书法和作品，却留在了台湾的各个地方，为台湾人珍藏，在如今台湾的各大寺庙里，依然有不少他们的墨迹。如清末民国泉州著名的书法家曾遒，在

① 苏镜潭：《东宁百咏》，陈支平主编《台湾文献汇刊》第四辑（第三册），九州出版社、厦门大学出版社2004年版。

② 同上。

③ 同上。

④ 张国琳：《惠安发现旅台民国诗人庄贻华写给连战祖父连雅堂的信》，《海峡都市报》2013年2月25日。

⑤ 盛荣宗：《辜振甫的恩师——辜菽庐》，《净峰文史》2013年第1期。

鹿港的龙山寺、台北龙山寺、北港朝天宫等地，均有其落款的题字留存。

以上列举了几位日据时期到台湾或从事教学，或进行交游的泉州文人，他们在台期间，教授书法、诗词等课程，传播中华传统文化，为处于异族占据下的台湾保存中华传统文化做了自己的贡献。他们与当地台湾文人共组诗社，交游往来，共抒家国情怀，也是日据时期泉台两地人文交流的特征。

四　结语

汪毅夫教授在其《日据时期的闽台关系》一文中写道："在日据台湾时期，闽、台两地即海峡西岸和海峡东岸，不仅血浓于水的亲情不曾隔断，人员往来及各方面各层面的交往亦不曾隔断。"[①] 于整个福建地区如此，于泉州更是如此，本文只是选择了人文交往这一层面来进行论述，而更多民间的交流在日据时期也一样不曾隔断，比如日据时期很多泉台家族依然共同主持修撰族谱，共建祖庙，很多台湾民众依然冲破阻拦前来泉州祖庙进香等。这一切，都表明了泉台两地割舍不断的亲情和深厚的交往基础，在新时代的泉台关系中，这种双向互动的交流依然值得我们思考和回味。

（作者：庄小芳，中国闽台缘博物馆研究部副主任、馆员）

---

① 汪毅夫：《日据时期的闽台关系》，《瞭望新闻周刊》2005 年第 15 期。

后　记

　　经过半年多的努力，《海上丝绸之路新探索——"第一届海丝文化国际青年学者论坛"论文集》终于完成组稿。

　　2015 年 5 月 22—24 日，由泉州师范学院"中国社会科学院文化研究中心闽南文化研究基地"和"台盟中央闽南文化交流研究基地"发起，福建省闽南文化发展基金会等单位共同主办的"海丝文化国际青年学者论坛"在海上丝绸之路起点城市——泉州顺利召开。来自中国大陆、中国台湾、中国香港和新西兰、菲律宾、印度尼西亚、越南等国家和地区的 80 多位学者出席会议。论坛共收到论文 70 多篇。与会学者围绕"海上丝绸之路的历史、现实与未来，福建与海上丝绸之路的历史渊源关系、福建地方文化在建设21 世纪海上丝绸之路中的意义和作用、海上丝绸之路背景下闽台经贸合作的路径选择、闽台文化交流对 21 世纪海上丝绸之路建设的影响和贡献"等七个领域展开了深入研讨。会议还由发起单位牵头通过了"海丝文化国际青年学者联盟论坛"《泉州倡议》。

　　为更好地在海内外传播海丝文化，固化和推广最新研究成果，我们组织专家对征集到的论文进行评审，从中遴选出 48 篇论文，予以结集出版。论文集的编撰得到了泉州市政协骆沙鸣副主席、福建闽南文化发展基金会执行会长吴正元、厦门闽南文化研究会会长陈耕、泉州师范学院党委书记游小波、校长李清彪的关注和支持；闽南文化研究基地的黄科安、苏黎明、陈彬强、通拉嘎、张惠萍、吴春浩为论文集的出版付出了辛勤的劳动；中国社会科学出版社郭晓鸿博士为此书编辑做了大量工作。借此机会向他们表示深深的谢意！

林华东

2015 年 11 月 30 日记于泉州东海湾